Go To
C-Programmierung

Guido Krüger

# GoTo C-Programmierung

ADDISON-WESLEY

An imprint of Addison Wesley Longman, Inc.

Bonn • Reading, Massachusetts • Menlo Park, California
New York • Harlow, England • Don Mills, Ontario
Sydney • Mexico City • Madrid • Amsterdam

Die Deutsche Bibliothek – CIP-Einheitsaufnahme

Die Deutsche Bibliothek verzeichnet diese Publikation in der Deutschen Nationalbibliografie; detaillierte bibliografische Daten sind im Internet über http://dnb.ddb.de abrufbar.

10 9 8 7 6 5 4 3 2 1

09 08 07

ISBN 978-3-8273-2611-9



*Lektorat* Brigitte Bauer-Schiewek, bbauer@pearson.de

*Korrektorat* Friederike Daenecke, Sandra Gottmann

*Layout* Katja Lehmeier

*Satz* reemers publishing services gmbh, Krefeld – gesetzt aus der StoneSerif mit FrameMaker

*Belichtung, Druck & Bindung* Bercker Graphischer Betrieb, Kevelaer

*Umschlaggrafik* Barbara Thoben, Köln

*Illustration* Stefan Leowald, Köln

Das verwendete Papier ist aus chlorfrei gebleichten Rohstoffen hergestellt und alterungsbeständig. Die Produktion erfolgt mit Hilfe umweltschonender Technologien und unter strengsten Auflagen in einem geschlossenen Wasserkreislauf unter Wiederverwertung unbedruckter, zurückgeführter Papiere.

GoTo

# Inhaltsverzeichnis

Go To

# Rezeptübersicht

# Vorwort

## Vorwort zur 3. Auflage

Auch in die dritte Auflage sind wieder zahlreiche Verbesserungen und Anregungen eingeflossen. Im Rahmen der »GoTo«-Reihe des Verlags hat das Buch ein neues Layout erhalten und wurde vollständig überarbeitet. Neben vielen Detailverbesserungen sind die Kapitel 13 bis 17 neu hinzugekommen. Sie beschreiben den Einsatz von Compiler, Linker, Editor, Debugger, Versions- und Projektverwaltung und bereiten den Weg für die professionelle Entwicklung von C-Programmen.

Der Referenzteil wurde stark erweitert und erklärt mit detaillierten Beispielen alle wichtigen Funktionen der Standard-Library. Die Tips und Tricks aus dem Anhang sind in Kapitel 12 zu finden und wurden auf der Basis zahlreicher Erfahrungen aus Lehrveranstaltungen und Kursen ergänzt. Es gibt einen neuen Aufgabentyp "Puzzle", der das Lesen von Programmen trainiert und eine Vielzahl neuer Aufgaben zu diesem Typ.

Die CD-ROM wurde komplett überarbeitet. Neben den Beispielen und Listings aus dem Buch enthält sie GNU-C 2.7.2 und diverse frei verfügbare Werkzeuge. Dazu zählen Emacs, GDB, RCS, Bash, Make, Flex/Bison, Awk, und viele mehr. Damit erhält der Leser ausgereifte Entwicklungswerkzeuge zum Erstellen von MS-DOS-basierten C-Programmen, die ihn auch über die reine Lernphase hinweg begleiten werden.

Ich wünsche allen Lesern dieser dritten Auflage Freude und Erfolg beim Erlernen von C. Mein Dank gilt allen Lesern der vorigen Auflage sowie Kollegen und Bekannten, die mit Kritik und Anregungen dazu beigetragen haben, das Buch noch besser zu machen. Vielen Dank auch an David Evans für die Genehmigung, LCLint auf die CD-ROM aufzunehmen. Mein besonderer Dank gilt meiner Frau und meinen beiden Töchtern.

*April 1998*
*Guido Krüger*

## Vorwort zur 2. Auflage

Seit der ersten Auflage dieses Buches hat sich an C nicht viel verändert. Dennoch hat das vorliegende Buch eine ganze Reihe von kleineren und größeren Veränderungen erfahren. Zunächst einmal ist es um ein Kapitel länger geworden, denn die Ausführungen über Bildschirm- und Datei-I/O wurden getrennt und erweitert. Viele Abbildungen sorgen zudem dafür, daß komplizierte Sachverhalte verständlicher werden.

Die Übungen wurden überarbeitet und erweitert, so daß nun über 100 Aufgaben mit vollständigen Lösungen zur Verfügung stehen. Um sofort starten zu können, wurde dem Buch der GNU-C/C++-Compiler auf CD-ROM beigefügt. Zu guter Letzt konnte eine ganze Reihe kleiner Verbesserungen vorgenommen werden, die das Buch nun runder und lesbarer machen als zuvor.

Mein Dank gilt allen Lesern der ersten Auflage, insbesondere denjenigen, die durch ihre Kritik dazu beigetragen haben, die vielen kleinen Fehler zu beheben. Darüber hinaus bedanke ich mich beim Verlag für die Unterstützung während der Vorbereitungszeit, bei meinen Mitmenschen und vor allem bei meiner Familie für die Geduld, ohne die dieses Projekt nicht möglich gewesen wäre.

*Februar 1995*
*Guido Krüger*

## Vorwort zur 1. Auflage

Schon wieder ein neues Buch über C, werden Sie denken!

In der Tat hat die in den letzten Jahren enorm angestiegene Popularität der Programmiersprache C eine kaum übersehbare Flut an Büchern hervorgebracht, die sich mit der Programmiersprache C beschäftigen. Dabei verfolgen die Autoren ganz unterschiedliche Ziele: es gibt Lehrbücher, Nachschlagewerke, Library-Referenzen, Bücher über Systemprogrammierung oder Ratgeber für die Entwicklung von Benutzeroberflächen in C.

Ein neues Buch zu diesem Thema sollte seine Position in diesem Dschungel von vornherein so definieren, daß es nicht untergeht. Aus eigener Erfahrung weiß ich, wie schwer es ist, ein gutes Buch (noch dazu in deutscher Sprache) zum *Erlernen* der Sprache C zu finden. Oft mangelt es an Beispielen und Aufgaben mit Lösungen, an der Genauigkeit der Darstellung, oder es sind didaktische Mängel vorhanden.

Das vorliegende Buch entstand aus einer dreimonatigen Mitarbeiterfortbildung in Sachen C, die ich durchgeführt habe. Es handelt sich um ein Lehrbuch, das vor allem für Programmierer gedacht ist, die bereits Erfahrungen mit anderen Programmiersprachen haben. Als Programmierneuling wird man mit diesem Buch kämpfen müssen, obschon – genügend Ausdauer vorausgesetzt – auch ein absoluter Anfänger von dem Buch profitieren kann. Großen Wert legte ich auf Beispiele und Aufgaben zur Vertiefung des Stoffes. Zu allen Aufgaben sind lauffähige und kommentierte Musterlösungen vorhanden.

Welchen Zweck hat es, die Programmiersprache C zu erlernen, wenn man schon eine oder mehrere Programmiersprachen beherrscht? Die Antwort darauf ist einfach und einleuchtend: C könnte die vorläufig letzte Programmiersprache in dieser Kette sein!

Das soll keineswegs heißen, daß C die perfekte Programmiersprache ist. Ganz im Gegenteil, Kritiker der Sprache zählen unter anderem folgende Schwächen auf:

1. C ist schwierig zu erlernen, durch die ungewöhnliche Syntax werden Programme unlesbar.
2. Die Freiheiten der Sprache verführen zu einem unsauberen Programmierstil und ermutigen zu Programmkonstruktionen, die man nach einiger Zeit selbst nicht mehr versteht.
3. Die Sprache birgt viele Gefahren, es gibt eine Menge verdeckter Fehlerquellen, die in anderen Sprachen schon beim Compilerlauf ausgeschaltet werden.
4. Selbst unerfahrene Programmierer haben volle Zugriffsmöglichkeit auf die Hardware.

Dennoch hat die Bedeutung von C als General-Purpose-Programmiersprache in den letzten Jahren erheblich zugenommen, denn den erwähnten Nachteilen steht eine Reihe bedeutender Vorzüge gegenüber.

Einerseits ist für die Verbreitung von C die Popularität des Betriebssystems UNIX verantwortlich: Zu jedem UNIX-System gehört ein C-Compiler, und das Betriebssystem selbst ist zu einem großen Teil in C geschrieben. Wenn man erfolgreich in UNIX sein will, führt kein Weg an C vorbei. Andererseits bietet C sowohl die wesentlichen Konstrukte höherer Programmiersprachen als auch die Möglichkeit, sehr hardwarenahe Programme zu schreiben, für die normalerweise eine Assemblersprache verwendet werden müßte. Zudem erzeugen C-Compiler in der Regel sehr schnelle (d. h. effiziente) Programme.

Ein weiterer Vorteil ist die vielgerühmte Portierbarkeit von C-Programmen. Da die Compilerhersteller aufgrund der umfassenden Möglichkeiten, die schon die Originaldefinition der Sprache bot, nicht sofort gezwungen waren, eigene Erweiterungen in die Compiler einzubauen, ist es sehr leicht, Programme zu schreiben, die auf vielen verschiedenen Maschinen laufen.

All dies hat dazu geführt, daß in den letzten Jahren sehr viele System- und Anwendungsprogramme in C geschrieben wurden und/oder Schnittstellen zu C enthalten. Gleichzeitig gab es anerkannte Bemühungen, die Sprache zu standardisieren (ANSI-C). Weiterentwicklungen wie etwa C++ werden auch zukünftig von Bedeutung sein. Für viele Programmierer sind daher heute solide C-Kenntnisse unverzichtbarer Bestandteil ihrer täglichen Arbeit.

Bleibt zu hoffen, daß dieses Buch beim Erlernen der Sprache C eine Hilfe sein wird und daß der Einsatz von C Ihnen die gewünschten Erfolge bringt.

Mein Dank gilt vor allem meinem Arbeitgeber und meiner Familie, ohne die die Arbeit an diesem Buch nicht möglich gewesen wäre.

*April 1991*
*Guido Krüger*

Grundlagen

# Teil I

Go To

# Der Einstieg

# 1

## Kapitelüberblick

## 1.1 Die Icons in diesem Buch

Um Ihnen die Orientierung in diesem Buch zu erleichtern, haben wir den Text in bestimme Abschnitte mit speziellen Funktionen gegliedert und diese duch entsprechende Symbole oder Icons gekennzeichnet. Folgende Icons finden Verwendung:

**Beispiele** helfen Ihnen, sich schneller im Feld der C-Programmierung zu orientieren. Sie werden darum mit diesem Icon gekennzeichnet.

Bitte beachten Sie die wichtigen **Hinweise**, die mit diesem Icon gekennzeichnet sind!

Achtung, durch dieses Icon wird eine **Warnung** angezeigt. Die hier beschriebenen Zusammenhänge führen leicht zu Fehlern oder Problemen.

## 1.2 Zum Arbeiten mit dem Buch

### 1.2.1 Voraussetzungen

Das Buch »Programmieren in C« ist ein Lehrbuch für die Programmiersprache C. Damit Sie den größtmöglichen Nutzen aus diesem Buch ziehen können, bin ich bei der formalen und inhaltlichen Gestaltung des Buches und der Aufgaben von zwei Voraussetzungen ausgegangen:

1. Sie haben bereits erste Kenntnisse in einer höheren Programmiersprache.
2. Sie haben Zugang zu einem C-Compiler, um die Beispiele und Aufgaben nachzuvollziehen.

Während die erste Forderung nicht unbedingt erfüllt sein muß und notfalls durch viel Ausdauer ausgeglichen werden kann, halte ich es für unmöglich, die Sprache C ohne Zugang zu einem C-Compiler zu erlernen. Aus diesem Grund finden Sie im Lieferumfang des Buches eine CD-ROM mit dem GNU-C/C++-Compiler und vielen weiteren Werkzeugen, die Sie in die Lage versetzt, alle Beispiele nachzuvollziehen. Darüber hinaus ist der GNU-Compiler leistungsfähig genug, um später auch für anspruchsvollere Projekte verwendet zu werden.

Alle in diesem Buch abgedruckten Programme wurden ursprünglich unter Zortech C entwickelt (heute Symantec) und später unter GNU-C noch einmal getestet. Sie laufen prinzipiell aber auch auf jedem anderen ANSI-C-Compiler, wie beispielsweise Turbo-C, Microsoft-C oder auf einem der Standard-UNIX-Compiler.

### 1.2.2 Ziel des Buches

Nach dem Durcharbeiten des Buches werden Sie alle wesentlichen Eigenschaften der Programmiersprache C kennengelernt und einige praktische Erfahrung im Umgang mit der Sprache erworben haben. Sie werden in der Lage sein, kleinere bis mittlere C-Programme selbst zu schreiben sowie vorgegebene C-Programme mittleren Schwierigkeitsgrades zu verstehen. Ferner wird das Buch Ihnen die Grundlage für weiterführende Studien der Sprache C oder spezieller Teilgebiete geben, die sich der Sprache C bedienen.

### 1.2.3 Aufbau des Buches

Das Buch besteht aus drei Teilen:

- Teil I (*Grundlagen*) hat den Charakter eines Lehrbuchs und erklärt die Eigenschaften der Sprache C von Grund auf.
- Teil II (*Werkzeuge*) beschreibt die wichtigsten Tools für die Entwicklung von C-Programmen. Er baut auf dem in Teil I erworbenen Wissen auf und erklärt die Bedienung des Compilers und Editors. Ferner beschreibt er die Verwaltung von Projekten und Quelltexten. Alle erläuterten Werkzeuge sind frei verfügbar und auf der CD-ROM zum Buch enthalten.
- Teil III (*Referenz*) ist die Library-Referenz zu ANSI-C. Hier werden alle wichtigen Funktionen der Standard-Library alphabetisch und nach Funktionen gegliedert aufgelistet und detailliert beschrieben. Meist rundet ein eigenständiges Beispiel die Erläuterungen ab.

Teil I ist in zwölf Kapitel untergliedert, die jeweils ein abgeschlossenes Thema behandeln. Die ersten elf Kapitel bauen aufeinander auf, Sie sollten das Buch also von vorne nach hinten lesen. Eine Ausnahme bildet Kapitel 12, denn es behandelt keine neuen Themen, sondern listet mögliche Fehlerquellen bei der Programmierung in C auf und zeigt Ansätze zur Lösung derartiger Probleme. Am Ende des Buches finden Sie einige Anhänge und ein ausführliches Stichwortverzeichnis, mit dessen Hilfe Sie das Buch auch als Nachschlagewerk verwenden können. Das Verzeichnis der »Rezepte« am Anfang des Buchs erleichtert auch das Wiederfinden größerer thematischer Bausteine.

Im Anschluß an jedes Kapitel des ersten Teils ist eine Reihe von Übungsaufgaben zur Vertiefung und praktischen Anwendung des behandelten Stoffes zu finden. Die Übungsaufgaben haben unterschiedliche Schwierigkeitsgrade, die durch eine Kennung hinter der Aufgabennummer angegeben werden:

A Einfache Aufgabe, die in erster Linie zur praktischen Anwendung des Erlernten dient.

B Anspruchsvollere Aufgabe, die das Erlernte in einem neuen Zusammenhang darstellt und oft typisch für das Programmieren in C ist.

C Schwierige Aufgabe, die zwar prinzipiell mit den erlernten Fähigkeiten gelöst werden kann; manchmal sind aber zusätzliche Kenntnisse auf einem anderen Gebiet erforderlich, oder die Lösung erfordert einen besonderen Trick.

P Puzzles unterschiedlicher Schwierigkeitsgrade. Bei einem Puzzle geht es darum, die Ausgabe eines vorgegebenen Programms vorherzusagen.

Nach dem Durcharbeiten eines Kapitels sollten Sie mindestens die A-Aufgaben lösen. Bleiben Sie so lange bei einer Aufgabe, bis Sie sicher sind, die richtige Lösung gefunden zu haben. Diese Aufgaben sind in erster Linie als praktische Ergänzung des Kapitels gedacht, ihr tieferer Sinn liegt jedoch immer auch darin, die praktischen Abläufe zu üben. Sie werden dadurch ein Gefühl für Dinge wie Editor-, Compiler- und Linklauf, Syntax der Programmelemente und das Vorgehen im Fehlerfall bekommen. Das Lösen einer A-Aufgabe wird im allgemeinen nicht länger als 30 Minuten dauern.

Die B-Aufgaben sollen Sie dazu motivieren, sich stärker zu fordern. Versuchen Sie möglichst, auch diese Aufgaben zu lösen. Sie bekommen durch eine B-Aufgabe möglicherweise eine neue Sicht auf schon bekannte Dinge und verstehen sie dann besser. Wenn Ihnen eine B-Aufgabe zunächst zu schwierig vorkommt, geben Sie nicht sofort auf. Selbst wenn Sie eine Aufgabe einmal nicht lösen können, haben Sie durch die Beschäftigung mit dem Problem doch eine Menge gelernt. Das Lösen einer B-Aufgabe wird etwa zwischen einer halben und zwei Stunden erfordern.

Die C-Aufgaben sind am schwierigsten zu lösen. Sie sind unter anderem für die »Überflieger« unter den Lesern vorgesehen, denen alle anderen Aufgaben zu leicht sind. Aber auch für die »Normalsterblichen« haben sie einen Sinn: Schauen Sie bei der Lektüre eines späteren Kapitels einfach die ungelösten C-Aufgaben früherer Kapitel noch einmal an, dann fällt Ihnen die Lösung möglicherweise sofort ein. Versuchen Sie bei einer C-Aufgabe aber auf jeden Fall, die Aufgabe zumindest zu verstehen und eine Lösungsidee zu entwickeln. Oft ist das der wichtigste Schritt auf dem Weg zur Lösung.

Die P-Aufgaben sind ein unbestechlicher Indikator dafür, *wie genau* Sie den Stoff verstanden haben. Ihre eigenen Ergebnisse lassen sich leicht durch Kompilieren der Listings überprüfen und zeigen Ihnen, wo Sie noch Schwächen haben. Sie sollten so viele P-Aufgaben wie möglich bearbeiten. Puzzles liegen vom Schwierigkeitsgrad meist zwischen Aufgaben des Typs A und B, einige sind auch vom Typ C. Puzzles haben gegenüber Programmieraufgaben den zusätzlichen Vorteil, daß sie das *Lesen* von Programmen trainieren, nicht nur das *Schreiben*. Diese Fähigkeit, fremde Programme lesen und verstehen zu können, wird heute von vielen Entwicklern und Entscheidern als sehr wichtig angesehen.

Es steht außer Frage, daß das Lösen der Aufgaben viel Zeit kostet, wahrscheinlich ebensoviel wie das Durchlesen des eigentlichen Kapiteltextes. Sollte Ihre Zeit sehr knapp bemessen sein, versuchen Sie, in der verfügbaren Zeit erst so viele A- und dann so viele B- und P-Aufgaben wie möglich zu lösen. Wenn Sie genügend Zeit haben, sollten Sie sich auch mit den C-Aufgaben beschäftigen. Bedenken Sie, daß der Lernerfolg um so größer ist, je mehr Aufgaben Sie bearbeitet und gelöst haben.

Ein wichtiger Anreiz zum Durcharbeiten der Aufgaben liegt auch darin, daß in ihnen teilweise Lernstoff versteckt ist. Das geht zwar nicht so weit, daß Ihnen wichtige Elemente der Sprache entgehen, wenn Sie die eine oder andere Aufgabe nicht lösen. Oft enthalten die Aufgaben jedoch kleine Tricks oder Kniffe, die im eigentlichen Text des Kapitels nicht zu finden sind, die aber für das Programmieren im allgemeinen oder die Sprache C dennoch sehr nützlich sein können.

Nach dem Aufgabenteil finden Sie Musterlösungen zu ausgewählten Aufgaben. Schauen Sie sich die Musterlösung zu einer Aufgabe erst an, wenn Sie sicher sind, Ihre Lösung gefunden zu haben, oder wenn Sie nach längerem Probieren nicht auf die Lösung kommen. Wie der Name schon sagt, ist eine Musterlösung nicht unbedingt die einzig verfügbare Lösung zu einer Aufgabe, sondern möglicherweise lediglich eine von mehreren Möglichkeiten.

Ihre eigene Lösung muß daher keinesfalls immer vollständig mit der vorgegebenen Lösung übereinstimmen. Ganz im Gegenteil, das Programmieren lebt nicht nur von den *handwerklichen*, sondern vor allem auch von den *kreativen* Fähigkeiten der Entwickler. Sollte Ihnen eine interessante neue Lösung zu einer Aufgabe eingefallen sein, dann senden Sie sie mir zu. Vielleicht findet sie einen Platz in einer der nächsten Auflagen dieses Buchs.

Nach den einleitenden Worten beginnt nun das eigentliche Thema des ersten Kapitels, die Einführung in die Sprache C. Dazu werden zunächst einige typische Elemente der Sprache sehr informell an einem Beispielprogramm vorgestellt, die Ihnen helfen, sich mit grundlegenden Eigenschaften von C vertraut zu machen. Den Abschluß des Kapitels bildet die Einführung der elementaren Datentypen, Konstanten und Variablendeklarationen sowie der obligatorische Aufgabenblock.

### 1.2.4 Syntaxdiagramme

Bei der Beschreibung einer Programmiersprache ist es nötig, ihre syntaktischen Bestandteile genau zu charakterisieren. Nur ein syntaktisch korrektes Programm wird vom Compiler fehlerfrei übersetzt und kann wie geplant funktionieren. Als formale Methode zur Syntaxbeschreibung hat sich seit geraumer Zeit eine Technik mit der Bezeichnung *Erweiterte Backus-Naur-Form*, kurz EBNF, durchgesetzt. EBNF ist eine Erweiterung der *Backus-Naur-Form*, die von J. Backus und P. Naur zur Definition der Sprache ALGOL 60 eingeführt wurde. Auch in diesem Buch wird EBNF benutzt, um die Syntax von Sprachelementen darzustellen. EBNF besteht aus den folgenden Elementen:

#### Produktionen

Die Syntaxbeschreibung besteht aus vielen *Produktionen*. Auf der linken Seite einer Produktion steht ein *Nichtterminalsymbol*, dessen Syntax definiert werden soll. Auf der rechten Seite erfolgt die eigentliche Definition mit Hilfe von *Terminalzeichen*, *Metasymbolen* und *Nichtterminalzeichen*. Linke und rechte Seite sind durch die Zeichenfolge ::= getrennt. Das Startsymbol der in Anhang A abgedruckten Syntaxzusammenfasssung ist *Programm*.

#### Terminalzeichen

*Terminalzeichen* bezeichnen Schlüsselworte oder Sonderzeichen, die in einem konkreten Programm exakt so geschrieben werden müssen, wie sie abgedruckt sind. Terminalzeichen sind stets fett gedruckt und können ein oder mehrere Zeichen lang sein.

#### Nichtterminalsymbole

*Nichtterminalsymbole* repräsentieren die *Variablen* der Syntaxbeschreibung. Jedes Nichtterminalsymbol wird dabei einmal definiert (wenn es auf der linken Seite einer Produktion steht) und beliebig oft verwendet (auf der rechten Seite einer Produktion). Nichtterminalsymbole werden nicht-fett geschrieben.

#### Metazeichen

Metazeichen haben eine besondere Bedeutung: sie beschreiben die Zusammenhänge zwischen Terminal- und Nichtterminalzeichen und sind stets ein Zeichen lang. In dieser Syntaxbeschreibung tauchen folgende Metazeichen auf:

::= *Definition*. Trennt die linke und rechte Seite einer Produktion.

| *Alternative*. A | B bedeutet, daß sowohl A als auch B möglich ist. Dieses Metazeichen hat die geringste Bindungskraft und wird daher immer ganz zuletzt ausgewertet (also auch nach der Hintereinanderschreibung, s.u.).

[ ] *Option*. [A] bedeutet, daß A vorkommen kann, aber nicht unbedingt vorkommen muß.

{ } *Iteration*. {A} bedeutet, daß A gar nicht, einmal oder beliebig oft vorkommen kann.

( ) *Gruppierung*. Dient zur logischen Gruppierung von Teilausdrücken, um diese zuerst auszuwerten.

... *Bereich*. A...B bedeutet, daß alle Zeichen zwischen (lexikalisch) A und B (einschließlich) vorkommen können.

Die wichtigste implizite Regel besagt jedoch, daß hintereinanderstehende Symbole, die nicht durch ein Metazeichen getrennt sind, auch im Quelltext hintereinander vorkommen müssen.

Beachten Sie bitte, daß die Metazeichen auch als Terminalsymbole in der zu beschreibenden Sprache selbst vorkommen können. In C gilt dies für alle genannten Metazeichen mit Ausnahme von "..." und "::=". Um diese beiden Fälle zu unterscheiden, werden Terminalsymbole immer fett dargestellt, während Metazeichen normal gedruckt sind (bei einer manchmal verwendeten alternativen Schreibweise werden die Terminalsymbole in Anführungszeichen gesetzt.)

Eine zusammenhängende Syntaxbeschreibung der Sprache C in EBNF finden Sie in Anhang A. In den nachfolgenden Kapiteln dieses Buches wird eine etwas vereinfachte Variante verwendet, um einzelne Strukturelemente der Sprache zu beschreiben.

## 1.3 Das »hello-world«-Programm

Wir wollen uns nun einem einleitenden Beispiel zuwenden. Betrachten Sie dazu folgendes Programm:

```
/* Das hello, world Programm */
/* bsp0101.c */

void main(void)
{
  printf("hello, world\n");
}
```

Wenn Sie dieses Programm kompilieren, linken und starten, erzeugt es folgende Ausgabe auf dem Bildschirm:

```
hello, world
```

Dieses Programm soll nun dazu dienen, typische Bestandteile eines C-Programms exemplarisch vorzustellen.

### 1.3.1 Lexikalische Bestandteile

Ein C-Programm besteht für den Compiler zunächst einmal nur aus einer Folge von Bytes, die in einer Datei untergebracht sind. Beim Übersetzen des Programms liest der Eingabeteil des Compilers (der *Scanner*) diese Datei sequentiell Byte für Byte und versucht, wo immer möglich, mehrere Bytes zu einem *Token* zusammenzubauen. Dieses Token reicht er dann an den *Parser* weiter, der sich mit der syntaktischen Analyse des Programms auseinandersetzt. Ein solches Token kann etwa ein Operator wie + oder ein Schlüsselwort wie *if* sein, es kann sich aber auch um eine numerische Konstante oder einen selbstdefinierten Namen handeln.

Da der Scanner immer versucht, so viele Eingabezeichen wie möglich zu einem Token zusammenzubauen, stellt sich die Frage: wie erkennt er, wann ein Token zuende ist? Dafür gibt es zwei Möglichkeiten. Entweder befindet sich hinter dem Token ein *Whitespace*-Zeichen (Leerzeichen, Tabulator oder Zeilenschaltung) oder aber ein *Delimiter* (alle Sonderzeichen außer Unterstrich). Es gilt weiterhin die Regel, daß zwischen zwei aufeinanderfolgenden Token eine beliebige Anzahl an Whitespaces eingefügt werden darf. Dies bedeutet aber nichts anderes, als daß der Compiler sich nicht für Leerzeilen oder Einrückungen oder ähnliches interessiert. Innerhalb eines Token darf jedoch kein Whitespace stehen.

Damit sind Sie also bezüglich der äußeren Gestaltung Ihrer Programme recht frei, denn Sie können Leerzeichen, Tabulatoren oder Zeilenschaltungen nach Belieben in den Quelltext einstreuen, um ihn übersichtlicher zu machen. Tatsächlich haben sich aber im Laufe der Zeit einige feste Regeln eingebürgert, was Einrückung und Zeilenschaltungen betrifft. So ist es beispielsweise üblich, die Anweisungen innerhalb eines Blockes immer etwas nach rechts einzurücken oder vor der Definition einer Funktion mindestens eine Leerzeile zu lassen. Am besten verwenden Sie die Beispielprogramme und Musterlösungen aus diesem Buch als Anschauungsmaterial, um ein Gefühl für das Aussehen von C-Programmen zu bekommen.

### 1.3.2 Kommentar

Ein Kommentar wird in einem C-Programm durch /* eingeleitet und durch */ beendet. Die ersten beiden Zeilen des »hello, world«-Programms sind also Kommentare. Innerhalb eines Kommentars dürfen beliebige Zeichen – außer dem rechten Kommentarzeichen – vorkommen, und es spielt keine Rolle, ob sich der Kommentar über mehrere Zeilen erstreckt. Meistens ist es allerdings verboten, Kommentare zu schachteln, also innerhalb eines Kommentars einen weiteren Kommentar anzulegen. Ein Kommentar wird vom Compiler immer so behandelt, als wäre er ein Leerzeichen: er erzeugt keinen Programmcode, hat aber die Eigenschaft, zwei aufeinanderfolgende Bezeichner zu trennen.

Bezüglich der Häufigkeit von Kommentaren in einem Programm streiten sich die Gelehrten. Die Meinungen reichen dabei von »jede Zeile sollte kommentiert werden« bis »ein gutes Programm kommentiert sich selbst«. Beide Positionen sind ebenso extrem wie falsch, und eine vernünftige Lösung besteht darin, einen Mittelweg zwischen diesen Extremen zu finden. Er könnte beispielsweise so aussehen:

1. Am Anfang einer Datei steht ein ausführlicher Kommentar, der folgende Bestandteile enthält:
   a) Name der Datei, Versionsnummer,
   b) Kurzbeschreibung,
   c) Portierbarkeitsaspekte (verwendeter C-Compiler und Betriebssystem),
   d) Datum der Erstellung und letzte Änderung sowie Programmautor.
2. Jede Funktionsdefinition bekommt einen Header, der die Aufgabe der Funktion kurz umreißt und ihre Aufrufsyntax klarmacht.
3. Globale Typen und Variablen werden bei ihrer Definition kommentiert.
4. Innerhalb des Anweisungsteils von Funktionen steht ein Kommentar immer dann, wenn eine Anweisungsfolge ungewöhnlich oder schwierig ist, d.h. wenn damit zu rechnen ist, daß dieser Programmteil bei einem späteren Lesen oder von einem anderen nicht ohne weiteres verstanden wird.

Diese Vorgehensweise ist ein vernünftiger Kompromiß zwischen Aufwand und Nutzen von Kommentaren. Ob Sie selbst so oder anders vorgehen wollen, entscheiden Sie natürlich selbst.

### 1.3.3 Hauptfunktion

Das »hello, world«-Programm besteht – außer dem Kommentar – im wesentlichen aus einer einzigen Funktion mit dem Namen *main*. Da Funktionen in C das einzige Unterprogrammkonstrukt sind, besteht ein C-Programm immer aus einer oder mehreren Funktionen. Eine dieser Funktionen hat in C eine besondere Bedeutung und einen besonderen Namen, nämlich *main*. Diese Funktion wird vom Laufzeitsystem gleich nach dem Starten und Initialisieren des Programms aufgerufen und ist so der Einstiegspunkt für jedes C-Programm. Anders als in vielen anderen Programmiersprachen gibt es in einem C-Programm also keine Konstruktion für ein separates Hauptprogramm, sondern der Programmablauf beginnt da, wo die *main*-Funktion beginnt.

Eine Funktion wie *main* wird im einfachsten Fall durch Angabe des Namens deklariert, dem eine leere Parameterliste (ein Paar runder Klammern) und dann die auszuführenden Anweisungen folgen. In unserem Beispiel finden sich zusätzlich die beiden Bezeichner *void*, mit denen angezeigt wird, daß die Funktion weder Parameter noch Rückgabewert besitzt. Beachten Sie, daß die auszuführenden Anweisungen in geschweifte Klammern eingeschlossen werden müssen. Man bezeichnet den Teil innerhalb der geschweiften Klammern auch als *Anweisungsteil* der Funktion, den Rest als *Funktionskopf*. Der Funktionskopf legt also fest, unter welchem Namen die Funktion aufgerufen werden soll und wie die Parameterübergabe stattfindet. Der Anweisungsteil legt fest, welche Aufgaben die Funktion erledigen soll.

Eine Funktion kann innerhalb eines Programms in zwei verschiedenen Zusammenhängen auftauchen, als *Funktionsdefinition* und zweitens als *Funktionsaufruf*. Mit *main* wird in diesem Beispiel eine Funktion definiert, d.h. es wird festgelegt, *was* die Funktion tun soll. Die Verwendung von *printf* ist dagegen ein Beispiel für einen Funktionsaufruf. Eine definierte Funktion wird aufgerufen, damit sie die Dinge erledigt, die in ihrer Definition festgelegt wurden. Dabei ist *printf* eine Funktion, die von den Herstellern des C-Compilers mitgeliefert wurde. Sie hat die Aufgabe, Texte und Zahlen formatiert auf dem Bildschirm auszugeben.

### 1.3.4 Geschweifte Klammern

Die geschweiften Klammern haben in C sehr weitreichende Bedeutung, sie dienen nämlich als Blockbegrenzer. Für alle C-Anfänger, die an die `BEGIN`/`END`-Schlüsselworte anderer Sprachen gewöhnt sind, sind sie meist die Hauptursache für die »schlechte Optik« von C-Programmen. In der Regel dauert es aber nicht lange, bis man sich auch als Umsteiger vollständig an das Aussehen von C-Programmen gewöhnt hat.

### 1.3.5 Anweisung

Das »hello, world«-Programm enthält eine einzige Anweisung, nämlich den Aufruf der Funktion *printf*. Jedes C-Programm besteht aus einer Folge von Anweisungen – nicht anders als in den meisten anderen Programmiersprachen –, und die Anweisungen werden nacheinander ausgeführt. Nachdem das Programm die letzte Anweisung ausgeführt hat, wird es beendet. Die Anweisungen sind sozusagen die kleinsten ausführbaren Einheiten eines Programms; durch Anweisungen wird festgelegt, was das Programm zu tun hat und auf welche Art es das tun soll.

### 1.3.6 Semikolon

Ein Semikolon ist in C ein Endezeichen; es wird fast ausschließlich dazu verwendet, das Ende einer Anweisung anzuzeigen. Nicht alle Anweisungstypen brauchen jedoch ein Semikolon als Endezeichen. Im Kapitel 3 werden Sie alles über Anweisungen und das Setzen von Semikolons oder anderen Trennzeichen erfahren.

### 1.3.7 Stringkonstante

Eine Stringkonstante ist ein beliebiger Text innerhalb eines Programms, der durch Hochkommata eingeschlossen ist. In dem »hello, world«-Programm ist also "hello, world\n" eine Stringkonstante, die in diesem Fall zusammen mit der Funktion *printf* dazu verwendet wird, eine Ausgabe auf dem Bildschirm anzuzeigen. Um innerhalb einer Stringkonstante besondere Zeichen darzustellen, die normalerweise nicht ohne weiteres über die Tastatur eingegeben werden können, gibt es eine Reihe von Sonderzeichen, die innerhalb von Stringkonstanten erlaubt sind. Eines dieser Sonderzeichen ist \n. Obwohl es aus zwei Einzelzeichen besteht, wird es vom Compiler wie *ein* Zeichen behandelt, nämlich wie eine Zeilenschaltung (*Newline*). Diese Sonderzeichen haben eine große Bedeutung in C und tauchen an den unterschiedlichsten Stellen innerhalb eines Programms auf. Im Abschnitt »Literale Konstanten« werden Sie mehr darüber erfahren.

Es ist grundsätzlich nicht erlaubt, eine Stringkonstante über das Zeilenende hinaus fortzusetzen. Die schließenden Hochkommata müssen also in derselben Zeile auftauchen wie die öffnenden. Es gibt aber eine Ausnahme: wenn Sie innerhalb einer Stringkonstante als letztes Zeichen einer Zeile einen \ (*Backslash*) setzen, so wird diese Zeile mit der nächsten verbunden, so daß Sie auf diese Weise mehrzeilige Stringkonstanten erzeugen können. Das Problem bei dieser Vorgehensweise ist nur, daß keine Einrükkungen mehr möglich sind, denn die Fortsetzung der Stringkonstanten beginnt unmittelbar am Anfang der nächsten Zeile.

### 1.3.8 Namenskonventionen

Ein C-Programm darf selbstverständlich selbstdefinierte Namen (*Bezeichner*) enthalten, etwa für Variablen oder Funktionsdefinitionen. Bezüglich der erlaubten Namen gelten folgende Regeln:

1. Bezeichner können beliebig lang sein, der Compiler unterscheidet jedoch meist nur bis zu einer festen, compilerabhängigen Länge. Typischerweise liegt die Grenze bei 15 bis 31 Zeichen. Bei modernen Compilern kann sie auch weit darüber liegen oder sogar ganz aufgehoben sein.

2. In C wird sowohl bei vorgegebenen als auch selbstdefinierten Bezeichnern strikt zwischen Groß- und Kleinschreibung unterschieden. So ist beispielsweise *X1* ein anderer Variablenname als *x1*, und es ist nicht erlaubt, das Schlüsselwort *if* groß zu schreiben.

3. Ein Bezeichner darf Buchstaben, Ziffern und Unterstriche enthalten. Das erste Zeichen darf keine Ziffer sein. Unterstriche am Anfang eines Bezeichners und zwei oder mehr aufeinanderfolgende Unterstriche sind zwar erlaubt, sollten aber vermieden werden, um Kollisionen mit Bezeichnern aus den Standard-Libraries zu vermeiden.

Wir wollen damit die Diskussion des »hello, world«-Programms beenden und beginnen, uns der systematischen Beschreibung der Elemente der Sprache C zuwenden.

## 1.4 Elementare Datentypen

Im Gegensatz zu einer Sprache wie etwa BASIC ist C eine *streng typisierte* Sprache. Das bedeutet: alle Variablen und Funktionen haben einen genau definierten, vom Programmierer festgelegten Typ, der bestimmt, welche Werte die Variable annehmen bzw. die Funktion zurückgeben darf und welche nicht. Der folgende Abschnitt behandelt die elementaren Datentypen von C, d.h. die Typen, die jeder C-Compiler als Grundmenge zur Verfügung stellt. In späteren Kapiteln werden Sie zusätzliche Möglichkeiten kennenlernen, aus den Grundtypen durch Anwendung bestimmter Konstruktionsmechanismen neue Typen zusammenzubauen.

### 1.4.1 Standardtypen

#### R 1 Die Standardtypen in C

R1

Tabelle 1.1 enthält eine Übersicht der in C verfügbaren Standardtypen und gibt zu jedem den Namen, den Wertebereich und die Länge der internen Darstellung an.

| Name | Länge | Wertebereich |
|---|---|---|
| char | 1 | -128..127 oder alle ASCII-Zeichen bis 127 oder 0..255 (alle ASCII-Zeichen), je nach Compiler |
| unsigned char | 1 | 0..255 oder alle ASCII-Zeichen |
| signed char | 1 | -128..127 oder alle ASCII-Zeichen bis 127 |
| int | 2 oder 4 (entsprechend 16- oder 32-Bit-Architektur) | -32768..32767 (auf 16-Bit-Rechnern) oder -2147483648..2147483647 (auf 32-Bit-Rechnern) |
| short int | 2 | -32768..32767 |

**Tabelle 1.1: Standardtypen in C**

| Name | Länge | Wertebereich |
|---|---|---|
| long int | 4 | -2147483648..2147483647 |
| unsigned int | 2 oder 4 (entsprechend 16- oder 32-Bit-Architektur) | 0..65535 (auf 16-Bit-Rechnern) oder 0..4294967295 (auf 32-Bit-Rechnern) |
| unsigned short int | 2 | -0..65535 |
| unsigned long int | 4 | 0..4294967295 |
| float | 4 | $-10^{38}..10^{38}$ |
| double | 8 | $-10^{308}..10^{308}$ |

Tabelle 1.1: Standardtypen in C

### 1.4.2 char

Der *char*-Datentyp kann in C auf zwei (logisch) völlig unterschiedliche Arten verwendet werden. Zum einen dient er der Handhabung einzelner Zeichen wie 'a', 'b', '5' oder '\n', die typischerweise im Zusammenhang mit Bildschirmausgabe, Tastatureingabe oder dem Verarbeiten von Textdateien benötigt werden. Seine andere Anwendung ist die Verarbeitung kleiner Ganzzahlen, deren Wertebereich für die Anwendung des *int*-Typs eigentlich zu klein ist.

Das ist sicherlich für den C-Anfänger etwas verwirrend, handelt es sich doch um logisch sehr unterschiedliche Anwendungen, die hier gleich behandelt werden. An dieser Stelle zeigt sich erstmals die Hardwarenähe der Sprache C. Auf der Ebene der Maschinenbefehle unterscheiden sich beide Anwendungen überhaupt nicht. Intern werden einzelne Zeichen als gewöhnliche Bytes verarbeitet und bekommen nur durch Tastatur und Bildschirm eine besondere Bedeutung. Für den Prozessor macht es keinen Unterschied, ob etwa im Bildschirmspeicher ASCII-Zeichen oder eine unstrukturierte Bytefolge (z.B. ein Maschinenprogramm) steht. Lediglich die Interpretation durch den Anwender schafft hier zwei verschiedene Typen.

Diese Anlehnung an maschinennahe Darstellungen wird uns in C noch öfter begegnen, sie reflektiert die ursprüngliche Konzeption von C als Sprache zur Implementierung des Betriebssystems UNIX und ist oft vorteilhaft für das Programmieren systemnaher Abläufe. Tatsächlich besteht der große Vorteil in diesem Fall darin, daß *char*-Zeichen auch in arithmetischen Ausdrücken verwendet werden können, man also *Berechnungen* mit ihnen durchführen kann. Dafür gibt es durchaus Anwendungen, näheres erfahren Sie in Kapitel 2.

Da ein *char*-Typ auch zur Darstellung von kleinen Ganzzahlen geeignet sein soll, gibt es in C sowohl einen vorzeichenbehafteten als auch einen vorzeichenlosen *char*-Typ. Es ist nicht festgelegt, ob ein Compiler einen *char*-Typ standardmäßig mit oder ohne Vorzeichen darstellen soll. Sie können diesem (Portabilitäts-)Problem begegnen, indem Sie eines der Schlüsselworte *signed* oder *unsigned* voranstellen. Das Handbuch des von Ihnen verwendeten Compilers kann hierzu nähere Auskünfte geben.

### 1.4.3 int

Der *int*-Datentyp ist der Standardganzzahltyp in C. Er wird immer dann verwendet, wenn ganze Zahlen gespeichert oder verarbeitet werden müssen und *char* ungeeignet ist. Während der *char*-Typ auf allen bekannten Rechnern mit einer Länge von 1 Byte dargestellt wird, kann die interne Länge – und damit auch der Wertebereich – eines *int* von Rechner zu Rechner unterschiedlich sein. Üblich sind Längen von 16 oder 32 Bit. Auch hier sollten Sie das Handbuch Ihres Compilers zu Rate ziehen, wenn Ihnen die Darstellungslänge eines *int* nicht bekannt ist.

**long** Der *int*-Typ kann auf unterschiedliche Arten modifiziert werden. Durch Voranstellen des Schlüsselworts *long* wird der Wertebereich von *int* möglicherweise erweitert, und zwar typischerweise auf $-2^{31} .. 2^{31}-1$. Anwendungen von *long int* finden sich dort, wo der Wertebereich von *int* zu klein ist. Obwohl dies für die meisten Systeme gilt, muß ein *long int* nicht unbedingt 32 Bit lang sein, und sein Wertebereich könnte dementsprechend größer oder kleiner sein.

**short** Durch Voranstellen des Schlüsselworts *short* werden der Wertebereich und die Länge der Darstellung von *int* möglicherweise verkürzt, und zwar typischerweise auf $-2^{15}..2^{15}-1$. Das hier und im vorigen Absatz verwendete »möglicherweise« erklärt sich dadurch, daß der Grundtyp *int* auf manchen Rechnern mit einem *short int*, auf anderen Rechnern hingegen mit einem *long int* identisch ist. Auf ersteren unterscheidet sich daher *int* nicht von *short int*, während sich auf letzteren *int* nicht von *long int* unterscheidet. Wir können jedoch davon ausgehen, daß ein *short int* auf allen Rechnern kürzer als ein *long int* ist.

**unsigned** Durch Voranstellen des Schlüsselworts *unsigned* teilen Sie dem Compiler mit, daß er den Datentyp als vorzeichenlos betrachten soll. Dadurch verschiebt sich der Wertebereich von den oben genannten Grenzen auf $0..2^n-1$, wobei *n* die Anzahl der Bits der *int*-Darstellung bezeichnet. Es gibt zusätzlich das Schlüsselwort *signed*, mit dem Sie dem Compiler mitteilen können, daß Sie eine vorzeichenbehaftete Darstellung wünschen. Dies ist jedoch – anders als bei *char* – bei allen *int*-Typen die Voreinstellung und braucht daher i. a. nicht gesondert angegeben zu werden.

Falls Sie einen *int*-Typ durch eines der Schlüsselwörter *signed, unsigned, short* oder *long* modifizieren, so können Sie das nachfolgende Schlüsselwort *int* auch weglassen. Ein gültiger Name für den Typ *unsigned long int* wäre also ebenso *unsigned long*.

### 1.4.4 float und double

Diese beiden Datentypen eignen sich zur Darstellung von *Fließkommazahlen*. Fließkommazahlen sind das computergerechte Modell der in der Mathematik vorkommenden *reellen* Zahlen. Im Gegensatz zu diesen ist ihr Wertebereich und ihre Genauigkeit allerdings begrenzt. Auf typischen Maschinen hat der *float*-Typ eine Genauigkeit von sieben bis acht Nachkommastellen, während es bei *double* etwa 13 bis 14 Stellen sind. Die Wertebereiche sind ebenfalls unterschiedlich, sie können Tabelle 1.1 entnommen werden.

Das bedeutet also beispielsweise, daß eine *float*-Zahl, welche den Wert 1.500302085 darstellen kann, noch lange nicht auch den Wert 1.500302086 darstellen kann, denn normalerweise wird damit ihre Genauigkeit überschritten. Dieses Verhalten wird um so eigenartiger, je größer die Zahlen werden. Angenommen, eine *float*-Zahl mit acht Stellen Genauigkeit enthält die Zahl 315406235.0, dann bedeutet dies beispielsweise, daß die Zahlen 315406236.0 oder 315406234.0 nicht von dieser Zahl unterscheidbar sind. In der Tat ist es z. B. unter Turbo-C so, daß die nächstgrößere unterscheidbare Ganzzahl 315406256.0 ist, eine Differenz von 21! Eine Fließkommazahl mit achtstelliger Genauigkeit kann also nicht etwa immer acht *Dezimalstellen* unterscheiden, sondern die Anzahl der *signifikanten Stellen* von links nach rechts ist acht. Hat die Zahl also schon vor dem Komma sechs Stellen, so kann sie nach dem Komma nur noch zwei weitere Stellen unterscheiden.

Dieser Umstand macht *float*-Zahlen für kaufmännische Berechnungen oft ungeeignet. Sollen etwa Geldbeträge mit Zehntelpfennig-Genauigkeit verarbeitet werden, so liefert *float*-Arithmetik allerhöchstens bei Beträgen mit weniger als 100000 DM die nötige Genauigkeit (auch kein Zwischenergebnis in irgendeinem Ausdruck darf größer werden). Das ist zweifellos für die meisten Anwendungen zu wenig. Besser ist da schon die Verwendung von *double*, wo i.a. auch zweistellige Millionenbeträge noch ohne Fehler verarbeitet werden können. Die in reinen Anwendungssprachen übliche Festkommadarstellung mit BCD-Arithmetik gibt es in C leider nicht.

Manche C-Compiler bieten noch einen weiteren *double*-Typ, nämlich *long double*. Er wird meist mit zehn Bytes dargestellt und bietet daher noch eine etwas höhere Genauigkeit als *double*. Abbildung 1.1 gibt eine zusammenfassende Übersicht über den Speicherbedarf der Datentypen eines typischen C-Compilers.

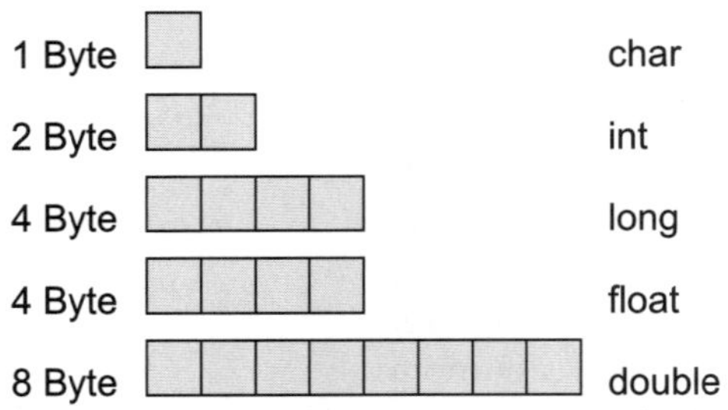


**Abbildung 1.1: Speicherbedarf einiger Datentypen**

## 1.5 Literale Konstanten

In allen Programmiersprachen gibt es *literale Konstanten*, wie beispielsweise 2, -15.0 oder "Hello, world\n". Dabei handelt es sich um Textfolgen, die für den Compiler einen konstanten Wert eines elementaren Datentyps darstellen. Gäbe es diese Literale nicht, so könnte keine Variable jemals einen vom Programmierer definierten Ausgangswert annehmen. Wir werden in einem späteren Kapitel sehen, daß man auch für einige *zusammengesetzte* Typen unter bestimmten Bedingungen literale Konstanten angeben kann. Wir wollen zunächst die elementaren Konstanten nach Typen differenziert besprechen.

### 1.5.1 char

Je nach Verwendung des *char*-Typs als Zahl oder Zeichen können *char*-Konstanten unterschiedlich aussehen. Für Zahlkonstanten gelten die Regeln, die auch bei *int* gültig sind, wobei aufgrund des kleineren Wertebereichs von *char* natürlich nicht so große Zahlen angegeben werden dürfen.

Sollen *char*-Konstanten als Zeichenkonstanten verwendet werden, so ist es meist besser, eine andere Art der Darstellung zu verwenden. Hierbei wird die Zeichenkonstante als Buchstabe, der in einfache Hochkommata eingeschlossen ist, dargestellt. Will man also den Buchstaben a als Zeichenkonstante angeben, so wird man ihn in aller Regel als 'a' schreiben. Natürlich wäre es auch möglich, die Zahl 97 zu verwenden, denn sie entspricht (wenigstens im ASCII-Zeichensatz) der internen Darstellung eines a. Das kann jedoch Portierungsprobleme verursachen, denn nicht alle Systeme verwenden den ASCII-Zeichensatz.

### R 2 Escape-Zeichen in char-Konstanten

Um auch nicht darstellbare Zeichen als Konstanten aufschreiben zu können, gibt es einige Sonderregeln, bei denen die Zeichenkonstante nicht mehr ein, sondern zwei oder mehr Zeichen enthält. Das erste Zeichen ist dabei immer ein \ (Backslash), während das zweite Zeichen den Wert der Konstante festlegt. Diese Konstanten werden vom Compiler niemals wie zwei, sondern immer wie ein einziges, nämlich das gewünschte Sonderzeichen behandelt. Tabelle 1.2 listet diese Sonderkonstanten, die auch als *Escape-Sequenzen* bezeichnet werden, auf.

| Bezeichnung | ASCII-Code | Name | Bedeutung |
|---|---|---|---|
| \n | 10 | newline | Erzeugt auf dem Bildschirm einen Zeilenvorschub; wird auf der Tastatur durch die ENTER-Taste erzeugt. |
| \t | 9 | Tabulator | Erzeugt auf dem Bildschirm einen Tabulatorsprung (meist bis zur nächsten, durch acht teilbaren Spalte); wird auf der Tastatur durch die TAB-Taste erzeugt. |
| \b | 8 | Backspace | Führt auf dem Bildschirm meist zum Löschen des vorherigen Zeichens; wird auf der Tastatur durch die Rückschritt-Taste erzeugt. |
| \r | 13 | Carriage Return | Wagenrücklauf. Spielt auf UNIX-Systemen keine große Rolle; unter MS-DOS besteht eine Zeilenendemarkierung aus \r\n. |
| \f | 12 | Form Feed | Keine Bedeutung für Tastatur und Bildschirm; bei Druckern führt es zu einem Seitenvorschub. |
| \0 | 0 | Null | Die wichtigste Bedeutung ist die interne Verwendung als Endemarkierung eines Strings; wird manchmal auch in Druckersteuersequenzen benötigt. |
| \\ | 92 | Backslash | Ist die Bezeichnung für die Zeichenkonstante \, da ein alleinstehender Backslash immer als Escape-Zeichen (Sonderzeichen-Präfix) angesehen wird. |
| \' | 39 | Einfaches Hochkomma | Ist die Bezeichnung für die Zeichenkonstante ', da ein alleinstehendes einzelnes Hochkomma immer als Begrenzer für eine Zeichenkonstante angesehen wird. |
| \" | 34 | Doppeltes Hochkomma | Ist die Bezeichnung für die Zeichenkonstante ", da ein alleinstehendes doppeltes Hochkomma immer als Begrenzer für eine Stringkonstante (s.u.) angesehen wird. |
| \nnn | nnn | Oktalwert | Auf diese Art kann eine Zeichenkonstante direkt über ihre oktale Zahlendarstellung angegeben werden. So ist mit '\033' etwa das ESCAPE-Zeichen (mit dem ASCII-Code 27 (oktal 33)) gemeint. |

**Tabelle 1.2: Escape-Sequenzen in Zeichenkonstanten**

### 1.5.2 int

Ganzzahlige Konstanten vom Typ *int* können in verschiedenen Zahlensystemen aufgeschrieben werden. Neben der normalen Dezimaldarstellung ist dabei auch die Angabe als oktale (Basis 8) oder hexadezimale Konstante (Basis 16) möglich. Nur *dezimale* Konstanten dürfen dabei ein Vorzeichen besitzen. Neben der Angabe eines bestimmten Zahlensystems können auch Angaben über die Länge der internen Darstellung (z.B. *long*) oder das Vorzeichen (*unsigned*) gemacht werden. Werden keine derartigen Angaben gemacht, so wird die Konstante dem kleinstmöglichen der Typen *int, unsigned int, long* oder *unsigned long* zugeordnet.

| Beispiel | Sonderregel | Wirkung |
|---|---|---|
| 123 | Keine | Die Zahl 123 wird als *int*-Konstante in Dezimaldarstellung angesehen. |
| -500 | Keine | Die Zahl -500 wird als *int*-Konstante in Dezimaldarstellung angesehen. |
| 046 | Voranstellen einer 0 | Die Zahl 38 wird als *int*-Konstante in Oktaldarstellung angesehen. |
| 0x3F1B | Voranstellen von 0x | Die Zahl 16155 wird als *int*-Konstante in Hexadezimaldarstellung angesehen. |
| 349L | Anhängen eines L | Die Zahl 349 wird als *long*-Konstante angesehen. |
| 2500U | Anhängen eines U | Die Zahl 2500 wird als *unsigned*-Konstante angesehen. |

**Tabelle 1.3: Beispiele ganzzahliger Konstanten**

Alle Sonderregeln können auch kombiniert werden. Außerdem dürfen die Regeln zur Darstellung in unterschiedlichen Zahlensystemen auch für *char*-Konstanten verwendet werden.

### 1.5.3 float und double

Fließkommakonstanten unterscheiden sich von den bisher vorgestellten Ganzzahlkonstanten dadurch, daß sie einen . (Dezimalpunkt) oder ein E (Exponenten-Präfix) oder beides enthalten. Der Teil vor dem E wird als Mantisse bezeichnet, der Teil dahinter als Exponent. Die Angabe eines Exponenten und damit auch das E sind optional, das E darf wahlweise klein geschrieben werden. Wird ein Exponent angegeben, so errechnet sich der Wert der Zahl durch Multiplikation der Mantisse mit $10^{\text{Exponent}}$. Sowohl Mantisse als auch Exponent dürfen ein Vorzeichen enthalten.

Beispiele gültiger Fließkommakonstanten sind:

| Beispiel | Bedeutung |
|---|---|
| 3.1415926 | Die Zahl *pi* |
| 10.26E4 | 102600.0 in Exponentialschreibweise ($10.26 * 10^4$). |
| .5E-3 | 0.0005 in Exponentialschreibweise (die 0 vor dem Dezimalpunkt darf weggelassen werden). |
| -5.61E-6 | -0.00000561 in Exponentialschreibweise. |

**Tabelle 1.4: Beispiele für gültige Fließkommakonstanten**

Keine Fließkommakonstanten sind dagegen:

| Beispiel | Problem |
|---|---|
| 100 | Die Zahl enthält keinen Dezimalpunkt und wird daher vom Compiler als *int* angesehen. |
| E15 | Die Mantisse fehlt. |

**Tabelle 1.5: Beispiele für ungültige Fließkommakonstanten**

### 1.5.4 Stringkonstanten

Eigentlich können wir String-Konstanten erst im Kapitel über Arrays behandeln. Da sie jedoch selbst in einfachen Programmen zur Ausgabe von Texten auf dem Bildschirm unerläßlich sind, sollen sie an dieser Stelle kurz erklärt werden.

Eine String-Konstante entsteht durch eine Aneinanderreihung von Einzelzeichen, die vorne und hinten durch doppelte Hochkommata abgeschlossen sind. Innerhalb der Hochkommata dürfen alle über die Tastatur eingebbaren Zeichen und alle Escape-Sequenzen (s. Abbildung 1.2), die auch in *char*-Konstanten Verwendung finden, vorkommen. Beachten Sie jedoch, daß es normalerweise nicht sinnvoll ist, innerhalb einer String-Konstanten das Sonderzeichen \0 (ASCII-NUL) zu verwenden, da es vom Compiler und den Laufzeitroutinen als String-Endemarkierung angesehen wird.

Bezüglich der maximal zulässigen Länge von Strings gibt es in C keine prinzipiellen Beschränkungen, hier hat jeder Compiler seine eigenen Restriktionen. Meist liegt die maximal erlaubte Länge bei etwa $2^{15}$-1 oder $2^{16}$-1, also 32767 oder 65535 Zeichen.

Wir wollen die Diskussion über Strings an dieser Stelle auf Konstanten dieses Typs beschränken, für weitere Informationen sei auf Kapitel 5 verwiesen.

Beispiele gültiger Stringkonstanten sind:

```
"hello, world\n"
"\nWert von x: %d\n"
"Das X\b ist nicht sichtbar\n"
```

Der Typ-Bezeichner von String-Konstanten ist *char**.

## 1.6 Definition von Variablen

Neben den Konstanten braucht man in einer Programmiersprache auch *Variablen*. Variablen sind das *Gedächtnis* eines Programms. Wir wollen in diesem Kapitel lediglich die Definition einfacher Variablen besprechen, komplizierte Details wie Speicherklassen oder das Verändern der Sichtbarkeitsregeln werden wir auf später vertagen. Die Syntax einer Variablendefinition lautet:

```
Datentyp Name { , Name } ;
```

Dabei ist *Datentyp* einer der elementaren Datentypen, die wir bisher kennengelernt haben, also etwa *char* oder *int*. Nach der Angabe des Datentyps folgt ein Name oder eine Liste von Namen, die durch Kommata getrennt sind. Durch obige Definition können also die Variablen *Name1, Name2, Name3* usw. erzeugt werden, die alle den Typ *Datentyp* besitzen.

```
char c;
int i,j,k;
float z,rest;
char *filename;
```

Da C eine typisierte Sprache ist, darf man Werte nichtkompatibler Typen nicht vermischen. Es ist also beispielsweise nicht erlaubt, eine Stringkonstante einer *float*-Variablen zuzuweisen. Der Typ einer Variablen ändert sich während ihrer gesamten Lebensdauer nicht und wird einzig und allein durch ihre Definition bestimmt.

### 1.6.1 Sichtbarkeit und Lebensdauer

Jede Variable hat eine wohldefinierte *Sichtbarkeit* und *Lebensdauer.* Diese Parameter sind nicht für alle Variablen eines Programms gleich, sondern jeweils vom Kontext abhängig, in dem sie definiert wurden. Unter der Sichtbarkeit einer Variablen versteht man dabei die Menge aller Stellen im Programmtext, von denen aus auf diese Variable zugegriffen werden kann. Unter der Lebensdauer versteht man die Zeitspanne, während der die Variable innerhalb des laufenden Programms einen gültigen Speicherbereich besitzt, also ihren Wert behält.

In Kapitel 6 wird dieses Thema differenzierter betrachtet, deshalb soll an dieser Stelle zunächst nur pauschal zwischen *globalen* und *lokalen* Variable unterschieden werden. Unter einer lokalen Variablen verstehen wir eine Variable, die innerhalb einer Funktion definiert wurde.

```
/* bsp0102.c */

void main(void)
{
  int i,j;

  /* Anweisungen */
}
```

Die Sichtbarkeit einer lokalen Variable ist auf die Funktion beschränkt, in der sie definiert wurde. Eine lokale Variable kann also nie außerhalb der Funktion verwendet werden, in der sie definiert wurde. Die Sichtbarkeit der lokalen Variablen *i* und *j* aus dem obigen Beispiel beschränkt sich damit auf die Funktion *main*. Die Lebensdauer einer lokalen Variablen beschränkt sich auf die Zeitspanne, während der die zugehörige Funktion ausgeführt wird. Die lokalen Variablen einer Funktion werden also zur Laufzeit des Programms immer dann neu angelegt, wenn die Ausführung der Funktion beginnt, und vernichtet, wenn die Funktion endet.

Ganz anders verhalten sich dagegen globale Variablen. Unter einer globalen Variablen versteht man eine Variable, die *außerhalb* einer Funktion definiert wurde.

```
/* bsp0103.c */

float x;

void test_func(void)
{
  float z;

  /* Anweisungen */
}

void main(void)
{
  int i,j;

  /* Anweisungen */
}
```

Die Sichtbarkeit einer globalen Variablen erstreckt sich auf das gesamte Programm (ab der Stelle, an der diese Variable definiert wurde). Im obigen Beispiel ist die globale Variable *x* also sowohl in der Funktion *main* als auch in der Funktion *test_func* sichtbar. Auch die Lebensdauer einer globalen Variablen erstreckt sich über den gesamten Programmablauf, d.h. eine globale Variable wird beim Programmstart angelegt und mit dem Ende des Programms wieder vernichtet.

Falls eine lokale Variable definiert wurde, die den gleichen Namen wie eine innerhalb dieser Funktion sichtbare globale Variable hat, wird die globale Variable für die Dauer dieser Funktion unsichtbar, d.h. bei Verwendung des Variablennamens wird immer auf die entsprechende lokale Variable zugegriffen. Nach dem Ende dieser Funktion ist jedoch wieder die ursprüngliche globale Variable sichtbar und trägt nach wie vor den alten Wert – unabhängig davon, ob der gleichnamigen lokalen Variable innerhalb der Funktion ein anderer Wert zugewiesen wurde oder nicht.

```
/* bsp0104.c */

int i;

void test_func(void)
{
  int i;

  i=2;
  printf("i ist %d\n",i);
}

void main(void)
{
  int j,k;

  i=1;
  printf("i ist %d\n",i);
  test_func();
  printf("i ist %d\n",i);
}
```

Dieses Programm erzeugt die folgende Ausgabe:

```
i ist 1
i ist 2
i ist 1
```

Die erste Zuweisung in der *main*-Funktion weist der globalen Variablen *i* den Wert 1 zu, danach wird sie auf dem Bildschirm ausgegeben. Die Funktion *test_func* definiert eine lokale Variable gleichen Namens und verdeckt dadurch die globale Variable. Die Zuweisung *i=2* weist also der lokalen Variablen *i* den Wert 2 zu und erzeugt so die zweite Ausgabezeile. Nach dem Ende von *test_func* wird die lokale Variable *i* wieder vernichtet, und bei der nächsten Anweisung in *main* ist wieder die globale Variable *i* sichtbar, deren Wert nach wie vor unverändert 1 ist.

Abbildung 1.2 zeigt eine grafische Darstellung der Vorgänge. Oberhalb der horizontalen Linie, die als Zeitachse die Laufzeit des Programms darstellt, sind die Variablen angeordnet, unterhalb davon die Funktionsaufrufe. Die Lebensdauer der Variablen wird durch Rechtecke angegeben; ist eine Variable sichtbar, so ist das Rechteck an dieser Stelle grau hinterlegt, andernfalls ist es transparent. Sie sehen also, daß die in *test_func* definierte lokale

Variable *i* nur für die Dauer des Funktionsaufrufs existiert und während des Aufrufs die globale Variable *i* und die lokalen Variablen aus *main* verdeckt.

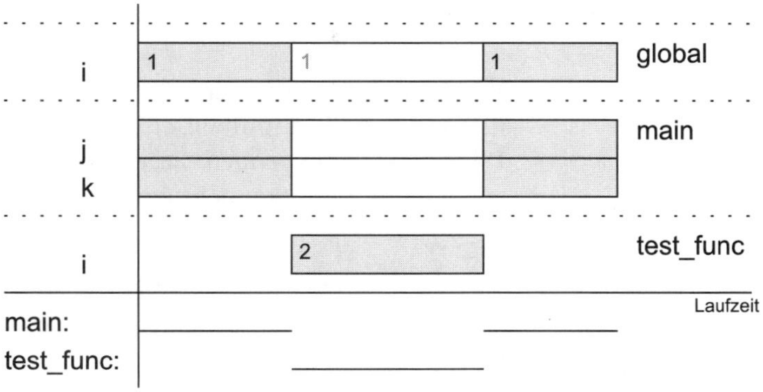


Abbildung 1.2: Globale und lokale Variablen

Wenn Sie bereits Programme in einer blockstrukturierten Hochsprache geschrieben haben, werden Ihnen diese Zusammenhänge klar sein. Falls dies nicht der Fall ist, sollten Sie sich diese gut einprägen. Das Verständnis der Regeln für Sichtbarkeit und Lebensdauer von Variablen ist unabdingbar für das Programmieren in C und allen anderen imperativen Programmiersprachen.

### 1.6.2 Automatische und manuelle Initialisierung

In C gibt es verschiedene implizite und explizite Möglichkeiten, einer Variable einen definierten Anfangswert zuzuweisen. Jeder globalen Variablen wird zu Beginn des Programms der Wert 0 zugewiesen, es ist also nicht nötig, eine globale Variable explizit mit 0 zu initialisieren. Anders verhält es sich bei lokalen Variablen, die nicht automatisch initialisiert werden. Nach dem Aufrufen einer Funktion sind deren lokale Variablen zunächst undefiniert. Es spielt dabei auch keine Rolle, welchen Wert sie beim vorigen Aufruf der Funktion hatten. Nur durch eine explizite Initialisierung oder eine Zuweisung kann eine lokale Variable einen definierten Wert bekommen.

Neben der automatischen Initialisierung globaler Variablen können wir jede einfache Variable bei ihrer Definition initialisieren, indem wir einfach ein = (Zuweisungsoperator, s. Kapitel 2), gefolgt von einer Konstanten des passenden Typs an den Namen der Variablen anhängen.

```
int     i,j=0;
char    crlf='\n';
double xmax=8640.0, ymax=6533.25;
int     i=1, j=2, k=3;
char    *fritz="Mein Name ist Fritz\n";
char    esc_key=27, *errmes="*** Achtung, Fehler ***\n", c;
```

Wie Sie den Beispielen entnehmen können, ist es möglich, sowohl initialisierte als auch uninitialisierte Variablenvereinbarungen innerhalb *einer* Definition zu verwenden. Beachten Sie insbesondere die letzte Zeile, dort werden drei Variablen definiert:

*esc_key* Eine *char*-Variable, die mit dem Wert 27, also dem ESCAPE-Zeichen (im ASCII-Zeichensatz), initialisiert wird.

*errmes* Eine String-Variable, welcher die Stringkonstante "*** Achtung, Fehler ***\n" zugewiesen wird.

*c* Eine uninitialisierte *char*-Variable. Wäre dies die Definition von globalen Variablen, so würde *c* beim Programmstart automatisch der Wert 0 (also '\0') zugewiesen.

Wir wollen nun diese informelle Einführung abschließen und uns nach den Aufgaben dem nächsten Thema, den *Ausdrücken*, zuwenden. Damit es Ihnen möglich ist, die Aufgaben praktisch nachzuvollziehen, folgt allerdings zuvor noch einen kurzer Exkurs in das Thema *Kompilieren und Linken von C-Programmen*.

## 1.7 Kompilieren und Linken von C-Programmen

### 1.7.1 Der Turnaround-Zyklus

Zuallererst ist ein C-Programm nur ein Gedankengebilde. Damit es auf einem realen Rechner ausgeführt werden kann, sind viele Klippen zu umschiffen. Zuerst muß das Programm mit einem Editor erfaßt und in eine Textdatei gebracht werden. Diese Textdatei darf einen beliebigen Namen tragen, muß aber die Erweiterung *.c* haben. Durch die anschließende Übersetzung der Quelldatei mit dem Compiler entsteht eine Objektdatei gleichen Namens, aber mit der Erweiterung *.o* (bzw. *.obj* unter MS-DOS). Schließlich muß die Objektdatei mit zusätzlich benötigten Routinen aus den *Laufzeitbibliotheken* gelinkt (zusammengebunden) werden. Das Ergebnis des Linklaufes ist in der Regel ein lauffähiges Programm. Eine grafische Darstellung dieses Ablaufs finden Sie in Abbildung 1.3.

Wird beim Kompilieren oder Linken ein Fehler gefunden, bricht die Übersetzung ab, und es muß mit dem Editieren der fehlerhaften Datei von vorne begonnen werden. Erst wenn weder beim Kompilieren noch beim Linken Fehler aufgetreten sind, ist ein ablauffähiges Programm entstanden.

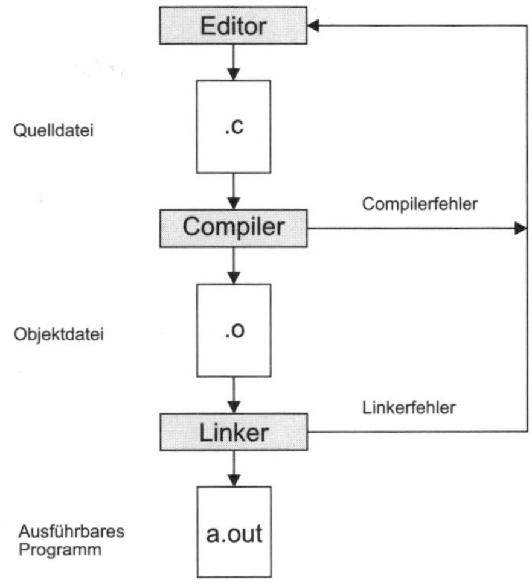


**Abbildung 1.3: Der Turnaround-Zyklus**

Der geschilderte Ablauf wird üblicherweise als *Turnaround-Zyklus* bezeichnet. Bezüglich der prinzipiellen Vorgehensweise unterscheiden sich die verschiedenen Compiler nicht, mittlerweile gibt es jedoch erhebliche Unterschiede, was den Komfort für den Entwickler betrifft. Während neuere Entwicklungssysteme wie *Microsoft Visual C/C++* oder *Borland C/C++* eine integrierte Entwicklungsumgebung mit Editor, Compiler, Linker, Debugger und etlichen anderen Tools besitzen, kommt GNU-C und die meisten C-Compiler unter UNIX als Kommandozeilenversion daher.

Da die Produktivität in einem C-Projekt in der Regel nur zu einem kleinen Teil vom Komfort der Entwicklungsumgebung bestimmt wird, ist das Fehlen einer solchen kein so großer Nachteil, wie Sie vielleicht vermuten könnten. Tatsächlich fallen bei komplexen Projekten andere Eigenschaften eines Entwicklungssystems viel stärker ins Gewicht als der Komfort der Entwicklungsumgebung. Die Produktivität eines mit Werkzeugen wie *Emacs, sh, gcc, make, grep, gdb, rcs, lex, yacc, awk* usw. ausgestatteten Kommandozeilenentwicklers muß sich keineswegs hinter der eines Programmierers verstecken, der mit einer hochintegrierten Entwicklungsumgebung arbeitet.

Im folgenden Abschnitt erhalten Sie eine Einführung in das Arbeiten mit einem typischen Entwicklungssystem, nämlich der MS-DOS-Version von GNU-C, wie sie auf der beigefügten CD-ROM enthalten ist. Sie sind anschließend in der Lage, die im Buch vorgestellten Beispiele und Aufgaben praktisch nachzuvollziehen. Weitere Programmiertools und Entwicklungswerkzeuge werden in Teil II des Buchs beschrieben.

### 1.7.2 Übersetzen der Beispielprogramme

Das Buch enthält eine große Anzahl von Beispielprogrammen, die die einzelnen Sprachelemente und Bibliotheksfunktionen vorstellen. Um den praktischen Umgang mit den Entwicklungswerkzeugen zu lernen, sollten Sie so viele wie möglich selbst übersetzen, ausführen und verändern. Nur so können Sie die Erfahrungen sammeln, die nötig sind, um das theoretische Wissen erfolgreich in die Praxis umzusetzen.

Auf der beigefügten CD-ROM befinden sich im Unterverzeichnis *\listings* alle wichtigen Beispielprogramme sowie die bei den Aufgaben und Lösungen angegebenen Programme. Obschon es aus didaktischen Gründen meist sinnvoller ist, die Listings aus dem Buch abzutippen, können Sie auch auf die vorgefertigten Dateien der CD-ROM zurückgreifen. Falls Sie die Beispiele selbst eingeben wollen, können Sie dazu einen beliebigen Editor verwenden, der reine Textdateien erstellen kann. Auf der CD-ROM befindet sich die Windows-95-Version von GNU-Emacs, einem der am weitesten verbreiteten Editoren überhaupt. Seine Installation und Bedienung wird in Kapitel 14 ausführlich beschrieben.

Die weitere Vorgehensweise hängt nun davon ab, welches Entwicklungssystem Sie verwenden wollen. Auf der CD-ROM befindet sich mit GNU-C 2.7.2 ein leistungsfähiger und weit verbreiteter C-Compiler, der zudem vollkommen umsonst ist. Für die Verwendung unter DOS/Windows ist eine vorbereitete Version enthalten, die sehr leicht zu installieren ist. Wenn Sie diesen Compiler verwenden wollen, lesen Sie bitte die Anweisungen in Kapitel 13. Dort wird ausführlich beschrieben, wie GNU-C zu installieren ist und welche Schritte zum Übersetzen eines einfachen Programms erforderlich sind. Außerdem gibt es im Hauptverzeichnis der CD-ROM eine Datei *readme.txt*, die letzte wichtige Informationen enthält.

Falls Sie ein anderes Entwicklungssystem verwenden wollen, entnehmen Sie die erforderlichen Anweisungen bitte den beigefügten Handbüchern oder der Online-Dokumentation des Programms. Aufgrund der Vielfalt der am Markt erhältlichen Systeme und ihrer kurzen Updatezyklen können wir hier auf Details nicht eingehen.

## 1.8 Aufgaben zu Kapitel 1

#### 1. (A)

Geben Sie das »hello, world«-Programm ein, und bringen Sie es mit Ihrem eigenen Entwicklungssystem oder dem GNU-C-Compiler zum Laufen.

#### 2. (A)

Schreiben Sie ein Programm, das den folgenden Text auf dem Bildschirm ausgibt:

```
C unterscheidet zwischen Groß- und Kleinschreibung.
Die Programmausführung beginnt bei der main-Funktion.
Geschweifte Klammern markieren die Funktionsgrenzen.
Ein Semikolon markiert das Ende einer Anweisung.
```

**3. (B)**

Schreiben Sie ein Programm, das den Quelltext des »hello, world«-Programms auf dem Bildschirm ausgibt.

**4. (B)**

Kann es ein C-Programm geben, das auf dem Bildschirm seinen eigenen Quelltext ausgibt?

**5. (B)**

Schreiben Sie ein Programm, das den Bildschirm löscht.

**6. (B)**

Bestimmen Sie die signifikante Länge von Bezeichnern für Ihren C-Compiler.

**7. (P)**

Welche Ausgabe erwarten Sie von folgendem Programm?

```
/* auf0107.c */

void main(void)
{
  printf("\nZeile 1");
  printf(" Zeile 2 ");
  printf(" Zeile 3 ");
  printf(" Letzte Zeile\n");
}
```

Versuchen Sie zunächst, diese Aufgabe ohne Zuhilfenahme Ihres C-Compilers zu lösen. Erst wenn Sie die Lösung gefunden haben, verwenden Sie den Compiler, um das Ergebnis zu überprüfen.

**8. (B)**

Angenommen, C-Programme setzen sich nur aus den Bestandteilen zusammen, die auch im »hello, world«-Programm verwendet wurden, also aus einer *#include*-Anweisung und der *main*-Funktion mit einer oder mehreren einfachen *printf*-Anweisungen. Beschreiben Sie diese Untermenge von C mit Hilfe von EBNF.

**9. (C)**

Definieren Sie die Syntax von EBNF mit Hilfe von EBNF.

## 1.9 Lösungen zu ausgewählten Aufgaben

### Aufgabe 1

Um diese Aufgabe zu lösen, müssen Sie natürlich zuallererst den Compiler und die zugehörigen Komponenten des Entwicklungssystems installieren. Wenn Sie das getan haben, brauchen Sie nur noch drei Schritte zu erledigen.

1. Geben Sie mit einem beliebigen Editor das *»hello, world«*-Programm ein.

```
/* lsg0101.c */

#include <stdio.h>

void main(void)
{
  printf("hello, world\n");
}
```

2. Übersetzen Sie das Programm durch Aufruf des Kommandos *gcc -o hello hello.c*.
3. Starten Sie das Programm durch Aufruf des Kommandos *hello*.

### Aufgabe 2

```
/* lsg0102.c */

#include <stdio.h>

void main(void)
{
  printf("C unterscheidet zwischen Groß- und Kleinschreibung.\n");
  printf("Die Programmausführung beginnt bei der main-Funktion.\n");
  printf("Geschweifte Klammern markieren die Funktionsgrenzen.\n");
  printf("Ein Semikolon markiert das Ende einer Anweisung.\n");
}
```

Auch diese Aufgabe sollte vornehmlich der praktischen Übung mit der Entwicklungsumgebung dienen.

### Aufgabe 3

```
/* lsg0103.c */

#include <stdio.h>

void main(void)
{
  printf("#include <stdio.h>\n\n");
  printf("void main(void)\n");
  printf("{\n");
  printf("  printf(\"hello, world\\n\");\n");
  printf("}\n");
}
```

Die Lösung dieser Aufgabe war insofern etwas schwieriger als die vorangegangenen, als es darauf ankam, mit der *printf*-Funktion auch alle im Quelltext des »hello, world«-Programms vorkommenden Sonderzeichen korrekt auszugeben. Dabei ist insbesondere bei der Ausgabe der *printf*-Anweisung einige Vorsicht geboten.

### Aufgabe 4

Eigentlich sollte die Antwort auf diese Frage ein eindeutiges NEIN sein. Tatsächlich ist es mit den in Kapitel 1 vorgestellten Mitteln, also lediglich unter Verwendung von *printf*-Anweisungen, nicht möglich, ein Programm zu schreiben, das seinen eigenen Quelltext auf den Bildschirm schreibt. Sie können sich leicht überlegen, daß ein solches Programm nicht existieren *kann*, weil die Anzahl der von einer outputerzeugenden Programmzeile ausgegebenen *printf* immer um wenigstens 1 kleiner ist als die Anzahl der darin enthaltenen.

Wie schon angedeutet, ist dies allerdings nur die halbe Wahrheit. Einer der Teilnehmer des C-Lehrgangs, dem dieses Buch seine Existenz zu verdanken hat, gab die Antwort JA, und es stellte sich heraus, daß er Recht hatte. Als Beweis lieferte er das folgende Programm *test.c* ab:

```
/* lsg0104.c */

void main(void)
{
  system("type test.c");
}
```

Wenn Sie wollen, können Sie selbst überprüfen, daß JA die richtige Antwort ist. Ein Blick in Ihre Compiler- oder Library-Dokumentation oder in den Referenzteil dieses Buchs wird Sie überzeugen. (Anmerkung: unter UNIX müssen Sie *type* durch *cat* ersetzen.)

### Aufgabe 5

```
/* lsg0105.c */

#include <stdio.h>

void main(void)
{
  printf("\n\n\n\n\n\n\n\n\n\n\n\n\n\n\n\n\n\n\n\n\n\n\n\n");
}
```

Natürlich gibt es in den meisten C-Entwicklungssystemen eine vordefinierte Library-Funktion, die den Bildschirm löscht und den Cursor in die linke obere Ecke stellt. Aber natürlich war es nicht im Sinne der Aufgabenstellung, eine solche Funktion herauszufinden. Vielmehr besteht die einfachste Lösung, die Sie mit den in Kapitel 1 erworbenen Kenntnissen realisieren können, darin, 24 Leerzeilen auszugeben.

### Aufgabe 6

Abgesehen von einem Blick ins Compilerhandbuch kann diese Aufgabe nur durch Probieren gelöst werden. Sie müssen dazu in der *main*-Funktion zwei Variablen definieren, deren Namen sich nur durch die letzte Stelle unterscheiden und dann dieses Programm kompilieren. Wenn Sie den identischen Teil beider Variablen Schritt für Schritt verlängern und immer wieder neu kompilieren, wird sich irgendwann der Compiler über eine »Redefinition« beschweren. Die Länge des konstanten Teils der Variablen ist dann die gesuchte Lösung.

```
/* lsg0106.c */

#include <stdio.h>

void main(void)
{
  int abcdefghijklmnopqrstuvwxyz123456x;
  int abcdefghijklmnopqrstuvwxyz123456y;
}
```

Neuere C- und vor allem C++-Compiler sind in der Lage, sehr viel längere Bezeichner auseinanderzuhalten. GNU-C beispielsweise verwaltet Bezeichner mit einer signifikanten Länge von mehreren hundert Zeichen, so daß es natürlich etwas mühsam ist, die Lösung dieser Aufgabe zu ermitteln. Auch wenn Sie dies daher nicht tun wollen, wissen Sie nach dem Abbruch Ihrer Versuche aber immerhin, wie viele signifikante Stellen Ihr Compiler mindestens unterscheiden kann.

**Aufgabe 7**

Die Ausgabe lautet:

```
Zeile 1 Zeile 2  Zeile 3  Letzte Zeile
```

Hier können eigentlich nur Probleme aufgetreten sein, wenn Sie die fehlenden Newline-Zeichen nicht bemerkt haben.

**Aufgabe 8**

Die nachfolgende Syntaxzusammenfassung impliziert, daß ein beliebiges C-Programm aus je einer *#include*-Anweisung und einer einzigen *main*-Funktion mit beliebig vielen *printf*-Anweisungen besteht. Eine *#include*-Anweisung bindet eine beliebige Datei ein, und eine *printf*-Anweisung kann eine beliebige Zeichenkette ausgeben.

Unter diesen Annahmen kann die Syntax wie folgt definiert werden:

```
Programm ::=
  IncludeAnweisung
  MainFunktion
IncludeAnweisung ::=
  #include < Dateiname >
MainFunktion ::=
  void main ( void )
  {
    { PrintfAnweisung }
  }
PrintfAnweisung ::=
  printf ( " Zeichenkette " ) ;
Dateiname ::=
  Zeichen { Zeichen } [ . { Zeichen } ]
Zeichenkette ::=
  { Zeichen }
```

**Aufgabe 9**

Die Definition von EBNF mit Hilfe von EBNF ist gar nicht so schwierig. Man darf sich nicht durch die Verwendung der Metasymbole verwirren lassen, die ja nun gleichzeitig als Terminalzeichen auftauchen.

Im Prinzip ist eine Syntaxbeschreibung in EBNF eine Liste von Produktionen. Jede Produktion besteht aus einem Nichtterminal auf der linken Seite und der eigentlichen Definition auf der rechten Seite. Die rechte Seite ist eine Liste von Ausdrücken, die durch senkrechte Striche voneinander getrennt sind. Jeder Ausdruck besteht aus einer Reihe von Teilausdrücken, die entweder Folgen von Terminal- und Nichtterminalzeichen oder auf eine von drei unterschiedlichen Arten geklammerte Ausdrücke sind. Diese Tatsachen braucht man nun nur noch strukturiert niederzuschreiben:

```
EBNF ::=
  { Produktion }
Produktion ::=
  NichtTerminal ::= RechteSeite
RechteSeite ::=
  Ausdruck { | Ausdruck }
Ausdruck ::=
  Teilausdruck { Teilausdruck }
Teilausdruck ::=
  Symbolkette |
  ( Ausdruck ) |
  [ Ausdruck ] |
  { Ausdruck } |
Symbolkette ::=
  ( Terminal | NichtTerminal ) { Symbolkette }
NichtTerminal ::=
  Zeichenkette in Normalschrift
Terminal ::=
  Zeichenkette in Fettschrift |
  Zeichenkette ... Zeichenkette in Fettschrift |
  Zeichenkette in Anführungszeichen |
  Zeichenkette ... Zeichenkette in Anführungszeichen
```

Interessant hieran ist die Tatsache, daß Sie nun eine Sprachbeschreibung besitzen, die ihrerseits Sprachbeschreibungen akzeptiert. Mit ein wenig Verwegenheit und einem C-Compiler könnten Sie nun einen Übersetzer entwickeln, der eine EBNF-Grammatik liest und einen Syntaxanalyzer für die gewünschte Sprache generiert (im C-Quellcode). Diesen könnten Sie nun seinerseits mit Ihrem C-Compiler übersetzen und hätten somit einen Syntaxanalyzer für eine zweite Sprache. Diesem würden Sie dann ein beliebiges Programm der neuen Sprache geben und könnten damit feststellen, ob das Programm syntaktisch korrekt ist (s. Abbildung 1.4).

Ähnliche Techniken werden übrigens schon seit längerer Zeit erfolgreich angewendet und führten zur Konstruktion von *Compiler-Compilern*. Diese werden mit einer Syntaxbeschreibung und einigen zusätzlichen Informationen über die zu implementierende Sprache gefüttert und erzeugen dann den Quelltext für einen Compiler oder zumindest wesentliche Teile eines Compilers in der gewünschten Sprache. Das bekannteste Beispiel eines solchen Systems ist das von S. C. Johnson entwickelte Programm *yacc* (*yet another compiler-compiler*).

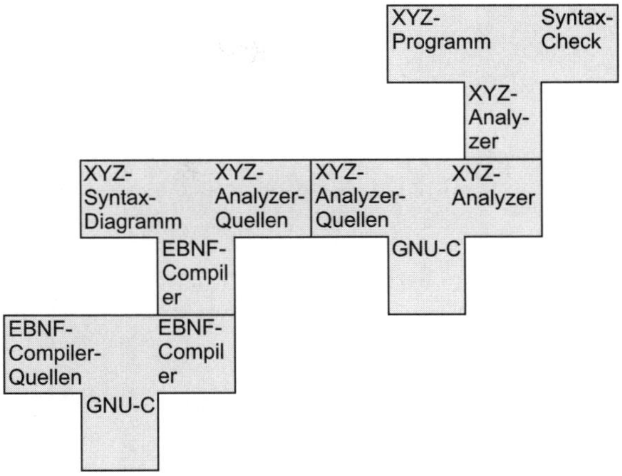


**Abbildung 1.4: Konstruktion eines Syntaxanalyzers für die Sprache XYZ**

Zusammen mit dem Programm *lex* zur Generierung von Programmen für die lexikalische Analyse bilden beide ein Werkzeugset, das in unzähligen Compilerprojekten eingesetzt wurde. Die entsprechenden GNU-Pendants heißen *flex* und *bison* und befinden sich ebenfalls auf der CD-ROM zum Buch.

# Ausdrücke

# 2

## Kapitelüberblick

## 2.1 Definitionen und Begriffe

Das vorliegende Kapitel beschäftigt sich mit einem Thema, in dem sich die Programmiersprache C deutlich von den meisten ihrer Vorgänger unterscheidet, nämlich mit den *Ausdrücken*. Das Verständnis dieses Kapitels ist sehr wesentlich für das Verständnis des weiteren Textes und eine wichtige Grundlage für das Erlernen der Sprache C. Eine Ausnahme bilden einige der »sonstigen Operatoren«, die am Ende dieses Kapitels eingeführt werden. Sie können erst nach der Einführung der zugehörigen Konzepte in späteren Kapiteln genau erklärt werden und werden hier hauptsächlich aus Gründen der Vollständigkeit aufgeführt.

Der Begriff *Ausdruck* bezeichnet in den meisten Programmiersprachen jene Sprachkonstrukte, die auf der rechten Seite eines Zuweisungsoperators auftauchen können. Dabei handelt es sich meist um eine bestimmten Regeln unterliegende Verknüpfung von Variablen, Konstanten und Funktionsaufrufen mittels arithmetischer, logischer und relationaler Operatoren. Bezüglich der Zulässigkeit von Operatoren und Operanden in einem bestimmten Kontext gibt es bei den verschiedenen Programmiersprachen erhebliche Unterschiede.

Zunächst sollen einige Begriffe definiert werden, die im weiteren Verlauf dieses Kapitels von Bedeutung sind. Diese Begriffe sind nicht C-spezifisch, sondern der üblichen Terminologie der Informatik entnommen und daher auch in anderen Bereichen wiederzufinden.

### 2.1.1 Operator

*Operatoren* dienen zum Verknüpfen von *Operanden*. Sie werden benötigt, um aus bekannten Werten neue zu gewinnen. Als einfache Beispiele kann man die arithmetischen Operatoren + und * zum Addieren und Multiplizieren zweier Zahlen nennen.

Die meisten Operatoren sind zweistellig, d.h. sie benötigen zwei Argumente, verknüpfen diese und erzeugen ein Ergebnis. Es gibt jedoch auch einige einstellige und sogar einen dreistelligen Operator. Im nächsten Abschnitt werden alle Operatoren der Sprache C erklärt und mit Beispielen veranschaulicht. Diejenigen Operatoren, die das Verständnis noch unbekannter Konzepte voraussetzen, werden lediglich aufgelistet und später ausführlich erklärt.

### 2.1.2 Operand

Operanden sind die Argumente der Operatoren. Vereinfacht ausgedrückt, stellen Operanden also die Eingabewerte der Operatoren dar, mit deren Hilfe diese dann einen neuen Wert – das Ergebnis – erzeugen. Operanden können in C Konstanten, Variablen, Funktionsaufrufe oder wiederum Ausdrücke sein.

### 2.1.3 Ausdruck

Ein Ausdruck entsteht durch Verknüpfung mehrerer Operanden und Operatoren nach bestimmten Regeln. Obwohl der Aufbau von Ausdrücken im Laufe dieses Kapitels anhand von Beispielen klar werden wird, wollen wir uns zunächst eine formale Definition ansehen:

1. Eine *Konstante* ist ein Ausdruck.
2. Eine *Variable* ist ein Ausdruck.
3. Ein *Funktionsaufruf* ist ein Ausdruck (außer wenn die Funktion als *void* (s. Kapitel 6) deklariert ist).
4. Ist $A$ ein Ausdruck und $f$ ein einstelliger Präfix-Operator, so ist auch $\phi A$ ein Ausdruck.
5. Ist $A$ ein Ausdruck und $f$ ein einstelliger Postfix-Operator, so ist auch $A$ $f$ ein Ausdruck.
6. Sind $A$ und $B$ Ausdrücke und ist $f$ ein zweistelliger Operator, so ist auch $A \phi B$ ein Ausdruck.
7. Sind $A, B, C$ Ausdrücke und ist $\phi_1$, $\phi_2$ ein dreistelliger Operator, so ist auch $A \phi_1 B \phi_2 C$ ein Ausdruck.
8. Ist $A$ ein Ausdruck, so ist auch *(A)* ein Ausdruck.

Beachten Sie, daß diese Definition lediglich das *Aussehen* zulässiger Ausdrücke beschreibt (also ihre Syntax), nicht aber deren *Bedeutung* (also ihre Semantik). Da jeder zulässige Ausdruck den genannten Regeln genügt, handelt es sich um *notwendige* Bedingungen für einen korrekten Ausdruck. *Hinreichend* ist das Regelwerk allerdings noch nicht, denn es gibt (insbesondere durch falsche Typisierung) Konstruktionen, die den obigen Regeln genügen, aber keine zulässigen Ausdrücke sind. So ein Fall kommt meist dadurch zustande, daß Operand und Operatoren vom Typ her nicht zueinander passen. Die folgende Liste zeigt einige einfache Beispiele zulässiger Ausdrücke in C.

```
a+b
-x*(3+z)
c1+c2+c3-5*(f(j)-10)
```

### 2.1.4 Rückgabewert

Jeder Ausdruck hat einen Rückgabewert, der durch die verwendeten Operatoren und Operanden eindeutig bestimmt wird. Der Rückgabewert ist das Ergebnis der Anwendung der Operatoren auf die Operanden des Ausdrucks.

| Ausdruck | Rückgabewert |
|---|---|
| 3+5 | 8 |
| 6+1%4 | 7 |
| (2+6)*4/10 | 3 |

**Tabelle 2.1: Beispielausdrücke und ihre Rückgabewerte**

Das Vorhandensein eines Rückgabewerts ist das *eigentliche* Unterscheidungsmerkmal zwischen Ausdrücken und Anweisungen (der zweiten Gruppe von codeerzeugenden Bestandteilen einer Programmiersprache). Ausdrücke haben stets einen Rückgabewert und können daher in anderen Ausdrücken verwendet werden, während Anweisungen keinen Rückgabewert besitzen.

Ein wichtiges Merkmal des Rückgabewertes ist sein Typ. Er ergibt sich eindeutig aus den Typen seiner Operanden und dem Operator, der darauf angewendet wird. Längst nicht jeder Operator ist für Operanden beliebigen Typs geeignet oder sinnvoll. Allerdings nimmt der Compiler in gewissen Fällen (insbesondere bei numerischen Operanden) automatische Konvertierungen vor, um die zur Auswertung erforderliche Typkompatibilität herzustellen.

Auf den nächsten Seiten finden Sie neben der Beschreibung der Operanden jeweils auch eine Beschreibung der zulässigen Eingabetypen und der daraus erzeugten Ausgabetypen. Am Ende dieses Kapitels finden Sie zusätzlich eine Auflistung der von einem C-Compiler vorgenommenen *impliziten Typkonvertierungen*.

In fast allen Programmiersprachen treten Ausdrücke nicht isoliert, sondern stets innerhalb des Kontexts einer Anweisung auf, die das Ergebnis des Ausdrucks weiterverwendet. Dies kann etwa die Zuweisung an eine Variable, ein Funktionsaufruf oder die Verwendung als Testausdruck in einer Schleife sein. In C kann ein Ausdruck jedoch auch ohne die weitere Verwendung des von ihm produzierten Ergebnisses plaziert werden, indem er durch einfaches Anhängen eines Semikolons in eine Anweisung verwandelt wird.

Natürlich werden Sie sich jetzt fragen, welchen Sinn es macht, einen solchen Stand-alone-Ausdruck zu verwenden, ist doch normalerweise gerade sein Rückgabewert von Interesse für den Aufrufer. Nun gibt es in C aber eine ganze Reihe von Ausdrücken, an denen weniger der Rückgabewert als vielmehr die durch den Ausdruck verursachten *Nebeneffekte* von Interesse sind.

Das folgende Programm ist damit zwar völlig legal, aber zugegebenermaßen ein wenig sinnlos, denn der Ausdruck 1+1 hat keine Nebeneffekte und ist als Anweisung bedeutungslos:

```
/* bsp0201.c */

void main(void)
{
  1-1;
}
```

Sie werden weiter unten sehen, daß das Ignorieren des Rückgabewertes eines Ausdrucks nur dann sinnvoll ist, wenn der Ausdruck tatsächlich Nebeneffekte hat. Als Nebeneffekt bezeichnet man alle bleibenden Veränderungen, die auch nach der Auswertung eines Ausdrucks Bestand haben. Dazu zählen beispielsweise Veränderungen von Variablen, das Schreiben in Dateien oder die Ausgabe auf den Bildschirm.

### 2.1.5 Gruppierung

#### R 3 Gruppierungsregeln der Operatoren

R3

Unter *Gruppierung* versteht man die Auswertungsreihenfolge innerhalb eines Ausdrucks. Besteht ein Ausdruck aus mehreren Operatoren und Operanden, so ist es nicht immer sinnvoll, ihn strikt von links nach rechts auszuwerten. Denken Sie nur an die aus der Schulzeit bekannte Regel »Punktrechnung vor Strichrechnung«. Um den Anforderungen der Praxis zu genügen, wurden die Operatoren von C in eine Hierarchie von Vorrangregelungen eingebettet. Die Auswertung eines Ausdrucks wird dadurch nach folgenden Regeln vorgenommen:

1. Erst werden geklammerte Teilausdrücke ausgewertet.
2. Dann werden die einstelligen *Postfix*-Operatoren auf ihre Operanden angewendet. Als Postfix-Operatoren bezeichnet man diejenigen einstelligen Operatoren, die *hinter* ihrem Operanden stehen (z.B. der [ ]-Operator).
3. Als nächstes werden die einstelligen *Präfix*-Operatoren auf ihre Operanden angewendet. Als Präfix-Operatoren bezeichnet man diejenigen einstelligen Operatoren, die *vor* ihrem Operanden stehen (z.B. das unäre Minus).
4. Nun werden die Teilausdrücke mit mehrstelligen Operatoren gemäß der Reihenfolge der Operator-Vorrangtabelle ausgewertet. Stehen Operatoren einer Vorranggruppe nebeneinander, so werden sie gemäß ihrer Assoziativität (s.u.) entweder von links nach rechts oder umgekehrt ausgewertet. Die Vorrangtabelle der Operatoren finden Sie am

Ende dieses Kapitels. Sie ist für C-Neulinge eines der wichtigsten Hilfsmittel beim Programmieren.

### 2.1.6 Assoziativität

Als *Assoziativität* bezeichnet man im Zusammenhang mit der Beschreibung von Ausdrücken in Programmiersprachen die Reihenfolge, in der die Operanden eines Ausdrucks ausgewertet werden, wenn sie keinen weiteren Vorrangregelungen unterliegen. Dies ist in C immer dann der Fall, wenn auf beiden Seiten eines Operanden zwei Operatoren der gleichen Vorranggruppe stehen.

Die meisten Operatoren in C sind linksassoziativ, d.h. sie werden von links nach rechts ausgewertet. Dies entspricht der gewohnten Vorgehensweise beim Auswerten arithmetischer Terme, wie man sie von der Schule her kennt. So wird beispielsweise der Ausdruck *a-b+c* wie *(a-b)+c* und nicht etwa wie *a-(b+c)* ausgewertet.

Einige der in C vorhandenen Operatoren sind jedoch nicht links-, sondern rechtsassoziativ (beispielsweise der Zuweisungsoperator) und machen ein gewisses Umdenken bei ihrer Anwendung erforderlich. Wenn durch die gemischte Verwendung von rechts- und linksassoziativen Operatoren innerhalb eines Ausdrucks Mehrdeutigkeiten entstehen können, sollte durch eine geeignete Klammerung Abhilfe geschaffen werden.

### 2.1.7 lvalues und rvalues

Als *lvalue* bezeichnet man einen Ausdruck, dem ein Wert zugewiesen werden kann. Dazu zählen insbesondere die Namen einfacher oder zusammengesetzter Variablen. Einen Ausdruck, dem kein Wert zugewiesen werden kann, bezeichnet man als *rvalue*. Die Anfangsbuchstaben *l* bzw. *r* sind ein Hinweis auf die ursprüngliche Verwendung dieser Ausdrücke auf der linken bzw. rechten Seite eines Zuweisungsoperators.

Manche Operatoren (z.B. der Zuweisungsoperator) erfordern, daß einer ihrer Operanden ein lvalue ist. Ist dies bei einem bestimmten Operator der Fall, so wird es in der folgenden Beschreibung der Operatoren jeweils ausdrücklich erwähnt.

### 2.1.8 Nebeneffekte

Während in vielen anderen Programmiersprachen bei der Auswertung eines Ausdrucks lediglich das Ergebnis (also der Rückgabewert) des Ausdrucks interessiert, gibt es in C Operatoren, die innerhalb eines Ausdrucks (quasi nebenbei) Programmvariablen verändern. Das ist ein typischer *Nebeneffekt*, wie er oben erläutert wurde.

Das folgende Programmfragment zeigt dies exemplarisch. Es weist nicht nur der Variablen *b* den Wert 10 zu, sondern erhöht außerdem den Wert der Variablen *a* um 1 auf 11:

```
int a,b;

a=10;
b=a++;
```

Durch die Verwendung von Operatoren mit Nebeneffekten ist es in C möglich, sehr kurze und effiziente Programme zu schreiben, wo in anderen Sprachen wesentlich mehr Aufwand zu treiben wäre. Eines der bekanntesten Beispiele ist sicherlich die Möglichkeit, eine komplette Routine zum Kopieren von Zeichenketten zu schreiben, die im wesentlichen aus einer einzigen Zeile besteht:

```
*d++=*s++
```

Sie brauchen sich an dieser Stelle allerdings noch nicht den Kopf darüber zu zerbrechen, wie und warum dieser Einzeiler funktioniert, wir werden in Kapitel 11 auf ihn zurückkommen.

Andererseits führt der übertriebene Einsatz nebeneffektbehafteter Operatoren in Ausdrücken schnell zu unleserlichen und unverständlichen Programmen. In der Praxis ist daher immer ein Abwägen zwischen Kürze und Lesbarkeit erforderlich. Falls ein Programmteil nicht unbedingt auf Geschwindigkeit optimiert werden muß, sollte man der Lesbarkeit den Vorzug geben.

## 2.2 Beschreibung der Operatoren

Dieser Abschnitt enthält eine vollständige Beschreibung der Operatoren der Sprache C. Zu jedem Operator finden Sie eine Tabelle mit den zulässigen Typen der Operanden und dem resultierenden Ergebnistyp. Zusätzlich sind jeweils Beispiele für die Verwendung des Operators angegeben.

### 2.2.1 Arithmetische Operatoren

Alle arithmetischen Operatoren sind zweistellig. Sie benötigen zwei Eingabewerte, verknüpfen diese mit Hilfe einer arithmetischen Operation und produzieren einen Ausgabewert. Abbildung 2.1 zeigt die Arbeitsweise der arithmetischen Operatoren am Beispiel der Addition.

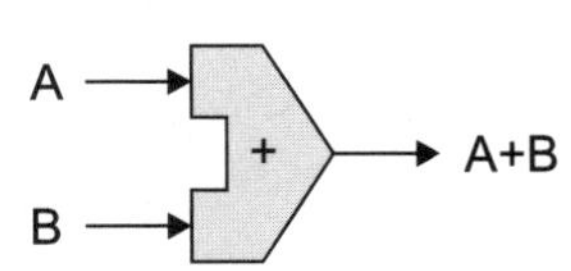


**Abbildung 2.1: A + B**

Bei dieser Grafik, die in ähnlicher Form auch bei den anderen Operanden zum Einsatz kommt, unterschieden wir zwischen *Eingabewerten*, die von einem Pfeil verlassen werden, und dem *Rückgabewert*, auf den ein Pfeil zeigt. Ist ein Teilausdruck ein *lvalue*, so steht er in einem Kästchen mit dem Bezeichner der Speicherstelle, während bei *rvalues* lediglich der Ausdruck selbst angegeben wird. Erzielt ein Ausdruck Nebeneffekte, so zeigen Pfeile auf weitere *lvalues*. Die Verknüpfung von Ein- uns Ausgabewerten erfolgt mit Hilfe einer symbolischen »Maschine«, die als Blackbox zwischen Ein- und Ausgabe steht.

**Addition: A + B**

Addition des Wertes von *A* zu dem Wert von *B*. Dient hauptsächlich zur Addition von arithmetischen Werten, kann aber auch zur Adreßberechnung mit Zeigervariablen verwendet werden (siehe Kapitel 11). Bei der Verwendung von numerischen Operanden unterschiedlichen Typs werden die im nächsten Abschnitt beschriebenen impliziten Typkonvertierungen angewendet.

**Typisierung**

| A | B | Rückgabewert |
|---|---|---|
| Arithmetischer rvalue | Arithmetischer rvalue | Arithmetischer rvalue |
| rvalue-Zeiger | Arithmetischer rvalue | rvalue-Zeiger |
| Arithmetischer rvalue | rvalue-Zeiger | rvalue-Zeiger |

| Ausdruck | Ergebnis | Nebeneffekte |
|---|---|---|
| 4+5 | 9 | Keine |
| 13.45E3+1000 | 14.45E3 | Keine |

**Subtraktion: A – B**

Subtraktion des Wertes von *B* von dem Wert von *A*. Dient hauptsächlich zur Subtraktion von arithmetischen Werten, kann aber auch zur Adreßberechnung mit Zeigervariablen verwendet werden. Dabei ist es insbesondere möglich, die Anzahl der Elemente zwischen zwei Zeigern zu berechnen, indem man zwei Zeiger desselben Datentyps voneinander subtrahiert (siehe Kapitel 11).

**Typisierung**

| A | B | Rückgabewert |
|---|---|---|
| Arithmetischer rvalue | Arithmetischer rvalue | Arithmetischer rvalue |
| rvalue-Zeiger | Arithmetischer rvalue | rvalue-Zeiger |
| rvalue-Zeiger | rvalue-Zeiger | Arithmetischer rvalue |

| Beispiel | Ergebnis | Nebeneffekte |
|---|---|---|
| 4-5 | -1 | Keine |
| 13.45E3-1000 | 12.45E3 | Keine |

**Multiplikation: A * B**

Multiplikation des arithmetischen Wertes von *A* mit dem Wert von *B*.

Typisierung

| A | B | Rückgabewert |
|---|---|---|
| Arithmetischer rvalue | Arithmetischer rvalue | Arithmetischer rvalue |

| Beispiel | Ergebnis | Nebeneffekte |
|---|---|---|
| 4*5 | 20 | Keine |
| 13.45E3*1000 | 13.45E6 | Keine |

**Division: A / B**

Division des Wertes von *A* durch den Wert von *B*. Eine Division durch 0 ist nicht zulässig und erzeugt einen Laufzeitfehler. Bei der Division zweier Ganzzahlen (*int* usw.) wird der Nachkommateil des Ergebnisses abgeschnitten.

Typisierung

| A | B | Rückgabewert |
|---|---|---|
| Arithmetischer rvalue | Arithmetischer rvalue | Arithmetischer rvalue |

| Beispiel | Ergebnis | Nebeneffekte |
|---|---|---|
| 40/5 | 8 | Keine |
| 41/5 | 8 | Keine |
| 13.45E3/1000 | 13.45 | Keine |

**Restwertoperator: A % B**

Ermittelt den ganzzahligen Rest der Division von *A* durch *B*. Dieser Operator ist nur für ganzzahlige Operanden definiert. Wenn der Operator *B* gleich 0 ist, wird ein Laufzeitfehler erzeugt. Dieser Operator wird Modulo-Operator genannt; der Ausdruck *A%B* wird »A modulo B« ausgesprochen.

Typisierung

| A | B | Rückgabewert |
|---|---|---|
| Ganzzahliger rvalue | Ganzzahliger rvalue | Ganzzahliger rvalue |

| Beispiel | Ergebnis | Nebeneffekte |
|---|---|---|
| 40%5 | 0 | Keine |
| 41%5 | 1 | Keine |
| 17%25 | 17 | Keine |

### 2.2.2 Zuweisungsoperatoren

**Zuweisung: A = B**

In der Sprache C wird die Zuweisung nicht als Anweisung betrachtet, sondern als Ausdruck. Diese Tatsache ist für C-Neulinge etwas verwunderlich, denn sie bedeutet, daß eine Zuweisung einen *Rückgabewert* hat. Der Rückgabewert der Zuweisung *A=B* ist der Wert des Ausdrucks *B*. Weil der Zuweisungsoperator zusätzlich einen Nebeneffekt hat, nämlich der Variablen *A* den Wert von *B* zuzuweisen, wird er in C seinem Namen gerecht.

Diese Vorgehensweise hat einige Vorteile, die von den meisten C-Programmieren ausgiebig genutzt werden. So ist es beispielsweise möglich, mehrfache Zuweisungen zu realisieren oder Zuweisungen zusammen mit anderen Operatoren in einem Ausdruck zu mischen.

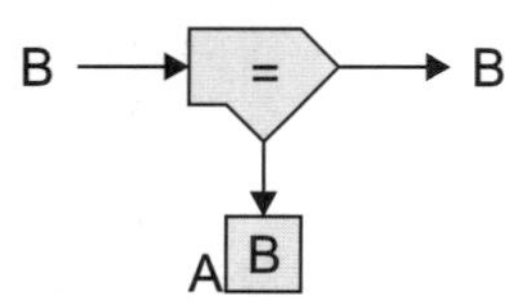


**Abbildung 2.2: A = B**

Der Zuweisungsoperator ist rechtsassoziativ, d.h. Zuweisungsketten der Form *A=B=C* werden von rechts nach links wie *A=(B=C)* ausgewertet.

**Typisierung**

| A | B | Rückgabewert |
|---|---|---|
| Einfacher lvalue | Kompatibler rvalue | rvalue vom gleichen Typ |
| Abgeleiteter lvalue | Kompatibler rvalue | rvalue vom gleichen Typ |

| Beispiel | Ergebnis | Nebeneffekte |
|---|---|---|
| x=5 | 5 | x wird 5 |
| y=x=i=z+5/10 | z+5/10 | y, x und i werden zu z+5/10 |

Sind die Operanden von unterschiedlichem, aber kompatiblem Typ, so werden die im nächsten Abschnitt beschriebenen Typkonvertierungen angewendet. Eine häufig vorkommende Fehlerquelle beim Lernen von C ist es, den Zuweisungsoperator = mit dem Gleichheitsoperator = = zu verwechseln. Viele Compiler geben deshalb Warnungen aus, wenn dort, wo der Compiler einen logischen Ausdruck erwartet (z.B. in der Bedingung einer *if*-Anweisung), ein Zuweisungsausdruck auftaucht, auch wenn dies möglicherweise vom Programmierer beabsichtigt ist.

**Additionszuweisung: A += B**

Dieser Operator ist eine Kombination von Addition und Zuweisung. Der Rückgabewert des Ausdrucks ist *A+B*, gleichzeitig wird (als Nebeneffekt) der lvalue *A* um den Betrag *B* erhöht. Ausdrücke dieser Art treten sehr häufig in C-Programmen auf, allerdings wird ihr Rückgabewert meist nicht verwendet, sondern der Programmierer legt nur Wert auf den Nebeneffekt.

Damit ist der Ausdruck *A+=B* ein Ersatz für die Schreibweise *A=A+B*. Er hat nicht nur den Vorteil, kürzer und besser verständlich zu sein, sondern erzeugt zudem oft schnelleren Code, da die Adresse des lvalue *A* zur Laufzeit des Programms nur einmal ermittelt werden muß. Aus diesem Grund besteht die häufigste Anwendung des Additionszuweisungsoperators darin, eine Variable um einen (meist konstanten) Betrag zu erhöhen, also beispielsweise *A+=10* statt *A=A+10* zu schreiben.

Stellvertretend für diesen und alle weiteren kombinierten Zuweisungsoperatoren zeigt Abbildung 2.3 die Arbeitsweise des Additionszuweisungsoperators.

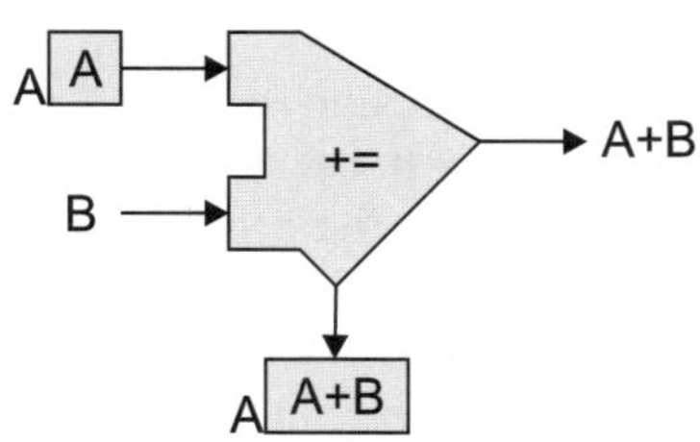


**Abbildung 2.3: A += B**

Typisierung

| A | B | Rückgabewert |
|---|---|---|
| Arithmetischer lvalue | Arithmetischer rvalue | Arithmetischer rvalue |
| lvalue-Zeiger | Arithmetischer rvalue | rvalue-Zeiger |

| Beispiel | Ergebnis | Nebeneffekte |
|---|---|---|
| x+=5 | x+5 | x wird x+5 |
| a=b+=x+5 | b+x+5 | a und b werden x+5 |

Neben dem Additionszuweisungsoperator gibt es für fast jeden zweistelligen Operator $f$ einen zugehörigen Zuweisungsoperator $\phi$ =. Bezüglich der Verwendung gilt das eben gesagte, ein Ausdruck $A\ \phi =B$ hat dieselbe Bedeutung wie der Ausdruck $A=A\ \phi\ B$. Um die Bedeutung eines solchen Operators zu verstehen, reicht es also aus, die Bedeutung des zugehörigen zweistelligen Operators zu verstehen.

Aus diesem Grund werden die folgenden Zuweisungsoperatoren nicht gesondert erklärt, sondern es wird nur da, wo Besonderheiten bestehen, auf diese hingewiesen.

**Subtraktionszuweisung: A -= B**

Subtraktion und Zuweisung.

**Multiplikationszuweisung: A *= B**

Aufgrund der Konstruktion einiger C-Compiler (insbesondere einiger älterer UNIX-Compiler) ist bei diesem Operator die folgende Anmerkung erforderlich. In früheren C-Versionen wurden die Operator-Zuweisungsoperatoren genau andersherum geschrieben, d.h. das Gleichheitszeichen stand nicht hinter dem Operator, sondern davor. Das hatte zur Folge, daß es z.B. bei Ausdrücken der Art *A=-B* zu Mehrdeutigkeiten kam: will der Programmierer den Ausdruck *A=A-B* oder die Zuweisung *A=(-B)* realisieren? Um diese Probleme aus der Welt zu schaffen, wurde die Syntax umgekehrt und ab sofort der Operator vor das Zuweisungszeichen geschrieben.

Manche Compiler »erinnern« sich jedoch noch an diese alten Operatoren und geben z.B. bei Ausdrücken der Art **p++=*q++* (deren Bedeutung später klar wird) die Fehlermeldung »old fashioned assignment operator« aus. Der Grund dafür ist der Teil =* des obigen Ausdrucks, der als »altmodischer« Multiplikationszuweisungsoperator angesehen wird. Abhilfe schafft hier das Klammern des hinteren Teilausdrucks zu **p++=(*q++)* oder das Einfügen eines Leerzeichens hinter dem Zuweisungsoperator.

Die meisten moderneren Compiler kennen diese »Anachronismen« (siehe Kernighan und Ritchie) allerdings nicht mehr.

**Divisionszuweisung: A /= B**

Division und Zuweisung.

**Restwertzuweisung: A %= B**

Restwertbildung und Zuweisung.

**Bitweises-UND-Zuweisung: A &= B**

Bitweises UND und Zuweisung.

**Bitweises-ODER-Zuweisung: A |= B**

Bitweises ODER und Zuweisung.

**Bitweises-EXCLUSIV-ODER-Zuweisung: A ^= B**

Bitweises EXCLUSIV-ODER und Zuweisung.

**Linksschiebe-Zuweisung: A <<= B**

Linksschieben und Zuweisung.

**Rechtsschiebe-Zuweisung: A >>= B**

Rechtsschieben und Zuweisung.

### 2.2.3 Inkrement- und Dekrement-Operatoren

**Postfix-Inkrement: A ++**

Der Rückgabewert dieses Operators entspricht exakt dem Wert des Operanden *A*. Als Nebeneffekt wird *nach* der Bestimmung des Rückgabewerts der Wert des Operanden um 1 erhöht (inkrementiert).

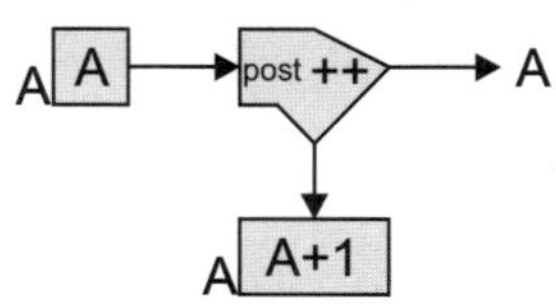


**Abbildung 2.4: A ++**

Dieser Operator wird oft als Zähler in Schleifen verwendet, wenn innnerhalb der Schleife der aktuelle Wert des Zählers nach seiner Verwendung um 1 erhöht werden soll. Die Anwendung des Ausdrucks *A++* hat den Vorteil, schnelleren und besser lesbaren Code zu erzeugen, als etwa ein Ausdruck der Art *A=A+1* oder *A+=1*, und sollte daher letzterem vorgezogen werden.

Für C-Neulinge ist der Ausdruck *A++* etwas kurios, denn es passieren nacheinander zwei unterschiedliche Dinge. Zunächst wird der Rückgabewert ermittelt, er ist *A*. Danach wird zusätzlich – für den Rückgabewert unsichtbar – der Wert von *A* inkrementiert. So kommt es, daß beispielsweise nach der Zuweisung *A=B++* in *A* der Wert *B* steht, während in *B* der Wert *B*+1 zu finden ist.

Typisierung

| A | Rückgabewert |
|---|---|
| Arithmetischer lvalue | Arithmetischer rvalue |

| Beispiel | Ergebnis | Nebeneffekte |
|---|---|---|
| x++ | x | x wird x+1 |
| x=y++ | y | y wird y+1, x wird y |

**Postfix-Dekrement-Operator: A - -**

Der Rückgabewert dieses Operators ist exakt der Wert des Operanden *A*. Als Nebeneffekt wird *nach* der Bestimmung des Rückgabewerts der Wert des Operanden um 1 verringert (dekrementiert).

Dieser Operator wird oft als Zähler in Schleifen verwendet, wenn innerhalb der Schleife der aktuelle Wert des Zählers nach seiner Verwendung um 1 vermindert werden soll. Die Anwendung dieses Operators hat den Vorteil, schnelleren Code zu erzeugen und besser lesbar zu sein als die Ausdrücke *A=A-1* oder *A-=1* und wird diesen daher üblicherweise vorgezogen.

Typisierung

| A | Rückgabewert |
|---|---|
| Arithmetischer lvalue | Arithmetischer rvalue |

| Beispiel | Ergebnis | Nebeneffekte |
|---|---|---|
| x- - | x | x wird x-1 |

**Präfix-Inkrement-Operator: ++A**

Der Rückgabewert dieses Operators ist der um eins erhöhte Wert des Operanden *A*. Als Nebeneffekt wird der Wert des Operanden ebenfalls um 1 erhöht.

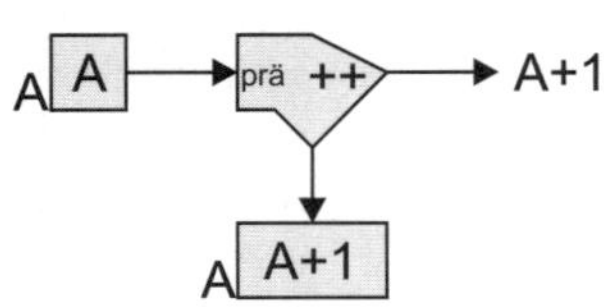


**Abbildung 2.5:** ++A

Dieser Operator ist in der Praxis nicht ganz so nützlich wie sein Postfix-Gegenstück, das Hauptanwendungsgebiet liegt ebenfalls bei der Verwendung in Schleifen. Beachten Sie, daß der Ausdruck *A+=1* äquivalent ist zu dem Ausdruck *++A*, nicht jedoch zu *A++* (achten Sie auf den Rückgabewert).

Typisierung

| A | Rückgabewert |
|---|---|
| Arithmetischer lvalue | Arithmetischer rvalue |

| Beispiel | Ergebnis | Nebeneffekte |
|---|---|---|
| ++x | x+1 | x wird x+1 |

**Präfix-Dekrement-Operator: - - A**

Der Rückgabewert dieses Operators ist der um eins verringerte Wert des Operanden. Als Nebeneffekt wird der Wert des Operanden ebenfalls um 1 verringert.

Dieser Operator ist in der Praxis nicht ganz so nützlich wie sein Postfix-Gegenstück, das Hauptanwendungsgebiet liegt ebenfalls bei der Verwendung in Schleifen. Auch hier sollten Sie beachten, daß der Ausdruck *A-=1* äquivalent ist zu dem Ausdruck *--A*, nicht jedoch zu *A--*.

Typisierung

| A | Rückgabewert |
|---|---|
| Arithmetischer lvalue | Arithmetischer rvalue |

| Beispiel | Ergebnis | Nebeneffekte |
|---|---|---|
| - -x | x-1 | x wird x-1 |

### 2.2.4 Relationale Operatoren

### R 4 Darstellung von Wahrheitswerten

R4

Relationale Operatoren dienen dazu, zwei Ausdrücke auf eine bestimmte Eigenschaft hin miteinander zu vergleichen. In Abhängigkeit davon, ob diese Eigenschaft besteht oder nicht, geben sie dann einen *Wahrheitswert* zurück, der als Testbedingung in Schleifen oder Verzweigungen verwendet werden kann.

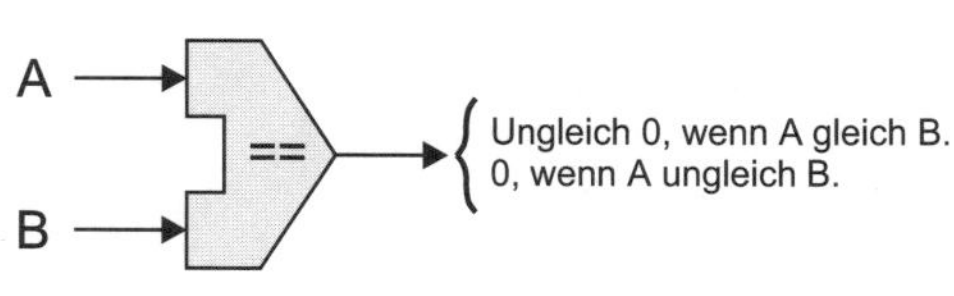


**Abbildung 2.6: A == B**

In C gibt es – anders als etwa in PASCAL – keinen expliziten Datentyp, der Wahrheitswerte speichern kann (Wahrheitswerte werden manchmal auch als *logische Werte* bezeichnet). Statt dessen wird ein ganzzahliger Ausdruck mit einem Wert ungleich 0 als WAHR und ein ganzzahliger Ausdruck mit dem Wert 0 als FALSCH betrachtet. Dies gilt sowohl für die Verwendung von Ausdrücken in Bedingungen als auch für das Erzeugen von Wahrheitswerten mittels relationaler oder logischer Operatoren. Abbildung 2.6 zeigt die Arbeitsweise der relationalen Operatoren am Beispiel des Gleichheitstests.

**Gleichheit: A == B**

Überprüft, ob die Werte *A* und *B* gleich sind. Ist dies der Fall, so ist der Rückgabewert ungleich 0, andernfalls ist er 0. Sind die Operanden arithmetische Ausdrücke mit unterschiedlichen Typen, so werden zuvor die im nächsten Abschnitt beschriebenen Typkonvertierungen vorgenommen.

Beachten Sie, daß es in C standardmäßig nicht möglich ist, zwei zusammengesetzte Variablen, etwa zwei Arrays oder Structures, jeweils komplett mit einem einzigen Gleichheitsoperator zu vergleichen.

Typisierung

| A | B | Rückgabewert |
|---|---|---|
| Arithmetischer rvalue | Arithmetischer rvalue | Arithmetischer rvalue |
| rvalue-Zeiger | rvalue-Zeiger | Arithmetischer rvalue |

| Beispiel | Ergebnis | Nebeneffekte |
|---|---|---|
| 7==7 | ungleich 0 | Keine |
| 7==8 | 0 | Keine |
| 13.45E3+1000==13450 | 0 | Keine |

Der Gleichheitsoperator ist für C-Newcomer eine der häufigsten Fehlerquellen, da er mit großer Regelmäßigkeit mit dem Zuweisungsoperator verwechselt wird!

Angenommen, Sie wollten ein Programm schreiben, das zwei Ganzzahlen von der Tastatur einliest, auf Gleichheit prüft und eine entsprechende Meldung ausgibt, so könnte Ihre Lösung etwa wie folgt aussehen:

```
/* bsp0202.c */

#include <stdio.h>

void main(void)
{
```

```
  int a, b;

  scanf("%d %d", &a, &b);
  if (a = b)
    printf("GLEICH\n");
  else
    printf("UNGLEICH\n");
}
```

Beim Testen des Programms würden Sie dann feststellen, daß es – völlig unabhängig von den eingegebenen Werten – fast immer das Wort GLEICH auf den Bildschirm schreibt, außer wenn der zweite Wert 0 ist. Der Grund dafür liegt in der irrtümlichen Verwendung des Zuweisungsoperators = anstelle des Gleichheitsoperators = =. Dadurch werden nicht etwa die Variablen *a* und *b* miteinander verglichen, sondern *a* bekommt den Wert von *b* zugewiesen, und dieser wird dann als Wahrheitswert interpretiert, d.h. auf 0 bzw. ungleich 0 getestet.

Wie schon weiter oben erwähnt, warnen einige Compiler daher vor solchen Konstruktionen. Leider bekommen Sie die Warnungen auch in den Fällen, in denen solche Ausdrücke beabsichtigt sind, so daß Sie leicht der Versuchung erliegen könnten, dieselben zu ignorieren oder abzuschalten.

**Ungleichheit: A != B**

Überprüft, ob die Werte *A* und *B* ungleich sind. Ist dies der Fall, so ist der Rückgabewert ungleich 0, andernfalls ist er 0. Sind die Operanden arithmetische Ausdrücke mit unterschiedlichen Typen, so werden zuvor die weiter unten beschriebenen Typkonvertierungen vorgenommen.

Beachten Sie, daß es in C nicht möglich ist, zwei zusammengesetzte Variablen, etwa zwei Arrays oder Structures, in ihrer Gesamtheit mit einem einzigen Ungleichheitsoperator zu vergleichen.

**Typisierung**

| A | B | Rückgabewert |
|---|---|---|
| Arithmetischer rvalue | Arithmetischer rvalue | Arithmetischer rvalue |
| rvalue-Zeiger | rvalue-Zeiger | Arithmetischer rvalue |

| Beispiel | Ergebnis | Nebeneffekte |
|---|---|---|
| 7!=7 | 0 | Keine |
| 7!=8 | ungleich 0 | Keine |
| 13.45E3+1000!=13451 | ungleich 0 | Keine |

**Kleiner gleich: A <= B**

Überprüft, ob der Wert von *A* kleiner oder gleich dem Wert von *B* ist. Ist dies der Fall, so ist der Rückgabewert ungleich 0, andernfalls ist er 0. Sind die Operanden arithmetische Ausdrücke mit unterschiedlichen Typen, so werden zuvor die im nächsten Abschnitt beschriebenen Typkonvertierungen vorgenommen.

Beachten Sie, daß die Anwendung dieses Operators auf Zeiger im allgemeinen nur dann sinnvoll ist, wenn beide Zeiger auf Elemente desselben Arrays zeigen. Der Ergebniswert zeigt in diesem Fall an, ob *A* auf ein Element mit dem gleichen oder einem kleineren Index als *B* zeigt.

Typisierung

| A | B | Rückgabewert |
|---|---|---|
| Arithmetischer rvalue | Arithmetischer rvalue | Arithmetischer rvalue |
| rvalue-Zeiger in Array A | rvalue-Zeiger in Array A | Arithmetischer rvalue |

| Beispiel | Ergebnis | Nebeneffekte |
|---|---|---|
| 7<=7 | ungleich 0 | Keine |
| 7<=8 | ungleich 0 | Keine |
| 65e-1<=6 | 0 | Keine |

Neben dem Kleinergleich-Operator gibt es noch drei weitere relationale Operatoren, die prinzipiell in der gleichen Weise funktionieren, jedoch jeweils eine andere Eigenschaft der Operatoren *A* und *B* testen. Aus diesem Grund soll bei diesen Operatoren jeweils nur das unterscheidende Merkmal beschrieben werden.

**Größer gleich: A >= B**

Gibt einen Wert ungleich 0 zurück, wenn *A* größer oder gleich *B* ist.

**Kleiner: A < B**

Gibt einen Wert ungleich 0 zurück, wenn *A* kleiner *B* ist.

**Größer: A > B**

Gibt einen Wert ungleich 0 zurück, wenn *A* größer *B* ist.

### 2.2.5 Logische Operatoren

Logische Operatoren existieren im Prinzip in allen allgemein verwendbaren Programmiersprachen. Sie dienen dazu, Wahrheitswerte miteinander zu verknüpfen. In den meisten Sprachen haben sie Namen wie AND, OR und NOT und sind damit Schlüsselworte für den Compiler. In C ist dies nicht der Fall, sondern die logischen Operatoren sind wie die meisten

Operatoren aus Sonderzeichen aufgebaut, die gleichzeitig als Begrenzer dienen. So ist es in C beispielsweise möglich, `X&&Y` zu schreiben, während das Konstrukt `XandY` in einer anderen Sprache als Bezeichner betrachtet wird. (Es gehört aber selbst in C nicht unbedingt zum guten Stil, einen logischen Operator mit seinen Operanden verschmelzen zu lassen.)

### Logisches UND: A && B

Dieser Operator liefert genau dann den Wahrheitswert TRUE (also eine Ganzzahl ungleich 0), wenn beide Operanden den Wahrheitswert TRUE (also einen Wert ungleich 0) haben. Ist hingegen wenigstens einer der Operatoren *A* oder *B* gleich 0, so ist auch der Rückgabewert 0. Abbildung 2.7 zeigt die Arbeitsweise der logischen Operatoren am Beispiel des logischen UND.

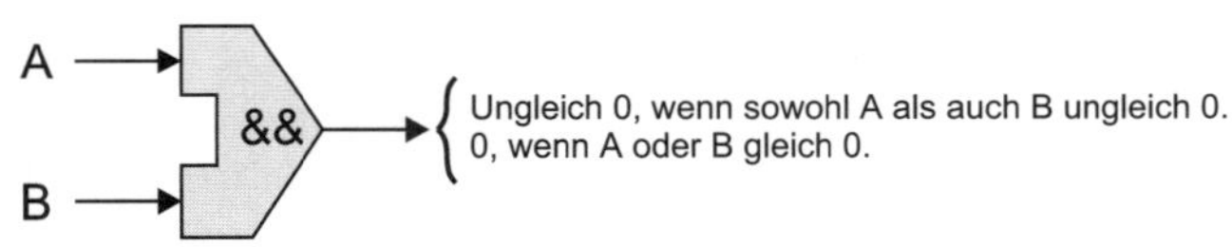


**Abbildung 2.7: A && B**

Typisierung

| A | B | Rückgabewert |
|---|---|---|
| Ganzzahliger rvalue | Ganzzahliger rvalue | Ganzzahliger rvalue |

| Beispiel | Ergebnis | Nebeneffekte |
|---|---|---|
| 14= =14 && x<=x | ungleich 0 | Keine |
| 0 && 1 | 0 | Keine |
| x<=y && y<=x | x= =y | Keine |
| a && a | a | Keine |

Beachten Sie bitte unbedingt die im Abschnitt *Auswertungsreihenfolge* beschriebenen Sonderfälle am Ende dieses Kapitels. Dort wird ein sehr wichtiger Aspekt der Verwendung der logischen Operatoren && und || erläutert.

### Logisches ODER: A || B

Dieser Operator liefert genau dann den Wahrheitswert TRUE (also eine Ganzzahl ungleich 0), wenn wenigstens einer der beiden Operanden den Wahrheitswert TRUE (also einen Wert ungleich 0) hat. Haben hingegen beide Operanden den Wahrheitswert FALSE (also den Wert 0), so ist auch der Rückgabewert 0.

Typisierung

| A | B | Rückgabewert |
|---|---|---|
| Ganzzahliger rvalue | Ganzzahliger rvalue | Ganzzahliger rvalue |

| Beispiel | Ergebnis | Nebeneffekte |
|---|---|---|
| 14= =15 \|\| x<=y \|\| 0 | x<=y | Keine |
| 0 \|\| 1 | ungleich 0 | Keine |
| x<y \|\| y<x | x!=y | Keine |
| a \|\| a | ungleich 0 | Keine |

Die logischen Operatoren für *Exklusives Oder, Implikation* und *Äquivalenz* sind in C nicht direkt realisiert, können jedoch durch Verknüpfung der vorhandenen logischen Operatoren gewonnen werden.

### Logisches NICHT: ! A

Dieser einstellige Operator dient dazu, den Wahrheitswert eines logischen Ausdrucks zu negieren. Der Rückgabewert dieses Operators ist 0, wenn der Operand ungleich 0 ist, und er ist ungleich 0, wenn der Operand 0 ist (s. Abbildung 2.8).

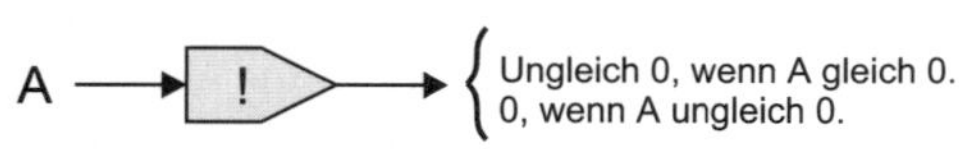


**Abbildung 2.8: !A**

Typisierung

| A | Rückgabewert |
|---|---|
| Ganzzahliger rvalue | Ganzzahliger rvalue |

| Beispiel | Ergebnis | Nebeneffekte |
|---|---|---|
| !1 | 0 | Keine |
| !0 | ungleich 0 | Keine |
| !!a | a | Keine |

### Operator-Bindung

Die Bindungskraft der logischen Operatoren ist sehr gering, nur die Zuweisungsoperatoren und der Bedingungsoperator haben eine noch schwächere Bindungskraft. Aus diesem Grund können die meisten logischen Ausdrücke ohne Klammerung geschrieben werden. So wird etwa der Ausdruck *x==15* || *x==17* aufgrund der stärkeren Bindungskraft des Gleichheitsoperators wie *(x==15)* || *(x==17)* ausgewertet. Der Ausdruck *i>=0 && i<=10 || i==12* wird wie *((i>=0) && (i<=10)) || (i==12)* ausgewertet. Diese Einteilung entspricht recht gut den praktischen Erfordernissen beim Programmieren und führt in den seltensten Fällen zu verdeckten Fehlern. Dennoch ist es guter Stil, kompliziertere logische Ausdrücke redundant zu klammern, um die Lesbarkeit zu erhöhen.

Die Operator-Bindung in logischen Ausdrücken ist leider nicht in allen Programmiersprachen so vernünftig geregelt wie in C. Zwar hat beispielsweise auch in Pascal der AND-Operator eine höhere Bindungskraft als der OR-Operator, beide binden aber stärker als etwa der Gleichheitsoperator, so daß in Pascal schon der erste Ausdruck des obigen Beispiels geklammert werden müßte.

### 2.2.6 Bitweise Operatoren

Die bitweisen Operatoren sind eine echte Domäne der Sprache C und in dieser Form und Vielfalt in vielen anderen Sprachen nicht zu finden. Sie dienen dazu, Manipulationen an den einzelnen Bits von Variablen vorzunehmen. So ist es mit ihrer Hilfe möglich, einzelne Bits an- und abzuschalten, zu komplementieren oder zu verschieben. Ihr Hauptanwendungsgebiet liegt im Bereich der hardwarenahen System- und Treiberprogrammierung, wo sie oft zur Ansteuerung von I/O-Bausteinen gebraucht werden. Es gibt jedoch auch andere Bereiche, in denen ihr Einsatz günstig ist, beispielsweise wenn eine größere Anzahl von Wahrheitswerten einheitlich verarbeitet werden soll, bei der Implementierung von Mengentypen oder bei arithmetischen Operationen mit Zweierpotenzen.

Um die folgenden Operatoren besser beschreiben zu können, nehmen wir an, daß jeder der Operanden aus $n$ einzelnen Bits besteht, welche, beginnend bei dem Bit mit der niedrigsten Wertigkeit, von 0 aufsteigend bis $n-1$ als $Bit_0$ bis $Bit_{n-1}$ bezeichnet sind. Jedes Bit kann dabei entweder den Wert 0 oder 1 annehmen. Abbildung 2.9 zeigt die Arbeitsweise der bitweisen Operatoren am Beispiel des bitweisen UND.

**Abbildung 2.9: A & B**

Bei der Anwendung der bitweisen Operatoren sollten vorzeichenbehaftete Typen nur mit äußerster Vorsicht verwendet werden. Da das Vorzeichen (bei der üblicherweise angewendeten Zweierkomplementdarstellung) durch das höchstwertige Bit dargestellt wird, kann es bei vorzeichenbehafteten Operanden zu unerwünschten Nebeneffekten kommen. Besser ist die Verwendung vorzeichenloser (*unsigned*) Ganzzahlen.

**Bitweises UND: A & B**

Führt für die einzelnen Bits der Operanden *A* und *B* eine logische UND-Verknüpfung aus. Das $Bit_x$ des Rückgabewerts ist also genau dann gleich 1, wenn $Bit_x$ von Operand *A* und $Bit_x$ von Operand *B* gleich 1 sind, andernfalls ist es 0.

Der Bitweises-UND-Operator dient oft dazu, einzelne Bits einer Variablen *auszuschalten* (also auf 0 zu setzen). Sollen etwa die Bits 2 und 3 der Variable *A* ausgeschaltet werden, so muß *A* lediglich mit einer Zahl *B* bitweise UND-verknüpft werden, bei der die Bits 2 und 3 den Wert 0 und alle anderen Bits den Wert 1 haben. Diese Zahl *B* entsteht beispielsweise, indem Sie die Zahl 12 (in Binärdarstellung ...0000001100) mit Hilfe des Einerkomplementoperators (s.u.) invertieren, so daß daraus binär ....1111110011 entsteht. In Kombination mit einem Zuweisungsoperator ergibt sich dann die Lösung *A&=(~12)*.

**Typisierung**

| A | B | Rückgabewert |
|---|---|---|
| Ganzzahliger rvalue | Ganzzahliger rvalue | Ganzzahliger rvalue |

| Beispiel | Ergebnis | Nebeneffekte |
|---|---|---|
| 127 & 4 | 4 | Keine |
| 128 & 4 | 0 | Keine |
| a&a | a | Keine |

Sowohl beim Lesen als auch beim Schreiben von C-Programmen ist es leicht möglich, die bitweisen Operatoren mit den ähnlich aussehenden logischen Operatoren zu verwechseln. Dadurch können schwer zu findende Fehler oder Fehlinterpretationen entstehen. Machen Sie sich deshalb den Unterschied zwischen bitweisen und logischen UND-, ODER- und NICHT-Operatoren unbedingt klar.

**Bitweises ODER: A | B**

Führt für die einzelnen Bits der Operanden *A* und *B* eine logische ODER-Verknüpfung aus. Das $Bit_x$ des Rückgabewerts ist also genau dann gleich 1, wenn $Bit_x$ von Operand *A* oder $Bit_x$ von Operand *B* oder beide gleich 1 sind, andernfalls ist es 0.

Der Bitweises-ODER-Operator dient oft dazu, Bits *anzuschalten* (also auf 1 zu setzen). Soll etwa das $Bit_7$ einer Zahl *A* angeschaltet werden, so muß diese Zahl *A* lediglich mit einer Zahl *B* bitweise ODER-verknüpft werden, bei der das *Bit7* den Wert 1 und alle anderen Bits den Wert 0 haben. Auch hier bietet sich also die Kombination mit einem Zuweisungsoperator an, und die Lösung dieser Aufgabe lautet *A|=128*.

**Typisierung**

| A | B | Rückgabewert |
|---|---|---|
| Ganzzahliger rvalue | Ganzzahliger rvalue | Ganzzahliger rvalue |

| Beispiel | Ergebnis | Nebeneffekte |
|---|---|---|
| 127 \| 4 | 127 | Keine |
| 128 \| 4 | 132 | Keine |
| a\|~0 | -1 | Keine |

### Bitweises EXCLUSIV-ODER: A ^ B

Führt für die einzelnen Bits der Operanden *A* und *B* eine logische EXCLUSIV-ODER-Verknüpfung aus. Das $Bit_x$ des Rückgabewerts ist genau dann gleich 1, wenn $Bit_x$ von Operand *A* ungleich $Bit_x$ von Operand *B* ist, andernfalls ist es 0.

Der Bitweises-EXCLUSIV-ODER-Operator wird oft dazu verwendet, Bits zu *invertieren*. Sollen etwa die Bits 0 bis 3 einer Zahl *A* invertiert werden, so muß die Zahl *A* lediglich mit einer Zahl *B* bitweise EXCLUSIV-ODER-verknüpft werden, bei der die Bits 0 bis 3 den Wert 1 und alle anderen Bits den Wert 0 haben. Die Lösung lautet also *A^=15*.

Eine andere Anwendung dieses Operators ist es, zu ermitteln, ob ein Byte oder Wort eine gerade oder ungerade Anzahl an Einsen enthält. Dazu sind lediglich alle Bits einzeln per EXCLUSIV-ODER miteinander zu verknüpfen. Ist das Ergebnis eine 1, so ist die Anzahl der gesetzten Bits ungerade gewesen, andernfalls war sie gerade. Auf diese Weise kann z.B. bei der Datenübertragung über eine serielle Schnittstelle das Paritätsbit ermittelt werden. Auch bei der Verschlüsselung von Nachrichten oder der Fehlerkontrolle in Übertragungsprotokollen spielt die EXCLUSIV-ODER-Verknüpfung eine Rolle.

**Typisierung**

| A | B | Rückgabewert |
|---|---|---|
| Ganzzahliger rvalue | Ganzzahliger rvalue | Ganzzahliger rvalue |

| Beispiel | Ergebnis | Nebeneffekte |
|---|---|---|
| 127 ^ 4 | 123 | Keine |
| 128 ^ 4 | 132 | Keine |
| a^~0 | ~a | Keine |

#### Linksschiebe-Operator: A << B

Verschieben der Bits des Werts *A* um *B* Positionen nach links, d.h. in Richtung der höherwertigen Bits. Die *B* höchstwertigen Bits gehen verloren, rechts wird mit Nullen aufgefüllt.

Eine Anwendung dieses Operators besteht darin, einen Wert mit einer ganzzahligen Zweierpotenz zu multiplizieren, es gilt nämlich *A<<1* gleich *A*2* und allgemeiner *A<<B* gleich $A*2^B$. Da eine Schiebeoperation auf den meisten Maschinen schneller ausgeführt wird als eine Multiplikation, lohnt sich möglicherweise eine solche Vorgehensweise. Andererseits führt sie zu schwerer lesbaren Programmen, denn die eigentliche Bedeutung des Ausdrucks wird verschleiert. Compiler mit guten Optimierern erkennen in einem Multiplikationsausdruck, ob einer der Operanden eine konstante Zweierpotenz ist, und erzeugen dann automatisch anstelle eines Multiplikations- einen Linksschiebe-Befehl.

Typisierung

| A | B | Rückgabewert |
|---|---|---|
| Ganzzahliger rvalue | Ganzzahliger rvalue | Ganzzahliger rvalue |

| Beispiel | Ergebnis | Nebeneffekte |
|---|---|---|
| 1 << 5 | 32 | Keine |
| 22 << 1 | 44 | Keine |
| a << 0 | a | Keine |

#### Rechtsschiebe-Operator: A >> B

Verschieben der Bits des Werts *A* um *B* Positionen nach rechts, d.h. in Richtung der niederwertigen Bits. Die *B* niederwertigsten Bits gehen verloren. Wird der Operator auf einen positiven Wert (oder genereller: einen vorzeichenlosen Typ) angewendet, so wird er links mit Nullen aufgefüllt. Andernfalls kann der Compiler je nach der internen Darstellung negativer Zahlen entweder mit 0 oder 1 auffüllen.

Der Operator wird oft verwendet, um einen Wert durch eine ganzzahlige Zweierpotenz zu dividieren, es gilt nämlich *A>>1* gleich *A/2* und allgemeiner *A>>B* gleich $A/(2^B)$. Da eine Schiebeoperation auf den meisten Maschinen schneller ausgeführt wird als eine Division, lohnt sich möglicherweise eine solche Vorgehensweise. Auch hier gibt es allerdings den Nachteil der schlechteren Lesbarkeit. Gute Compiler führen diese Optimierung automatisch durch.

Typisierung

| A | B | Rückgabewert |
|---|---|---|
| Ganzzahliger rvalue | Ganzzahliger rvalue | Ganzzahliger rvalue |

| Beispiel | Ergebnis | Nebeneffekte |
|---|---|---|
| 1 >> 5 | 0 | Keine |
| 22 >> 1 | 11 | Keine |
| a >> 0 | a | Keine |

**Einerkomplement-Operator: ~A**

Invertiert jedes Bit des Operators *A*. Aus jeder 0 wird eine 1 und aus jeder 1 eine 0.

Typisierung

| A | Rückgabewert |
|---|---|
| Ganzzahliger rvalue | Ganzzahliger rvalue |

| Beispiel | Ergebnis | Nebeneffekte |
|---|---|---|
| ~1 | -2 | Keine |
| ~a | -a-1 | Keine |

### 2.2.7 Sonstige Operatoren

**sizeof-Operator: sizeof A**

Dieser Operator dient dazu, die Größe der internen Darstellung von Datenobjekten zu ermitteln. Der Operand *A* darf dabei sowohl Bezeichner einer einfachen oder zusammengesetzten Variable als auch Typbezeichner sein.

Der *sizeof*-Operator wird vor allem angewendet, um Programme portabler zu machen. So ist es manchmal nötig, unter Verwendung der Library-Funktion *memcpy* Objekte direkt im Speicher zu kopieren oder zu verschieben. Dazu benötigt diese Funktion unter anderem die Größe des zu bearbeitenden Objekts. Statt diesen Wert nun als Konstante direkt in das Programm einzukompilieren, ist es im Hinblick auf die Portierbarkeit des Programms besser, dem Compiler die Ermittlung der Größe des Objekts zu überlassen. Sollte das Objekt auf einer anderen Maschine aufgrund der internen Darstellung eine andere Größe haben, so erledigt der Compiler alle erforderlichen Anpassungen.

Typisierung

| A | Rückgabewert |
|---|---|
| Beliebiger lvalue | Ganzzahliger rvalue |
| Beliebiger rvalue | Ganzzahliger rvalue |

| Beispiel | Ergebnis | Nebeneffekte |
|---|---|---|
| sizeof(float) | 8 | Keine |
| sizeof(4+10%2) | 2 (oder 4) | Keine |

Beachten Sie, daß der Operand in ANSI-C auch ein rvalue sein darf! Der als Operand übergebene Ausdruck wird jedoch in keinem Fall ausgewertet, sondern vom Compiler lediglich zur Bestimmung des Ergebnistyps verwendet! Machen Sie sich diesen Zusammenhang an folgendem Beispiel klar; das Programm gibt zweimal eine 5 aus!

```
/* bsp0203.c */

void main(void)
{
  int i=5, j;

  printf("i=%d\n", i);
  j = sizeof(i++);
  printf("i=%d\n", i);
}
```

Sie können dieses Beispielprogramm verwenden, um zu überprüfen, ob Ihr Compiler rvalues als Operanden eines *sizeof*-Operators erlaubt. Ist dies nicht der Fall, gibt es schon beim Kompilieren des Programms eine Fehlermeldung der Art »*illegal sizeof operator*«.

**Komma-Operator: A,B**

Dieser Operator wertet die beiden Ausdrücke *A* und *B* *nacheinander* aus, und der Wert des zweiten Operators wird als Ergebnis zurückgegeben. Dieser Operator wird beispielsweise dort verwendet, wo syntaktisch *nur ein* Ausdruck erlaubt ist, von der Logik des Programms her aber *zwei* erforderlich sind. Ein Beispiel ist die Initialisierung von zwei Variablen im Initialisierungsteil einer *for*-Schleife (z.B. *for (i=1,j=1; i && x[j]!=0; i++)*, siehe Kapitel 3).

In der Praxis wird der Komma-Operator relativ selten eingesetzt. Wenn er verwendet wird, dann vor allem zur Ausnutzung der Nebeneffekte seiner Teilausdrücke.

**Typisierung**

| A | B | Rückgabewert |
|---|---|---|
| Beliebiger rvalue | Beliebiger rvalue | rvalue vom B-Typ |

| Beispiel | Ergebnis | Nebeneffekte |
|---|---|---|
| i=0,j=2 | 2 | i wird 0, j wird 2 |
| a++,a++ | a+1 | a wird a+2 |

Beachten Sie, daß der Komma-Operator in Argumentlisten von Funktionsaufrufen nicht ohne weiteres verwendet werden kann, da das Komma dort als Argumentseparator betrachtet wird. Abhilfe kann durch eine geeignete Klammerung geschaffen werden.

**Bedingung: A ? B : C**

Der Bedingungsoperator ist der einzige *dreistellige* Operator in der Sprache C. Die Vorgehensweise beim Auswerten des Ausdrucks *A?B:C* besteht darin, zunächst *A* auszuwerten und das Ergebnis als Wahrheitswert anzusehen. Ist *A* ungleich 0, so wird anschließend *B* ausgewertet und zurückgegeben, andernfalls wird C ausgewertet und zum Rückgabewert des Ausdrucks. In jedem Fall wird der Teilausdruck *A* vor einem der Teilausdrücke *B* oder C ausgewertet.

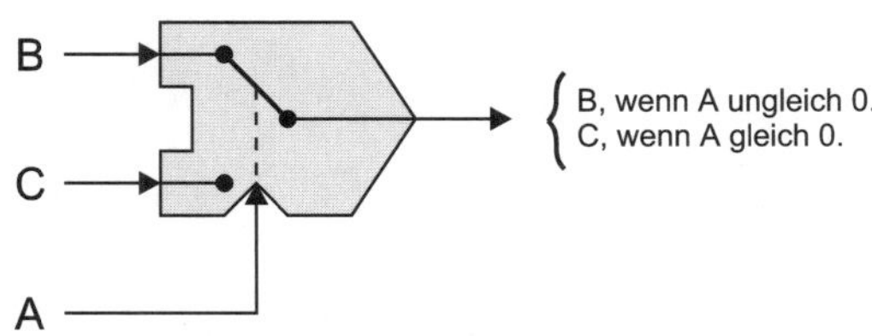


**Abbildung 2.10: A?B:C**

Der Bedingungsoperator kann manchmal als Ersatz für eine *if*-Anweisung verwendet werden, insbesondere wenn sie dazu dient, die Zuweisung zweier unterschiedlicher Werte an eine Variable zu steuern. So sind beispielsweise die beiden folgenden Programme vollkommen äquivalent.

```
/* bsp0204.c */

void main(void)
{
  int i, x, y;

  ...
  if (x == y)
    i = 1;
  else
    i = 0;
```

```
}
```

```
/* bsp0205.c */

void main(void)
{
  int i, x, y;

  ...
  x==y ? (i=1) : (i=0);
}
```

Noch kürzer läßt sich das Programm wie folgt schreiben:

```
/* bsp0206.c */

void main(void)
{
  int i, x, y

  ...
  i = x==y ? 1 : 0;
}
```

Die letzte Konstruktion ist zwar etwas kryptisch, aber korrekt, performant und nicht selten zu finden. Natürlich kann es nicht schaden, den Ausdruck `x==y?1:0` oder sogar die darin enthaltenen Teilausdrücke zu klammern, um zu verdeutlichen, was gemeint ist.

**Typisierung**

| A | B | C | Rückgabewert |
|---|---|---|---|
| Arithmetischer rvalue | Beliebiger rvalue | Beliebiger rvalue | rvalue vom B-Typ oder C-Typ |

| Beispiel | Ergebnis | Nebeneffekte |
|---|---|---|
| i==i?1:0 | 1 | Keine |
| 0?1:2 | 2 | Keine |

Problematisch wird die Verwendung des Bedingungsoperators, wenn *B* und *C* unterschiedlich typisiert sind, beispielsweise als *int* und *char**. In diesem Fall hängt es vom Compiler ab, was passiert. GNU-C beispielsweise gibt eine Warnung aus und führt eine interne Typkonvertierung durch.

### Funktionsaufruf: A(B)

Die Eingabe *A(B)* stellt einen Funktionsaufruf dar. Dabei muß der Ausdruck *A* der Name einer Funktion oder eines Zeigers auf eine Funktion sein, und *B* ist die Liste der aktuellen Parameter. Der Wert des Ausdrucks entspricht dem von der Funktion zurückgegebenen Wert. Der Typ des Rückgabewerts entspricht dem Typ der Funktionsdeklaration.

Falls eine Funktion als *void* (d.h. ohne Rückgabewert, s. Kapitel 6) deklariert ist, hat dieser Ausdruck keinen Rückgabewert und kann somit auch nicht weiterverwendet werden. Funktionen ohne Rückgabewert sind natürlich nur wegen ihrer Nebeneffekte interessant.

**Typisierung**

| A | B | Rückgabewert |
|---|---|---|
| Funktionsname | Argumentliste | rvalue vom Funktionstyp oder void |
| Name eines Zeigers auf eine Funktion | Argumentliste | rvalue vom Funktionstyp oder void |

| Beispiel | Ergebnis | Nebeneffekte |
|---|---|---|
| strlen("hello, world") | 12 | Keine |
| printf("OK\n"); | 3 | Ausgeben von "OK\n" auf dem Bildschirm |
| srand(1000); | Keiner (void) | Initialisieren des Zufallszahlengenerators |

Das Thema »Funktionen« wird natürlich an anderer Stelle dieses Buches ausführlicher behandelt. Kapitel 6 wird sich ausschließlich mit diesem Thema befassen. Hier soll lediglich verdeutlicht werden, daß in C auch der Funktionsaufruf als Ausdruck zu betrachten ist, der durch Anwendung des Funktionsaufruf-Operators auf Namen und Argumente einer Funktion entsteht.

### Typkonvertierung: (type) A

Mit diesem Operator ist es in C möglich, *explizite* Typkonvertierungen vorzunehmen. Dabei wird der beliebig typisierte Operand *A* in den Typ *type* umgewandelt. Diese Konvertierung macht normalerweise nur zwischen *verwandten* Typen Sinn und erfordert einige Vorsicht bei der Anwendung.

Die explizite Typkonvertierung wird oft bei der maschinennahen Programmierung verwendet, wenn Operatoren auf Argumente angewendet werden sollen, für die sie eigentlich nicht zulässig sind. In diesem Fall wird man zunächst eine geeignete Typkonvertierung vornehmen, dann den Operator anwenden und schließlich das Ergebnis in den ursprünglichen Typ zurückkonvertieren.

Typisierung

| type | A | Rückgabewert |
|---|---|---|
| Einfacher Datentyp | Einfacher rvalue | rvalue des neuen Datentyps |

| Beispiel | Ergebnis | Nebeneffekte |
|---|---|---|
| (char)27 | 27 (also ESC beim ASCII-Zeichensatz) | Keine |
| (int *)0x8BD0 | Zeiger auf ein int an Adresse 0x8BD0 (hat je nach Maschine und Konfiguration eine andere Bedeutung) | Keine |

### Adreßoperator: & A

Der Adreßoperator liefert die Speicheradresse des Objektes *A*, d.h. er liefert einen Zeiger, der auf das Objekt *A* zeigt und dessen Typ der von *A* ist. Der Adreßoperator wird noch mehrfach in diesem Buch auftauchen und steht insbesondere in engem Zusammenhang mit dem Zeigerkonzept der Sprache C, das in Kapitel 10 und 11 ausführlich erklärt wird.

Typisierung

| A | Rückgabewert |
|---|---|
| Beliebiger lvalue | Zeiger auf Objekt A |

| Beispiel | Ergebnis | Nebeneffekte |
|---|---|---|
| &i | Adresse der Variablen i | Keine |
| &j | Adresse der Variablen j | Keine |

Der Adreßoperator hat im Prinzip die gleiche Syntax wie der Bitweises-UND-Operator und kann daher sowohl vom Compiler als auch vom Programmierer leicht mit diesem verwechselt werden. Der Compiler entscheidet anhand des Ausdruckskontexts, welcher von beiden gemeint ist. Der Adreßoperator ist einstellig und hat eine wesentlich höhere Bindungskraft als der Bitweises-UND-Operator.

### Umleitungsoperator: * A

Der Umleitungsoperator (auch *Dereferenzierungsoperator* genannt) liefert den Wert, auf den der Zeiger *A* zeigt. Das Ergebnis der Anwendung dieses Operators ist die Variable, die im Speicher an der Adresse steht, auf die *A* zeigt. Der Typ des Rückgabewerts entspricht dem Zeigertyp von *A*, d.h. ein Zeiger auf *int* liefert einen *int*-Wert, ein Zeiger auf *char* einen *char*-Wert usw. Die Bedeutung des Umleitungs-Operators wird in den Kapiteln 10 und 11 ausführlich behandelt und soll hier nur der Vollständigkeit halber erwähnt werden.

Typisierung

| A | Rückgabewert |
|---|---|
| Zeiger auf lvalue T | lvalue T |

| Beispiel | Ergebnis | Nebeneffekte |
|---|---|---|
| *i | Die Variable x, die an der Stelle im Speicher steht, auf die i zeigt | Keine |

Beachten Sie, daß dieser Operator einen *lvalue* zurückgibt. Er kann damit insbesondere auf der linken Seite eines Zuweisungsoperators verwendet werden.

**Feldindex-Operator: A [ B ]**

Dieser Operator dient zum Zugriff auf Elemente von Feldern (Arrays), er liefert das *B+1-te* Element des Arrays *A*. Da Arrays mit 0 beginnend numeriert werden, liefert *A[0]* das erste, *A[1]* das zweite und *A[B]* das *B+1-te* Element des Arrays *A*.

Typisierung

| A | B | Rückgabewert |
|---|---|---|
| Name eines Arrays | Ganzzahliger rvalue | Das B+1-te Element von A als lvalue |
| Name eines Zeigerlvalues | Ganzzahliger rvalue | Das um B Elemente hinter dem Element *A liegende Element vom Zeigertyp |

| Beispiel | Ergebnis | Nebeneffekte |
|---|---|---|
| A[0] | Das erste Element des Arrays A | Keine |
| Z[i] | Das i Elemente hinter dem Element, auf das der Zeiger Z zeigt, liegende Element vom Zeigertyp | Keine |

Beachten Sie auch hier, daß dieser Operator einen *lvalue* zurückgibt, und damit auf der linken Seite eines Zuweisungsoperators verwendet werden kann. Kapitel 5 wird sich mit Arrays beschäftigen und diesen Operator eingehend erklären.

**Elementauswahloperator: A.B**

Dieser Operator kommt in den meisten Programmiersprachen vor, die das Deklarieren von *Verbunden* (auch *Structures* oder *Records* genannt) erlauben. Er wird benötigt, um ein einzelnes Element eines Verbundes zu bezeichnen. In Kapitel 7 werden wir ausführlich auf diesen Operator und die Programmierung mit Strukturen eingehen.

Typisierung

| A | B | Rückgabewert |
|---|---|---|
| Name einer Struktur oder Union | Name eines Elements | Das Element B von A als lvalue |

| Beispiel | Ergebnis | Nebeneffekte |
|---|---|---|
| A.name | Das Element *name* des Verbunds A | Keine |
| A.ort | Das Element *ort* des Verbunds A | Keine |

**Elementkennzeichnungsoperator: A->B**

Dieser Operator arbeitet ähnlich wie der Elementauswahloperator, mit dem Unterschied, daß *A* nicht der Name einer Struktur, sondern der Name eines Zeigers auf eine Struktur ist. Es handelt sich bei diesem Operator also lediglich um eine abkürzende Schreibweise für *(*A).B*.

Der Elementkennzeichnungsoperator besitzt im Zusammenhang mit dynamischen Datenstrukturen eine große Bedeutung. Er ist zweifellos einer der am häufigsten verwendeten Operatoren, wenn lineare Listen, Bäume oder ähnliche Datenstrukturen bearbeitet werden sollen. Eine ausführliche Würdigung erfährt er in Kapitel 10, in dem die Programmierung dynamischer Datenstrukturen vorgestellt wird.

Typisierung

| A | B | Rückgabewert |
|---|---|---|
| Name eines Zeigers auf eine Structure oder Union | Name eines Elements | Das Element B von A als lvalue |

| Beispiel | Ergebnis | Nebeneffekte |
|---|---|---|
| A->name | Das Element name des Verbundes, auf den A zeigt | Keine |
| A->ort | Das Element ort des Verbundes, auf den A zeigt | Keine |

## 2.3 Implizite Typkonvertierungen

Werden in einem Ausdruck arithmetische Operanden unterschiedlicher Typen verwendet, so nimmt der Compiler während der Auswertung des Ausdrucks automatisch gewisse Typkonvertierungen entsprechend den nachfolgend vorgestellten Regeln vor. So wird beispielsweise eine Ganzzahl vor ihrer Verwendung in eine Fließkommazahl konvertiert, wenn beide als Operanden einer Addition verwendet werden.

## R 5 Regeln zur impliziten Typkonvertierung

R5

Dieser Abschnitt erläutert die dabei angewendeten Regeln. Nach jeder Regel finden Sie ein erläuterndes Beispiel, bei dem die Werte der relevanten Teilausdrücke in Kommentaren dahinter stehen.

**1. Regel**

Ist jeder der beiden Operanden vom Typ *int* oder *char*, so ist das Ergebnis vom Typ *int*, und die Berechnungen werden auf der Grundlage der Ganzzahlarithmetik durchgeführt.

```
int a=5;
char c=27;

c/a; /* 5 */
a+c; /* 32 */
```

**2. Regel**

Ist einer der beiden Operanden vom Typ *int* und der andere vom Typ *long* oder sind beide vom Typ *long*, so ist das Ergebnis vom Typ *long*. Auch hier werden die Berechnungen auf der Grundlage der Ganzzahlarithmetik durchgeführt.

```
int a=1000;
long l=27;

a%l; /* 1 */
```

**3. Regel**

Ist mindestens einer der beiden Operanden vom Typ *float* oder *double*, so ist das Ergebnis vom Typ *double*, und die Berechnungen werden auf der Basis der Fließkommaarithmetik durchgeführt.

```
int i=10;
float x=3.0;

x+i; /* 13.0 */
i/x; /* 3.3333 */
```

**4. Regel**

Bei der Zuweisung einer Variablen mit einem Typ eines größeren Wertebereichs an eine Variable mit einem Typ eines kleineren Wertebereichs wird versucht, den ursprünglichen Wert so weit wie möglich zu erhalten.

```
int i=30000,j=8;
char c;
double y=10.5;

c=y; /* 10 */
c=j; /* 8 */
c=i; /* nicht definiert */
```

**5. Regel** Die Zuweisung von Zeigertypen an Ganzzahltypen und umgekehrt ist erlaubt, aber maschinenabhängig. Die Zuweisung des ganzzahligen Wertes 0 an einen Zeiger ergibt den Nullzeiger NULL.

```
char *s="1234567890";
int p2;

p2=s;
p2+=3;
*p2; /* '4' (maschinenabhängig) */
```

## 2.4 Auswertungsreihenfolge

### R 6 Reihenfolge bei der Auswertung von Ausdrücken

R6

Bei der Auswertung eines Ausdrucks versucht der C-Compiler, die Operatoren in einer ganz bestimmten Reihenfolge auf ihre Operanden anzuwenden. Er geht dabei nach folgenden Regeln vor:

1. Zunächst werden die geklammerten Teilausdrücke ausgewertet.
2. Dann werden die einstelligen Postfix-Operatoren auf ihre Operanden angewendet.
3. Als nächstes werden die einstelligen Präfix-Operatoren auf ihre Operanden angewendet.
4. Nun werden die Teilausdrücke mit mehrstelligen Operatoren gemäß der Reihenfolge der Operator-Vorrangtabelle (siehe Tabelle 2.2) ausgewertet. Stehen Operatoren einer Vorranggruppe nebeneinander, so werden sie gemäß ihrer *Assoziativität* entweder von links nach rechts oder von rechts nach links ausgewertet.

Tabelle 2.2 gibt eine Übersicht über diese Regeln. Operatoren mit höherer Priorität stehen weiter oben als Operatoren mit niederer Priorität.

| Operator | Name | Assoziativität |
|---|---|---|
| *A*+ + | Postinkrement | von links nach rechts |
| *A*- - | Postdekrement | |
| *A*(*B*) | Funktionsausfruf | |
| *A*[*B*] | Feldindex | |
| *A*.*B* | Elementzugriff | |
| *A*->*B* | Elementkennzeichnung | |

**Tabelle 2.2: Vorrangtabelle der Operatoren**

| Operator | Name | Assoziativität |
|---|---|---|
| + +*A* | Präinkrement | von rechts nach links |
| - -*A* | Prädekrement | |
| -*A* | Unäres Minus | |
| +*A* | Unäres Plus | |
| !*A* | Logische Negation | |
| ~*A* | Einerkomplement | |
| **A* | Umleitung | |
| &*A* | Adresse | |
| sizeof *A* | sizeof | |
| (type)*A* | Typumwandlung | |
| | | |
| *A*B* | Multiplikation | von links nach rechts |
| *A/B* | Division | |
| *A%B* | Restwert | |
| | | |
| *A+B* | Addition | |
| *A-B* | Subtraktion | |
| | | |
| *A<<B* | Linksschieben | |
| *A>>B* | Rechtsschieben | |
| | | |
| *A<B* | Kleiner als | |
| *A<=B* | Kleiner gleich | |
| *A>B* | Größer als | |
| *A>=B* | Größer gleich | |
| | | |
| *A= =B* | Gleichheit | |
| *A!=B* | Ungleichheit | |
| | | |
| *A&B* | Bitweises UND | |
| | | |
| *A^B* | Bitweises EXCLUSIV-ODER | |
| | | |
| *A\|B* | Bitweises ODER | |

Tabelle 2.2: Vorrangtabelle der Operatoren

| Operator | Name | Assoziativität |
|---|---|---|
| *A&&B* | Logisches UND | |
| | | |
| *A\|\|B* | Logisches ODER | |
| | | |
| *A?B:C* | Bedingung | |
| | | |
| *A=B* | Zuweisung | |
| *A+=B* | Additionzuweisung | |
| *A-=B* | Subtraktionzuweisung | |
| *A*=B* | Multiplikationzuweisung | |
| *A/=B* | Divisionzuweisung | |
| *A%=B* | Restwertzuweisung | |
| *A&=B* | Bitweises-UND-Zuweisung | |
| *A\|=B* | Bitweises-ODER-Zuweisung | |
| *A^=B* | Bitweises-EXCLUSIV-ODER-Zuweisung | |
| *A<<=B* | Linksschiebe-Zuweisung | |
| *A>>=B* | Rechtsschiebe-Zuweisung | |
| | | |
| *A,B* | Komma | |

**Tabelle 2.2: Vorrangtabelle der Operatoren**

### 2.4.1 Sonderfälle

Während die Reihenfolge, in der die Operatoren ausgewertet werden, durch die bisher genannten Regeln eindeutig bestimmt ist, kann man über die Reihenfolge der Auswertung der Operanden *eines einzelnen* Operators meist nichts genaues sagen. Es ist beispielsweise völlig undefiniert, ob in dem Ausdruck *f()+g()* zuerst *f* oder *g* aufgerufen wird. Dies kann Probleme verursachen, wenn die Teilausdrücke (hier also die Funktionen) Nebeneffekte haben. Ein verwandtes Beispiel ist:

```
/* bsp0207.c */

void main(void)
{
  int i = 1;

  printf("%d %d %d\n", i++, i++, i++);
}
```

Ob dieses Programm nun 1 2 3 oder 3 2 1 oder noch eine andere Wertereihenfolge ausgibt, ist nicht klar. Lediglich für die nachfolgend aufgelisteten Operatoren ist die Reihenfolge der Auswertung ihrer Operanden definiert.

**Komma-Operator**

Wird immer von links nach rechts ausgewertet.

**Funktionsaufruf-Operator**

Die *Argumente* werden vor dem Aufruf der Funktion ausgewertet.

**Bedingungsoperator**

Der Testausdruck wird immer zuerst ausgewertet. Erst dann wird einer der beiden Ergebnisausdrücke ausgewertet.

**Logische Operatoren**

Die logischen Operatoren || und && werden immer von links nach rechts ausgewertet. Falls das Resultat des kompletten Ausdrucks schon nach einer teilweisen Auswertung bekannt ist, wird der verbleibende Rest des Ausdrucks nicht mehr ausgewertet! Die Frage ist nur: wieso kann bei der Auswertung eines logischen Ausdrucks das Ergebnis des kompletten Ausdrucks schon vor seiner endgültigen Auswertung bekannt sein?

### R 7 Short-Circuit-Evaluation

Diese Frage ist sehr leicht zu beantworten. Bei einer logischen UND-Operation *A && B* ist der Wert des Gesamtausdrucks schon dann nach der Auswertung von *A* bekannt, wenn *A* gleich 0 (also FALSE) ist. In diesem Fall ist zwangsläufig der Wert des gesamten Ausdrucks FALSE – unabhängig davon, welchen Wert die Auswertung von *B* ergibt. Aus diesem Grunde erkennt der C-Compiler einen solchen Fall und verzichtet dann auf die Auswertung von *B*. Dasselbe gilt bei der Auswertung eines ODER-Ausdruckes *A || B*, wenn der vordere Ausdruck ungleich 0 (also TRUE) ist. In diesem Fall *muß* der Wert des gesamten Ausdrucks ungleich 0 (also TRUE) sein, und die Berechnung wird abgebrochen.

Diese Eigenschaft wird im allgemeinen als *Short-Circuit-Evaluation* bezeichnet. Sie sorgt zum einen für schneller laufende Programme und kann zum anderen sehr gut zum Testen voneinander abhängiger Bedingungen innerhalb eines Ausdrucks verwendet werden.

Angenommen, Sie haben ein Array *A* mit *len+1* Elementen (indiziert von 0 bis *len*) deklariert und wollen in aufsteigender Reihenfolge alle Elemente bearbeiten, bis entweder das letzte Element abgearbeitet oder ein Element mit dem Wert 0 gefunden wurde. Da es in C die Short-Circuit-Evaluation gibt, können Sie wie folgt programmieren:

```
/* bsp0208.c */

void main(void)
{
  int len = 1000, i = 0;
  int A[len+1];

  while (i <= len && A[i] != 0) {
    /* Verarbeitung von A[i] */
    i++;
  }
}
```

In einer Sprache, in der nicht per Short-Circuit-Evaluation ausgewertet wird, ginge das nicht. Hier würde das Programm für den Fall, daß kein Element im Array 0 ist, beim letzten Schleifendurchlauf den Ausdruck *A[len+1]!=0* auswerten, was zu einem Programmabsturz führen oder ein verdecktes Fehlverhalten des Programms zur Folge haben könnte.

In einer derartigen Programmiersprache müßten Sie zur Lösung desselben Problems auf eine viel umständlichere Art programmieren:

```
/* bsp0209.c */

void main(void)
{
  int len = 1000, i = 0;
  int A[len+1];
  int stop = 0;

  while (i <= len && !stop) {
    if (A[i] != 0) {
      /* Verarbeitung von A[i] */
      i++;
    } else {
      stop = 1;
    }
  }
}
```

Dies haben vor einiger Zeit auch die Entwickler anderer Programmiersprachen erkannt und entsprechend gleichgezogen. Die Programmiersprache PASCAL verfügt in ihrer wohl wichtigsten Ausprägung TURBO PASCAL über die Möglichkeit, Short-Circuit-Evaluation optional einzuschalten und die Nachfolgesprachen von PASCAL, MODULA-2 und OBERON, verhalten sich genauso wie C. In ADA und Java hat der Programmierer unterschiedliche Operatoren zur Verfügung und kann zwischen beiden Alternativen auswählen.

Beachten Sie, daß die logischen Operatoren in C aufgrund der genannten Eigenschaften nicht mehr *kommutativ* sind. *A && B* ist also keineswegs äquivalent zu *B && A*, sondern entspricht der Anweisungsfolge *if A then B else FALSE*. Ebensowenig ist *A || B* äquivalent zu *B || A*, sondern entspricht der Anweisungsfolge *if A then TRUE else B*.

## 2.5 Ein-/Ausgaben

### R 8 Einfache Ein- und Ausgaben

Um die Aufgaben zu diesem und den nächsten Kapiteln lösen zu können, benötigen Sie Ein- und Ausgabeoperationen, die an dieser Stelle kurz erklärt werden sollen. Das Ausgeben von Variablen und Konstanten erfolgt in C mit der Funktion *printf*. Sie erwartet eine String-Konstante und eine Reihe von Variablen als Parameter. Jede der Variablen muß in der String-Konstanten mit Hilfe einer Formatanweisung verzeichnet sein, die den Typ der Variablen repräsentiert. Gängige Formatanweisungen sind:

| Formatanweisung | Assoziierter Typ |
|---|---|
| %d | int |
| %ld | long |
| %c | char |
| %e | float |
| %le | double |

**Tabelle 2.3: Einfache Formatanweisungen für printf**

Zusätzlich zu den Formatanweisungen darf die Stringkonstante auch eingestreute Textteile enthalten, die dann unverändert ausgegeben werden.

Das folgende Programm zeigt die Verwendung von *printf* an einem einfachen Beispiel: **printf**

```
/* bsp0210.c */

#include <stdio.h>

void main(void)
{
  int a = 2, b = 3, n = 5;
  float r = 10.0;
```

```
  printf("n ist %d\n", n);
  printf("a=%d b=%d  Flaeche=%e\n", a, b, 3.14*r*r);
}
```

Seine Ausgabe ist:

```
n ist 5
a=2 b=3  Flaeche=3.140000e+002
```

**scanf** Um Werte in Programmvariablen einzulesen, kann die Funktion *scanf* verwendet werden. Sie wird ähnlich aufgerufen wie *printf*, vor jeder übergebenen Variablen muß jedoch der Adreßoperator & stehen.

Das folgende Programm zeigt exemplarisch die Anwendung von *scanf*. Es liest einen *int*- und zwei *float*-Werte von der Tastatur ein und gibt sie anschließend auf dem Bildschirm aus.

```
/* bsp0211.c */

#include <stdio.h>

void main(void)
{
  int i;
  float x, y;

  scanf("%d", &i);
  scanf("%e %e", &x, &y);
  printf("i=%d  x=%e  y=%e\n", i, x, y);
}
```

Wir werden in Kapitel 8 auf *printf* und *scanf* zurückkommen und beide Funktionen im Rahmen der Routinen zur Bildschirmausgabe ausführlich beschreiben. *printf* und *scanf* besitzen eine Vielzahl weiterer Merkmale, auf die wir an dieser Stelle nicht weiter eingehen wollen.

## 2.6 Aufgaben zu Kapitel 2

### 1. (A)

Schreiben Sie ein Programm, das zwei Fließkommazahlen über die Tastatur einliest und ihre Summe, Differenz, Produkt und Quotient auf dem Bildschirm ausgibt. Sorgen Sie dafür, daß eine Division durch 0 keinen Laufzeitfehler erzeugt.

Hilfe: Das Einlesen und Ausgeben von Fließkommazahlen können Sie mit den Formatanweisungen *%f, %e* oder *%g* der *scanf-* und *printf*-Routine erledigen. Vergessen Sie bei *scanf* nicht, den Adreßoperator vor die aktuellen Parameter zu setzen.

**2. (A)**

Schreiben Sie ein Programm, das eine *int*-Zahl von der Tastatur einliest und folgende Informationen über diese Zahl auf dem Bildschirm ausgibt:

1. Ist die Zahl positiv oder negativ?
2. Ist die Zahl gerade oder ungerade?
3. Wie viele Einsen und wie viele Nullen enthält die Bit-Darstellung der Zahl?

Als Hilfe für diese und die nächsten Aufgaben soll die *while*-Schleife informell eingeführt werden. Ihre Syntax lautet:

```
while ( Ausdruck ) {
  Anweisungen
}
```

Die *Anweisungen* innerhalb der Schleife werden dabei so oft ausgeführt, wie *Ausdruck* einen Wert ungleich 0 (also TRUE) ergibt. *Ausdruck* wird immer zu Beginn der Schleife ausgewertet.

**3. (B)**

Schreiben Sie ein Programm, das herausfindet, ob die Binärdarstellung einer eingegebenen *int*-Zahl mindestens einen *1er-Drilling* enthält. Unter einem 1er-Drilling wollen wir – unabhängig von der Nachbarschaft – drei nebeneinanderstehende Einsen verstehen.

**4. (B)**

Schreiben Sie ein Programm, das eine über die Tastatur eingegebene *int*-Zahl in ihrer Binärdarstellung auf dem Bildschirm ausgibt.

**5. (B)**

Geben Sie für die folgenden Ausdrücke gleichwertige Ersatzausdrücke an, die keine relationalen Operatoren enthalten:

1. *A==B*
2. *A!=B*
3. *A>0*
4. *A<0*

5. *A*<=*B*
6. *A*<*B*

**6. (P)**

Versuchen Sie herauszufinden, welches mathematische Problem durch das folgende Programm gelöst wird. (Keine Angst, es handelt sich um einfache Schulmathematik.)

```
/* auf0206.c */

#include <stdio.h>

void main(void)
{
  int a, b;

  scanf("%d %d", &a, &b);
  while ((a>b) ? (a-=b) : (b-=a));
  printf("%d\n", a);
}
```

**7. (C)**

Schreiben Sie ein Programm, das die Quadratwurzel einer positiven Fließkommazahl berechnet. Hinweis: die Quadratwurzel einer positiven Zahl $x$ ist die positive Zahl $y$, für die $y*y=x$ gilt.

**8. (C)**

Die folgende Aufgabe entstammt einer alten Folge der Wissenschaftsshow »Kopf um Kopf« mit Alexander von Cube. Angenommen, Sie sind Person *A* und befinden sich am Strand. In einer bestimmten Entfernung von Ihnen droht Person *B* zu ertrinken (siehe Abbildung 2.11). Weiter angenommen, Sie können sich am Strand mit einer Geschwindigkeit von 5 m/sec., im Wasser jedoch nur mit 2,5 m/sec. bewegen. Schreiben Sie ein Programm, das den Weg ermittelt, auf dem Sie in der kürzestmöglichen Zeit beim Ertrinkenden sind.

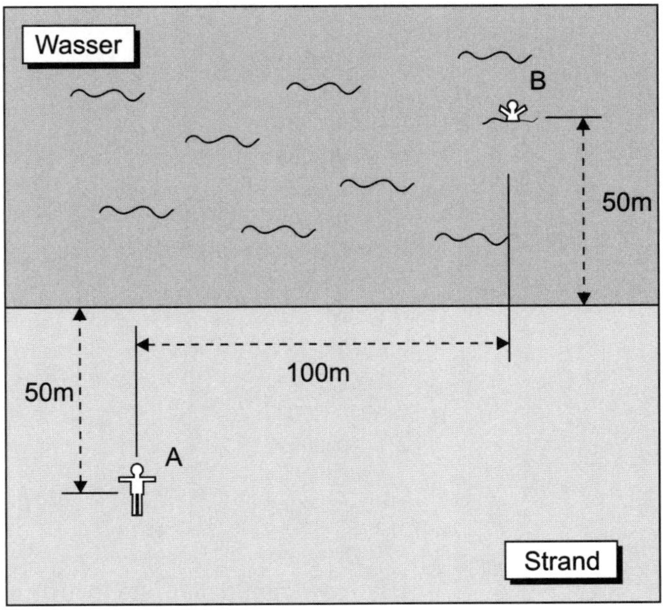


Abbildung 2.11: Das Problem des Ertrinkenden

**9. (C)**

Betrachten Sie folgendes Programm und die im Anschluß daran abgedruckte Bildschirmausgabe des Programms, wenn es mit GNU-C übersetzt wird:

```
/* auf0209.c */

#include <stdio.h>

double a = 1e20;

void main(void)
{
  double x;

  printf("%f\n", ((a+0.001)-a)*1000.0);
  printf("%f\n", a+4.0-a);
  for (x = 0.0; x != 1.0; x += 0.1) {
    printf("%2.10f\n", x);
  }
}
```

Die Ausgabe des Programms ist:

```
0.000000
0.000000
0.0000000000
0.1000000000
0.2000000000
0.3000000000
0.4000000000
0.5000000000
0.6000000000
0.7000000000
0.8000000000
0.9000000000
1.0000000000
1.1000000000
1.2000000000
...
```

Das Programm liefert offensichtlich falsche Ergebnisse, denn bei mathematisch korrekter Auswertung hätte der Ausdruck *((a+0.001)-a)*1000.0* das Ergebnis 1 und der Ausdruck *a+4.0-a* das Ergebnis 4.0 liefern müssen. Darüber hinaus sollte die Schleife in Zehntelschritten von 0 bis 1 laufen und dann enden, anstelle endlos weiterzulaufen. Versuchen Sie, das Fehlverhalten zu erklären.

**10. (P)**

Geben Sie die Ausgabe des folgenden Programms an:

```
/* auf0210.c */

#include <stdio.h>

void main(void)
{
  int x = 1, y = -2;

  printf("%d\n", -x + -y * 3);
  printf("%d\n", (-x + -y) * 3);
  printf("%d\n", -x + 3 * -y);
  printf("%d\n", x + y * -8 % 7 -y);
  printf("%d\n", 7 % -((1 + 2 - -5) / -2));
  printf("%d\n", x + +x + -x - +x - -x);
}
```

**11. (P)**

Geben Sie die Ausgabe des folgenden Programms an:

```
/* auf0211.c */

#include <stdio.h>

void main(void)
{
  int x = 3, y = 2, z;

  printf("%d\n", z = x + 1);
  printf("%d\n", z += x + 1);
  printf("%d\n", z += x + y);
  printf("%d\n", z += x += y);
  printf("%d\n", z += x += y = 1);
  printf("%d\n", x *= x *= x *= x = 2);

  printf("%d\n", x == (x = 1));
  printf("%d\n", x = x == 1);
  printf("%d\n", (x = x) == 1);
  printf("%d\n", x = (x == 1));
}
```

**12. (P)**

Geben Sie die Ausgabe des folgenden Programms an:

```
/* auf0212.c */

#include <stdio.h>

void main(void)
{
  int x = 10;

  printf("%d\n", x = x++);
  printf("%d\n", x = ++x);
  printf("%d\n", x = x += ++x);
  printf("%d\n", x += x += ++x);
  printf("%d\n", x += x -= x);
}
```

**13. (P)**

Geben Sie die Ausgabe des folgenden Programms an:

```
/* auf0213.c */

#include <stdio.h>

void main(void)
{
  int x = 3;

  printf("%d\n", x == (x = 1));
  printf("%d\n", x = x == 1);
  printf("%d\n", (x = x) == 1);
  printf("%d\n", x = (x == 1));

  printf("%d\n", 1 <= 1 <= 1);
  printf("%d\n", 1 < 1 <= 1);
  printf("%d\n", 1 < 2 < 3);
  printf("%d\n", 3 > 2 > 1);

  x = 2;
  printf("%d\n", (x = 1) || (x == 2));
  printf("%d\n", (x = 1) && (x == 2));
  printf("%d\n", (x = 1) & (x = 2));
}
```

**14. (P)**

Geben Sie die Ausgabe des folgenden Programms an:

```
/* auf0214.c */

#include <stdio.h>

void main(void)
{
  int x = 1, y = 2, z = 3;
  printf("%d\n", x & y | z);
  printf("%d\n", x | y & z);
  printf("%d\n", x & y & z);
  printf("%d\n", ~x | y & z);
  printf("%d\n", !x | y & z);
  printf("%d\n", x ^ !x);
  printf("%d\n", x << y);
```

```
  printf("%d\n", x << y << z);
  printf("%d\n", x <<= y << 1);
  printf("%d\n", x <<= y << 1);
}
```

**15. (P)**

Geben Sie die Ausgabe des folgenden Programms an:

```
/* auf0215.c */

#include <stdio.h>

void main(void)
{
  int x = 131;
  int y = 2211;

  printf("%d\n", x == y ? x - y : 0);
  printf("%d\n", !(x - y) ? x - y : 0);
  printf("%d\n", x < 0 ? -100 : x > 0 ? 100 : 0);
  x = -(-x * -1);
  printf("%d\n", x < 0 ? -100 : x > 0 ? 100 : 0);
  printf("%d\n", 1, 2, 3);
  printf("%d\n", (1, 2, 3));
}
```

**16. (P)**

Geben Sie die Ausgabe des folgenden Programms an:

```
/* auf0216.c */

#include <stdio.h>

void main(void)
{
  char   c = '1';
  int    i = 1;
  double d = 1.0;
  float  f = 3.0;

  printf("%d %d %f\n", c, i, d);
  i = d = c = 14/f;
  printf("%d %d %f\n", c, i, d);
  c = i = d = 14/f;
  printf("%d %d %f\n", c, i, d);
```

```
  d = c = i = 14/f;
  printf("%d %d %f\n", c, i, d);

  printf("%d\n", 1.0 + 2.0 == 3.0);
  printf("%d\n",  1  +  2  == 3);
  printf("%d\n",  1  + '2'  == 3);
  printf("%d\n", '1' + '2' == '3');
  printf("%d\n", '1' +  2  == '3');
}
```

## 2.7 Lösungen zu ausgewählten Aufgaben

### Aufgabe 1

```
/* lsg0201.c */

#include <stdio.h>

void main(void)
{
  double x, y;

  printf("Geben Sie zwei Fließkommawerte ein: ");
  scanf("%le %le", &x, &y);
  printf("Die Summe ist     : %f\n", x + y);
  printf("Die Differenz ist: %f\n", x - y);
  printf("Das Produkt ist  : %f\n", x * y);
  y==0?
    printf("Durch 0 kann ich nicht teilen\n"):
    printf("Der Quotient ist : %f\n", x / y);
}
```

Das Programm liest zunächst zwei Fließkommazahlen über die Tastatur ein. Die Verwendung der *%le*-Formatanweisung in *scanf* besagt, daß ein *double*-Wert eingelesen werden soll. Das Einlesen eines *float*-Wertes würde hingegen mit *%e* erledigt. Die Sonderbehandlung für die Division durch 0 kann durch einen bedingten Ausdruck programmiert werden.

### Aufgabe 2

```
/* lsg0202.c */

#include <stdio.h>

void main(void)
{
```

```
  int zahl, einsen, i;

  printf("Geben Sie ein int-Zahl ein: ");
  scanf("%d", &zahl);
  zahl >= 0 ?
    printf("positiv\n"):
    printf("negativ\n");
  zahl % 2 ?
    printf("ungerade\n"):
    printf("gerade\n");
  einsen = 0; i = 8 * sizeof(int);
  while (i--) {
    einsen += zahl & 1;
    zahl >>= 1;
  }
  printf("Anzahl 1en: %d\n", einsen);
}
```

Ob eine Zahl positiv ist oder nicht, kann ganz einfach durch einen Vergleich mit 0 ermittelt werden, schwieriger sind da schon die beiden folgenden Aufgabenteile. Eine Zahl *n* ist genau dann gerade, wenn sie sich ohne Rest durch 2 teilen läßt, also wenn das Ergebnis von *n%2* gleich 0 ist. Andernfalls ist sie ungerade.

Um die Anzahl der Einsen zu bestimmen, werden nacheinander alle Bits der Zahl zu der bisherigen Anzahl addiert. Das Durchlaufen aller Bits kann realisiert werden, indem in einer Schleife jeweils das letzte Bit (*zahl&1*) bearbeitet wird und dann die übrigen Bits eine Stelle nach rechts geschoben werden. Dies muß so oft getan werden, wie die Länge der Binärdarstellung der Zahl ist. Dieser Wert kann mit dem Ausdruck *8*sizeof(int)* ermittelt werden.

**Aufgabe 3**

```
/* lsg0203.c */

#include <stdio.h>

void main(void)
{
  int zahl, einsen, i;

  printf("Geben Sie eine int-Zahl ein: ");
  scanf("%d", &zahl);
  einsen=0; i = 8 * sizeof(int);
```

```
  while (i-- && einsen < 3) {
    einsen=(zahl & 1) ? einsen + 1 : 0;
    zahl >>= 1;
  }

  einsen >= 3?
    printf("Hurra, Drillinge\n"):
    printf("Keine Drillinge\n");
}
```

Das Programm untersucht in einer Schleife nacheinander alle Bits der eingegebenen Zahl. Immer, wenn es eine 1 vorfindet, wird ein Zähler um eins erhöht, andernfalls wird er auf 0 gesetzt. Ist der Zähler zu irgendeinem Zeitpunkt 3, so wurde ein Einser-Drilling gefunden und die Schleife beendet.

Etwas schwieriger wird die Aufgabe, wenn ein Drilling tatsächlich von wenigstens einer 0 zur linken und rechten umrahmt sein muß. Dies zu programmieren, sei Ihnen als Übungsaufgabe überlassen.

**Aufgabe 4**

```
/* lsg0204.c */

#include <stdio.h>

void main(void)
{
  int zahl, i;

  printf("Geben Sie eine int-Zahl ein: ");
  scanf("%d", &zahl);
  i = 8 * sizeof(int);
  while (i--) {
    printf("%c", ((zahl >> i) & 1) + '0');
  }
}
```

Die Lösung dieser Aufgabe hat große Ähnlichkeit mit dem Ermitteln der Anzahl der Einsen in Aufgabe 2. Auch hier wird die Schleife so oft durchlaufen, wie die Zahl Bits enthält. In jedem Schleifendurchlauf wird jedoch die Zahl um den Wert *i* nach rechts geschoben, um das 16., 15., 14. usw. Bit nacheinander auf dem Bildschirm auszugeben.

Interessant an diesem Programm ist darüber hinaus die Addition einer *int*-Zahl und einer *char*-Konstanten im zweiten *printf*-Statement. Dadurch wird der numerische Wert 0 oder 1 in einen darstellbaren ASCII-Wert '0' oder '1' umgewandelt. Natürlich könnte man sich diese Addition schenken, wenn nicht *%c*, sondern *%d* als Formatparameter verwendet würde. Da diese Art von Addition aber in C nicht unüblich ist, wollte ich sie in dieser Lösung vorstellen.

**Aufgabe 5**

```
/* lsg0205.c */

#include <stdio.h>

void main(void)
{
  int a, b;

  printf("Geben Sie zwei int's ein: ");
  scanf("%d %d", &a, &b);
  printf("a == b is %d\n", !(a - b));
  printf("a != b is %d\n", a - b);
  printf("a >  0 is %d\n", a && !(a & 0x8000));
  printf("a <  0 is %d\n", a & 0x8000);
  printf("a <= b is %d\n", !((a-b) && !((a-b) & 0x8000)));
  printf("a <  b is %d\n", (a - b) & 0x8000);
}
```

Prinzipiell müssen in diesem Programm nur zwei Operatoren realisiert werden, der *Gleichheitstest* und der *Größer-Null-Test*. Ersterer kann sehr einfach durch *!(a-b)* realisiert werden. Das Ergebnis von *a-b* ist nur bei Gleichheit von *a* und *b* Null, andernfalls ungleich Null. Da dies dem Ungleich-Operator entspricht, muß darauf nur der einstellige Not-Operator angewendet werden.

Der zweite Test ist etwas schwieriger zu programmieren. Er wird in der hier vorgestellten Lösung durch Testen des höchstwertigen Bits implementiert (dies ist bei der üblicherweise verwendeten Zweierkomplementdarstellung genau dann gesetzt, wenn die Zahl negativ ist). Diese Lösung ist jedoch nicht ganz sauber und vor allem nicht ohne weiteres auf Fließkommazahlen übertragbar.

Alle anderen Tests sind durch Kombination der ersten beiden Tests zu realisieren. So gilt etwa *a<b* genau dann, wenn *a-b<0* usw.

**Aufgabe 6**

Das Programm berechnet den größten gemeinsamen Teiler der beiden eingegebenen Zahlen. Das in der Aufgabe verwendete Verfahren wurde vor etwa 2000 Jahren entdeckt und ist unter dem Namen »Euklidischer Algorithmus« bekannt.

**Aufgabe 7**

```
/* lsg0207.c */

#include <stdio.h>

void main(void)
{
  double x, s, prec = 0.001;
  printf("Geben Sie eine Fließkommazahl ein: ");
  scanf("%le", &x);
  printf("Bitte einen Moment Geduld ...\n");
  s = 0.0;
  while (s * s < x) {
    s += prec;
  }
  printf("Die Quadratwurzel ist %.3f\n", s);
}
```

Dieses Programm ist recht simpel. Es initialisiert eine Laufvariable *s* mit 0 und erhöht sie so lange, bis *s*s* größer oder gleich der eingegebenen Zahl ist. Das Ergebnis ist die Quadratwurzel der gesuchten Zahl.

Dieses Verfahren hat leider einen Nachteil. Will man eine vernünftige Genauigkeit des Ergebnisses haben, ist die Laufzeit unannehmbar groß, außerdem hängt sie von der Größe der eingegebenen Zahl ab. Besser, aber auch komplizierter, ist die folgende Lösung:

```
/* lsg0207a.c */

#include <stdio.h>

void main(void)
{
  double x, unten, oben, mitte, prec = 1e-9;

  printf("Geben Sie eine Fließkommazahl ein: ");
  scanf("%le", &x);
  unten = mitte = 0.0;
  oben = x;
  while (oben - unten > prec) {
    mitte = (oben + unten) / 2;
    (mitte * mitte < x) ? (unten = mitte) : (oben = mitte);
```

```
  }
  printf("Die Quadratwurzel ist %.8f\n", mitte);
}
```

### R 9 Binäres Suchen

R9

Hier wird das Ergebnis durch eine »binäre Suche« ermittelt. Das Programm bestimmt die Quadratwurzel durch fortwährendes Halbieren eines Intervalls, in dem sich das gesuchte Ergebnis befinden muß. Das Ursprungsintervall ist *(0,Zahl)*, danach wird jeweils geprüft, ob das Quadrat des Mittelwertes des Intervalls größer oder kleiner als die eingegebene Zahl ist. Für den Fall, daß es größer ist, wird der Mittelwert zur neuen Obergrenze des Intervalls, andernfalls zur neuen Untergrenze. Die binäre Suche ist auch bei höherer Genauigkeit noch recht schnell, denn ihre Laufzeit hängt lediglich logarithmisch vom Eingabewert ab.

In der C-Standardbibliothek gibt es sogar eine vordefinierte Funktion, die eine binäre Suche durch führt. Sie heißt *bsearch* und wird im Referenzteil des Buchs erläutert.

### Aufgabe 8

```
/* lsg0208.c */

#include <stdio.h>

void main(void)
{
  double t = 0.0, step = 1e-7, prec = 1e-13;
  double actwert = 69.0, altwert = 70.0;
  double s1, s2;
  double unten, oben, mitte;
  t = 76.9;
  while (actwert < altwert && t <= 100.0) {
    t += step;
    altwert = actwert;
    s1 = t * t + 2500.0;
    /* Quadratwurzel aus s1 berechnen */
    unten = mitte = 0.0;
    oben = s1;
    while (oben > prec + unten) {
      mitte = (oben + unten) / 2.0;
      (mitte*mitte < s1) ? (unten=mitte) : (oben=mitte);
    }
    s1 = mitte / 5.0;
    s2 = (100.0 - t) * (100.0 - t) + 2500.0;
```

```
    /* Quadratwurzel aus s2 berechnen */
    unten = mitte=0.0;
    oben = s2;
    while (oben > prec + unten) {
       mitte = (oben + unten) / 2.0;
      (mitte*mitte < s2) ? (unten=mitte) : (oben=mitte);
    }
    s2 = mitte / 2.5;
    actwert = s1 + s2;
  }
  printf("Am schnellsten bei t=%f\n", t);
}
```

Mit etwas höherer Mathematik kann man die Lösung dieser Aufgabe auch ohne C-Programm finden, aber das war nicht der Sinn der Aufgabenstellung. Vielmehr sollte ein Programm geschrieben werden, das eine numerische Lösung mit einem algorithmischen Ansatz ermittelt.

Das Programm findet heraus, auf welchem Punkt der Grenzlinie zwischen Land und Wasser die Person A in das Wasser gehen soll. Der günstigste Weg ist offensichtlich der, auf geradem Weg von A zu diesem Punkt zu laufen und dann auf geradem Weg zu B zu schwimmen. Voraussetzung ist, daß dieser Punkt so gewählt wurde, daß die Summe aus Landzeit und Wasserzeit minimal wird. Die Land- und Wasserzeit kann mit Hilfe eines rechtwinkligen Dreiecks bestimmt werden. Dazu ist es nötig, jeweils einmal die Wurzel zu ziehen.

Der globale Ablauf des Programmes ist damit wie folgt:

In einer Schleife wird der gesuchte Punkt fortlaufend von links nach rechts verschoben. Für jeden Punkt wird die benötigte Zeit errechnet und mit der im vorigen Durchlauf errechneten Zeit verglichen. Ist die benötigte Zeit größer oder gleich dem alten Wert, wird die Schleife beendet und der Schleifenwert als Ergebnis ausgegeben, andernfalls wird der nächste Schleifendurchlauf ausgeführt.

Beachten Sie die hohe Laufzeit des Programms bei wachsenden Genauigkeitsanforderungen. Ich habe diesem Problem dadurch Rechnung getragen, daß ich das Programm zunächst mit den Startwerten *step=1e-2, prec=1e-10, actwert=100.0, altwert=101.0* und *t=0.0* laufen ließ und so das auf eine Dezimalstelle genaue Ergebnis 76.92 erhielt. Erst dann entstand die (abgedruckte) wesentlich genauere Programmversion, indem das Ergebnis des ersten Programms als Startwert für das zweite Programm verwendet wurde. Auf einem durchschnittlich schnellen Pentium liegt die Laufzeit der zweiten Variante bei etwa 10 Sekunden und liefert das Ergebnis 76.913114.

### Aufgabe 9

### R 10 Darstellungsfehler bei Fließkommazahlen

R10

Die Erklärung für das Fehlverhalten des Programms liegt in der Darstellungsungenauigkeit von Fließkommazahlen. Die Variable *double a* wird in der Regel mit einer internen Genauigkeit von etwa 15 Stellen dargestellt. Sollen allerdings 1e20 und 0.001 zusammengezählt werden, so werden für ein korrektes Ergebnis mindestens 23 Stellen Genauigkeit benötigt:

```
100000000000000000000.000
                    0.001
-------------------------
100000000000000000000.001
```

Da der Compiler jedoch nur 15 signifikante Stellen verarbeitet, stellt er das Ergebnis der Addition intern ebenfalls als 1e20 dar und kommt nach der Auswertung des kompletten Ausdrucks zu dem falschen Ergebnis 0. Aus demselben Grund ist der Ausdruck 1e20+4.0 in der internen Darstellung gleichbedeutend mit 1e20 und erklärt so das fehlerhafte Resultat. Diese Darstellungsfehler treten vor allem auf, wenn man Fließkommazahlen addiert, die stark unterschiedliche Größenordnungen haben, oder wenn man große Fließkommazahlen subtrahiert, die fast gleich sind.

Noch problematischer als die unzureichende Genauigkeit bei Fließkommaarithmetik sind ihre inhärenten Darstellungsprobleme. Aufgrund der normalisierten Darstellung von Fließkommazahlen mit Exponenten zur Basis 2 sind bestimmte Zahlenwerte überhaupt nicht genau darstellbar. Das gilt für alle Zahlen, die sich nicht als Summe von Zweierpotenzen darstellen lassen. Während die Zahl 0.125 als $1*2^{-3}$ *genau* darstellbar ist, läßt sich beispielsweise 0.1 nicht als Summe von Zweierpotenzen schreiben, sondern nur näherungsweise darstellen.

Da diese sehr kleinen internen Darstellungsfehler bei der Addition kumulieren, erreicht der Schleifenzähler niemals genau den Wert 10.0, sondern verfehlt ihn um einen sehr kleinen Betrag und sorgt so dafür, daß die Schleife nicht terminiert. Als Abhilfe bietet es sich an, anstelle des Ungleich-Operators in der Schleifentestbedingung den Kleiner-Operator zu verwenden. Um diese Art von Problemen zu umgehen, sollte man die Operatoren = = und != im Zusammenhang mit Fließkommazahlen normalerweise nicht verwenden.

GoTo

# Anweisungen

# 3

## Kapitelüberblick

## 3.1 Grundlegende Anweisungen

Wenn Sie die ersten beiden Kapitel samt Übungsaufgaben durchgearbeitet haben, sind Sie bereits in der Lage, das eine oder andere kleine Programm in C zu schreiben. Das liegt unter anderem daran, daß *Ausdrücke* in C eine sehr viel weitreichendere Bedeutung haben als in den meisten anderen Programmiersprachen. Dennoch fehlt Ihnen gerade jetzt das nächste wichtige Strukturelement von C, die *Anweisung*, die nun vorgestellt werden soll.

Wir könnten den Begriff *Anweisung* ebenso genau definieren wie im letzten Kapitel den Begriff *Ausdruck*, aber eigentlich ist eine derart exakte Vorgehensweise gar nicht nötig. Während bei der Abarbeitung von Ausdrükken insbesondere die exakten arithmetischen und logischen Einzelheiten von Bedeutung sind, geht man mit Anweisungen im allgemeinen viel intuitiver und selbstverständlicher um. Anweisungen sind innerhalb eines Programms sozusagen die stabilen Verpackungen, in die die Ausdrücke eingehüllt werden. Sie definieren den Programmfluß, sorgen für die grobe Struktur einer Funktion und geben dieser den logischen und funktionalen Unterbau.

Glücklicherweise unterscheiden sich die meisten (imperativen) Sprachen bezüglich dessen, was sie an Anweisungen zu bieten haben, nicht sonderlich. So gibt es beispielsweise in nahezu jeder höheren Programmiersprache eine *for*-Schleife, obgleich sich deren syntaktische Feinheiten durchaus unterscheiden.

Wenn Sie bereits Erfahrungen mit einer höheren Programmiersprache haben, wird es Ihnen daher nicht allzu schwerfallen, den Stoff dieses Kapitels zu verstehen. Aber auch wenn Sie bisher nur Programmiersprachen kennen, welche die hier vorgestellten Anweisungen nicht besitzen, können Sie sich aufgrund der Erklärungen und Beispiele das nötige Wissen aneignen.

### 3.1.1 Ausdrucksanweisungen

**Syntax**

```
Ausdruck ;
```

Damit ein alleinstehender Ausdruck in einem C-Programm verwendet werden kann, muß er in eine *Ausdrucksanweisung* umgewandelt werden. Das geschieht ganz einfach durch Anhängen eines Semikolons an den Ausdruck. So ist beispielsweise *a=b+1* ein Ausdruck, und *a=b+1;* ist die zugehörige Ausdrucksanweisung. Der Unterschied besteht darin, daß die Ausdrucksanweisung den Rückgabewert des Ausdrucks nicht verwendet; in ihr sind lediglich die Nebeneffekte von Interesse. Im Gegensatz dazu kann ein Ausdruck außerhalb eines Anweisungskontextes nur da eingesetzt werden, wo sein Rückgabewert auch weiterverwendet wird, etwa als Bedingung in einer *if*-Anweisung oder als aktueller Parameter eines Funktionsaufrufs.

Tatsächlich werden in der Definition von ANSI-C drei unterschiedliche Zusammenhänge aufgezählt, in denen ein Ausdruck innerhalb einer Anweisung auftauchen kann:

**1. Testzusammenhang**

Verwendung eines Ausdrucks innerhalb des Testteils einer Schleife oder bedingten Anweisung. Hier interessiert also in der Hauptsache der Rückgabewert des Ausdrucks. Beispiel:

```
if (a==6) {
  printf("a ist sechs\n");
}
```

**2. Nebeneffektzusammenhang**

An dem Ausdruck interessieren nur die Nebeneffekte; sein eigentlicher Rückgabewert wird nicht verwendet. Hierbei handelt es sich um die o.g. Ausdrucksanweisung. Beispiel:

```
i=10;
a+=12;
printf("\n");
```

**3. Wertzusammenhang**

Wie in Punkt 1 wird auch hier der Rückgabewert weiterverwendet, er dient jedoch nicht als Testwert, sondern wird an ein anderes Programmelement weitergegeben. Das kann beispielsweise die Übergabe eines Parameters an eine Funktion oder auch die Rückgabe mit der *return*-Anweisung sein. Beispiel:

```
printf("%d %d",i,j+1);
```

**Anmerkung**

Ein C-Compiler interessiert sich nicht dafür, ob der Ausdruck einer Ausdrucksanweisung auch tatsächlich Nebeneffekte produziert oder nicht. Folgendes Programmfragment beispielsweise wird von jedem C-Compiler kommentarlos akzeptiert:

```
/* bsp0301.c */

void main(void)
{
  int i = 5, j = 10;

  i + j + 1;
  4 / 2 * j;
}
```

So ein Programm ist natürlich wenig sinnvoll und taugt vorwiegend dazu, Rechenzeit und Speicherplatz zu verbrauchen. Ein brauchbares Ergebnis liefert es jedenfalls nicht. Gute Compiler geben entsprechende Warnmeldungen aus bzw. eliminieren den Code bei eingeschalteter Codeoptimierung vollständig.

### 3.1.2 Die leere Anweisung

**Syntax**

```
;
```

Manchmal ist es günstig, eine Anweisung zur Verfügung zu haben, die gar nichts tut. Sie kann immer dann verwendet werden, wenn an einer bestimmten Stelle syntaktisch eine Anweisung erforderlich ist, von der Programmlogik her jedoch *nichts zu tun* ist.

Eine leere Anweisung besteht aus einem Semikolon. Ein Beispiel zur Verwendung einer leeren Anweisung finden Sie bei der Erklärung der *while*-Schleife.

### 3.1.3 Blöcke

**Syntax**

```
{
{ Deklaration }
{ Anweisung }
}
```

Unter einem *Block* versteht man die Zusammenfassung einer Menge von Deklarationen und Anweisungen zu einer neuen Einheit. Ein Block wird in C deklariert, indem eine beliebige Anzahl Deklarationen, gefolgt von einer beliebigen Anzahl Anweisungen, in geschweifte Klammern eingeschlossen wird. Die Bedeutung der Blöcke ergibt sich aus folgender Regel:

Ist es an irgendeiner Stelle im Programm erlaubt, *eine* Anweisung zu verwenden, so ist es auch erlaubt, *mehrere* Anweisungen zu verwenden, wenn sie in einen Block verpackt sind. Vom syntaktischen Standpunkt her wird sich das Programm so verhalten, als hätte es nur eine einzige Anweisung abzuarbeiten.

Die wichtigste Anwendung für Blöcke sind bedingte Anweisungen und Schleifen. Diese erwarten nach dem Testausdruck grundsätzlich *nur eine* Anweisung. Um den wesentlich häufigeren Fall des Abarbeitens *mehrerer* Anweisungen möglich zu machen, müssen diese in einen Block verpackt werden. Ein Block wird vom Compiler syntaktisch als eine Einheit angesehen, von der Bedeutung her bietet er jedoch die Möglichkeit, mehrere Anweisungen darin unterzubringen.

Das Programm

```
/* bsp0302.c */

void main(void)
{
  int i = 1;

  while (i < 10)
```

```
    printf("i ist %d\n", i++);
}
```

ist vollkommen äquivalent zu:

```
/* bsp0303.c */

void main(void)
{
  int i = 1;

  while (i < 10) {
    printf("i ist ");
    printf("%d\n", i);
    i++;
  }
}
```

Beide Programme schreiben die Zahlen von 1 bis 9 auf den Bildschirm. Ein vollkommen anderes Ergebnis erhalten Sie, wenn Sie die Blockklammern entfernen:

```
/* bsp0304.c */

void main(void)
{
  int i = 1;

  while (i < 10)
    printf("i ist ");
    printf("%d\n", i);
    i++;
}
```

Dieses Programm verhält sich leider nicht so, wie man es erwarten würde, sondern gerät in eine Endlosschleife, in der immer wieder die Zeichenkette "i ist" ausgegeben wird. Der Grund dafür ist das Fehlen der Blockklammern, so daß der Compiler nur die Anweisung *printf("i ist ");* als Schleifenrumpf ansieht. Die Anweisungen *printf("%d\n",i);* und *i++* stehen dagegen hinter der Schleife und werden somit erst nach ihrem Ende aufgerufen (hier also gar nicht). Die Einrückungstiefe ist für den Compiler vollkommen bedeutungslos. Sie dient nur dazu, das Programm *für Menschen* lesbarer zu gestalten.

Wie schon erwähnt, dürfen am Anfang eines Blocks auch Deklarationen stehen, d.h. ein Block darf eigene lokale Variablen enthalten. Die in einem Block deklarierten Variablen sind nur innerhalb des Blocks sichtbar.

Auf sie kann auch nur innerhalb des Blocks zugegriffen werden. Sie werden zu Beginn der Ausführung des Blockes (also zur Laufzeit!) angelegt und nach dem Ende des Blocks wieder vernichtet. Falls Namensüberschneidungen mit Variablen, die auf einer weiter außen liegenden Stufe definiert wurden, bestehen, gilt die Regel: während der Abarbeitung des Blocks sind die lokalen Blockvariablen sichtbar und gültig, während danach die ursprünglichen Variablen weiterverwendet werden. Gleichnamige Variablen, die weiter außen liegen, werden verdeckt.

```
/* bsp0305.c */

void main(void)
{
  int i = 1;

  printf("%d\n", i);              /* gibt 1 aus */
  {
    int i = 5;

    printf("%d\n", i);            /* gibt 5 aus */
  }
  printf("%d\n", i);       /* gibt wieder 1 aus */
}
```

In diesem Programm existiert die Variable *i* in zwei Versionen. Zunächst wird sie als lokale Variable von *main* angelegt und mit 1 initialisiert. Die in dem folgenden Block angelegte gleichnamige Variable verdeckt die erste Definition, so daß *printf* den Wert 5 ausgibt. Nach Ende des Blocks wird das zweite *i* vernichtet, und unter dem Namen *i* kann wieder auf die erste *i*-Variable (die nach wie vor den Wert 1 hat) zugegriffen werden. Abbildung 3.1 stellt die Zusammenhänge grafisch dar.

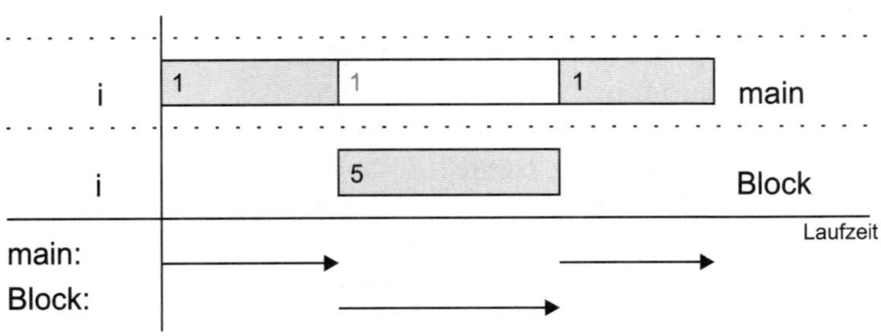


**Abbildung 3.1: Blockschachtelung**

Da Blöcke beliebig geschachtelt werden dürfen, kann ein einziger Variablenname nicht nur in zwei, sondern in drei, vier oder mehr Instanzen existieren. In Kapitel 6 werden Sie im Zusammenhang mit *Rekursion* bei Funktionsaufrufen feststellen, daß es für dieses Verhalten tatsächlich sinnvolle Anwendungen gibt.

Wegen der Möglichkeit, lokale Variablen zu definieren, ist ein Block nicht nur aus syntaktischen Gründen erwähnenswert, sondern auch wegen der verbesserten Möglichkeiten, Programme zu strukturieren. Um sehr lange Funktionen übersichtlicher zu machen, können zusammenhängende Anweisungsfolgen in einem Block zusammengefaßt werden. So hat man die Möglichkeit, Variablen für rein lokale Zwecke zu definieren, und braucht sich keine Gedanken über mögliche Überschneidungen mit bereits existierenden Namen zu machen.

Es soll jedoch nicht verschwiegen werden, daß lokale Variablen Probleme verursachen können, insbesondere, wenn sie sehr groß sind. Da sie zur Laufzeit des Programms auf dem Stack angelegt werden, können durch einen Stack-Überlauf schwer zu lokalisierende Laufzeitfehler entstehen. Die im vorigen Abschnitt beschriebene Vorgehensweise ist daher vor allem für skalare Datentypen angebracht. Zusammengesetzte Typen (vor allem große Arrays und Strukturen) sollten hingegen nur dann lokal angelegt werden, wenn man sicher sein kann, genügend Stackspeicher zur Verfügung zu haben. Bei den meisten neueren Compilern ist dieses Problem mittlerweile irrelevant geworden.

Ein – auch auf andere Programmiersprachen übertragbares – Beispiel für die Anwendung eines Blocks ist der Rumpf einer Prozedur oder Funktion. Er hat syntaktisch denselben Aufbau wie ein Block und darf ebenso wie dieser Variablendefinitionen und Anweisungen enthalten. Wir werden uns in Kapitel 6 eingehend mit Funktionen beschäftigen.

## 3.2 Schleifen

Schleifen dienen in allen Programmiersprachen dazu, Anweisungsfolgen wiederholt auszuführen. Nicht alle Sprachen aber bieten Schleifenkonstrukte an. So sind etwa ältere BASIC- oder FORTRAN-Dialekte und die meisten Assemblersprachen Beispiele für imperative Programmiersprachen, die keine (oder nur sehr restriktive) Schleifenkonstrukte zur Verfügung stellen. In diesen Sprachen müssen Schleifen durch eine Kombination von bedingten Anweisungen und Sprüngen nachgebildet werden, was in der Regel zu schwer les- und wartbaren Programmen führt.

Auch funktionale oder logische Programmiersprachen wie LISP oder PROLOG bieten in ihrer reinen Form keine Schleifenkonstrukte, sondern bilden diese durch andere Konstruktionen, insbesondere rekursive Funktionsaufrufe, nach. Im Gegensatz zu GOTO-Sprachen ist dies hier aber beabsichtigt und führt in der Regel nicht zu einer schlechteren Lesbarkeit. Ein gemeinsames Problem dieser Sprachen ist aber oft die schlechtere Performance der ausgeführten Programme und deren Spezialisierung auf einige wenige Anwendungsgebiete.

Nachdem die Diskussion um die GOTO-Programmierung die Gelehrten mehrere Jahre beschäftigte (ausgelöst durch E. Dijkstras Artikel *»Gotos considered harmful«*), weiß man inzwischen, daß man auch ohne GOTOs genauso gut und viel übersichtlicher programmieren kann. Es wurde schließlich nachgewiesen, daß jedes beliebige GOTO-haltige Programm unter Verzicht auf Sprungbefehle vollkommen äquivalent nur mit Hilfe der Kontrollstrukturen *Sequenz*, *Schleife* und *Verzweigung* nachgebildet werden kann.

Trotz der prinzipiellen Kritik haben die Entwickler von C erkannt, daß die Möglichkeit, unbedingte Sprünge auszuführen, in bestimmten Programmiersituationen recht nützlich ist, und haben daher eine Reihe von Möglichkeiten vorgesehen, Sprünge zu programmieren. Den überwiegenden Teil aller zyklischen Wiederholungen in einem Programm sollte man aber mit Hilfe von expliziten Schleifenkonstrukten programmieren.

### 3.2.1 while-Schleife

**Syntax**

```
while ( Testausdruck )
  Anweisung
```

Bei der *while*-Schleife handelt es sich um eine *abweisende Schleife*, d.h. der Testausdruck wird *vor* der Ausführung der Anweisung ausgewertet. Ist der Testausdruck ungleich 0, so wird zunächst die Anweisung ausgeführt, um dann zur erneuten Auswertung des Testausdrucks wieder an den Anfang der Schleife zu springen. Ist der Testausdruck dagegen 0, so wird die Anweisung gar nicht erst abgearbeitet, sondern es wird mit dem nächsten Befehl nach der Schleife fortgefahren. Abbildung 3.2 stellt das Verhalten der *while*-Schleife anhand eines Flußdiagramms dar.

Zunächst wollen wir uns ein sehr einfaches Beispiel ansehen, in dem wir die Summe der ersten zehn natürlichen Zahlen ermitteln wollen:

```
/* bsp0306.c */

void main(void)
{
  int i = 1, s = 0;

  while (i <= 10) {
    s += i;
```

```
    i++;
  }
  printf("Die Summe 1+2+...+10 ist %d\n", s);
}
```

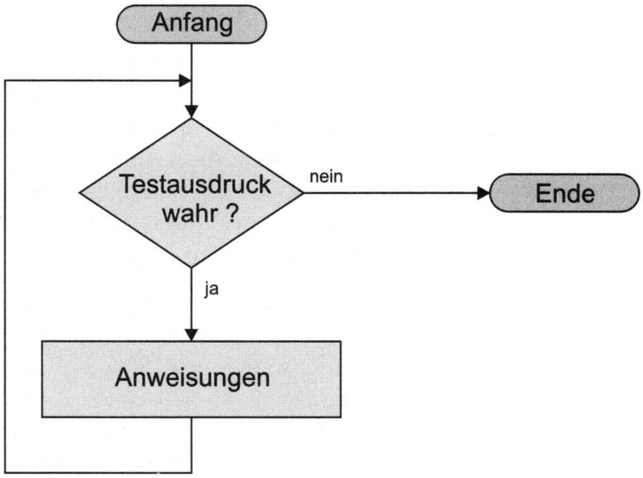


**Abbildung 3.2: Die while-Schleife**

Das Programm besitzt eine Laufvariable *i*, die sukzessive von 1 bis 10 hochgezählt wird. Bei jedem Durchlauf werden die Summenvariable *s* und der Wert von *i* erhöht. Nach Ende der Schleife enthält *s* die Summe der Zahlen von 1 bis 10.

Das folgende Beispielprogramm berechnet das Produkt zweier eingegebener Zahlen. Die verwendete *while*-Schleife unterscheidet sich von der vorigen dadurch, daß innerhalb des Schleifenrumpfes nur eine einzelne Anweisung ausgeführt wird, während im Testausdruck etwas mehr passiert. Da der Testausdruck immer auf Gleichheit mit 0 getestet wird, kommt man auch ohne relationalen Operator aus, außerdem wird als Nebeneffekt schon im Testausdruck der Schleifenzähler dekrementiert. Ein solcher Programmierstil erzeugt effizienten Programmcode und ist in C-Programmen häufig zu finden.

```
/* bsp0307.c */

void main(void)
{
  int a, b, p = 0;

  printf("Geben Sie zwei Zahlen ein: ");
```

```
  scanf("%d %d", &a, &b);
  printf("\n");
  while (a--) {
    p += b;
  }
  printf("Das Produkt ist: %d\n", p);
}
```

Als letztes Beispiel wollen wir uns ein Programm ansehen, das die Aufgabe hat, von der Tastatur Zeichen einzulesen. Es soll den ASCII-Code des ersten Zeichens, das kein Whitespace-Zeichen ist, auf dem Bildschirm ausgeben. Das Programm demonstriert eine Schleife mit einer leeren Anweisung, bei der alles Nötige bereits im Testausdruck erledigt wird. Bemerkenswert an diesem Programm ist auch die Kombination eines Nebeneffekts mit dem Ausnutzen der Auswertungsreihenfolge der Teilausdrücke des Logisches-ODER-Operators im Schleifenkopf. Auch dieser Programmierstil ist in C überaus gebräuchlich.

```
/* bsp0308.c */

#include <stdio.h>

void main(void)
{
  char c;

  while ((c=getchar()) == ' ' || c == '\t' || c == '\n') ;
  printf("%d\n", c);
}
```

Das Verhalten der *while*-Schleife kann mit den Sprunganweisungen *break* und *continue* beeinflußt werden. Im Abschnitt *»Sprunganweisungen«* weiter unten in diesem Kapitel können Sie genaueres darüber lesen.

### 3.2.2 do-Schleife

**Syntax**

```
do
  Anweisung
while ( Testausdruck ) ;
```

Die *do*-Schleife unterscheidet sich von der *while*-Schleife dadurch, daß der Testausdruck erst am Ende der Schleife ausgewertet wird. Der Schleifenrumpf wird also mindestens einmal durchlaufen. Liefert die Auswertung des Testausdrucks einen Wert ungleich 0, so geht es am Schleifenanfang weiter. Andernfalls wird die Schleife beendet und mit der Anweisung unmittelbar hinter der Schleife fortgefahren (s. Abbildung 3.3). Bei der *do*-Schleife handelt es sich somit um eine *nichtabweisende Schleife*, da der Testausdruck erst *nach* den Anweisungen ausgewertet und der Schleifenrumpf mindestens einmal durchlaufen wird.

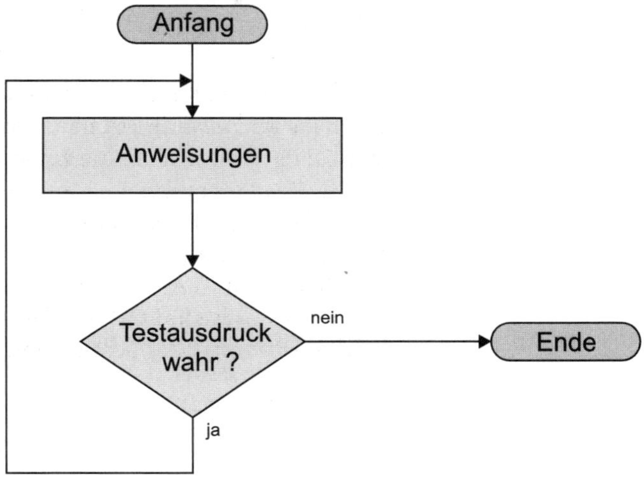


**Abbildung 3.3: Die do-Schleife**

Das folgende Programm liest eine *int*-Zahl von der Tastatur ein und gibt sie rückwärts wieder aus. Der Grund für die besondere Eignung einer *do*- anstelle einer *while*-Schleife liegt hier in der Sonderbehandlung einer eingegebenen 0, bei der eine Ziffer ausgegeben werden muß, obwohl die Abbruchbedingung bereits erfüllt ist.

```
/* bsp0309.c */

#include <stdio.h>

void main(void)
{
  int i;

  printf("Bitte eine positive int-Zahl: ");
  scanf("%d", &i);
  printf("\n");
  do {
    printf("%d", i % 10);
    i /= 10;
  } while (i > 0);
}
```

Auch das Verhalten der *do*-Schleife kann mit den Sprunganweisungen *break* und *continue* beeinflußt werden.

Für PASCAL-Programmierer ist die *do*-Schleife etwas tückisch, denn sie hat große Ähnlichkeit mit der *repeat-until*-Schleife von PASCAL. Der (gravierende) Unterschied besteht jedoch darin, daß die *do*-Schleife so lange ausgeführt wird, wie der Testausdruck WAHR ist, während die *repeat-until*-Schleife so lange ausgeführt wird, wie der Testausdruck FALSCH ist. Falls Sie ehemaliger PASCAL-Profi sind, könnte Ihnen dieser Unterschied durchaus irgendwann einmal zu einem versteckten Fehler verhelfen. Kapitel 12 listet diese und eine Reihe ähnlicher Fehlerquellen auf.

### 3.2.3 for-Schleife

**Syntax**

```
for ( [Ausdruck-1] ; [Ausdruck-2] ; [Ausdruck-3] )
  Anweisung
```

Die *for*-Schleife ist die dritte Möglichkeit, Anweisungen zyklisch zu wiederholen. Sie ist das Pendant zu den *for-next*-Schleifen anderer Programmiersprachen, geht aber in ihren Möglichkeiten weit über die meisten von ihnen hinaus. Durch die ungewöhnliche Syntax ist sie zunächst etwas schwieriger zu erlernen, doch nach einiger Gewöhnung werden Sie die Vielzahl der Möglichkeiten zu schätzen wissen.

**R 11 Syntax und Semantik der for-Schleife**

R11

In einer *for*-Schleife wird zunächst *Ausdruck-1* ausgewertet, um die Schleife zu initialisieren. Danach wird *Ausdruck-2* als Testausdruck interpretiert. Der Schleifenrumpf, also die *Anweisung*, wird genau dann ausgeführt, wenn *Ausdruck-2* nicht 0 ist. Nach Ende des Schleifenrumpfes wird *Ausdruck-3* ausgewertet und danach wieder mit dem Auswerten des Testausdrucks *Ausdruck-2* fortgefahren usw. Eine *for*-Schleife entspricht also der folgenden äquivalenten *while*-Schleife (s. Abbildung 3.4):

```
Ausdruck-1;
while (Ausdruck-2) {
  Anweisung;
  Ausdruck-3;
}
```

Die Auswertung von *Ausdruck-1* und *Ausdruck-3* hat also einzig und allein den Sinn, deren Nebeneffekte auszuführen. Da sie nur als Ausdrucksanweisungen verwendet werden, ist ihr jeweiliger Rückgabewert ohne Bedeutung.

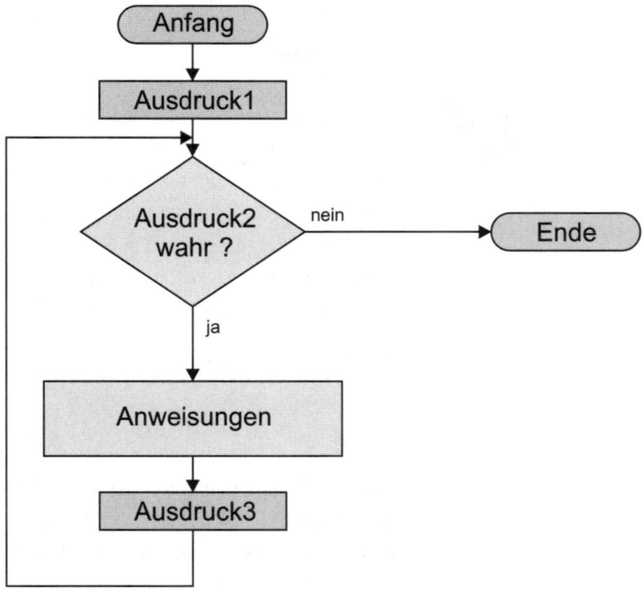


**Abbildung 3.4: Die for-Schleife**

Die häufigste Anwendung einer *for*-Schleife besteht darin, eine Anweisungsfolge zu durchlaufen, bei der die Anzahl der Durchläufe vorher bekannt ist. Diese Verwendung entspricht dem üblichen Gebrauch von *for-next*-Schleifen in den meisten Programmiersprachen:

```
/* bsp0310.c */

void main(void)
{
  int i;

  for (i = 1; i <= 100; i++) {
    /* Anweisung */
  }
}
```

Natürlich ist es auch möglich, den Schleifenzähler bei jedem Durchlauf um einen von 1 verschiedenen Wert zu verändern. Dazu muß lediglich *Ausdruck-3* entsprechend verändert werden:

```
/* bsp0311.c */

void main(void)
{
```

```
  int i;
  int n = 5; /* Sprungweite */

  for (i = 1; i <= 100; i += n) {
    /* Anweisung */
  }
}
```

Die Möglichkeiten der *for*-Schleife in C sind deshalb so weitreichend, weil beliebige Ausdrücke zur Steuerung der Schleife verwendet werden dürfen. In anderen Programmiersprachen dagegen ist *Ausdruck-1* immer eine einzelne Zuweisung, *Ausdruck-2* immer ein einzelner logischer Ausdruck und *Ausdruck-3* immer eine einzelne Inkrement- oder Dekrement-Anweisung.

Zusätzlich ist es bei der *for*-Schleife möglich, einen oder mehrere der Kontrollausdrücke wegzulassen, um besondere Effekte zu erzielen. Dabei gelten folgende Regeln:

R12

**R 12 Auslassen von Kontrollausdrücken in for-Schleifen**

1. Wenn *Ausdruck-1* nicht angegeben wird, erfolgt am Anfang der *for*-Schleife keine Initialisierung.
2. Wenn *Ausdruck-2* nicht angegeben wird, setzt der Compiler automatisch die Konstante 1 (also TRUE) dafür ein und erzeugt somit eine Endlosschleife.
3. Wenn *Ausdruck-3* nicht angegeben wird, erfolgt am Ende des Schleifenrumpfes keine automatische Veränderung des Schleifenzählers.

Die folgenden Programme sind Beispiele für *Endlosschleifen*, wie sie in vielen Programmen zu finden sind. Vielleicht werden Sie jetzt fragen, welchen Sinn denn eine Endlosschleife hat, da man sie ja – wie der Name schon sagt – nicht mehr verlassen kann? Nun, ganz so endlos ist sie natürlich nicht. Zwar ist der Schleifen-Testausdruck immer WAHR und wird somit die Schleife nicht aus eigener Kraft beenden können. Mit Hilfe der weiter unten beschriebenen Sprunganweisungen ist es aber dennoch möglich, die Schleife zu verlassen und so ein definiertes Ende herbeizuführen.

Die beiden folgenden Programme sind gleichwertig:

```
/* bsp0312.c */

void main(void)
{
  for (;;) {
    /* Anweisungen */
```

```
  }
}
```

und

```
/* bsp0313.c */

void main(void)
{
  while (1) {
    /* Anweisungen */
  }
}
```

In der Praxis kommen (gewollte) Endlosschleifen relativ häufig vor. Sie werden immer dann verwendet, wenn die Schleifentestbedingung nicht genau am Anfang oder Ende der Schleife ausgewertet werden kann, sondern irgendwo in der Mitte liegt. Ob man als Programmierer nun die Variante mit der *while*- oder der *for*-Schleife bevorzugt, ist eine Frage des persönlichen Geschmacks. In der Praxis trifft man beide an.

## 3.3 Bedingte Anweisungen

Während Schleifen dazu dienen, Anweisungen wiederholt auszuführen, haben bedingte Anweisungen die Aufgabe, den weiteren Programmablauf zu steuern. Eine Programmiersprache ohne bedingte Anweisungen ist beim besten Willen nicht vorstellbar, und auch in einfachen Kommando- oder Makrosprachen finden sich Möglichkeiten, im Programmablauf in Abhängigkeit von bestimmten Werten zu verzweigen. Die Sprache C bietet in diesem Bereich in etwa die Möglichkeiten, die auch in den meisten anderen Programmiersprachen zu finden sind.

### 3.3.1 if-Anweisung

**Syntax**

```
if ( Testausdruck )
  Anweisung-1
[ else
  Anweisung-2
]
```

Die *if*-Anweisung dient dazu, in Abhängigkeit vom Rückgabewert von *Testausdruck* entweder *Anweisung-1* oder *Anweisung-2* auszuführen. Dabei gilt: *Anweisung-1* wird genau dann ausgeführt, wenn *Testausdruck* einen Wert ungleich 0 liefert. Dagegen wird *Anweisung-2* genau dann ausgeführt, wenn *Testausdruck* den Rückgabewert 0 hat. In keinem Fall werden beide Anweisungen ausgeführt!

Wie Sie dem Syntaxdiagramm entnehmen können, ist der *else*-Teil *optional*, d.h. er kann auch weggelassen werden. In diesem Fall wird *Anweisung-1* genau dann ausgeführt, wenn *Testausdruck* einen Wert ungleich 0 liefert, andernfalls wird *Anweisung-1* übersprungen und im Programm unmittelbar dahinter fortgefahren. Abbildung 3.5 zeigt die *if*-Anweisung mit einem *else*-Zweig innerhalb des gestrichelten Kastens.

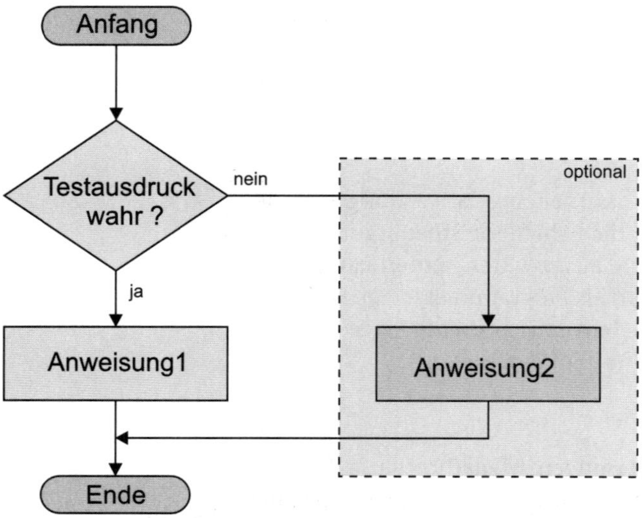


**Abbildung 3.5: Die if-Anweisung**

Ein einfaches Beispiel für die Anwendung der *if*-Anweisung ist das folgende Programm. Es erwartet die Eingabe zweier Ganzzahlen und gibt eine Meldung aus, wenn diese nicht gleich sind:

```
/* bsp0314.c */

void main(void)
{
  int i, j;

  printf("Geben Sie zwei gleiche Zahlen ein: ");
  scanf("%d %d", &i, &j);
  printf("\n");
  if (i != j)
    printf("Die Zahlen sollten GLEICH sein!\n");
}
```

Natürlich können Sie hinter einem *if* auch mehrere Anweisungen ausführen lassen. Dazu müssen die gewünschten Anweisungen lediglich in einen Block eingebettet werden.

```
/* bsp0315.c */

void main(void)
{
  int i = 0;

  printf("Bitte eine Zahl: ");
  scanf("%d", &i);
  printf("\n");
  if (i) {
    printf("Sie haben nicht die Zahl 0 eingegeben\n");
    if (i < 0)
      printf("Die Zahl war kleiner als 0\n");
    else
      printf("Die Zahl war größer als 0\n");
  } else
    printf("Sie haben eine 0 eingegeben\n");
}
```

Für C-Neulinge ist die Syntax der *if*-Anweisung aus mehreren Gründen tückisch. Erstens gibt es kein *then* hinter dem Testausdruck (wie z.B. in PASCAL oder MODULA-2), und zweitens muß der Testausdruck in Klammern geschrieben werden. Beide Regeln werden am Anfang leicht vergessen.

Für erfahrene PASCAL-Programmierer (und solche, die bisher in vergleichbaren Sprachen programmiert haben) gibt es noch weitere Fallen. Während in PASCAL die letzte Anweisung vor dem *else* nicht mit einem Semikolon abgeschlossen werden darf, ist dieses Semikolon in C Pflicht! Hier zeigt sich auch der prinzipielle Unterschied bei der Verwendung des Semikolons in beiden Sprachen. In PASCAL dient es als *Trennzeichen* zwischen zwei Anweisungen, während es in C das *Ende* einer Anweisung anzeigt.

Eine weitere Falle liegt in der Syntax des C-Gleichheitsoperators, der hier = = heißt und nicht mehr = wie in PASCAL. PASCAL-Programmierer werden daher am Anfang des öfteren versehentlich das = weiterverwenden und damit eine Zuweisung erzeugen. Manche C-Compiler erkennen dies und geben eine entsprechende Warnung aus.

Der Syntaxbeschreibung und den Beispielen können Sie entnehmen, daß das Ende einer *if*-Anweisung nicht durch ein spezielles Ende-Schlüsselwort (wie *endif* o.ä.) angezeigt wird, sondern sich implizit aus dem Ende der Anweisung oder des Anweisungsblocks ergibt. Damit teilt C das Schicksal von PASCAL und etlichen anderen Sprachen, denn beim Schachteln von Verzweigungen können gewisse Mehrdeutigkeiten auftreten.

### R 13 Dangling else

R13

Bei dem folgenden Programm ist zunächst nicht klar, ob der *else*-Teil zum inneren oder äußeren *if* gehört; rein syntaktisch wären beide Varianten denkbar:

```
if ( Testausdruck-1 )
if ( Testausdruck-2 )
Anweisung-1
else
Anweisung-2
```

Um diese Mehrdeutigkeit aufzulösen, wird die Anweisungsfolge in C (wie auch in anderen Sprachen) folgendermaßen ausgeführt:

```
if ( Testausdruck-1 ) {
  if ( Testausdruck-2 )
    Anweisung-1
  else
    Anweisung-2 }
```

Das *else* wird dem letzten freien *if* zugeordnet. Die Problematik offenbart sich, wenn man folgendes Programm betrachtet:

```
if ( Testausdruck-1 )
  if ( Testausdruck-2 )
    Anweisung-1
else
  Anweisung-2
```

Die Einrückung erweckt den Anschein, als sei es die Absicht des Programmierers gewesen, den *else*-Teil zur ersten *if*-Anweisung gehören zu lassen. Tatsächlich ist dies aber nicht der Fall. Vielmehr gehört der *else*-Teil zur letzten freien *if*-Anweisung, und das Programm wird wie die vorigen ausgeführt. Der C-Compiler beachtet die für menschliche Leser gedachten Einrückungen nicht. (Ein Gegenbeispiel ist etwa die Sprache OCCAM, in der Einrückungen fester Bestandteil der Syntax einzelner Anweisungen sind.)

Wenn Sie also ein Programm schreiben wollen, welches das *else* tatsächlich der äußeren Anweisung zuordnet, so müssen Sie eine geeignete Klammerung wählen:

```
if ( Testausdruck-1 ) {
  if ( Testausdruck-2 )
    Anweisung-1
} else
  Anweisung-2
```

Das geschilderte Problem ist in der Literatur unter dem Namen *dangling else* (*»herumhängendes« else*) bekannt. Es kann nur in solchen Programmiersprachen auftauchen, die kein *endif* besitzen, und führt unter Umständen zu schwer lokalisierbaren Fehlern.

Um diesen und anderen verwandten Problemen aus dem Weg zu gehen, kann es sinnvoll sein, sowohl den *if-* als auch den *else*-Teil einer Verzweigung in einen Block zu verpacken, selbst wenn er nur eine einzige Anweisung enthält. So ist nicht nur kein *dangling-else* mehr möglich, sondern man hat zusätzlich den Vorteil, daß beim nachträglichen Einfügen einer Anweisung in einen der beiden Teile nicht die geschweiften Klammern vergessen werden können.

### 3.3.2 elseif-Anweisung

Syntax

```
if ( Testausdruck-1 )
  Anweisung-1
else if ( Testausdruck-2 )
  Anweisung-2
else if ( Testausdruck-3 )
  Anweisung-3

  ...

[ else
  else-Anweisung
]
```

### R 14 Nachbilden einer elseif-Anweisung

R14

Um von vornherein keine Mißverständnisse aufkommen zu lassen: eine separate *elseif*-Anweisung wie z.B. in Modula-2 oder Clipper gibt es in C nicht. Da diese in der Praxis aber relativ häufig benötigt wird, wollen wir uns die üblicherweise verwendete Nachbildung kurz ansehen. Bei der *elseif*-Anweisung werden die Testausdrücke nacheinander ausgewertet. Nur die Anweisungen nach dem ersten wahren Ausdruck werden ausgeführt, danach ist die komplette Kette beendet. Ist keiner der Testausdrücke wahr, so werden die Anweisungen nach dem *else*-Teil ausgeführt (falls er vorhanden ist).

```
/* bsp0316.c */

void main(void)
{
  int i = -4;

  if (i < 0)
    printf("Kleiner 0\n");
  else if (i > 0)
    printf("Größer 0\n");
  else
    printf("Gleich 0\n");
}
```

### 3.3.3 switch-Anweisung

**Syntax**

```
switch ( Ausdruck ) {
case Konstante-1:
  Anweisung-1;
  break;
case Konstante-2:
  Anweisung-2;
  break;

  ...

[ default:
  Default-Anweisung;
]
}
```

Die *switch*-Anweisung ist eine spezielle Anweisung zur Steuerung des Programmablaufs. Mit ihr wird überprüft, ob ein gegebener Ausdruck mit einer bestimmten Konstanten übereinstimmt, und gegebenenfalls eine Verzweigung eingeleitet.

Zunächst wird *Ausdruck* ausgewertet und sein Ergebnis nacheinander mit *Konstante-1*, *Konstante-2* usw. verglichen. Stimmt der Wert des Ausdrucks mit irgendeiner der Konstanten überein, so wird die dahinter stehende Anweisungsfolge ausgeführt. Um die *switch*-Anweisung danach zu beenden, ist es nötig, als letzte Anweisung in dieser Folge ein *break* zu setzen. Fehlt diese *break*-Anweisung, so wird nicht hinter die *switch*-Anweisung gesprungen, sondern mit den Anweisungen hinter dem nächsten *case* fortgefahren. Falls keiner der *case*-Teile auf den Ausdruck zutrifft, wird die Anweisung hinter der optionalen *default*-Marke ausgeführt, falls sie vorhanden ist.

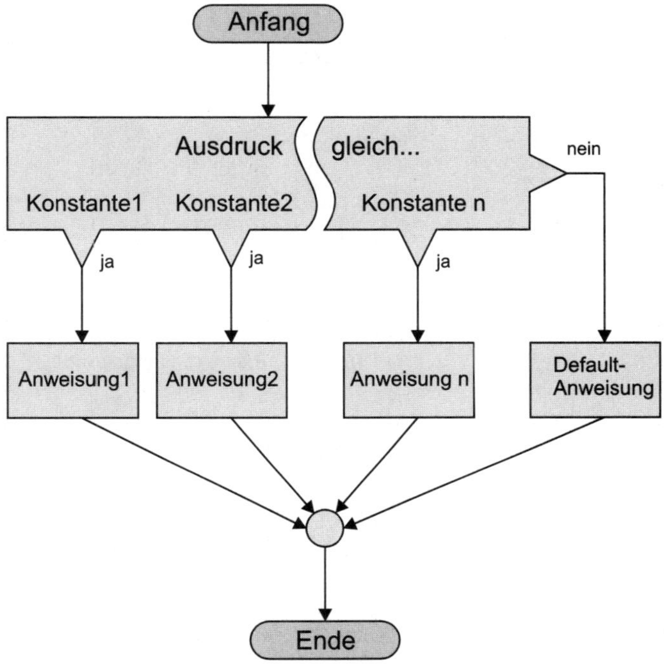


**Abbildung 3.6: Die *switch*-Anweisung**

Abbildung 3.6 veranschaulicht das Verhalten der *switch*-Anweisung. Beachten Sie, daß keine der Konstanten hinter den *case*-Teilen doppelt vorkommen darf.

Das folgende Programm berechnet Ausdrücke der Art $A \phi B$, wenn $A$ und $B$ numerische Konstanten sind und $\phi$ ein arithmetischer Operator ist.

```
/* bsp0317.c */

#include <stdio.h>

void main(void)
{
  int i, j;
  char c;

  printf("Ausdruck: ");
  scanf("%d %c %d", &i, &c, &j);
  switch (c) {
  case '+':
    printf("Ergebnis: %d\n", i + j);
```

```
    break;
  case '-':
    printf("Ergebnis: %d\n", i - j);
    break;
  case '*':
    printf("Ergebnis: %d\n", i * j);
    break;
  case '/':
    printf("Ergebnis: %d\n", i / j);
    break;
  default:
    printf("Operator unbekannt\n");
  }
}
```

Es ist auch möglich, dieselbe Anweisungsfolge bei mehreren unterschiedlichen Konstanten ausführen zu lassen. Wie das geht, illustriert das folgende Beispiel:

```
#include <stdio.h>

void main(void)
{
  char c;

  printf(" Ein Zeichen eingeben: ");
  scanf("%c",&c);
  printf("\nDas Zeichen war ein ");
  switch (c) {
  case '+':
  case '-':
  case '*':
  case '/':
  case '%':
    printf("arithmetischer Operator\n");
    break;
  case ' ': case '\n': case '\t':
    printf("White Space\n");
    break;
  default:
    printf("Sonstiges Zeichen\n");
  }
}
```

Durch das Hintereinanderschreiben mehrerer *case*-Teile, ohne ihnen jeweils ein *break* anzuhängen, wird nach einem erfolgreichen Test so lange in der Kette der *case*-Anweisungen weitergelaufen, bis ein *break* erscheint. Am besten können Sie sich diese Art der Abarbeitung einprägen, indem Sie sich die *case*-Teile als Labels (also als Ziele von Sprunganweisungen, s.u.) vorstellen, die durch einen bedingten Sprung aus dem *switch* heraus angesprungen werden.

Es gibt übrigens in C keine Möglichkeit, einen zusammenhängenden Bereich von Werten als Ziel eines *case*-Statements anzugeben, wie es beispielsweise in PASCAL möglich ist. Wollen Sie ein Programm eine bestimmte Anweisung beispielsweise immer dann ausführen lassen, wenn der *switch*-Ausdruck ein Großbuchstabe ist, so benötigen Sie 26 einzelne *case*-Statements. Ein *case 'A'...'Z'* kennt C nicht. In diesem Fall sollten Sie überlegen, ob es nicht sinnvoller ist, anstelle der *switch*-Anweisung eine *if-then-else*-Anweisung zu verwenden.

## 3.4 Sprunganweisungen

Wie schon in der Einleitung zum Abschnitt *»Schleifen«* erwähnt, gibt es in C einige *Sprunganweisungen*. Dabei handelt es sich ausnahmslos um *unbedingte* Sprünge, d.h. solche, die an keine zusätzliche Bedingung gebunden sind oder deren Sprungziel sich aus einer arithmetischen Operation ergibt. Wenn der Programmlauf an eine Sprunganweisung kommt, wird unmittelbar zum angegebenen Ziel gesprungen.

Allerdings ist es auch in C möglich, *bedingte* Sprünge zu erzeugen, indem die unbedingten Sprünge als Anweisungsteile von *if*-Anweisungen verwendet und so zu bedingten Sprüngen werden. Die allermeisten C-Programmierer beschränken sich jedoch bei der Verwendung von Sprunganweisungen auf wenige allgemein anerkannte Fälle, die wir im folgenden kurz vorstellen wollen.

### 3.4.1 break

**Syntax**

```
break;
```

Die *break*-Anweisung ist eine Sprunganweisung, die innerhalb einer *do-*, *for-* oder *while*-Schleife oder innerhalb einer *switch*-Anweisung einen Sprung hinter die komplette Anweisung durchführt. Innerhalb einer Schleife bietet *break* eine bequeme Möglichkeit, aus der Schleife herauszuspringen. Man kann so Schleifen konstruieren, die die Abbruchbedingung nicht am Anfang (wie bei der *while*-Schleife) oder am Ende (wie bei der *do*-Schleife), sondern an einer beliebigen anderen Stelle innerhalb der Schleife abfragen.

Das Vorhandensein einer *break*-Anweisung liefert auch einen Teil der Existenzberechtigung für die schon erwähnten gewollten Endlosschleifen. Sie ist, neben einigen anderen Anweisungen wie *goto* oder *return*, die einzige Möglichkeit, eine Endlosschleife regulär zu verlassen.

```
/* bsp0318.c */

void main(void)
{
  int i = 0;

  while (1) {
    /* Anweisungen-1 */
    if (i > 100) break;
    /* Anweisungen-2 */
    i++;
  }
}
```

*Prinzipiell* bringt die *break*-Anweisung keine neuen Möglichkeiten, denn der Sprung aus der Schleife kann immer auch ohne *break* programmiert werden. Dazu wird anstelle des *break* eine boolesche Variable (beispielsweise mit dem Namen *stop*) auf FALSE gesetzt, und die nach einem *break* nicht mehr auszuführenden Anweisungen werden durch *if (!stop) ...* geschützt. Zusätzlich muß der Schleifen-Testausdruck um die Bedingung *&&!stop* erweitert werden.

Solch eine Vorgehensweise macht die Programme nicht nur größer, sondern durch die komplizierteren Testausdrücke auch schwieriger zu verstehen und möglicherweise sogar ineffizienter. Mit einem Sprung in Form einer *break*-Anweisung kann hier eine Verbesserung erzielt werden. Richtig dosiert, ist die *break*-Anweisung ein gutes Beispiel für die sinnvolle Verwendung einer Sprunganweisung.

### 3.4.2 continue

**Syntax**

```
continue;
```

Die *continue*-Anweisung ist mit der *break*-Anweisung verwandt. Der Unterschied zwischen beiden besteht darin, daß sie nicht *hinter* die Schleife springt, sondern innerhalb der Schleife wieder zum Testausdruck verzweigt. Die *continue*-Anweisung kann in allen Schleifenarten verwendet werden. Innerhalb der *for*-Schleife springt sie allerdings nicht unmittelbar auf den Test-, sondern zunächst auf den Iterationsausdruck *Ausdruck-3*. Dadurch wird hier ein eventuell vorhandener Schleifenzähler weitergezählt.

Die *continue*-Anweisung wird in der Praxis viel seltener eingesetzt als die *break*-Anweisung. Sie kann vor allem dann sinnvoll verwendet werden, wenn relativ nahe am Anfang des Schleifenrumpfes mit einem einfachen Test festgestellt werden kann, daß die nachfolgenden (komplizierten) Anweisungen für den aktuellen Schleifendurchlauf nicht von Bedeutung sind, sondern statt dessen mit dem nächsten Durchlauf der Schleife fortgefahren werden soll.

```
/* bsp0319.c */

#include <stdio.h>

void main(void)
{
  char c;

  while ((c = getchar()) != EOF) {
    if (c < 32) continue; /*SoZeichen ignor.*/
    /*
    komplizierte Berechnungen
    */
  }
}
```

### 3.4.3 goto/Label

Syntax (der goto-Anweisung)

```
goto Marke;
```

Syntax (der Label-Anweisung)

```
Marke: Anweisung
```

Neben den beiden bereits vorgestellten restriktiven Sprungbefehlen für Schleifen gibt es in C noch eine dritte, sehr viel allgemeinere Variante, den *absoluten unbedingten Sprung* zu einer bestimmten Marke. Die Verwendung dieser Sprunganweisung ist bei vielen Programmierern verpönt und formal überflüssig. Dennoch gibt es Beispiele, in denen eine unbedingte Sprunganweisung recht nützlich ist, beispielsweise in Zusammenhang mit der Reaktion auf Programmfehler oder zum Herausspringen aus mehrfach geschachtelten Schleifen.

Da es in C-Programmen keine expliziten Zeilennummern (wie etwa in BASIC) gibt, muß der *goto*-Anweisung mit Hilfe einer *Label-Anweisung* mitgeteilt werden, welches ihr Sprungziel ist. Dabei gilt die Regel: ein *goto* springt immer zur ersten Anweisung hinter der durch die zugehörige *Label*-Anweisung definierten Marke. Mit einem *goto* darf sowohl vorwärts als auch rückwärts gesprungen werden, Sprunganweisung und Marke müssen in ein und derselben Funktion liegen.

Das folgende Programm findet heraus, ob auf dem Bildschirm an irgendeiner Stelle ein '!' steht und gibt eine entsprechende Meldung aus. (Die Funktion *get_screenchar* ist in C-Libraries normalerweise nicht zu finden, sie dient nur zur Konstruktion dieses Beispiels und hat die Aufgabe, den Bildschirminhalt an einer bestimmten Position zu lesen)

```
/* bsp0320.c */

#include <stdio.h>

void main(void)
{
  int x, y;
  int gefunden = 0;
  for (y = 1; y <= 24; y++) {
    for (x = 1; x <= 80; x++) {
      if (get_sreenchar(y, x) == '!') {
        gefunden = 1;
        goto ende;
      }
    }
  }
  ende:;
  if (gefunden)
    printf("Ein ! an %d,%d gefunden\n", y, x);
  else
    printf("Kein ! gefunden\n");
}
```

Bei der Verwendung eines *break* anstelle des *goto* würde das Programm nicht korrekt arbeiten, denn die *break*-Anweisung würde lediglich aus der inneren *for*-Schleife herausspringen, anstatt beide Schleifen zu verlassen.

Selbstverständlich kann auch dieses Programm ohne die Verwendung einer *goto*-Anweisung zum Laufen gebracht werden, hier sogar recht einfach. Der Einsatz der Sprunganweisung ist jedoch nicht nur bequemer, sondern in diesem Fall auch übersichtlicher als die GOTO-freie Lösung. Die Verwendung eines lokalen Vorwärtssprungs zum Verlassen einer Schleife ist durchaus gebräuchlich und kann (ohne schlechtes Gewissen) bei Bedarf angewendet werden. Rückwärtssprünge (zur Nachbildung von Schleifen) sollten dagegen vermieden werden.

Mit Hilfe des Funktionspaars *setjmp/longjmp* stellt die Standard-Library ein Sprungkonstrukt auf Funktionsbasis (!) zur Verfügung, mit dem Vorwärts- oder Rückwärtssprünge quer durch das ganze Programm und über Funktionsgrenzen hinweg möglich und gewollt sind. In Referenzteil des Buchs finden Sie eine ausführliche Erklärung dieser beiden Funktionen.

### 3.4.4 return-Anweisung

**Syntax**

```
return [ Ausdruck ];
```

Eine *return*-Anweisung dient zum Beenden einer Funktion und zur Rückgabe eines Wertes an den aufrufenden Programmteil. Da die laufende Funktion durch eine *return*-Anweisung *sofort* beendet wird (unabhängig von der Stelle, an der sich der Programmablauf gerade befindet), kann man diese Anweisung im weitesten Sinne den Sprunganweisungen zurechnen.

Der an die *return*-Anweisung übergebene angegebene *Ausdruck* wird ausgewertet und als Rückgabewert an den aufrufenden Programmteil geliefert. Der Rückgabewert ist zwar optional, er darf aber nur dann tatsächlich weggelassen werden, wenn die Funktion als *void* deklariert wurde, also ausdrücklich keinen Wert zurückgeben soll. Mehr zu diesem Thema erfahren Sie in Kapitel 6, das sich ausgiebig mit Funktionen beschäftigt.

```
/* bsp0321.c */

int main(void)
{
  /* Anweisungen */
  return (1);
  /* Anweisungen */
}
```

### R 15 Der Rückgabewert von main

R15

In diesem Beispiel gibt die *main*-Funktion einen Wert zurück. Das ist durchaus zulässig und bewirkt, daß dieser Wert als *Exitcode* des Programms (das ja durch das *return* beendet wird) an den aufrufenden Prozeß zurückgegeben wird. Wurde das Programm beispielsweise in einem Shell-Script (MS-DOS: in einer Batchdatei) aufgerufen, so kann der zurückgegebene Wert getestet und in Abhängigkeit davon gegebenenfalls verzweigt werden.

Eine Funktion wird auch dann beendet, wenn ihre letzte Anweisung abgearbeitet wurde. Ist diese letzte Anweisung kein *return*, so ist der Rückgabewert der Funktion undefiniert, was zu schwer auffindbaren Fehlern führen kann, wenn dieser Wert weiterverwendet wird. Manche Compiler geben daher eine Warnung aus, wenn ein Endepfad ohne *return*-Anweisung existiert.

## 3.5 Aufgaben zu Kapitel 3

**1. (A)**

Schreiben Sie ein Programm, das eine über die Tastatur eingegebene *int*-Zahl im Wortlaut ausgibt. Es reicht, wenn Ihr Programm beispielsweise die Zahl 547 in der Form: *Fünf Vier Sieben* ausgibt. Sorgen Sie dafür, daß das Programm alle auftretenden Sonderfälle korrekt behandelt.

**2. (A)**

Schreiben Sie ein Programm, das nach der Eingabe eines Datums herausfindet, in welcher Woche des Jahres sich der angegebene Tag befindet. Gehen Sie zur Vereinfachung davon aus, daß der 1.1. eines jeden Jahres ein Montag ist.

**3. (B)**

Schreiben Sie ein Programm, das einen *int*-Wert von der Tastatur einliest und auf dem Bildschirm wieder ausgibt. Verwenden Sie jedoch zum Einlesen der Zeichen nicht die Funktion *scanf*, sondern lediglich die Funktion *getchar*, die immer nur ein Zeichen von der Tastatur liest. Um *getchar* verwenden zu können, müssen Sie am Anfang Ihres Programms die Zeile *#include <stdio.h>* einfügen.

**4. (B)**

Schreiben Sie ein Programm, das bei einem eingegebenen *int*-Wert testet, ob es sich um eine *Primzahl* handelt. Zur Erinnerung: Eine Zahl *n* ist genau dann eine Primzahl, wenn sie sich nur durch 1 und sich selbst ohne Rest teilen läßt.

**5. (B)**

Schreiben Sie ein Programm, das eine eingegebene Fließkommazahl formatiert mit zwei Nachkommastellen, Dezimalkomma und 1000er-Punkten auf dem Bildschirm ausgibt.

**6. (P)**

Versuchen Sie herauszufinden, welches mathematische Problem durch folgendes Programm gelöst wird (wieder einfache Schulmathematik). Versuchen Sie bitte zunächst, die Aufgabe mit Papier und Bleistift zu lösen, und benutzen Sie erst danach Ihren Computer.

```
/* auf0306.c */

#include <stdio.h>

void main(void)
{
```

```
  int zahl, i;

  printf("Bitte eine positive Zahl: ");
  scanf("%d", &zahl);
  while (zahl > 1) {
    for (i = 2; i <= zahl; i++) {
      if (!(zahl % i)) {
        zahl /= i;
        printf("%d ", i);
        break;
      }
    }
  }
}
```

**7. (B)**

Schreiben Sie ein Programm, das nach der Eingabe Ihres zu versteuernden Einkommens die von Ihnen zu zahlende Einkommensteuer berechnet. Zur Berechnung verwenden Sie folgendes Verfahren, wie es im EStG, §32a (Stand 1.1.1996) beschrieben ist.

Die Einkommensteuer beträgt in deutsche Mark für zu versteuernde Einkommen

1. bis 12095 DM (Grundfreibetrag): 0;
2. von 12096 DM bis 55727 DM: $(86{,}63y+2590)y$;
3. von 55728 DM bis 120041 DM: $(151{,}91z+3346)z+12949$;
4. von 120042 DM an: $0{,}53x-22842$.

$x$ ist das abgerundete zu versteuernde Einkommen, $y$ ist ein Zehntausendstel des 12042 DM übersteigenden Teils des abgerundeten zu versteuernden Einkommens, $z$ ist ein Zehntausendstel des 55674 DM übersteigenden Teils des abgerundeten zu versteuernden Einkommens.

Das zu versteuernde Einkommen ist vor den weiteren Berechnungen auf den nächsten durch 54 ohne Rest teilbaren Betrag abzurunden, wenn es nicht bereits durch 54 ohne Rest teilbar ist.

**8. (B)**

Eines der wichtigsten Hilfsmittel zur Realisierung korrekter Bedingungen ist die *de Morgansche Regel* zur Umformung logischer Ausdrücke. Es gibt sie in zwei Versionen:

**R 16 Umformen logischer Ausdrücke mit den de Morganschen Regeln**

R16

1. NOT (a AND b) ist gleichbedeutend mit (NOT a) OR (NOT b)
2. NOT (a OR b) ist gleichbedeutend mit (NOT a) AND (NOT b)

Schreiben Sie ein Programm, das die Richtigkeit dieser Regeln empirisch beweist.

**9. (C)**

Schreiben Sie ein Programm, das vom Benutzer zunächst einen *long-int*-Wert *l* und zwei *int*-Werte *i* und *j* verlangt. Ihr Programm soll dann in der Zahl *l* die *i*-te und *j*-te Ziffer miteinander vertauschen.

**10. (C)**

Schreiben Sie ein Programm, das die einzelnen Ziffern einer vom Benutzer eingegebenen Zahl vom Typ *long int* aufsteigend sortiert und das Ergebnis auf dem Bildschirm ausgibt.

**11. (C)**

Schreiben Sie ein Programm, das einen *double*-Wert von der Tastatur einliest und wieder auf dem Bildschirm ausgibt. Verwenden Sie auch hier – wie in Aufgabe 3 – zum Einlesen der Zeichen nur die Funktion *getchar*.

**12. (P)**

Versuchen Sie herauszufinden, welche allseits bekannte mathematische Operation durch das folgende Programm ausgeführt wird. (Hinweis: falls Sie nicht mehr weiter wissen, testen Sie das Programm mit den Eingabewerten 3 und 4 (oder 1 und 1), und betrachten Sie den Ergebniswert sehr genau.

```
/* auf0312.c */

#include <stdio.h>

void main(void)
{
  double s1, s2;
  double p, q, r, s;
  int i;

  scanf("%lf", &s1);
  scanf("%lf", &s2);
  p = s1 >= s2 ? s1 : s2;
  q = s1 <= s2 ? s1 : s2;
  for (i = 1; i <= 3; ++i) {
```

```
    r = (q / p) * (q / p);
    s = r / (4.0 + r);
    p += (2.0 * s * p);
    q *= s;
  }
  printf("%f", p);
}
```

**13. (P)**

Geben Sie die Ausgabe des folgenden Programms an:

```
/* auf0313.c */

#include <stdio.h>

void main(void)
{
  int i = 0, j = 1;

  if (i || !j)
    printf("i ist nicht 0 oder\n");
    printf("j ist 0\n");
  if (i)
    printf("i ist wahr\n");
  else if (i);
    printf("i ist wahr und nicht wahr\n");
}
```

**14. (P)**

Geben Sie die Ausgabe des folgenden Programms an:

```
/* auf0314.c */

#include <stdio.h>

void main(void)
{
  int i = 100, j = 0;

  i = 100; j = 0;
  while (i > 0) printf("%d\n", i -= j++);
  i = 100; j = 0;
  while (i-=j++ > 0) printf("%d\n", i);
}
```

**15. (P)**

Geben Sie die Ausgabe des folgenden Programms an:

```
/* auf0315.c */

#include <stdio.h>

void main(void)
{
  int i, j, k, l, s, n;

  s = 0;
  i = n = 3;
  while (j = n, i--)
  while (k = n, j--)
  while (l = n, k--)
  while (l--)
  ++s;
  printf("%d\n", s);
}
```

**16. (P)**

Geben Sie die Ausgabe des folgenden Programms an:

```
/* auf0316.c */

#include <stdio.h>

void main(void)
{
  double x = 144.0;
  double s = 1.0;
  int    i = 10;

  s = (x + 1) / 2;
  while (i--) s = s/2 + x / (2 * s);
  printf("%f\n", s);
}
```

**17. (P)**

Geben Sie die Ausgabe des folgenden Programms an:

```
/* auf0317.c */

#include <stdio.h>
```

```
void main(void)
{
  int n = 10, i;
  first: printf("\n", i = n);
  start: printf("%d", 10 - i);
  if (--i) goto start;
  if (--n) goto first;
}
```

**18. (P)**

Geben Sie die Ausgabe des folgenden Programms an:

```
/* auf0318.c */

#include <stdio.h>

void main(void)
{
  int i;

  for (i = 0; i < 20; ++i) {
    if (!(i % 3)) continue;
    switch (i % 8) {
    case 0:
    case 1:
    case 4:
      putchar('*');
      break;
    case 2:
      putchar('+');
      break;
    case 3:
      putchar('.');
    case 5:
      putchar('o');
      break;
    default:
      ++i;
      break;
    }
    if (i >= 12) break;
  }
}
```

## 3.6 Lösungen zu ausgewählten Aufgaben

### Aufgabe 1

Die einzige Schwierigkeit bei dieser Aufgabe ist es, die einzelnen Dezimalziffern der eingegebenen Zahl nacheinander von links nach rechts zu extrahieren. Während die umgekehrte Richtung durch fortwährende Restbildung und Teilen durch 10 realisierbar wäre, muß hier etwas anders vorgegangen werden. Das Programm ermittelt zunächst die Wertigkeit der höchsten Ziffer, d.h. den Wert $10^{\text{Anzahl der Ziffern-1}}$. Mit diesem Startwert werden dann in einer Schleife alle Ziffern von links nach rechts untersucht, und der passende Text wird ausgegeben.

```
/* lsg0301.c */

#include <stdio.h>

void main(void)
{
  int zahl, wertigkeit = 1, temp;

  printf("Bitte eine Zahl: ");
  scanf("%d", &zahl);
  temp = zahl;
  while (temp /= 10) {
    wertigkeit*=10;
  }
  if (zahl < 0) {
    printf("minus ");
    zahl *= -1;
  }
  do {
    switch (zahl / wertigkeit) {
    case 0: printf("null ");      break;
    case 1: printf("eins ");      break;
    case 2: printf("zwei ");      break;
    case 3: printf("drei ");      break;
    case 4: printf("vier ");      break;
    case 5: printf("fünf ");      break;
    case 6: printf("sechs ");     break;
    case 7: printf("sieben ");    break;
    case 8: printf("acht ");      break;
    case 9: printf("neun ");      break;
    }
    zahl %= wertigkeit;
    wertigkeit /= 10;
```

```
  } while (wertigkeit > 0);
  printf("\n");
}
```

**Aufgabe 2**

Das Programm bestimmt zunächst die Anzahl der Tage ab dem 1. Januar des Jahres und teilt sie dann durch 7, um das Ergebnis zu errechnen. Interessant ist die Berechnung der Anzahl der Tage im Monat Februar, da man wissen muß, ob es sich um ein Schaltjahr handelt oder nicht. Ein Jahr ist genau dann ein Schaltjahr, wenn es ganzzahlig durch 4, nicht aber durch 100 teilbar ist. Zusätzlich sind alle durch 400 teilbaren Jahre Schaltjahre.

```
/* lsg0302.c */

#include <stdio.h>

void main(void)
{
  int tag, monat, jahr;
  int tage = 0;

  printf("Bitte Datum [Tag Monat Jahr]: ");
  scanf("%d %d %d", &tag, &monat, &jahr);

  while (--monat) {
    switch (monat) {
    case 2:
      if ((jahr%4 == 0 && jahr%100 != 0) || jahr%400 == 0)
        tage += 29;
      else
        tage += 28;
      break;
    case 1: case 3: case 5: case 7:
    case 8: case 10: case 12:
      tage += 31;
      break;
    default:
      tage += 30;
    }
  }
  tage += tag;
  printf("Der %d. Tag\n", tage);
  printf("Die Woche ist: %d\n", (tage + 6) / 7);
}
```

**Aufgabe 3**

Die Lösung dieser Aufgabe besteht darin, innerhalb einer Schleife mit *getchar* so lange Einzelzeichen von der Tastatur zu lesen, bis eine Nichtziffer eingegeben wird. Interessant in der folgenden Lösung ist die simultan ablaufende Berechnung des Resultatwertes in der Schleife (ein Beispiel für Arithmetik mit *char*-Konstanten) und die Sonderbehandlung des Vorzeichens.

```
/* lsg0303.c */

#include <stdio.h>

void main(void)
{
  int zahl = 0, sign = 0;
  int c;

  while (((c=getchar()) >= '0' && c <= '9') ||
          (c == '-' && !sign && !zahl)) {
    if (c == '-') {
      sign = 1;
      continue;
    }
    zahl = zahl * 10 + c - '0';
  }
  printf("Die Zahl ist %d\n", sign ? -zahl : zahl);
}
```

**Aufgabe 4**

Zur Lösung dieser Aufgabe muß lediglich in einer Schleife (von zwei bis zu der eingegebenen Zahl) überprüft werden, ob die eingegebene Zahl durch den Schleifenzähler teilbar ist. Wenn ja, kann es keine Primzahl sein, da ja ein Teiler gefunden wurde. Das Lösungsbeispiel macht sich zusätzlich die Kommutativität der Multiplikation zunutze und läßt den Schleifenzähler nur bis *zahl/i* laufen. Das bringt insbesondere bei großen Zahlen erhebliche Laufzeitvorteile.

```
/* lsg0304.c */

#include <stdio.h>

void main(void)
{
  int zahl, i;
```

```
  int teiler = 0;

  printf("Bitte eine Zahl: ");
  scanf("%d", &zahl);
  for (i = 2; i <= zahl / i && !teiler; i++) {
    teiler = !(zahl % i);
  }
  if (teiler)
    printf("nicht prim, Teiler: %d\n", i - 1);
  else
    printf("prim\n");
}
```

**Aufgabe 5**

Zur Lösung dieser Aufgabe ist wieder ein Durchlaufen der Ziffern der eingegebenen Zahl von links nach rechts nötig. Dazu wird zunächst die Wertigkeit und Position (von rechts) der höchsten Stelle ermittelt. Dann muß nur noch die Zahl durchlaufen, die einzelnen Ziffern ausgegeben und vor allen durch 3 teilbaren Positionen ein Tausenderpunkt ausgegeben werden. Die Ausgabe des zweistelligen Nachkommateils erfolgt durch Multiplikation und Restbildung.

```
/* lsg0305.c */

#include <stdio.h>

void main(void)
{
  double zahl, temp;
  double wertigkeit = 1;
  int stellen = 1;
  int ziffer;

  printf("Bitte eine double-Zahl: ");
  scanf("%le", &zahl);
  if (zahl < 0.0) {
    zahl *= -1;
    printf("-");
  }
  temp = zahl;
  while ((temp /= 10.0) >= 1) {
    wertigkeit *= 10.0;
    stellen++;
  }
```

```
  do {
    ziffer = ((int)(zahl / wertigkeit)) % 10;
    printf("%d", ziffer);
    if ((stellen % 3 == 1) && stellen != 1) {
      printf(".");
    }
    zahl -= (ziffer * wertigkeit);
    wertigkeit /= 10.0;
    stellen--;
  } while (stellen);
  printf(",%d%d\n", (int)(zahl*10), ((int)(zahl*100))%10);
}
```

**Aufgabe 6**

Das Programm ermittelt alle ganzzahligen Teiler einer eingegebenen Zahl. Auf UNIX-Systemen gibt es ein ähnliches Programm mit dem Namen *factor*. Jetzt wissen Sie also, wie es programmiert wird.

**Aufgabe 7**

Dieses Programm birgt keine größeren Schwierigkeiten, falls Sie nicht den Fehler begangen haben, das zu versteuernde Einkommen als Fließkommazahl einzulesen. Dann nämlich würden Sie vor dem Problem stehen, die erforderliche Rundung auf ein ganzzahliges Vielfaches von 54 hinzubekommen. Besser ist die Verwendung eines *long*, man braucht dann nur zu dividieren und zu multiplizieren. Die daraus entstehenden gemischten Ausdrücke erfordern allerdings einige Vorsicht.

```
/* lsg0307.c */

#include <stdio.h>

void main(void)
{
  long zve;
  double est, x, y, z;

  printf("Zu versteuerndes Einkommen [DM]: ");
  scanf("%ld", &zve);
  zve = zve / 54 * 54;
  x = zve;
  y = (zve - 12042.0) / 10000.0;
  z = (zve - 55674.0) / 10000.0;
  if (zve <= 12095) {
    est = 0.0;
```

```
  } else if (zve <= 55727) {
    est = (86.63 * y + 2590.0) * y;
  } else if (zve <= 120041) {
    est = (151.91 * z + 3346.0) * z + 12949.0;
  } else {
    est = 0.53 * x - 22842.0;
  }
  printf("Zu zahlende ESt: %.2f\n", est);
}
```

**Aufgabe 8**

Um die Richtigkeit der de Morganschen Regeln empirisch zu überprüfen, muß ein Programm zeigen, daß die Wahrheitswerte der rechten und linken Seite für jede beliebige Kombination der Eingangsvariablen *a* und *b* gleich sind. Oder es könnte zeigen, daß die Regeln falsch sind, wenn wenigstens eine Kombination der Eingangsvariablen gefunden wird, für die das nicht gilt.

Da die Wahrheitswerte FALSE und TRUE in C durch die numerischen Werte *0* und *nicht 0* repräsentiert werden, können alle möglichen Kombinationen der Eingangsvariablen durch zwei geschachtelte Schleifen, die jeweils von 0 bis 1 laufen, realisiert werden. Innerhalb der Schleife wird zunächst die linke Seite *xl* und dann die rechte Seite *xr* bestimmt. Ist eine der beiden Seiten WAHR und die andere FALSCH oder umgekehrt (dies kann mit dem Exklusiv-Oder-Operator getestet werden), so ist die Regel verletzt, und das Programm gibt eine entsprechende Fehlermeldung aus.

```
/* lsg0308.c */

#include <stdio.h>

void main(void)
{
  int a, b, xl, xr;

  for (a = 0; a <= 1; ++a) {
    for (b = 0; b <= 1; ++b) {
      xl = !(a && b);
      xr = !a || !b;
      if (xl ^ xr) {
        printf("Regel 1 verletzt (a=%d,b=%d)\n", a, b);
      }
      xl = !(a || b);
      xr = !a && !b;
      if (xl ^ xr) {
```

```
        printf("Regel 2 verletzt (a=%d,b=%d)\n", a, b);
      }
    }
  }
}
```

**Aufgabe 9**

Diese Aufgabe ist um einiges tückischer, als auf den ersten Blick ersichtlich. Zunächst ermittelt das Programm die Anzahl der Stellen der eingegebenen Zahl, um einige Fehlerüberprüfungen vornehmen und einen Sonderfall (gleicher Wert für beide Positionen) behandeln zu können. Danach wird es interessanter. Zunächst wird die Wertigkeit der zu verdrehenden Stellen durch fortlaufende Multiplikation mit 10 ermittelt. Damit lassen sich dann durch Division und Restbildung sehr einfach die Zahlenwerte der beiden zu vertauschenden Stellen ermitteln. Um jetzt nicht in aufwendiger Weise mit den Ziffern jonglieren zu müssen, verwendet das Programm eine rein arithmetische Methode zum Verdrehen der Ziffern, die am besten an einem Beispiel veranschaulicht werden kann.

Angenommen, die eingegebene Zahl lautet 13565, und wir wollen die 1. und die 4. Stelle verdrehen (die Ziffern 5 und 3), dann ist die Wertigkeit der beiden Stellen 1 bzw. 1000. Um die Ziffern zu verdrehen, braucht jetzt nur die Differenz der beiden Ziffern 5 und 3 (also 2) mit der Wertigkeit 1000 malgenommen und zu der ursprünglichen Zahl addiert und zusätzlich mit der Wertigkeit 1 malgenommen und von der ursprünglichen Zahl subtrahiert zu werden. Das Ergebnis ist also 13565+1000*2-1*2=15563 und wie man sieht: es ist die eingegebene Zahl mit verdrehten Ziffern.

```
/* lsg0309.c */

#include <stdio.h>

void main(void)
{
  long zahl, temp;
  int pos1, pos2;
  int ziffern = 0;

  printf("Bitte Zahl Pos1 Pos2: \n");
  scanf("%ld %d %d", &zahl, &pos1, &pos2);
  temp = zahl;
  do {
    ziffern++;
  } while (temp /= 10);
  if (pos1 > ziffern || pos2 > ziffern) {
```

```
    printf("Die Zahl hat zuwenig Ziffern\n");
  } else if (pos1 <= 0 || pos2 <= 0) {
    printf("Ungültige Positionsangabe\n");
  } else if (pos1 == pos2) {
    printf("%ld\n", zahl);
  } else {
    long zehn_hoch_pos1 = 1, zehn_hoch_pos2 = 1;
    int wert1, wert2;
    int i;

    for (i = 1; i < pos1; i++) {
      zehn_hoch_pos1*=10;
    }
    for (i = 1; i < pos2; i++) {
      zehn_hoch_pos2*=10;
    }
    wert1 = zahl / zehn_hoch_pos1 % 10;
    wert2 = zahl / zehn_hoch_pos2 % 10;
    printf(
      "%ld\n",
      zahl - zehn_hoch_pos1 *(wert1 - wert2)
           + zehn_hoch_pos2 *(wert1 - wert2)
    );
  }
}
```

### Aufgabe 10

Diese Aufgabe mag Ihnen auf den ersten Blick sehr schwierig vorgekommen sein. Da Sortieren immer auch etwas mit Vertauschen zu tun hat, könnten Sie vorgehabt haben, eines der gängigen Sortierverfahren mit dem Programm aus Aufgabe 8 zu kombinieren. Der Aufwand wäre enorm gewesen. Nach einiger Überlegung kommt man jedoch auf eine viel einfachere Lösung.

Das Lösungsprogramm durchläuft von rechts nach links alle Dezimalziffern der eingegebenen Zahl und zählt, wie oft jede der zehn möglichen Ziffern aufgetreten ist. Danach gibt sie einfach nacheinander jede der Ziffern von 0 bis 9 so oft aus, wie sie vorher in der Zahl aufgetreten ist. Als Resultat erhält man genau die geforderte sortierte Ziffernfolge.

Bedauerlicherweise ist dieses »Sortierverfahren« nicht ohne weiteres zu verallgemeinern, und Sie werden daher durch die aufgezeigte Lösung nichts über Sortieralgorithmen erfahren. Wir werden das Thema *Sortieren* jedoch noch einmal aufgreifen, nachdem Arrays eingeführt wurden. Zudem ist die hier vorgestellte Lösung ein Beispiel dafür, daß auch unkonventionelle Mittel und etwas Einfallsreichtum oftmals gute Problemlöser sind.

```
/* lsg0310.c */

#include <stdio.h>

void main(void)
{
  int nullen = 0, einsen = 0, zweien = 0, dreien = 0;
  int vieren = 0, fuenfen = 0, sechsen = 0, siebenen = 0;
  int achten = 0, neunen = 0;
  int i;
  long zahl;

  printf("Bitte eine Zahl: ");
  scanf("%ld", &zahl);
  do {
    switch ((int)(zahl % 10)) {
    case 0: nullen++; break;
    case 1: einsen++; break;
    case 2: zweien++; break;
    case 3: dreien++; break;
    case 4: vieren++; break;
    case 5: fuenfen++; break;
    case 6: sechsen++; break;
    case 7: siebenen++; break;
    case 8: achten++; break;
    case 9: neunen++; break;
    }
  } while (zahl /= 10);
  for (i=1; i <= nullen;   i++) printf("0");
  for (i=1; i <= einsen;   i++) printf("1");
  for (i=1; i <= zweien;   i++) printf("2");
  for (i=1; i <= dreien;   i++) printf("3");
  for (i=1; i <= vieren;   i++) printf("4");
  for (i=1; i <= fuenfen;  i++) printf("5");
  for (i=1; i <= sechsen;  i++) printf("6");
  for (i=1; i <= siebenen; i++) printf("7");
  for (i=1; i <= achten;   i++) printf("8");
  for (i=1; i <= neunen;   i++) printf("9");
  printf("\n");
}
```

**Aufgabe 11**

Diese Aufgabe erfordert bei weitem den meisten Aufwand zur Lösung und läßt die Komplexität der Standard-I/O-Library des C-Compilers erahnen. Wenn Sie sich beim Lösen dieser Aufgabe nicht hoffnungslos in Schleifen und Bedingungen verstricken wollen, müssen Sie sehr systematisch vorgehen. Die übliche Vorgehensweise besteht darin, einen *deterministischen endlichen Automaten* (DEA) zu konstruieren, dessen Sprache die Menge der erlaubten Eingaben ist.

**R 17 Deterministische endliche Automaten**

R17

Ein kurzer Abstecher in die Automatentheorie macht dies klar. Ein DEA besteht aus einer endlichen Menge von Zuständen, von denen genau einer der Anfangszustand ist. Weiterhin sind einige der Zustände Endzustände. Ein Zustandswechsel erfolgt immer aufgrund einer Eingabe in den Automaten. Dabei wird der aktuelle Zustand verlassen und ein neuer Zustand angenommen, der sich eindeutig aus aktuellem Zustand und Eingabe ergibt. Wenn der Automat nach dem Lesen aller Eingabezeichen in einem Endzustand steht, war die Eingabe gültig, andernfalls fehlerhaft.

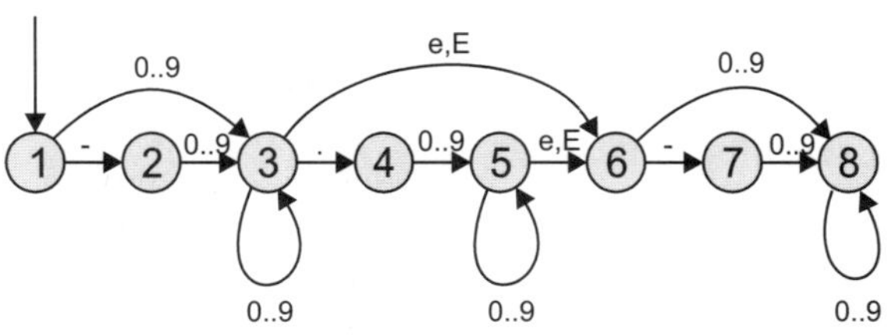


**Abbildung 3.7: DEA für Fließkommazahlen**

Den für die Lösung dieser Aufgabe verwendeten Automaten können Sie Abbildung 3.7 entnehmen. Der aufgezeigte Automat hat acht Zustände. Zustand 1 ist der Anfangszustand, die Zustände 3, 5 und 8 sind Endzustände. Der Automat arbeitet grob in drei Schritten. Zunächst bestimmt er den ganzzahligen Teil der Mantisse (Zustände 1..3) in der Variablen *x*. Dann ermittelt er den Nachkommateil (optional, denn Zustand 3 ist Endzustand) der Mantisse (Zustände 4..5) und speichert das Ergebnis weiterhin in *x*. Schließlich bestimmt er noch den (ebenfalls optionalen) Exponenten in der Variablen *e*, mit dessen Zehnerpotenz er schließlich die Mantisse malnimmt oder sie dadurch teilt. Das Ergebnis ist die Floating-Point-Zahl *x*.

```
/* lsg0311.c */

#include <stdio.h>
```

```
int main(void)
{
  double x = 0, k;
  char c;
  int zustand = 1;
  int e = 0;
  int sign = 1;

  printf("Bitte eine double-Zahl: ");
  while (1) {
    c = getchar();
    switch (zustand) {
    case 1:
      if (c == '-') {
        sign = -1;
        zustand = 2;
      } else if (c >= '0' && c <= '9') {
        x = c - '0';
        zustand = 3;
      } else goto error;
      break;
    case 2:
      if (c >= '0' && c <= '9') {
        x = c - '0';
        zustand = 3;
      } else goto error;
      break;
    case 3:
      if (c >= '0' && c <= '9') {
        x = 10 * x + c - '0';
        zustand = 3;
      } else if (c == 'e' || c == 'E') {
        zustand = 6;
      } else if (c == '.') {
        zustand = 4;
      } else goto fertig;
      break;
    case 4:
      if (c >= '0' && c <= '9') {
        k = 0.1;
        x = x + k * (c - '0');
        k = k / 10.0;
        zustand = 5;
      } else goto error;
```

```
      break;
    case 5:
      if (c >= '0' && c <= '9') {
        x = x + k * (c - '0');
        k = k / 10.0;
        zustand = 5;
      } else if (c == 'e' || c == 'E') {
        zustand = 6;
      } else goto fertig;
      break;
    case 6:
      if (c >= '0' && c <= '9') {
        e = c - '0';
        zustand = 8;
      } else if (c == '-') {
        zustand = 7;
      } else goto error;
      break;
    case 7:
      if (c >= '0' && c <= '9') {
        e = -(c - '0');
        zustand = 8;
      } else goto error;
      break;
    case 8:
      if (c >= '0' && c <= '9') {
        e = 10 * e + c - '0';
        zustand = 8;
      } else goto fertig;
      break;
    }
  }
fertig:
  x *= sign;
  if (e < 0)
    while (e++) {
      x /= 10.0;
    }
  else
    while (e--) {
      x *= 10.0;
    }
  printf("Die Zahl lautet: %le\n", x);
  return 0;
```

```
error:
  printf("Syntaxfehler aufgetreten\n");
  return 1;
}
```

**Anmerkung:** Beachten Sie, daß die vorgestellte Lösung keine Überlaufprüfungen vornimmt und daß es nicht erlaubt ist, den Vor- oder Nachkommateil auszulassen, wenn er 0 ist (s. Fließkommakonstanten in Kapitel 1).

### Aufgabe 12

Das Programm berechnet den Wert

$$\sqrt{a^2 + b^2}$$

und damit die Hypothenuse eines rechtwinkligen Dreiecks mit den Katheten $a$ und $b$ (in der Aufgabenstellung heißen die Katheten $s1$ und $s2$). Bemerkenswert an diesem Algorithmus der Autoren C. Moler und D. Morrison aus dem Buch *»Structures and Abstractions«* von W. I. Salmon (S. 405) ist die Tatsache, daß er ohne Quadratwurzelfunktion auskommt. Bemerkenswert ist weiterhin, daß eine außerordentlich hohe Genauigkeit bereits nach drei Iterationen erreicht ist.

### Aufgabe 15

Das Programm berechnet $n^4$.

### Aufgabe 16

Das Programm führt eine Quadratwurzelberechnung nach der Methode von Newton aus.

GoTo

# Der Präprozessor

# 4

## Kapitelüberblick

## 4.1 Funktionsweise des Präprozessors

### 4.1.1 Phasen des Compilerlaufs

In den meisten Programmiersprachen beginnt der Compiler beim Kompilieren des Programms direkt mit der Übersetzung der im Quelltext enthaltenen Anweisungen und Ausdrücke. In C ist das ein klein wenig anders. Hier wird – bevor der eigentliche Compiler den Quelltext bekommt – ein zusätzlicher Übersetzungslauf von einem besonderen Teil des Compilers, dem *Präprozessor*, durchgeführt.

Wir haben bereits gesehen, welche Dateien beim Übersetzen eines Programms benötigt werden und welche neuen Dateien daraus entstehen. Betrachtet man den eigentlichen Übersetzunglauf etwas genauer, so wird deutlich, daß er aus mehreren getrennten Phasen besteht. Abbildung 4.1 zeigt dies am Beispiel von GNU-C. Die erste Phase der Übersetzung wird dabei vom Präprozessor vorgenommen.

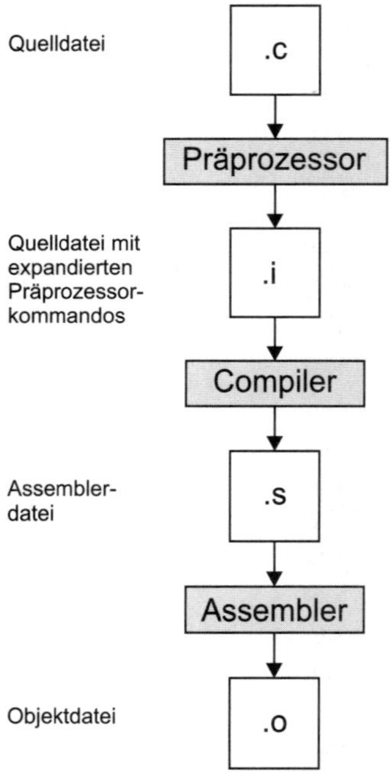


**Abbildung 4.1: Phasen eines Compilerlaufs**

Die Aufgaben des Präprozessors lassen sich im wesentlichen in drei Gruppen unterteilen:

1. Einbinden externer Dateien in die zu übersetzende Datei (*#include*)
2. Textuelles Ersetzen von symbolischen Konstanten und Makros (*#define*)
3. Bedingte Kompilierung (*#ifdef,...*)

In diesem Kapitel sollen alle drei Anweisungstypen besprochen und anhand von Beispielen erläutert werden.

### 4.1.2 Präprozessor-Syntax

Der Präprozessor erkennt die für ihn bestimmten Anweisungen daran, daß das erste Zeichen einer Quelltextzeile ein '#' ist. Allerdings wurde diese Regel von den meisten Compilerherstellern mittlerweile gelockert, so daß es im allgemeinen lediglich erforderlich ist, daß das erste *Nicht-Whitespace-Zeichen* ein '#' ist. Durch diese Änderung der ursprünglichen Festlegung ist es möglich, Präprozessor-Anweisungen einzurücken. In jedem Fall muß unmittelbar nach dem '#' die gewünschte Anweisung folgen, dazwischen eingefügte Leerzeichen sind nicht erlaubt.

Eine Präprozessor-Anweisung darf sich prinzipiell nicht über mehrere Zeilen erstrecken, sondern muß am Ende der Zeile, in der sie begonnen wurde, abgeschlossen sein. *Prinzipiell* bedeutet, daß es eine Ausnahme gibt, denn falls das letzte Zeichen einer Zeile ein \ (Backslash) ist, wird sie mit der nächsten Zeile verbunden. Da diese Regel vor der Auswertung der eigentlichen Präprozessoranweisungen angewendet wird, kann man so auch mehrzeilige Präprozessor-Anweisungen erzeugen. Das ist vor allem bei der Definition längerer Makros nützlich.

Nach diesen Vorbemerkungen wollen wir uns nun der Beschreibung der einzelnen Präprozessor-Kommandos zuwenden.

## 4.2 Einbinden von Dateien

### 4.2.1 Die #include-Anweisung

Syntax

```
#include <datei>
```

oder

```
#include "datei"
```

Aufgabe der *#include*-Anweisung ist es, eine externe Textdatei einzulesen (s. Abbildung 4.2). Trifft der Präprozessor im Quelltext auf eine *#include*-Anweisung, so liest er die angegebene Datei und kopiert sie für die Dauer des Übersetzungslaufes an diese Stelle der Quelldatei. Die eigentlichen Compilerläufe bekommen also zunächst den Quelltext bis zur *#include*-Anweisung, dann die Anweisungen aus der eingelesenen Datei und erst danach die Anweisungen hinter dem *#include* zu sehen.

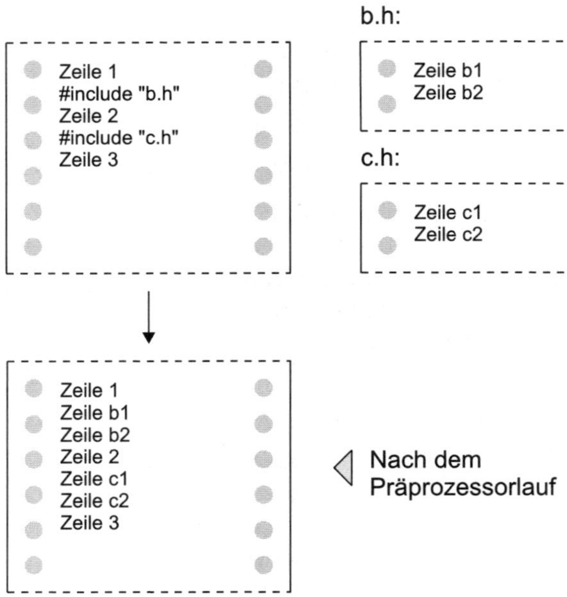


**Abbildung 4.2: Die *#include*-Anweisung**

An der Syntaxdefinition können Sie erkennen, daß es zwei unterschiedliche Typen von *#include*-Anweisungen gibt. Sie unterscheiden sich syntaktisch dadurch, daß der Dateiname entweder in spitze Klammern oder in Anführungszeichen gesetzt wird. Im Falle von Anführungszeichen wird die gewünschte Datei im *aktuellen* Verzeichnis gesucht, während sie bei spitzen Klammern aus einem speziellen Verzeichnis, dem *Standard-Include-Verzeichnis*, gelesen wird. Dieses Verzeichnis wird bei der Installation des Compilers angelegt und mit einer Reihe von mitgelieferten Dateien gefüllt.

Der Name dieses Verzeichnisses ist von System zu System unterschiedlich. Auf UNIX-Systemen heißt es */usr/include*, unter GNU-C *\gnu\include* oder *\djg\include* und unter Turbo-C *\tc\include*. Die genaue Bezeichnung spielt aber in der Regel keine Rolle, da der Compiler bei der Installation dafür sorgt, daß er seine eigenen Include-Dateien später wiederfindet. Mit Hilfe des Compilerschalters *-IVerzeichnisname* können beim Aufruf des Compilers weitere Include-Verzeichnisse angegeben werden. *#include*-Dateien werden dann zusätzlich auch in diesem Verzeichnis gesucht, wenn sie im Quelltext in spitzen Klammern stehen.

*#include*-Anweisungen werden meistens verwendet, um Informationen verfügbar zu machen, die für mehrere Programme von Interesse sind; beispielsweise Typdefinitionen, Konstanten oder Funktionsprototypen, die nicht nur in einer Quelldatei benötigt werden. Um diese nicht einzeln in allen betroffenen Quelltexten pflegen zu müssen, sollte man sie einmalig in einer Header-Datei abspeichern und diese dann per *#include*-Anweisung in alle Dateien einbinden, in denen sie benötigt werden.

### 4.2.2 Standard-Header-Dateien

Die wichtigste Anwendung der *#include*-Anweisung liegt darin, *Standard-Header-Dateien* einzulesen. Diese Dateien werden vom Compilerhersteller mitgeliefert und dienen dazu, jeweils bestimmte Teile der ebenfalls mitgelieferten Laufzeitbibliotheken benutzbar zu machen. Die Standard-Header-Dateien befinden sich im oben angegebenen Standard-Include-Verzeichnis.

Vielleicht ist Ihnen aufgefallen, daß in den Beispielprogrammen und Übungen schon mehrfach die folgende Anweisung verwendet wurde:

```
#include <stdio.h>
```

Mit dieser Anweisung wird die Standard-Header-Datei */usr/include/stdio.h* eingebunden. *stdio.h* enthält hauptsächlich Funktionsprototypen, Typdefinitionen und Konstanten, die beim Aufruf von Ein-/Ausgabefunktionen wie *printf, scanf, getchar, putchar* usw. nützlich sind. So ist in *stdio.h* beispielsweise die Konstante *EOF* definiert, die von *getchar()* zurückgegeben wird, wenn das letzte Zeichen von der Standardeingabe gelesen wurde.

Sie können sich diese Standard-Header-Datei mit jedem Texteditor ansehen, sollten aber keine dauerhaften Veränderungen daran vornehmen. Da beispielsweise fast alle C-Programme die Datei *stdio.h* verwenden, könnte ein Fehler dazu führen, daß alle betroffenen Programme unkompilierbar werden.

Eine Standard-Header-Datei gibt es zu fast jedem eigenständigen Teil der Standard-Library, etwa zu Bildschirm-I/O-Routinen, Stringmanipulationen, Zeichenkonvertierungen, Fließkommaarithmetik usw. Den Referenzhandbüchern Ihrer Compiler-Dokumentation können Sie entnehmen, welche Dateien für den Aufruf bestimmer Funktionen eingebunden werden müssen. Auch bei der Behandlung der Standard-Library wird zu jeder

Funktion angegeben, welche Header-Dateien eingebunden werden müssen, damit der Aufruf gelingt.

### R 18 Wichtige Standard-Header-Dateien

R18

In der Praxis erfolgt das Einbinden von Header-Dateien in der Regel am Anfang einer Quelldatei. In einer Liste von *#include*-Anweisungen werden dort alle benötigten Dateien angegeben. Tabelle 4.1 gibt Ihnen eine Übersicht über die wichtigsten Header-Dateien und ihre Bedeutung.

| Header-Datei | Bedeutung |
|---|---|
| ASSERT.H | Fehlersuche und Debugging |
| CTYPE.H | Zeichentest und -konvertierungen |
| ERRNO.H | Fehlercodes |
| FCNTL.H | Low-Level-Datei-I/O |
| IO.H | Datei-I/O |
| MALLOC.H | Hauptspeicherzugriff |
| MATH.H | Fließkommaarithmetik |
| SETJMP.H | Unbedingte Sprünge |
| SIGNAL.H | Signale und Interrupts |
| STDARG.H | Variable Parameterübergaben |
| STDDEF.H | Standard-Datentypen |
| STDIO.H | I/O |
| STDLIB.H | Standarddeklarationen |
| STRING.H | Zeichenkettenoperationen |
| TIME.H | Datum und Uhrzeit |
| VARARGS.H | wie STDARG.H |

**Tabelle 4.1: Wichtige Header-Dateien**

### 4.2.3 Eigene Header-Dateien

Sie werden in Kapitel 6 lernen, daß es in C möglich ist, die Quelltexte eines Programms auf verschiedene Dateien zu verteilen, um sie getrennt zu kompilieren. Bei dieser Art der Programmierung werden ganz zwangsläufig Programmsegmente entstehen, die auch in anderen Quelltexten verfügbar sein müssen, beispielsweise Funktionsdeklarationen oder Typvereinbarungen. Hier ist es dann zweckmäßig, diese Definitionen in eine separate Header-Datei auszulagern und sie per *#include*-Anweisung in die betroffenen Quelltexte einzubinden. So ist garantiert, daß alle Quelldateien mit denselben aktuellen Informationen arbeiten.

In C hat es sich eingebürgert, derartigen Header-Dateien die Namenserweiterung *.h* zu geben, so wie dies auch bei den Standard-Header-Dateien der Fall ist. Obwohl die *#include*-Anweisung prinzipiell beliebige Dateierweiterungen akzeptiert, sollte man seine eigenen Header-Dateien aus Gründen der Portierbarkeit und Pflege ebenfalls nach diesen Konventionen benennen.

*#include*-Anweisungen dürfen verschachtelt werden, d.h. innerhalb einer Include-Datei können ebenfalls *#include*-Anweisungen verwendet werden. Für die maximal mögliche Tiefe der Verschachtelung gibt es bei den einzelnen Compilern unterschiedliche Grenzen.

Beachten Sie, daß durch das Einbinden von Dateien Abhängigkeiten zwischen Quelldateien entstehen. Wird beispielsweise sowohl in *Datei A* als auch in *Datei B* die *Datei I* eingebunden, so erfordert eine Änderung in *I* ein Neukompilieren von *A* und *B*, genauso als wäre in beiden Quellen *A* und *B* jeweils diese Änderung vorgenomen worden.

Da diese Abhängigkeiten sehr komplex und unüberschaubar werden können, sollte man sie von einem geeigneten Werkzeug überwachen lassen. In den meisten C-Entwicklungssystemen gibt es dazu das Programm *make*. Es wird über eine Definitionsdatei mit den Abhängigkeiten zwischen den Quelldateien gesteuert (typischerweise in der Datei *makefile*) und ist dann in der Lage, bei Änderungen einzelner Quelltexte die jeweils betroffenen Programme neu zu übersetzen. Eine ausführliche Beschreibung von *make* finden Sie in Kapitel 16.

## 4.3 Makrodefinitionen

### 4.3.1 Die #define-Anweisung

Syntax

```
#define name [ ( Parameterliste ) ] [ wert ]
```

Mit der *#define*-Anweisung ist es möglich, Zeichenketten anzugeben, die vor der Übersetzung des Programms gegen andere Zeichenketten ausgetauscht werden sollen. Den Vorgang der Definition (das Auftreten der *#define*-Anweisung) bezeichnet man auch als *Makro-Definition*, das spätere Austauschen als *Makro-Substitution* und die definierten Zeichenketten als *Makros*. Die Anwendungsspanne der *#define*-Anweisung reicht von einfachen Konstantendeklarationen bis hin zu parametrisierten Textersetzungen, die bereits große Ähnlichkeit mit Funktionen haben.

Eine Makrodefinition darf an jeder beliebigen Stelle in einem Programm erfolgen, die Sichtbarkeit des so definierten Makros reicht von der auf die Definition folgenden Programmzeile bis zum Ende der Datei. Falls die Makrodefinition in einer Include-Datei vorgenommen wurde, ist sie bis zum Ende der Datei sichtbar, die diese Include-Datei eingebunden hat.

### Konstanten

Die einfachste Form der *#define*-Anweisung wird dazu verwendet, *Konstanten* zu definieren. Betrachten Sie folgendes Beispiel:

```
#define EINS 1
```

Kommt diese Präprozessor-Anweisung in einem C-Programm vor, so werden vor dem eigentlichen Übersetzungslauf alle nachfolgenden Vorkommen des Bezeichners *EINS* durch 1 ersetzt. Taucht das Wort *EINS* in einer Stringkonstante oder als Bestandteil eines längeren Bezeichners auf, etwa in *printf("Die Zahl EINS\n")* oder in *EINSCHALTEN*, so wird es nicht ersetzt.

Die obige Anweisungszeile hat – verglichen mit den bisher bekannten Deklarationen – ein etwas ungewöhnliches Aussehen. Sie ähnelt zwar einer Variablendefinition, es fehlt aber der Zuweisungsoperator = zwischen *EINS* und 1, und am Ende der Anweisung steht kein Semikolon. Dies betont die Tatsache, daß eine Makrodefinition technisch etwas ganz anderes ist als eine Variablendefinition. Bei Makrosubstitutionen handelt es sich um *rein textuelle Ersetzungen von Zeichenketten*, die ausgeführt werden, bevor der eigentliche Compiler den Quelltext zu sehen bekommt. Abbildung 4.3 illustriert die Verwendung der *#define*-Anweisung.

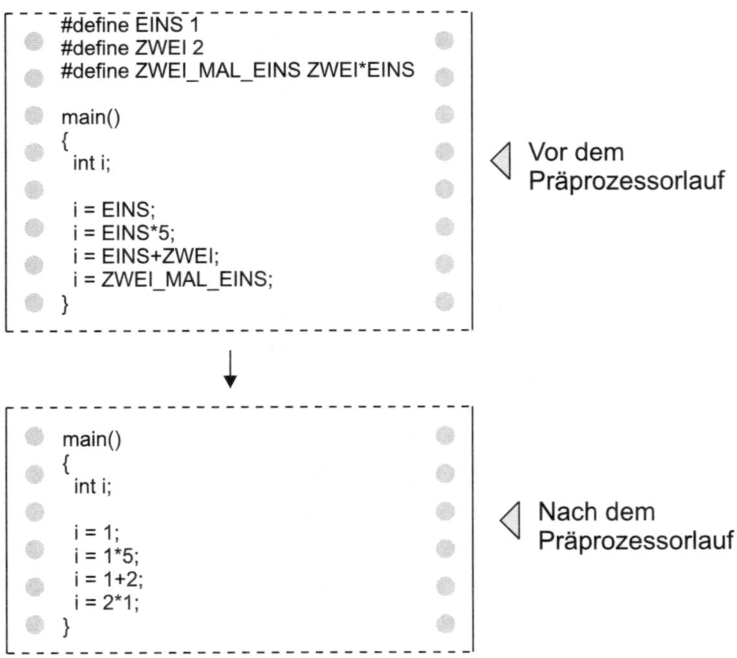


**Abbildung 4.3: Die *#define*-Anweisung**

Man kann mit geschickt definierten Makros weitreichende Effekte erzielen. Beispielsweise könnte man die Syntax von C so verändern, daß man den Eindruck hat, in einer völlig anderen Sprache zu programmieren. Betrachten Sie folgenden Programmausschnitt:

```
IF 5<=10 THEN
  writeln("5 kleiner gleich 10")
ELSE
  writeln("5 größer 10")
END
```

Abgesehen von einigen Details sieht dieses Beispiel nach einem Programmfragment in der Sprache PASCAL oder MODULA-2 aus. Würden Sie Ihrem C-Compiler dieses Programm vorsetzen, gäbe es eine stattliche Anzahl von Fehlermeldungen. Wenn Sie dagegen die folgenden Makrodefinitionen davorsetzen, würden Sie feststellen, daß der C-Compiler das Programm anstandslos übersetzen und nach dem Start das richtige Ergebnis liefern würde:

```
#define IF if (
#define THEN ) {
#define ELSE ; } else {
#define END ; }
#define writeln(s) printf(s);printf("\n");
```

Der Grund liegt natürlich darin, daß der Präprozessor das Programm durch die Makrosubstitutionen bereits vor dem eigentlichen Übersetzungslauf verändert hat und dem Compiler durch Austausch der Bezeichner *IF*, *THEN*, *ELSE* und *END* und *writeln* etwa folgendes Programm übergibt:

```
if ( 5<=10 ) {
  printf("5 kleiner gleich 10"); printf("\n");
; } else {
  printf("5 größer 10"); printf("\n");
; }
```

Dieses Programm ist syntaktisch vollkommen in Ordnung und wird vom C-Compiler ohne weiteres akzeptiert. Obgleich überzogene Beispiele wie dieses in der Praxis kaum vorkommen, gibt es für die Verwendung von symbolischen Konstanten dennoch schlagkräftige Argumente.

Konstanten mit vernünftig gewählten symbolischen Namen sind aussagekräftiger als bloße Zahlen. Programme mit symbolischen Namen sind deshalb besser lesbar als solche, in denen nur literale Zahlenkonstanten vorkommen. Zudem verringert sich bei der Verwendung von symbolischen

Konstanten die Gefahr, durch einen Tippfehler unbemerkt einen Programmfehler zu erzeugen. Beispiele für symbolische Konstanten sind:

```
#define TRUE 1
#define FALSE 0
#define PI 3.1415926535
#define AND &&
#define OR ||
#define NOT !
```

Vorsicht ist immer dann angebracht, wenn in einer Makrodefinition auch Operatoren auftauchen. Das folgende Programm verhält sich leider nicht erwartungskonform:

```
/* bsp0401.c */

#include <stdio.h>

#define pi 3.14159265
#define zwei_pi pi+pi

void main(void)
{
  double radius;

  printf("Bitte den Radius: ");
  scanf("%le", &radius);
  printf("Der Umfang ist: %e\n", zwei_pi * radius);
}
```

Der Grund liegt darin, daß der Ausdruck *pi+pi* in der Definition des Makros *zwei_pi* nicht geklammert ist. So wird durch die Makrosubstitution aus dem Ausdruck *zwei_pi*radius* der Ausdruck *3.14159265+3.14159265*radius*, der wegen der Operatorvorrangregelungen dann fälschlicherweise als *3.14159265+(3.14159265*radius)* interpretiert wird. Immer dann, wenn das Substitut in einer Makrodefinition Operatoren enthält, sollte man es komplett umklammern, um solche Probleme zu verhindern:

```
#define zwei_pi (pi+pi)
```

#### Erweiterbarkeit

Oft taucht ein und dieselbe logische Konstante an mehreren, möglicherweise sogar sehr vielen Stellen im Programm auf. Wenn diese Konstante nicht als Symbol, sondern durch literale Angabe ihres Wertes an allen betroffenen Stellen im Quelltext steht, ist es sehr aufwendig, Programmänderungen vorzunehmen, wenn die Konstante davon betroffen ist. Es müßten nämlich alle Vorkommen der Konstante geändert werden, und das ist nicht nur sehr mühsam, sondern auch ausgesprochen fehlerträchtig.

Besser ist es in solchen Fällen, mit Hilfe der *#define*-Anweisung eine symbolische Konstante zu deklarieren und diese im Programm anstelle des literalen Wertes zu verwenden. So braucht bei einer Änderung lediglich die Stelle geändert werden, an der die Konstante definiert wurde. Ändert sich in folgendem Beispiel die Wochenarbeitszeit, so ist davon lediglich die *#define*-Anweisung in Zeile 2 betroffen:

```
/* bsp0402.c */

#include <stdio.h>

#define WOCHEN_STD 38.5

void main(void)
{
  printf("Sie arbeiten in Stunden: \n");
  printf("Pro Tag:   %10.2f\n", (double)WOCHEN_STD / 5.0);
  printf("Pro Woche: %10.2f\n", (double)WOCHEN_STD);
  printf("Pro Monat: %10.2f\n", (double)WOCHEN_STD * 4.4);
  printf(
    "Pro Jahr:  %10.2f\n",
    (double)WOCHEN_STD * 4.4 * 12.0
  );
  printf(
    "Im Leben:  %10.2f\n",
    (double)WOCHEN_STD * 4.4 * 12.0 * 35.0
  );
}
```

Sie werden möglicherweise festgestellt haben, daß alle bisher definierten Makros in Großbuchstaben geschrieben wurden. Dies ist zwar nicht vorgeschrieben, hat sich aber in C so eingebürgert und wird von den meisten Programmierern eingehalten. Dadurch ist es später einfacher, Makros von Funktionen oder Variablen zu unterscheiden.

#### Portierbarkeit

Daß die Portierbarkeit von C-Programmen recht groß ist, liegt unter anderem auch an den Fähigkeiten des Präprozessors. Mit seiner Hilfe ist es möglich, maschinenabhängige Details hinter geschickt definierten Makros zu verbergen und sie aus einer Include-Datei zu laden. Bei der Portierung auf ein neues Zielsystem braucht dann nur noch die Include-Datei angepaßt zu werden, und das Programm läuft wieder.

Typische Anwendungen für solche maschinenabhängigen Definitionen sind etwa die Größe eines *int*, die Anzahl der darstellbaren Bildschirmzeilen, die Taktfrequenz der eingebauten Uhr oder die Blockgröße der Festplatte:

```
#define INT_SIZE 32
#define TICKSPERSECOND 18.2
#define SCREENROWS 24
#define BLOCKSIZE 1024
```

### 4.3.2 Makros ohne Ersetzungstext

Wenn Sie obige Syntaxdefinition der *#define*-Anweisung betrachten, werden Sie feststellen, daß die syntaktischen Bestandteile *Parameterliste* und *Wert* optional sind. Im Klartext heißt dies, daß auch Makrodefinitionen der Art *#define XYZ* erlaubt sind.

Diese können einerseits dazu verwendet werden, Schlüsselwörter *verschwinden* zu lassen. So hat beispielsweise A. Tanenbaum bei der Konstruktion seines MINIX-Betriebssystems die beiden folgenden Makros definiert, um damit die in C nicht vorhandenen Sprachkonstrukte für lokale bzw. exportierbare Funktionen nachzubilden:

```
#define PRIVATE static
#define PUBLIC
```

Jedes Vorkommen des Bezeichners *PRIVATE* wird demnach in das Schlüsselwort *static* umgewandelt, während der Bezeichner *PUBLIC* vom Präprozessor ersatzlos gestrichen wird. Dadurch werden private Bezeichner für externe Module unsichtbar, und öffentliche Bezeichner können explizit erkannt werden. Nach dem Lesen von Kapitel 6 werden Sie die Intention von Tanenbaum besser verstehen.

Wesentlich wichtiger ist aber die zweite Anwendungsmöglichkeit von Makros ohne Ersetzungstext. Sie beruht darauf, daß sich nach einem *#define XYZ* die Existenz des Namens *XYZ* innerhalb des Programms abfragen läßt. Die sich daraus ergebenden Möglichkeiten werden Sie weiter unten bei der Erklärung der *#ifdef*-Anweisung und der bedingten Kompilierung kennenlernen.

### 4.3.3 Parametrisierte Makros

Neben den bisher besprochenen einfachen Makros gibt es auch die Möglichkeit, Makros mit Parametern zu definieren. Während parameterlose Makros vornehmlich zur Definition symbolischer Konstanten geeignet sind, ist der Anwendungsbereich parametrisierter Makros wesentlich größer. Ein Beispiel soll dies erläutern:

```
/* bsp0403.c */

#define KLEINER_100(x) ((x) < 100)

void main(void)
{
  int i = 50, j = 200;

  if (KLEINER_100(i) || KLEINER_100(j))
    printf("Eine der Zahlen ist kleiner 100\n");
}
```

Der Präprozessor unterscheidet parametrisierte von einfachen Makros dadurch, daß unmittelbar auf den Makronamen eine öffnende Klammer folgt. Stehen dagegen ein oder mehrere Leerzeichen zwischen dem Makronamen und der öffnenden Klammer, betrachtet der Präprozessor das Makro als parameterlos.

Nach der runden Klammer folgt der formale Parameter. Er hat in unserem Beispiel den Namen *x*. Er kann auf der rechten Seite des Makros beliebig oft verwendet werden. Beim Aufruf des Makros muß dann ein geeignetes Argument übergeben werden. Dieses wird beim Expandieren des Makros überall dort eingesetzt, wo bei der Definition des Substituts das formale Argument verwendet wurde.

Nach der Substitution durch den Präprozessor hat das Programm also folgendes Aussehen:

```
void main(void)
{
  int i=50,j=200;

  if (((i)<100) || ((j)<100))
    print("Eine der Zahlen ist kleiner 100\n");
}
```

Die Verwendung eines parametrisierten Makros wird um so interessanter, je mehr Schreibarbeit damit gespart werden kann. Ein gutes Beispiel ist ein Programm, in dem mehrfach ermittelt werden muß, ob ein bestimmtes Jahr ein Schaltjahr ist oder nicht:

```
/* bsp0404.c */

#define SCHALTJAHR(a) (a)%4==0 && (a)%100!=0 || (a)%400==0

void main(void)
```

```
{
    ...
  if (SCHALTJAHR(1981))
    ...
  if (SCHALTJAHR(1990))
    ...
  if (SCHALTJAHR(2000))
    ...
}
```

Durch die Verwendung eines Makros wird nicht nur die Schreibarbeit verringert, sondern auch die Gefahr eines Tippfehlers drastisch reduziert. Beachten Sie im obigen Beispiel die Klammerung aller Vorkommen des formalen Parameters *a*. Ohne die Klammerung würde beispielsweise der Ausdruck *SCHALTJAHR(1955+x)* nicht korrekt substituiert werden.

Ein parametrisiertes Makro darf mehr als ein Argument enthalten. Dazu müssen sowohl bei der Definition als auch beim Aufruf des Makros die weiteren formalen Parameter durch Kommata getrennt angegeben werden. Das folgende Makro liefert bei jedem Aufruf den kleineren der beiden übergebenen Werte:

```
#define MIN(x,y) (((x)<=(y))?(x):(y))
```

Diese Definition zeigt dabei noch einen weiteren Vorteil von parametrisierten Makros. Anders als beim Aufruf einer gleichartigen Funktion (s. Kapitel 6) können die Argumente eines Makros beliebige Datentypen annehmen. Das obige Makro *MIN* arbeitet sowohl mit Fließkomma- als auch mit Ganzzahlen und sogar dann, wenn beide gemischt werden. Durch die rein textuelle Substitution sind einzig und allein die Typrestriktionen des Kleiner-gleich-Operators ausschlaggebend für die Verwendbarkeit des Makros.

In einem letzten Beispiel soll die Verwendung eines Makros mit lokalen Variablen demonstriert werden.

```
/* bsp0405.c */

#include <stdio.h>

#define SWAP(x, y) {\
int j;\
j=x;x=y;y=j;\
}

void main(void)
```

```
{
  int x, y;

  printf("Bitte zwei Zahlen: ");
  scanf("%d %d", &x, &y);
  printf("x=%d y=%d\n", x, y);
  SWAP(x, y);
  printf("x=%d y=%d\n", x, y);
}
```

Das Makro *SWAP(x,y)* wird verwendet, um den Inhalt zweier *int*-Variablen zu vertauschen. Dazu benutzt es einen Block, in dem eine temporäre Hilfsvariable *j* zur Aufnahme des Zwischenergebnisses deklariert wird.

Durch Anwendung dieser Technik ist es möglich, komplexe Aufgaben durch Makros erledigen zu lassen, wo in anderen Programmiersprachen bereits *Funktionen* verwendet werden müßten. Dabei stehen sich allerdings zwei Aspekte konträr gegenüber. Auf der einen Seite bringt die Verwendung eines Makros Laufzeitvorteile, da der Overhead eines Funktionsaufrufs entfällt. Auf der anderen Seite benötigt die Makrosubstitution mehr Speicherplatz, da der Makroinhalt jedesmal in die Quelldatei kopiert wird. Eine Funktion ist dagegen nur einmal vorhanden.

Des weiteren neigen umfangreiche Makros dazu, versteckte Fehler oder Nebeneffekte zu verursachen, und sind nur schwer zu debuggen. Auch das längste Makro erzeugt immer nur eine Zeile Quelltext. Daher sollten mehrzeilige, komplizierte Makros nur dann definiert werden, wenn es – beispielsweise aus Geschwindigkeitsgründen – wirklich sinnvoll ist. Die Verwendung einfacherer parametrisierter Makros wie in den vorigen Beispielen ist jedoch üblich und in den vordefinierten Header-Dateien zuhauf zu finden.

### 4.3.4 Die #undef-Anweisung

**Syntax**

```
#undef Makroname
```

Um die Definition eines Makros rückgängig zu machen, gibt es die *#undef*-Anweisung. Sie sorgt dafür, daß eine vorhergehende Anweisung *#define Makroname ...* wieder aufgehoben wird. Es ist im allgemeinen nicht erlaubt, ein bereits bestehendes Makro neu zu definieren, ohne seine vorige Definition mit *#undef* aufgehoben zu haben.

## 4.4 Bedingte Kompilierung

### 4.4.1 Die #ifdef-Anweisung

Syntax

```
#ifdef Bezeichner1
...
[ #elif Bezeichner2
...
]
[ #else
...
]
#endif
```

Der Präprozessor von C bietet die Möglichkeit der *bedingten Kompilierung*, einer Technik, die ursprünglich aus Assemblersprachen stammt. Darunter versteht man die Fähigkeit, abhängig von einer Bedingung bestimmte Teile des Programms zu kompilieren oder nicht. Welche Art von Bedingung dafür in Frage kommt, ist von den Fähigkeiten des Präprozessors und der Art der Anweisung abhängig. In jedem Fall muß die Bedingung *zur Übersetzungszeit* auswertbar sein, d.h. aus einfachen oder zusammengesetzten Konstanten bestehen.

Die genaue Funktionsweise von *#ifdef* wird in Abbildung 4.4 dargestellt. Der Compiler überprüft zunächst, ob ein Makro *Bezeichner1* definiert wurde. Dies kann entweder in derselben Datei oder einer zuvor eingebundenen Header-Datei geschehen sein. Ist dies der Fall, werden alle nachfolgenden Anweisungen bis zum ersten *#elif* oder *#else* kompiliert und dann wird hinter dem *#endif* fortgefahren. Ist dies nicht der Fall, so wird überprüft, ob *Bezeichner2* definiert wurde. Wenn ja, werden die nachfolgenden Anweisungen bis zum nächsten *#elif* oder *#else* kompiliert usw. Wurde keines der aufgeführten Makros definiert, werden nur die Anweisungen hinter dem *#else* kompiliert. Sowohl die *#elif*-Teile als auch der *#else*-Teil sind optional.

Die Frage ist natürlich, was mit den Anweisungen passiert, die nicht kompiliert werden. Die Antwort ist einfach, denn der Präprozessor entfernt sie einfach aus dem Quelltext, so daß sie für den eigentlichen Compiler bereits nicht mehr sichtbar sind. Mit Hilfe der *#ifdef*-Anweisung haben Sie also die Möglichkeit, verschiedene Versionen eines Quelltextes in einer einzigen Datei zu halten und bei Bedarf durch ein einziges Makro zu aktivieren.

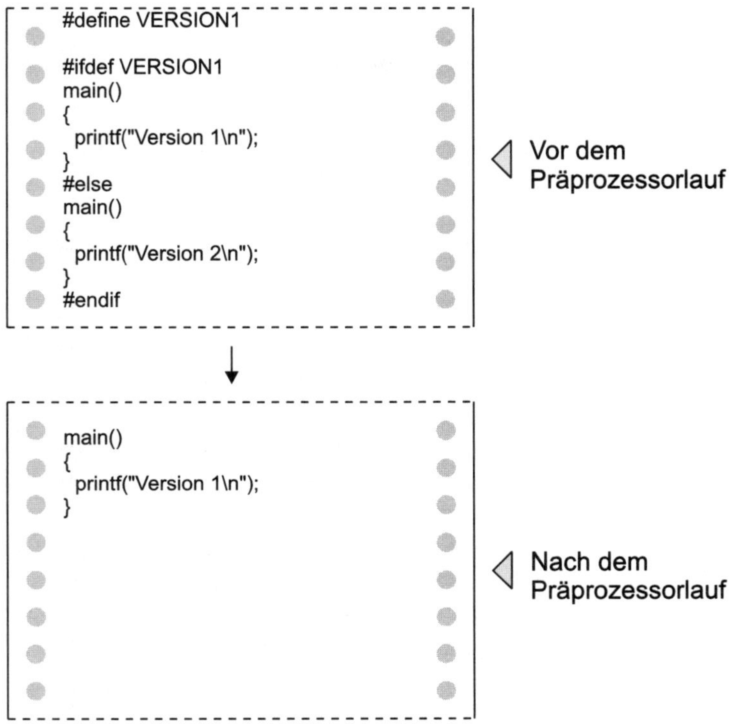


**Abbildung 4.4: Die *#ifdef*-Anweisung**

Die Präprozessoranweisungen zur bedingten Kompilierung haben offensichtlich starke Ähnlichkeit mit der *if*-Anweisung, die in Kapitel 3 vorgestellt wurde. Der Unterschied liegt darin, daß die *if*-Anweisung den *Programmablauf* steuert, während die #ifdef-Präprozessoranweisung den *Compilerlauf* steuert.

```
#define UNIX

...

/* Anweisungen */
#ifdef UNIX
  alarm(2);
#endif
/* Anweisungen */
```

Nur, wenn das Makro *UNIX* definiert wurde, wird das Statement *alarm(2)* übersetzt, andernfalls wird es aus dem Quelltext entfernt, bevor der Compiler aufgerufen wird.

Es gibt zwei wesentliche Anwendungen für die bedingte Kompilierung, die im folgenden erläutert werden sollen.

### 4.4.2 Debugging

Während der Entwicklung von Programmen tauchen immer wieder Fehler auf, die beseitigt werden müssen. Gute Entwicklungssysteme besitzen dazu einen *symbolischen Debugger*, mit dessen Hilfe es möglich ist, das Programm in Einzelschritten laufen zu lassen und Variablen während des Programmlaufs zu inspizieren oder zu verändern. Kapitel 15 stellt GDB, den Debugger von GNU-C, ausführlich vor.

Es gibt aber auch Situationen, in denen die Verwendung eines Debuggers nicht möglich oder nicht praktikabel ist und der betroffene Programmteil durch das Einfügen von Ausgabeanweisungen im Quelltext von Fehlern befreit werden soll. Diese würden in der Produktionsversion natürlich stören und müßten später wieder entfernt werden.

### R 19 Bedingtes Kompilieren mit dem DEBUG-Makro

R19

Eine bequeme Möglichkeit, mit diesem Problem umzugehen, ist das bedingte Kompilieren von Testausgabeanweisungen, die sich auf ein Makro *DEBUG* beziehen. Während der Testphase wird mit dem *definierten* Makro *DEBUG* gearbeitet, während zum Kompilieren eines fehlerfreien Moduls *DEBUG* nicht mehr gesetzt wird. Diese Vorgehensweise hat gegenüber dem manuellen Einfügen und Entfernen der Ausgabeanweisungen den Vorteil, daß zu einem späteren Zeitpunkt – etwa wenn sich doch noch ein Fehler herausstellt – durch einen einzigen Compilerlauf die volle Debug-Version wiederhergestellt werden kann. Andererseits wird die Produktionsversion des Programms nicht durch unnütze Ausgabeanweisungen belastet, da diese bei der Übersetzung ausgeblendet werden können.

```
#include <stdio.h>

#define DEBUG

void main(void)
{
  int i, j, k;
  long s;

  ...
  while (...) {
    ...
#ifdef DEBUG
        printf("i=%d, j=%d, k=%d\n", i, j, k);
```

```
        printf("s/i=%ld\n", s / i);
#endif
    ...
  }
  ...
}
```

Stellen Sie sich vor, in diesem Beispiel würden innerhalb der Schleife komplizierte Berechnungen mit den Variablen *i*, *j*, *k* und *s* angestellt. Die mit *#ifdef* geklammerten Ausgabeanweisungen würden dann bei gesetztem Makro *DEBUG* nur in der Testversion des Programms kompiliert, während sie in der fehlerfreien Version dadurch aus dem Kompilat entfernt werden, daß die Zeile *#define DEBUG* aus dem Programm genommen wird.

### 4.4.3 Portierbarkeit

Wie Sie schon gesehen haben, ist es möglich, die Portierbarkeit eines C-Programms dadurch zu erhöhen, daß bestimmte maschinenabhängige Details in Makros versteckt werden. Dann brauchen bei einer Portierung des Programms auf ein anderes Zielsystem nur wenige Header-Dateien verändert zu werden, und die übrigen Programmteile können unverändert bleiben.

Diese Vorgehensweise hat den Nachteil, daß mehrere Versionen derselben logischen Datei existieren, nämlich zu jedem Zielsystem eine, und somit die Pflege dieser Dateien wesentlich mehr Aufwand erfordert als die Pflege einer einzigen Datei. Durch bedingte Kompilierung können Sie nun erreichen, daß alle Versionen einer maschinenabhängigen Datei auch physikalisch in einer Quelldatei bleiben. Dazu müssen Sie nur am Anfang der Datei ein Makro für den Maschinentyp definieren und danach jeweils nur die Anweisungen kompilieren, die zu dem spezifischen Maschinentyp gehören.

```
#define UNIX

/* maschinenunabhängiger Teil */

/* ... */

/* maschinenabhängiger Teil */

#ifdef UNIX
  #define LINES 24
  #define SECTORSIZE 2048
  #define TIMERINT 100.0
#elif MSDOS
```

```
  #define LINES 25
  #define SECTORSIZE 512
  #define TIMERINT 18.2
  void alarm(i)
  int i;
  {
    /* Anweisungen zum Nachbilden */
    /* des UNIX-Calls alarm()     */
  }
#endif

/* ... */
```

Abhängig davon, ob Sie am Anfang der Datei das Makro *UNIX* oder *MS-DOS* setzen, werden die passenden maschinenspezifischen Anweisungen kompiliert, obwohl die Anweisungen zu beiden Systemen in einer einzigen Datei stehen. Wenig sinnvoll wäre es natürlich, am Anfang der Datei *beide* Makros zu definieren.

Manche Compiler verstehen jedoch die hier gezeigte Form der *#elif*-Anweisung nicht. Nach einem *#ifdef* darf dann entweder gar kein *#elif* kommen, sondern nur noch der optionale *#else*-Teil, oder das *#elif* muß wie nachfolgend bei der *#if*-Anweisung beschrieben verwendet werden. Dabei darf dann nicht einfach ein Präprozessorbezeichner abgefragt werden, sondern es muß ein konstanter Ausdruck verwendet werden.

### 4.4.4 Die #if-Anweisung

**Syntax**

```
#if Konstanter_Ausdruck1
...
[#elif Konstanter_Ausdruck2
...
]
[#else
...
]
#endif
```

Die *#if*-Anweisung hat sehr große Ähnlichkeit mit der *#ifdef*-Anweisung und dient ebenfalls dazu, Anweisungsfolgen bedingt zu kompilieren. Der Unterschied besteht darin, daß die *#if*-Anweisung das Abfragen beliebiger, allerdings zur Übersetzungszeit konstanter Ausdrücke erlaubt, während *#ifdef* nur auf das Vorhandensein eines Makros testet. Die *#if*-Anweisung ist also etwas flexibler.

```
/* bsp0406.c */

#include <stdio.h>

#define GRAPHMODE 5

#if GRAPHMODE == 1
  #define XMAX 640
  #define YMAX 480
#elif GRAPHMODE == 2
  #define XMAX 800
  #define YMAX 600
#elif GRAPHMODE == 3
  #define XMAX 1024
  #define YMAX 768
#elif GRAPHMODE == 4
  #define XMAX 1152
  #define YMAX 864
#elif GRAPHMODE >= 5 && GRAPHMODE <= 6
  #if GRAPHMODE == 5
    #define XMAX 1400
  #else
    #define XMAX 1600
  #endif
  #define YMAX 968
#endif

void main(void)
{
  printf("Aufloesung ist %d * %d\n", XMAX, YMAX);
}
```

Bei ANSI-C-Compilern gibt es zusätzlich die Pseudofunktion *defined(Makroname)*, mit der auch in *#if*-Anweisungen getestet werden kann, ob ein Makro definiert wurde.

```
#if defined(UNIX)
  /* Code für UNIX */
#elif defined(MSDOS)
  /* Code für MSDOS */
#endif
```

## 4.5 Sonstige Präprozessorfähigkeiten

### 4.5.1 Informationen über die Quelldatei abfragen

Die meisten C-Compiler verfügen über die Möglichkeit, den Namen der Quelldatei und die aktuelle Zeilennummer während der Übersetzung abzufragen bzw. zu verändern. Das Abfragen dieser Daten kann beispielsweise nützlich sein, um allgemein verwendbare Fehlerroutinen zu schreiben, die zusätzlich zur Fehlermeldung auch noch Angaben über Quelldatei und Zeilennummer machen können. Diese Daten sind über die vordefinierten Konstanten

```
__FILE__
```

und

```
__LINE__
```

zugänglich (mit zwei Unterstrichen vorne und hinten). Dabei wird *__FILE__* zu einer Stringkonstante expandiert, die den Namen der aktuellen Quelldatei enthält, und *__LINE__* zu einer numerischen Konstante, die die aktuelle Zeilennummer enthält.

Mit der Präprozessoranweisung *#line* können die aktuellen Werte für den Dateinamen und die Zeilennummer sogar geändert werden.

**Syntax**

```
#line Zeile [Dateiname]
```

Mit dieser Anweisung teilt man dem Compiler bei der Übersetzung mit, daß er seinen internen Zeilenzähler auf den Wert *Zeile* einstellen soll und daß der Name der Quelldatei nun *Dateiname* ist. Diese Einstellungen wirken sich insbesondere auf Fehlermeldungen des Compilers während der Übersetzung aus. Die Präprozessoranweisung *#line* wird daher vor allem von Cross- oder Präcompilern verwendet, die als Ausgabe C-Quelltext erzeugen. Sie betten in das generierte C-Programm in regelmäßigen Abständen den Namen und die korrespondierende Zeilennummer der Originaldatei ein und erlauben so auch bei Fehlern, die erst im C-Code bemerkt werden, eine Identifizierung im Originalprogramm.

### 4.5.2 Der String-Operator #

Bei den meisten C-Compilern gibt es in parametrisierten Makros einen besonderen Operator #, der dazu dient, das aktuelle Argument in Anführungsstriche zu setzen. Mit diesem Operator können Argumente übergeben werden, die beim Expandieren des Makros sowohl literal als auch als String benötigt werden.

Das folgende Programm zeigt die Implementierung eines einfachen ASSERT-Makros, daß die als Argument übergebene Bedingung sowohl überprüft als auch (im Falle eines Fehlers) im Klartext auf den Bildschirm ausgibt:

```
/* bsp0407.c */

#include <stdio.h>

#define MYASSERT(cond) \
if (!(cond)) {\
  fprintf(stderr, "Bedingung verletzt: %s\n", #cond);\
}

void main(void)
{
  MYASSERT(1 == 1);
  MYASSERT(1 == 0);
}
```

### 4.5.3 Der -D-Schalter des Compilers

Neben der Definition von Makros innerhalb einer Quelldatei gibt es bei den meisten C-Compilern die Möglichkeit, Makros mit Hilfe des Schalters *-DMakrodefinition* bereits beim Aufrufen des Compilers in dessen Kommandozeile zu definieren. Er kann in zwei unterschiedlichen Varianten verwendet werden.

```
-DMakroname
```

Dieser Schalter definiert für alle in der Kommandozeile angegebenen Dateien das Makro *Makroname* so, als wäre es innerhalb der Quelldatei mit der Anweisung *#define Makroname* definiert worden. Innerhalb der Quelldatei kann dieses Makro genauso verwendet werden wie ein mit *#define* definiertes. Die zweite Variante erlaubt sogar die Definition eines Makroinhalts:

```
-DMakroname=Makroinhalt
```

Dieser Schalter definiert für alle in der Kommandozeile angegebenen Dateien das Makro *Makroname* mit dem Ersetzungstext *Makroinhalt* so, als wäre es innerhalb der Quelldateien mit der Anweisung *#define Makroname Makroinhalt* definiert worden. Auf diese Weise ist es möglich, Makrodefinitionen vorzunehmen, ohne die Quelldateien zu ändern. Falls in der Quelldatei eine *#define*-Anweisung mit demselben Makronamen vorkommt, so überschreibt sie die Kommandozeilenanweisung.

Beachten Sie, daß die genaue Syntax des *-D*-Schalters von Compiler zu Compiler leicht differiert. So erfordern manche Compiler mindestens ein Leerzeichen zwischen dem *D* und der Makrodefinition, während andere dies auf keinen Fall erlauben. Außerdem muß manchmal der *-D*-Schalter innerhalb der Kommandozeile unmittelbar vor dem Namen der Quelldatei stehen, für die er gelten soll. Lesen Sie bitte Ihr Compiler-Handbuch, bevor Sie diesen Schalter verwenden.

## 4.6 Aufgaben zu Kapitel 4

**1. (A)**

Implementieren Sie mit Hilfe von Makros die positiven ganzzahligen Datentypen *BYTE*, *WORD* und *DWORD*, um mit ihrer Hilfe vorzeichenlose Ganzzahlen mit 8, 16 oder 32 Bit Länge darstellen zu können.

**2. (A)**

Versuchen Sie, mit Hilfe von Makrodefinitionen einen logischen Datentyp *BOOL* sowie die logischen Konstanten *TRUE* und *FALSE* nachzubilden. Die Definitionen sollen maschinenunabhängig sein und sich so gut wie möglich in die Sprache einfügen.

**3. (B)**

Erweitern Sie das Makro *SWAP* aus dem Kapiteltext so, daß es in der Lage ist, mit allen numerischen Datentypen umzugehen. Übergeben Sie dazu als zusätzlichen Parameter den Typnamen der zu vertauschenden Variablen.

**4. (B)**

Schreiben Sie drei Makros *ISNUMBER*, *ISALPHA* und *ISSPACE*, die zur Klassifizierung eines übergebenen *char*-Wertes verwendet werden können. Diese Makros sollen dabei jeweils den Wert 1 erzeugen, wenn das übergebene Zeichen der zugehörigen Klasse angehört, andernfalls sollen sie 0 liefern. Die Klassen sollen sein:

1. ISNUMBER klassifiziert Ziffern
2. ISALPHA klassifiziert Klein- und Großbuchstaben
3. ISSPACE klassifiziert Leerzeichen, Tabulator und Zeilenschaltung

**5. (B)**

**R 20 Das ASSERT-Makro**

R20

Schreiben Sie ein Makro *ASSERT(b)*, welches die logische Bedingung *b* auswertet und eine Fehlermeldung auf dem Bildschirm ausgibt, wenn diese nicht erfüllt ist. Die Fehlermeldung soll Namen und Zeile der Quelldatei sowie die Bedingung *b* im Klartext auf dem Bildschirm ausgeben. Das Makro *ASSERT* soll durch eine vorhergehende Definition des Makros *NDEBUG* deaktiviert werden können, d.h. wenn Sie den Compiler mit dem Schalter *-DNDEBUG* aufrufen, sollen die *ASSERT*-Anweisungen in der Quelldatei nicht mitkompiliert werden.

**6.(B)**

**R 21 Schutz vor mehrfachem Einbinden von Header-Dateien**

R21

Bei größeren Projekten mit einer Vielzahl von Abhängigkeiten zwischen den beteiligten Quelldateien ist es oft erforderlich, daß auch Header-Dateien selbst *#include*-Anweisungen enthalten. Obwohl prinzipiell nichts gegen eine solche Vorgehensweise spricht, kann es dabei leicht vorkommen, daß eine der Header-Dateien unbeabsichtigt mehrfach eingebunden wird. Dies kann wegen der damit verbundenen Mehrfachdefinitionen unter Umständen zu Fehlern oder Warnungen des Compilers führen oder andere Probleme verursachen. Überlegen Sie sich eine Methode, mit der Sie Include-Dateien vor mehrfachem Einbinden schützen können.

**7. (B)**

Versuchen Sie, mit Hilfe geeigneter Makros die in C nicht vorhandene Kontrollstruktur

```
if ()
elseif ()
elseif ()
...
else
```

nachzubilden (s. Kapitel 3).

**8. (P)**

Geben Sie die Ausgabe des folgenden Programms an:

```
/* auf0408.c */

#include <stdio.h>

#define FLIPP if (cnt-- > 0) printf("FLIPP\n")
#define FLAPP if (cnt-- > 0) printf("FLAPP\n")
#define FLOPP while (cnt-- > 0 && cnt % 4) printf("FLOPP\n")

void main(void)
{
  int cnt = 13, i;
```

```
  for (i = 1; i <= 3; ++i) {
FLIPP;
    FLAPP;
    FLOPP;
  }
}
```

**9. (P)**

Geben Sie die Ausgabe des folgenden Programms an:

```
/* auf0409.c */

#include <stdio.h>

#define PRINTINT(x) printf("x = %d = 0x%04X\n", x, x)

void main(void)
{
  int x = 1;
  PRINTINT(x);
  PRINTINT(x + 1);
  PRINTINT(++x);
}
```

**10. (P)**

Geben Sie die Ausgabe des folgenden Programms an:

```
/* auf0410.c */

#include <stdio.h>

#define MALZWEI(x) 2 * x
#define MALDREI(x) (3 * x)
#define MALFUENF(x) 5 * (x)

void main(void)
{
  int i = 1;

  printf("%d\n", MALZWEI(i));
  printf("%d\n", MALZWEI(i + 1));
  printf("%d\n", MALDREI(i + 1));
  printf("%d\n", MALFUENF(i + 1));
}
```

**11. (P)**

Geben Sie die Ausgabe des folgenden Programms an:

```
/* auf0411.c */

#include <stdio.h>

#define REPEAT(n,x) {\
int i;\
  for (i = 0; i < n; ++i) {\

x;\
  }\
}

#define PRINTSUM(n) {\
int sum = 0;\
REPEAT(n+1, sum += i);\
printf("summe(1...%d)=%d\n",n,sum);\
}

void main(void)
{
  REPEAT(1, printf("hallo\n"));
  REPEAT(5, printf("%d. hallo\n", i));
  REPEAT(2, REPEAT(3, printf("ja")); printf("\n"));
  PRINTSUM(100);
}
```

## 4.7 Lösungen zu ausgewählten Aufgaben

### Aufgabe 1

Auf MS-DOS-Rechnern können die gewünschten Datentypen leicht durch folgende Definitionen zur Verfügung gestellt werden:

```
#define BYTE  unsigned char
#define WORD  unsigned short
#define DWORD unsigned long
```

Diese Makros werden wahrscheinlich auch auf den meisten größeren Maschinen laufen. Wenn man allerdings auf einem Computer arbeitet, dessen Wortlänge nicht ein Vielfaches von acht ist, kann es unter Umständen schwierig oder gar unmöglich sein, diese Datentypen herzustellen. Zur Überprüfung der Ergebnisse kann in diesem Fall auch nicht der *sizeof*-Operator verwendet werden, denn dieser gibt ja nicht die Anzahl an Bits, sondern nur das Verhältnis zur Wortlänge aus. Aus diesem Grund wird die Anweisungsfolge

```
printf("%d\n", sizeof(BYTE));
printf("%d\n", sizeof(WORD));
printf("%d\n", sizeof(DWORD));
```

auch beispielsweise auf Anlagen mit 9-Bit-Wortlänge die erwarteten Werte 1, 2 und 4 ausgeben, obwohl die Zahlen mit 9, 18 und 36 Bit dargestellt werden. Glücklicherweise sind solche Hardware-Architekturen heute relativ selten geworden.

**Aufgabe 2**

Üblicherweise verwendet man Definitionen der folgenden Art zur Simulation des booleschen Datentyps:

```
#define BOOL char
#define TRUE 1
#define FALSE 0
```

Auf diese Weise lassen sich boolesche Variablen sehr leicht definieren. Die Konstanten TRUE und FALSE entsprechen den üblichen C-Konventionen für die beiden möglichen Wahrheitswerte. Ein Beispiel dafür ist das folgende Programm, bei dem niemals die Anweisungen innerhalb der *if*-Anweisung ausgeführt werden:

```
void main(void)
{
  BOOL b1;

  b1=FALSE;
  if (b1) {
    /*...*/
  }
}
```

Eine häufig verwendete Alternative besteht darin, anstelle des *char* einen *int* als Grundtyp für boolesche Variablen zu verwenden.

**Aufgabe 3**

Wir erweitern das Makro SWAP durch Einfügen eines zusätzlichen Parameters *typ*. Er dient dazu, die temporäre Variable zur Speicherung des Zwischenergebnisses zu definieren. Beim Aufruf des Makros muß dann natürlich jeweils der Typ der zu vertauschenden Variablen mit angegeben werden.

```
/* lsg0403.c */

#include <stdio.h>

#define SWAP(typ,x,y) {\
typ j;\
j=x;x=y;y=j;\
}

void main(void)
{
  int    i1 = 5   , i2 = 8;
  double x1 = 5.0 , x2 = 8.0;
  char   c1 = '5' , c2 = '8';

  SWAP(int, i1, i2);
  printf("i1=%d i2=%d\n", i1, i2);
  SWAP(double, x1, x2);
  printf("x1=%f x2=%f\n", x1, x2);
  SWAP(char, c1, c2);
  printf("c1=%c c2=%c\n", c1, c2);
}
```

**Aufgabe 4**

Die Implementierung der Makros ist relativ einfach, im wesentlichen muß jeweils ein logischer Ausdruck über einen Bereich von Zeichen gebildet werden.

```
#define ISNUMBER(c) ((c)>='0' && (c)<='9')
#define ISALPHA(c) ((c)>='A' && (c)<='Z' || \
                    (c)>='a' && (c)<='z')
#define ISSPACE(c) ((c)==' ' || (c)=='\n' || (c)=='\t')
```

Die hier angegebenen Definitionen sind natürlich noch nicht perfekt. So werden beispielsweise von ISALPHA noch keine Umlaute erkannt, und ISSPACE könnte noch etwas ausgebaut werden. In einem späteren Kapitel werden Sie die Header-Datei *ctype.h* kennenlernen, in der ganz ähnliche Makros schon vordefiniert sind. Da diese in der Regel mit Hilfe einer Tabellensuche implementiert sind, ist ihr Laufzeitverhalten besser als das der hier vorgestellten Makros.

**Aufgabe 5**

Um das Makro *ASSERT* mit dem Makro *NDEBUG* abschalten zu können, kann man per bedingter Kompilierung in der Anweisung *#ifdef NDEBUG* das Vorhandensein von *NDEBUG* testen. Falls es vorhanden ist, expandiert ASSERT lediglich zu einem Semikolon, also einer leeren Anweisung. Ist es aber nicht vorhanden, wird ASSERT in eine Reihe von *printf*-Anweisungen umgewandelt, die zur Ausgabe der Fehlermeldung, der Quelldatei und der Zeilennummer dienen.

```
#ifdef NDEBUG
  #define ASSERT(dummy) ;
#else
  #define ASSERT(bed) if (!(bed)) {\
  printf("ASSERT-Fehler: %s\n",#bed);\
  printf("in Datei: %s\n",__FILE__);\
  printf("in Zeile: %d\n",__LINE__);\
  }
#endif
```

Eine typische Anwendung von ASSERT könnte etwa so aussehen:

```
double sqrt(double x)
{
  ASSERT(x >= 0);
  /*
  Anweisungen zur
  Implementierung der
  Quadratwurzelroutine
  */
}
```

Ist die Test- und Entwicklungsphase des Programmes abgeschlossen, so werden einfach alle Quellen noch einmal mit der Compileroption -*DNDEBUG* übersetzt, um die Prüfanweisungen aus den Programmen zu entfernen.

### Aufgabe 6

Die übliche Methode, eine Header-Datei vor mehrfachem Einbinden zu schützen, besteht darin, mit Hilfe der bedingten Kompilierung am Anfang der Datei zu überprüfen, ob es ein *persönliches* Makro gibt. Ist dieses Makro vorhanden, werden alle weiteren Anweisungen ignoriert. Ist es jedoch nicht vorhanden, so wird es definiert, und die übrigen Anweisungen werden wie vorgesehen übersetzt. Damit es nicht zu Kollisionen mit anderen Header-Dateien kommt, ist es üblich, eine Abwandlung des Dateinamens als Makronamen zu verwenden.

Um beispielsweise die Include-Datei *xyz.h* vor mehrfachem Einbinden zu schützen, wird einfach ihr eigentlicher Inhalt um die folgenden Präprozessoranweisungen ergänzt:

```
#ifndef XYZ_H
#define XYZ_H

...Eigentlicher Inhalt von xyz.h

#endif
```

**Aufgabe 7**

Die Lösung ist ganz einfach, weil es bereits die Möglichkeit gibt, die gewünschte Kontrollanweisung mit *else if* zu simulieren. Also brauchen wir nur noch ein Makro schreiben, welches das »Schlüsselwort« *elseif* gegen *else if* austauscht.

```
#define elseif(ex) else if (ex)
```

GoTo

# Arrays

# 5

## Kapitelüberblick

## 5.1 Definition eines Arrays

In den vorangegangenen Kapiteln wurden die meisten der grundlegenden *ablauforientierten* Elemente der Sprache C erörtert. Da wir die Diskussion über die *speicherorientierten* Strukturelemente bisher auf die einfachen Datentypen beschränkt haben, standen uns in den Beispielen und Übungsaufgaben lediglich ganze oder Fließkommazahlen zur Verfügung. Viele der Beispiele machten daher einen etwas zu »mathematischen« Eindruck, der in dieser Form nicht mit der täglichen Praxis übereinstimmt. In diesem und dem übernächsten Kapitel werden wir uns mit den zusammengesetzten Datenstrukturen von C, den *Arrays* und *Structures*, beschäftigen und damit das Rüstzeug für die Behandlung von Problemen erhalten, bei denen die elementaren Zahlentypen nicht ausreichend sind.

In allen bedeutenden Programmiersprachen gibt es die Möglichkeit, eine geordnete Folge von Werten eines bestimmten Typs *zusammenhängend* zu speichern und zu verarbeiten. Wir wollen eine derartige Folge als *Array* bezeichnen. Leider ist die Namensgebung nicht einheitlich, und man findet in der Literatur die synonyme Verwendung der Namen *Reihung, Vektor, Feld* und *Array.*

Während ein Array in vielen Sprachen mit Hilfe eines festen Schlüsselwortes (wie z.B. *array* in PASCAL) definiert wird, kommt C ohne ein solches aus.

**Syntax**

```
Datentyp Name [ Elementanzahl ];
```

In diesem Fall sind die eckigen Klammern nicht als Metasymbole, sondern als Bestandteil der Syntax einer Arraydefinition aufzufassen. Der C-Compiler unterscheidet sie also daran von der einen einfachen Variablen, daß direkt hinter dem Namen der Variablen eckige Klammern mit der Anzahl der Elemente des Arrays steht. Ein Schlüsselwort *array* gibt es in C nicht. Die Anzahl der Elemente muß eine positive ganze Zahl sein.

```
int a[100];
float x[10],y,z[20];
```

Durch diese Angaben werden folgende Variablen definiert (s. Abbildung 5.1):

1. Ein Array *a* mit 100 Elementen vom Typ *int*
2. Ein Array *x* mit 10 Elementen vom Typ *float*
3. Eine einfache *float*-Variable mit dem Namen *y*
4. Ein Array *z* mit 20 Elementen vom Typ *float*

Wie Sie an diesem Beispiel sehen, ist es durchaus erlaubt (und auch häufig anzutreffen), innerhalb einer einzigen Definitionszeile sowohl einfache Variablen als auch Arrays zu definieren.

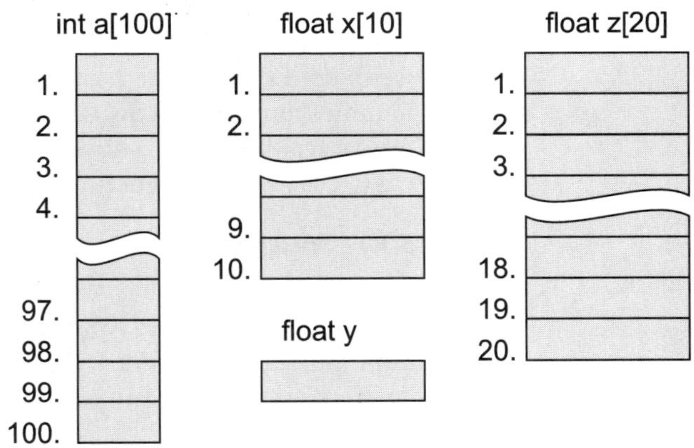


**Abbildung 5.1: Beispielarrays**

Die Größe eines Arrays muß zum Zeitpunkt der Übersetzung bekannt sein, d.h. *Elementzahl* muß eine Konstante sein. Die Definition dynamischer Arrays wie etwa in PL/I, CLIPPER oder BASIC ist nicht vorgesehen. Bei der Diskussion von Zeigern in Kapitel 11 werden Sie allerdings lernen, daß zumindest die *initiale* Größe eines Arrays auch zur Laufzeit festgelegt werden kann.

### R 22 Zusammengesetzte Konstanten

R22

Die meisten C-Compiler erlauben die Verwendung zusammengesetzter Konstanten zur Spezifikation der Arraygröße. Dabei handelt es sich um arithmetische Ausdrücke, deren Ergebnis bereits während der Übersetzung des Programms vom Compiler berechnet werden kann, beispielsweise 20*5 oder 100+1. Bei den allermeisten C-Compilern darf man überall, wo die Verwendung einer Zahlkonstante erlaubt ist, auch eine zusammengesetzte Konstante verwenden.

```
/* bsp0501.c */

#define SIZE 100

int small_array[10];
int big_array[SIZE];
int very_big_array[SIZE * 5 + 8];

void main(void)
```

```
{
  /* Anweisungen */
}
```

In allen Definitionen dieses Beispiels ist die Größenangabe des Arrays letztendlich ein konstanter Wert, der zur Compilezeit bekannt ist, auch wenn der Compiler die Ausdrücke *SIZE* und *SIZE*5+8* erst einmal auswerten muß, um dies festzustellen. Um herauszufinden, ob Ihr Compiler das Auswerten konstanter Ausdrücke beherrscht, sollten Sie einfach versuchen, das Beispielprogramm zu kompilieren.

### 5.1.1 Speicherbedarf

Der Speicherbedarf eines Arrays wird durch das Produkt aus der Größe seines Grundtyps mit der Anzahl der Elemente des Arrays festgelegt. Angenommen, die Größe der Darstellung eines *int*-Wertes sei 4 und die eines *double*-Wertes sei 8, dann belegt ein Array *int zahlen[256]* genau 1024 Bytes im Hauptspeicher des Programms. Ein Array *double werte[1000]* benötigt schon 8000 Bytes. Es ist also möglich, durch vergleichsweise harmlos aussehende Deklarationen sehr viel Speicher zu belegen.

Die maximale Größe eines Arrays wird zunächst durch den verfügbaren Hauptspeicher begrenzt, zusätzlich spielen aber noch einige andere Aspekte eine Rolle:

1. Auf vielen C-Compilern darf ein einzelnes Array eine bestimmte Größe nicht überschreiten. Dies gilt vor allem für die 16-Bit-Compiler auf allen IBM-PCs oder kompatiblen Rechnern, die aufgrund der Verwendung des Prozessors Intel 8088/80x86 den Hauptspeicher in 64 kByte große Segmente unterteilen. Hierdurch ist die Größe eines Arrays auf den meisten verfügbaren MS-DOS-C-Compilern auf 64 kBytes begrenzt. Nur durch Anwendung verschiedener Tricks (z.B. unterschiedliche Speichermodelle) schaffen die Compiler Abhilfe.

2. Da die lokalen Variablen einer Funktion oder eines Blocks erst dann angelegt werden, wenn die entsprechende Stelle im Programm abgearbeitet wird, kann es durch die Definition sehr großer *lokaler* Arrays zu Laufzeitfehlern kommen. Durch das Anlegen der Variablen läuft der interne Programmstack über und überschreibt andere Datenbereiche. Sie sollten es sich daher in jedem Einzelfall genau überlegen, ob Sie sehr große Arrays tatsächlich lokal anlegen wollen.

Wenn Sie aus diesem Grund anstelle einer lokalen eine globale Variable definieren, handeln Sie sich auf der anderen Seite Probleme durch mögliche Namenskonflikte mit anderen globalen Bezeichnern ein. Es gibt allerdings in C einige Möglichkeiten, diesen Problemen zu begegnen. Wir werden am Ende des nächsten Kapitels unter dem Stichwort *»Speicherklassen«* noch einmal darauf zu sprechen kommen.

Innerhalb eines Programms kann der Speicherbedarf eines Arrays unter Umständen mit dem *sizeof*-Operator (s. Kapitel 2) bestimmt werden. Dies funktioniert allerdings nicht immer so wie erwartet (beispielsweise bei formalen Parametern von Funktionen), so daß hier Vorsicht geboten ist. Wir werden in den nächsten Kapiteln auf diese Problematik noch mehrfach eingehen.

Falls Sie einen modernen Compiler mit 32-Bit-Speichermodell verwenden, brauchen Sie sich über Speicherprobleme wahrscheinlich so schnell keine Sorgen zu machen. Der GNU-Compiler beispielsweise unterstützt ein flaches Speichermodell mit bis zu 128 MB Hauptspeicher und zusätzlichen 128 MB virtuellem Plattenspeicher. Sie werden also wesentlich später – wenn überhaupt – mit obengenannten Speicherengpässen konfrontiert werden.

### 5.1.2 Arraygrenzen

Durch die Definition eines Arrays wird nicht nur sein Speicherbedarf, sondern auch seine untere und obere Grenze festgelegt. Wie wir noch sehen werden, erfolgt der Zugriff auf ein einzelnes Arrayelement über dessen *Index*, d.h. den numerischen *Positionswert* des gewünschten Elements. Durch die Definition wird festgelegt, welches die kleinste und größte erlaubte Positionsangabe ist. Dabei gilt in C die einfache Regel, daß die Elemente eines Arrays mit *n* Elementen von 0 bis *n-1* numeriert sind. Anders als etwa in Pascal oder ADA ist es in C nicht möglich, die Untergrenze eines Arrays frei zu definieren. Das werden ehemalige PASCAL- oder ADA-Programmierer zu Recht als Rückschritt ansehen.

## 5.2 Zugriff auf das Array

### 5.2.1 Zugriff auf einzelne Elemente

Das Besondere an einem Array gegenüber einer einfachen Variable ist, daß durch seine Definition nicht nur *ein* Variablenname erzeugt wird, sondern so viele, wie das Array Elemente hat. So erzeugt beispielsweise die Definition *int a[10]* nicht nur den Variablennamen *a* für den Zugriff auf das gesamte Array, sondern noch zehn weitere Variablennamen für den Zugriff auf die einzelnen Elemente des Arrays.

Wären dies nun konstante Namen wie *a_0, a_1, ..., a_9*, so hätten Arrays keine große Bedeutung erlangt, sondern wären aus allen Programmiersprachen schon längst wieder »wegevolutioniert«. Der Vorteil von Arrays ist vielmehr, daß die Namen für den Zugriff auf die einzelnen Elemente *dynamisch* erzeugt werden können, indem an den Arraynamen ein numerischer Ausdruck in eckigen Klammern angehängt wird. Dieser Ausdruck wird als *Arrayindex* bezeichnet.

```
a[0]
```

oder

```
a[i]
```

oder

```
a[2n+5-k+1]
```

Der Indexausdruck wird zur Laufzeit berechnet und bestimmt, auf welches Element des Arrays zugegriffen werden soll. Um auf das *k*-te Element eines Arrays zuzugreifen, muß der Ausdruck daher nach seiner Auswertung den Wert *k-1* zurückgeben. Oder andersherum: liefert der Indexausdruck den Wert *m*, so wird auf das *m+1*-te Element des Arrays zugegriffen.

Da es etwas verwirrend ist, daß der Zugriff auf das erste Element eines Arrays *a* mit *a[0]* statt *a[1]* beschrieben wird, ist es besser, sich *a[0]* als *das Element mit der Nummer 0*, *a[1]* als *das Element mit der Nummer 1* usw. vorzustellen. Wurde etwa *double werte[1000]* definiert, so ist mit *werte[0]* das erste Element des Arrays *werte* gemeint, mit *werte[1]* das zweite und mit *werte[999]* das letzte Element (s. Abbildung 5.2).

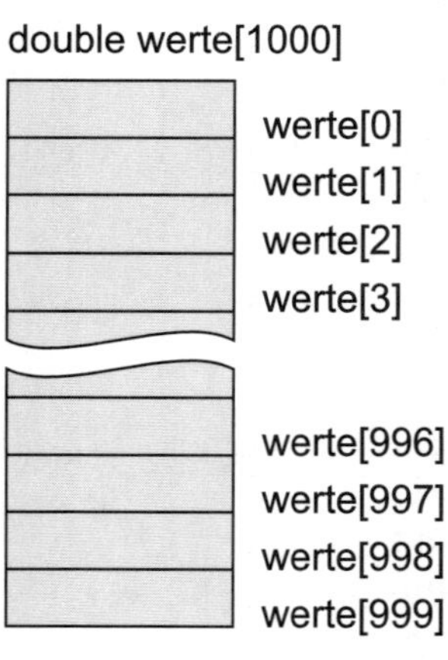


**Abbildung 5.2: Bezeichnung von Arrayelementen**

Der so konstruierte Bezeichner eines einzelnen Arrayelements kann überall dort verwendet werden, wo auch der Zugriff auf eine einfache Variable vom Grundtyp des Arrays erlaubt ist. Von seiner Bedeutung her entspricht daher ein Arrayelement genau einer einfachen Variablen desselben Typs.

Das folgende Beispiel füllt ein *int*-Array mit verschiedenen Konstanten und gibt dann einige Werte auf dem Bildschirm aus:

```
/* bsp0502.c */

#include <stdio.h>

void main(void)
{
  int i, ar[100];

  for (i = 0; i < 100; i++) {
    ar[i] = 1;
  }
  ar[11] = -5;
  ar[12]++;
  ar[13] = ar[0] + ar[11] + 4;
  for (i = 10; i <= 14; i++) {
    printf("ar[%2d]=%4d\n", i, ar[i]);
  }
}
```

Die Ausgabe des Programms ist:

```
ar[10] =    1
ar[11] =   -5
ar[12] =    2
ar[13] =    0
ar[14] =    1
```

Dabei werden in der *for*-Schleife zunächst alle Elemente des Arrays mit dem Wert 1 initialisiert. Der lesende Zugriff auf ein beliebiges Arrayelement würde anschließend immer 1 ergeben. Dann wird dem Element 11 der Wert -5 zugewiesen, das Element 12 wird um eins erhöht, und dem Element 13 wird die Summe aus dem Wert von Element 0, Element 11 und der Konstanten 4 zugewiesen. Wie Sie an diesem Beispiel sehen können, geht man beim Zugriff auf Arrayelemente genauso vor wie beim Zugriff auf beliebige andere Variablen dieses Typs.

### 5.2.2 Prüfung der Bereichsgrenzen

Eine Eigenschaft von Arrays in C verdient besondere Beachtung und sollte in ihren Konsequenzen nicht unterschätzt werden. In C werden zur Laufzeit des Programms beim Zugriff auf Arrayelemente grundsätzlich *keine* Indexüberprüfungen durchgeführt, d.h. es wird nicht überprüft, ob ein Indexausdruck größer oder gleich 0 und kleiner als die definierte Größe des Arrays ist. Eine solche Überprüfung ist natürlich vor allem nützlich, wenn während der Entwicklung eines Programms noch nicht alle logischen Fehler entdeckt sind. Sie wird daher bei sehr vielen Sprachen automatisch durchgeführt oder kann optional aktiviert werden. Bei C-Compilern gibt es diese Möglichkeit in aller Regel nicht.

Wir wollen uns überlegen, was passieren kann, wenn ein Index verwendet wird, der außerhalb des zulässigen Wertebereichs liegt. Zwar läßt sich darauf keine allgemeingültige Antwort geben (zumal der Fehler nicht unbedingt sofort sichtbar wird), in vielen Fällen wird er aber einen Programmabsturz, eine Speicherschutzverletzung oder gar einen Stillstand des Rechners verursachen. Ein Beispiel mag dies verdeutlichen:

```
/* bsp0503.c */

#include <stdio.h>

void main(void)
{
  int i, j;
  int ar[100];
  int k, l;

  for (i = 0; i < 100; i++) {
    ar[i]=0;
  }
  i = 1;
  j = 2;
  k = 3;
  l = 4;
  printf("ar[ -1] is %d\n", ar[-1]);
  printf("ar[100] is %d\n", ar[100]);
}
```

Das Programm wird *irgend etwas* auf dem Bildschirm ausgeben. Es könnte zum Beispiel folgende Ausgabe erzeugen:

```
ar[ -1] is 3
ar[100] is 2
```

Ganz offensichtlich wird dabei auf die Variable *k* zugegriffen, wenn der Index -1 ist, und auf *j*, wenn der Index 100 ist. Dafür gibt es in diesem Fall eine ganz einfache Erklärung, denn der Compiler ordnet die fünf Variablen *i*, *j*, *ar*, *k* und *l* im Hauptspeicher direkt hintereinander an. Dadurch wird bei Arrayzugriffen auf die kurz vor oder hinter dem Array liegenden »Arrayelemente« zufällig auf die dort liegenden Variablen, in diesem Fall also auf *j* und *k*, zugegriffen. Das Laufzeitsystem überprüft also nicht, ob es ein Element mit der Nummer -1 oder 100 gibt, sondern greift exakt auf den Speicherbereich zu, in dem dieses Element liegen würde, wenn das Array so groß definiert worden wäre.

In diesem Beispiel würde das Programm mit falschen Werten weiterrechnen, aber es stürzt nicht sofort ab. Problematischer wird es bei *schreibenden* Zugriffen auf ungültige Arrayelemente, insbesondere dann, wenn der falsch berechnete Index *weit* außerhalb des zulässigen Bereichs liegt. Dann kann es nämlich passieren, daß Speicherstellen verändert werden, die gar keine Variablen, sondern Programmcode oder Rücksprungadressen enthalten. Werden diese Speicherstellen dann das nächste Mal regulär verwendet, ist das Verhalten des Programms undefiniert. Es wird dann zu dem oben beschriebenen schwerwiegenden Fehlverhalten des Programms kommen.

Der Zugriff auf ungültige Arrayelemente ist ein sehr häufiger Fehler, der nicht nur während der Lernphase gemacht wird. Problematisch ist dabei vor allem, daß die daraus resultierenden Fehler oftmals nicht reproduzierbar sind oder an den unterschiedlichsten Stellen im Programm auftreten und nur schwer zu finden sind. In der Testphase eines Programms sollte man daher in kritischen Programmteilen manuelle Bereichsüberprüfungen einbauen. Dabei empfiehlt sich insbesondere die Verwendung des *assert*-Makros aus der Header-Datei *assert.h*, das auf den meisten C-Systemen zur Verfügung steht (s. die Aufgaben zu Kapitel 4).

### 5.2.3 Zugriff auf das ganze Array

Während es beispielsweise in Pascal möglich ist, mit *einer* Zuweisung ein komplettes Array mit dem Inhalt eines anderen – gleich dimensionierten und typisierten – Arrays zu füllen oder aber zwei Arrays mit *einer* Anweisung auf Gleichheit zu überprüfen, geht dies in C nicht so ohne weiteres. Zwar könnte man auch in C schreiben:

```
/* bsp0504.c */

#include <stdio.h>

int feld1[100], feld2[100];

void main(void)
{
  int i;

  for (i = 0; i < 100; i++) {
    feld1[i] = i;
```

```
    feld2[i] = i;
  }
  if (feld1 == feld2) {
    printf("Die Arrays sind gleich\n");
  } else {
    printf("Die Arrays sind nicht gleich\n");
  }
}
```

Das Programm würde aber stets mit »Die Arrays sind nicht gleich« antworten, obwohl beide Arrays exakt die gleichen Werte, nämlich die Zahlenfolge 0..99, enthalten. Mit unseren bisherigen Kenntnissen ist es leider noch nicht möglich, dieses geheimnisvolle Verhalten vollständig zu erklären, wir werden die Erklärung aber in Kapitel 11 nachliefern. Hier sei nur soviel verraten: in C wird der Name eines Arrays bei seiner Verwendung als Zeiger auf das erste Element des Arrays interpretiert. Dadurch wird durch obiges Programm lediglich verglichen, ob zwei Zeiger übereinstimmen, d.h. ob *feld1* und *feld2* auf dieselbe Stelle im Hauptspeicher des Rechners zeigen. Dies ist natürlich nicht der Fall, denn es handelt sich ja um zwei unterschiedliche Variablen. Folglich liefert der Gleichheitstest immer 0.

Ähnlich liegt der Fall, wenn man versucht, zwei Arrays einander zuzuweisen. Betrachten Sie folgendes Programm:

```
/* bsp0505.c */

#include <stdio.h>

int feld1[100], feld2[100];

void main(void)
{
  int i;

  for (i = 0; i < 100; i++) {
    feld1[i]=5;
  }
  feld2 = feld1;
}
```

In diesem Fall wird sich bereits der Compiler weigern, die Zeile *feld2=feld1* zu übersetzen, und statt dessen eine Fehlermeldung der Art *»lvalue expected«* ausgeben. Wie Sie zu Recht vermuten, hängt auch dieses Verhalten wieder damit zusammen, daß die Arraynamen als Zeiger interpretiert werden. Insbesondere die Tatsache, daß es sich bei Arraynamen um *konstante* Zeiger handelt, führt hier zu der besagten Fehlermeldung.

### R 23 Vergleich und Zuweisung von Arrays

R23

Es gibt dennoch Möglichkeiten, die beiden Operationen Vergleich und Zuweisung mit kompletten Arrays durchzuführen, allerdings nicht durch Sprachmittel selbst, sondern unter Zuhilfenahme der Library-Funktionen *memcmp* und *memcpy*. Diese führen den byteweisen Vergleich bzw. das byteweise Kopieren einer Anzahl von Speicherstellen durch, die an vorgegebenen Positionen im Hauptspeicher liegen. Dazu muß neben der Position der beiden Speicherbereiche auch noch die Anzahl der zu testenden bzw. zu kopierenden Bytes an die beiden Funktionen übergeben werden, möglicherweise unter Zuhilfenahme des *sizeof*-Operators. Die korrekten Versionen der vorigen Beispielprogramme sehen damit wie folgt aus:

```
/* bsp0506.c */

#include <stdio.h>
#include <string.h>

int feld1[100], feld2[100];

void main(void)
{
  int i;

  for (i = 0; i < 100; i++) {
    feld1[i] = i;
    feld2[i] = i;
  }
  if (memcmp(feld1, feld2, sizeof(feld1)) == 0) {
    printf("Die Arrays sind gleich\n");
  } else {
    printf("Die Arrays sind nicht gleich\n");
  }
}
```

und

```
/* bsp0507.c */

#include <stdio.h>
#include <string.h>

int feld1[100], feld2[100];
```

```
void main(void)
{
  int i;

  for (i = 0; i < 100; i++) {
    feld1[i] = 5;
  }
  memcpy(feld2, feld1, sizeof(feld1));
}
```

Beachten Sie in beiden Programmen das Einbinden der Header-Datei *string.h*. Dadurch werden die Funktionen *memcmp* und *memcpy* vor ihrer Verwendung deklariert, und der Compiler kann überprüfen, ob die übergebenen Typen korrekt sind (dies gilt vor allem für ANSI-C-Compiler).

Wir wollen die Diskussion von Operationen auf kompletten Arrays an dieser Stelle vorerst beenden. In Kapitel 11 werden Sie im Zusammenhang mit Zeigern lernen, daß in C eine ungewöhnlich enge Verbindung zwischen Arrays und Zeigern besteht. Daraus werden sich interessante Aspekte für den Umgang mit Arrays ergeben, insbesondere was das *sequentielle* Abarbeiten der Arrayelemente angeht.

## 5.3 Initialisierung von Arrays

### R 24 Initialisierung von Arrays

R24

Ähnlich wie einfache Variablen können auch Arrays initialisiert werden. Auch hier gilt, daß globale Arrays mit 0 initialisiert werden, d.h. allen Elementen eines globalen Arrays beim Starten des Programms automatisch der Wert 0 zugewiesen wird. Lokale Arrays werden nicht automatisch initialisiert.

Neben der automatischen Initialisierung gibt es auch eine Array-Definition mit *manueller* Initialisierung. Dazu muß nach der eigentlichen Definition des Arrays hinter einem Zuweisungsoperator eine Liste von Werten angegeben werden. Die Liste wird durch geschweifte Klammern begrenzt, die einzelnen Werte werden durch Kommata voneinander getrennt. So wird etwa durch die folgende Anweisung ein *int*-Array mit fünf Elementen definiert, denen nacheinander die Werte 1, 2, 3, 6 und 0 zugewiesen werden:

```
int vector5[5] = {1,2,3,6,0};
```

Die Definition ist also gleichwertig zu folgendem Programmstück:

```
int vector5[5];
```

```
vector5[0]=1;
vector5[1]=2;
vector5[2]=3;
vector5[3]=6;
vector5[4]=0;
```

Bei der Initialisierung eines Arrays gelten die gleichen Regeln wie bei der Initialisierung eines einfachen Datentyps, es ist also insbesondere nötig, mit konstanten Werten zu initialisieren. Dabei sind alle Formen erlaubt, die auch bei der Initialisierung von einfachen Variablen des entsprechenden Typs verwendet werden können. Obige Initialisierung könnte damit äquivalent beispielsweise auch so formuliert werden:

```
int vector5[5] = {1,02,0x0003,6-0,'\0'};
```

Es ist etwas mühsam, mit dieser Methode sehr große Arrays zu initialisieren, aber es gibt eine praktische Sonderregel, die in manchen Fällen nützlich ist. Bei der Initialisierung eines Arrays dürfen *weniger* Konstanten angegeben werden, als das Array Elemente hat. In diesem Fall werden dann die ersten Elemente mit den angegebenen Konstanten gefüllt, während die restlichen Elemente bei globalen Arrays den Wert 0 erhalten und bei lokalen Arrays undefiniert sind. In dem nachfolgenden Beispiel erhalten die ersten drei Elemente von *data* die Werte 3.56, 10.25 und 1.0001e2, während die restlichen 997 Elemente den Wert 0 erhalten.

```
/* bsp0508.c */

double data[1000] = {3.56, 10.25, 1.0001e2 };

void main(void)
{
}
```

Anders als etwa in ADA ist es in C nicht möglich, durch einen einzigen Befehl alle Elemente eines Arrays mit einem konstanten Wert zu initialisieren, wenn dieser nicht 0 sein soll. In diesem Fall ist es meist am günstigsten, den Elementen innerhalb einer *for*-Schleife den gewünschten Wert zuzuweisen.

Bei einigen älteren Compilern ist es nicht möglich, *lokale* Arrays mit der vorgestellten Methode zu initialisieren, sondern das Verfahren ist nur auf *globale* Arrays anwendbar. Hier hilft dann wirklich nur noch die zweite Methode, nämlich die manuelle Zuweisung.

### 5.3.1 Implizite Längenbestimmung

Es gibt noch eine weitere Variante der Arraydefinition mit Initialisierung, die ebenfalls manchmal nützlich ist. Betrachten Sie das folgende Programm:

```
/* bsp0509.c */

#include <stdio.h>

char hello[] = {'h','e','l','l','o'};

void main(void)
{
  int i;

  for (i = 0; i < sizeof(hello); i++) {
    printf("%c", hello[i]);
  }
  printf("\n");
}
```

Das auffälligste Merkmal dieses Programms ist die fehlende Größenangabe bei der Definition des Arrays *hello*. Das bedeutet aber nicht, daß die Größe von *hello* variabel wäre, sondern vielmehr, daß sie erst durch die nachfolgende Initialisierung festgelegt wird.

Da durch die Initialisierung fünf Werte vorgegeben werden, bekommt auch das Array die Größe 5. Im Programm verhält sich das Array daher exakt so, als ob es mit *char hello[5]* definiert worden wäre. Diese Art der impliziten Größenbestimmung funktioniert für alle initialisierbaren Arraydefinitionen. Ihre wichtigste Anwendung liegt in der Definition von Stringkonstanten, auf die wir noch zurückkommen werden.

## 5.4 Mehrdimensionale Arrays

Allen bisher betrachteten Arrays war gemeinsam, daß sie nur eine einzige *Dimension* besaßen, also einer einfachen Folge von Werten entsprachen. Wir können uns diese Arrays bildlich als *Geraden* vorstellen, entlang derer die einzelnen Elemente angeordnet sind. In der Praxis werden allerdings oft auch zwei- oder mehrdimensionale Arrays gebraucht, um flächige oder räumliche Datenstrukturen oder geschachtelte Listen darzustellen.

In C können Arrays mit beliebig vielen Dimensionen definiert werden. Bei der Konstruktion und Verwendung mehrdimensionaler Arrays geht man wie in den meisten anderen Programmiersprachen vor: ein Array mit *n* Dimensionen ist ein Array, dessen Elemente gleichartige Arrays mit *n-1*

Dimensionen sind. Diese Denkweise spiegelt sich sowohl bei der Definition und Initialisierung als auch bei der Verwendung des Arrays wider. Ein zweidimensionales Array kann man sich also als Folge von eindimensionalen Arrays vorstellen.

Eine typische mathematische Anwendung zweidimensionaler Arrays ist die Darstellung von Matrizen. Angenommen, Sie wollen folgende 3 x 4-Matrix *M* darstellen,

```
 3  5  0  0
-1  0 12 -9
 0  2 10  3
```

dann ist ein zweidimensionales Array genau die richtige Datenstruktur. Ihre Definition lautet:

```
int M[3][4];
```

Am besten ist es, Sie stellen sich *M* als Array mit drei Elementen vor, wobei jedes einzelne dieser Elemente wiederum ein Array mit jeweils vier Elementen vom Typ *int* ist. Sie können nun auf jedes einzelne der zwölf Elemente des Arrays in der gleichen Weise zugreifen wie bei einem eindimensionalen Array: durch *M[i]* wird auf die *i*+1-te Zeile zugegriffen, durch *M[i][j]* wird auf das *j*+1-te Element der *i*+1-ten Zeile zugegriffen. Es gilt daher beispielsweise:

```
M[0][0]=3;
M[0][1]=5;
M[0][2]=0;
M[0][3]=0;
M[1][0]=-1;
M[1][1]=0;
...
```

Allgemein kann man sich jedes Array der Größe *n* * *m* wie in Abbildung 5.3 gezeigt veranschaulichen.

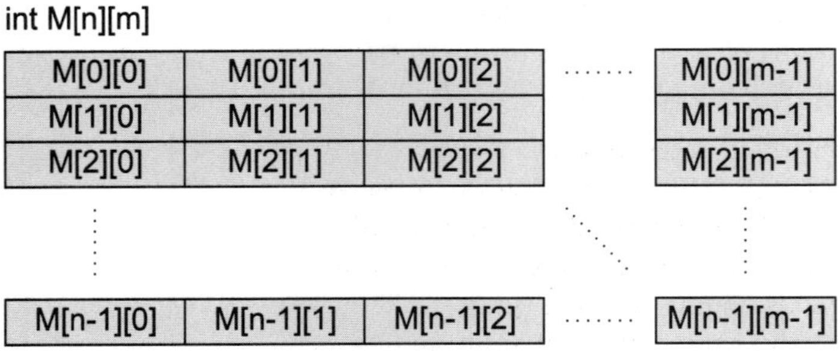


**Abbildung 5.3: Ein mehrdimensionales Array der Größe n * m**

### R 25 Initialisierung von mehrdimensionalen Arrays

R25

Ebenso wie eindimensionale Arrays lassen sich auch mehrdimensionale Arrays bei ihrer Definition initialisieren. Für unsere Matrix *M* würde eine Definition mit Initialisierung beispielsweise wie folgt aussehen:

```
int M[3][4] = { {3,5,0,0},
                {-1,0,12,-9},
                {0,2,10,3}
              };
```

An der Syntax der Initialisierung können Sie ablesen, daß eigentlich ein Array mit drei Elementen initialisiert wird, bei dem jedes Element wiederum ein initialisiertes Array mit vier Elementen ist. Ganz ähnlich wie bei einem eindimensionalen Array ist es auch bei einem mehrdimensionalen Array möglich, dieses unvollständig zu initialisieren. Dabei dürfen sowohl Zeilen fehlen als auch Spalten innerhalb einer Zeile unvollständig initialisiert sein. Alle nicht initialisierten Elemente werden bei globalen Arrays mit 0 initialisiert und sind bei lokalen Arrays undefiniert.

```
int A[5][4] = { {1},
                {0,1},
                {0,0,1},
                {0,0,0,1}
              };
```

Diese Deklaration entspricht folgender Matrix:

```
1  0  0  0
0  1  0  0
0  0  1  0
0  0  0  1
0  0  0  0
```

Die fehlenden Spaltenangaben in den Zeilen 0 bis 2 werden ebenso wie die fehlende Spalte 4 durch Nullen ersetzt (natürlich vorausgesetzt, *A* wurde global deklariert).

Wir wollen die Diskussion über mehrdimensionale Arrays an dieser Stelle beenden. Auch Arrays mit drei oder mehr Dimensionen können als Folgen niedriger dimensionierter Arrays angesehen werden, und ihr Einsatz bringt keine grundsätzlichen Neuerungen. Die eigentliche Herausforderung bei der Verwendung höherdimensionierter Arrays liegt in der Bedeutung und dem Zusammenwirken der verschiedenen Subarrays und ihrer Elemente und wird eher durch die Grenzen der eigenen Vorstellungskraft als durch Restriktionen des verwendeten Compilers begrenzt.

## 5.5 Anwendungen

In diesem Abschnitt sollen einige C-typische Anwendungen von Arrays exemplarisch dargestellt werden, um damit die Beispielpalette des vorigen Abschnitts systematisch zu erweitern.

### 5.5.1 Darstellung von Folgen

Arrays sind grundsätzlich immer dann nützlich, wenn eine *Folge* von Werten eines bestimmten Typs zu speichern und zu verarbeiten ist. So können wir unter Verwendung von Arrays einige der Beispiele und Übungsaufgaben der vorangegangenen Kapitel wesentlich eleganter programmieren als zuvor.

Das erste Beispiel betrifft die Übungsaufgabe 3.2. Dort sollten Sie ein Programm schreiben, welches zu einem angegebenen Tag herausfindet, in welcher Woche des Jahres er sich befindet. Das Hauptproblem bei der Lösung dieser Aufgabe bestand darin, die fortlaufende Nummer des angegebenen Tages herauszufinden. Dazu mußte mit einer etwas umständlichen *case*-Anweisung die Anzahl der Tage der einzelnen Monate ermittelt werden. Unter Zuhilfenahme eines Arrays kann diese Aufgabe nun deutlich eleganter gelöst werden.

```
/* bsp0510.c */

#include <stdio.h>
#define schalt_jahr(j) ((j%4==0 && j%100!=0) || j%400==0)

int monats_tage[] = {31,28,31,30,31,30,31,31,30,31,30,31};

void main(void)
{
  int tag, monat, jahr;
  int tage;
```

```
  printf("Bitte Datum [Tag Monat Jahr]: ");
  scanf("%d %d %d", &tag, &monat, &jahr);

  tage = tag;
  if (schalt_jahr(jahr) && monat > 2) {
    tage++;
  }
  while (--monat) {
    tage += monats_tage[monat - 1];
  }
  printf("Der %d. Tag\n", tage);
  printf("Die Woche ist: %d\n", (tage + 6) / 7);
}
```

In dieser Lösung wird die Anzahl der Tage der einzelnen Monate in einem Array mit zwölf *int*-Werten gespeichert, so daß auf die Bestimmung in einer *case*-Anweisung verzichtet werden kann. Dadurch wird das Programm einige Zeilen kürzer, übersichtlicher und schneller.

Verallgemeinert ausgedrückt besteht die Aufgabe des Arrays in diesem Beispiel darin, eine Tabelle von Werten zu speichern, die nicht mit einem einfachen Verfahren berechenbar sind. Derartige Tabellen tauchen in der Praxis häufig auf und stellen typischerweise komplexe Eigenschaften realer Objekte dar. Vor der Programmierung einer langen *if-then-elseif-* oder *case*-Kette oder der Suche nach einem analytischen Lösungsverfahren sollte man sich daher überlegen, ob nicht die Verwendung eines Arrays günstiger ist.

Ein anderes Beispiel ist die Musterlösung zu Aufgabe 3.10, bei der man durch die Verwendung eines Arrays noch größere Vorteile erzielt. Dort wurden zwei sehr aufwendige und häßliche Blöcke von jeweils zehn gleichartigen Anweisungen verwendet, um einerseits zu ermitteln, wie häufig jede Ziffer vorkommt, und um andererseits die so ermittelten Werte wieder zur Ausgabe der geordneten Ziffern zu verwenden. Wenn nun statt der Einzelvariablen *nullen, einsen, zweien* usw. ein Array mit zehn *int*-Werten zum Zählen verwendet wird, kann die Musterlösung um mehr als die Hälfte verkürzt werden.

```
/* bsp0511.c */

#include <stdio.h>

int zaehler[10];

void main(void)
{
```

```
  int i, j;
  long zahl;

  printf("Bitte eine Zahl: ");
  scanf("%ld", &zahl);
  do {
    zaehler[zahl%10]++;
  } while (zahl /= 10);
  for (i = 0; i < 10; i++) {
    for (j = 1; j <= zaehler[i]; j++) {
      printf("%d",i);
    }
  }
  printf("\n");
}
```

In der ersten *do*-Schleife wird – wie auch in der Musterlösung – gezählt, wie oft jede der möglichen Ziffern von 0 bis 9 in der eingegebenen Zahl auftaucht. Statt aber in einer umständlichen *case*-Anweisung zehn unterschiedliche Zähler zu bedienen, verwenden wir nun ein globales Array *zaehler*, das durch die gerade untersuchte Ziffer indiziert wird. Nach dem Ende der Schleife steht also in *zaehler[0]* die Anzahl der aufgetretenen Nullen, in *zaehler[1]* die Anzahl der aufgetretenen Einsen usw. Danach werden durch die beiden geschachtelten *for*-Schleifen alle Ziffern in aufsteigender Reihenfolge jeweils so oft auf dem Bildschirm ausgegeben, wie sie in der eingegebenen Zahl gezählt wurden.

### 5.5.2 char-Arrays

Eine der wichtigsten Anwendungen von Arrays in C ist die Darstellung und Verarbeitung von *Zeichenfolgen* (die wir im folgenden auch synonym als *Strings* bezeichnen wollen). Diese treten im Programm oft in einem der folgenden Zusammenhänge auf:

1. Bei der Programmierung von Benutzerschnittstellen
2. Bei der Verarbeitung von Textdateien

Glücklicherweise haben die Entwickler der Sprache C die große Bedeutung der Zeichenkettenverarbeitung erkannt und Vorkehrungen getroffen, die eine effiziente Implementierung von Zeichenkettenoperationen mit Hilfe von Library-Funktionen ermöglicht. Obwohl diese Funktionen im Gegensatz zu anderen Sprachen nicht Bestandteil der eigentlichen Sprachdefinition sind, konnten sich die vorgeschlagenen Strukturen durchsetzen und liefern heute in jedem C-Entwicklungssystem ein praktikables und portierbares Instrumentarium zur Stringverarbeitung.

Aufgabe dieses Abschnitts soll es sein, die Implementierung und Verarbeitung von Strings in C zu beleuchten.

### Darstellung von Strings

Der erste Baustein auf dem Weg zu universell verwendbaren Strings sind die literalen Zeichenkettenkonstanten. Nur wenn diese vernünftig implementiert sind und mit normalen Sprachmitteln auf sie zugegriffen werden kann, ist es möglich, die weitere Stringverarbeitung allein durch Library-Funktionen zu realisieren. In den vorangegangenen Kapiteln haben wir Stringkonstanten an vielen Stellen bereits verwendet, ohne dies besonders hervorzuheben.

Sie wissen bereits, daß eine Stringkonstante definiert wird, indem ein aus einzelnen Zeichen bestehender Text in doppelte Hochkommata eingeschlossen wird. Das erste Beispiel einer Stringkonstante war natürlich

```
"hello, world\n"
```

### R 26 Darstellung von Zeichenketten

Um nun mit Library-Funktionen auf Stringkonstanten zugreifen zu können, muß man wissen, wie eine Stringkonstante *intern* dargestellt wird (s. Abbildung 5.4). Eine Stringkonstante wird intern als *char*-Array dargestellt, dessen Länge um eins größer ist als die Anzahl der Zeichen in der Stringkonstante. Als letztes Zeichen wird automatisch das Null-Zeichen '\0' eingefügt. Der *"hello, world\n"*-String wird also als 14 Zeichen langes *char*-Array gespeichert, wobei von Position 0 bis 12 die Zeichenkette *"hello, world\n"* untergebracht ist und an Position 13 ein Null-Zeichen steht.

| | | | | | | | | | | | | | |
|---|---|---|---|---|---|---|---|---|---|---|---|---|---|
| h | e | l | l | o | , | | w | o | r | l | d | \n | \0 |

**Abbildung 5.4: Die interne Darstellung von "hello, world\n"**

Man könnte eine initialisierte "hello, world"-Variable also auf zwei unterschiedliche Arten definieren:

```
char hello[] = "hello, world\n";
```

oder aber

```
char hello[] = {'h','e','l','l','o',',',' ',
                'w','o','r','l','d','\n','\0'};
```

In der Tat sind beide Definitionen gleichwertig. In der Praxis wird natürlich niemand die zweite Variante verwenden, denn sie ist einfach zu umständlich zu handhaben.

Die Aufgabe des letzten Zeichens besteht darin, das *Ende des Strings* anzuzeigen. In C wird dazu einfach ein Null-Zeichen an den eigentlichen String angehängt. Die Stringroutinen brauchen beim Durchlaufen des Arrays also lediglich zu prüfen, ob das aktuelle Zeichen den Wert Null hat und ggfs. die Verarbeitung der Zeichenkette abzubrechen.

Das bedeutet natürlich, daß ein Null-Zeichen nicht als *normales* Zeichen innerhalb einer Zeichenkette verwendet werden kann. Dann würden alle stringverarbeitenden Library-Routinen die Bearbeitung schon beim Auftreten dieses Zeichens abbrechen, weil sie fälschlicherweise annehmen, das Stringende sei erreicht. Glücklicherweise benötigt man Null-Zeichen nicht sehr häufig in Strings, so daß man sich meist mit der Speicherung als Einzelzeichen (beispielsweise in einer *char*-Variablen) behelfen kann.

**Implementierung einiger Stringfunktionen**

Um ein besseres Gefühl für den Umgang mit Strings zu bekommen, soll die Implementierung einiger typischer Stringoperationen vorgestellt werden. Diese Operationen existieren in einer äquivalenten Variante meist auch als Library-Funktion.

Betrachten Sie folgendes Programm:

```
/* bsp0512.c */

#include <stdio.h>

char *s1  = "hello, world\n";
char s2[] = "";
char s3[] = "Anfang\0Ende";

void main(void)
{
  int i;
  int cnt1 = 0, cnt2 = 0, cnt3 = 0;

  for (i = 0; s1[i] != '\0'; i++) cnt1++;
  for (i = 0; s2[i] != '\0'; i++) cnt2++;
  for (i = 0; s3[i] != '\0'; i++) cnt3++;
  printf("Die Länge von s1 ist %d\n", cnt1);
  printf("Die Länge von s2 ist %d\n", cnt2);
  printf("Die Länge von s3 ist %d\n", cnt3);
}
```

Das Programm ermittelt die Länge der Stringkonstanten *s1*, *s2* und *s3*. Die wichtigsten Bestandteile sind die *for*-Schleifen. Sie durchlaufen die einzelnen Strings jeweils vom ersten Element (dem mit der Nummer 0) bis zum ersten Nullzeichen. Bei jedem Durchlauf wird ein Zähler inkrementiert, der nach Ende der Schleife die Länge des Strings angibt. Wir können aus dem Programm auch erkennen, daß es prinzipiell egal ist, ob eine Stringvariable durch die Zeigernotation *char *s1* oder als offenes Array *char s2[]* definiert wird. Beide Definitionen sind gleichwertig. Beachten Sie auch die korrekte Behandlung des Leerstrings, der als Zeichenarray der Länge 1 gespeichert wird, bei dem das einzige Element den Wert 0 hat.

In der Praxis ist häufig das Problem anzutreffen, die Buchstaben in einem String in Großschrift zu konvertieren, alle anderen Zeichen jedoch unverändert zu lassen. Die Implementierung eines geeigneten Programms ist einfach:

```
/* bsp0513.c */

#include <stdio.h>
#include <ctype.h>

char s1[] = "hello, world\n";
char s2[] = "Die 2 wird nicht umgewandelt";

void main(void)
{
  int i;

  for (i = 0; s1[i] != '\0'; i++) {
    if (s1[i] >= 'a' && s1[i] <= 'z') {
      s1[i] -= 32;
    }
  }
  for (i = 0; s2[i] != '\0'; i++) {
    s2[i] -= islower(s2[i]) ? 32 : 0;
  }
  printf("%s\n", s1);
  printf("%s\n", s2);
}
```

Die erste *for*-Schleife durchläuft nacheinander alle Zeichen des String *s1* und überprüft jeweils, ob es sich um einen Kleinbuchstaben handelt. Ist dies der Fall, so wird der Wert 32 subtrahiert, um das Zeichen in einen Großbuchstaben zu verwandeln. Diese Arithmetik mit Zeichen ist in C sehr weit verbreitet und in vielen Programmen anzutreffen. Allerdings ist sie auf den ASCII-Zeichensatz zugeschnitten und wird daher bei Verwendung eines anderen Zeichensatzes nicht mehr funktionieren.

Unter der Annahme, daß auch in anderen Zeichensätzen korrespondierende Groß- und Kleinbuchstaben jeweils einen konstanten Betrag voneinander entfernt liegen, könnte man statt *s1[i] -= 32;* auch die Variante *s1[i] -= 'a' – 'A';* verwenden.

Die Überprüfung auf Kleinschreibung in der zweiten *for*-Schleife sieht etwas anders aus. Dort wird nicht mit einem expliziten Vergleich, sondern durch Aufrufen des Makros *islower* aus der Header-Datei *ctype.h* festgestellt, ob es sich um einen Kleinbuchstaben handelt. Die Verwendung des Makros *islower* hat gegenüber dem direkten Vergleich den Vorteil, weniger Portierbarkeitsprobleme zu verursachen.

Als letztes Beispiel wollen wir das Kürzen einer Zeichenkette demonstrieren. Hierbei geht es darum, einen String an einer vorgegebenen Stelle abzuschneiden, so daß nur noch eine vorgegebene Anzahl an Zeichen stehenbleibt. Ist der String kürzer als die Vorgabe, so soll er unverändert bleiben:

```
/* bsp0514.c */

#include <stdio.h>

char s1[] = "hello, world\n";
char s2[] = "Dies ist ein langer String";
char s3[] = "kurz";

void main(void)
{
  int i;
  int len1 = 5, len2 = 13, len3 = 8;

  for (i = 0; s1[i] != '\0' && i < len1; i++);
  s1[i] = '\0';
  for (i = 0; s2[i] != '\0' && i < len2; i++);
  s2[i] = '\0';
  for (i = 0; s3[i] != '\0' && i < len3; i++);
  s3[i] = '\0';
  printf("%s\n", s1);
  printf("%s\n", s2);
}
```

Um eine Zeichenkette zu kürzen, müssen wir nur die Endemarkierung weiter nach vorn verschieben. Wir hätten dazu eigentlich die folgenden Anweisungen verwenden können:

```
s1[len1]='\0';
s2[len2]='\0';
s3[len3]='\0';
```

Wie man leicht überprüfen kann, würde das bei den ersten beiden Zeichenketten wunderbar funktionieren, denn beide sind lang genug. Bei dem dritten String würde es aber zu einem illegalen Speicherzugriff führen, denn *s3* ist nur *fünf* Zeichen lang, und der Zugriff auf das *achte* Element ist natürlich nicht erlaubt. Aus diesem Grund müssen die Routinen das Array von Anfang an elementweise durchlaufen, um ein vorzeitiges Ende feststellen zu können. Nur wenn das Ende des Strings an der geforderten Position noch nicht erreicht ist, wird dort ein Nullzeichen eingesetzt.

Beachten Sie, daß es nicht mehr ohne weiteres möglich ist, den String wieder auf seine ursprüngliche Länge zu bringen. Man könnte zwar das Nullzeichen wieder entfernen, steht dann aber vor dem Problem, das ursprüngliche Zeichen wieder an dessen Stelle einsetzen zu müssen. Das ist natürlich nicht mehr bekannt.

Durch das hier vorgestellte Kürzen einer Zeichenkette wird kein Hauptspeicher wiedergewonnen. Selbst wenn ein 10000 Zeichen langer String mit diesem Verfahren auf drei Zeichen verkürzt wird, bleibt weiterhin der Platz für 10000 Zeichen zugeordnet. Unser Verfahren hat ja lediglich das Element mit der Nummer 3 durch ein Nullzeichen überschrieben und zeigt damit den anderen Stringfunktionen eine kürzere Zeichenkette an. Stringroutinen in C haben keine Möglichkeit festzustellen, wieviel Platz noch hinter dem Nullzeichen verbleibt.

### 5.5.3 Verarbeitung von Textdateien

Der Erfolg des Betriebssystems UNIX hängt unter anderem mit dessen Flexibilität im Umgang mit Textdateien zusammen. Dabei haben sich vor allem die Konzepte der *Ein-/Ausgabeumleitung* und des *Pipings* (Umleitung der Ausgabe eines Programms auf die Eingabe eines anderen Programms) als nützlich erwiesen. Glücklicherweise hat MS-DOS diese Fähigkeiten (in leicht eingeschränkter Form) von UNIX geerbt, so daß die folgenden Ausführungen auch für MS-DOS-C-Compiler gelten. Durch die Darstellung des Zusammenhangs zwischen diesen Konzepten und den Standard-I/O-Funktionen in C-Programmen eröffnet sich eine ganz neue Klasse von Anwendungsmöglichkeiten.

Dieser Abschnitt soll aber keine formale Behandlung der Ein-/Ausgabefunktionen von C sein, sondern dient lediglich der informellen Einführung einiger nützlicher Konzepte. Sie haben so zukünftig die Möglichkeit, Programme mit größerer Praxisnähe zu schreiben, und zusätzlich den

Vorteil einer gewissen Vorbereitung auf das Kapitel 8, in dem dieses Thema ausführlich behandelt wird.

**Standardein- und -ausgabe**

Wenn Sie mit einer der bisher vorgestellten Library-Funktionen Texte auf dem Bildschirm ausgeben, so wird dadurch nicht etwa direkt die Bildschirmhardware programmiert, sondern das C-Programm schreibt die Texte einfach in eine *Datei*. Dabei handelt es sich allerdings nicht um eine gewöhnliche Datei, sondern um einen *Gerätetreiber* (er verhält sich nach außen genauso wie eine normale Datei).

Das Schreiben in diesen Treiber führt nun nicht zum Speichern der Zeichen auf der Festplatte (wie bei einer normalen Datei), sondern zur Ausgabe des Textes auf den Bildschirm. Man bezeichnet den Gerätetreiber, der einem laufenden C-Programm als Ausgabe zugeordnet ist, als *Standardausgabe* dieses C-Programms. Die schon bekannten Library-Funktionen *printf* und *putchar* schreiben die von ihnen erzeugten Zeichen immer auf die Standardausgabe.

Ganz ähnlich verhält sich ein C-Programm beim Einlesen von Zeichen über die Tastatur. Auch hier kommen die Daten formell durch das Lesen einer Datei zustande (hinter der natürlich der für Tastatureingaben zuständige Gerätetreiber steht). Die Quelle für die Tastatureingaben eines C-Programms wird als *Standardeingabe* bezeichnet. Die schon bekannten Library-Funktionen *scanf* und *getchar* lesen die von ihnen zurückgegebenen Zeichen immer von der Standardeingabe.

### R 27 Ein-/ausgabeumleitung und Piping

R27

Nützlich wird diese Arbeitsweise vor allem dadurch, daß man auf der Betriebssystemebene sowohl die Standardeingabe als auch die -ausgabe umleiten kann, ohne dafür im Programm etwas ändern zu müssen. Auf diese Weise kann ein C-Programm, das in der Lage ist, Daten auf dem Bildschirm auszugeben und von der Tastatur zu lesen, bereits »automatisch« diese auch in eine Datei schreiben oder daraus lesen, sie an ein anderes Programm weitergeben oder von einem anderen Programm übernehmen. Diese vor über 30 Jahren eingeführten Konzepte haben bis heute wenig von ihrer ursprünglichen Bedeutung verloren und gehören nach wie vor zu den wichtigsten grundlegenden Konzepten vieler Betriebssysteme.

Syntax

```
Programmname > Dateiname
```

Wenn Sie das Programm *Programmname* auf diese Weise aufrufen, lenken Sie dessen Standardausgabe um. Das Programm gibt zwar nach wie vor seine Ausgaben mit *printf, putchar* usw. aus, sie werden jedoch nicht mehr auf dem Bildschirm angezeigt, sondern in die Datei *Dateiname* umgeleitet.

Diesen Vorgang bezeichnet man als *Umleitung der Standardausgabe*. Das Programm selbst merkt davon nichts.

```
dir > x.txt
```

**Syntax**

```
Programmname < Dateiname
```

Wenn Sie eines Ihrer selbstgeschriebenen Programme auf diese Weise aufrufen, lenken Sie dessen Standardeingabe um. Dies führt dazu, daß die Eingaben des Programms nicht mehr von der Tastatur kommen, sondern aus der Datei *Dateiname* gelesen werden. Auch hier merkt das Programm nichts. Es arbeitet die Eingabedatei Zeichen für Zeichen ab und behandelt jedes Byte so, als wäre es von der Tastatur gekommen.

```
more < x.txt
```

Beide Umleitungsarten können auch kombiniert werden, d.h. wir können Standardeingabe und -ausgabe gleichzeitig umleiten. In diesem Fall hätte das Programm überhaupt keine Verbindung mehr zum physikalischen Ein-/Ausgabegerät.

### Piping

Als letzten Mechanismus wollen wir das *Piping* besprechen. Programme, die ihre Eingaben von der Standardeingabe lesen und ihre Ausgaben auf die Standardausgabe schreiben, können als *Pipes* verwendet werden (Pipes werden auch als *Filter* bezeichnet). Durch Piping werden mehrere Programme so verbunden, daß die Standardausgabe des einen Programms als Standardeingabe des nächsten Programms verwendet wird.

**Syntax**

```
Programm1 | Programm2
```

Die Ausgabe von *Programm1* wird umgeleitet und zur Eingabe von *Programm2*. Während das Piping unter MS-DOS nicht so häufig verwendet wird (weil es bei den meisten Programmen nicht möglich ist, die Ein- und Ausgabe umzuleiten), spielt es auf UNIX-Systemen eine wichtige Rolle. Wie bei der Umleitung der Standardeingabe oder -ausgabe merken die einzelnen Programme nichts davon. Wir wollen uns einige Beispiele ansehen.

Das folgende Kommando gibt (unter UNIX) eine sortierte Liste der Dateien im aktuellen Verzeichnis aus:

```
ls | sort
```

Mit dem folgenden Kommando werden alle Unterverzeichnisse aufgelistet:

```
ls -l | grep "^d"
```

Wir wollen das Thema Ein-/Ausgabeumleitung nun beenden, es wird in nahezu jedem MS-DOS- oder UNIX-Handbuch behandelt. Einige der nachfolgenden Übungsaufgaben werden das Thema noch einmal aufgreifen und interessante Anwendungsmöglichkeiten aus dem Gebiet der Filter aufzeigen.

**Standardfehler**

Neben der Standardausgabe gibt es noch einen weiteren vordefinierten Kanal zur Ausgabe auf den Bildschirm, nämlich den Kanal *Standardfehler,* der in C-Programmen durch die Datei *stderr* angesprochen wird. Er dient dazu, Fehlermeldungen und Warnungen eines Programms auszugeben. Unter UNIX kann *stderr* unabhängig von *Standardausgabe* umgeleitet werden, so daß es Filterprogrammen möglich ist, trotz umgeleiteter Standardausgabe bei Bedarf Meldungen auf dem Bildschirm auszugeben.

Die Shell-Syntax zum Umleiten von *Standardfehler* des Programms *a.out* in eine Datei *a.err* ist

```
a.out 2>a.err
```

Sie unterscheidet sich syntaktisch von der Umleitung der Standardausgabe durch die Ziffer 2 unmittelbar vor dem Größer-Zeichen. Unter MS-DOS ist es leider nicht möglich, *Standardfehler* umzuleiten, sondern die Ausgaben nach *stderr* gehen immer auf den Bildschirm.

## 5.6 Aufgaben zu Kapitel 5

**1. (A)**

Schreiben Sie ein Programm, das den Mittelwert einer über die Tastatur eingegebenen Folge von fünf *double*-Zahlen errechnet und auf dem Bildschirm ausgibt.

**2. (A)**

Schreiben Sie ein Programm, das eine beliebige Anzahl von Zeichen von der Standardeingabe liest. Nach Ende der Eingabe soll das Programm das Vorkommen jedes Zeichens auf dem Bildschirm ausgeben, das mindestens einmal in der Eingabe enthalten war.

Verwenden Sie zum Einlesen der Zeichen die Funktion *getchar,* die bei jedem Aufruf das nächste Eingabezeichen als *int* liefert. Ist das Ende der Eingabe erreicht, gibt die Funktion die Konstante *EOF* zurück. Um *getchar* verwenden zu können, müssen Sie die Headerdatei *stdio.h* einbinden.

**3. (B)**

Schreiben Sie ein Programm, das beliebig viele Zeichen von der Eingabe akzeptiert und zählt, wie viele einzelne Buchstaben, Wörter und Zeilen darin vorgekommen sind. Testen Sie das Programm, indem Sie es verschiedene Textdateien (z.B. C-Programme) analysieren lassen, die Sie per Standardeingabe-Umleitung übergeben.

**4. (B)**

Schreiben Sie ein Programm, das als Filter nach *ls -l* (MS-DOS: *dir *.**) eingesetzt werden kann und nur die Zeilen weitergibt, die den Namen eines Unterverzeichnisses enthalten. Alle Namen, die eine normale Datei bezeichnen, sollen nicht ausgegeben werden.

**5. (B)**

Versuchen Sie einen Filter zu schreiben, der wie das Programm *more* arbeitet, d.h. alle Zeichen, die über die Standardeingabe kommen, sollen *bildschirmseitenweise* wieder ausgegeben werden. Nach der Ausgabe einer kompletten Bildschirmseite soll das Programm darauf warten, daß der Anwender die Enter-Taste drückt. Erst dann soll die nächste Seite mit Informationen ausgegeben werden. Falls Sie auf Ihrem System keine angemessene Lösung finden, begründen Sie, warum das der Fall ist.

**6. (P)**

Versuchen Sie herauszufinden, welche einfache mathematische Aufgabe durch dieses kompliziert aussehende Programm gelöst wird:

```
/* auf0506.c */

#include <stdio.h>

long A[2] = { 1, 0 };

void main(void)
{
  int i, j;
  int a, b;

  printf("Bitte zwei positive Zahlen: ");
  scanf("%d %d", &a, &b);
  for (i = 1; i <= b; i++) {
    A[1] = 0;
    for (j = 1; j <= a; j++) {
      A[1] += A[0];
    }
```

```
    A[0] = A[1];
  }
  printf("%ld\n", A[0]);
}
```

**7. (B)**

Schreiben Sie einen Druckerfilter, der den über die Standardeingabe eingelesenen Text wie folgt formatiert:

a) Links soll ein Rand von fünf Zeichen gelassen werden.

b) In einer Zeile dürfen nicht mehr als 70 Zeichen ausgegeben werden, d.h. inklusive linkem Rand soll das letzte Zeichen einer Zeile nicht rechts von der 75-sten Spalte ausgegeben werden.

c) Am Anfang und am Ende einer Seite sollen jeweils fünf Leerzeilen ausgegeben werden. Gehen Sie davon aus, daß ingesamt 72 Zeilen auf eine Seite passen.

**8. (B)**

Gegeben sei ein Array *A* mit drei Ganzzahlen. Schreiben Sie ein Programm, das *A* aufsteigend sortiert. Schreiben Sie das Programm so, daß in jedem Fall so wenig Elemente vertauscht werden wie möglich.

**9. (C)**

**R 28 Das Acht-Damen-Problem**

R28

Schreiben Sie ein Programm, das das bekannte Acht-Damen-Problem löst. Bei diesem Problem geht es darum, acht Damen so auf einem Schachbrett aufzustellen, daß keine die andere schlagen kann. Keine zwei Damen dürfen also in derselben horizontalen, vertikalen oder diagonalen Reihe stehen.

**10. (P)**

Geben Sie die Ausgabe des folgenden Programms an:

```
/* auf0510.c */

#include <stdio.h>

static int x[10] = {1,2,3,4,5,6,7};

void main(void)
{
  int i, tmp;

  while (x[0] < 5) {
```

```
    for (i = 1; i < 10; ++i) {
      tmp = x[i];
      x[i] = x[i - 1];
      x[i - 1] = tmp;
      printf("%d ", x[i - 1]);
    }
    printf("%d\n", x[9]);
  }
}
```

**11. (P)**

Geben Sie die Ausgabe des folgenden Programms an:

```
/* auf0511.c */

#include <stdio.h>

char *s1 = "Dieser String ist nicht leer";
char *s2 = "Dieser ist es ebenfalls nicht";
char *s3 = "                             ";

void main(void)
{
  int i = 0;

  while (s1[i] && s2[i]) {
    s3[i] = !(s1[i] - s2[i]) ? '1' : ' ';
    ++i;
  }
  printf("%s\n%s\n%s\n", s1, s2, s3);
}
```

**12. (P)**

Geben Sie die Ausgabe des folgenden Programms an:

```
/* auf0512.c */

#include <stdio.h>

char *s = "Zwei eindrucksvolle rekursive Graphen";
char *t = "                                     ";

void main(void)
{
  int i = 1;
```

```
  printf("%s\n ", s);
  for (i = 1; s[i]; ++i) {
    putchar(
      t[i] = s[i] > s[i-1] ?
        '+' :
        s[i] < s[i-1] ?
          '-' :
          ' '
    );
  }
  printf("\n ");
  for (i = 1; s[i]; ++i) {
    if (t[i] == t[i-1] || t[i+1] && t[i] == t[i+1]) {
      putchar('~');
    } else {
      putchar(' ');
    }
  }
  printf("\n");
}
```

**13. (P)**

Geben Sie die Ausgabe des folgenden Programms an:

```
/* auf0513.c */

#include <stdio.h>

char program[] = "Z11306D1I0G00Z22619D2I0G13H";
int  data[]    = {0, 0, 0};

void main(void)
{
  int pc = 0;

  data[0] = 0;
  data[1] = 123;
  data[2] = 574;
  while (pc >= 0) {
    switch (program[pc]) {
    case 'I': //Increment register
      ++data[program[pc+1] - '0'];
      pc += 2;
      break;
```

```
    case 'D': //Decrement register
      --data[program[pc+1] - '0'];
      pc += 2;
      break;
    case 'H': //Halt program
      printf("result = %d\n", data[0]);
      pc = -1;
      break;
    case 'G': //Goto
      pc = 10 * (program[pc + 1] - '0') +
      program[pc + 2] - '0';
      break;
    case 'Z': //Zero test
      if (data[program[pc+1] - '0'] == 0) {
        pc = 10 * (program[pc + 2] - '0') +
        program[pc + 3] - '0';
      } else {
        pc = 10 * (program[pc + 4] - '0') +
        program[pc + 5] - '0';
      }
      break;
    default:
      printf("unkown instruction %c at %d\n", program[pc], pc);
      pc = -1;
    }
  }
}
```

## 5.7 Lösungen zu ausgewählten Aufgaben

### Aufgabe 1

Man kann diese Aufgabe auf unterschiedliche Weisen lösen und dabei insbesondere ohne die Verwendung eines Arrays auskommen. Der tiefere Sinn der Aufgabe lag aber darin, zuerst die Werte in ein Array mit fünf *double*-Elementen einzulesen und dann dieses Array weiterzuverarbeiten. Auf diese Weise konnten Sie den Umgang mit einem einfachen Array üben.

```
/* lsg0501.c */

#include <stdio.h>

void main(void)
{
```

```
  double werte[5], summe = 0.0;
  int i;

  for (i = 0; i < 5; i++) {
    printf("Bitte eine double-Zahl: ");
    scanf("%le", &werte[i]);
    summe += werte[i];
  }
  printf("Der Mittelwert ist: %e\n", summe / 5.0);
}
```

**Aufgabe 2**

```
/* lsg0502.c */

#include <stdio.h>

void main(void)
{
  int cnt[256], i;
  int c;

  for (i = 0; i < 256; i++) {
    cnt[i]=0;
  }
  while ((c=getchar()) != EOF) {
    cnt[c]++;
  }
  for (i = 0; i <= 32; i++) {
    if (cnt[i]) {
      printf("%5d mal (ASCII %3d)\n", cnt[i], i);
    }
  }
  for (i = 33; i < 256; i++) {
    if (cnt[i]) {
      printf("%5d mal %1c\n", cnt[i], i);
    }
  }
}
```

Die wichtigste Datenstruktur in diesem Programm ist das Array *cnt*. Es besteht aus 256 Elementen vom Typ *int* und hat die Aufgabe, die Anzahl der einzelnen Zeichen zu zählen. Zur Indizierung dieses Arrays werden die eingelesenen Zeichen selbst verwendet, deren interner Code ja einen Wert im Bereich von 0 bis 255 bildet. Nachdem alle Zeichen verarbeitet wurden, steht also für jedes Zeichen mit dem Code *i* in *cnt[i]*, wie häufig dieses Zeichen vorkommt.

Um dies zu erreichen, werden in der *for*-Schleife zunächst alle 256 Zähler auf 0 zurückgesetzt. In der nachfolgenden *while*-Schleife wird dann bei jedem aufgetretenen Zeichen mit dem Code *i* der Zähler *cnt[i]* inkrementiert. Nach Ende der Eingabe werden dann alle Zeichen, deren Zählerwert größer Null ist, ausgegeben. Für die Steuerzeichen (ASCII-Code zwischen 0 und 31) wurde dabei eine separate Ausgabeschleife eingerichtet, da das direkte Ausgeben eines Steuerzeichens zu unerwünschten Effekten auf dem Bildschirm führen kann.

Eine typische Anwendung für dieses Programm besteht darin, eine Statistik über die Verteilung der Zeichen in einer gegebenen Textdatei zu finden. Dazu braucht man nur die Standardeingabe wie folgt auf die zu analysierende Textdatei umzulenken:

```
a.out < Textdatei
```

Das Programm wird dann nicht von der Tastatur lesen, sondern den Inhalt der Datei bearbeiten. Will man die Ausgabe nun noch sortiert haben, so kann man dies durch einen weiteren Filter sehr leicht erreichen:

```
a.out < Textdatei | sort
```

Durch diese Eingabe wird die Statistik in aufsteigender Reihenfolge ausgegeben.

**Aufgabe 3**

Das Zählen der Buchstaben und Zeilen ist absolut problemlos und kann mit zwei Programmzeilen erledigt werden. Etwas schwieriger ist das Zählen der Wörter. Die Beispiellösung geht davon aus, daß zwei aufeinanderfolgende Wörter ausschließlich durch Whitespaces getrennt werden und fragt diese mit *isspace* ab. Damit nicht jedes einzelne Whitespace (nach einem Wort kann ja mehr als ein Whitespace auftauchen) zu einem Erhöhen des Wort-Zählers führt, merkt sich das Programm in der logischen Variablen *in_word*, ob es sich innerhalb eines Wortes oder innerhalb einer Whitespace-Sequenz befindet.

```
/* lsg0503.c */

#include <stdio.h>
#include <ctype.h>

void main(void)
{
  long letters = 0, words = 0, lines = 1;
```

```
  int in_word = 0;
  int c;

  while ((c=getchar()) != EOF) {
    letters++;
    if (c == '\n') {
      lines++;
    }
    if (isspace(c)) {
      if (in_word) {
        words++;
        in_word = 0;
      }
    } else {
      in_word = 1;
    }
  }
  if (!letters) {
    lines = 0;
  }
  printf("Zeilen : %ld\n", lines);
  printf("Wörter  : %ld\n", words);
  printf("Zeichen: %ld\n", letters);
}
```

Wenn Sie dieses Programm mit einem der unter MS-DOS verfügbaren C-Compiler übersetzen und laufen lassen, werden Sie feststellen, daß es die Größe von Textdateien im Vergleich zum *dir*-Befehl etwas unterschiedlich anzeigt. Tatsächlich konvertieren alle C-Compiler unter MS-DOS beim Einlesen einer Textdatei jede darin vorkommende CRLF-Sequenz in ein einfaches LF. Auf diese Weise wird die UNIX-Kompatibilität erhöht, weil eine die zweibuchstabige Zeilenschaltung innerhalb des Programms als einfaches '\n' dargestellt wird.

Nun könnten Sie den Buchstabenzähler natürlich bei jedem Auftreten eines '\n' *zusätzlich* inkrementieren und so korrekt zählen. Falls Sie Ihr Programm dann aber irgendwann einmal nach UNIX portieren, wird es dort falsch arbeiten. Sie können das Problem umgehen, indem Sie mit bedingter Kompilierung arbeiten und die zusätzliche Addition von 1 nur dann durchführen, wenn das Programm unter MS-DOS läuft:

```
/* lsg0503a.c */

#include <stdio.h>
#include <ctype.h>
```

```
#ifndef MSDOS
#define MSDOS
#endif

void main(void)
{
  long letters = 0, words = 0, lines = 1;
  int in_word = 0;
  int c;

  while ((c=getchar()) != EOF) {
    letters++;
    if (c == '\n') {
      lines++;
#ifdef MSDOS
      letters++;
#endif
    }
    if (isspace(c)) {
      if (in_word) {
        words++;
        in_word = 0;
      }
    } else {
      in_word = 1;
    }
  }
  if (!letters) {
    lines = 0;
  }
  printf("Zeilen : %ld\n", lines);
  printf("Wörter : %ld\n", words);
  printf("Zeichen: %ld\n", letters);
}
```

**Aufgabe 4**

```
/* lsg0504.c */

#include <stdio.h>

void main(void)
{
  int c;
```

```
  while ((c=getchar()) != EOF) {
    if (c == 'd') {
      putchar('d');
      while ((c=getchar()) != EOF && c != '\n') {
        putchar(c);
      }
      putchar('\n');
    } else {
      while ((c=getchar()) != EOF && c != '\n');
    }
  }
}
```

Die Hauptaufgabe dieses Programms besteht darin, zu erkennen, ob am Anfang einer Eingabezeile ein *d* steht, und wenn das der Fall ist, die komplette Zeile auf dem Bildschirm auszugeben. Andernfalls wird die Zeile einfach verschluckt. Das angegebene Programm funktioniert natürlich nur unter UNIX, die MS-DOS-Version muß anstelle des *d* nach dem Wort *<DIR>* suchen.

**Aufgabe 5**

Das Hauptproblem bei der Lösung besteht darin, auf das Drücken der ENTER-Taste zu warten, denn während des Programmlaufs ist die Standardeingabe ja umgeleitet. Mit dem bisher Gelernten müßte Ihre Antwort also NEIN lauten.

### R 29 Low-Level-Tastaturabfrage

R29

Unter MS-DOS gibt es allerdings die Möglichkeit, die Tastatur unter Umgehung der Eingabeumleitung direkt über einen BIOS-Call abzufragen. Unter TURBO-C gibt es dazu die Funktion *bioskey,* bei MS-C *_bios_keybrd* und bei GNU-C *getkey*. Unter UNIX ist die Aufgabe leider noch schwieriger zu lösen, denn dort müssen Sie mit *Kontrollterminals* und *Terminaltreibern im RAW-Modus* umgehen. An dieser Stelle soll daher nur die MS-DOS-Lösung vorgestellt werden.

```
/* lsg0505.c */

#include <stdio.h>

void main(void)
{
  int c;
  int skipped_lines = 0, column_cnt = 0;
```

```
  while ((c=getchar()) != EOF) {
    putchar(c);
    column_cnt++;
    if (c == '\n' || column_cnt == 80) {
      skipped_lines++;
      column_cnt = 0;
    }
    if (skipped_lines == 20) {
      printf("Taste drücken...\n");
      bioskey(0);
      skipped_lines = 0;
    }
  }
}
```

**Aufgabe 6**

Das gegebene Programm berechnet die Potenz $a^b$. Um dies zu verstehen, muß man sich den Aufbau der beiden *for*-Schleifen genauer ansehen. Die innere Schleife addiert *a*-mal den Wert von *A[0]* in der Variablen *A[1]*, danach wird *A[0]* dieser Wert zugewiesen. Ein Durchlauf der äußeren Schleife ist also identisch mit der Anweisung *A[0]=A[0]*a;*.

Da *A[0]* mit 1 initialisiert wird, hat also *A[0]* nach dem ersten Durchlauf der äußeren Schleife den Wert *a*, nach dem zweiten Durchlauf den Wert *a*a*, nach dem dritten den Wert *a*a*a* und schließlich nach dem *b*-ten Durchlauf den Wert *a*a*a*...*a* mit *b* *a*'s. Für diesen Ausdruck gibt es natürlich eine einfachere Schreibweise, nämlich $a^b$. Überzeugen Sie sich selbst davon, daß das Programm auch für *b=0* korrekt arbeitet. Es ist nicht für negative Exponenten geeignet.

**Aufgabe 7**

Einen richtig funktionierenden Druckerfilter zu schreiben ist selbst bei einer so einfachen Aufgabenstellung nicht so einfach, wie es auf den ersten Blick aussieht. Prinzipiell soll das Programm lediglich alle eingegebenen Zeichen wieder ausgeben, zusätzlich an bestimmten Stellen jedoch Leerzeichen oder Zeilenschaltungen einfügen, um die Ausgabe optisch ansprechender zu gestalten. Die folgende Lösung ist kurz und leicht verständlich und kann gut für eigene Erweiterungen verwendet werden.

```
/* lsg0507.c */

#include <stdio.h>
void main(void)
{
  int zeile = 1, spalte = 1;
```

```
  irt c;

  c = getchar();
  while (c != EOF) {
    if (zeile == 1) {
      printf("\n\n\n\n\n");
      zeile = 6;
    } else if (zeile == 68) {
      printf("\n\n\n\n\n");
      zeile = 1;
    } else if (spalte == 1) {
      printf("     ");
      spalte = 6;
    } else if (spalte == 75) {
      putchar('\n');
      if (c == '\n') {
        c=getchar();
      }
      zeile++;
      spalte = 1;
    } else {
      putchar(c);
      spalte++;
      if (c == '\n') {
        zeile++;
        spalte = 1;
      }
      c = getchar();
    }
  }
  while (zeile <= 72) {
    putchar('\n');
    zeile++;
  }
}
```

Der Grundgedanke des Programms ist es, nach jedem Zeichen zu wissen, in welcher Zeile und Spalte sich der *Druckcursor* befindet. Der Druckcursor repräsentiert die Position auf dem Papier, an der das nächste Zeichen ausgegeben wird.

Abhängig von der Position des Druckcursors überprüft das Programm nun vor jeder Ausgabe eines eingelesenen Zeichens, ob bestimmte Aktionen auszuführen sind. Dazu gehört die Ausgabe zusätzlicher Leerzeilen am Anfang oder Ende einer Seite, zusätzlicher Leerzeichen am Anfang einer Zeile oder eine zusätzliche Zeilenschaltung, wenn die Eingabezeile zu lang ist. Wichtig ist, daß diese Aktionen auch unmittelbar nacheinander ausgeführt werden können (ohne daß in der Zwischenzeit ein neues Zeichen eingelesen wurde). So werden beispielsweise am Anfang einer Seite zunächst fünf Leerzeilen gefolgt von fünf Leerzeichen ausgegeben, und erst danach wird das nächste Eingabezeichen verarbeitet. Nach dem Lesen des letzten Zeichens muß das Programm nur noch die fehlenden Zeilenschaltungen bis zum Ende der Seite ausgeben.

**Aufgabe 8**

Die nachfolgende Implementierung basiert auf der Untersuchung aller möglichen Sortierordnungen, die das Array am Anfang haben kann. Da dies nur sechs verschiedene sind, ergibt sich nicht allzu viel Aufwand.

Aus diesen Erkenntnissen heraus bietet es sich an, zunächst zu testen, ob das erste Element größer als das dritte Element ist, um beide gegebenenfalls zu vertauschen. Anschließend können nur noch *entweder* das erste und das zweite oder das zweite und das dritte Element in der falschen Reihenfolge stehen, so daß maximal noch ein Tausch nötig ist.

Das nachfolgende Programm verwendet aus Gründen der Übersichtlichkeit das Makro CONDSWAP, das testet, ob zwei Elemente die verkehrte Reihenfolge haben, um sie gegebenenfalls zu vertauschen.

```
/* lsg0508.c */

static int A[3];

#define CONDSWAP(a,b) \
{\
  if (a > b) {\
    int tmp;\
    tmp = a;\
    a = b;\
    b = tmp;\
  }\
}

void main(void)
{
  CONDSWAP(A[0], A[2]);
  CONDSWAP(A[0], A[1]);
  CONDSWAP(A[1], A[2]);
}
```

Sie können leicht selbst überprüfen, daß die Funktion für beliebige Arrays nicht mehr Vertauschungen durchführt, als unbedingt nötig sind – also insbesondere niemals mehr als zwei. Das Programm könnte sogar noch ein klein wenig verbessert werden, weil der Vergleich im dritten Aufruf von CONDSWAP nur dann nötig ist, wenn der zweite negativ war. Aus Gründen der besseren Lesbarkeit wird er in dem Beispielprogramm aber immer ausgeführt.

**Aufgabe 9**

Das Acht-Damen-Problem ist seit langer Zeit bekannt und hat bereits im 19. Jahrhundert den berühmten Mathematiker C.F.Gauß (der auf dem 10-Mark-Schein) beschäftigt. Im Gegensatz zu uns hatte der Ärmste jedoch keinen Computer und konnte dieses Problem der Überlieferung nach trotz seines Genies daher nicht lösen.

Um mit Hilfe eines C-Programms eine Lösung zu finden, benötigen wir zunächst eine geeignete Datenstruktur zur Darstellung des Schachbretts und der darauf befindlichen Damen. Der naheliegende Ansatz, eine 8x8-Matrix von Wahrheitswerten zu verwenden, erweist sich als zu umständlich, so daß wir statt dessen etwas anders vorgehen wollen.

Da bei einer korrekten Lösung in jeder Spalte genau eine einzige Dame stehen muß, verwenden wir zur Darstellung ein *int*-Array *dame* mit acht Elementen. Jedes Element repräsentiert eine Spalte des Schachbretts und der darin enthaltene Wert gibt an, in welcher Zeile sich die Dame dieser Spalte befindet. Die Lösung soll dann dadurch gefunden werden, daß die Damen in den einzelnen Spalten so positioniert werden, daß sie sich nicht gegenseitig schlagen können. Damit der Index bei 1 (statt bei 0) beginnen kann, wurde das Array *dame* um eine Stelle größer definiert als eigentlich erforderlich.

```
/* lsg0509.c */

#include <stdio.h>

#define TRUE 1
#define FALSE 0
#define BOOL int

void main(void)
{
  int dame[9], spalte, i;
  BOOL bedrohung;

  for (i = 1; i <= 8; i++) {
```

```
      dame[i] = 0;
    }
    spalte = 1;
    while (spalte >= 1 && spalte <= 8) {
      if (dame[spalte] == 8) {
        dame[spalte] = 0;
        spalte--;
      } else {
        dame[spalte]++;
        bedrohung = FALSE;
        for (i = 1; i < spalte && !bedrohung; i++) {
          bedrohung = bedrohung || (dame[i] == dame[spalte]);
        }
        for (i=1; i<spalte &&!bedrohung; i++) {
          bedrohung = bedrohung ||
                      ((dame[i]==dame[spalte]-(spalte-i)) ||
                       (dame[i]==dame[spalte]+(spalte-i)));
        }
        if (!bedrohung) {
          spalte++;
        }
      }
    }
    if (spalte == 0) {
      printf("Keine Lösung gefunden!\n");
    } else {
      for (i = 1; i <= 8; i++) {
        printf("%d,%d\n", i, dame[i]);
      }
    }
  }
```

Um das Programm zu verstehen, muß man insbesondere die Bedeutung der Variablen *spalte* und die der großen *while*-Schleife kennen. Die Variable *spalte* bezeichnet dabei jeweils die Spalte, in der beim nächsten Schleifendurchlauf die Dame bewegt werden soll. Die Dame wird dabei immer am Anfang der *while*-Schleife bewegt, indem versucht wird, die Dame der aktuellen Spalte eine Zeile tiefer zu setzen. Falls diese Dame dann von keiner der weiter links stehenden Damen bedroht wird, kann *spalte* inkrementiert werden. Beim nächsten Schleifendurchlauf wird die nächste Spalte bearbeitet.

Gibt es jedoch eine Bedrohung von links, so bleibt *spalte* unverändert, und beim nächsten Schleifendurchlauf wird diese Dame erneut nach unten geschoben. Vor dem Schieben einer Dame muß natürlich überprüft werden, ob sie nicht schon in der letzten Zeile steht. Wenn das der Fall ist, wird sie vom Brett genommen (d.h. in Zeile 0 gesetzt), und *spalte* wird um eins vermindert. Dieser Fall tritt ein, wenn das Programm beim Ermitteln der Lösung in eine Sackgasse geraten ist und sich daraus befreien muß. Der Ausweg besteht darin, eine Spalte zurückzugehen, die dort stehende Dame weiter nach unten zu schieben und es in der nächsten Zeile erneut zu versuchen.

Der Algorithmus, mit dem festgestellt wird, ob eine der weiter links stehenden Damen eine Bedrohung für die Dame in der aktuellen Spalte darstellt, arbeitet wie folgt: in der ersten *for*-Schleife wird überprüft, ob eine der weiter links stehenden Damen in der gleichen Zeile steht. In der zweiten *for*-Schleife wird überprüft, ob von einer weiter links stehenden Dame eine Bedrohung über eine der Diagonalen ausgeht. Bemerkenswert ist die Realisierung des »Anschaltens« der Bedingung *bedrohung* durch die logische ODER-Verknüpfung mit der Anschalte-Bedingung und sich selbst; dadurch kann auf die *if*-Anweisung verzichtet werden.

Der Rest des Programms beschäftigt sich mit der Ausgabe der Resultate. Das vom Programm ermittelte, korrekte Ergebnis ist übrigens (1,1) (2,5) (3,8) (4,6) (5,3) (6,7) (7,2) (8,4) (s. Abbildung 5.5). Nach N. Wirth, *»Algorithmen und Datenstrukturen«* gibt es insgesamt 92 Lösungen, von denen 12 nicht symmetrisch zueinander sind.

Dieses Verfahren der Lösungsermittlung durch Probieren, bei der das Programm in Sackgassen geraten kann, bezeichnet man übrigens als *Stone*. Es spielt in der Informatik häufig dort eine Rolle, wo analytische Lösungen nicht zugänglich sind, etwa im Zusammenhang mit der Programmierung von Expertensystemen oder in der Spieltheorie. PROLOG ist ein Beispiel für eine Programmiersprache, die vollständig auf dem Gedanken des Backtrackings aufbaut.

**Aufgabe 13**

Das vorgestellte Programm realisiert eine *Registermaschine*, die die zweistellige Funktion *a * b* berechnet. Die Operanden stehen in *data[1]* und *data[2]*, und das Ergebnis steht nach der Berechnung in *data[0]*. In dem Array *program* steht das Registermaschinenprogramm zur Berechnung der Funktion.

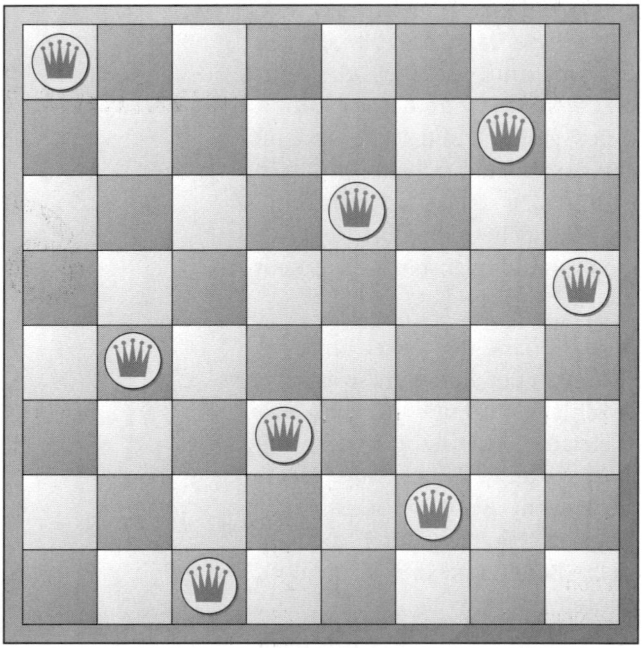

Abbildung 5.5: Eine Lösung des Acht-Damen-Problems

R30

### R 30 Registermaschinen

Registermaschinen sind eine Erfindung der theoretischen Informatik und wurden 1963 von Shepherdson und Sturgis eingeführt. Sie dienen dazu, bestimmte Typen von *Berechenbarkeit* zu erklären. Tatsächlich haben die Informatiker gezeigt, daß Registermaschinen eine sehr große Klasse unterschiedlicher Funktionen berechnen können und insbesondere zu *Turing-Maschinen* äquivalent sind. Damit lassen sich praktisch alle *im intuitiven Sinne berechenbaren Funktionen* mit Hilfe einer Registermaschine berechnen.

Der Interessierte sei an weiterführende Literatur verwiesen, beispielsweise »Automaten, Sprachen und Maschinen für Anwender« von Albert und Ottmann oder »Computabilty« von Weihrauch.

GoTo

# Funktionen

# 6

## Kapitelüberblick

## 6.1 Unterprogramme

Alle nennenswerten Programmiersprachen besitzen ein *Unterprogrammkonstrukt*. Während ältere Sprachen darunter lediglich einen unbedingten Sprung mit vorheriger Sicherung der Rücksprungadresse verstanden, verfügen mittlerweile die meisten Sprachen über die Möglichkeit, Parameter zu übergeben, lokale Variablen zu deklarieren und Rückgabewerte festzulegen. Viele moderne Sprachen haben darüber hinaus weitere Fähigkeiten und bieten zusätzliche Möglichkeiten.

Die Unterprogramme von C heißen *Funktionen* und sollen in diesem Kapitel behandelt werden. Am Ende des Kapitels werden Sie Syntax (Schreibweise) und Semantik (Bedeutung) von Funktionen in C kennen und sich mit softwaretechnischen Aspekten des Funktionskonzepts auseinandergesetzt haben. Den Abschluß des Kapitels bildet ein Abschnitt zum Thema *Rekursion*, in dem es um Funktionen geht, die sich selbst aufrufen.

**Wiederverwendung von Programmcode**

Sie haben bisher nur Programme kennengelernt, die aus einem einzigen zusammenhängenden Block bestanden, nämlich dem Rumpf der Funktion *main*. Die bisher dargestellten Möglichkeiten der *Wiederverwendung* von Programmcode beschränkten sich darauf, Anweisungen in eine Schleife einzubetten und sie unter Kontrolle des Schleifentestausdrucks beliebig oft auszuführen.

Mit dem Unterprogrammkonzept von C werden Sie nun ein flexibleres Mittel kennenlernen, um Anweisungen im Programm wiederholt auszuführen. Im Unterschied zu Schleifenkonstruktionen beschränkt sich die Wiederverwendbarkeit dabei nicht nur auf das mehrfache Ausführen eines Blocks, sondern sie besteht darin, daß eine einmal definierte Anweisungsfolge von einer beliebigen Stelle des Programms zu einem beliebigen Zeitpunkt aus »aufgerufen« werden kann. Ein derartiger Aufruf bewirkt, daß der Programmcode des Unterprogramms ausgeführt und nach dessen Ende mit der nächsten Anweisung hinter der Aufrufstelle fortgefahren wird.

Wie schon erwähnt, gibt es in jeder prozeduralen Hochsprache ein Unterprogrammkonzept, das in dieser Weise funktioniert. In manchen Sprachen werden Unterprogramme als *Funktionen*, in anderen als *Prozeduren* bezeichnet. Es gibt auch Programmiersprachen (z.B. Pascal oder Modula-2), die sowohl Funktionen als auch Prozeduren kennen und streng zwischen beiden unterscheiden. In C gibt es dagegen zur Realisierung des Unterprogrammkonzepts nur Funktionen.

In den folgenden Abschnitten werden Sie immer wieder zwischen den beiden wesentlichen Aspekten einer Funktion differenzieren müssen. Es handelt sich dabei um

1. die Definition der Funktion und
2. den Aufruf der Funktion.

Bei der Funktionsdefinition werden die *Aufgaben* der Funktion festgelegt, d.h. es wird festgelegt, welche Anweisungen in welcher Reihenfolge auszuführen sind. Bei der Definition wird der angegebene Programmcode noch nicht ausgeführt, sondern dem Compiler lediglich *bekanntgemacht*. Erst beim Aufruf der Funktion führt das Programm die bei der Definition festgelegten Anweisungen tatsächlich aus.

Am besten, stellen Sie sich den Aufruf einer Funktion als Sprung auf die erste Anweisung ihrer Definition vor und denken sich hinter der letzten Anweisung einen *variablen Rücksprungbefehl*. Dieser sorgt dafür, daß nach Ende der Funktion unmittelbar hinter die Programmstelle gesprungen wird, von der aus die Funktion aufgerufen wurde.

Bevor wir uns auf den nächsten Seiten eingehend mit der Bedeutung von Funktionsdefinition und -aufruf beschäftigen, wollen wir uns ihre Syntax ansehen.

**Syntax einer Funktionsdefinition**

```
[Speicherklasse] [Typ] Name ( [Parameterliste] )
[Parameterdefinition]
Block
```

**Syntax eines Funktionsaufrufs**

```
Funktionsname ( [Parameterliste] )
```

Die Bestandteile dieser Definitionen werden nun nach und nach erklärt. Da viele Einzelheiten aufeinander aufbauen, sollten Sie dieses Kapitel sorgfältig und in der vorgegebenen Reihenfolge durcharbeiten.

## 6.2 Anwendung von Funktionen

### 6.2.1 Die parameterlose Funktion

Wir kommen zur einfachsten Form eines Unterprogramms in C, der *parameterlosen* Funktion. Betrachten Sie folgendes Beispiel:

```
/* bsp0601.c */

#include <stdio.h>

void stars(void)
{
  printf("**********************************\n");
}

void main(void)
```

```
11 {
12     stars();
13     printf("hello, world\n");
14     stars();
15 }
```

Das Programm enthält neben der *main*-Funktion die Definition einer weiteren Funktion mit dem Namen *stars*. Die Definition von *stars* beginnt in Zeile 5 und endet in Zeile 8. Zunächst wird der Name der Funktion angegeben, gefolgt von einem Paar runder Klammern. In C gibt es kein besonderes Schlüsselwort zum Einleiten einer Funktionsdefinition (wie z.B. *function* in Pascal). Der Bezeichner *void* besagt lediglich, daß die Funktion keinen Rückgabewert hat, er könnte ebensogut fehlen.

Die Klammern begrenzen die Parameterliste der Funktion, die in diesem Fall leer ist, da *stars* parameterlos ist. Im Gegensatz zu Pascal ist es in C nicht erlaubt, bei der Definition einer parameterlosen Funktion die Klammern wegzulassen. Diese sind es nämlich gerade, die den syntaktischen Unterschied zwischen der Definition einer Variablen und der einer Funktion ausmachen. Der obere Teil einer Funktionsdefinition wird auch als *Funktionskopf* bezeichnet, während der eigentliche Anweisungsteil *Funktionsrumpf* heißt. Der Funktionsrumpf wird durch die geschweiften Klammern begrenzt; in unserem Beispiel reicht er von Zeile 6 bis Zeile 8.

Wenn Sie an Kapitel 3 zurückdenken, so werden Ihnen die geschweiften Klammern bekannt vorkommen, sie sind nämlich die Begrenzer eines *Blocks*. Tatsächlich ist der Rumpf einer Funktion nichts anderes als ein Block im Sinne von Kapitel 3 und darf damit neben den eigentlichen Anweisungen insbesondere Variablendefinitionen enthalten. Wir werden darauf später zurückkommen.

In diesem Beispiel enthält der Funktionsrumpf nur eine einzige Anweisung, nämlich die *printf*-Anweisung in Zeile 7. *stars* ist eine sehr einfache Funktion, da weder Parameter noch lokale Variablen noch ein Rückgabewert vorhanden sind und im Anweisungsteil lediglich eine einzige Anweisung auftaucht. Normalerweise werden Funktionen, mit denen man in der Praxis zu tun hat, sehr viel komplizierter sein. Sie werden in den allermeisten Fällen nicht nur eine, sondern mehrere Anweisungen enthalten und zudem komplizierter strukturiert sein, also etwa bedingte Anweisungen oder Schleifen oder weitere Funktionsaufrufe enthalten.

Neben der reinen Wiederverwendbarkeit von Programmcode besitzen Funktionen noch die wichtige Eigenschaft, Programme zu strukturieren. Durch die Unterteilung in einzelne Funktionen können auf diese Weise lange Programme in kleine, gut überschaubare Einheiten zerlegt und getrennt vom Hauptprogramm entwickelt werden. Wir werden auf diesen

Aspekt in einem Abschnitt über *separate Kompilierung* später noch einmal zurückkommen.

Soviel zur Definition der Funktion. Nun stellt sich natürlich die Frage, wie die Funktion *verwendet* werden kann. Es wurde schon erwähnt, daß die Verwendung einer Funktion darin besteht, diese aufzurufen. In unserem Beispiel sehen Sie Funktionsaufrufe in den Programmzeilen 12 bis 14. In Zeile 12 wird die Funktion *stars* aufgerufen, d.h. wenn das Programm an die Zeile 12 gelangt, wird an den Anfang der Funktion *stars* gesprungen, deren Anweisungen werden abgearbeitet und nach der letzten Anweisung wird wieder an die Aufrufstelle zurückgesprungen.

Wie an diesem Beispiel zu sehen ist, wird eine Funktion also dadurch aufgerufen, daß der Name der Funktion, gefolgt von runden Klammern, angegeben wird. Da eine Funktion ein Ausdruck ist, muß ein Semikolon an das Ende des Aufrufs gesetzt werden, um daraus eine Ausdrucksanweisung zu machen. Da in diesem konkreten Fall die Aufgabe der Funktion *stars* darin besteht, einige Sternchen, gefolgt von einer Zeilenschaltung, auf dem Bildschirm auszugeben, wird durch die Zeile 12 in dem Beispielprogramm genau diese Sternchenzeile ausgegeben.

Zeile 13 ist ebenfalls ein Funktionsaufruf, der sich allerdings von dem in Zeile 12 unterscheidet. Erstens ist die Parameterliste nicht leer, denn zwischen den runden Klammern werden *Argumente* an *printf* übergeben. Zweitens handelt es sich nicht um eine selbstgeschriebene Funktion (wie *stars*), sondern um eine Funktion aus der Standard-Library des C-Compilers.

Sie können hieran sehr gut eine der Haupteigenschaften von Funktionen erkennen. Wurden sie erst einmal entwickelt und ausgetestet, so kann man ihren internen Aufbau fast vollständig vergessen und benötigt nur noch ihre formalen Eigenschaften, um sie korrekt verwenden zu können. Gerade *printf* ist ein Beispiel für eine einfach zu verwendende Funktion mit relativ kompliziertem Innenleben.

Nachdem also durch die Zeile 13 der Text *»hello, world«* auf dem Bildschirm ausgegeben wurde, wird in der Zeile 14 erneut die *stars*-Funktion aufgerufen, die wiederum eine Zeile mit Sternchen auf den Bildschirm schreibt. Insgesamt sieht die Ausgabe des Programms damit so aus:

```
**********************************
hello, world
**********************************
```

Der Nutzen *parameterloser* Unterprogramme ist begrenzt. Eine parameterlose Funktion führt im allgemeinen immer haargenau dieselbe Aufgabe durch und kann schlecht auf äußere Ereignisse reagieren. Die einzige

Möglichkeit, das Verhalten parameterloser Funktionen zu beeinflussen, besteht darin, mit ihnen über globale Variablen oder externe Dateien zu kommunizieren. Mit *Rückgabewerten, lokalen Variablen* und *Übergabeparametern* haben sich allerdings im Laufe der Zeit Unterprogrammstrukturen entwickelt, die eine flexiblere Arbeitssweise und einen besseren Programmierstil ermöglichen. Diese Konzepte sollen nachfolgend vorgestellt werden.

### 6.2.2 Lokale Variablen in Funktionen

Wie Sie schon gesehen haben, ist der Rumpf einer Funktion nichts anderes als ein Block und darf aus diesem Grund neben reinen Anweisungen auch Variablendefinitionen enthalten. Derartige Variablen werden als *lokale Variablen* bezeichnet und sind nur innerhalb des Blocks sichtbar und zugreifbar. Sie werden zu Beginn der Ausführung des Blocks (also zur Laufzeit des Programms!) angelegt und nach dem Ende des Blocks wieder gelöscht. Bei Namensüberschneidungen mit Variablen, die auf einer weiter außen liegenden Stufe definiert wurden, gilt die Regel, daß während der Abarbeitung des Blocks die lokalen Variablen sichtbar und gültig sind, während eventuell namensgleiche globale Variablen verdeckt werden. Nach dem Blockende sind dagegen wieder die globalen Variablen mit ihren ursprünglichen Werten sichtbar.

```
/* bsp0602.c */

#include <stdio.h>

int a, b, c;

void a_hoch_b_nach_c(void)
{
  int i;

  c = 1;
  for (i = 1; i <= b; i++) {
    c*=a;
  }
}

void main(void)
{
  a = 2;
  b = 10;
  a_hoch_b_nach_c();
```

```
  printf("%d\n", c);
}
```

Hier wird eine Funktion *a_hoch_b_nach_c* definiert, deren Aufgabe darin besteht, die globale Variable *a* mit der globalen Variable *b* zu potenzieren und das Ergebnis in die globale Variable *c* zu schreiben. Die Funktion enthält eine lokale Variable *i*, die als Schleifenzähler zum Bestimmen des Ergebniswertes verwendet wird. Diese Variable ist nur innerhalb des sie umgebenden Blocks sichtbar, in diesem Fall also nur innerhalb der Funktion *a_hoch_b_nach_c*. Gäbe es zusätzlich eine globale Variable *i*, so wäre sie innerhalb der Funktion verdeckt, und nur das lokale *i* wäre sichtbar und zugreifbar. Abbildung 6.1 zeigt Sichtbarkeit und Lebensdauer von globalen und lokalen Variablen zu diesem Beispiel.

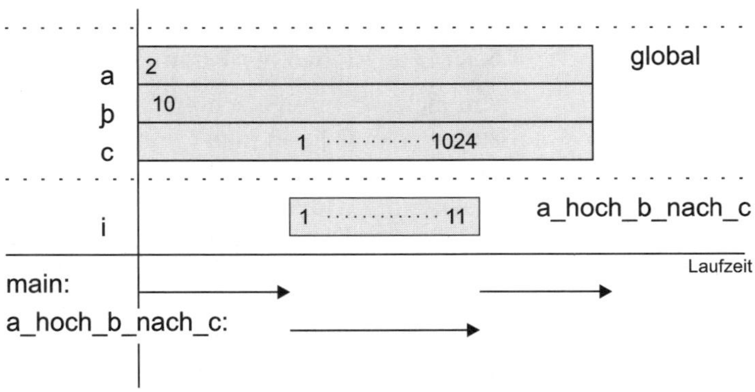


**Abbildung 6.1: Sichtbarkeit von globalen und lokalen Variablen**

Um unnötige Fehler zu vermeiden, sollte man innerhalb von Funktionen möglichst nur lokale Variablen verwenden. Nur wenn es absolut unabdingbar ist, sollten globale Variablen eingesetzt werden. Werden nämlich für die Programmierung funktionsinterner Abläufe globale Variablen verwendet, so besteht immer die Gefahr, daß derartige Variablen unbeabsichtigt von anderen Funktionen, die man aufruft oder die an anderer Stelle aufgerufen werden, verändert werden. Insbesondere bei der Programmentwicklung im Team kann dies zu schweren Fehlern führen.

Ein Musterbeispiel für schlechten Stil bei der Verwendung globaler Variablen ist die Angewohnheit, ganzzahlige Variablen *i*, *j* und *k* global zu definieren, um diese als häufig benötigte (Schleifen-)Variablen nicht in jeder Funktion lokal anlegen zu müssen. Rufen sich die Funktionen gegenseitig auf oder sind nur zwei Programmierer im Team, die diese Gewohnheit teilen, kommt es sehr schnell zu verdeckten Fehlern. Es ist unbedingt empfehlenswert, in einer Funktion für alle rein internen Zwecke lokale Variablen zu definieren.

Das letzte Beispielprogramm zeigt, daß die Kommunikation zwischen Hauptprogramm und Funktion über globale Variablen sehr holprig ist. Es besteht nicht nur die Gefahr unerwünschter Nebeneffekte, sondern zudem kann man beim Aufruf der Funktion nicht erkennen, welche globalen Variablen denn nun eigentlich verwendet werden und in welcher Variable das Ergebnis steht. Bei größeren Projekten verringert ein solches Vorgehen die Lesbarkeit des Programms und treibt den Aufwand für kleine Änderungen nach oben. Die nächsten Abschnitte werden zeigen, daß C glücklicherweise sehr viel bessere Möglichkeiten zur Kommunikation der Funktionen eines Programmes untereinander bietet.

## 6.3 Parameter

### 6.3.1 Funktionen mit Parametern

Um die erwähnten Nachteile der Kommunikation über globale Variablen zu vermeiden, kann man C eine Funktion mit *Parametern* ausstatten. Darunter versteht man Werte, die beim Funktionsaufruf vom aufrufenden Programm an die Funktion übergeben werden. Innerhalb der Funktion können diese Werte wie normale Variablen behandelt werden, die allerdings bei jedem Aufruf der Funktion einen anderen Anfangswert haben können. Wir werden in diesem Abschnitt sehen, wie eine Funktion mit Parametern definiert und aufgerufen wird.

Wenn eine Funktion mit Parametern aufgerufen werden soll, muß bei ihrer Definition innerhalb der runden Klammern nach dem Funktionsnamen eine formale Parameterliste in der Form *Name1, Name2, ...* angegeben werden. Zwischen Funktionskopf und -rumpf werden die angegebenen Namen dann wie bei einer Variablendefinition typisiert.

```
/* bsp0603.c */

#include <stdio.h>

void say(num)
int num;
{
  printf("Übergeben wurde: %d\n", num);
}


void main(void)
{
```

```
14   int i = 5, j = 10;
15
16   say(i);
17   say(j);
18   say(i + j);
19 }
```

In diesem Programm wird eine Funktion *say* definiert. Im Gegensatz zu den vorigen Funktionen sind die Klammern hinter dem Funktionsnamen jedoch nicht leer, sondern enthalten den Bezeichner *num*, der einen Funktionsparameter darstellt. Um den Parameter innerhalb der Funktion auch aufrufen zu können, wird er in Zeile 6 typisiert. Diese Zeile befindet sich genau zwischen dem Kopf und dem Rumpf der Funktion und dient dazu, alle in der Parameterliste vorkommenden Namen von Parametern zu deklarieren. In diesem Beispiel wird also festgelegt, daß *num* vom Typ *int* ist und im Funktionsrumpf wie eine lokale, initialisierte *int*-Variable mit dem Namen *num* verwendet werden kann.

Eine so deklarierte Funktion wird ähnlich aufgerufen wie eine parameterlose. Beim Aufruf müssen dabei zwischen den runden Klammern nach dem Funktionsnamen die *aktuellen Parameter* angegeben werden, in diesem Fall also ein Ausdruck vom Typ *int*. Dagegen ist es nicht mehr erlaubt, die Funktion ohne Angabe eines Parameters oder mit einem falsch typisierten Parameter aufzurufen.

In Zeile 16 bis 18 wird die Funktion *say* dreimal mit unterschiedlichen Parametern aufgerufen; zunächst wird ihr die Variable *i* übergeben, d.h. innerhalb der Funktion enthält *num* den Wert, den *i* zum Zeitpunkt des Aufrufs enthalten hat. Das gleiche passiert beim nachfolgenden Aufruf mit *j* als Parameter. Hier bekommt *num* den Wert von *j* zugeweisen.

In Zeile 18 sehen Sie zudem, daß neben einer einfachen Variable auch Ausdrücke übergeben werden dürfen. Diese werden vor dem Aufruf berechnet, das Ergebnis wird in einer temporären Variable gespeichert und schließlich beim Aufruf an die die Funktion übergeben. Dort steht der Wert dann wie zuvor unter dem Namen des formalen Parameters zur Verfügung. Beim letzten Aufruf von *say* hat *num* also den Wert *i+j*. Die Ausgabe des Programms ist damit:

```
Die Zahl ist: 5
Die Zahl ist: 10
Die Zahl ist: 15
```

#### Parameterdefinition in ANSI-C

Das eben vorgestellte Beispiel orientiert sich an der Syntax von Standard-C, die auch ältere Compiler verstehen. Durch die Einführung von ANSI-C hat es sich mittlerweile eingebürgert, die formalen Parameter in einer anderen Weise zu deklarieren. Anstelle der getrennten Namens- und Typvereinbarung werden Typ und Name in der Form *Typ1 Name1, Typ2 Name2, ...* direkt im Funktionskopf angegeben. Damit bekäme das obige Beispiel folgendes Aussehen:

```
/* bsp0604.c */

#include <stdio.h>

void say(int num)
{
  printf("Übergeben wurde: %d\n", num);
}


void main(void)
{
  int i = 5, j = 10;

  say(i);
  say(j);
  say(i + j);
}
```

Für moderne C-Compiler sind beide Deklarationen gleichwertig und können nach Belieben gemischt werden. Die meisten C-Programmierer verwenden aber nur noch die moderne Form und auch wir werden sie in den nachfolgenden Beispielen benutzen.

### Formale und aktuelle Parameter

An dieser Stelle sollen zwei Begriffe eingeführt werden, die in den folgenden Abschnitten immer wieder auftauchen und deren Verwechslung zu Verwirrungen führen könnte.

Die bei der Definition einer Funktion angegebenen Parameter bezeichnet man als *formale Parameter* dieser Funktion. Ihre Sichtbarkeit beschränkt sich wie bei lokalen Variablen auf den Funktionsrumpf. Der einzige formale Parameter der Funktion *say* aus dem vorigen Beispiel war *num*. Im Unterschied dazu bezeichnet man die Werte, die beim *Aufruf* an die Funktion übergeben werden, als *aktuelle Parameter*. In unserem Beispiel waren also nacheinander die Ausdrücke *i*, *j* und *i+j* aktuelle Parameter für *say*.

Die Sichtbarkeit der formalen Parameter ist auf den Funktionsrumpf beschränkt, und es besteht kein namentlicher Zusammenhang zwischen formalen und aktuellen Parametern. Es ist daher vollkommen egal, ob etwa ein aktueller Parameter den gleichen Namen hat wie ein formaler oder ob sich beide Namen unterscheiden. Wichtig ist nur, daß innerhalb der Funktion der Name des *formalen* Parameters verwendet wird, während außerhalb der Funktion nur der *aktuelle* Parameter von Bedeutung ist.

### Der Übergabemechanismus bei einfachen Typen

### R 31 Übergabe von Funktionsparametern

R31

Wir wollen nun die bisherigen, etwas informellen Betrachtungen zur Parameterübergabe vertiefen. Der Parameterübergabemechanismus in C-Programmen funktioniert grundsätzlich nach dem Prinzip CALL-BY-VALUE. Das bedeutet, daß beim Aufruf einer Funktion zunächst die aktuellen Parameter in lokale Speicherstellen der Funktion kopiert werden und auf diese dann wie lokale Variablen innerhalb der Funktion über die Namen der korrespondierenden formalen Parameter zugegriffen werden kann.

Beim Aufruf einer Funktion werden also zunächst alle formalen Parameter wie lokale Variablen angelegt und danach mit den Werten der aktuellen Parameter initialisiert. Erst dann wird die erste ausführbare Anweisung innerhalb der Funktion ausgeführt. Da somit die aktuellen Parameter innerhalb der Funktion nur in Form von Kopien existieren, besteht eine vollkommene Trennung zwischen formalen und aktuellen Parametern. Wird etwa innerhalb der Funktion einem formalen Parameter ein Wert zugewiesen (was erlaubt ist), so ist diese Änderung nur für die Dauer der Funktionsausführung wirksam. Auf den korrespondierenden aktuellen Parameter wirkt sich die Änderung nicht aus.

Betrachten Sie folgendes Beispiel:

```
/* bsp0605.c */

#include <stdio.h>

int num;

void quark(int num)
{
  num += 1;
  printf("%d\n", num);
}

void main(void)
{
  num = 5;
```

```
  printf("%d\n", num);
  quark(num);
  printf("%d\n", num);
}
```

Die Ausgabe des Programms ist:

```
5
6
5
```

In diesem Programm gibt es einige potentielle Namenskonflikte durch die mehrfache Verwendung des Bezeichners *num*. Zunächst wird *num* als globale Variable definiert und ist damit potentiell im kompletten Programm sichtbar. In der Definition der Funktion *quark* wird allerdings ein formaler Parameter mit demselben Namen definiert. Da formale Parameter sich bezüglich der Sichtbarkeit und Lebensdauer ebenso verhalten wie lokale Variablen, wird durch diese Definition innerhalb von *quark* die globale Variable *num* versteckt. Tatsächlich greift der Ausdruck *num+=1* innerhalb von *quark* nicht auf die globale Variable, sondern auf den formalen Parameter *num* zu.

In der *main*-Funktion wird zunächst der globalen Variablen *num* der Wert 5 zugewiesen und auf dem Bildschirm ausgegeben. Anschließend wird *quark* mit dem aktuellen Parameter *num* aufgerufen. Da an dieser Stelle keine weitere Variable desselben Namens sichtbar ist, kann es sich nur um die globale Variable *num* handeln. Also wird deren Inhalt in eine lokale Speicherstelle der Funktion *quark* kopiert, auf die über den formalen Parameter *num* zugegriffen werden kann. Durch die Namensgleichheit wird innerhalb von *quark* die globale Variable verdeckt, und der Ausdruck *num+=1* wirkt ausschließlich lokal. Die Ausgabeanweisung innerhalb von *quark* gibt also 6 aus. Nach dem Ende der Funktion hat die globale Variable *num* nach wie vor unverändert den Wert 5, der dann durch die letzte *printf*-Anweisung ausgegeben wird.

Sie sehen an diesem Beispiel auch, daß die Parameterübergabe mit CALL-BY-VALUE nur in einer Richtung funktioniert, nämlich von außen in die Funktion hinein. Will man hingegen Werte von der Funktion an den aufrufenden Programmteil zurückgeben, so muß man anders vorgehen. Den aus vielen Sprachen bekannten Übergabemechanismus CALL-BY-REFERENCE zur Rückgabe von Parametern gibt es in C nicht, er kann allerdings mit Hilfe von Zeigern nachgebildet werden. Wir werden darauf in Kapitel 11 zurückkommen.

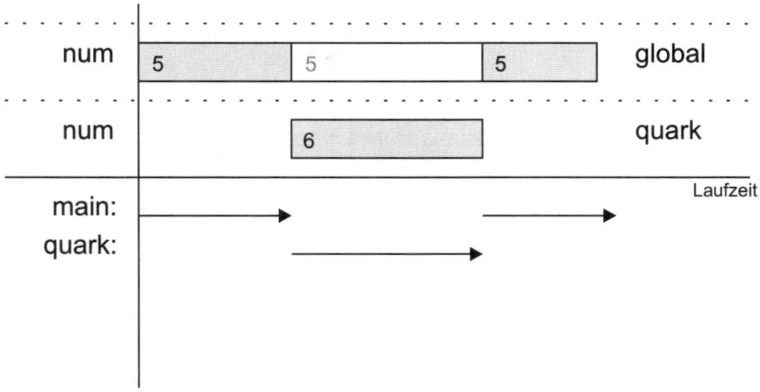


Abbildung 6.2: Verdecken einer globalen Variable

### 6.3.2 Übergabe von Arrays

Der im vorigen Abschnitt erläuterte Übergabemechanismus CALL-BY-VALUE wird auf den ersten Blick scheinbar nicht bei allen Variablentypen verwendet. Insbesondere bei der Übergabe eines Arrays an eine Funktion wird offensichtlich anders vorgegangen. Betrachten Sie folgendes Beispiel:

```
/* bsp0606.c */

#include <stdio.h>
#define LEN 3

int A[LEN] = {12,5,7};

void add1(int B[])
{
  int i;

  for (i = 0; i < LEN; i++) {
    B[i]++;
  }
}

void main(void)
{
  printf("%d %d %d\n", A[0], A[1], A[2]);
  add1(A);
  printf("%d %d %d\n", A[0], A[1], A[2]);
}
```

Die Funktion *add1* wurde mit einem Parameter *B*, einem *int*-Array, definiert. Innerhalb der Funktion werden alle Elemente des formalen Parameters *B* inkrementiert. Würde auch in diesem Beispiel die Parameterübergabe per CALL-BY-VALUE vorgenommen werden, so hätten diese Zuweisungen keinen Einfluß auf den aktuellen Parameter, und die Ausgabe des Programms würde lauten:

```
12 5 7
12 5 7
```

Wir hätten uns dieses Beispiel natürlich nicht angesehen, wenn es sich bei Arrays nicht etwas anders verhalten würde. Hier gilt nämlich nicht die Übergabeart CALL-BY-VALUE, sondern tatsächlich CALL-BY-REFERENCE. Alle Änderungen, die innerhalb der Funktion an dem formalen Parameter *B* vorgenommen werden, wirken sich daher auf den aktuellen Parameter aus. Die Ausgabe des Programms ist damit:

```
12 5 7
13 6 8
```

Der Grund für dieses abweichende Verhalten von Arrays liegt darin, daß der Name eines Arrays gleichbedeutend mit einem Zeiger auf sein erstes Element ist. Beim Aufruf der Funktion *add1(A)* wird also nicht das komplette Array *A* in den formalen Parameter *B* kopiert, sondern lediglich der Zeiger auf sein erstes Element. Obwohl der Zeiger selbst mit CALL-BY-VALUE übergeben wurde, zeigt seine Kopie natürlich noch auf das Originalarray, so daß innerhalb der Funktion nicht mit einer Kopie des kompletten Arrays, sondern lediglich mit einer Kopie des Zeigers auf das erste Element gearbeitet wird. Beim elementweisen Zugriff wird dann offensichtlich auf die Originaldaten zugegriffen.

Sie brauchen sich an dieser Stelle allerdings keine Sorgen über weitere Ausnahmen von der CALL-BY-VALUE-Regel machen. Das Array ist – abgesehen von der expliziten Übergabe von Zeigern, wie wir sie noch kennenlernen werden – tatsächlich der einzige Datentyp, der nicht per CALL-BY-VALUE übergeben wird.

Diese abweichende Behandlung von Arrays bei der Parameterübergabe ist in sehr vielen Programmiersprachen zu finden. Meist stehen dafür praktische Gründe im Vordergrund. Da bei der Übergabe mit dem Verfahren CALL-BY-VALUE zur Laufzeit des Programms eine Kopie der kompletten Datenstruktur angelegt werden muß, kann dies bei einem großen Array sehr viel Hauptspeicher und Ausführungszeit kosten. Bei der Übergabe mit CALL-BY-REFERENCE muß lediglich ein Zeiger kopiert werden. Das ist aufwandsmäßig mit einem *int* vergleichbar und nimmt natürlich wesentlich weniger Ressourcen in Anspruch.

### 6.3.3 Rückgabeparameter

Bisher kennen Sie noch keine »offizielle« Möglichkeit, Werte aus einer Funktion an den Aufrufer zurückzugeben. Natürlich wären Funktionen längst nicht so nützlich wie sie sind, wenn man nicht auch Werte zurückgeben könnte. Tatsächlich gibt fast jede Funktion in C einen Wert zurück, dessen Typ bei der Definition der Funktion festgelegt wird. Dieser Wert wird naheliegend als *Rückgabewert* der Funktion bezeichnet. Wir werden uns in diesem Abschnitt mit der Definition und dem Aufruf von Funktionen mit Rückgabewerten beschäftigen.

#### Der Standardrückgabetyp int

In den bisherigen Beispielen haben wir Funktionen wie folgt definiert:

```
Funktionsname ( [Parameternamen] )
[Parameterdefinition]
Block
```

Wenn Sie diese Syntax mit der am Anfang des Kapitels vergleichen, werden Sie feststellen, daß wir manchmal den optionalen Bestandteil *Typ* außer acht gelassen haben. Dieser syntaktische Bestandteil legt den Typ des Rückgabewerts einer Funktion fest. Für *Typ* darf einer der Standardtypen (*int, float, ...*) oder ein selbstdefinerter Typname (s. nächstes Kapitel) eingesetzt werden. Wird die Typangabe ausgelassen, so bedeutet dies nicht, daß die Funktion keinen Wert zurückgeben soll, sondern daß der Rückgabewert vom Typ *int* ist.

Um die Bedeutung des Rückgabewerts einer Funktion zu verstehen, sollten Sie sich kurz an das Kapitel 2 (Ausdrücke) erinnern. Dort wurde vom Rückgabewert eines Ausdrucks gesprochen, der in einem anderen Ausdruck weiterverwendet werden kann. Genauso ist es bei Funktionen, denn durch den Rückgabewert kann eine Funktion als Ausdruck verwendet werden. Da fast alle Funktionen (Ausnahmen sind die *void*-Funktionen, die weiter unten vorgestellt werden) einen Rückgabewert liefern, ist der *Aufruf einer Funktion* syntaktisch ein gültiger Ausdruck.

Eine Funktion kann also genauso verwendet werden wie ein einfacher Ausdruck desselben Typs, beispielsweise als Ausdrucksanweisung oder innerhalb des Testausdrucks einer Verzweigung. Nun wird auch klar, weshalb alle bisherigen Funktionsaufrufe mit einem Semikolon abgeschlossen wurden, denn das Semikolon macht aus einem einfachen Ausdruck eine Ausdrucksanweisung (s. Kapitel 3) und ist damit ein Hilfsmittel, um eine Funktion ohne Weiterverwendung ihres Rückgabewerts aufzurufen.

In dem folgenden Beispiel wird eine Funktion *hello* definiert, deren Aufgabe es ist, die Zeichenkette *"hello, world"* auf dem Bildschirm auszugeben:

```
/* bsp0607.c */

#include <stdio.h>

hello()
{
  printf("hello, world\n");
}

void main(void)
{
  hello();
}
```

Durch die implizite Deklaration ist *hello* eine Funktion mit einem *int*-Rückgabewert und entspricht syntaktisch einem *int*-Ausdruck. Da jedoch der Rückgabewert in diesem Fall nicht interessiert (und faktisch ja auch gar nicht definiert wird), kann die Funktion (genau wie jeder andere Ausdruck) in einer Ausdrucksanweisung aufgerufen werden und dadurch ihren Rückgabewert ignorieren.

### Die return-Anweisung

Nicht immer soll der Rückgabewert einer Funktion ignoriert werden. Soll anstelle des prozeduralen der funktionale Aspekt in den Vordergrund treten und soll eine Funktion dazu dienen, aus der Verknüpfung mehrerer Eingabewerte einen neuen Ergebniswert zu produzieren, dann erfordert das natürlich einen definierten Rückgabewert. Wir haben zwar schon gezeigt, wie der Typ des Rückgabewerts festgelegt wird, nicht aber, wie tatsächlich ein Wert an den Aufrufer zurückgegeben werden kann.

Hierzu gibt es die *return*-Anweisung, die innerhalb einer Funktion in der folgenden Form aufgerufen werden kann:

```
return Ausdruck;
```

Der dort angegebene Ausdruck muß vom Typ her mit der Funktionsdefinition kompatibel sein. Numerische Standardkonvertierungen werden automatisch vorgenommen (beispielsweise von *int* nach *long*).

Tritt innerhalb einer Funktion eine *return*-Anweisung auf, so wird der Ausdruck *Ausdruck* ausgewertet, die Funktion beendet und das Ergebnis an den aufrufenden Programmteil zurückgegeben. Im Detail werden folgende Aktionen ausgeführt:

1. Der Ausdruck wird ausgewertet.
2. Der Wert wird in eine Speicherstelle kopiert, die dem Aufrufer zugänglich ist.

**3.** Die Funktion wird beendet.

```
/* bsp0608.c */

#include <stdio.h>

quadrat(int n)
{
  return n * n;
}

void main(void)
{
  int i, j;

  printf("Liste der Quadratzahlen\n");
  printf("=======================\n\n");
  printf("  n    n*n\n");
  printf("---------\n");
  for (i = 0; i <= 16; i++) {
    j = quadrat(i);
    printf("%3d %5d\n", i, j);
  }
}
```

In der dritten Zeile wird die Funktion *quadrat* definiert. Da kein Rückgabetyp angegeben wurde, handelt es sich um eine Funktion mit einem *int*-Rückgabewert. Am Funktionsrumpf ist erkennbar, daß die einzige Aufgabe von *quadrat* darin besteht, den Parameter *n* zu quadrieren und das Ergebnis an den Aufrufer zurückzugeben. Die Funktion liefert also bei jedem Aufruf das Quadrat des übergebenen Wertes. Im Hauptprogramm wird die Funktion dazu verwendet, eine Tabelle der Quadratzahlen auf dem Bildschirm auszugeben. Dazu wird der Schleifenzähler in jedem Durchlauf durch Aufruf von *quadrat* quadriert und nach der Zuweisung an die Variable *j* auf dem Bildschirm ausgegeben.

Da ein Aufruf von *quadrat* ein Ausdruck vom Typ *int* ist, könnte die *for*-Schleife folgendermaßen verkürzt und auf die Definition der Variablen *j* verzichtet werden:

```
for (i=0; i<=16; i++)
  printf("%3d %5d\n",i,quadrat(i));
```

An den bisherigen Beispielen konnten Sie erkennen, daß die *return*-Anweisung optional ist und auch ausgelassen werden darf. In diesem Fall wird die Funktion dadurch beendet, daß die letzte Anweisung abgearbeitet wurde. Wird eine Funktion ohne expliziten Aufruf der *return*-Funktion beendet, so ist ihr Rückgabewert undefiniert und jeder Versuch, den Rückgabewert weiterzuverwenden, wird undefinierte Resultate liefern.

Beachten Sie, daß ein C-Compiler nicht überprüfen kann, ob eine Funktion in jedem Fall mit einer *return*-Anweisung beendet wird und ihr Fehlen daher normalerweise nicht bemängelt. Es kann z.B. sein, daß eine *return*-Anweisung in einer *if*-Anweisung versteckt ist und daher nur in bestimmen Fällen – die erst zur Laufzeit bekannt sind – aufgerufen wird. Einige Compiler (z.B. Turbo-C) sind aber auf Wunsch in der Lage, eine Warnung auszugeben, wenn innerhalb der Funktionsdefinition überhaupt keine *return*-Anweisung auftaucht. Andere Compiler geben bereits dann eine Warnung aus, wenn wenigstens *ein* Kontrollpfad existiert, der die Funktion ohne *return*-Anweisung beendet (bei GNU-C kann diese Fähigkeit über den Schalter -*Wall* aktiviert werden).

### void-Funktionen

In der Praxis tauchen recht häufig Funktionen auf, bei denen nicht der Rückgabewert, sondern nur die Nebeneffekte interessieren. In diesem Fall kann die Funktion durch Angabe des Rückgabetyps *void* explizit so deklariert werden, daß sie keinen Wert zurückgibt. Jeder Aufruf dieser Funktion, der versucht, den Rückgabewert weiterzuverwenden, löst einen Compilerfehler aus. In vielen anderen Programmiersprachen werden Funktionen ohne Rückgabewert als *Prozeduren* bezeichnet und anders als Funktionen deklariert. In C gibt es keine Prozeduren, die einzige Form von Unterprogrammen sind Funktionen.

Angenommen, die Funktion *hello* sei folgendermaßen definiert:

```
void hello()
{
  printf("hello, world\n");
}
```

Dann darf sie nur noch in einer Ausdrucksanweisung der folgenden Form aufgerufen werden:

```
hello();
```

Nicht mehr erlaubt ist es dagegen, *hello* unter Weiterverwendung ihres Rückgabewerts aufzurufen. Die folgenden Aufrufe führen zu einem Compilerfehler:

```
int i;

i=hello();
if (hello()) printf("***\n");
```

## 6.3 Parameter

```
...
usw...
...
```

Für Kenner von PASCAL oder verwandter Sprachen ist die Bedeutung von *void*-Funktionen sehr leicht zu verstehen, denn sie entsprechen genau den (dort per *procedure* definierten) *eigentlichen Prozeduren*, während die bisher vorgestellten Funktionen das Gegenstück zu den (per *function* definierten) *Funktionsprozeduren* waren.

Obwohl *void*-Funktionen keinen Wert zurückgeben, können sie eine *return*-Anweisung enthalten, jedoch ohne Parameterangaben. Tritt innerhalb der Funktion eine *return*-Anweisung auf, so wird die Funktion an dieser Stelle beendet und zum aufrufenden Programmteil zurückgesprungen.

```
/* bsp0609.c */

#include <stdio.h>

#define NONFATALERROR 0
#define FATALERROR 1

void fehler(int klasse, int typ)
{
  if (klasse == NONFATALERROR) {
    printf("Warnung: %d\n", typ);
    return;
  }
  printf("**********************\n");
  printf("**  Schwerer Fehler  **\n");
  printf("**                   **\n");
  printf("**  Fehlertyp %5d **\n",typ);
  printf("**                   **\n");
  printf("**  Programmabbruch  **\n");
  printf("**********************\n");
  exit(1);
}

void main(void)
{
  fehler(NONFATALERROR, 5);
  fehler(NONFATALERROR, 801);
  fehler(FATALERROR, 30066);
}
```

Hier enthält die Funktion *fehler* zwei unterschiedliche Rücksprungstellen. Im Falle eines nicht so schwerwiegenden Fehlers (*klasse==NONFATALERROR*) wird die Funktion nach der Ausgabe einer Warnmeldung durch die *return*-Anweisung beendet, während im Falle eines schweren Fehlers (*klasse!=NONFATALERROR*) die Funktion beendet wird, wenn das Ende ihrer Anweisungen erreicht ist. (Dazu kommt es hier allerdings nicht, da schon durch den Aufruf von *exit* das Programm vorzeitig beendet wird.)

### Andere Rückgabetypen

Neben der Verwendung von *int*- und *void*-Rückgabetypen dürfen Funktionen auch alle anderen Standardtypen zurückgeben. In den Übungen zu Kapitel 2 haben wir beispielsweise in der Aufgabe 7 eine Methode zur Berechnung der Quadratwurzel von positiven Fließkommazahlen entwikkelt und diese in Aufgabe 8 sehr umständlich wiederverwendet. Wesentlich eleganter ist es, die Quadratwurzelberechnung in eine eigene Funktion zu verpacken, die dann mit den gewünschten Parametern aufgerufen werden kann:

```
/* bsp0610.c */

#include <stdio.h>

double sqrt(double x)
{
  double s = 0.0, prec = 0.001;

  while (s * s < x) {
    s += prec;
  }
  return s;
}

void main(void)
{
  double x;

  printf("Geben Sie eine Fließkommazahl ein: ");
  scanf("%le", &x);
  printf("Bitte einen Moment Geduld ...\n");
  printf("Die Quadratwurzel ist %.3f\n", sqrt(x));
}
```

Dadurch ergeben sich einige Vorteile:

1. Nach dem Programmieren der Quadratwurzelfunktion braucht man sich nicht mehr um Implementierungsdetails zu sorgen, sondern muß lediglich ihre Schnittstelle, d.h. Syntax und Semantik ihres Aufrufs, kennen.
2. Das Programm wird besser strukturiert, denn komplizierte Teilprogramme können in eine separate Funktion verpackt und getrennt entwickelt werden.
3. Die Quadratwurzelfunktion ist auf einfachste Weise wiederverwendbar.
4. Details der Quadratwurzelroutine können verändert werden (z.B. zur Steigerung der Geschwindigkeit), ohne daß dies unerwünschte Auswirkungen auf die übrigen Programmteile hätte.

Man sollte also spätestens dann zur Lösung eines Problems eine eigene Funktion entwerfen, wenn diese an mehreren Stellen im Programm benötigt wird oder wenn sie Implementierungsdetails versteckt und dadurch dazu beiträgt, die Struktur und Verständlichkeit des Programms zu verbessern. Mit Hilfe der in diesem Abschnitt vorgestellten Möglichkeiten der Übergabe und Rückgabe von Parametern können Sie für alle erdenklichen Anwendungsfälle Funktionen entwerfen und damit die oben beschriebenen Vorteile erzielen.

Beachten Sie, daß es bei der Angabe des Rückgabeausdrucks innerhalb der *return*-Anweisung erlaubt ist, alle impliziten Typkonvertierungen (s. Kapitel 2), die bei gemischt typisierten numerischen Ausdrücken vorgenommen werden, auszunutzen. So wäre es beispielsweise zulässig, als Argument der *return*-Anweisung einen *int*-Wert anzugeben (z.B. um immer ein ganzzahliges Ergebnis zu liefern). Dieser würde dann automatisch vom Compiler in einen *double*-Wert umgewandelt, damit er der Funktionsdefinition entspricht.

## 6.4 Programmentwicklung mit Funktionen

### 6.4.1 Prüfung des Rückgabewertes

#### Standard-C

Eine der größten Fehlerquellen bei der Entwicklung unter Standard-C liegt darin begründet, daß der Compiler keine Überprüfungen der Funktionsparameter vornimmt. So ist es beispielsweise möglich, anstelle eines formalen *float*-Parameters ein *int* als aktuellen Parameter zu übergeben oder anstelle eines *double* ein *char*.

Die Ergebnisse eines solchen Aufrufs sind natürlich undefiniert und führen zu Fehlern im Programm. Immerhin ist ein Standard-C-Compiler in der Lage, wenigstens die korrekte Verwendung des *Rückgabewerts* zu überprüfen. Dazu muß er vor dem Aufruf entweder eine *Deklaration* oder die Definition der Funktion »gesehen« haben.

Eine Funktionsdeklaration hat folgende Syntax:

```
[Speicherklasse] [Typ] Funktionsname ( );
```

Sie dient dazu, dem Compiler den Rückgabewert bekannt zu machen, und darf in einem C-Programm an beliebiger Stelle innerhalb eines Definitionsteils stehen, also überall dort, wo auch Variablen definiert werden können.

Es ist immer dann erforderlich, eine Funktion vor ihrem Aufruf zu deklarieren, wenn folgende Bedingungen gleichzeitig zutreffen:

1. Der Rückgabewert ist nicht vom Typ *int*.
2. Die Funktion wurde nicht innerhalb derselben Datei *textuell vor* dem Aufruf definiert.

Um diese Bedingungen zu verstehen, muß man sich die Arbeitsweise des Compilers klarmachen. Da ein Funktionsaufruf für den Compiler ein Ausdruck ist, muß er den Typ des Rückgabewerts der Funktion kennen, um den Ausdruck richtig zu übersetzen. Wurde die aufgerufene Funktion innerhalb derselben Datei vor ihrer Verwendung definiert, so hat sich der Compiler Namen und Rückgabetyp gemerkt und kann den Funktionsaufruf richtig übersetzen.

Falls die Funktion jedoch nicht in derselben Datei oder erst *nach* dem Aufruf definiert wurde, so kennt der Compiler den Typ des Rückgabewerts nicht und geht deshalb (leichtsinnigerweise) davon aus, daß ein *int* zurückgegeben werden soll. Falls die Funktion dann einen anderen Typ zurückgibt, wird es zu den oben geschilderten Fehlern kommen. Um dieses Problem zu lösen, gibt es die Möglichkeit, eine Funktion vor ihrer Verwendung zu *deklarieren*, um dem Compiler mitzuteilen, welchen Rückgabetyp sie liefert.

Wir wollen als Beispiel noch einmal das Quadratwurzelprogramm betrachten und dabei die Reihenfolge der Definition der Funktionen *main* und *sqrt* vertauschen:

```
/* bsp0611.c */

#include <stdio.h>
```

```
void main(void)
{
  double x;

  printf("Geben Sie eine Fließkommazahl ein: ");
  scanf("%le", &x);
  printf("Bitte einen Moment Geduld ...\n");
  printf("Die Quadratwurzel ist %.3f\n", sqrt(x));
}

double sqrt(double x)
{
  double s = 0.0, prec = 0.001;

  while (s * s < x) {
    s += prec;
  }
  return s;
}
```

Obwohl der Compiler dieses Programm akzeptiert, wird doch die Anweisung *printf("Die Quadratwurzel...");* falsch übersetzt. Da die Funktion *sqrt* zum Zeitpunkt des Aufrufs noch unbekannt ist, betrachtet sie der Compiler als Funktion mit einem *int*-Rückgabewert und verursacht dadurch das Fehlverhalten des Programms. Um dieses Problem zu umgehen, könnte die Funktion vor ihrem Aufruf mit der Anweisung *double sqrt();* deklariert werden:

```
void main(void)
{
  double x;
  double sqrt();

  printf("Geben Sie eine Fließkommazahl ein: ");
  scanf("%le",&x);
  printf("Bitte einen Moment Geduld ...\n");
  printf("Die Quadratwurzel ist %.3lf\n",sqrt(x));
}
```

Genausogut hätte die Deklaration auch vor der Funktion *main* erfolgen können, wichtig ist lediglich, daß sie im Quelltext *vor dem Aufruf* steht.

An dieser Stelle wird auch die Bedeutung der Standard-Header-Dateien eines C-Systems klar. Darin befinden sich nämlich neben Makros und Konstanten vor allem die Deklarationen der Standardfunktionen. Durch das

Einbinden dieser Header-Dateien werden also automatisch die betreffenden Library-Funktionen deklariert, und der Compiler kann ihre Aufrufe korrekt übersetzen. So befinden sich z.B. in der Datei *stdio.h* Deklarationen der Ein-/Ausgabefunktionen und in *math.h* Deklarationen der mathematischen Funktionen.

### 6.4.2 Parameterprüfung in ANSI-C

#### R 32 Parameterprüfungen bei Funktionsaufrufen

R32

Wenn Funktionsdeklarationen vergessen werden, können sehr schwer zu findende Fehler entstehen. Wo immer es möglich ist, sollten daher Standard-Header-Dateien eingebunden bzw. eigene Funktionen vor der Verwendung explizit deklariert werden. Glücklicherweise haben die Leute, die sich mit der Weiterentwicklung von C beschäftigten, diese Probleme erkannt und in ANSI-C Möglichkeiten geschaffen, neben Rückgabewerten auch die Parameter einer Funktion zu überprüfen. Dabei gibt es folgende Varianten:

1. Der Compiler verlangt für jeden Funktionsaufruf eine vorhergehende Funktionsdeklaration, andernfalls wird eine Fehlermeldung ausgegeben. Dadurch kann eine Deklaration nicht mehr vergessen werden.
2. Funktionsdeklarationen können typisierte Parameterangaben enthalten, so daß auch die Übereinstimmung zwischen aktuellen und formalen Parametern überprüft werden kann. Derartige Deklarationen werden als *Funktions-Prototypen* bezeichnet.

Es ist auf jeden Fall empfehlenswert, diese erweiterten Fähigkeiten zu nutzen, wenn ein Compiler sie beherrscht. Dies ist bei allen ANSI-kompatiblen Compilern der Fall. Viele versteckte Fehler werden so gleich beim Übersetzen des Programms gefunden. Mit einem Funktionsprototyp für *sqrt* (der übrigens auch lokal in *main* plaziert werden könnte) sieht unser voriges Beispiel so aus:

```
/* bsp0612.c */

#include <stdio.h>

double sqrt(double x);

void main(void)
{
  double x;

  printf("Geben Sie eine Fließkommazahl ein: ");
  scanf("%le", &x);
```

```
  printf("Bitte einen Moment Geduld ...\n");
  printf("Die Quadratwurzel ist %.3f\n", sqrt(x));
}

double sqrt(double x)
{
  double s = 0.0, prec = 0.001;

  while (s * s < x) {
    s += prec;
  }
  return s;
}
```

Durch die Funktionsdeklaration kennt der Compiler nun bereits zum Zeitpunkt des Aufrufs von *sqrt* die formalen Parameter und den Rückgabetyp und wird das Programm korrekt übersetzen.

**Funktionen mit einer leeren Parameterliste**

Erkennt der Compiler eine Funktionsdefinition ohne formale Parameterliste, so steckt er in einem Dilemma. In Standard-C wurde *jede* Funktion auf diese Weise deklariert, und eine beliebige Anzahl formaler Parameter konnte sich hinter der Deklaration verbergen. In ANSI-C, wo alle Funktionsparameter deklariert werden sollten, wäre eine leere Parameterliste eigentlich ein Indiz für eine parameterlose Funktion. Jeder spätere Versuch, die Funktion parametrisiert aufzurufen, sollte vom Compiler geahndet werden.

Aus Kompatibilitätsgründen hat man sich dazu entschlossen, wie folgt vorzugehen. Eine Funktionsdeklaration mit einer leeren Parameterliste schaltet die Parameterprüfungen für Aufrufe dieser Funktion ab, so wie es in Standard-C der Fall war. Damit laufen Standard-C-Programme unverändert. Soll unter ANSI-C eine Funktion dagegen explizit als parameterlos deklariert werden, ist das Schlüsselwort *void* als einziges Argument in der Funktionsdeklaration anzugeben:

```
double GetPI(void)
{
  return 3.14159265;
}
```

### 6.4.3 Getrenntes Kompilieren

Bisher haben wir lediglich Programme geschrieben, deren Quelltext komplett in einer Datei untergebracht war. Diese Vorgehensweise ist ideal für kleinere Programme, führt aber bei größeren schnell zu Problemen:

1. Das Editieren und Kompilieren einer Quelldatei dauert länger und vergrößert so die Turn-Around-Zeiten.

2. Große Quelldateien sind unübersichtlich, schwieriger zu verstehen und zu pflegen.

3. Das Arbeiten im Team wird erschwert, denn es können nicht mehrere Programmierer an einer einzigen Datei arbeiten.

Diese oder ähnliche Gründe mögen die Entwickler der Sprache C veranlaßt haben, das Erstellen von Programmen, die aus mehr als einer Quelldatei bestehen, zu unterstützen. In der Funktion des *Linkers*, eines Hilfsprogramms, das es erlaubt, mehrere getrennt übersetzte Objektdateien zu einem ausführbaren Programm zusammenzubinden, liegt der Schlüssel zu diesen Fähigkeiten.

R33

### R 33 Getrenntes Kompilieren

Um nicht zu weit vom eigentlichen Anliegen dieses Buches abzuschweifen, werden in den folgenden Abschnitten im wesentlichen die rein handwerklichen Aspekte beim Erstellen separat kompilierter Programmdateien vorgestellt. Die ebenso wichtigen softwaretechnischen Aspekte sollen dabei jeweils nur kurz angesprochen werden. Wir wollen in diesem Buch der Einfachheit halber davon ausgehen, daß die Einsicht, Programmquellen geschickt auf mehrere Dateien zu verteilen, automatisch mit dem Erstellen größerer Programme kommt und sich ganz von alleine zweckmäßige Formen der Modularisierung entwickeln.

Da es sich im allgemeinen Sprachgebrauch so eingebürgert hat, wird in den folgenden Abschnitten mitunter der Begriff *Modul* verwendet, wenn eine getrennt kompilierbare Einheit gemeint ist – auch wenn dies dem strengen Modulbegriff von Sprachen wie Modula-2 oder ADA nicht standhält.

#### Kompilieren und Linken

Üblicherweise werden Gruppen von logisch zusammengehörigen Funktionen in eine gemeinsame Quelldatei geschrieben und getrennt übersetzt. Durch den Schalter *-c* wird der Compiler angewiesen, die angegebene Datei zwar zu übersetzen, nicht aber den abschließenden Linklauf durchzuführen.

Angenommen, ein größeres Programm sei auf die Quelldateien *a.c*, *b.c* und *c.c* verteilt (s. Abbildung 6.3), dann können Sie diese Quellen nacheinander durch die drei folgenden Kommandos übersetzen:

```
gcc -c a.c
gcc -c b.c
gcc -c c.c
```

Der Compiler erstellt daraus die drei Objektdateien *a.o*, *b.o* und *c.o* (unter MS-DOS: *.obj* statt *.o*). Diese können dann durch folgenden Linkeraufruf zu einem ausführbaren Programm zusammengebunden werden:

```
gcc a.o b.o c.o
```

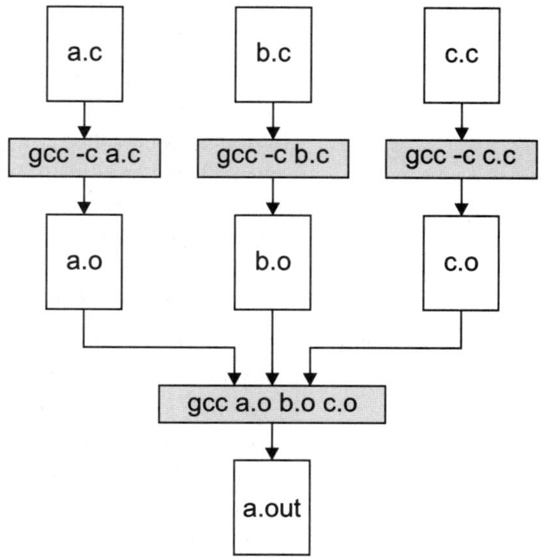


**Abbildung 6.3: Getrenntes Kompilieren**

Das Compilerkontrollprogramm erkennt an den Erweiterungen *.o*, daß die angegebenen Dateien nicht mehr kompiliert, sondern nur noch gelinkt werden sollen, und erstellt daraus das lauffähige Programm *a.out*. Durch Verwendung der Option *-o* können Sie dem fertigen Programm natürlich auch einen anderen Namen geben.

Falls sich nun in einer der Dateien eine Änderung ergibt, so braucht lediglich diese Datei editiert, neu übersetzt und das Ergebnis mit den anderen *.o*-Dateien zusammengelinkt zu werden. Bei einer Änderung in *a.c* beispielsweise ist zunächst mit

```
gcc -c a.c
```

die Quelldatei neu zu übersetzen und anschließend mit dem Linkbefehl

```
gcc a.o b.o c.o
```

das lauffähige Programm zu erzeugen. Sie ersparen sich also das möglicherweise zeitaufwendige Übersetzen der Quelldateien *b.c* und *c.c*.

Damit der Linker ein ausführbares Programm erzeugen kann, muß in genau einer der beteiligten Quelldateien die Definition einer *main*-Funktion enthalten sein. Sie dient als Hauptfunktion und ist die Einsprungstelle in das Programm. Fehlt die *main*-Funktion, bricht der Linker mit der Fehlermeldung »undefined symbol: _main« ab. Gibt es mehr als eine *main*-Funktion, so wird sich der Linker ebenfalls beschweren, und zwar mit der Meldung »duplicate symbol: _main«. In beiden Fällen wird kein ausführbares Programm erzeugt.

Während der Entwicklung stellt sich die Frage, welche Art von Programmobjekten in welche Quelldatei geschrieben werden sollen. Man kann sowohl Datenobjekte als auch Funktionen separat kompilieren, es ist jedoch nicht erlaubt, *einen Teil* einer Funktion oder einer Variablen in einer eigenen Datei unterzubringen und einen anderen Teil in einer anderen. Da die Sichtbarkeit von Programmbestandteilen davon abhängt, wo sie definiert wurden, gibt es eine Reihe von Dingen zu beachten, wenn man getrenntes Kompilieren wirklich gewinnbringend einsetzen will. Sie werden in den nächsten beiden Abschnitten erläutert.

### 6.4.4 Speicherklassen

#### R 34 Speicherklassen von Variablen und Funktionen

R34

In bezug auf Lebensdauer und Sichtbarkeit von Variablen haben wir bisher lediglich ganz grob zwischen *globalen* und *lokalen* Variablen unterschieden, je nachdem, ob sie innerhalb oder außerhalb einer Funktion definiert wurden. Die beiden Begriffe Lebensdauer und Sichtbarkeit haben für Variablen jedoch noch weitere Aspekte und sind auch für Funktionen von Bedeutung. Wir wollen die Begriffe nun etwas genauer fassen und ihre Anwendung auch auf Funktionen ausdehnen.

Die *Lebensdauer* von Funktionen erstreckt sich immer auf das komplette Programm, d.h. eine Funktion existiert vom Start des Programms bis zu seinem Ende. Bezüglich der *Sichtbarkeit* einer Funktion gibt es zwei Möglichkeiten:

1. Eine Funktion kann *global*, d.h. im kompletten Programm (und damit insbesondere in getrennt kompilierten Quellen) sichtbar sein.
2. Die Sichtbarkeit einer Funktion kann auf die Quelldatei beschränkt werden, in der sie definiert wurde.

Die Unterscheidung wird mit Hilfe des Schlüsselwortes *static* getroffen, das optional einer Funktionsdefinition vorangestellt werden kann. Es gilt die Regel, daß eine *static*-Funktion nur innerhalb derselben Quelldatei sichtbar ist, während eine Funktion, die ohne *static*-Schlüsselwort deklariert wurde, im gesamten Programm, also global, sichtbar ist. So wird beispielsweise durch die folgende Definition eine Funktion *sqrt* definiert, die nur innerhalb derselben Quelldatei verwendet werden kann:

```
static double sqrt(x)
double x;
{
  /* ... */
}
```

Es ist nicht möglich, diese *sqrt*-Funktion aus einer anderen Quelldatei heraus aufzurufen. Falls Sie es dennoch versuchen, wird der Linker mit einer Fehlermeldung der Art »unresolved external: sqrt« abbrechen.

Das Schlüsselwort *static* bezeichnet in C eine von mehreren *Speicherklassen*. Sie dienen dazu, Lebensdauer, Sichtbarkeit und ähnliche Eigenschaften von Funktionen und Variablen festzulegen. Während auf Funktionen lediglich die Speicherklasse *static* angewendet werden kann, gibt es für Variablendefinitionen eine Vielzahl weiterer Speicherklassen, die wir uns im folgenden näher ansehen wollen.

**auto**

Variablen der Speicherklasse *auto* dürfen nur innerhalb von Funktionen definiert werden. Sie verhalten sich bezüglich Lebensdauer und Sichtbarkeit wie lokale Variablen; d.h. sie sind nur innerhalb der Funktion sichtbar und leben vom Aufruf der Funktion bis zu ihrem Ende. Der Name *auto* kommt daher, daß derartige Variablen automatisch angelegt und vernichtet werden, ohne daß man sich als Programmierer darum kümmern muß.

Die Speicherklasse *auto* wird standardmäßig für innerhalb einer Funktion definierte Variablen angenommen und daher gewöhnlich nicht extra angegeben. Die folgenden Funktionsdefinitionen sind vollkommen äquivalent:

```
int verdopple(i)
int i;
{
  int j;

  j=i+i;
  return j;
}

int verdopple(i)
int i;
{
  auto int j;
```

```
  j=i+i;
  return j;
}
```

### register

Die Speicherklasse *register* definiert dieselbe Lebensdauer und Sichtbarkeit wie *auto*. Sie weist jedoch den Compiler an, die Variable so lange wie möglich in einem Prozessorregister zu halten, um die Zugriffe darauf zu beschleunigen. Registervariablen werden bevorzugt eingesetzt, wenn auf eine Variable sehr häufig zugegriffen werden soll, beispielsweise für Zähler in sehr engen Schleifen.

Beachten Sie, daß es sich dabei lediglich um eine Empfehlung handelt. Ob und welche Variablen der Compiler in den schnellen Prozessorregistern hält, entscheidet er letztlich allein. Tatsächlich ist das Schlüsselwort *register* heute etwas aus der Mode gekommen, denn es stammt aus einer Zeit, als die C-Compiler noch keine brauchbaren Code-Optimizer hatten. Bei modernen Compilern ist es in aller Regel überflüssig, *register*-Variablen zu deklarieren, da der Optimizer selbst in der Lage ist, zu entscheiden, welche Variablen zu welchem Zeitpunkt in welchen Registern gehalten werden sollten.

### static

Die Speicherklasse *static* hat nicht nur für Funktions-, sondern auch für Variablendefinitionen eine Bedeutung. Sie macht sowohl eine Aussage über die Lebensdauer als auch über die Sichtbarkeit der Variable. Eine *static*-Definition besagt, daß die Lebensdauer der Variable für das ganze Programm gelten soll, während ihre Sichtbarkeit auf den Kontext beschränkt bleibt, in dem sie definiert wurde.

Wird *innerhalb* einer Funktion eine *static*-Variable definiert, so ist sie nur in dieser Funktion sichtbar. Da ihre Lebensdauer aber nicht auf den Zeitraum des Aufrufs ihrer Funktion beschränkt ist, sondern für den gesamten Programmablauf gilt, übersteht sie das Ende der Funktion und behält bis zum nächsten Aufruf derselben Funktion ihren Wert. Variablen dieser Speicherklasse werden auch als *interne* oder *lokale static*-Variablen bezeichnet.

Wird eine *static*-Variable dagegen außerhalb einer Funktion definiert, so ist sie ab der Definitionsstelle in der kompletten Datei sichtbar, kann also in allen nachfolgenden Funktionen verwendet werden. Andere (getrennt kompilierte Module) können jedoch nicht auf sie zugreifen. Man bezeichnet diese Variablen daher auch als *externe* oder *modulweite static*-Variablen.

Interne *static*-Variablen können immer dann eingesetzt werden, wenn eine Funktion für *rein lokale Zwecke* eine Variable benötigt, deren Inhalt von Aufruf zu Aufruf erhalten bleiben soll. Da die Variable außerhalb der Funktion nicht benötigt wird, kann man auf die Verwendung einer globalen oder modulweiten *static*-Variable verzichten. Als Beispiel soll die Konstruktion einer Timerfunktion dienen:

```
/* bsp0613.c */

#include <stdio.h>

int timer(int value)
{
  static int cnt = 0;

  if (value > 0) {
    cnt = value;
  } else if (value < 0) {
    cnt += value;
  }
  return cnt;
}

void main(void)
{
  for (timer(10); timer(0); timer(-1)) {
    printf("timer = %2d\n", timer(0));
  }
}
```

Bei jedem Aufruf, der einen negativen Wert an *timer* übergibt, wird der interne Zähler um den angegebenen Wert vermindert. Wird ein positiver Wert an *timer* übergeben, stellt dies den internen Zähler auf den angegebenen Wert. Durch Übergabe von 0 kann der aktuelle Stand des Timers abgefragt werden. Die Ausgabe des Programms ist:

```
timer = 10
timer =  9
timer =  8
timer =  7
timer =  6
timer =  5
timer =  4
timer =  3
timer =  2
timer =  1
```

Als Zähler verwendet *timer* die interne *static*-Variable *cnt*. Sie wird (anders als eine *auto*-Variable) nach Ende der Funktion nicht zerstört, sondern behält von Aufruf zu Aufruf ihren Wert bei. Sie ist ideal geeignet, die rein lokale Verwendung der Variablen zu kapseln. Natürlich hätte auch eine globale Variable als Zähler verwendet werden können, als Nachteil hätte man dann allerdings in Kauf nehmen müssen, daß ihr Name im gesamten Programm bekannt ist und dadurch (insbesondere unbeabsichtigt) auf sie zugegriffen werden kann.

Beachten Sie bitte die Initialisierung *static int cnt = 0;* in der Funktion *count*. Wird eine interne statische Variable auf diese Weise deklariert, so erfolgt die Initialisierung genau einmal zu Beginn des Programms und nicht bei jedem Aufruf der Funktion. Wird dagegen eine lokale *auto*-Variable bei der Deklaration initialisiert, so wird ihr bei jedem Aufruf der angebene Wert neu zugewiesen.

### global

Diese Speicherklasse besitzt kein eigenes Schlüsselwort. Alle Variablen, die in einem Programm *außerhalb* einer Funktion *ohne Angabe einer Speicherklasse* definiert wurden, gelten als *global*. Globale Variablen leben während der gesamten Ausführungsdauer des Programms, und ihre Sichtbarkeit erstreckt sich auf alle Teile des Programms. Soll aus einer separat übersetzten Datei auf eine globale Variable zugegriffen werden, so muß diese unter Angabe des Schlüsselwortes *extern* in der entsprechenden Datei deklariert werden (s.u.). Der Zugriff auf eine globale Variable ohne vorhergehende *extern*-Deklaration führt zu einem Fehler beim Kompilieren der Datei.

### extern

Das Schlüsselwort *extern* bezeichnet genaugenommen gar keine Speicherklasse, sondern dient zur Deklaration bereits existierender Variablen. Es wird benötigt, um auf globale Variablen zuzugreifen, die in einer anderen Datei definiert wurden. Zu diesem Zweck muß die gewünschte Variable unter Voranstellen des *extern*-Bezeichners in derselben Form wie in ihrer Definition in der anderen Datei deklariert werden. Die *extern*-Speicherklasse reserviert also keinen Speicher für eine Variable, sondern teilt dem Compiler lediglich mit, daß eine bestimmte Variable nicht in dieser, sondern in einer anderen Datei definiert wurde.

Zu einer globalen Variable darf es in anderen Dateien beliebig viele *extern*-Deklarationen geben. Wichtig ist dabei stets, daß diese in Name und Typ genau mit der eigentlichen Definition der globalen Variable übereinstimmen. Neben dem Aufruf separat kompilierter Funktionen sind *global/extern*-Variablen die einzige Möglichkeit, getrennt kompilierte Module miteinander zu verbinden. Falls zu einer externen Variablendeklaration in keinem anderen Modul eine Definition zu finden ist, gibt es einen Fehler beim Linken.

Beachten Sie, daß es nicht erlaubt ist, eine externe Variable mit einem konstanten Wert zu initialisieren; vielmehr darf dies ausschließlich bei der Definition der zugehörigen globalen Variable erfolgen.

Angenommen, es existiert folgende Quelldatei *a.c*:

```
#include <stdio.h>

int global=10;

void main(void)
{
  printf("%d\n",global);
  remote();
  printf("%d\n",global);
}
```

Weiterhin gibt es eine Quelldatei *b.c*:

```
extern int global;

remote()
{
  global=20;
}
```

Das aus beiden Quelldateien generierte Programm wird nach dem Übersetzen und Linken die folgende Ausgabe erzeugen:

```
10
20
```

Durch die Initialisierung in *a.c* hat die globale Variable *global* zunächst den Wert 10, was durch die erste *printf*-Funktion bestätigt wird. Durch den anschließenden Aufruf der Funktion *remote* aus der Quelldatei *b.c* wird der (dort als *extern* deklarierten) Variable *global* der Wert 20 zugewiesen. Da es sich um ein und dieselbe Variable handelt, gibt die zweite *printf*-Funktion folgerichtig 20 aus.

**const**

Durch das optionale Schlüsselwort *const* wird ebenfalls keine eigene Speicherklasse definiert. Statt dessen wird eine Variable, die als *const* definiert wurde, als Konstante betrachtet und ist nach ihrer Initialisierung nicht mehr änderbar. Das Schlüsselwort *const* ist nicht Bestandteil von Standard-C, sondern steht erst seit der ANSI-Definition zur Verfügung.

Durch Verwendung von *const* ist es möglich, konstante Werte auch ohne Zuhilfenahme des Präprozessors zu definieren:

```
/* bsp0614.c */

#include <stdio.h>

const double PI = 3.14159265;

void main(void)
{
  double r;

  printf("Bitte Radius eingeben: ");
  scanf("%lf", &r);
  printf("Kreisfläche ist %f\n", PI * r * r);
}
```

Etwas komplizierter ist die Verwendung von *const* bei Zeigerdeklarationen. Hier muß unterschieden werden, ob der Zeiger selbst oder das Objekt, auf das er zeigt, unveränderlich sein sollen. Die volle Bedeutung der folgenden Erklärungen wird sich erst nach der Behandlung des Zeigerbegriffs in den Kapiteln 10 und 11 erschließen; wir wollen sie der Vollständigkeit halber hier belassen.

Soll das *referenzierte Objekt* konstant sein, so ist *const* an den Anfang der Deklaration zu stellen:

```
const double *p;
```

Der Compiler verhindert dann alle schreibenden Zugriffe auf **p*, also auf die Speicherstelle, auf die *p* zeigt. Erlaubt ist es dagegen, *p* selbst zu verändern, also den Zeiger auf ein anderes Objekt zeigen zu lassen.

Soll dagegen sichergestellt werden, daß der Zeiger immer auf dasselbe Objekt zeigt, so muß die Deklaration so erfolgen:

```
double * const p;
```

Hier darf zwar schreibend auf **p* zugegriffen werden, es ist jedoch nicht erlaubt, *p* einen anderen Wert zuzuweisen.

Schließlich gibt es noch die Möglichkeit, sowohl den Zeiger als auch das referenzierte Objekt konstant zu machen. Dazu muß das Schlüsselwort *const* zweifach verwendet werden:

```
const double * const p;
```

Eine häufig anzutreffende Anwendung des *const*-Schlüsselwortes findet man bei Funktionsdeklarationen. So ist die Funktion *strcpy* in ANSI-C beispielsweise folgendermaßen deklariert:

```
int strcpy(char *dest, const char *src);
```

Diese Deklaration besagt, daß das Objekt, auf das *src* zeigt, nicht verändert werden darf. Der Compiler fängt alle schreibenden Zugriffe auf *src* ab, und ein versehentliches Ändern des Quellarrays ist nicht möglich. Bei der Deklaration von *dest* fehlt dagegen das Schlüsselwort *const*, denn *dest* zeigt auf das Zielarray und ein schreibender Zugriff ist unbedingt erforderlich.

### volatile

Das *volatile*-Schlüsselwort ist in gewisser Hinsicht das Gegenstück zu *const*. Es teilt dem Compiler mit, daß eine Variable »heimlich« geändert werden kann, ihr Wert sich also ohne Zutun des eigenen Programms verändern kann. Beispiele zur Anwendung von *volatile* liegen in der Definition von Variablen, auf die auch andere Systemteile zugreifen, beispielsweise Hardwarekomponenten oder gemeinsam genutzter Speicher. *volatile* ist ein Hinweis an den Compiler, bei jedem Zugriff auf die Variable erneut die zugehörige Speicherstelle auszulesen, selbst wenn die Variable bereits in einem schnellen internen Register steht.

### Zusammenfassung

### R 35 Zusammenfassung der Speicherklassen

Tabelle 6.1 faßt noch einmal alle Speicherklassen zusammen.

R35

| Schlüsselwort | Bei Verwendung innerhalb einer Funktion | Bei Verwendung außerhalb einer Funktion |
|---|---|---|
| auto | Automatische Variable | nicht erlaubt |
| register | Automatische Variable | nicht erlaubt |
| static | interne statische Variable | modulweite statische Variable |
| extern | Deklaration einer globalen Variablen aus einer anderen Quelldatei | Deklaration einer globalen Variablen aus einer anderen Quelldatei |
| const | Variable darf nicht verändert werden | Variable darf nicht verändert werden |
| volatile | Variable kann asynchron verändert werden | Variable kann asynchron verändert werden |
| (gar keins) | Automatische Variable | Globale Variable |

**Tabelle 6.1: Speicherklassen**

### 6.4.5 Deklarationen in Headerdateien

Bei der Entwicklung größerer Programme in C wird das zu lösende Problem in aller Regel in kleine, überschaubare Einzelprobleme unterteilt. Gemäß den Prinzipien des *Top-Down-Entwurfs* werden die Einzelprobleme dann durch separat entwickelte Module abgedeckt, die jeweils eine Reihe von Funktionen und Variablen enthalten, die von den übergeordneten Programmteilen verwendet werden.

Um die exportierten Funktionen und Variablen zu verwenden, müssen die importierenden Module diese zuvor *deklarieren*. Besteht ein Programm aus einer großen Anzahl von Dienstleistungs- und Klientenmodulen, ist die Gefahr, eine Deklaration falsch zu schreiben oder zu vergessen, sehr groß. Insbesondere nach Programmänderungen können sehr leicht Stellen übersehen werden, die ihrerseits angepaßt werden müßten.

Aus Kapitel 4 kennen Sie bereits die Headerdateien, die wir mit der *#include*-Anweisung eingebunden haben. Dieses Konzept läßt sich auch im Zusammenhang mit Dienstleistungsmodulen gewinnbringend einsetzen. Statt die Funktionen und globalen Variablen in jedem Klientenmodul separat zu deklarieren, empfiehlt es sich, eine Headerdatei anzulegen, die alle erforderlichen Deklarationen enthält. In den einzelnen Klientenmodulen braucht diese dann nur noch per *#include*-Anweisung eingebunden zu werden, und alle Deklarationen sind automatisch vollständig und korrekt vorhanden. Zukünftig muß nur noch eine einzige Headerdatei angepaßt werden, wenn sich eine der Definitionen ändert.

Es hat sich in C eingebürgert, der Headerdatei eines Dienstleistungsmoduls denselben Namen wie der Quelldatei zu geben, allerdings mit der Erweiterung *.h*. Bei großen Bibliotheken kann es auch sinnvoll sein, die Deklarationen mehrerer Quelldateien in einer einzigen Headerdatei zusammenzufassen. Beispiele für derartige Headerdateien gibt es in der Standardbibliothek zuhauf. So enthält etwa *math.h* die Deklarationen der arithmetischen Funktionen und Konstanten und *stdio.h* die der Ein-/Ausgaberoutinen. Ein Auszug aus *math.h* des GNU-C-Compilers sieht so aus:

```
/* Copyright (C) 1995 DJ Delorie, see COPYING.DJ for details */
#ifndef __dj_include_math_h_
#define __dj_include_math_h_

#ifdef _USE_LIBM_MATH_H
#include <libm/math.h>
#else

#ifdef __cplusplus
extern "C" {
```

```
#endif

#ifndef __dj_ENFORCE_ANSI_FREESTANDING

extern double __dj_huge_val;
#define HUGE_VAL  __dj_huge_val

double
acos(double _x);
double   asin(double _x);
double   atan(double _x);
double   atan2(double _y, double _x);
double   ceil(double _x);
double   cos(double _x);
double   cosh(double _x);
...
```

## 6.5 Rekursion

### 6.5.1 Was ist Rekursion?

#### R 36 Rekursive Funktionsaufrufe

R36

Die *Rekursion* ist eines der interessantesten Themen bei der Anwendung von Funktionen und Prozeduren in höheren Programmiersprachen. Bevor wir uns der technischen Seite der Rekursion zuwenden, wollen wir zunächst versuchen, den Begriff anhand eines Beispiels zu veranschaulichen.

Rekursion kann recht treffend mit dem Wort *Selbstbezüglichkeit* übersetzt werden. Selbstbezüglichkeit taucht beispielsweise in der folgenden Vorschrift zur Konstruktion der Menge der natürlichen Zahlen auf:

1. 1 ist eine natürliche Zahl.
2. Wenn *n* eine natürliche Zahl ist, so ist auch *n+1* eine natürliche Zahl.

Um alle natürlichen Zahlen zu erzeugen, beginnen wir mit Regel 1 und erhalten die Menge, die nur aus der Zahl 1 besteht. Dann wenden wir Regel 2 auf die soeben gefundene Zahl an und erhalten die Zahl 2. Durch wiederholtes Anwenden von Regel 2 auf die neu gewonnenen Zahlen erhalten wir nacheinander die Zahlen 3, 4, 5 usw. Es ist leicht einzusehen, daß sich mit diesen beiden einfachen Regeln nach und nach alle natürlichen Zahlen konstruieren lassen. Die Selbstbezüglichkeit in diesem Verfahren steckt in der Regel 2, die immer und immer wieder auf das Teilergebnis angewendet wird.

Während es in diesem Beispiel um die *rekursive Konstruktion* einer unendlichen Menge ging, interessiert im Zusammenhang mit der Programmierung meist der umgekehrte Fall. Ein gegebenes Problem soll durch eine rekursive Vorgehensweise nach und nach in immer kleinere Teilprobleme zerlegt werden, die schließlich sehr einfach lösbar sind. In der richtigen Weise zusammengesetzt, ergeben sie die Lösung des Anfangsproblems.

Analog zum vorigen Beispiel wollen wir uns die Aufgabe stellen, herauszufinden, ob eine gegebene Zahl *n* eine natürliche Zahl ist oder nicht. Einen Lösungsansatz liefern die Regeln:

1. 1 ist eine natürliche Zahl.
2. *n* ist genau dann eine natürliche Zahl, wenn auch *n-1* eine natürliche Zahl ist.

Um also herauszufinden, ob ein beliebiges *n* eine natürliche Zahl ist, müssen wir zunächst überprüfen, ob *n* gleich 1 ist. Wenn ja, so handelt es sich um eine natürliche Zahl, andernfalls überprüfen wir gemäß 2., ob *n-1* eine natürliche Zahl ist, d.h. ob für *n-1* die Regel 1 anwendbar ist. Ist auch dies nicht der Fall, wird erneut Regel 2. angewendet, um das ursprüngliche Problem sukkzessive so lange auf die Teilprobleme *(n-1)-1*, *((n-1)-1)-1*, *(((n-1)-1)-1)-1* anzuwenden, bis der Trivialfall *n=1* eintritt und die (positive) Antwort gefunden ist.

Wahrscheinlich wird Ihnen aufgefallen sein, daß unser Verfahren nur dann eine Antwort (nämlich JA) liefert, wenn *n* tatsächlich eine natürliche Zahl ist, andernfalls wird Regel 2. unendlich oft durchgeführt, und wir bekommen niemals eine Antwort. Auch, wenn die zu überprüfende Zahl kleiner 1 ist, würde unser Regelwerk zu einer Endlosschleife führen. Um Abhilfe zu schaffen, führen wir eine zusätzliche Regel 1' ein:

1') Eine Zahl kleiner 1 ist keine natürliche Zahl.

Um diese Regel erweitert, liefert unser rekursives Verfahren nun für alle ganzen, rationalen und reellen Zahlen in endlicher Zeit die richtige Antwort. Dabei spielt es keine Rolle, wie groß die Zahl ist, oder wie viele Dezimalstellen sie enthält.

Dieses theoretische Beispiel sollte einen ersten Eindruck rekursiver Lösungsansätze geben. Es läßt sich ohne weiteres in C realisieren:

```
int NatuerlicheZahl(double n)
{
  if (n == 1.0) {
    return 1;
  } else if (n < 1.0) {
    return 0;
```

```
  } else {
    return NatuerlicheZahl(n - 1.0);
  }
}
```

Die Funktion *NatuerlicheZahl* wird mit einem beliebigen Fließkommawert als Argument aufgerufen und gibt 1 zurück, wenn das Argument eine natürliche Zahl ist. 0 wird dagegen zurückgegeben, wenn *n* keine natürliche Zahl ist. Die drei genannten Regeln zur Definition einer natürlichen Zahl finden sich in den drei Ausgängen der Verzweigung wieder. Die schrittweise Verkleinerung des Ausgangsproblems wird dadurch erreicht, daß die Funktion *NatuerlicheZahl* sich in der dritten Verzweigung mit einem verkleinerten Argument selbst aufruft. Jeder weitere Aufruf erzeugt eine neue Instanz des Funktionsaufrufs mit einem unabhängigen Satz lokaler Variablen und Parameter und vermindert die Größe des ursprünglichen Problems.

Durch den fortgesetzten Aufruf wird die Fragestellung schließlich auf einen der beiden Trivialfälle reduziert, und die zuletzt aufgerufene Funktion wird mit einem definierten Rückgabewert beendet. Dadurch kann nun auch der vorletzte Funktionsaufruf beendet werden, denn ihm fehlt ja nur noch der Rückgabewert des letzten Aufrufs, dann der drittletzte, der vierletzte usw. Bei jedem Schritt wird der Rückgabewert an den weiter außen liegenden Aufrufer übergeben, bis der erste rekursive Aufruf erreicht ist. Dieser gibt das Ergebnis an den ursprünglichen Aufrufer von *NatuerlicheZahl* zurück.

Das eigentliche Problem wird hier also schrittweise in seiner Größe reduziert, bis es auf einen Trivialfall zurückgeführt werden kann. Die Teilergebnisse werden so kombiniert, daß sie schließlich die ursprüngliche Fragestellung beantworten. Das ist das Grundprinzip aller rekursiven Problemlösungen.

Aus verschiedenen Gründen ist dieses Programm allerdings kein sonderlich empfehlenswertes Beispiel für den Einsatz rekursiver Problemlösungen, denn es arbeitet relativ langsam, braucht bei großen Zahlen viel Speicher und ließe sich ohne diese Nachteile mit einer iterativen Lösung einfacher programmieren.

### 6.5.2 Entwickeln rekursiver Programme

#### Fakultät

Die *Fakultät n!* einer natürlichen Zahl *n* ist definiert als das Produkt der ersten *n* natürlichen Zahlen, also $n!=1*2*...*n$. Man könnte also durch $n-1$ Multiplikationen (in einem C-Programm etwa innerhalb einer *for*-Schleife) das Ergebnis sehr einfach auf *iterative* Weise berechnen. Da dieser

Abschnitt aber von Rekursion handelt, wollen wir eine rekursive Lösung vorstellen. Sie basiert auf folgenden Regeln:

1. 0! = 1

2. n! = n*(n-1)! falls n>0

Die zweite Gleichung besagt, daß für alle natürlichen Zahlen *n*, die größer als 0 sind, die Fakultät von *n* gleich dem Produkt aus *n* und der Fakultät von *n-1* ist. Die erste Gleichung besagt, daß die Fakultät von 0 gleich 1 ist. Wir haben also das ursprüngliche Problem der Multiplikation vieler Zahlen auf eine einzige Multiplikation und die Lösung desselben Problems für einen kleineren Wert reduziert. In der Tat ist es leicht möglich, ein C-Programm zu schreiben, das nach diesem Lösungsansatz vorgeht:

```
/* bsp0615.c */
#include <stdio.h>

long fak(int n)
{
  if (n) {
    return n * fak(n - 1);
  }
  return 1;
}

void main(void)
{
  int i;

  printf("Bitte eine Zahl: ");
  scanf("%d", &i);
  printf("%ld\n", fak(i));
}
```

Die Berechnung der Fakultät einer vorgegebenen Zahl erledigt die Funktion *fak*. Sie ermittelt das Ergebnis jedoch nicht *iterativ* (durch eine explizite Schleifenkonstruktion), sondern *rekursiv*. Zunächst wird überprüft, ob der Parameter *n* ungleich 0 ist. Ist dies der Fall, so gibt die Funktion mit der *return*-Anweisung den Wert *n*fak(n-1)* zurück; d.h. das Produkt aus *n* und der Fakultät von *n-1*. Zur Auswertung des Ausdrucks *fak(n-1)* muß natürlich erneut die Funktion *fak* aufgerufen werden, jetzt allerdings mit dem um eins verminderten Wert *n-1*. Auch in diesem Fall wird zunächst überprüft, ob der übergebene Parameter (also *n-1*) ungleich 0 ist und wenn ja, wird *fak* erneut mit einem um eins verminderten Wert (also *n-2*) aufgerufen.

Diese Kette von Funktionsaufrufen setzt sich so lange fort, bis *fak(0)* aufgerufen wird. In diesem Fall erfolgt kein weiterer Funktionsaufruf, da die Bedingung *if(n)* nicht erfüllt ist. Statt dessen wird direkt der Wert 1 zurückgegeben. Nun kann die vorletzte Funktion beendet werden (denn sie wartet ja nur noch auf den Rückgabewert) und den Wert *1*fak(0)* an ihren Aufrufer zurückgeben. Dadurch wird natürlich auch der drittletzte Aufruf der *fak*-Funktion beendet. Er gibt den Wert *2*fak(1)*, also *2*1*, zurück. Aus demselben Grund wird dann der viertletzte Funktionsaufruf beendet. Er gibt *3*fak(2)*, also *3*2*, zurück. Das setzt sich so lange fort, bis alle aufgerufenen Funktionen beendet sind und die erste aufgerufene Funktion *fak(n)* den Wert *n*fak(n-1)*, also *n!*, an das Hauptprogramm zurückgibt. Abbildung 6.4 zeigt eine grafische Darstellung des Aufrufs *fak(3)*.

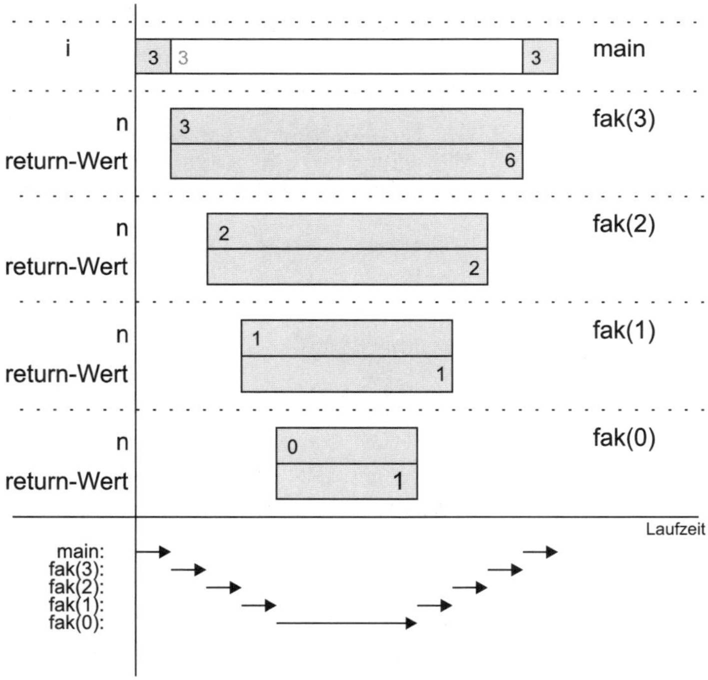


**Abbildung 6.4: Der rekursive Aufruf fak(3)**

Der Schlüssel zur Implementierung rekursiver Lösungsansätze liegt darin, daß Funktionen *sich selbst* aufrufen dürfen, wie im vorigen Beispiel die Funktion *fak*. Beim Aufruf einer Funktion werden zunächst alle formalen Parameter und lokalen Variablen auf dem Stack angelegt, und erst dann beginnt die Ausführung der Funktion.

Das gilt auch für rekursive Funktionen. Bei jedem Aufruf wird ein neuer Satz Parameter und lokaler Variablen angelegt, der nur innerhalb dieser Instanz der Funktion sichtbar ist und nach dem Ende des Funktionsaufrufs wieder vernichtet wird. Wenn eine rekursive Funktion sich also tausendmal selbst aufruft, existieren nach dem letzten Aufruf auch tausend Sätze von formalen Parametern und lokalen Variablen. Jeder von ihnen ist nur in der Instanz der Funktion sichtbar, die ihn erzeugt hat.

Damit die Kette der Funktionsaufrufe nicht unendlich wird, muß eine rekursive Funktion immer auch einen nicht-rekursiven Teil haben, der beim Eintreten einer bestimmten Bedingung die Aufrufkette unterbricht. Im vorigen Beispiel war dies die Anweisung *return 1;*, die genau dann ausgeführt wird, wenn *n* beim Aufruf der Funktion gleich 0 ist. Wird die Abbruchbedingung nicht erreicht, so kommt es zu einer endlosen Kette von Rekursionen, und das Programm stürzt schließlich mit einem Stacküberlauf ab.

#### Dividieren zweier Ganzzahlen

Die Fakultät einer ganzen Zahl ist *das* klassische Beispiel für Rekursion. Wir wollen uns eine weitere rekursive Funktion *divide* ansehen, die in der Lage ist, zwei Zahlen ganzzahlig zu dividieren:

```
/* bsp0616.c */
#include <stdio.h>

int divide(int a, int b)
{
  if (a >= b) {
    return 1 + divide(a - b, b);
  }
  return 0;
}

void main(void)
{
  printf("%d\n", divide(10,2));
  printf("%d\n", divide(10,5));
  printf("%d\n", divide(10,3));
  printf("%d\n", divide(1000,21));
}
```

Die Funktion *divide* implementiert das Teilen im besten Sinne des Wortes, nämlich durch explizites *Aufteilen* der Zahl *a*. Wenn *a* ganzzahlig durch *b* geteilt werden soll, so bedeutet das nämlich nichts anderes, als daß bestimmt werden soll, wie oft *b* in *a* enthalten ist.

Dazu prüfen wir zunächst, ob *a* mindestens so groß wie *b* ist. Ist das der Fall, vermindern wir *a* um *b* (wir entnehmen eine »Einheit« von *b*) und führen dieselbe Operation noch einmal aus. Dabei merken wir uns, daß wir das spätere Ergebnis um 1 erhöhen müssen, denn wir haben ja ein *b* entnommen. Dies führen wir nun so lange fort, bis *a* nicht mehr groß genug ist, ein weiteres *b* aufzunehmen. Das Ergebnis der Division ist die Anzahl der Schritte, die wir gebraucht haben, um *a* so weit zu reduzieren. Wir ermitteln es, indem wir im Trivialfall mit 0 beginnen und für jeden weiteren Rekursionsschritt 1 zum Ergebnis addieren.

Obwohl Sie vielleicht bereits jetzt einen Eindruck von der potentiellen Eleganz rekursiver Problemlösungen gewonnen haben, wird deren volle Bedeutung erst nach intensiver Beschäftigung deutlich. So etwa in Zusammenhang mit rekursiven Datenstrukturen wie Bäumen oder Listen, die in Kapitel 10 dieses Buches bei der Darstellung von Zeigern und dynamischen Datenstrukturen behandelt werden.

**Laufzeitverhalten**

Trotz (oder gerade wegen) ihrer offensichtlichen Eleganz sind nicht alle rekursiven Lösungsansätze praktikabel, denn Funktionsaufrufe sind in der Regel kostspieliger als Schleifendurchläufe, was das Laufzeitverhalten und den Speicherbedarf betrifft. Das liegt daran, daß für jeden Rekursionsschritt der Overhead eines weiteren Funktionsaufrufs benötigt wird. Beim Aufruf einer Funktion muß zunächst die Rücksprungadresse und möglicherweise weitere Daten gesichert werden, dann wird Platz für Parameter, lokale Variablen und den Rückgabewert angelegt. Diese werden initialisiert, und erst dann kann das Programm beginnen, den eigentlichen Funktionscode abzuarbeiten.

Neben den möglichen Performance-Einbußen, die dieses Verfahren nach sich zieht, benötigt es darüber hinaus sehr viel Speicher zum Anlegen von Parametern, lokalen Variablen, Rückgabewerten und Rücksprungadressen. Beim Aufruf der Funktion *NatuerlicheZahl* muß das Laufzeitsystem für jeden Aufruf beispielsweise den *double*-Parameter *n* (8 Byte), den *int*-Rückgabewert (4 Byte) und die Rücksprungadresse (4 Byte) auf dem Stack anlegen. Es benötigt also wenigstens 16 Byte zusätzlichen Speicher pro Aufruf. Ein Aufruf von *NatuerlicheZahl(67.5e4)* mit seinen 675000 geschachtelten Funktionsaufrufen benötigt also etwa 12 MB Hauptspeicher und fordert damit selbst moderne 32-Bit-Compiler.

Bei allen rekursiven Lösungsansätzen sollten Sie also stets das Laufzeitverhalten und den Speicherbedarf Ihrer Anwendungen im Auge behalten. Die bisher vorgestellten Beispiele sind nicht gerade Musterexemplare für die Anwendung der Rekursion. In allen Fällen gibt es iterative Lösungen, die schneller und weniger speicherintensiv sind und daher in der Praxis vorgezogen werden sollten. Dennoch sind diese Beispiele typisch für die rekursive Vorgehensweise und zeigen gut das prinzipielle Verfahren.

Wir wollen uns noch ein weiteres Beispiel ansehen, bevor wir das Thema Rekursion beenden. Darüber hinaus finden sich im Aufgabenteil einige interessante Probleme, die rekursive Lösungen erfordern oder nahelegen.

### Spiegeln einer Zeichenkette

Angenommen, wir wollen eine Funktion entwerfen, die eine Zeichenkette *spiegelbildlich* auf dem Bildschirm ausgibt. Ein iterativer Lösungsansatz könnte darin bestehen, zunächst die Länge der Zeichenkette zu ermitteln und dann in einer Schleife, beginnend vom letzten bis zum ersten Element, alle Einzelzeichen in verkehrter Reihenfolge auszugeben. Für dieses Problem gibt es jedoch eine einfache rekursive Lösung:

Das Spiegelbild einer Zeichenkette *s* ist

1. leer, wenn *s* leer ist,
2. das Spiegelbild der Zeichenkette *s'*, gefolgt von dem ersten Zeichen von *s*. Dabei sei *s'* die Zeichenkette, die aus *s* entsteht, wenn man ihr erstes Zeichen entfernt.

Da wir leicht ermitteln können, ob ein String leer ist, und auch leicht auf sein erstes Zeichen zugreifen können, läßt sich eine rekursive Lösung leicht angeben:

```
/* bsp0617.c */

#include <stdio.h>

void spiegeln(char *s, int n)
{
  if (s[n]) {
    spiegeln(s, n + 1);
    putchar(s[n]);
  }
}

void main(void)
{
  spiegeln("hallo", 0);
  printf("\n");
  spiegeln("A man, a plan, a canal: Panama", 0);
  printf("\n");
  spiegeln("Madam, I'm Adam", 0);
  printf("\n");
  spiegeln("Anna hetzte Hanna", 0);
  printf("\n");
}
```

Die Ausgabe des Programms lautet:

```
ollah
amanaP :lanac a ,nalp a ,nam A
madA m'I ,madaM
annaH etzteh annA
```

Die Funktion *spiegeln(s,n)* gibt das Spiegelbild der Zeichenkette *s* aus, beginnend bei dem *n*-ten Element. Versuchen Sie in diesem Fall selbst, sich die Funktionsweise von *spiegeln* klarzumachen, indem Sie beispielsweise alle rekursiven Aufrufe verfolgen, die durch *spiegeln("hallo",0)* verursacht werden. Unter Verwendung von Zeigerarithmetik könnte die Funktion *spiegeln* sogar noch weiter vereinfacht werden und auf den zweiten Parameter *n* verzichten:

```
void spiegeln(const char *s)
{
  if (*s) {
    spiegeln(s + 1);
    putchar(*s);
  }
}
```

Sie werden die zum Verständnis dieser Funktion erforderlichen Techniken in Kapitel 11 kennenlernen. Blättern Sie dann einfach zu diesem Beispiel zurück, es ist nicht schwierig zu verstehen.

Jede der drei letzten Zeichenketten ist übrigens ein *Palindrom,* d.h. ein Text, der – abgesehen von Satzzeichen – vorwärts und rückwärts gelesen das gleiche ergibt. Es gibt einige einschlägige Pages im Internet, die teilweise sehr lange Palindromes enthalten. Die folgenden Beispiele stammen von »Nancy Ellis' Palindrome Page« *(http://www.ecst.csuchico.edu/~nanci/Pdromes/)*:

- Norma is as selfless as I am, Ron.
- Some men interpret nine memos.
- Was it a cat I saw?
- Ein Ledergurt trug Redel nie.

### 6.5.3 Zusammenfassung

Rekursion ist ein wichtiges Hilfsmittel bei der Lösung bestimmter Klassen von Problemen. Sie wird durch Funktionen oder Prozeduren, die sich selbst aufrufen, implementiert. Wichtige Voraussetzungen sind lokale Variablen und Parameter, die beim Aufruf der Funktion auf dem Stack angelegt werden.

Nicht alle höheren Programmiersprachen erlauben es, daß Funktionen sich selbst aufrufen, beispielsweise FORTRAN oder COBOL. Andere Sprachen kennen zwar prinzipiell rekursive Funktionsaufrufe, sind aber bei ihrer Ausführung so langsam, daß kaum praktischer Nutzen daraus zu ziehen ist. Es gibt aber auch Programmiersprachen, bei denen die Rekursion zum Hauptparadigma erhoben wurde (beispielsweise LISP oder PROLOG). Einige von ihnen bilden selbst Kontrollstrukturen wie etwa Schleifen durch rekursive Funktionsaufrufe nach.

Grundsätzlich gibt es zu jeder rekursiven Lösung auch eine iterative. Welche der beiden Varianten im Einzelfall vorzuziehen ist, muß durch Abwägen von Laufzeitverhalten, Speicheranforderungen und programmtechnischen Aspekten entschieden werden.

Die hier gegebenen Beispiele sollten nur als Einstieg in die Thematik angesehen werden und dienten hauptsächlich zur Demonstration der prinzipiellen Vorgehensweise. In der Praxis hätte vermutlich jeder C-Programmierer die Beispielprogramme iterativ programmiert. Es gibt jedoch in der Informatik eine Vielzahl von Aufgabenstellungen, bei denen auch in Produktionssystemen Rekursion eingesetzt wird. In den Übungsaufgaben werden einige dieser Aufgabenstellungen ansatzweise aufgegriffen.

## 6.6 Aufgaben zu Kapitel 6

**1. (A)**

Schreiben Sie ein Programm, das die drei Fließkommafunktionen *abs*, *sign* und *neg* zur Verfügung stellt. Dabei soll mit *abs* der Absolutwert einer *double*-Zahl berechnet werden. *sign* soll einen der drei *int*-Werte -1, 0 oder 1 zurückgeben, je nachdem ob die übergebene Zahl kleiner, gleich oder größer 0 ist, und *neg* soll das Vorzeichen der Zahl invertieren.

**2. (A)**

Schreiben Sie eine Funktion zur Berechnung der Potenz $a^b$ für zwei *int*-Werte *a* und *b*.

**3. (A)**

Schreiben Sie eine Funktion *pyth*, die bei Eingabe der beiden Katheten die Hypothenuse eines rechtwinkligen Dreiecks berechnet. Verwenden Sie dazu den Satz des Pythagoras.

**4. (A)**

Schreiben Sie eine Funktion *mult* zur Multiplikation zweier *int*-Werte, die als einzigen arithmetischen Operator das Präfix-Inkrement benutzt.

**5. (P)**

Versuchen Sie herauszufinden, welche einfache mathematische Aufgabe durch die folgende Funktion *nett* berechnet wird:

```
/* auf0605.c */

long nett(int a, int b)
{
  if (b) {
    return nett(a, b-1) + 1;
  } else {
    return a;
  }
}
```

**6. (B)**

Schreiben Sie eine Funktion *search* mit zwei String-Parametern *s* und *s1*, die das erste Auftreten eines beliebigen Zeichens aus *s1* in *s* sucht. Die Funktion soll angeben, an welcher Position in *s* die Übereinstimmung gefunden wurde. Bei erfolgloser Suche soll -1 zurückgegeben werden.

**7. (E)**

Schreiben Sie eine rekursive Funktion *max*, die das größte Element aus einem vorgegebenen *int*-Array liefert. Sehen Sie den rekursiven Ansatz darin, daß das größte Element entweder das erste Element oder das größte der verbleibenden Elemente ist.

**8. (B)**

Schreiben Sie eine Funktion, die herausfindet, ob ein vorgegebenes *int*-Array aufsteigend, absteigend, alternierend oder auf keine dieser Arten geordnet ist. Zur Erklärung: ein Array soll dann aufsteigend sortiert sein, wenn keines seiner Elemente kleiner als sein Vorgänger ist. Absteigend soll es sein, wenn keines seiner Elemente größer als sein Vorgänger ist. Wird die Folge der Arrayelemente schließlich abwechselnd größer und kleiner, so ist es alternierend sortiert.

**9. (B)**

Schreiben Sie eine Funktion, die die Elemente eines vorgegebenen Arrays von *int*-Werten aufsteigend sortiert.

**10. (B)**

Geben Sie für die folgenden iterativen Funktionen rekursive Implementierungen an, die dasselbe leisten. *it1* schreibt die Zahlen von 0 bis *cnt* auf den Bildschirm, *it2* errechnet die Summe der Zahlen von 1 bis *cnt*.

```
/* auf0610.c */
void it1(int cnt)
{
  int i;

  for (i = 0; i <= cnt; ++i) {
    printf("%d\n", i);
  }
}

int it2(int n)
{
  int i, ret;

  ret = 0;
  for (i = 1; i <= n; ++i) {
    ret += i;
  }
  return ret;
}
```

**11. (B)**

Schreiben Sie eine rekursive Funktion *power*, die die Potenz $x^y$ von zwei *int*-Parametern $x$ und $y$ berechnet. Der Rückgabewert soll vom Typ *double* sein. Verwenden Sie als einzigen arithmetischen Operator die Multiplikation.

**12. (B)**

C verfügt über die drei logischen Operatoren &&, || und !. Damit können alle zusammengesetzten logischen Ausdrücke realisiert werden.

Aus der digitalen Schaltungstechnik ist bekannt, daß beliebige logische Ausdrücke auch bereits mit einem einzigen logischen Operator realisiert werden können, nämlich dem NAND-Operator. Der NAND-Operator ist die Negation des UND-Operators und kann durch folgende Funktion realisiert werden:

```
#define BOOL int
#define TRUE 1
#define FALSE 0

BOOL NAND(BOOL a, BOOL b)
{
  return !(a && b);
}
```

Schreiben Sie drei Funktionen AND, OR und NOT, die die logischen Operatoren &&, || und ! nachbilden, ohne diese Operatoren selbst zu benutzen. Statt dessen soll die Aufgabe lediglich durch geschickten Aufruf der NAND-Funktion gelöst werden.

**13. (C)**

**R 37 Türme von Hanoi**

R37

Schreiben Sie eine rekursive Lösung des »Türme-von-Hanoi«-Problems (Abbildung 6.5). Bei diesem Problem sind drei Stäbe auf einem Brett montiert, so daß Scheiben unterschiedlicher Größe darauf gesteckt werden können. Zu Beginn befinden sich *n* Scheiben nach absteigender Größe sortiert auf Stab A. Die Aufgabe besteht nun darin, unter Beachtung der folgenden Regeln alle *n* Scheiben Zug für Zug in der gleichen Ordnung auf Stab C zu plazieren:

1. Ein Zug besteht darin, daß die oberste Scheibe eines beliebigen Turms auf einen anderen Stab gesteckt wird.
2. Niemals darf eine größere auf einer kleineren Scheibe liegen.
3. Stab B darf als Zwischenablage verwendet werden.

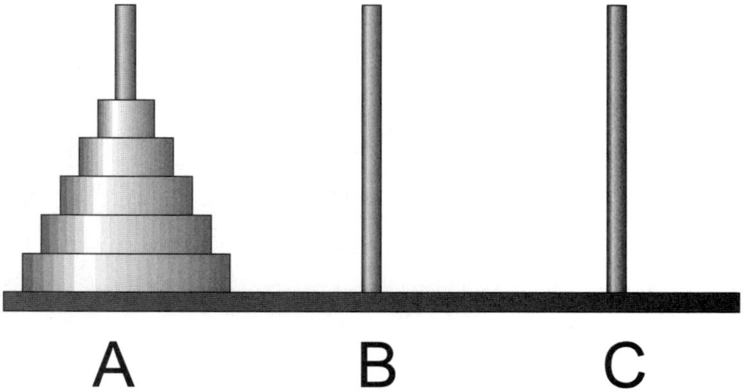


**Abbildung 6.5: Türme von Hanoi**

Interpretieren Sie zur Lösung der Aufgabe den aus *n* Scheiben bestehenden Turm rekursiv als Zusammensetzung einer ganz unten liegenden großen Scheibe mit einem darauf befindlichen Turm-von-Hanoi aus *n-1* Scheiben.

Um ein Gefühl für rekursive Problemlösungen zu bekommen, sollten Sie sich unbedingt mit dieser Aufgabe beschäftigen. Die Lösung ist sehr verblüffend und elegant. »Türme-von-Hanoi« ist zu Recht eines der am meisten zitierten Beispiele bei der Einführung rekursiver Programmiertechniken.

**14. (C)**

Schreiben Sie eine Funktion, die alle *n!* Permutationen eines *n* Zeichen langen *int*-Arrays ausgibt. Als *Permutationen* bezeichnet man die unterschiedlichen Möglichkeiten, die einzelnen Elemente eines Arrays anzuordnen. Die Permutationen des dreielementigen Arrays <1, 2, 3> sind beispielsweise <1, 2, 3>, <1, 3, 2>, <2, 1, 3>, <2, 3, 1>, <3, 1, 2> und <3, 2, 1>. Versuchen Sie auch hier, mit einen rekursiven Lösungsansatz zu arbeiten.

**15. (C)**

Schreiben Sie eine rekursive Funktion *grow* : $\mathbf{N}^{+0}$ -> $\mathbf{R}^{+0}$, die jeder nichtnegativen Ganzzahl einen reellen Wert zuordnet. Die Funktion soll für wachsende Argumente so stark ansteigen, daß bereits *grow(3)* praktisch nicht mehr berechenbar ist.

**16. (P)**

Geben Sie die Ausgabe des folgenden Programms an:

```
/* auf0616.c */

#include <stdio.h>

int puzzfunc(int x)
{
  int i;
  for (i = 1; i * i <= x; ++i);
  return i - 1;
}

void main(void)
{
  printf("%d\n", puzzfunc(1));
  printf("%d\n", puzzfunc(2));
  printf("%d\n", puzzfunc(5));
  printf("%d\n", puzzfunc(10));
  printf("%d\n", puzzfunc(100));
  printf("%d\n", puzzfunc(101));
}
```

**17. (P)**

Geben Sie die Ausgabe des folgenden Programms an:

```
/* auf0617.c */

#include <stdio.h>

void puzzfunc2(int i);
void puzzfunc3();

int i;

void puzzfunc1(int i)
{
  printf("i = %d\n", i);
  puzzfunc2(++i);
  printf("i = %d\n", i);
}

void puzzfunc2(int i)
{
  printf("i = %d\n", i);
  puzzfunc3();
}

void puzzfunc3()
{
  printf("i = %d\n", i);
}

void main(void)
{
  i = 1;
  printf("i = %d\n", i);
  puzzfunc1(i);
  printf("i = %d\n", i);
}
```

**18. (P)**

Geben Sie die Ausgabe des folgenden Programms an:

```
/* auf0618.c */

#include <stdio.h>
```

```
long puzzfunc1(long a, long b)
{
  if (a >= b) {
    return 1 + puzzfunc1(a - b, b);
  }
  return 0;
}

long puzzfunc2(long a, long b)
{
  if (a >= b) {
    return puzzfunc2(a - b, b);
  }
  return a;
}

void main(void)
{
  printf("%ld\n", puzzfunc1( 100,  5));
  printf("%ld\n", puzzfunc1(1024,  8));
  printf("%ld\n", puzzfunc1(  53, 11));
  printf("%ld\n", puzzfunc1(1743, 13));

  printf("%ld\n", puzzfunc2( 100,  5));
  printf("%ld\n", puzzfunc2(1024,  8));
  printf("%ld\n", puzzfunc2(  53, 11));
  printf("%ld\n", puzzfunc2(1743, 13));
}
```

**19. (P)**

Geben Sie die Ausgabe des folgenden Programms an:

```
/* auf0619.c */

#include <stdio.h>

int puzzfunc(int a, int b)
{
  return (a % b == a / b && a != b + 1);
}

void main(void)
{
  int i, j;
```

```
  for (i = 1; i <= 20; ++i) {
    for (j = 1; j <= 20; ++j) {
      if (puzzfunc(i, j)) {
        printf("(%d, %d)\n", i, j);
      }
    }
  }
}
```

## 6.7 Lösungen zu ausgewählten Aufgaben

### Aufgabe 1

Die Lösung dieser Aufgabe ist nicht weiter schwierig, man muß lediglich bei der Typisierung der Funktionsargumente und Rückgabewerte die richtigen Werte wählen. Beachten Sie, daß die in dem Lösungsbeispiel angegebenen Funktionen alle ein *r* vor dem Namen haben, damit sie nicht mit den gleichnamigen Funktionen der Standard-Library kollidieren.

```
/* lsg0601.c */

#include <stdio.h>

double rabs(double x)
{
  return (x < 0 ? -x : x);
}

int rsign(double x)
{
  if (x < 0) {
    return -1;
  } else if (x > 0) {
    return 1;
  } else {
    return 0;
  }
}

double rneg(double x)
{
  return -x;
}

void main(void)
```

```
{
  double x;

  printf("Bitte eine double-Zahl: ");
  scanf("%le", &x);
  printf("Zahl:         %e\n", x);
  printf("rabs(Zahl):   %e\n", rabs(x));
  printf("rsign(Zahl):  %d\n", rsign(x));
  printf("rneg(Zahl):   %e\n", rneg(x));
}
```

#### Aufgabe 2

```
/* lsg0602.c */

#include <stdio.h>

int potenz(int a, int b)
{
  int p = 1;

  while (b--) {
    p *= a;
  }
  return p;
}

void main(void)
{
  int i, j;

  printf("Zwei Zahlen: ");
  scanf("%d %d", &i, &j);
  printf("potenz(%d,%d)=%d\n", i, j, potenz(i, j));
}
```

Bei dieser Aufgabe ging es im wesentlichen darum, den schon bekannten Algorithmus der ganzzahligen Potenzierung in eine eigenständige Funktion mit zwei Parametern zu verpacken und somit auf einfache Art wiederverwendbar zu machen. Auch hier sollten keine ernsthaften Schwierigkeiten aufgetreten sein.

#### Aufgabe 3

Auch diese Aufgabe war sehr einfach, es ging lediglich darum, die schon bekannte Quadratwurzelfunktion mit der Pythagorasfunktion zu kombinieren. Probleme können auftreten, wenn man die *pyth*-Funktion vor der *sqrt*-Funktion definiert und vergißt, die Deklaration *double sqrt();* in den Definitionsteil einzufügen. In diesem Fall würde der Rückgabewert von *pyth* als *int* übersetzt und daher falsch.

```
/* lsg0603.c */

#include <stdio.h>

double sqrt(double x)
{
  double s = 0.0, prec = 0.001;

  while (s * s < x) {
    s += prec;
  }
  return s;
}

double pyth(double a, double b)
{
  return sqrt(a * a + b * b);
}

void main(void)
{
  printf("pyth(13,0.005)=%e\n", pyth(13.0, .0005));
}
```

**Aufgabe 4**

Die nachfolgende Funktion *mult* berechnet die Multiplikation von *a* und *b* durch *a*b*-maliges Addieren von 1 zu der Variable *res*. Damit entspricht diese Lösung der Bedeutung einer Multiplikation im ursprünglichsten Sinn.

```
/* lsg0604.c */

#include <stdio.h>
#include <math.h>

int mult(int a, int b)
{
  int i, j, res = 0;

  for (i = 0; i < a; ++i) {
```

```
    for (j = 0; j < b; ++j) {
      ++res;
    }
  }
  return res;
}

void main(void)
{
  printf("3*4=%d\n", mult(3, 4));
  printf("24*101=%d\n", mult(24, 101));
  printf("0*5=%d\n", mult(0,5));
  printf("5*0=%d\n", mult(5,0));
}
```

**Aufgabe 5**

Die Funktion *nett* berechnet auf rekursive Weise die Summe ihrer Argumente. Dazu ruft sie sich *b*-mal rekursiv auf und addiert jeweils die Konstante 1 zum Anfangswert *a*. Ein Aufruf von *nett(a,b)* liefert also das Ergebnis *a+b*1*, also *a+b*.

**Aufgabe 6**

```
/* lsg0606.c */

#include <stdio.h>

int search(char s[], char s1[])
{
  int i, j;

  for (i = 0; s[i]; i++) {
    for (j = 0; s1[j]; j++) {
      if (s[i] == s1[j]) {
        return i;
      }
    }
  }
  return -1;
}

void main(void)
{
  static char  s[] = "What a wonderful world!";
  static char s1[] = "!ql";
```

```
  printf("search(\"%s\",\"%s\")=%d\n", s, s1, search(s,s1));
}
```

An die Funktion *search* werden zwei offene Zeichen-Arrays *s* und *s1* übergeben. Sie sucht mit einem sehr einfachen Algorithmus nach der geforderten Übereinstimmung: die Zeichenkette *s* wird elementweise durchlaufen und jedes Element daraufhin überprüft, ob es in der Zeichenkette *s1* enthalten ist. Dazu müssen (schlimmstenfalls) alle Elemente von *s1* durchlaufen werden.

Falls eine Übereinstimmung gefunden wurde, bricht die Funktion mit der *return*-Anweisung ab und gibt den Zähler der äußeren Schleife zurück. Eine zusätzliche Abbruchbedingung beider Schleifen ist das Nullbyte am Ende der untersuchten Zeichenkette. Konnte bis zum Ende der äußeren Zeichenkette keine Übereinstimmung gefunden werden, so führt die Funktion die Anweisung *return -1;* aus und gibt damit die geforderte Fehleranzeige zurück.

**Aufgabe 7**

Die rekursive Vorgehensweise in der vorgestellten Funktion *max* zum Ermitteln des größten Elements eines *int*-Arrays besteht aus den folgenden beiden Regeln:

1. Falls das zu überprüfende Array nur ein Element enthält, so ist dieser Wert das gesuchte Maximum.
2. Enthält das Array mehr als ein Element, so ist das Maximum gleich dem größeren der beiden folgenden Werte
   a) das letzte Element des Arrays
   b) das Maximum des Arrays, welches aus dem um das letzte Element verkürzten, ursprünglichen Array besteht.

Um die Größe des Arrays bei jedem Aufruf der Funktion *max* zu kennen, übergeben wir sie als zweiten Parameter *n* an *max*. Genaugenommen bezeichnet *n* in dem Lösungsbeispiel nicht die Größe des Arrays, sondern den Index des letzten Elements (also den um eins kleineren Wert).

```
/* lsg0607.c */

#include <stdio.h>

int max(int feld[], int n)
{
  int max_rest;

  if (n == 0) {
```

```
    return feld[0];
  }
  max_rest = max(feld, n - 1);
  return (max_rest > feld[n]) ? max_rest : feld[n];
}

int test[10] = {13,34,32,4,45,5,6767,3454,2,5};

void main(void)
{
  printf("%d\n", max(test, 9));
}
```

Zum Starten wird *max* mit dem Index des letzten Elements des zu untersuchenden Arrays aufgerufen. *max* überprüft zunächst, ob dieser Wert schon 0 ist, und gibt in diesem Fall dieses Element zurück. Andernfalls ruft *max* sich selbst auf, um das Maximum des um ein Element verkleinerten Arrays zu bestimmen. Wenn die dadurch ausgelöste Kette von rekursiven Funktionsaufrufen beendet ist, steht in der Variablen *max_rest* das Maximum dieses verkleinerten Arrays. Nun braucht nur noch der Wert mit dem letzten Element des Arrays verglichen und der größere der beiden zurückgegeben zu werden.

### Aufgabe 8

Bei dieser Aufgabe muß man die Elemente des Arrays nacheinander mit ihren unmittelbaren Vorgängern bzw. Vorvorgängern (für den Test auf alternierend) vergleichen. Ein Array ist damit beispielsweise genau dann aufsteigend sortiert, wenn jedes Element nicht kleiner als sein Vorgänger ist. Das Array ist genau dann alternierend sortiert, wenn für je zwei hintereinanderstehende Elemente die Differenz aus dem aktuellen und dem vorigen Element ein anderes Vorzeichen hat als die Differenz aus dem vorigen und dem vorvorigen Element.

Etwas ungewöhnlich ist die Rückgabe des Ergebniswertes gelöst. Da wir bisher nur einen einzigen Wert zurückgeben können, werden die Testergebnisse *bitweise* übergeben. Wenn im Rückgabewert das Bit 0 gesetzt ist, ist das Array aufsteigend, bei gesetztem Bit 1 absteigend und bei gesetztem Bit 2 alternierend sortiert. Beachten Sie, daß Fall 1 und 2 gleichzeitig auftreten, wenn alle Elemente des Arrays gleich sind.

```
/* lsg0608.c */

#include <stdio.h>

int test7[10] = {1,0,-3,-6,-10,-14,-100,-201,-300,-999};
```

```
int ordered(int feld[], int n)
{
  int asc, desc, alt;
  int i;

  asc = feld[1] >= feld[0];
  desc= feld[1] <= feld[0];
  alt = feld[1] != feld[0];
  for (i = 2; i < n; i++) {
    asc  = asc  && (feld[i] >= feld[i-1]);
    desc = desc && (feld[i] <= feld[i-1]);
    alt  = alt  && (feld[i] != feld[i-1])
                && ((long)(feld[i-1]-feld[i-2]) *
                    (long)(feld[i]-feld[i-1])) < 0;
  }
  i = 0;
  if (asc)  i += 1;
  if (desc) i += 2;
  if (alt)  i += 4;
  return i;
}

void main(void)
{
  printf("%d\n", ordered(test7, 10));
}
```

### Aufgabe 9

#### R 38 Sortieren eines Arrays

Es gibt unzählige Verfahren zum Sortieren eines Arrays. Zu den schnellen Verfahren gehören *Shellsort, Heapsort, Mergesort* oder *Quicksort*, zu den einfachen *Exchangesort, Insertionsort* oder *Bubblesort*. Das Lösungsbeispiel verwendet aus Gründen der Verständlichkeit ein einfaches Austauschverfahren (Exchangesort). Aufgrund seiner Langsamkeit ist es für große Datenmengen nicht besonders gut geeignet.

```
/* lsg0609.c */

#include <stdio.h>

int test8[10] = {13,34,32,4,45,5,6767,3454,2,5};

void sort(int feld[], int len)
```

```
{
  int i, j, min, tmp;

  for (i = 0; i < len - 1; i++) {
    min = i;
    for (j = i + 1; j < len; j++) {
      if (feld[j] < feld[min]) {
        min = j;
      }
    }
    tmp = feld[min];
    feld[min] = feld[i];
    feld[i] = tmp;
  }
}

void main(void)
{
  int i;

  sort(test8, 10);
  for (i = 0; i < 10; i++) {
    printf("%d,", test8[i]);
  }
  printf("\n");
}
```

Die Funktion *sort* sortiert das übergebene Array *feld* von der 0-ten bis zur *len*-ten Position. Dazu führt die Funktion durch die äußere *for*-Schleife für jedes Element einen Sortierschritt durch. In jedem Schritt ermittelt sie das kleinste Element des Arrays, indem sie es von der aktuellen bis zur letzten Position untersucht, und vertauscht dieses mit dem Element an der aktuellen Position. Dann wird der Positionszähler erhöht und der nächste Schritt nach demselben Muster ausgeführt. Das Array ist fertig sortiert, wenn das letzte Element untersucht wird.

### Aufgabe 10

```
/* lsg0610.c */

#include <stdio.h>

void rek1(int cnt)
{
  if (cnt >= 0) {
```

```
    rek1(cnt - 1);
    printf("%d\n", cnt);
  }
}

int rek2(int cnt)
{
  if (cnt >= 1) {
    return cnt + rek2(cnt - 1);
  }
  return 0;
}

void main(void)
{
  rek1(10);
  printf("Summe(1..100)=%d\n", rek2(100));
}
```

In beiden Funktionen wird die Iteration durch kontrollierte Rekursion abgelöst. Der Schleifenzähler wird durch den Aufrufparameter ersetzt und temporäre Variablen werden durch den in jeder Instanz vorhandenen Rückgabewert ersetzt.

**Aufgabe 11**

Die nachfolgende Funktion *power* macht sich die Tatsache zunutze, daß für jede Potenz $x^y$ gilt: $x^y = x * x^{y-1}$. Den Rest der Funktion machen die Spezialfälle $0^y=0$, $1^y=1$, $x^0=1$ und $x^1=x$ aus.

```
/* lsg0611.c */

#include <stdio.h>
#include <math.h>

double power(int x, int y)
{
  if (x <= 0) return 0.0;
  if (x == 1) return 1.0;
  if (y <= 0) return 1.0;
  if (y == 1) return x;
  return x * power(x, y-1);
}

void main(void)
{
```

```
  int x, y;

  for (x = 0; x <= 5; ++x) {
    for (y = 0; y <= 5; ++y) {
      printf("power(%d,%d)=%10.0f\n", x, y, power(x,y));
    }
  }
}
```

**Aufgabe 12**

Zunächst betrachten wir die Wahrheitstabelle der NAND-Verknüpfung:

| a | b | NAND(a,b) |
|---|---|---|
| 0 | 0 | 1 |
| 0 | 1 | 1 |
| 1 | 0 | 1 |
| 1 | 1 | 0 |

**Tabelle 6.2: Tabelle von NAND**

Hieran kann man sehr leicht erkennen, daß *NAND(x,x)* gleichbedeutend mit *NOT(x)* ist, so daß man die NOT-Funktion wie folgt implementieren kann:

```
BOOL NOT(BOOL a)
{
  return NAND(a,a);
}
```

Da die AND-Funktion nur ein negiertes NAND ist, das ja per Definition zur Verfügung steht, läßt sich mit Hilfe der NOT-Funktion *AND(a,b)* als *NOT(NAND(a,b))* konstruieren. Dies ist gleichbedeutend mit der folgenden Auflösung:

```
BOOL AND(BOOL a, BOOL b)
{
  return NAND(NAND(a,b),NAND(a,b));
}
```

Etwas schwieriger ist es, die OR-Funktion zu konstruieren. Hier muß man ein paar algebraische Umformungen vornehmen, um auf die Lösung zu kommen. Es gilt:

```
OR(a,b)
= NOT(NOT(OR(a,b)))           /*doppelte Negation*/
```

```
= NOT(AND(NOT(a),NOT(b)))     /*de Morgan*/
= NAND(NOT(a),NOT(b))         /*Definition von NAND*/
= NAND(NAND(a,a),NAND(b,b))   /*NOT durch NAND*/
```

Somit läßt sich die OR-Funktion wie folgt implementieren:

```
BOOL OR(BOOL a, BOOL b)
{
  return NAND(NAND(a,a),NAND(b,b));
}
```

**Aufgabe 13**

Die nachfolgende Beispiellösung sieht aufwendiger aus, als sie wirklich ist. Die eigentliche Arbeit wird in der Funktion *hanoi* verrichtet, alles andere ist Beiwerk, um die Suche nach der Lösung auf dem Bildschirm darstellen zu können.

```
/* lsg0613.c */

#include <stdio.h>

#define ANZ_SCHEIBEN 4

int board[3][ANZ_SCHEIBEN + 1];

void show_board()
{
  int i, j, k, width, spc;

  for (i = ANZ_SCHEIBEN; i >= 0; i--) {
    for (j = 0; j < 3; j++) {
      width = 2 * board[j][i];
      spc = (24 - width) / 2;
      for (k = 1; k <= spc; k++) {
        putchar(' ');
      }
      for (k = 1; k <= width / 2; k++) {
        putchar('H');
      }
      putchar('I');
      for (k = 1; k <= width / 2; k++) {
        putchar('H');
      }
      for (k = 1; k <= spc; k++) {
        putchar(' ');
```

```
      }
      printf(" ");
    }
    printf("\n");
  }
  printf("------------------------------\ n");
}

void move(int src, int dest)
{
  int i, j;

  for (i = ANZ_SCHEIBEN - 1; !(board[src][i]); i--);
  for (j = ANZ_SCHEIBEN - 1; !(board[dest][j]) && j>=0; j--);
  board[dest][j+1] = board[src][i];
  board[src][i] = 0;
  show_board();
}

void hanoi(int src, int dest, int h)
{
  int tmp_store;

  if (h == 1) {
    move(src, dest);
  } else {
    tmp_store = 3 - src - dest;
    hanoi(src, tmp_store, h-1);
    move(src, dest);
    hanoi(tmp_store, src, h-1);
    hanoi(src, dest, h - 1);
  }
}

void main(void)
{
  int i, j;

  for (i = 0; i < 3; i++) {
    for (j = 0; j <= ANZ_SCHEIBEN; j++) {
      board[i][j] = 0;
    }
  }
  for (i = 0; i < ANZ_SCHEIBEN; i++) {
```

```
    board[0][i] = ANZ_SCHEIBEN - i;
  }
  show_board();
  hanoi(0, 2, ANZ_SCHEIBEN);
}
```

Die Funktion *hanoi(src,dest,h)* hat die Aufgabe, einen *h* Scheiben hohen Turm unter Einhaltung der vorgegebenen Nebenbedingungen von dem Stab mit der Nummer *src* auf den Stab mit der Nummer *dest* zu transportieren. Die Stäbe haben die Nummern 0, 1 und 2. Um nicht den rekursiven Ansatz in *hanoi* durch unwichtigen »Kleinkram« zu verdecken, verwenden wir eine Funktion *move(src,dest)*, welche die Fähigkeit hat, eine einzelne Scheibe von Stab *src* zum Stab *dest* zu transportieren. (Zu Testzwecken reicht es, in *move* lediglich eine Ausgabeanweisung *printf("%d-->%d\n",src,dest);* unterzubringen.)

Die Funktion *hanoi* geht nun folgendermaßen vor: zunächst überprüft sie, ob der zu transportierende Turm schon die Höhe 1 hat – in diesem Fall braucht sie nur eine einzelne Scheibe zu bewegen. Falls der Turm größer ist, wird die Arbeit durch Rekursion in den folgenden vier Schritten bewältigt:

1. Der Turm aus den oberen *h-1* Scheiben auf Stab *src* wird auf den freien Stab transportiert. Dies kann durch einen geeigneten Aufruf der Funktion *hanoi* erledigt werden. Beachten Sie, wie die Nummer des freien Stabes (*3-src-dest*) ermittelt wird.
2. Die unterste Scheibe wird von *src* nach *dest* transportiert.
3. Der in Schritt 1 versetzte Turm wird wieder auf den Stab *src* zurücktransportiert (wieder durch einen rekursiven Aufruf von *hanoi*).
4. Der jetzt auf Stab *src* stehende, um eine Scheibe verkleinerte Turm wird durch einen rekursiven Aufruf auf die Scheibe *dest* transportiert.

Um die Funktion *hanoi* zu verstehen, sollten Sie sich zunächst diese vier Einzelschritte anhand eines Beispiels mit drei oder vier Scheiben klarmachen. Die weiteren Details der Lösung widmen sich »nur« der Darstellung der Abläufe auf dem Bildschirm und haben keinen Einfluß auf den rekursiven Lösungsansatz. Das Spielfeld wird durch ein zweidimensionales Array dargestellt, welches drei Arrays (die Stäbe) enthält, die jeweils die maximal mögliche Anzahl an Scheiben aufnehmen können.

Das Vorhandensein einer Scheibe der Größe *n* auf der *m*-ten Position des *x*-ten Stabes wird durch *board[x][m]=n* angezeigt. Die Funktion *move(src,dest)* bewegt nun eine einzelne Scheibe von einem Stab zum anderen, während die Funktion *show_board* die Belegung des Spielfeldes zu einem beliebigen Zeitpunkt auf dem Bildschirm ausgeben kann.

In der ersten Auflage dieses Buches stand folgender Absatz:

*»Falls Sie selbst durch diese Lösung noch nicht von der prinzipiellen Leistungsfähigkeit rekursiver Lösungsansätze überzeugt sind, sollten Sie versuchen, eine iterative Lösung des Türme-von-Hanoi-Problems zu finden. Falls Ihnen dies tatsächlich gelingen sollte, stellen Sie beide Lösungen einander gegenüber und vergleichen Sie sie bezüglich der Anzahl der benötigten Anweisungen und der Lesbarkeit. Wenn Sie dann immer noch Ihre iterative Lösung für besser halten, senden Sie sie mir zu, die Chancen eines Abdruckes in der nächsten Auflage dieses Buches stehen nicht schlecht!«*

Leider hat sich niemand mit einer solchen Lösung gemeldet, so daß diese Stelle eigentlich weiterhin leer bleiben müßte. Wie der Zufall es aber will, ist mir selbst in der Zwischenzeit ein iteratives Verfahren begegnet, das P. Buneman und L. Levy im Jahre 1980 veröffentlicht haben. Der zugrundeliegende Algorithmus ist so einfach und elegant, daß er hier nicht fehlen darf.

Anstelle eines fertigen Programms folgt nun ein Pseudocodelisting, das auf dem Abdruck in *»Structures and Abstraction«* von William I. Salmon, Seite 439, basiert. Es ist eine gute Übung, den Pseudocode in ein echtes C-Programm umzusetzen. Der Algorithmus impliziert, daß die drei Stäbe im Kreis angeordnet sind.

```
while (1) {
  Bewege die kleinste Scheibe von ihrem aktuellen
  Standort auf den nächsten Stab in Uhrzeigerrichtung;
  if (alle Scheiben sind auf einem Stab) {
    break;
  }
  Führe den einzig möglichen Zug aus, der nicht
  die kleinste Scheibe bewegt;
}
```

**Aufgabe 14**

### R 39 Erzeugen von Permutationen

R39

Die Lösung dieser Aufgabe ist nicht ganz einfach. Ich habe einen rekursiven Ansatz verwendet, weil er noch am übersichtlichsten ist. Die Funktion *perm(feld,a,b)* gibt auf dem Bildschirm die Permutationen des Arrays *feld* aus, und zwar von der *a*-ten bis zur *b*-ten Stelle. Die Abbruchbedingung der Rekursion ist dann erfüllt, wenn *a* gleich *b* ist. In diesem Fall wird der Inhalt des kompletten Feldes auf dem Bildschirm ausgegeben. Ist *a* aber ungleich *b*, so ruft *perm* sich ebenso oft selbst auf, wie Elemente zwischen *a* und *b* liegen. Jeweils davor wird das erste mit dem aktuellen

Element vertauscht. Der rekursive Ansatz kann also durch folgende Regeln beschrieben werden:

1. Die Permutation einer einstelligen Folge ist nur die Folge selbst.
2. Die Permutationen einer *n*-stelligen Folge sind die *n* Zahlen der Folge, jeweils gefolgt von allen Permutationen der um ein Element kürzeren Folge, in der die *n*-te Zahl weggelassen wurde.

Als Beispiel soll die Folge <1,2,3> betrachtet werden. Nach Regel 2 ergeben sich die Permutationen dieser Folge aus

a) Der Zahl 1, gefolgt von den Permutationen der Folge <2,3>

b) Der Zahl 2, gefolgt von den Permutationen der Folge <1,3>

c) Der Zahl 3, gefolgt von den Permutationen der Folge <1,2>

Nun müssen natürlich noch die Permutationen der Folgen <2,3>, <1,3> und <1,2> ermittelt werden, was aber rekursiv auf die gleiche Weise geschehen kann. So ergeben sich nach und nach alle Permutationen der ursprünglichen Zeichenfolge.

```
/* lsg0614.c */

#include <stdio.h>

#define ARRAYSIZE 5

int test10[ARRAYSIZE] = {1,2,3,4,5};

void show_perm(int feld[])
{
  printf(
    "{%d,%d,%d,%d,%d}\n",
    feld[0],
    feld[1],
    feld[2],
    feld[3],
    feld[4]
  );
}

void perm(int feld[], int a, int b)
{
  int i, tmp;

  if (a == b) {
```

```
      show_perm(feld);
    } else {
      for (i = a; i <= b; i++) {
        tmp = feld[a];
        feld[a] = feld[i];
        feld[i] = tmp;
        perm(feld, a+1, b);
        feld[i] = feld[a];
        feld[a] = tmp;
      }
    }
}

void main(void)
{
  perm(test10, 0, 4);
}
```

**Aufgabe 15**

Wir wollen die gesuchte Funktion schrittweise entwickeln, um dabei den rekursiven Ansatz zu verdeutlichen. Zunächst soll eine Funktion *grow1* geschrieben werden, die wie folgt definiert ist:

```
grow1(x) := 2, falls x<=0
grow1(x) := grow1(x-1) + grow1(x-1), sonst
```

Diese Funktion hat also offensichtlich die Eigenschaft, daß jeder Funktionswert *grow1(x)* sich aus der Summe der Funktionswerte *grow1(x-1)* und *grow1(x-1)* ergibt:

```
double grow1(double n)
{
  if (n <= 0) return 2;
  return grow1(n-1) + grow1(n-1);
}
```

Die Ausgabe des Programms für Funktionswerte von 0 bis 5 ist:

```
grow1(0)=          2
grow1(1)=          4
grow1(2)=          8
grow1(3)=         16
grow1(4)=         32
grow1(5)=         64
```

Das Wachstum dieser Funktion entspricht allerdings noch nicht den in der Aufgabe gestellten Anforderungen, denn *grow1(3)* ist 16 und damit natürlich noch bequem darstellbar. Um das Wachstum der Funktionswerte zu beschleunigen, wollen wir in der nächsten Variante dasselbe Rekursionsschema wie oben verwenden. Anstelle der Addition der Vorwerte soll jetzt allerdings die Multiplikation verwendet werden:

```
double grow2(double n)
{
  if (n <= 0) return 2;
  return grow2(n-1) * grow2(n-1);
}
```

Diese Funktion wächst bereits deutlich schneller:

```
grow2(0)=          2
grow2(1)=          4
grow2(2)=         16
grow2(3)=        256
grow2(4)=      65536
grow2(5)= 4294967296
```

Aber auch *grow2* erfüllt noch nicht die Anforderungen der Aufgabenstellung, denn *grow2(3)* ist 256 und damit ebenfalls noch ohne Probleme darstellbar. Der letzte Schritt zur Lösung der Aufgabe besteht darin, anstelle der Multiplikation der Vorwerte deren Potenzierung zu verwenden. Um dies zu tun, könnte man beispielsweise die Library-Funktion *pow* verwenden, das Beispielprogramm berechnet die Potenz allerdings rekursiv (s. Aufgabe 11). Da hierzu zwei Parameter nötig sind, wird die Aufgabe in die beiden Funktionen *g3* und *grow3* unterteilt.

```
double g3(double x, double y)
{
  if (x == y) {
    if (x <= 0) {
      return 3;
    } else {
      return g3(x-1,x-1)*g3(g3(x-1,x-1),g3(x-1,x-1)-1);
    }
  } else {
    if (y == 1) {
      return x;
    } else {
      return x*g3(x,y-1);

  }
```

```
}
```

```
double grow3(double x)
{
  return g3(x,x);
}
```

Der Funktionswert von *grow(3)* ist nun in der Tat nicht mehr mit den eingebauten Datentypen eines normalen C-Compilers darstellbar. Um das enorme Wachstum dieser Funktion zu verdeutlichen, haben wir als Ausgangswert *grow3(0)* in diesem Fall 3 anstelle von 2 verwendet. So hat bereits *grow3(2)* den Wert $27^{27}$, eine 39-stellige Zahl:

```
grow3(0)=          3
grow3(1)=         27
grow3(2)=443426488243037600000000000000000000000
```

Um *grow3(3)* zu berechnen, müßte unser Programm also die Zahl $27^{27}$ genau $27^{27}$-mal mit sich selbst multiplizieren! Selbst die schnellsten verfügbaren Computer können das nicht schaffen.

**Aufgabe 18**

Die beiden Funktionen realisieren die Division und den Restwertoperator für ganze Zahlen.

GoTo

# Datenstrukturen

# 7

## Kapitelüberblick

## 7.1 Nicht-elementare Datentypen

Vor nicht allzu langer Zeit gab es noch viele Programmiersprachen, die lediglich Arrays als zusammengesetzte Datentypen kannten. Heterogene Datenstrukturen oder eigene Typdefinitionen waren insbesondere vielen Sprachen aus dem Bereich der Datenbank- und Anwendungsprogrammierung fremd.

Glücklicherweise besitzt C ein recht umfassendes Typsystem. Neben den in Kapitel 5 vorgestellten Arrays existieren in C feste und variable heterogene Datentypen (Strukturen und Unions) sowie Bitfelder und Aufzählungstypen. Darüber hinaus gibt es die *typedef*-Anweisung, mit der es ähnlich wie in PASCAL möglich ist, anwendungsspezifische Datentypen zu definieren und unter einem eigenen Namen zu verwenden.

Dieses Kapitel beschäftigt sich mit all diesen Themen. Es erklärt die strukturierten Datentypen außer Arrays und Zeigern (letztere folgen in Kapitel 10) und gibt eine Einführung in die Definition eigener Datentypen. Damit ist das Typsystem der Sprache C am Ende dieses Kapitels im wesentlichen erklärt.

## 7.2 Strukturen

In Kapitel 5, das sich mit Arrays beschäftigte, haben Sie schon die Möglichkeit kennengelernt, mehrere Elemente eines Grundtyps zu einer größeren Einheit zusammenzufassen. Charakteristisches Merkmal war dabei stets, daß alle Einzelelemente eines Arrays *denselben* Typ hatten. In diesem Kapitel werden Sie nun die Möglichkeit der Zusammenfassung von *unterschiedlich* strukturierten Daten kennlernen. Die Entwickler von C haben diese Datenstrukturen schlicht als *Strukturen* bezeichnet und ihnen das Schlüsselwort *struct* zugedacht. Strukturen entsprechen konzeptionell den in PASCAL und ähnlichen Programmiersprachen verfügbaren *records*.

### 7.2.1 Definition und Verwendung

Angenommen, Sie wollen ein Programm schreiben, das die Daten von Angestellten eines Betriebes verwaltet. Diese Daten sollen vom Programm eingelesen, auf eine bestimmte Art und Weise verarbeitet und wieder ausgegeben werden. Die Daten eines Angestellten bestehen aus mehreren Einzelkomponenten, z.B. *Anrede*, *Name*, *Strasse*, *Plz/Wohnort* und *Geburtsjahr* des Angestellten. Zur Speicherung eines Angestellten in einem C-Programm könnten Sie also folgende Variablendefinitionen vornehmen:

```
char anrede[10], name[25], strasse[25];
int  plz;
char ort[20];
int  geb_jahr;
```

Scheinbar sind diese Definitionen korrekt und zur Darstellung eines Datensatzes geeignet, bei näherer Betrachtung weisen sie allerdings eine Reihe von Nachteilen auf:

1. Beim Aufruf der Bearbeitungsfunktionen *Einlesen*, *Verarbeiten* und *Ausgeben* müssen alle Parameter einzeln übergeben werden; das ist umständlich und fehlerträchtig.

2. Im Anweisungsteil des Programms ist im Prinzip nicht erkennbar, daß die Namen *anrede*, *name* usw. zusammengehören und Bestandteil einer logischen Einheit *Angestellter* sind.

3. Soll noch ein weiterer Datensatz vom Typ *Angestellter* definiert werden, so müssen alle Definitionen typmäßig wiederholt werden. Dabei sind potentielle Namenskonflikte vorprogrammiert.

Diese Nachteile werden vermieden, wenn man statt der einzelnen Definitionen eine *Struktur* verwendet. Bei einer Struktur handelt es sich um ein zusammengesetztes Datenelement, das aus mehreren beliebig typisierten Einzelkomponenten besteht. Diese können wahlweise separat oder zusammenhängend angesprochen werden. Eine Struktur wird wie eine ganz normale Variable definiert und kann danach beliebig oft im Programm verwendet werden. Für die Sichtbarkeit und Lebensdauer von Strukturen gelten dieselben Regeln wie für einfache Variablen. Die Syntax einer Strukturdefinition sieht wie folgt aus:

**Syntax**

```
struct [ TypName ] {
  Komponente_1;
  [
    Komponente_2;
    ...
    Konponente_n;
  ]
} [VarName {, VarName }];
```

Durch diese Definition wird eine Variable *VarName* angelegt, die eine Struktur mit den *n* Einzelkomponenten *Komponente_1* bis *Komponente_n* bildet. Auf die Struktur kann komponentenweise oder komplett zugegriffen werden. Die Komponenten bezeichnet man auch als *Member* oder *Elemente* der Struktur, jede Komponente hat einen Typ und einen Namen und wird innerhalb der Strukturdefinition wie eine normale Variable definiert. Der komponentenweise Zugriff erfolgt mit Hilfe des Punktoperators (s. Kapitel 2):

```
VarName.Komponente
```

Um eine Komponente der Struktur zu verwenden, müssen Sie also den Namen der Struktur, gefolgt von einem Punkt und dem Namen der gewünschten Komponente angeben. Diesen Vorgang bezeichnet man auch als *Elementauswahl*. Ein derart ausgewähltes Element verhält sich in Ausdrücken wie eine einfache Variable desselben Typs. Neben der Elementauswahl ist es möglich, auf die komplette Struktur zuzugreifen, indem lediglich der Name der Struktur angegeben wird:

```
VarName
```

Allerdings gilt auch hier, ähnlich wie beim Zugriff auf komplette Arrays, daß nur sehr wenige Operatoren auf kompletten Strukturen erlaubt sind. Wir werden auf die Details später zurückkommen.

Um das obige Beispiel mit den Angestelltendaten zu komplettieren, brauchen wir eine zusätzliche Eigenschaft von Strukturen. Wie Sie dem Syntaxdiagramm entnehmen können, gibt es einen optionalen Teil *TypName* innerhalb der *struct*-Definition. Dieser dient dazu, *dem Aufbau* dieser speziellen Struktur einen eigenen Namen zu geben. Damit haben wir die Möglichkeit, diesen Namen an anderen Stellen im Programm zu verwenden, um Variablen oder formale Parameter zu definieren, die genau denselben Aufbau haben.

Es ist wichtig, den so festgelegten Typnamen nicht mit dem Namen der Variablen zu verwechseln. Während zum Zugriff auf die Struktur und ihre Elemente der Variablenname verwendet werden muß, wird der Typname zur Definition von Strukturvariablen oder -parametern verwendet, die denselben Aufbau haben sollen wie das Original. Dabei muß folgende Syntax eingehalten werden:

```
struct TypName NeuName {, NeuName } ;
```

Durch diese Definition wird eine neue Struktur mit dem Namen *NeuName* angelegt. Sie hat exakt denselben Aufbau wie die mit dem Typnamen *TypName* angelegte Originalstruktur, d.h. sie enthält alle Elemente der Originalstruktur in derselben Reihenfolge und mit denselben Typen. Wir wollen nun das Beispiel mit den Angestelltendaten vervollständigen:

```
/* bsp0701.c */

#include <stdio.h>

struct ang_typ {
  char anrede[10];
  char name[25];
  char strasse[25];
  int  plz;
```

```
  char ort[20];
  int  geb_jahr;
} ang_satz;

void write_ang(struct ang_typ ang)
{
  printf("Anrede... %s\n", ang.anrede);
  printf("Name..... %s\n", ang.name);
  printf("Strasse.. %s\n", ang.strasse);
  printf("PLZ/Ort.. %4d %s\n", ang.plz, ang.ort);
  printf("Geboren.. %4d\n", ang.geb_jahr);
}

void main(void)
{
  strcpy(ang_satz.anrede  , "Herr");
  strcpy(ang_satz.name    , "Meier, Hans");
  strcpy(ang_satz.strasse , "Bachstr. 3");
  ang_satz.plz = 4000;
  strcpy(ang_satz.ort     , "Düsseldorf");
  ang_satz.geb_jahr = 1954;
  write_ang(ang_satz);
}
```

Zur Strukturierung der Angestelltendaten wurde eine Strukturvariable *ang_satz* definiert (s. Abbildung 7.1). Damit in der nachfolgenden Funktion *write_ang*, die einen kompletten Angestelltensatz auf dem Bildschirm ausgeben soll, ein formaler Parameter mit demselben Aufbau definiert werden kann, wurde bei der Definition der Struktur zusätzlich ein Typname *ang_typ* festgelegt. Dadurch ist der Aufbau des formalen Parameters *ang* mit dem der globalen Variable *ang_satz* identisch, und beim späteren Aufruf von *write_ang* kann die komplette Struktur *ang_satz* übergeben werden.

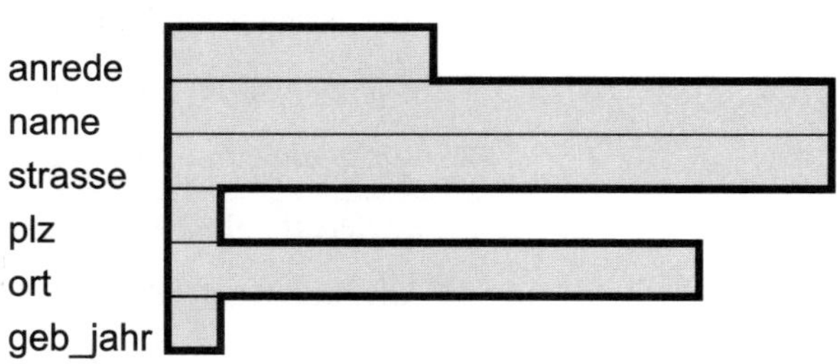


**Abbildung 7.1: Die Struktur struct ang_typ**

Die Struktur *ang_satz* enthält alle Informationen eines Angestellten und setzt sich aus verschiedenen *int*- und *char**-Variablen zusammen. Wie schon erwähnt, dürfen die Elemente einer Struktur jede beliebige Kombination von Datentypen (inklusive weiterer Strukturen) enthalten.

Das Beispielprogramm arbeitet so, daß in *main* den einzelnen Elementen von *ang_satz* zunächst konstante Werte zugewiesen werden. Um einen konstanten Wert in ein Zeichenarray zu schreiben, muß eine Library-Funktion benutzt werden. Während dazu bisher die Funktion *memcpy* verwendet wurde (s. Kapitel 5), kann bei nullterminierten Zeichenketten einfacher mit *strcpy* gearbeiten werden. Hier ist die explizite Längenangabe nicht nötig, denn *strcpy* kopiert alle Zeichen einschließlich des terminierenden Nullbytes. Die *int*-Elemente können natürlich mit einer einfachen Zuweisung initialisiert werden.

Bei diesen Initialisierungen handelt es sich um Zugriffe auf einzelne Elemente einer Struktur, die mit Hilfe der Punktnotation ausgeführt wurden. Im Gegensatz dazu greift die letzte Anweisung in *main* auf die komplette Struktur zu und übergibt sie als Parameter an die Ausgabefunktion *write_ang*. Durch diesen Aufruf bekommt *write_ang* eine Kopie von *ang_satz* in dem formalen Parameter *ang* übergeben und bearbeitet diesen wiederum elementweise, um die gewünschte Bildschirmausgabe zu erzeugen.

### 7.2.2 Zulässige Operatoren

Wie wir schon gesehen haben, kann der Zugriff auf eine Struktur sowohl elementweise als auch komplett erfolgen. Wenn auf ein einzelnes Element zugegriffen wird, so verhält sich dieses in einem Ausdruck genauso wie eine einfache Variable desselben Typs, d.h. es sind genau die Operationen möglich, die auch mit einer einfachen Variable dieses Typs möglich wären. Der Zugriff auf ein Element erfolgt mit dem Punkt-Operator.

#### R 40 Zulässige Operationen auf Strukturen

R40

Für den Zugriff auf die komplette Struktur gibt es ähnlich wie bei Arrays allerdings nur wenige Möglichkeiten:

1. Übergabe einer Struktur an eine Funktion
2. Rückgabe einer Struktur aus einer Funktion
3. Zuweisung des Wertes einer Struktur an eine Struktur gleichen Aufbaus
4. Anwendung des Adreßoperators und *sizeof*-Operators

Damit eine Struktur an eine Funktion übergeben werden kann, müssen formaler und aktueller Parameter genau die gleiche Zusammensetzung haben. Normalerweise wird man daher zur Definition des aktuellen und des formalen Parameters denselben Typnamen verwenden, so wie es beispielsweise im vorigen Beispiel gezeigt wurde.

Eine Struktur wird – anders als ein Array – mit derselben Übergabeart an eine Funktion übergeben wie ein einfacher Datentyp, nämlich per CALL-BY-VALUE. Ein formaler *struct*-Parameter ist beim Aufruf der Funktion daher eine exakte Kopie der übergebenen Struktur. Insbesondere bei der Übergabe sehr großer Strukturen an eine Funktion muß das Laufzeitsystem daher beim Aufruf viele Bytes explizit kopieren. Sie sollten diesen Aspekt bei der Laufzeit- und Speicherplatzanalyse eines Programms entsprechend berücksichtigen.

Neben der Verwendung als Parameter einer Funktion kann eine Struktur auch Rückgabetyp einer Funktion sein. Die Definition der Funktion sieht dann wie folgt aus:

```
struct TypName FunktionsName ( ... ) ...
```

Wir werden im nächsten Abschnitt ein Beispiel für eine Funktion mit einem *struct*-Rückgabewert kennenlernen.

Anders als bei einem Array kann mit dem Zuweisungsoperator im allgemeinen der Wert einer Struktur einer anderen, gleichartigen Struktur zugewiesen werden. Da Standard-C keine genaue Aussage zu diesem Thema macht, kann es hier jedoch Unterschiede zwischen den einzelnen Compilern geben. Möglicherweise gibt es Compiler, die nicht in der Lage sind, Zuweisungen zwischen kompletten Strukturen auszuführen. Ein Beispiel soll das verdeutlichen:

```
/* bsp0702.c */

#include <stdio.h>

struct {
  int a, b;
} t1, t2;

void main(void)
{
  t1.a = 5;
  t1.b = 10;
  t2 = t1;
  printf("t2.a=%d t2.b=%d\n", t2.a, t2.b);
}
```

In diesem kleinen Programm werden zwei gleichartige Strukturen *t1* und *t2* definiert. Da beide innerhalb derselben Definition vereinbart wurden, ist ein expliziter Typname nicht nötig. Im Hauptprogramm wird zunächst *t1* elementweise initialisiert und anschließend bekommt *t2* per Zuweisungsoperator den Inhalt von *t1* zugewiesen. Vorausgesetzt, der Compiler kennt Zuweisungen zwischen Strukturen, dann haben *t1* und *t2* nach dieser Anweisung denselben Inhalt und die Ausgabe des Programms ist:

```
t2.a=5 t2.b=10
```

Falls Ihr Compiler nicht in der Lage ist, Zuweisungen zwischen gleichartigen Strukturen auszuführen, können Sie sich mit der Library-Funktion *memcpy* behelfen und die Quellstruktur byteweise in die Zielstruktur kopieren:

```
memcpy(&t2,&t1,sizeof(t1));
```

Neben den bisher besprochenen Operatoren können auf eine komplette Struktur noch zwei weitere Operatoren angewendet werden, nämlich der Adreßoperator & und der *sizeof*-Operator. Der Adreßoperator wird in den Kapiteln 10 und 11 bei der Einführung von Zeigern noch ausführlich besprochen, der *sizeof*-Operator liefert wie immer den Speicherbedarf des angegebenen Ausdrucks. Sie werden im übernächsten Kapitel sehen, daß der *sizeof*-Operator beim Schreiben und Lesen von Dateien, in denen Strukturen vorkommen, eine wichtige Rolle spielen wird.

### 7.2.3 Initialisierung

#### R 41 Initialisieren von Strukturen

Wie andere Typen können auch Strukturen bei ihrer Definition *initialisiert* werden. Dabei ist syntaktisch so vorzugehen wie bei Arrays, d.h. die Werte der Struktur werden nach einem Zuweisungsoperator in geschweiften Klammern hinter der Definition angegeben:

```
struct ang_typ {
  char anrede[10];
  char name[25];
  char strasse[25];
  int  plz;
  char ort[20];
  int  geb_jahr;
} ang_satz = {"Frau","Baum","Seeweg 2",5000,"Köln",1934};
```

In den geschweiften Klammern stehen die Konstanten zur Initialisierung der Elemente der Struktur. Im Gegensatz zur Initialisierung von Arrays können nun auch unterschiedliche Typen innerhalb der Initialisierungssequenz vorkommen.

Es ist erlaubt, weniger Elemente zu initialisieren, als tatsächlich in der Struktur enthalten sind. Hier gilt analog zu Arrays, daß die verbleibenden Elemente bei lokalen Variablen undefiniert und bei globalen Variablen leer sind. Beachten Sie, daß es in Standard-C nicht erlaubt ist, lokale Strukturvariablen zu initialisieren, sondern nur globale oder statische. In vielen neueren Compilern gibt es diese Restriktion nicht mehr.

Die Verwendung literaler *Strukturkonstanten* ist nicht möglich. Wenn Sie beispielsweise versuchen würden, die Funktion *write_ang* des obigen Beispiels folgendermaßen aufzurufen, so hätte dies einen Compilerfehler zur Folge:

```
write_ang({"Fa","XYZ","",2000,"HH",1983});
```

### 7.2.4 Alignment

Unter *Alignment* einer Struktur versteht man die physikalische Anordnung ihrer Elemente im Speicher. Viele Compiler ordnen die Elemente nicht unmittelbar hintereinander an, sondern beginnen mit der Speicherung eines Elements immer an einer durch zwei oder vier teilbaren Speicheradresse. Der Grund liegt darin, daß bei vielen Rechnerarchitekturen der Zugriff auf Hauptspeicher, der nicht an einer *Wortgrenze* (16 oder 32 Bit) liegt, relativ kostspielig ist. Um diesem Problem aus dem Weg zu gehen, schaffen die Compiler oft zusätzlichen Platz zwischen den einzelnen Elementen, um sie an einer durch zwei oder vier teilbaren Adresse beginnen zu lassen.

Folgt also beispielsweise innerhalb einer Struktur auf ein *char* (welches ein Byte belegt) ein *long* (welches vier Byte belegt), so wird das *char* ab der ersten Position, das *long* aber nicht ab der zweiten, sondern ab der dritten (oder sogar der fünften Position) beginnend, gespeichert. Zwischen dem *char*- und dem *long*-Element bleiben daher ein oder drei Bytes ungenutzt. Zudem ist die mit *sizeof* ermittelte Größe der Struktur nicht fünf, sondern sechs oder sogar acht Bytes. Hieraus können einige Portierbarkeitsprobleme entstehen, beispielsweise, wenn die Inhalte dieser Arrays in Dateien abgelegt und später auf einem anderen System gelesen werden sollen.

```
/* bsp0703.c */

#include <stdio.h>

struct {
  char c;
  long l;
} test;
```

```
void main(void)
{
  printf("%ld\n", sizeof(test));
}
```

Dieses Programm wird je nach Maschine den Wert 5, 6 oder gar 8 ausgeben (s. Abbildung 7.2). Bei vielen Compilern gibt es daher die Möglichkeit, das Alignment von Strukturen per Kommandozeilenschalter oder Compilerpragma zu verändern.

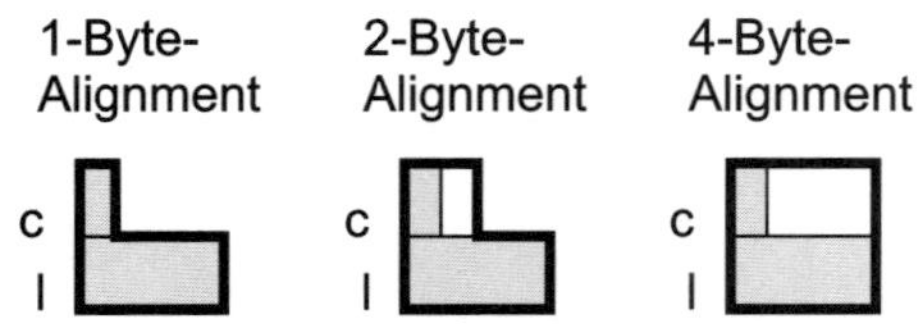


**Abbildung 7.2: 1-, 2- oder 4-Byte-Alignment**

R42

### R 42 Alignment-Probleme

Solange auf eine Struktur nur elementweise zugegriffen wird, können keine Alignment-Probleme entstehen. Wenn jedoch die komplette Struktur verwendet wird, ist Vorsicht geboten. Die im folgenden beispielhaft dargestellten Fehlermöglichkeiten sollen einen Eindruck von der Art dieser Probleme vermitteln.

1. Wenn mit den Low-Level-Funktionen, die einen direkten Speicherzugriff ermöglichen (*memcpy* etc.), auf Teile einer Struktur zugegriffen wird, kann es passieren, daß sich Elemente wegen des Alignments nicht da befinden, wo sie vermutet werden.
2. Wenn Strukturen in Dateien gespeichert oder aus diesen geladen werden (s. Kapitel 9), kann es passieren, daß diese Dateien auf einem anderen System nicht korrekt interpretiert werden, wenn der zugehörige Compiler ein anderes Alignment verwendet.

Bevor Sie solche Operationen mit Strukturen vornehmen, sollten Sie sich über die Anordnung der Elemente in der Struktur Klarheit verschaffen, um potentiellen Portierbarkeitsproblemen aus dem Weg zu gehen.

### 7.2.5 Kompliziertere Strukturdefinitionen

Eine Struktur kann beliebig typisierte Elemente enthalten. Sie haben in den vorangegangenen Abschnitten schon gesehen, daß innerhalb einer Struktur *int-*, *long-* oder *Array*-Elemente in beliebiger Zusammensetzung auftauchen können. Dieser Abschnitt soll zeigen, daß Strukturen auch innerhalb anderer Datenstrukturen verwendet werden oder selbst andere Datenstrukturen aufnehmen können.

**Arrays aus Strukturen**

Angenommen, das Programm mit den Angestelltendaten soll erweitert werden. Es soll nun nicht mehr nur einen, sondern *alle* Angestellten unserer Firma im Programm speichern können. Wir könnten dann natürlich so viele Einzelvariablen vom Typ *struct ang_typ* definieren, wie Mitarbeiter vorhanden sind, aber das wäre indiskutabel schwerfällig. Aus Kapitel 5 wissen Sie, daß die Verwendung eines Arrays angemessener wäre. In der Tat ist es erlaubt, ein Array aus Strukturen aufzubauen und im Prinzip genauso wie ein einfaches Array zu verwenden. Betrachten Sie folgende Definition:

```
struct ang_typ {
  char anrede[10];
  char name[25];
  char strasse[25];
  int  plz;
  char ort[20];
  int  geb_jahr;
} ang_firma[100];
```

Durch diese Definition wird ein Array *ang_firma* mit 100 Elementen definiert, dessen Einzelelemente vom Typ *struct ang_typ* sind. Wir können dieses Array dazu verwenden, maximal 100 unterschiedliche Angestellte unserer Firma zu speichern. Der Zugriff auf die einzelnen Elemente des Arrays erfolgt wie gewohnt mit dem [ ]-Operator:

```
ang_firma[i]
```

Mit diesem Ausdruck erhalten wir das Element mit der Nummer *i* und dem Typ *struct ang_typ*. Glücklicherweise ist es möglich, den Zugriff auf ein einzelnes Array-Element und die Elementauswahl zu kombinieren:

```
ang_firma[30].name
```

Dieser Ausdruck liefert den Namen des Mitarbeiters mit der Nummer 30. Wir haben mit dem Struktur-Array *ang_firma* nun schon eine brauchbare Datenstruktur zum Verwalten der Angestelltendaten einer kleineren Firma erzeugt und können sie verwenden, um eine Vielzahl von anwendungsorientierten Operationen darauf auszuführen. Als abschließendes Beispiel soll eine Funktion gezeigt werden, die es erlaubt, auf dem Bildschirm alle Angestellten auszugeben, deren Nachname mit einem bestimmten Buchstaben beginnt.

```
void select(struct ang_typ ang[], char c)
{
  int i;
```

```
  for (i = 0; i < 100; i++) {
    if (ang[i].name[0] == c) {
      write_ang(ang[i]);
    }
  }
}
```

Die Funktion durchläuft das komplette Array und untersucht jedes einzelne Element darauf, ob das erste Zeichen des Namens (also *name[0]*) der gewünschte Buchstabe *c* ist. Ist das der Fall, so wird die Ausgabefunktion *write_ang* mit diesem Array-Element aufgerufen und der betreffende Datensatz auf dem Bildschirm ausgegeben.

An diesem Beispiel lassen sich gut die unterschiedlichen Stufen der Dekomposition einer komplizierten Datenstruktur und die daraus resultierenden Typen erkennen:

| Name | Typ | Bedeutung |
|---|---|---|
| ang | struct ang_typ[100] | Eine Datenstruktur, die 100 unterschiedliche Angestelltendatensätze fassen kann |
| ang[i] | struct ang_typ | Der Angestelltendatensatz mit der Nummer i |
| ang[i].name | char[25] | Der Name des Angestellten mit der Nummer i |
| ang[i].name[j] | char | Das j+1-te Zeichen im Namen des Angestellten mit der Nummer i |

**Tabelle 7.1: Dekomposition von Strukturen**

In C gibt es keine *prinzipiellen* Beschränkungen bezüglich der Tiefe der Schachtelung strukturierter Datentypen. Die Datentypen Array und Struktur können zum Erzeugen beliebig komplizierter Datentypen verwendet werden. Durch Anwendung der Operatoren [ ] und . können derartige Variablen beliebig fein zerlegt werden.

### Strukturen in Strukturen

Neben der Kombination von Arrays und Strukturen ist es erlaubt, Strukturen innerhalb von Strukturen zu verwenden. Ein solches Element einer Struktur ist dann nicht mehr atomar, sondern enthält selbst wieder Elemente. Wir wollen uns als Beispiel eine Datenstruktur zur Darstellung von Zeitpunkten überlegen.

Damit ein Zeitpunkt gespeichert werden kann, müssen wir sowohl das Datum als auch die Uhrzeit festhalten können. Wir könnten also eine Struktur definieren, in der die nötigen Komponenten *Tag*, *Monat*, *Jahr*, *Stunde*, *Minute* und *Sekunde* als gleichberechtigte Elemente auftauchen. In der Praxis wird sich jedoch herausstellen, daß es manchmal sinnvoll ist, nur die Datums- oder nur die Zeitkomponente zur Verfügung zu haben. Es wäre also besser, die Elemente nach Datum und Uhrzeit zusammenzufassen und folgende Darstellung (s. Abbildung 7.3) zu wählen:

```
struct uhrzeit {
  unsigned char stunde;
  unsigned char minute;
  unsigned char sekunde;
};

struct datum {
  unsigned char tag;
  unsigned char monat;
  int jahr;
};

struct termin {
  struct datum d;
  struct uhrzeit z;
} t;
```

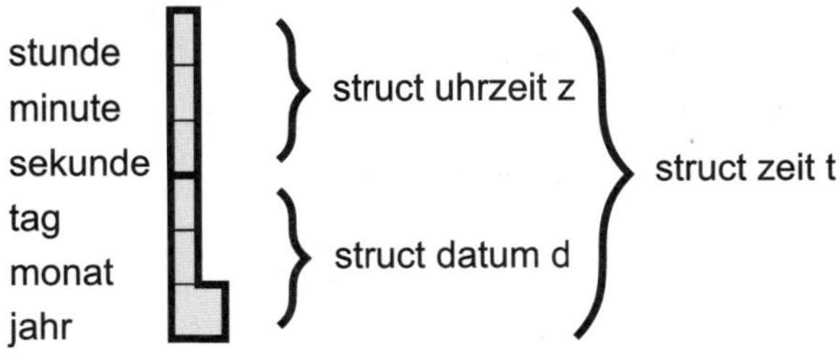


**Abbildung 7.3: Die geschachtelte Struktur *struct termin***

Die Struktur *termin* besteht nun aus den zwei Unterstrukturen *d* und *z*. Dadurch gestaltet sich zwar der Zugriff auf die einzelnen Elemente etwas aufwendiger, vorteilhaft ist jedoch, daß mit einem einzigen Befehl auf die gesamte Uhrzeit- oder Datumskomponente zugegriffen werden kann. Wir wollen wieder eine typische Dekompositionsfolge betrachten:

| Name | Typ | Bedeutung |
|---|---|---|
| t | struct termin | Eine vollständiger Termin |

**Tabelle 7.2: Dekomposition von Strukturen**

| Name | Typ | Bedeutung |
|---|---|---|
| t.d | struct datum | Der Datumsteil des Termins |
| t.d.jahr | int | Das Jahr, in dem der Termin liegt |

**Tabelle 7.2: Dekomposition von Strukturen**

Auch geschachtelte Strukturen können initialisiert werden. Dabei hat die Initialisierung große Ähnlichkeit mit der Initialisierung von mehrdimensionalen Arrays. Die Unterstrukturen werden als eigenständige Initialisierungsanweisungen angesehen und müssen separat in geschweifte Klammern gesetzt werden:

```
void main(void)
{
  struct termin t = {{19,03,1998},{14,30,00}};
}
```

Durch diese Initialisierung wird also der Zeitpunkt 14:30 Uhr am 19. März 1998 angegeben. Wir wollen nun die Strukturen verlassen und uns weiteren Möglichkeiten des Typkonzepts von C zuwenden.

## 7.3 Unions

### 7.3.1 Arbeitsweise

Eine weitere Möglichkeit, Daten zu strukturieren, bietet C mit Hilfe der *Unions*. Während es – abgesehen vom Schlüsselwort *union* – keinerlei syntaktische Unterschiede zwischen Unions und Strukturen gibt, verhalten sich beide bei der konkreten Speicherung ihrer Daten vollkommen unterschiedlich.

Während in einer Struktur alle Elemente *gleichzeitig* gespeichert werden, kann eine Union immer nur eines ihrer Elemente halten. Der Compiler reserviert für eine Union nur so viel Speicher, wie das größte Element belegt. Eine Union bietet also die Möglichkeit, unter einem gemeinsamen Namen unterschiedlich typisierte Daten zu speichern, wenn diese niemals gleichzeitig verwendet werden sollen.

Unions entsprechen konzeptionell den *varianten Records*, wie sie in PASCAL oder MODULA-2 vorkommen, haben aber eine etwas andere Syntax und Zugriffsphilosophie als diese.

```
union test_typ {
  char c;
  int i;
  double x;
} test;
```

Durch diese Definition wird eine Union *test* erzeugt (s. Abbildung 7.4). Diese kann einen *char*-Wert unter dem Namen *c*, ein *int* unter dem Namen *i* oder ein *double* unter dem Namen *x* speichern – allerdings immer nur eines dieser Elemente gleichzeitig.

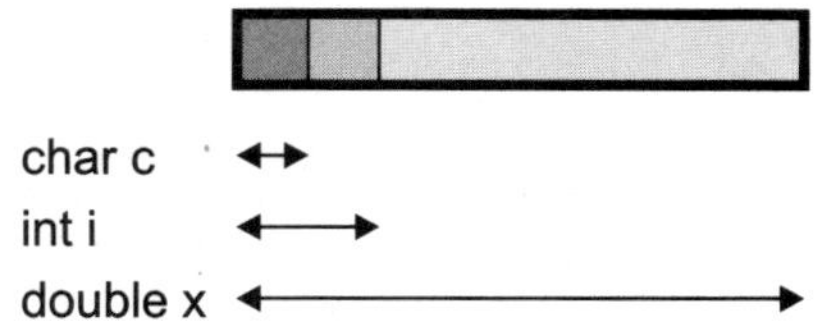


**Abbildung 7.4: Speicherzuweisung in einer *Union***

Durch die folgende Zuweisung wird in der Union ein *int* gespeichert, das den Wert 10 enthält:

```
test.i=10;
```

Da die Union genügend Speicher für das größte seiner Elemente zur Verfügung stellt (in diesem Fall das *double*-Element *x*), kann *i* problemlos gespeichert werden. Nachfolgende lesende Zugriffe auf *test.i* liefern den Wert 10.

Folgt im Programm aber eine Anweisung der folgenden Art, wird in der Union nun ein *double* mit dem Wert 3.14 gespeichert:

```
test.x=3.14;
```

Ein lesender Zugriff auf das Element *i* ist zwar prinzipiell noch möglich, aber nicht mehr sinnvoll. Da *i* durch das *überlappend gespeicherte* Element *x* verdeckt wurde, ist der Inhalt von *i* nun undefiniert. Ein lesender Zugriff auf ein Element einer Union liefert genau dann einen definierten Wert, wenn die letzte Schreiboperation genau dieses Element betraf.

### 7.3.2 Anwendungen

Unions sind recht ungewöhnliche Gebilde und spielen in der täglichen Praxis meist eine untergeordnete Rolle. Sie haben zwei typische Anwendungsbereiche:

1. Das Einsparen von Speicherplatz bei der Verarbeitung großer Strukturen, wenn bestimmte Elemente niemals zusammen auftreten.
2. Die maschinennahe Manipulation von Datentypen mit Operatoren, die es für diese Typen eigentlich nicht gibt.

Wir wollen zu jedem Punkt ein Beispiel betrachten.

**Speicherplatzeinsparung**

Angenommen, die oben definierte Struktur mit den Angestelltendaten soll um *arbeitsplatzbezogene* Informationen erweitert werden. Dazu sollen alle Mitarbeiter bezüglich der Art ihres Anstellungsverhältnisses klassifiziert und durch Verwendung von Unions nur die Daten gespeichert werden, die für das jeweilige Anstellungsverhältnis von Bedeutung sind. Die Datenstruktur zur Speicherung der Angestelltendaten könnte dann etwa so aussehen:

```
/* bsp0704.c */

struct ang_typ {
  char name[20];
  int  anst_verhaeltnis;
  union {
    struct {
      int  lohn;
      char lst_klasse;
      char kr_kasse[30];
      int  einstg_datum;
    } arb;
    struct {
      char tarif;
      int  gehalt;
      char lst_klasse;
      char kr_kasse[30];
      int  kuend_frist;
    } ang;
    struct {
      long jahres_gehalt;
      char lst_klasse;
      char kr_kasse[30];
      char zus_kasse[30];
      char abschluss[30];
      int  sich_stufe;
    } wiss;
    struct {
      int  rechnungs_betrag;
      int  arb_zeit;
      char umst;
    } frei;
  } angest_dat;
} ang_firma[100];
```

Um das Beispiel nicht zu unübersichtlich zu machen, wurden einige der Elemente weggelassen, die für alle Anstellungsverhältnisse gültig sind. Wesentlich für diese neue Struktur ist das *int*-Element *anst_verhaeltnis* und das Union-Element *angest_dat*. Ersteres sollte immer einen der Werte von 0 bis 3 enthalten, um die Art des gespeicherten Anstellungsverhältnisses auszudrücken:

0 Arbeiter

1 Angestellter

2 Wissenschaftler

3 Freier Mitarbeiter

Abhängig vom diesem Wert halten die Anwendungsprogramme die spezifischen Daten in den zugehörigen Elementen. Hat beispielsweise die Variable *ang_firma[25].anst_verhaeltnis* den Wert 2, so erkennen die Anwendungsprogramme daran, daß es sich um einen wissenschaftlichen Mitarbeiter handelt, und greifen bezüglich der speziellen Daten dieses Angestelltentyps nur auf die Struktur *wiss* zu. Steht in *ang_firma[25].anst_verhaeltnis* hingegen der Wert 0, so wissen die zugehörigen Anwendungsprogramme, daß es sich um den Datensatz eines Arbeiters handelt, und greifen neben den gemeinsamen Elementen nur auf die Daten der Struktur *arb* zu.

Die Verwendung von Unions ermöglicht also eine Modellierung von Untertypen, die mit Hilfe von Strukturen alleine nicht möglich wäre. Sie reduziert darüber hinaus die Größe der Datenstruktur in diesem Beispiel auf ca. 50 % ihres ursprünglichen Speicherbedarfs.

#### Systemnaher Einsatz

Angenommen, Sie sollen das Problem lösen, die interne Darstellung einer *double*-Zahl als Binärwert auf dem Bildschirm auszugeben. Da das direkte Anwenden der bitweisen Operatoren auf *double*-Typen nicht erlaubt ist, kann man eine Union anlegen, die aus einem *double*-Element und einem gleichgroßen Element eines ganzzahligen Typs besteht. Das *double*-Element bekommt dann den auszugebenden Wert *zugewiesen*, während er aus dem ganzzahligen Element mit Hilfe der bitweisen Operatoren wieder *ausgelesen* wird. Man könnte die Funktion etwa folgendermaßen programmieren:

```
/* bsp0705.c */

void show_bits(double x)
{
  int i, j;
```

```
  union {
    double a;
    unsigned char b[8];
  } xbits;

  xbits.a = x;
  for (i = 0; i < 8; i++) {
    for (j = 7; j >= 0; j--) {
      printf("%d", (xbits.b[i] >> j) & 1);
    }
    printf(" ");
  }
  printf("\n");
}
```

Hier wird die »Konvertierung« durch die Union *xbits* vorgenommen, deren *double*-Element *a* an derselben Stelle im Speicher liegt wie das gleichgroße *char*-Array *b*. Die Zuweisung erfolgt an *a*, während die Daten zur Ausgabe aus *b* entnommen werden.

Beachten Sie, daß diese Anwendung von Unions nicht portabel ist. Um sie sinnvoll einsetzen zu können, ist eine genaue Kenntnis des verwendeten Compilers, seiner Alignment-Regeln sowie der zugrundeliegenden Hardware (Bytefolge-Anordnung) erforderlich. Die Portierbarkeit eines solchen Programms ist daher in aller Regel gering. Mit anderen Worten: versuchen Sie nach Möglicheit, so einen Programmierstil zu vermeiden.

## 7.4 Aufzählungstypen

### 7.4.1 Arbeitsweise

Oft benötigt man eine Variable, die nur wenige unterschiedliche ganzzahlige Werte annehmen kann. Bisher haben wir in diesem Fall ein *int* oder *char* verwendet und die Werte implizit durch einige ausgewählte ganzzahlige Konstanten aus dem Wertebereich des Grundtyps dargestellt.

Als Beispiel können die *booleschen* Variablen herangezogen werden. Sie benötigen nur zwei unterschiedliche Werte, um *wahr* und *falsch* darzustellen. Zur Verbesserung der Lesbarkeit der Programme haben wir mit *#define* symbolische Konstanten *TRUE* und *FALSE* definiert, um die erforderlichen Literale 0 und 1 zu ersetzen. Zwar ist eine solche Vorgehensweise *prinzipiell* korrekt und in der Praxis allemal besser als die direkte Verwendung der nichtssagenden Zahlenwerte. Einen Schutz gegen das unbeabsichtigte Zuweisen eines anderen Wertes als 0 oder 1 an eine Wahrheitswertvariable bietet sie aber nicht, denn der Grundtyp ist ja nach wie vor *int* oder *char*.

In C gibt es nun die Möglichkeit, *Aufzählungstypen* zu definieren. Dabei handelt es sich um Variablen, denen nur ganz bestimmte, bei der Definition des Aufzählungstyps festgelegte, symbolische Konstanten zugewiesen werden dürfen.

**Syntax**

```
enum TypName
  { Name { , Name } }
VarName { , VarName } ;
```

Die Aufzählungstypen von C entsprechen dem auch in Sprachen wie Pascal oder Modula-2 vorhandenen gleichnamigen Konzept. Zur Definition eines Aufzählungstyps dient das Schlüsselwort *enum*. Betrachten Sie folgendes Beispiel:

```
/* bsp0706.c */

enum BOOL {FALSE,TRUE};

void main(void)
{
  enum BOOL x;

  x = TRUE;
  printf("%d\n", x);
  x = FALSE;
  printf("%d\n", x);
}
```

In der ersten Zeile wird ein Aufzählungstyp *BOOL* definiert, der aus den beiden Konstanten *TRUE* und *FALSE* besteht. In *main* wird damit eine Variable *x* des Typs *enum BOOL* definiert, der nur die Werte TRUE oder FALSE zugewiesen werden dürfen.

Während in Pascal oder Modula-2 tatsächlich nur die aufgezählten symbolischen Konstanten verwendet werden dürfen und alle inkompatiblen Zuweisungen mit einem Fehler geahndet werden, verfolgt C eine andere Strategie. Die Compiler betrachten Aufzählungstypen und *int* als zuweisungskompatibel, so daß im vorigen Beispiel etwa auch Zuweisungen der Art *x=5* erlaubt wären. Dadurch hat man natürlich den Vorteil der Wertebereichsüberprüfung wieder verloren. Es bleibt aber immer noch die bessere Lesbarkeit der Programme bei der Verwendung eines Aufzählungstyps.

R43

### R 43 Initialisierung von Aufzählungstypen

Der C-Compiler betrachtet die Elemente eines Aufzählungstyps als ganzzahlige Konstanten vom Typ *int* und ordnet den symbolischen Namen intern numerische Konstanten zu. Er beginnt mit dem ersten Symbol bei 0 und numeriert alle übrigen Konstanten in aufsteigender Reihenfolge. In unserem Beispiel entspricht also *FALSE* der Konstanten 0 und *TRUE* der Konstanten 1 – genau so, wie es Wahrheitswerte in C erfordern. Dadurch ist es möglich, die so deklarierten *BOOL*-Variablen auch in Testausdrücken zu verwenden, z.B.:

```
if (x) {
  printf("x ist WAHR\n");
} else {
  printf("x ist UNWAHR\n");
}
```

Hätten wir den Aufzählungstyp dagegen folgendermaßen definiert, so hätte die Konstante *TRUE* den Wert 0 und wäre damit nach C-Konvention *FALSE*, während es bei *FALSE* genau umgekehrt wäre:

```
enum BOOL {TRUE,FALSE};
```

Die Reihenfolge der symbolischen Namen bei der Deklaration des Aufzählungstyps ist also nicht gleichgültig, wenn man die vom Compiler zugeordneten numerischen Konstanten ausnutzen will.

Falls eine andere Zuordnung zwischen den symbolischen Namen und den internen Konstanten gewünscht ist, können Sie dies durch Hinzufügen eines Zuweisungsoperators und des gewünschten Werts hinter dem Namen der Konstanten erreichen. Die restlichen Konstanten werden danach weiterhin aufsteigend zugeordnet, beginnend mit dem neuen Wert:

```
enum farben {rot, gelb=5, blau};
```

Durch diese Definiton wird der Aufzählungstyp *farben* und mit ihm die symbolischen Konstanten *rot* (Wert 0), *gelb* (Wert 5) und *blau* (Wert 6) angelegt. Der Compiler beginnt also mit der Zuordnung der Konstanten bei 0 und vergibt danach immer um eins höhere Werte, bis diese Regel durch eine explizite Zuweisung unterbrochen wird.

Neben der bisher aufgezeigten separaten Definition von Aufzählungstyp und -variable können diese auch in einer einzigen Anweisung kombiniert werden. Außerdem ist es in diesem Fall auch erlaubt, den Typnamen wegzulassen, wenn keine weitere Variable des gleichen Aufzählungstyps definiert werden soll.

```
enum hr_typ {
  ost,
  sued,
  west,
  nord
} k1,k2;
```

oder

```
enum {
  ganz,
  teilweise,
  halb,
  nicht
} p;
```

### 7.4.2 Anwendungen

Aufzählungstypen können immer dann verwendet werden, wenn der Wertebereich eines Datentyps sehr klein ist. Bei Verwendung aussagekräftiger Namen helfen sie, das Programm lesbarer und übersichtlicher zu machen. Falls der Compiler bereichsfremde Zuweisungen an Aufzählungstypen erkennt, können sie zusätzlich helfen, ein Programm stabiler zu machen.

## 7.5 Bitfelder

Mit den Strukturen im ersten Abschnitt dieses Kapitels haben Sie ein Instrument zur Definition heterogener Datentypen kennengelernt, das Ihnen dabei hilft, die zu modellierende Realwelt besser in einem C-Programm abzubilden. Zwar sind Strukturen vom logischen Standpunkt her geeignet, nahezu beliebige reale Strukturen nachzubilden, wir haben uns jedoch kaum Gedanken über die physikalischen Aspekte der Darstellung, also Laufzeit- und Speicherplatzbedarf, gemacht. Die in diesem Abschnitt behandelten *Bitfelder* bieten die Möglichkeit, Strukturen bezüglich ihres Platzbedarfs im Hauptspeicher zu optimieren, ohne dabei große Laufzeitverluste der betreffenden Programme hinnehmen zu müssen.

### 7.5.1 Arbeitsweise

Angenommen, Sie benötigen eine Datenstruktur zur statistischen Qualitätssicherung einer Produktionseinheit von 5000 Schalttafeln. Jede der Schalttafeln soll aus einer Kombination von vier Ein-Aus-Schaltern und zwei 64stufigen Anzeigeinstrumenten bestehen. Dann könnte eine geeignete Struktur etwa so aussehen:

```
struct {
  unsigned char schalter1;
  unsigned char schalter2;
  unsigned char schalter3;
  unsigned char schalter4;
  int anzeige1;
  int anzeige2;
} band1[5000];
```

Wenn man bedenkt, daß jedes einzelne der Elemente nur sehr wenige Werte aus seinem Wertebereich jemals speichern wird, ist der Speicherbedarf dieser Datenstruktur mit etwa 40000 Byte unnötig groß. Um Hauptspeicher zu sparen, könnte man versuchen, die einzelnen Elemente platzsparender zu speichern. Wir wissen, daß ein Ein-Aus-Schalter zur Darstellung nur ein Bit (Bit=1 bedeutet: Schalter ist an, Bit=0 bedeutet: Schalter ist aus) und jedes der Anzeigeinstrumente sechs Bit (das ergibt Werte zwischen 0 und 63, also 64 Abstufungen) zur Darstellung benötigt. Daraus ergibt sich ein Gesamtspeicherbedarf von nur 16 Bit für eine Schalttafel. Da ein *unsigned int* auf jeden Fall mindestens 16 Bit groß ist, könnten wir unser Produktionsband wie folgt definieren:

```
unsigned int band1[5000];
```

Unser Programm müßte dann berücksichtigen, daß innerhalb eines Elements von *band1* zwischen Bit 0 bis 5 die zweite Anzeige, zwischen Bit 6 bis 11 die erste Anzeige und darüber die vier Ein-Aus-Schalter gespeichert sind. Obwohl der Speicherbedarf jetzt nur noch 10000 Bytes (also ein Viertel der ursprünglichen Definition) beträgt, ist der Zugriff auf die einzelnen Komponenten eines Elements wesentlich komplizierter und undurchsichtiger geworden. Um beispielsweise der ersten Anzeige der Tafel mit der Nummer 105 den Wert 25 zuzuordnen, müßten wir mit Hilfe der bitweisen und Schiebeoperatoren wie folgt programmieren:

```
band1[105] = (band1[105] & ~(63<<6)) | (25<<6);
```

Glücklicherweise gibt es einen bequemeren Weg, um zu der gewünschten Speicherersparnis zu kommen. Dazu definieren wir statt der gewöhnlichen Struktur einfach ein *Bitfeld*. Es unterscheidet sich von einer normalen Struktur im wesentlichen durch die zusätzliche Längenangabe hinter jedem Element, die dem Compiler den erforderlichen Speicherbedarf mitteilt:

```
/* bsp0707.c */

struct console {
  unsigned schalter1:1;
```

```
  unsigned schalter2:1;
  unsigned schalter3:1;
  unsigned schalter4:1;
  unsigned anzeige1:6;
  unsigned anzeige2:6;
} band1[5000];
```

In dieser Definition wird dem Compiler mitgeteilt, daß die Elemente *schalter1* bis *schalter4* jeweils nur ein Bit und die Elemente *anzeige1* und *anzeige2* jeweils sechs Bit benötigen, um alle vorkommenden Werte speichern zu können. Der Compiler erkennt an diesen Angaben, daß die Summe der Längen aller Elemente 16 ist und damit den Platzbedarf eines *int* nicht überschreitet. Je Element des Arrays wird er nun nur noch 16 Bit allozieren, anstelle der 64 Bit der ursprünglichen Datenstruktur. Abbildung 7.5 zeigt die grafische Darstellung der Struktur.

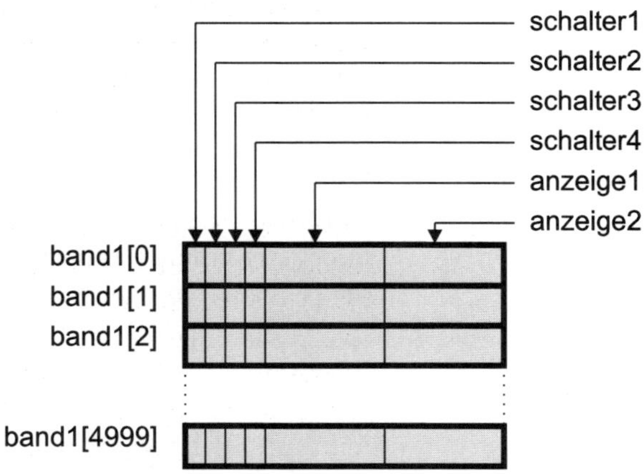


**Abbildung 7.5: Das Bitfeld-Array *band1***

Der Speicherbedarf ist genauso gering wie bei der oben vorgestellten Speicherung in einem *int*-Array. Der Nachteil des umständlichen und unleserlichen Zugriffs auf die Einzelteile der Anzeigetafel besteht nicht mehr, denn man kann wie bei der Originalstruktur bequem über die Elemente auf die Daten zugreifen.

Um das letzte Beispiel noch einmal aufzugreifen, wollen wir der ersten Anzeige der Tafel Nummer 105 wiederum den Wert 25 zuzuordnen. Das geht nun viel einfacher:

```
band1[105].anzeige1=25;
```

Der Zugriff auf die Elemente eines Bitfeldes sieht nun also genauso aus wie der Zugriff auf die Elemente einer gewöhnlichen Struktur. Dabei braucht man sich keine Gedanken über den möglichen Überlauf eines Bitfeldes zu machen, falls ein zu großer Wert zugewiesen wird. Dies regelt der Compiler automatisch, indem er vor der Zuweisung an ein *n-Bit*-Element eine Maskierung der ersten *n* Bits vornimmt, und dadurch alle nicht maskierten Bits des zugewiesenen Wertes auf 0 gesetzt werden. Bitfelder können in Ausdrücken auftauchen und werden dabei vor der Verwendung in ein *int* umgewandelt.

### 7.5.2 Erweiterungen und Restriktionen

#### Kombination mit Strukturen

Bitfelder können auch mit normalen Strukturen kombiniert werden, indem innerhalb derselben Struktur Elemente mit und ohne Längenangabe kombiniert werden. Dabei wird der Compiler versuchen, so viele Bitfelder wie möglich in ein *int* zu packen, er wird zur Optimierung aber nicht die Reihenfolge der Elementanordnung im Speicher verändern.

#### Anonyme Bitfelder

Es ist möglich, ein Bitfeld ohne Namen anzugeben. Das »gehört« dann dem Compiler, d.h. es ist bei der physikalischen Darstellung der Daten zwar vorhanden, kann aber nicht vom Anwendungsprogramm aus angesprochen werden. Das nachfolgende Beispiel enthält zwischen *stopbit* und *baud* ein anonymes Bitfeld der Größe 3:

```
/* bsp0708.c */

struct {
  unsigned datbits:2;
  unsigned stopbit:1;
  unsigned:3;
  unsigned baud:5;
  unsigned parity:2;
} ASIC_reg1;
```

Diese anonymen Felder werden vornehmlich zur Anpassung von Bitfeldern an vorhandene Hardwarestrukturen (in unserem Beispiel an einen Schnittstellenbaustein) verwendet. Die obige Definiton besagt, daß zwischen *stopbit* und *baudrate* drei Bits liegen, die für die Anwendung nicht von Bedeutung sind. Ein Sonderfall ist ein anonymes Bitfeld mit der Längenangabe 0; es hat die Aufgabe, das nächste Bitfeld an einer neuen *int*-Grenze beginnen zu lassen.

### Restriktionen

Es ist nicht möglich, die *Adresse* eines Bitfeldes zu ermitteln, da ja die Speicherung eines Bitfeldes möglicherweise nicht genau an einer Byte-Adresse beginnt. Aus diesem Grund sind auch keine Arrays auf Bitfeldern (z. B. *unsigned schalter1:1[20]*) erlaubt. Manche Compiler haben zusätzlich die Einschränkung, daß zusammengehörige Bitfelder nicht länger als ein *int* sein dürfen, oder daß bei der Zuweisung von Werten kein Überlauf überprüft wird.

## 7.6 Selbstdefinierte Typen

Nachdem Sie in diesem Kapitel bereits sehr viel über die Strukturierung von Daten in C gelernt haben, soll abschließend noch eine äußerst nützliche Eigenschaft besprochen werden, die in C und vielen anderen Programmiersprachen unter dem Namen *selbstdefinierte Typen* bekannt ist.

Darunter versteht man die Möglichkeit, aus bestehenden Datentypen neue zu erzeugen und ihnen einen eigenen Namen zu geben. Sie können dann wie eingebaute Typen zur Definition von Variablen oder formalen Parametern verwendet werden.

### 7.6.1 Arbeitsweise

Wir haben schon mehrfach einen eigenen Typ zur Darstellung von Wahrheitswerten vermißt und uns auf unterschiedliche Art geholfen. Eine Variante war die Verwendung des Präprozessors:

```
#define TRUE 1
#define FALSE 0
#define BOOL int
```

Im Abschnitt über Aufzählungstypen haben wir gezeigt, daß diese Vorgehensweise einige Nachteile hat, und an ihrer Stelle einen Aufzählungstyp verwendet:

```
enum BOOL {FALSE,TRUE};
```

### R 44 Definition eigener Typen

R44

Leider ist es etwas unbequem, bei jeder Definition einer Variablen das Schlüsselwort *enum* anzugeben, denn die Tatsache, daß es sich dabei um einen Aufzählungstyp handelt, ist meist irrelevant. Tatsächlich können wir noch einen Schritt weitergehen und mit Hilfe des *typedef*-Schlüsselwortes einen eigenen Typnamen definieren, der es erlaubt, Variablen und Parameter ohne das Schlüsselwort *enum* zu definieren.

Die folgende Anweisung definiert einen Typ *bool*, der genau dem Typ *enum BOOL* entspricht:

```
typedef enum BOOL {FALSE,TRUE} bool;
```

Wahrheitswertvariablen können nach dieser Definition also auf zwei unterschiedliche Arten erzeugt werden, nämlich erstens durch

```
enum BOOL b1,b2;
```

und zweitens – und das ist das Neue – auch durch

```
bool b1,b2;
```

Mit der *typedef*-Definition wurde ein neuer Typname *bool* erzeugt. Dieser kann nach der Definition genauso wie jeder andere eingebaute Typname der Sprache C verwendet werden. Es ist also insbesondere möglich, mit seiner Hilfe Variablen oder formale Parameter zu definieren und den *sizeof*- oder den Typkonvertierungs-Operator darauf anzuwenden (s. Kapitel 2). Die genaue Syntax einer Typdefinition sieht einer Variablendefinition sehr ähnlich:

**Syntax**

```
typedef Typ TypName;
```

Wenn wir im obigen Beispiel auf die Verwendung von *enum BOOL* verzichten können, brauchen wir den Bezeichner *BOOL* in der Typdefinition gar nicht erst anzugeben und können die Definition abkürzen:

```
typedef enum {FALSE,TRUE} bool;
```

Auch hier haben wir den Typnamen *bool* als Aufzählung der Wahrheitswerte *FALSE* und *TRUE* definiert und können ihn in wie einen eingebauten Typ verwenden.

Weitere Beispiele von Typ-Definitionen sind:

```
/* bsp0709.c */

typedef struct {
  unsigned char
    stunde,
    minute,
    sekunde;
} uhrzeit;

typedef struct {
  unsigned char
    tag,
    monat;
```

```
  int jahr;
} datum;

typedef struct {
  datum d;
  uhrzeit z;
} termin;
```

zur Definition von Datums- und Uhrzeittypen oder

```
typedef char string[81];
```

zur Definition eines Zeichenkettentyps *string* mit maximal 80 Zeichen Länge oder

```
typedef unsigned char byte;
```

zur Definition eines acht Bit langen Datentyps *byte*, der ganz offensichtlich nicht zur Speicherung von Zeichen, sondern von Zahlen verwendet werden soll. Die Definition eigener Typnamen ist also nicht auf Aufzählungstypen beschränkt, sondern kann genausogut auf Strukturen, Unions, Arrays oder einfache Typen angewendet werden.

### 7.6.2 Anwendungen

Es gibt im wesentlichen zwei wichtige Anwendungsbereiche für Typdefinitionen. Zum einen steigern aussagekräftige Typnamen die Lesbarkeit eines Programms und helfen damit, große Programme besser wartbar zu machen. Auf der anderen Seite werden Typdefinitionen dazu verwendet, die Portierbarkeit eines Programms zu erhöhen, indem maschinenabhängige Datentypen hinter eigenen Typen verborgen werden. Bei der Portierung auf eine neue Anlage müssen dann nur noch die Typdefinitionen umgeschrieben werden.

Als Beispiel für ein Portierbarkeitsproblem, welches auf diese Art gelöst werden kann, sei die Länge von Ganzzahldarstellungen angesprochen. Wenn Sie in Ihrem Programm unbedingt ein *int* brauchen, das exakt 32 Bit lang ist, so definieren Sie dazu einen neuen Typ *int32* und verwenden diesen konsequent an Stelle des gewöhnlichen *int*. Bei der Portierung auf eine Maschine mit einer abweichenden Wortlänge brauchen Sie dann nur noch diese eine Definition (und nicht das halbe Programm) umzuschreiben. Sinnvollerweise werden solche Typdefinitionen in allgemein zugänglichen Headerdateien versteckt, so daß mit einer Änderung alle Programmquellen aktualisiert werden.

## 7.7 Aufgaben zu Kapitel 7

**1. (A)**

Überlegen Sie sich eine Datenstruktur zur Darstellung von Datumswerten, welche den Speicher besser ausnutzt als die im Kurstext vorgestellte.

**2. (A)**

Überlegen Sie sich eine Datenstruktur zur Darstellung von Koordinatenwerten. Dabei sollen die Koordinaten wahlweise *kartesisch* (d.h. mit x- und y-Wert) oder *polar* (d.h. mit Winkel und Entfernung) dargestellt werden können.

**3. (A)**

Schreiben Sie ein Programm, mit dem Sie feststellen können, ob Ihr Compiler Zuweisungen zwischen gleichartigen Strukturen erlaubt oder nicht.

**4. (B)**

Schreiben Sie Funktionen *write_date* und *read_date* zur formatierten Aus- und Eingabe von Datumswerten mit der in Aufgabe 1 definierten Datenstruktur.

**5. (B)**

Schreiben Sie ein Programm mit einem großen Array und einer großen Struktur. Der *sizeof*-Operator soll bei beiden Typen den Wert 5000 liefern. Versuchen Sie herauszufinden, wie lange es dauert, eine Funktion aufzurufen, der das Array bzw. die Struktur als Parameter übergeben wird. Versuchen Sie, die Ergebnisse zu bewerten.

**6. (C)**

Schreiben Sie eine Funktion *date_diff*, mit der die Anzahl an Tagen zwischen zwei als Parametern übergebenen Datumswerten berechnet werden kann. Auch hier sollen die Datumswerte wie in der Lösung zu Aufgabe 1 übergeben werden.

**7. (P)**

Geben Sie die Ausgabe des folgenden Programms an:

```
/* auf0707.c */

#include <stdio.h>

struct s1 {
  int i1;
  int i2[3];
};
```

```
struct s2 {
  int *j1;
  int j2;
  struct s1 s2s1;
};

void main(void)
{
  struct s1 a;
  struct s2 b;
  int i;

  b.j1 = a.i2;
  a.i1 = 5;
  b.j2 = 7;
  for (i = 0; i < 3; ++i) {
    a.i2[i] = a.i1 * i;
    b.s2s1.i2[i] = a.i2[i] + i + b.j2;
  }
  printf("%d\n", b.j1[2]);
  printf("%d\n", b.s2s1.i2[2]);
}
```

**8. (P)**

Geben Sie die Ausgabe des folgenden Programms an:

```
/* auf0708.c */

#include <stdio.h>
#include <string.h>

#define MAXLEN 80

typedef struct {
  int len;
  char buf[MAXLEN + 1];
} ShortString;

ShortString f1(const char *buf)
{
  ShortString s;

  strncpy(s.buf, buf, MAXLEN);
  if ((s.len = strlen(buf)) > MAXLEN) {
```

```
    s.len = MAXLEN;
  }
  return s;
}

ShortString f2(ShortString s, int a, int b)
{
  int i;
  ShortString s1 = f1("");
  for (i = 0; i < b && a + i < s.len; ++i) {
    s1.buf[i] = s.buf[a + i];
    ++s1.len;
  }
  return s1;
}

char *f3(ShortString s)
{
  s.buf[s.len] = '\0';
  return s.buf;
}

void main(void)
{
  printf(
    "%s\n",
    f3(f2(f1("Strukturen über Strukturen"), 16, 16))
  );
}
```

## 7.8 Lösungen zu ausgewählten Aufgaben

### Aufgabe 1

Um den Speicher bei der Darstellung eines Datums besser auszunutzen, bietet sich die Darstellung mit Bitfeldern an. Die folgende Tabelle gibt Auskunft über den jeweils zugrundeliegenden Wertebereich und die zur Darstellung nötige Größe des Bitfeldes.

Daraus kann man dann folgende Struktur ableiten:

```
struct datum {
  unsigned tag:5;
  unsigned monat:4;
  unsigned jahr:7;
};
```

| Feld | Wertebereich | Anzahl Bits |
|---|---|---|
| tag | 1..31 | 5 |
| monat | 1..12 | 4 |
| jahr | 0..99 | 7 |

**Tabelle 7.3: Darstellung von Datumswerten**

Da die Summe der Längen der Elemente gleich 16 ist, benötigt der Compiler lediglich zwei Bytes zur Darstellung einer Variablen vom Typ *datum*. Beachten Sie allerdings, daß bei dieser Art der Darstellung nur Datumswerte innerhalb des aktuellen Jahrhunderts verarbeitet werden können.

### Aufgabe 2

Da beide Varianten nur alternativ auftreten, bietet sich die Speicherung in einer Union an.

```
/* lsg0702.c */

struct coor {
  char iscart;
  union {
    struct {
      double x,y;
    } cart;
    struct {
      double s,r;
    } pol;
  } val;
};
```

Da wir zusätzlich den Diskriminator *iscart* brauchen, um festzuhalten, ob gerade in kartesischer oder Polardarstellung gespeichert wird, reicht eine Union allein nicht aus, sondern es ist notwendig, sie in eine Struktur einzubetten. Da die Koordinatenangaben selbst wieder Strukturen sind, ist der Zugriff auf die einzelnen Elemente schon recht unbequem. Um beispielsweise auf den (kartesischen) *x*-Wert einer Variablen *p1* vom Typ *struct coor* zuzugreifen, müssen wir schreiben:

```
p1.val.cart.x
```

In Pascal beispielsweise wäre jeweils eine Memberselektion weniger nötig. Wir können uns in C allerdings mit dem Präprozessor behelfen und Teile der Member-Kette hinter Makros verbergen:

```
#define CART_X val.cart.x
#define CART_Y val.cart.y
#define POL_S  val.pol.s
#define POL_R  val.pol.r
```

Mit diesen Makros kann der obige Zugriff dann einfacher in der Form

```
p1.CART_X
```

geschrieben werden.

**Aufgabe 3**

Der Test ist ganz einfach durchzuführen, indem zwei Variablen desselben Strukturtyps definiert werden. Wenn der Compiler bei einer Zuweisung dieser Variablen eine Fehlermeldung ausgibt, ist er offensichtlich nicht in der Lage, Strukturen zuzuweisen. Um ganz sicherzugehen, können Sie natürlich zusätzlich noch das Ergebnis der Zuweisung überprüfen.

```
/* lsg0703.c */

#include <stdio.h>

struct test {
  int a, b;
};

void main(void)
{
  struct test x, y;

  x.a = 5;
  x.b = 10;
  y.a = 1;
  y.b = 7;
  x = y;
  printf("%d %d\n", x.a, x.b);
}
```

Wenn Ihr Compiler alles richtig macht, müßten die Werte 1 und 7 auf dem Bildschirm ausgegeben werden.

**Aufgabe 4**

Das Ausgeben eines Datumswertes ist sehr einfach, denn dazu brauchen lediglich die Elemente des als Parameter übergebenen *struct datum* formatiert ausgegeben zu werden. Etwas aufwendiger ist da schon die Eingabefunktion. Zwar können auch hier die Werte mit *scanf* formatiert eingelesen werden, da ein Bitfeld jedoch keine Adresse hat, müssen *scanf* zunächst Zwischenvariablen übergeben werden. Erst danach können die eingelesenen Werte der eigentlichen Struktur zugewiesen werden.

```
/* lsg0704.c */

void write_date(struct datum d)
{
  printf(
    "%2d.%2d.19%2d\n",
    d.tag,
    d.monat,
    d.jahr
  );
}

struct datum read_date()
{
  struct datum d;
  int tag,monat,jahr;

  scanf(
    "%2d.%2d.%4d",
    &tag,
    &monat,
    &jahr
  );
  if (jahr >= 1900) {
    jahr-=1900;
  }
  d.tag = tag;
  d.monat = monat;
  d.jahr = jahr;
  return d;
}
```

Die Verwendung der Funktionen wird durch das folgende Hauptprogramm demonstriert. Es liest eine Datumsvariable ein und gibt sie gleich darauf wieder aus.

```
void main(void)
{
  struct datum d;

  printf("Bitte Datum (dd.mm.[yy]yy): ");
```

```
  d=read_date();
  write_date(d);
}
```

**Aufgabe 5**

Ein mögliches Programm zum Testen der Geschwindigkeit ist das folgende:

```
/* lsg0705.c */

#include <stdio.h>

typedef struct {
  char a[5000];
} bigStruct;

typedef char bigArray[5000];

void test1(bigStruct p)
{
}

void test2(bigArray p)
{
}

void main(void)
{
  bigStruct S;
  bigArray  A;
  long i;

  printf("struct starten mit ENTER...\n");
  getchar();
  for (i = 0; i < 1000L; i++) {
    test1(S);
  }
  printf("array starten mit ENTER...\n");
  getchar();
  for (i = 0; i<1000000L; i++) {
    test2(A);
  }
  printf("fertig\n");
}
```

### R 45 Die Performance von Parameterübergaben

Trotz einer inhärenten Ungenauigkeit sind die Ergebnisse überraschend deutlich. Zum Durchlaufen der ersten Schleife benötigte das Programm 3,6 Sekunden, während die zweite Schleife 9,8 Sekunden benötigt. Da in der ersten Schleife jedoch lediglich 1000 Funktionsaufrufe – im Gegensatz zu 1000000 in der zweiten Schleife – abgearbeitet werden, ergibt sich ein Verhältnis von etwa 1:367 im Laufzeitverhalten. Der Aufruf der Funktion mit der Struktur ist also um ungefähr diesen Faktor langsamer als der Aufruf mit dem Array.

Woran liegt das nun? Die Antwort ist ganz einfach: der Grund liegt darin, daß Strukturen per *Wert* übergeben werden, Arrays hingegen per *Referenz*. Bei jedem Aufruf der Funktion muß also der Strukturparameter in seiner vollen Größe kopiert werden, während das Array lediglich in der Form eines Zeigers übergeben wird. Angenommen, ein Zeiger belegt vier Bytes und pro Funktionsaufruf sind zusätzlich konstant acht Bytes zu kopieren, so ergibt sich mit (5000+8)/(4+8) ein Verhältnis von 417, das dem Meßergebnis schon recht nahe kommt.

Beim Kompilieren des Programmes kann es auf einigen Compilern nötig sein, den verfügbaren Stack-Speicher heraufzusetzen, damit die 5 kByte große Struktur beim Aufruf der Funktion übergeben werden kann.

**Aufgabe 6**

Dieses Problem ist zu komplex, um es in einer einzigen Funktion unterzubringen, daher teilen wir es in drei Funktionen auf. Der prinzipielle Lösungsansatz besteht darin, zu den beiden Datumswerten jeweils die Anzahl der Tage seit einem fixen Datum (in diesem Fall dem 1.1.1900) zu bestimmen, so daß sich die gesuchte Differenz der Datumswerte aus der Differenz der beiden Tageszahlen ergibt.

Die Berechnung der Anzahl der Tage geschieht in der Funktion *day_num*. Sie berechnet unter Berücksichtigung der Schaltjahre, wie viele Tage seit dem Anfang des Jahrhunderts vergangen sind. Um das Vorhandensein eines Schaltjahres zu testen, gibt es die Funktion *schaltjahr*. Sie gibt genau dann einen Wert ungleich 0 zurück, wenn das übergebene Datum in einem Schaltjahr liegt, andernfalls gibt sie 0 zurück.

```
/* lsg0706.c */

int tage[12] = {31,28,31,30,31,30,31,31,30,31,30,31};
int schaltjahr(int jahr)
{
  return (jahr%4 == 0 && jahr%100 != 0 || jahr%400 == 0);
}
```

```
long day_num(struct datum d)
{
  long res=0;
  int  i;

  for (i = 0; i < d.jahr; i++) {
    res += 365;
    if (schaltjahr(1900 + i)) {
      res++;
    }
  }
  for (i = 1; i < d.monat; i++) {
    res += tage[i-1];
    if (i == 2 && schaltjahr(1900 + d.jahr)) {
      res++;
    }
  }
  res += d.tag;
  return res;
}

int date_diff(struct datum d1, struct datum d2)
{
  return (int)(day_num(d2) - day_num(d1));
}
```

Diese Lösung ist noch nicht optimal. Insbesondere bei der Berücksichtigung der Schaltjahre gibt es einige Optimierungsansätze, die darauf beruhen, daß nur Daten aus diesem Jahrhundert betrachtet werden. Darüber hinaus stört noch, daß die Laufzeit der Funktion *day_num* von dem als Parameter übergebenen Datum abhängt. Hier bleibt also breiter Spielraum für weitere Optimierungen.

### Aufgabe 8

Das Programm zeigt die Implementierung einer Struktur zur Speicherung von Strings mit integrierter Längenanzeige. Dadurch müssen Operationen, die am Ende des Strings arbeiten (*strcat*, *strlen*, etc.), nicht mehr das komplette Array durchlaufen, um das Stringende zu finden, sondern können dieses dank der Längenanzeige direkt anspringen. Die drei Funktionen *f1*, *f2* und *f3* zeigen beispielartig,

- wie ein einfacher *char*-Puffer in eine Stringstruktur verwandelt wird,
- wie ein Teilstring aus einer Stringstruktur extrahiert werden kann und
- wie eine Stringstruktur in einen *char*-Puffer zurückkonvertiert wird.

GoTo

# Bildschirm-I/O

# 8

## Kapitelüberblick



## 8.1 Das I/O-Konzept von C

Dieses Kapitel behandelt ein Thema, das bereits in allen vorangegangenen Kapiteln eine erhebliche Rolle spielte, dessen systematische Behandlung aber noch aussteht. Es geht um die Möglichkeit, Daten mit Hilfe von Ein-/Ausgabefunktionen auf dem Bildschirm auszugeben oder über die Tastatur einzulesen.

Bei der auf diesem Gebiet verwendeten Terminologie hat es sich eingebürgert, das Kürzel I/O (Input/Output) zu verwenden, wenn Ein-/Ausgaben gemeint sind. Wir werden uns dieser Terminologie weitgehend anschließen, alternativ jedoch mitunter auch die ausführliche Schreibweise verwenden. Den in der deutschsprachigen Literatur geprägten Begriff E/A (Ein-/Ausgabe) werden wir hier nicht verwenden.

Während in den meisten konventionellen Programmiersprachen die Routinen zur Bildschirmeingabe und -ausgabe fester Bestandteil der Sprachdefinition sind, ist dies in C nicht der Fall. Statt dessen werden diese Aufgaben von speziell dafür entwickelten Library-Funktionen erledigt, wie es auch in einigen anderen Sprachen wie z.B. ADA, Modula-2 oder Java der Fall ist.

Eine solche Vorgehensweise ist nicht unproblematisch. Da I/O-Routinen in vielen Programmen zu den am meisten verwendeten Sprachkonstrukten gehören, erwarten Programmierer bei ihrer Benutzung einerseits Flexibilität und Ausdrucksstärke und andererseits Bequemlichkeit in der Anwendung. Damit nicht im Laufe der Zeit eigene Spracherweiterungen entstehen, wenn diese Ansprüche nicht erfüllt sind, muß ein library-basiertes I/O-Konzept folgenden Anforderungen genügen:

1. Es muß mächtig genug sein, um alle vordefinierten Typen in weiten Grenzen formatiert oder unformatiert ausgeben zu können.
2. Es muß bequem genug in der Handhabung sein. Die meisten Programmierer erwarten von »bequemen« I/O-Routinen, daß sie generisch sind, d.h. daß es möglich ist, mit einer einzigen Funktion *unterschiedliche* Typen auszugeben, und daß sie es erlauben, *mehrere Werte* mit einem einzigen Funktionsaufruf auszugeben.

Gerade dem zweiten Punkt wurde bei manchen Sprachen zuwenig Beachtung geschenkt. So ist etwa Modula-2 ein Beispiel für eine Programmiersprache mit sehr umständlichen Ausgabeprozeduren, die schnell durch proprietäre und damit inkompatible Erweiterungen der Compilerhersteller ersetzt wurden.

Glücklicherweise sind die Standard-I/O-Funktionen von C sehr umfangreich und bequem in der Anwendung, so daß seitens der Compilerhersteller keine Notwendigkeit bestand, eigene Standards zu entwickeln. Da die I/O-Funktionen in den meisten Programmen einen erheblichen Anteil am Gesamtumfang des Codes haben, ist auch dies ein Grund für die gute Portierbarkeit von C-Programmen.

Bei all den Vorteilen darf man aber nicht vergessen, daß diese Vorgehensweise auch Nachteile mit sich bringt. Zwar ist es in C möglich, Funktionen mit einer variablen Parameterzahl zu deklarieren und die Typprüfung der aktuellen Argumente auszuschalten, dabei verliert man jedoch auch einen Großteil der Typsicherheit, die andere Sprachen bieten. Als C-Programmierer muß man deshalb sehr sorgfältig mit den I/O-Routinen umgehen, will man sich nicht versteckte Fehler durch falsch typisierte oder parametrisierte Aufrufe einhandeln.

Die nachfolgenden Abschnitte erklären die Anwendungsmöglichkeiten der I/O-Routinen der Standard-Library. Die Syntaxdefinition am Anfang der Funktionsbeschreibungen nennt dabei sowohl die Syntax der entsprechenden Funktionsdefinition als auch die bei der Verwendung der Funktion einzubindenden Headerdateien. Diese Darstellungsweise ist in ähnlicher Form in vielen Library-Referenzen zu finden.

## 8.2 Zeichenorientierte Ein-/Ausgabe

Neben den Funktionen zur formatierten Ein- oder Ausgabe von Zeichenketten gibt es in C Funktionen zur *unformatierten* Ausgabe von Einzelzeichen. Diese Routinen arbeiten zeichenorientiert und sind nützlich, um komplexere Ausgabefunktionen zu entwickeln. Eine andere nützliche Anwendung der zeichenorientierten Ausgabefunktionen liegt in der Entwicklung von Filterprogrammen, die in Zusammenhang mit der Umleitung von Standardein- und -ausgabe nützlich sind (s. Kapitel 5).

Innerhalb eines einzigen C-Programms können zeichenorientierte und formatierende I/O-Funktionen beliebig vermischt werden. Da die komplexeren Funktionen mit ihren umfassenden Formatiermöglichkeiten in der Regel auch innerhalb der Library mit Hilfe der zeichenorientierten Ausgabefunktionen aufgebaut wurden, funktioniert auch die Umleitung von Standardein- und -ausgabe bei der gemischten Verwendung beider Funktionsklassen korrekt.

### 8.2.1 putchar

```
#include <stdio.h>

int putchar(int c);
```

Die Funktion *putchar* dient zur unformatierten Ausgabe eines einzelnen Zeichens auf den Bildschirm. Durch den Aufruf *putchar(c)* wird das Zeichen *c* auf dem Bildschirm ausgegeben. Der Rückgabewert von *putchar* ist das übergebene Zeichen *c*. Auf *putchar* ist die Umleitung der Standardausgabe anwendbar.

Die Ausgabe von Zeichen mit dieser Funktion erfolgt in der Regel *verzögert*, d.h. nicht jeder Aufruf von *putchar* führt dazu, daß wirklich sofort etwas auf dem Bildschirm zu sehen ist. Vielmehr werden so lange Zeichen zwischengespeichert, bis eine Zeilenschaltung übergeben wird. Erst dann werden alle aufgelaufenen Zeichen tatsächlich auf dem Bildschirm ausgegeben.

Dieses Verhalten resultiert aus der *Pufferung* der Ausgabeoperationen. Da die Ausgabe von *n* einzeln übergebenen Zeichen für ein Ausgabegerät sehr viel zeitaufwendiger ist als die Ausgabe eines einzelnen Blocks von *n* Zeichen, führen nahezu alle dateiorientierten Funktionen (zu denen auch die hier besprochenen Funktionen für die Bildschirmausgabe gehören) eine Pufferung durch. Während bei der Ausgabe in eine Datei meist in einem Puffer konstanter Größe zwischengespeichert wird, erfolgt die Pufferung bei den Bildschirmausgaben aus praktischen Gründen zeilenorientiert. Außer durch Ausgabe einer Zeilenschaltung kann der Ausgabepuffer auch noch auf andere Art geleert werden:

1. Durch Beenden des Programms
2. Durch Aufrufen der Funktion *fflush* (s.u.)
3. Wenn der Puffer voll ist

Nicht immer ist eine solche zeilenorientierte Pufferung erwünscht oder praktikabel. Daher gibt es Möglichkeiten, eine zeichenorientierte Ein- oder Ausgabe auch ohne Pufferung durchzuführen. In UNIX-Systemen können dazu beispielsweise die Bildschirmtreiber mit Hilfe des *ioctl*-Systemaufrufs entsprechend umprogrammiert werden. Unter MS-DOS stehen meist umfangreiche Bibliotheken für schnellen, ungepufferten Bildschirm-I/O zur Verfügung. Letztere haben dann allerdings in der Regel den Nachteil, nicht mehr auf die Umleitung der Standardausgabe oder -eingabe zu reagieren. Wir wollen hier aber nicht näher auf dieses Problem eingehen, sondern uns ein Beispiel ansehen:

```
/* bsp0801.c */

#include <stdio.h>

void main(void)
{
  int i;

  for (i = 1; i <= 5; i++) {
    putchar('0' + i);
  }
  putchar('\n');
  putchar('X');
  putchar('\n');
}
```

Das Programm gibt nacheinander die Ziffern '1' bis '5', eine Zeilenschaltung, ein 'X' und erneut eine Zeilenschaltung aus. Abbildung 8.1 zeigt das Ergebnis.

Abbildung 8.1: Bildschirmausgabe mit putchar

Da *putchar* im allgemeinen als Makro implementiert ist, muß man bei der Übergabe von Parametern etwas vorsichtig sein. Weil alle Parameter eines Makros rein textuell ersetzt werden, kann es bei der Übergabe von *Parametern mit Nebeneffekten* Probleme geben. Falls nämlich innerhalb des Makros die formalen Parameter mehrfach verwendet werden, werden auch die Nebeneffekte beim Aufrufen des Makros mehrfach ausgeführt.

### 8.2.2 getchar

```
#include <stdio.h>

int getchar();
```

Die Funktion *getchar* dient zum Einlesen einzelner Zeichen von der Tastatur. Verwunderlich ist, daß der Rückgabewert nicht vom Typ *char*, sondern vom Typ *int* ist. Ein typisches Programmfragment würde also so aussehen:

```
/* bsp0802.c */

#include <stdio.h>

void main(void)
{
  int c;

  while ((c=getchar()) != EOF) {
    /*
    Bearbeiten von c
    */
  }
}
```

In Kapitel 2 wurde bereits erwähnt, daß *int* und *char* innerhalb von Ausdrücken kompatibel sind, denn ein *char* wird vor seiner Verwendung in einem Ausdruck in ein *int* konvertiert. Es ist also ohne weiteres möglich, den Rückgabewert von *getchar* umzuwandeln, falls mit *char* gearbeitet werden soll.

Der Grund für die Verwendung von *int* liegt tiefer. Die Konstante EOF, die das Ende der Eingabe anzeigt, ist meist als -1 definiert, denn sie darf nicht mit einem normalen Zeichen kollidieren. Während reine ASCII-Systeme früher lediglich Zeichen im Wertebereich von 0...127 produzierten, kommt es heute regelmäßig vor, daß auch Zeichen mit einem Code größer 127 gelesen werden, insbesondere bei der Verwendung europäischer Sonderzeichen.

Würde ein C-Compiler *char*-Typen vorzeichenbehaftet darstellen, könnte er zwar das EOF korrekt behandeln, würde aber keine Zeichen mit Codes größer 127 bearbeiten. Wäre der *char*-Typ dagegen vorzeichenlos, könnten zwar alle Zeichen mit einem Code zwischen 0 und 255 dargestellt werden, aber das EOF hätte keinen Platz mehr. Außerdem ist es compiler- bzw. maschinenabhängig, ob ein *char* vorzeichenbehaftet oder vorzeichenlos ist. Als Ausweg aus diesem Dilemma bot es sich an, den Rückgabewert von *getchar* als *int* zu deklarieren. So können sowohl die 256 unterschiedlichen Zeichen als auch das Sonderzeichen EOF übermittelt werden.

Zwei Ursachen können dazu führen, daß von *getchar* das Ende der Eingabe gemeldet wird:

1. Wurde die Eingabe nicht umgeleitet, wird *EOF* zurückgegeben, wenn der Benutzer die Dateiendetaste gedrückt hat. Unter MS-DOS ist das STRG+Z (oder F6), unter UNIX normalerweise STRG+D.
2. Wurde die Eingabe umgeleitet, liefert *getchar* genau dann *EOF* zurück, wenn die Eingabedatei vollständig gelesen wurde.

Ebenso wie *putchar* arbeitet auch *getchar* gepuffert. Diese Arbeitsweise führt zu einem etwas gewöhnungsbedürftigen Verhalten der Funktion bei der Eingabe von der Tastatur und kann C-Anfänger leicht verwirren. Wenn Sie in Ihrem Programm *getchar* aufrufen, werden Sie in aller Regel nicht sofort ein Ergebnis bekommen, denn die Funktion terminiert erst, wenn eine komplette Zeile eingelesen werden konnte. Dies ist aber erst dann der Fall, wenn der Benutzer die ENTER-Taste gedrückt hat bzw. bei umgeleiteter Standardeingabe ein Newline-Zeichen gefunden wurde.

Wir wollen dieses Verhalten an einem Beispiel untersuchen:

```
/* bsp0803.c */
```

```
#include <stdio.h>
void main(void)
{

  int c;

  printf("Vor der Schleife\n");
  while ((c=getchar()) != EOF) {
    printf("In der Schleife\n");
  }
  printf("Hinter der Schleife\n");
}
```

Wenn Sie das Programm starten, schreibt es zunächst die Meldung »Vor der Schleife« auf den Bildschirm. Da keine weitere Meldung ausgegeben wird, können wir davon ausgehen, daß das Programm in der *getchar*-Funktion auf Eingaben wartet. Wenn Sie nun irgendein Zeichen eingeben, wird es lediglich auf dem Bildschirm ausgegeben, aber sonst passiert nichts. Insbesondere der Satz »In der Schleife« ist nirgends zu sehen. Sie können also mit Fug und Recht annehmen, daß der erste Aufruf von *getchar* noch nicht beendet ist.

Dasselbe Verhalten wird sich zeigen, wenn Sie nacheinander weitere Buchstaben- oder Zahlentasten drücken. Eine Änderung tritt erst ein, wenn Sie die ENTER-Taste drücken. Nun wird plötzlich mehrmals der Satz »In der Schleife« auf dem Bildschirm ausgegeben.

Die Erklärung dafür ist folgende: an dem eingegebenen Newline erkennt *getchar* das Ende der Eingabezeile, terminiert und liefert zunächst das erste eingegebene Zeichen zurück. Natürlich läuft das Programm jetzt in die Schleife hinein und erzeugt die erste der Ausgabezeilen.

Dann kommt es wieder an den Schleifenkopf und ruft erneut *getchar* auf. Da die eingegebenen Zeichen der aktuellen Eingabezeile noch nicht vollständig ausgegeben sind, terminiert *getchar* sofort, liefert das zweite Zeichen, und in der Schleife wird die zweite Ausgabezeile erzeugt. Dieser Vorgang wiederholt sich für alle weiteren eingegebenen Zeichen inklusive der Zeilenschaltung.

Nachdem auf diese Weise die komplette Eingabezeile abgearbeitet wurde, beginnt *getchar* mit dem Einlesen einer neuen Zeile und sammelt wieder Eingabezeichen, bis das nächste '\n' erkannt wurde. Um das Programm zu beenden, müssen Sie ein Dateiende-Zeichen (STRG+Z bzw. STRG+D), gefolgt von einem '\n' (der ENTER-Taste) eingeben. In diesem Fall gibt das Programm noch einmal den Satz »In der Schleife« aus, schreibt schließlich »Nach der Schleife« auf den Bildschirm und terminiert.

Diese Eingabepufferung ist sinnvoll, wenn die Standardeingabe umgeleitet wurde, denn sie beschleunigt die Programmausführung erheblich. Das Schreiben interaktiver Programme wird dadurch allerdings erschwert, denn es gibt keine Möglichkeit, auf einen beliebigen Tastendruck des Anwenders zu warten und darauf sofort zu reagieren. Statt dessen bekommt ein mit *getchar* auf Tastatureingaben wartendes Programm die Kontrolle erst dann zurück, wenn der Benutzer die ENTER-Taste gedrückt hat.

Analog zu *putchar* bieten die verschiedenen C-Compiler unterschiedliche Möglichkeiten, dieses Problem zu umgehen. So gibt es beispielsweise in GNU-C die Funktion *getkey*, die nach jedem Tastendruck terminiert und auch auf Sondertasten reagiert, oder in TURBO-C die Funktionen *getch* und *getche*, die sich ähnlich verhalten. In UNIX-Systemen müssen Sie entweder die Gerätetreiber per *ioctl*-Call (oder *stty*) auf den *raw*-Modus umstellen oder zur Bildschirmein-/-ausgabe eine spezielle Library (z.B. *curses*) verwenden.

An dieser Stelle wollen wir die Behandlung der zeichenorientierten I/O-Funktionen von C beenden. Obwohl es sowohl in Standard-C, ANSI-C als auch den meisten anderen kommerziell verfügbaren C-Systemen eine Reihe weiterer Funktionen dieser Art gibt, ergeben sich dadurch keine grundsätzlich neuen Aspekte.

## 8.3 Formatierte Ein-/Ausgabe

Im Gegensatz zur zeichenorientierten Ausgabe dient die *formatierte* Ausgabe dazu, Daten in Übereinstimmung mit ihren zugrundeliegenden Typen auszugeben. Wenn wir also beispielsweise die Zahl 65 ausgeben wollen, so ist die formatierte Ausgabe davon abhängig, ob wir 65 als *int, double* oder *char* betrachten. Die Bildschirmausgaben könnten etwa so aussehen:

| Typ | Ausgabe |
|---|---|
| int | 65 |
| double | 65.0 |
| char | A |

**Tabelle 8.1: Formatierte Ausgabe von 65**

Am Anfang des Kapitels wurde bereits erwähnt, daß die Routinen zur formatierten Ausgabe von Daten in der Lage sind, gleichzeitig mit vielen unterschiedlich typisierten Parametern umzugehen. Da es in C nicht möglich ist, den Typ einer Variablen zur Laufzeit zu bestimmen, muß er den I/O-Routinen für jeden Ausgabewert explizit mitgeteilt werden.

Hierzu wird den Ausgabefunktionen ein *Formatstring* übergeben, der Informationen über die auszugebenden Datentypen zur Verfügung stellt.

Dies hört sich zunächst einmal aufwendig an, ist in der Praxis aber gar nicht so schlimm. Bei der formatierten Ausgabe muß (und will) der Programmierer das Format der Ausgabe sowieso manuell festlegen, d.h. er muß sich um Dinge wie Positionierung und Darstellung der auszugebenden Werte, Dezimalstellen bei Zahlenwerten, mögliche Längenbegrenzungen und ähnliches selbst kümmern. Da macht es dann kaum noch einen Unterschied, daß auch der Typ des auszugebenden Wertes angegeben werden muß.

### 8.3.1 printf

#### R 46 Ausgeben von Daten mit printf

R46

```
#include <stdio.h>

int printf(const char *format,...);
```

Die Funktion *printf* dient zur formatierten Ausgabe von Variablen und Konstanten beliebiger Grundtypen. Da die Zeichen auf die Standardausgabe gehen, erlaubt *printf* das Umleiten der Ausgabe in eine Datei oder die Verwendung als Filter.

*printf* bekommt mindestens einen Parameter übergeben, den Formatstring *format*. Dabei handelt es sich um eine Zeichenkette beliebiger Länge, in der die Typen und Ausgabeformate der übrigen Parameter angegeben werden. Der Formatstring ist der Schlüssel zur Steuerung der Ausgabe. Ziel dieses Abschnitts ist es, alle Möglichkeiten der Ausgabesteuerung mit Hilfe des Formatstrings zu erläutern.

Der Rückgabewert von *printf* ist ein *int*, der die Anzahl der tatsächlich ausgegebenen Zeichen angibt. Falls bei der Ausgabe ein Fehler auftritt, gibt *printf* den Wert -1 zurück. In den meisten Fällen wird man den Rückgabewert allerdings nicht weiterverwenden wollen, sondern interessiert sich lediglich für die Nebeneffekte der Funktion, die formatierte Ausgabe von Programmdaten auf dem Bildschirm. *printf* taucht daher in den meisten C-Programmen in Form von Ausdrucksanweisungen (s. Kapitel 3) auf.

#### Der Formatstring

Der Formatstring einer *printf*-Anweisung ist eine nullterminierte Zeichenkette, die eine beliebige Anzahl der folgenden Komponenten enthalten darf:

1. Ausgabetext
2. Formatanweisungen

Wenn *printf* aufgerufen wird, so interpretiert die Funktion den Formatstring von links nach rechts und durchsucht ihn nach Ausgabetexten oder Formatanweisungen. Erkennt *printf* einen Ausgabetext, so wird dieser unverändert auf dem Bildschirm ausgegeben. Erkennt die Funktion eine Formatanweisung, so wird der nächste, bisher noch nicht verarbeitete Parameter entsprechend den angegebenen Formatanweisungen ausgegeben. Formatanweisungen werden durch ein vorangestelltes Prozentzeichen von normalen Ausgabeanweisungen unterschieden. Wir wollen ein Beispiel betrachten:

```
/* bsp0804.c */

#include <stdio.h>

void main(void)
{
  int i = 1, j = 2;

  printf("i ist %d und j ist %d\n", i, j);
}
```

Die Ausgabe des Programms lautet:

```
i ist 1 und j ist 2
```

Warum ist das so? An *printf* wurden drei Parameter übergeben: der Formatstring *"i ist %d und j ist %d\n"* und zwei ganzzahlige Variablen *i* und *j*. Wie schon erwähnt, beginnt *printf*, den Formatstring von links nach rechts abzuarbeiten. Der Text *"i ist "* bis zum ersten Prozentzeichen ist Ausgabetext und wird daher ohne Veränderung ausgegeben.

Das folgende Prozentzeichen leitet eine Formatanweisung ein. Da das nachfolgende Zeichen ein *d* ist, geht *printf* davon aus, daß ein *int* in Dezimaldarstellung auszugeben ist, und schreibt anstelle von *"%d"* die formatierte Ausgabe "1" des nächsten übergebenen Parameters, in diesem Fall *i*, auf den Bildschirm.

Danach folgt der Ausgabetext *" und j ist "*, der unverändert ausgegeben wird, und anschließend erneut eine Formatanweisung *"%d"*, um einen weiteren *int* auszugeben. Da der Parameter *i* schon verarbeitet wurde, wird nun der Inhalt von *j* formatiert und auf dem Bildschirm ausgegeben. Zu guter Letzt folgt der Ausgabetext *"\n"*, der bewirkt, daß die Bildschirmausgabe mit einer Zeilenschaltung abgeschlossen wird. Damit ist der Formatstring vollständig bearbeitet, und *printf* wird beendet. Abbildung 8.2 stellt die Zusammenhänge noch einmal bildlich dar.

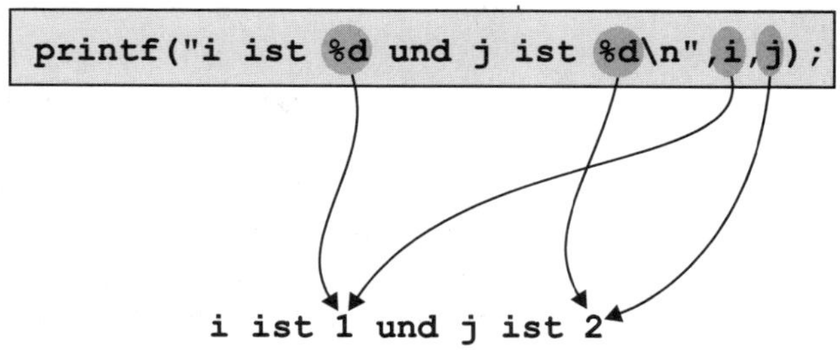


Abbildung 8.2: Ausgabe mit *printf*

An diesem Beispiel können Sie schon erkennen, daß für jede Formatanweisung ein eigener Parameter an *printf* übergeben werden muß, d.h. die Gesamtanzahl der Parameter bei einem Aufruf von *printf* muß stets um eins größer sein als die Anzahl der Formatanweisungen innerhalb des Formatstrings. Da der Compiler dies nicht überprüfen kann, müssen Sie selbst sehr sorgfältig darauf achten, daß *printf* immer mit der zum aktuellen Formatstring passenden Anzahl korrekt typisierter Parameter aufgerufen wird.

Allerdings sind einige moderne C-Compiler mittlerweile durchaus in der Lage, den Formatbezeichner von *printf* zu analysieren und mit den tatsächlich übergebenen Parametern zu vergleichen. GNU-C gibt bei höchster Warnstufe (Compilerschalter -Wall) einen Warnhinweis aus, wenn eine Diskrepanz zwischen Formatstring und aktuellen Parametern besteht. Das geht natürlich nur, solange der Formatstring eine *konstante* Zeichenkette ist, die bereits beim Compilieren bekannt ist. Wird der Formatstring dagegen erst zur Laufzeit generiert, kann der Compiler keine derartigen Prüfungen durchführen.

### Einfache Formatanweisungen

Ein Formatstring besteht aus mindestens zwei Zeichen, nämlich dem Prozentzeichen und einem nachfolgenden Buchstaben. Der Buchstabe legt dabei den Typ des auszugebenden Parameters fest. Tabelle 8.2 listet die wichtigsten Typbezeichner auf, die innerhalb von Formatanweisungen erlaubt sind:

| Formatanweisung | Typisierung der Parameter und Ausgabedarstellung | Ausgabe am Beispiel der Zahl 78 |
|---|---|---|
| %d | *int, short int* oder *char* als Zahl in Dezimalnotation | 78 |
| %c | *int, short int* oder *char* als Zeichen | N |

Tabelle 8.2: Typbezeichner von Formatanweisungen

| Formatanweisung | Typisierung der Parameter und Ausgabedarstellung | Ausgabe am Beispiel der Zahl 78 |
|---|---|---|
| %x | *int, short int* oder *char* als Zahl in Hexadezimalnotation mit kleingeschriebenen Buchstaben a..f | 4e |
| %X | *int, short int* oder *char* als Zahl in Hexadezimalnotation mit großgeschriebenen Buchstaben A..F | 4E |
| %o | *int, short int* oder *char* als Zahl in Oktalnotation | 116 |
| %u | *unsigned int, unsigned short int* oder unsigned *char* als Zahl in Dezimalnotation | 78 |
| %f | *float* in Fließkommaschreibweise | 78.000000 |
| %e | *float* in Exponentialschreibweise mit kleingeschriebenem e | 7.800000e+001 |
| %E | *float* in Exponentialschreibweise mit großgeschriebenem E | 7.800000E+001 |
| %g | *float* in Exponentialschreibweise oder Fließkommaschreibweise ohne Ausgabe nachfolgender Nullen | 78 |
| %s | *char** (bzw. *char*[ ]) zur Ausgabe von Zeichenketten | HALLO bei Aufruf mit "HALLO" als aktuellem Parameter. Numerische Werte (wie beispielsweise 78) können mit dieser Formatanweisung natürlich nicht ausgegeben werden. |
| %% | - | Diese Zeichenfolge ist keine Formatanweisung, sondern dient lediglich dazu, das Prozentzeichen auszugeben. |

**Tabelle 8.2: Typbezeichner von Formatanweisungen**

Da die Zuordnung zwischen Formatanweisungen und auszugebenden Parametern erst zur Laufzeit des Programms erfolgt, kann der Compiler keine Typüberprüfung der Parameter vornehmen. In der Praxis tauchen daher häufig fehlerhafte Bildschirmausgaben auf, weil die tatsächlich übergebenen Parameter nicht die Typen haben, die *printf* aufgrund des Formatstrings von ihnen erwartet.

Falls sich der geforderte von dem tatsächlich übergebenen Parameter *deutlich* unterscheidet (z.B. wenn einer von beiden ein *char** und der andere ein *int* ist), kann es leicht zu Abstürzen oder undefiniertem Verhalten des Programms kommen. Immer dann, wenn Ihr Programm im Zusammenhang mit Bildschirmausgaben ein merkwürdiges Verhalten an den Tag legt, sollten Sie sich die Zeit nehmen, die Übereinstimmung zwischen aktuellen Parametern und Formatanweisungen ihrer Ausgabefunktionen genau zu überprüfen.

### Erweiterte Formatanweisungen

Während die bisher erklärten Formatanweisungen zwar die formatierte Ausgabe der grundlegenden Datentypen der Sprache erlauben, bieten sie noch keine Möglichkeit, das Format der Ausgabe weitergehend zu beeinflussen, etwa um numerische Werte spaltenweise auszugeben oder die Anzahl der Dezimalstellen bei Fließkommazahlen zu begrenzen. Zudem haben wir noch keine Möglichkeit angesprochen, *long*- oder *double*-Werte auszugeben. All diese Aufgaben können jedoch problemlos mit *printf* realisiert werden und sollen nun erklärt werden.

Anders als bisher gezeigt, kann eine Formatanweisung nicht nur aus einem Prozentzeichen mit einem nachfolgenden Buchstaben bestehen, sondern weitere Komponenten zur Steuerung der Ausgabe enthalten. Die vollständige Syntax einer Formatanweisung lautet:

```
%[flags][width][.preci][l]type
```

Bisher wurde nur das Prozentzeichen und der Bestandteil *type* erläutert. Alle anderen Teile sind optional und sollen nun erklärt werden. Im Anschluß an die Erklärungen finden Sie mehrere kleine Programme, die die Anwendung der Optionen beispielhaft demonstrieren.

**flags**

Hier kann eine beliebige Teilmenge der Zeichen –, +, #, 0 und *Leerzeichen* angegeben werden. Diese Schalter dürfen beliebigen Typbezeichnern vorangestellt werden, haben jedoch nur für Zahlen eine sichtbare Bedeutung. Sie kann Tabelle 8.3 entnommen werden:

| Zeichen | Bedeutung |
|---|---|
| - | Die Ausgabe soll linksbündig formatiert werden. |
| + | Auszugebenden Zahlen wird ein Pluszeichen vorangestellt, wenn sie positiv sind. (Normalerweise haben positive Zahlen bei der Ausgabe kein sichtbares Vorzeichen.) |
| # | Zahlen in Oktaldarstellung wird eine 0 und Zahlen in Hexadezimalform ein 0x (bzw. 0X) vorangestellt. Damit entsprechen die Ausgaben den C-üblichen Konventionen für Konstanten dieser Zahlensysteme. |
| 0 | Der auszugebenden Zahl werden linksbündig Nullen bis zur maximalen Feldbreite (s. *width*) vorangestellt. |
| Leerz. | Vorzeichenbehafteten Zahlen, die weder ein Plus noch ein Minus als Vorzeichen haben, wird ein Leerzeichen vorangestellt. |

**Tabelle 8.3: *flags* in der Formatanweisung**

**width**

Dieser Teil einer Formatanweisung gibt die minimale Breite des Ausgabefeldes an. Falls der auszugebende Wert weniger Platz beansprucht, so werden linksbündig (bei Strings sowie bei Zahlen, die mit dem "-" in der Formatanweisung ausgegeben werden: rechtsbündig) so viele Leerzeichen zusätzlich ausgegeben, bis die angegebene Breite erreicht ist. Falls der auszugebende Wert von vornherein breiter als angegeben ist, wird die Breitenangabe ignoriert. In keinem Fall wird durch diesen Parameter ein Teil der Ausgabe abgeschnitten, wenn das Feld zu kurz ist.

Anstelle der Angabe im Formatstring kann die Breite auch als zusätzlicher Parameter an *printf* übergeben werden, indem innerhalb dieses Teils der Formatanweisung statt eines numerischen Wertes ein Stern "*" angegeben wird. Dies führt dann dazu, daß der nächste noch nicht verarbeitete Parameter als Breitenangabe interpretiert wird und erst der übernächste Parameter als Wert auf dem Bildschirm ausgegeben wird. Der Parameter für die Breitenangabe muß vom Typ *int* sein.

**preci** Dieser Bestandteil einer Formatanweisung ist nur für Fließkommazahlen von Bedeutung und gibt die Anzahl der auszugebenden Dezimalstellen an. Syntaktisch erkennt *printf* den Bestandteil *preci* an dem Dezimalpunkt, der unmittelbar davor steht. Falls dieser Schalter ausgelassen wird, verwendet *printf* bei der Ausgabe von Fließkommazahlen eine interne Voreinstellung, die bei den meisten C-Compilern bei sechs Stellen liegt.

Ebenso wie bei dem Formatbestandteil *width* ist es auch hier erlaubt, anstelle der numerischen Angabe ein "*" einzusetzen, wenn die Anzahl der Dezimalstellen als Parameter an *printf* übergeben werden soll. Dies funktioniert genauso wie bei *width* beschrieben.

**l** Wenn unmittelbar vor dem Typbezeichner *type* in einer Formatanweisung ein *l* (kleines L) steht, so erwartet *printf* bei der Parameterübergabe die *long*-Version des entsprechenden Grundtyps. Soll also beispielsweise ein *long int* ausgegeben werden, so lautet die Formatanweisung nicht *%d*, sondern *%ld*. Wichtig ist diese Angabe auf allen Rechnern, bei denen sich die Länge der internen Darstellung von *int* und *long* unterscheidet. Wird das *l* in diesem Fall vergessen, ist die Ausgabe undefiniert. Auf Systemen, bei denen *int* und *long* die gleiche interne Darstellung haben, kann zwar prinzipiell auf das *l* verzichtet werden, aus Gründen der besseren Portierbarkeit sollte man es aber dennoch angeben.

Eine weitere Rolle spielt das *l* bei der Ausgabe von *double*-Zahlen. Manche Compiler sehen ein *double* sozusagen als *»long float«* an und erwarten daher eine der Formatanweisungen *%le*, *%lE*, *%lf*, *%lg* oder *%lG* zur Ausgabe von *double*-Werten. Auch dies kann aber von Compiler zu Compiler unterschiedlich sein und muß daher in der entsprechenden Dokumentation nachgelesen werden. Nach ANSI-C dient nämlich ein vorangestelltes *l* bei Fließkommazahlen zur Ausgabe des Datentyps *long double* (s. Kapitel 1).

Eine komprimierte Darstellung der Syntax von *printf*-Formatanweisungen finden Sie in Abbildung 8.3. Das Diagramm ist von links nach rechts zu lesen, d.h. jeder Formatstring fängt mit % an und endet mit einem der

Buchstaben *u, o, x, c* oder *d*. In jeder Spalte ist eines der übereinanderstehenden Zeichen auszuwählen und an den bisher gebildeten String anzuhängen. Steht in der untersten Zeile einer Spalte ein Pfeil nach rechts, so kann diese Spalte auch ausgelassen werden. Steht über der obersten Zeile eine gestrichelte Linie, so sind die Werte entsprechend fortzusetzen.

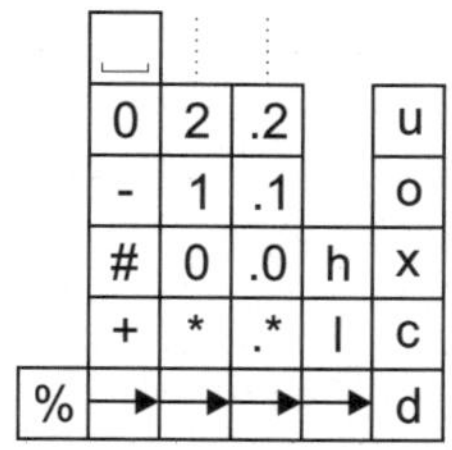


**Abbildung 8.3: Die Syntax von *printf*-Formatanweisungen**

Wir wollen zunächst ein Programm schreiben, das die Zahlen 1, 10, 100, ... , 100000 spaltenweise untereinander auf dem Bildschirm ausgibt. Dazu verwenden wir zweckmäßigerweise eine *for*-Schleife, in der ein mit 1 initialisierter *long* ausgegeben und zyklisch mit 10 multipliziert wird.

```
/* bsp0805.c */

#include <stdio.h>

void main(void)
{
  long i;

  for (i = 1; i <= 100000; i *= 10) {
    printf("-->%6ld<--\n", i);
  }
}
```

Die Ausgabe des Programms ist:

```
-->     1<--
-->    10<--
-->   100<--
-->  1000<--
--> 10000<--
-->100000<--
```

Nun wollen wir die gleiche Zahlenfolge erneut ausgeben, die Zahlen sollen jedoch linksbündig angeordnet werden, und die Breite der Ausgabespalte soll bei jedem Durchlauf der Schleife um eins erhöht werden:

```
/* bsp0806.c */

#include <stdio.h>

void main(void)
{
  int width;
  long i;

  for (i = 1, width = 6; i <= 100000; i *= 10, width++) {
    printf("-->%-*ld<--\n", width, i);
  }
}
```

Das Programm erzeugt folgende Ausgabe:

```
-->1     <--
-->10     <--
-->100     <--
-->1000     <--
-->10000     <--
-->100000     <--
```

Beachten Sie bei der Anwendung des "*" in der Formatanweisung, daß in der Liste der aktuellen Parameter zuerst die Feldbreite *width* und erst dann der auszugebende Wert *i* angegeben wird.

Als letztes Beispiel wollen wir uns ein Programm anschauen, das die Zahl *pi* in unterschiedlichen Genauigkeiten ausgibt.

```
/* bsp0807.c */

#include <stdio.h>

void main(void)
{
  double pi = 3.1415926535;

  printf("%10.0e\n", pi);
  printf("%10.1e\n", pi);
  printf("%10.2e\n", pi);
  printf("%10.3e\n", pi);
```

```
  printf("%10.4e\n", pi);
  printf("%10.5e\n", pi);
  printf("%10.6e\n", pi);
  printf("%10.7e\n", pi);
}
```

Die Ausgabe des Programms ist:

```
    3e+000
  3.1e+000
 3.14e+000
3.142e+000
3.1416e+000
3.14159e+000
3.141593e+000
3.1415927e+000
```

An diesem Programm sind drei Dinge erwähnenswert:

1. Die Angabe für die Feldbreite (hier 10) bezieht sich auf die komplette Ausgabe und nicht – wie es in einigen anwendungsorientierten Programmiersprachen der Fall ist – auf den Vorkommateil der Darstellung.
2. Die spaltenweise Darstellung wird nur so lange eingehalten, wie die auszugebende Zahl nicht die angegebene Breite überschreitet. Ist dies der Fall, wird nicht etwa ein Teil der Zahl abgeschnitten, sondern ein breiteres Ausgabefeld verwendet.
3. Bei der Begrenzung der auszugebenden Dezimalstellen wird die letzte Stelle nicht abgeschnitten, sondern *gerundet*. Durch Angabe von 0 Dezimalstellen ist es möglich, eine Fließkommazahl ohne Nachkommateil auszugeben.

Wir wollen nun die Diskussion der Formatierungsmöglichkeiten mit *printf* beenden; alle wichtigen Eigenschaften sind Ihnen bekannt. Da die Kenntnis der Möglichkeiten von *printf* nicht nur für die Bildschirmausgabe, sondern auch für die Dateneingabe mit *scanf* und die Datei-I/O-Funktionen von grundlegender Bedeutung ist, sollten Sie diesen Abschnitt sehr genau lesen. In den folgenden beiden Unterabschnitten folgen noch einige ergänzende Anmerkungen zu Besonderheiten und Einschränkungen von *printf*.

**Besonderheiten**

Die *printf*-Funktion kennt bei manchen Compilern neben der *long*-Anzeige mit *l* auch eine *short*-Anzeige mit *h* (*half*). Sie ist jedoch nur auf

Ganzzahlen und ihre Formatanweisungen *d*, *x*, *X* und *o* anwendbar und signalisiert die Übergabe eines *short int* anstelle eines *int*.

Manche *printf*-Funktionen können *unsigned*-Werte direkt im Binärformat ausgeben und verwenden dazu die Formatanweisung *%b*.

Bei vielen Compilern lassen sich mit *printf* auch Zeigerwerte (d.h. Speicheradressen) ausgeben. Obwohl ANSI-C dazu die Formatanweisung *%p* vorsieht, halten sich viele C-Compiler (z.B. Turbo-C) nicht daran und verwenden eigene, inkompatible Darstellungen. Zudem ist das Ausgeben von Zeigern im höchsten Maße unportabel. Müssen Speicheradressen ausgegeben werden, sollte auf jeden Fall ein Blick in die zugehörige Compilerdokumentation geworfen werden.

In ANSI-C gibt es eine »Formatanweisung« *%n*, die eigentlich gar keine ist. Wenn *printf* auf ein *%n* trifft, erwartet es als nächsten noch nicht verarbeiteten Parameter einen Zeiger auf ein *int* und gibt in diesem die Anzahl der bisher ausgegebenen Zeichen zurück. Durch *%n* wird also keine Bildschirmausgabe erzeugt.

#### Restriktionen

Die C-Funktion *printf* zur formatierten Ausgabe wurde zu einer Zeit entworfen, als die verfügbaren Ausgabegeräte wesentlich einfacher strukturiert waren als heute. Anfang der 70er Jahre gab es noch nicht an jedem Arbeitsplatz ein interaktives Terminal, sondern oft stand nur ein einfacher Zeilendrucker als Ausgabegerät zur Verfügung. Auch die Arbeit an einem Terminal hatte überwiegend zeilenorientierten Charakter. Aus diesem Grund – und vor allem auch, um das Umleiten der Ein- und Ausgabe zu unterstützen – arbeiten die Ausgabefunktionen in C nicht bildschirm-, sondern zeilenorientiert. Wie bei einem Drucker können zwar immer neue Zeilen ausgegeben werden, es gibt jedoch keine Möglichkeit, den Bildschirm zu löschen oder eine wahlfreie Positionierung des Cursors vorzunehmen.

Das hat sich natürlich im Laufe der Zeit als Nachteil herausgestellt, und es wurde eine Vielzahl von Bibliotheken entwickelt, mit deren Hilfe auch anspruchsvolle Benutzeroberflächen in C programmiert werden können. In Ermangelung offizieller Standards haben die Hersteller dabei meist ihre eigenen Vorstellungen verwirklicht. Auf UNIX-Systemen steht immerhin meist die *Curses*-Library zur Verfügung, mit der die portierbare Programmierung von fensterorientierten Bildschirmoberflächen möglich ist.

Mit der Ausbreitung grafischer Benutzerschnittstellen wie MS-Windows oder OS/2 auf PCs, der Macintosh-Oberfläche auf den Apple-Rechnern oder X-Windows und seinen Erweiterungen unter UNIX gibt es auch im Bereich der Oberflächenentwicklung von C-Programmen mittlerweile eine ganze Reihe etablierter Standards für GUI-Oberflächen. Das Problem, anspruchsvolle Oberflächen auf textbasierten Systemen entwickeln zu müssen, wird sich in naher Zukunft nicht mehr stellen.

### 8.3.2 scanf

#### R 47 Einlesen von Daten mit scanf

R47

```
#include <stdio.h>

int scanf(const char *format, ...);
```

Die Funktion *scanf* dient zum formatierten Einlesen von Werten unterschiedlicher Typen. Von der Bedienung und vom Verhalten her hat *scanf* Ähnlichkeit mit der Ausgabefunktion *printf*. Ebenso wie diese bekommt sie als ersten Parameter eine Zeichenkette übergeben, die das Verhalten der Funktion steuert. Die eigentlichen Eingaben des Programmbenutzers werden an die nachfolgenden Parameter weitergegeben. Allerdings ist die Bedienung von *scanf* etwas komplizierter als die von *printf*, und auch erfahrene C-Programmierer kennen oft nicht alle Möglichkeiten, die diese Funktion bietet.

Um die Arbeitsweise von *scanf* besser zu verstehen, kann man die Bestandteile des Formatstrings in drei Gruppen unterteilen:

1. *Formatanweisungen*. Diese werden mit einem Prozentzeichen eingeleitet und weisen die *scanf*-Funktion an, einen Wert des angegebenen Typs einzulesen und in dem nächsten unverarbeiteten Parameter zu speichern.
2. *Whitespace*: Darunter versteht man das Leerzeichen, den Tabulator und die Zeilenschaltung. Tauchen diese zwischen zwei Formatanweisungen auf, so werden alle an dieser Stelle befindlichen Whitespace-Zeichen des Eingabestrings überlesen.
3. *Andere Zeichen*: Tauchen andere Zeichen im Formatstring auf, so erwartet *scanf* beim Lesen der Eingabe ein gleichartiges Zeichen, wird aber nicht speichern.

*scanf* liest beim Aufruf Zeichen für Zeichen von der Standardeingabe und vergleicht das Ergebnis (ebenfalls Zeichen für Zeichen) mit dem Formatstring. Solange die eingegebenen Zeichen und der Formatstring gemäß den obigen Regeln zueinander passen, liest *scanf* weiter, andernfalls bricht die Funktion ab, auch wenn noch nicht alle Formatanweisungen abgearbeitet wurden. Die zu einem Formatstring passenden Eingabewerte werden in derselben Reihenfolge an die hinter dem Formatstring stehenden Parameter übergeben. Wenn das Ende des Formatstrings erreicht ist, wird *scanf* ebenfalls beendet. Der Rückgabewert der Funktion ist die Anzahl der tatsächlich gelesenen Werte.

Wichtig bei der Verwendung von *scanf* ist, daß als Parameter nicht Variablen eines bestimmten Typs, sondern *Zeiger* auf Variablen dieses Typs übergeben werden. Da Funktionsparameter in C immer per Wert (CALL-BY-VALUE, s. Kapitel 6) übergeben werden, könnte nämlich über eine einfache Variable kein Wert aus der Funktion an den Aufrufer zurückgegeben werden. Um dennoch eine Rückgabe zu ermöglichen, wird anstelle einer Variable ein Zeiger auf sie übergeben. So kennt *scanf* die Hauptspeicherposition, an der die Variable steht, und kann dort den gelesenen Wert plazieren. Details zu dieser Technik werden in den Kapiteln 6 und 11 erläutert.

Aus Kapitel 2 und früheren Aufrufen von *scanf* wissen wir, daß die Adresse einer Variablen mit Hilfe des Adreßoperators & ermittelt werden kann. Um also die Adresse einer Variablen *x* an *scanf* zu übergeben, ist als aktueller Parameter *&x* an *scanf* zu übergeben. Im Moment sind diese Zusammenhänge für Sie vielleicht noch nicht voll verständlich, am Ende von Kapitel 10 und 11, die sich mit Zeigern beschäftigen, werden Sie die Bedeutung des Adreßoperators aber genau verstehen.

Wir wollen ein erstes Beispiel betrachten:

```
/* bsp0808.c */

#include <stdio.h>

void main(void)
{
  int i;
  float x;

  printf("Eingabe: ");
  scanf("%d %e", &i, &x);
  printf("i=%d\n", i);
  printf("x=%e\n", x);
}
```

Dieses Programm erwartet zwei Zahlen von der Standardeingabe. Als erste Zahl soll ein *int*, dann ein *float* eingelesen werden. Der zugehörige Formatstring *"%d %e"* besagt, daß zunächst ein *int*, dann ein oder mehrere Whitespaces und schließlich ein *float* eingegeben werden sollen. Sie erkennen beim Aufruf der Funktion *scanf*, daß die aktuellen Parameter mit Hilfe des Adreßoperators per Referenz übergeben werden. Nachdem *scanf* beendet wurde, stehen in den Variablen *i* und *x* die eingegebenen Werte. Ein Aufruf des Programms könnte beispielsweise wie folgt aussehen:

```
Eingabe: 123   567
i=123
x=5.670000e+002
```

Nun kann es passieren, daß nicht die gewünschten Werte zurückgegeben werden, sondern unerlaubte, wie etwa bei der Eingabe von »13 abc«. Das Problem bei dieser Eingabe ist, daß der zweite Teil nicht dem zulässigen Format einer *float*-Zahl entspricht. In diesem Fall wird zwar in der Variablen *i* der erwartete Wert 13 stehen, der Inhalt von *x* ist ist jedoch undefiniert. Um solche Fälle erkennen zu können, gibt *scanf* als Rückgabewert die Anzahl der *erfolgreich* gelesenen Werte zurück.

Anders als der oft unbenutzte Rückgabewert von *printf* muß der von *scanf* zurückgegebene Wert *immer* überprüft werden, wenn nicht ganz sicher ausgeschlossen werden kann, daß unpassende Eingaben auftreten. Wir wollen das letzte Programm entsprechend erweitern:

```
/* bsp0809.c */

#include <stdio.h>

void main(void)
{
  int i, j;
  float x;

  printf("Eingabe: ");
  j=scanf("%d %e", &i, &x);
  switch (j) {
  case 2:
    printf("x=%e\n", x);
  case 1:
    printf("i=%d\n", i);
    break;
  default:
    printf("Keine gültigen Werte\n");
  }
}
```

Wie Sie sich leicht klarmachen können, gibt dieses Programm nur noch dann den Wert einer Variablen aus, wenn er erfolgreich eingelesen werden konnte und somit einen definierten Inhalt hat. Mit Hilfe des Rückgabewerts von *scanf* ist es möglich, die Ausgabe der undefinierten Variablen zu verhindern.

### Einfache Formatanweisungen

Die Formatstrings von *scanf* sind ganz ähnlich aufgebaut wie die von *printf*. Dies betrifft insbesondere den Typteil der Formatanweisung, so daß Tabelle 8.4 keiner weiteren Erläuterung bedarf. Im Anschluß daran werden wir uns den erweiterten Möglichkeiten der Formatanweisungen von *scanf* zuwenden.

| Formatanweisung | Bedeutung |
|---|---|
| %d | Zeiger auf *int*. Die Eingabe muß im Dezimalformat erfolgen. |
| %u | Zeiger auf *unsigned int*. Die Eingabe muß im Dezimalformat erfolgen. |
| %c | Zeiger auf *char*. |
| %x | Zeiger auf *int*. Die Eingabe muß im Hexadezimalformat (keine Unterscheidung zwischen groß- und kleingeschriebenen Buchstaben) erfolgen. |
| %o | Zeiger auf *int*. Die Eingabe muß im Oktalformat erfolgen. |
| %i | Zeiger auf *int*. Die Eingabe kann hexadezimal (durch Voranstellen von 0x...), oktal (Voranstellen von 0...) oder dezimal (weder 0x noch 0 am Anfang) erfolgen. |
| %e, %E, %f, %g, %G | Zeiger auf *float*. Das genaue Eingabeformat entspricht jeweils dem bei *printf* angegebenen Format zu diesem Typbezeichner. |
| %s | Zeiger auf *char*. Es wird jedoch nicht nur ein Zeichen (wie bei %c), sondern alle Zeichen bis zum nächsten Whitespace gelesen und nacheinander – beginnend an der durch den Zeiger bezeichneten Position – abgespeichert. Hinter die eingelesene Zeichenkette wird noch ein Null-Character gehängt. Es reicht also in diesem Fall nicht aus, einen Zeiger auf ein einzelnes Zeichen zu übergeben, sondern es muß ein Zeiger auf einen Block von hintereinander gespeicherten Zeichen – also ein Zeichenarray – übergeben werden. Da der Name eines Zeichenarrays sowieso schon einem Zeiger auf sein erstes Element entspricht, darf in diesem Fall bei der Angabe des aktuellen Parameters nicht der Adreßoperator vorangestellt werden! |
| %% | Wie bei *printf* ist hiermit nicht eine Formatanweisung, sondern das Zeichen % gemeint. |
| %[ ] | Zeiger auf *char*, jedoch mit Angabe eines Suchbegriffs. Wird weiter unten erläutert. |

**Tabelle 8.4: Formatanweisungen von *scanf***

Folgendes Beispiel verdeutlicht die Eingabe von Zeichenketten:

```
/* bsp0810.c */

#include <stdio.h>

void main(void)
{
  char s[10];

  printf("Eingabe: ");
  scanf("%s", s);
```

```
  printf("Gelesen: %s\n", s);
}
```

Dieses Programm liest unter Verwendung der Formatanweisung *%s* eine Zeichenkette ein und schreibt sie in das Zeichenarray *s*. Sie können an diesem Beispiel erkennen, daß bei der Übergabe eines Zeichenarray-Parameters der Adreßoperator & nicht vor den Variablennamen gestellt werden darf. Bei diesem Beispiel besteht natürlich die Gefahr, daß *scanf* mehr Zeichen nach *s* kopiert als Platz vorhanden ist, und dadurch Laufzeitfehler entstehen. Im nächsten Abschnitt wird erklärt, wie dieses Problem umgangen werden kann.

#### Erweiterte Formatanweisungen

Ähnlich wie bei *printf* kann auch eine Formatanweisung von *scanf* neben dem Prozentzeichen und einem Typbezeichner weitere Bestandteile enthalten. Die vollständige Syntax lautet:

```
%[*][width][l]type
```

Das Prozentzeichen und den *type*-Bezeichner haben Sie schon kennengelernt, wenden wir uns also den anderen Teilen zu.

Wenn nach dem Prozentzeichen ein '*' steht, so werden die nachfolgenden Eingabedaten zwar gelesen, der erhaltene Wert wird jedoch nicht gespeichert. Aus diesem Grund darf zu dieser Formatanweisung auch kein aktueller Parameter angegeben werden. Nützlich ist dieses Überlesen von Werten beispielsweise, wenn aus jedem Datensatz einer strukturierten Datei jeweils nur bestimmte Teile gelesen, andere aber ignoriert werden sollen. *

Der *width*-Teil gibt an, wie viele Zeichen bei dieser Formatanweisung maximal eingelesen werden dürfen. Er ist insbesondere nützlich, um beim Lesen von Zeichenketten mit der Formatanweisung *%s* zu verhindern, daß ihre definierte Länge überschritten wird. Mit Hilfe dieser Längenangabe kann das vorige Beispiel verbessert werden: **width**

```
/* bsp0811.c */

#include <stdio.h>

void main(void)
{
  char s[10];

  printf("Eingabe: ");
  scanf("%9s", s);
```

```
  printf("Gelesen: %s\n", s);
}
```

Konnte das vorige Programm noch unvorhersehbare Ergebnisse produzieren, wenn der Benutzer mehr als 9 Zeichen ohne Whitespace eingegeben hatte, so sorgt die Längenangabe 9 nunmehr dafür, daß in das Array *s* nicht mehr als 9 Zeichen plus Nullbyte geschrieben werden.

**l** Dieser Teil enthält einen der Buchstaben l oder h. Durch ein *l* wird *scanf* mitgeteilt, daß der übergebene Parameter ein Zeiger auf eine *long*-Variable ist; d.h. ein *long int* bei *%d, %x, %o* und *%i* und ein *double* bei *%e, %E, %f, %g* und *%G*. Durch *h* wird ein Zeiger auf ein *short int* angezeigt.

Abbildung 8.4 gibt eine zusammenfassende Darstellung der bisher geschilderten Möglichkeiten der *scanf*-Formatanweisungen. Nicht berücksichtigt ist dabei eine Besonderheit, mit der es möglich ist, die Eingabe von Zeichenketten auf bestimmte Zeichen zu beschränken. Sie wird anschließend erläutert.

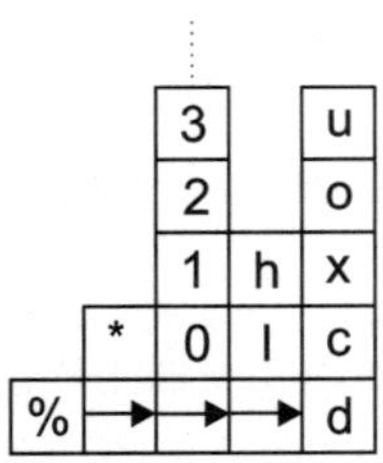


**Abbildung 8.4: Die Syntax von *scanf*-Formatanweisungen**

### Suchbegriffe

Mit *%[ ]* kennt *scanf* eine weitere Formatanweisung zum Einlesen von Zeichen-Arrays. Anders als *%s* erlaubt diese, zwischen den eckigen Klammern ein *Suchmuster* einzugeben und damit die Menge der zulässigen Eingabezeichen zu begrenzen:

```
/* bsp0812.c */

#include <stdio.h>

void main(void)
{
  char s[100];

  printf("Eingabe: ");
```

```
  scanf("%[abc]", s);
  printf("Gelesen: %s\n", s);
}
```

Hier liest die Funktion *scanf* so lange Daten ein, wie es sich um eines der Zeichen *'a'*, *'b'* oder *'c'* handelt. Taucht ein anderes Zeichen auf, so wird der Lesevorgang beendet und der bis dahin gelesene String zurückgegeben. Bei Eingabe von *»achtung«* schreibt obiges Programm also die folgende Ausgabe auf den Bildschirm:

```
Gelesen: ac
```

Durch Voranstellen eines ^ können wir *scanf* mitteilen, daß nur die Zeichen gelesen werden dürfen, die *nicht* in der angegebenen Zeichenmenge enthalten sind.:

```
/* bsp0813.c */

#include <stdio.h>

void main(void)
{
  char s[10];

  printf("Eingabe: ");
  scanf("%[^abc]", s);
  printf("Gelesen: %s\n", s);
}
```

Bei Eingabe von »Kindergarten« liefert das Programm die folgende Ausgabe:

```
Gelesen: Kinderg
```

Alle bis zum *'g'* gelesenen Zeichen sind weder ein *'a'* noch ein *'b'* noch ein *'c'*.

Bei manchen Compilern ist es erlaubt, *Bereiche* von Zeichen festzulegen. Dazu ist das erste und das letzte Zeichen des Bereichs durch ein '-' zu trennen. Wollen wir also beispielsweise in einer Eingabe nur Großbuchstaben und die Zahlen 0 und 1 zulassen, so sollte die Formatanweisung so aussehen:

```
%[A-Z01]
```

Leider funktioniert das nicht auf allen C-Compilern und sollte daher, wenn Portierbarkeitsaspekte eine Rolle spielen, vermieden werden. Unglücklicherweise handelt es sich hierbei um einen Fehler, der nicht vom

Compiler erkannt wird, sondern sich erst zur Laufzeit des Programms bemerkbar macht.

**Anmerkungen** Ebenso wie bei *printf* ist es auch vor dem ersten Einsatz von *scanf* sinnvoll, die lokale Dokumentation des verwendeten C-Compilers zu lesen. Obwohl die Ausführungen dieses Kapitels im großen und ganzen auf die meisten C-Compiler zutreffen, gibt es doch mitunter kleine Unterschiede. Darüber hinaus bieten manche Compiler nützliche Erweiterungen von *scanf*, die über die hier beschriebenen Möglichkeiten hinausgehen.

### 8.3.3 Ein-/Ausgabeumleitung

Alle bisher angesprochenen Funktionen reagieren auf das Umleiten der Eingabe oder Ausgabe. Wir haben das zugrundeliegende Prinzip in Kapitel 5 im Abschnitt *»Anwendungen von Arrays«* ausführlich diskutiert und dabei festgestellt, daß mit der Ein-/Ausgabeumleitung ein einfaches Mittel zur Bearbeitung von Dateien zur Verfügung steht.

Die Einschränkung besteht im wesentlichen aus drei Teilen:

1. Es können nur Textdateien verarbeitet werden.
2. Es kann nur eine Datei pro Programmlauf verarbeitet werden.
3. Ein Programm mit umgeleiteter Ein- oder Ausgabe kann nicht mehr interaktiv sein.

Dies sind natürlich Restriktionen, die man in vielen Programmen nicht hinnehmen kann. Dennoch wird das Konzept der Ein-/Ausgabeumleitung in Zusammenhang mit Filterprogrammen (insbesondere unter UNIX) schnell unverzichtbares Hilfsmittel zum Lösen einer Vielzahl kleinerer Probleme. Insbesondere, wenn auf Textdateien bestimmte Transformationen vorgenommen werden sollen, ist es sinnvoll, wenn man Programme zur Verfügung hat, die auch mit umgeleiteter Ein- oder Ausgabe verwendet werden können.

Ob dieser Fall nun selten ist oder nicht, hängt von der Umgebung ab, in der man als C-Programmierer arbeitet. Lesen Sie sich bitte auf jeden Fall noch einmal den genannten Abschnitt in Kapitel 5 durch, denn die dortigen Ausführungen werden Ihnen jetzt in einem neuen Licht erscheinen. Einige der nachfolgenden Aufgaben werden sich ebenfalls mit der Konstruktion von Filterprogrammen beschäftigen.

## 8.4 Aufgaben zu Kapitel 8

**1. (A)**

Schreiben Sie ein Programm, das eine Tabelle der Werte $n^2$, $2^n$ und $n!$ für $0<=n<=20$ ausgibt.

**2. (P)**

Versuchen Sie herauszufinden, welchen praktischen Nutzen das folgende Programm haben könnte. Stellen Sie sich dazu vor, wie das Programm in Zusammenhang mit der Umleitung von *stdin*, *stdout*, *stderr* oder als Filter arbeitet. (Hinweis: Unter UNIX gibt es ein Kommando, das ganz ähnlich funktioniert.)

```
/* auf0802.c */

#include <stdio.h>

void main(void)
{
  int c;

  while ((c=getchar()) != EOF) {
    putchar(c);
    putc(c, stderr);
  }
}
```

**3. (B)**

Schreiben Sie einen Filter *reverse*, der die komplette Standardeingabe zeichenweise umkehrt und somit spiegelverkehrt ausgibt.

**4. (B)**

Schreiben Sie ein Programm, das den über die Standardeingabe eingelesenen Text analysiert und statistisch auswertet. Ihr Programm soll in tabellarischer Form folgende Aussagen über den Text machen:

- Anzahl Zeichen gesamt
- Anzahl Worte gesamt
- Anzahl Zeilen gesamt
- Anteil Buchstaben
- Anteil Whitespaces
- Anteil Sonderzeichen
- Anteil Großbuchstaben
- Mittlere Wortlänge
- Mittlere Zeilenlänge

**5. (B)**

Schreiben Sie ein Programm, das in der Lage ist, die über die Standardeingabe gelesenen Fließkommazahlen in *tabellarischer Form* auszugeben. Gehen Sie davon aus, daß alle Zahlen syntaktisch korrekt und durch Whitespace getrennt sind. Die Eingabe besteht aus drei hintereinander folgenden Teilen:

1. Einem *int*-Wert, der die Anzahl der Spalten (nicht mehr als 20) der Tabelle angibt.
2. Zu jeder Spalte zwei weitere *int*-Werte, die angeben, wie breit die korrespondierende Spalte sein soll und mit wie vielen Nachkommastellen die auszugebende Fließkommazahl formatiert werden soll.
3. Der Liste der zu tabellierenden Fließkommazahlen.

**6. (C)**

Angenommen, Sie haben die Aufgabe, Binärdateien über eine Modemleitung zu senden. Das Problem bei der Sache ist, daß Ihre Binärdatei eine Datenbreite von acht Bit hat, Ihre Telefonstrecke aber lediglich druckbare ASCII-Zeichen (mit einem Code zwischen 32 und 124) sicher übertragen kann.

Schreiben Sie ein Programm, das Ihre Binärdaten so codiert, daß sie sicher über die Leitung transportiert werden können.

**7. (C)**

Schreiben Sie das Gegenstück zur vorigen Aufgabe, also ein Programm, das die codierten 8-Bit-Dateien wieder in ihre ursprüngliche Form zurückverwandelt.

## 8.5 Lösungen zu ausgewählten Aufgaben

### Aufgabe 1

Das Ermitteln von $n^2$ ist trivial, und für $2^n$ kann die Schiebeoperation verwendet werden. Lediglich bei der Bestimmung der Fakultät ist eine zusätzliche Schleife nötig. Beachten Sie bei dieser Aufgabe die Verwendung einer *double*-Zahl für die Berechnung der Fakultät. Bei den hier auftretenden großen Werten würde bei *int*-Zahlen ein Überlauf eintreten.

```
/* lsg0801.c */

#include <stdio.h>

void main(void)
{
```

```
  unsigned long i=0 ,j;
  double fak;

  printf(" i  i^2     2^i                    i!\n");
  printf("---------------------------------\n");
  while (i <= 20) {
    printf("%2ld %4ld %7ld", i, i*i, 1L<<i);
    fak = j = 1;
    while (j<=i) {
      fak *= (j++);
    }
    printf("%20.0f\n", fak);
    i++;
  }
}
```

**Aufgabe 2**

Das Programm ist eine leichte Abwandlung des Kommandos *tee*, wie es auf jeder UNIX-Anlage verfügbar ist. Es kopiert zunächst die Standardeingabe auf die Standardausgabe, schreibt aber gleichzeitig jedes gelesene Zeichen auch auf Standardfehler. Das Programm ist also eine Art »T-Stück« (daher der Name), welches innerhalb einer Kette von Programmen, die über Pipes verbunden sind, Zwischenergebnisse sichtbar machen kann.

Angenommen, das Programm heißt *auf0802*, dann wird durch die Kommandozeile

```
cat test.c | auf0802 | grep "extern" | sort  test.dat
```

eine Datei *test.dat* erstellt, die in sortierter Form alle Zeilen der Datei *test.c*, die das Wort »extern« enthalten, erstellt. Gleichzeitig wird der Inhalt der Originaldatei durch das T-Stück *auf0802* auf dem Bildschirm angezeigt.

Noch größeren Nutzen bringt dieses Programm, wenn man die Zwischenergebnisse in eine Datei umleiten kann. In unserem Fall können Sie dies (unter UNIX) mit der Umleitung von Standardfehler erreichen. Das Original-*tee*-Programm erlaubt die Angabe eines Dateinamens.

**Aufgabe 3**

Das Hauptproblem bei der Lösung dieser Aufgabe besteht darin, die über Standardeingabe eingelesenen Zeichen zwischenzuspeichern, um sie nach Ende der Eingabe rückwärts ausgeben zu können. Die Speicherung im Hauptspeicher scheidet von vornherein aus, da eine Datei sehr viel größer werden kann, als Hauptspeicher zur Verfügung steht. Folglich bleibt nur die Zwischenspeicherung in einer temporären Datei.

Nachdem die temporäre Datei geschrieben wurde, wird an das Ende der Datei gesprungen und diese dann Zeichen für Zeichen von hinten nach vorne auf Standardausgabe ausgegeben. Beachten Sie, daß jeder Rückwärtsschritt zweimal ausgeführt werden muß, da das Lesen eines Zeichens den Satzzeiger wieder um eine Position nach vorn bewegt.

```
/* lsg0803.c */

#include <stdio.h>

void main(void)
{
  int c;
  FILE *f1;

  if ((f1 = fopen("auf0803.tmp", "w+b")) == NULL) {
    fprintf(stderr, "Kann temporäre Datei nicht öffnen\n");
    exit(1);
  } else {
    while ((c=getchar()) != EOF) {
      putc(c, f1);
    }
    c = fseek(f1, 0L, SEEK_END);
    while (fseek(f1, -1L, SEEK_CUR) == 0) {
      c = getc(f1);
      fseek(f1, -1L, SEEK_CUR);
      putchar(c);
    }
    fclose(f1);
  }
}
```

Da es kein guter Stil ist, eine temporäre Datei nach Programmende nicht zu löschen, sollte nach dem *fclose(f1)* der Befehl *unlink("auf_0803.tmp")* eingefügt werden.

**Aufgabe 4**

Das folgende Programm besteht aus vier Funktionen. *IsLetter* liefert genau dann TRUE, wenn das übergebene Zeichen ein Buchstabe ist, *IsUpper* genau dann, wenn es ein Großbuchstabe ist. Die Verarbeitung der Eingabe erfolgt in der Funktion *ReadInput*. Sie liest jedes einzelne Zeichen und verändert die Zählervariablen entsprechend.

Die Unterscheidung in Wort und Nichtwort wird anhand der booleschen Variablen *in_wort* vorgenommen. Ein Wort ist dabei eine zusammenhängende Folge von Zeichen, die von *IsLetter* als Buchstabe angesehen werden. Die Unterscheidung der Zeilen erfolgt anhand der auftretenden Newline-Zeichen. Beachten Sie, daß nach dem Lesen aller Eingabezeichen, also in der letzten Zeile, die Verarbeitung der zeilenorientierten Variablen ebenfalls erfolgen muß.

Das Hauptprogramm hat lediglich die Aufgabe, die Funktion *ReadInput* aufzurufen und die Ergebnisse des Laufs für den Anwender aufzubereiten. Die Kommunikation zwischen Hauptprogramm und *ReadInput* erfolgt über die am Anfang des Programms deklarierten globalen statischen Variablen.

```
/* lsg0804.c */

#include <stdio.h>

#define BOOL  int
#define TRUE  1
#define FALSE 0

static long zgesamt   = 0;
static long wgesamt   = 0;
static long lgesamt   = 0;
static long whitespc  = 0;
static long sonder    = 0;
static long gross     = 0;
static long wlgesamt  = 0;
static long llgesamt  = 0;

static BOOL IsLetter(int c)
{
  if (c >= 'A' && c <= 'Z') return TRUE;
  if (c >= 'a' && c <= 'z') return TRUE;
  if (c >= '0' && c <= '9') return TRUE;
  if (c == 142 || c == 132) return TRUE;
  if (c == 153 || c == 148) return TRUE;
  if (c == 154 || c == 129) return TRUE;
  if (c == 225) return TRUE;
  if (c == '_') return TRUE;
  return FALSE;
}

static BOOL IsUpper(int c)
{
  if (c >= 'A' && c <= 'Z') return TRUE;
```

```
  if (c == 'Ä' || c == 'Ö' || c == 'Ü') return TRUE;
  return FALSE;
}
static void ReadInput()
{
  int c, wlen = 0, llen = 0;
  BOOL in_wort = FALSE;

  while ((c = getchar()) != EOF) {
    ++zgesamt;
    ++llen;
    if (IsLetter(c)) {
      if (!in_wort) {
        ++wgesamt;
        wlen = 0;
      }
      in_wort = TRUE;
      ++wlen;
      if (IsUpper(c)) {
        ++gross;
      }
    } else {
      if (in_wort) {
        wlgesamt += wlen;
      }
      in_wort = FALSE;
      if (c=='\n' || c=='\t' || c==' ') {
        if (c == '\n') {
          ++lgesamt;
          llgesamt += llen;
          llen = 0;
        }
        ++whitespc;
      } else {
        ++sonder;
      }
    }
  }
  if (wlen>0) {
    ++lgesamt;
    llgesamt += llen;
  }
}
void main(void)
```

```
{
  ReadInput();
  printf("Textstatistik\n");
  printf("=============\n\n");
  if (zgesamt > 0) {
    printf("Zeichen gesamt .......... %8ld\n",zgesamt);
    printf("Worte gesamt ............ %8ld\n",wgesamt);
    printf("Zeilen gesamt ........... %8ld\n",lgesamt);
    printf(
      "Anteil Buchstaben ....... %8.2f %%\n",
      100.0*(double)(zgesamt-whitespc-sonder)/(double)zgesamt
    );
    printf(
      "Anteil Whitespace ....... %8.2f %%\n",
      100.0*(double)whitespc/(double)zgesamt
    );
    printf(
      "Anteil Sonderzeichen .... %8.2f %%\n",
      100.0*(double)sonder/(double)zgesamt
    );
    printf(
      "Anteil Großbuchstaben ... %8.2f %%\n",
      100.0*(double)gross/(double)zgesamt
    );
    printf(
      "Mittlere Wortlänge ...... %8.2f\n",
      (double)wlgesamt/(double)wgesamt
    );
    printf(
      "Mittlere Zeilenlänge .... %8.2f\n",
      (double)llgesamt/(double)lgesamt
    );
  } else {
    printf("Kein Text gefunden\n");
  }
}
```

Übrigens ist das Programm nicht ganz »wasserdicht«. Zwar fängt es den Fall einer leeren Eingabedatei ab, zu einem Absturz kann es aber dennoch kommen. Falls die Eingabedatei zwar Sonderzeichen und/oder Whitespaces enthält, aber keine Buchstaben, ist der Wortzähler *wgesamt* 0, und das Programm stürzt in der vorletzten *printf*-Anweisung mit einem Division-By-Zero-Error ab. Überlegen Sie selbst, wie sich dieser kleine Bug beheben läßt.

**Aufgabe 5**

Das Programm ist gar nicht so schwierig zu schreiben, wenn man die Möglichkeiten von *printf* und *scanf* richtig ausnutzt. Zunächst wird die Anzahl der Spalten aus der Eingabedatei gelesen und in der statischen Variablen *anz_spalten* gespeichert. Anschließend liest das Programm für jede Spalte die gewünschte Breite und Anzahl der Dezimalstellen und speichert sie in dem Deskriptor *sd*.

Nachdem die Rahmendaten bekannt sind, liest das Programm in einer Schleife so lange Fließkommazahlen, bis das Ende der Eingabe erreicht ist. Jede Fließkommazahl wird mit Hilfe der Formatanweisung *"%*.*lf"* aufbereitet und dann ausgegeben. Die beiden Sterne bieten die Möglichkeit, Spaltenbreite und Anzahl der Dezimalstellen mit Hilfe des Spaltendeskriptors *sd* dynamisch festzulegen. Als dritter Parameter folgt der eingelesene Fließkommawert. Nun muß lediglich noch nach jedem Durchlauf aller Spalten eine Zeilenschaltung ausgegeben werden, und das Programm ist fertig.

```
/* lsg0805.c */

#include <stdio.h>

#define MAXSPALTEN 20

static struct {
  int breite;
  int dezimal;
} sd[MAXSPALTEN+1];

static int anz_spalten;

void main(void)
{
  int i;
  double wert;

  /*Beschreibung einlesen*/
  scanf(" %d", &anz_spalten);
  for (i = 0; i < anz_spalten; ++i) {
    scanf(" %d", &(sd[i].breite));
    scanf(" %d", &(sd[i].dezimal));
  }
  /*Werte ausgeben*/
  i = 0;
```

```
  while (scanf(" %lf", &wert) == 1) {
    printf(
      "%*.*f",
      sd[i].breite,
      sd[i].dezimal,
      wert
    );
    if (i == anz_spalten-1) {
      printf("\n");
    }
    i = (i + 1) % anz_spalten;
  }
  printf("\n");
}
```

Bekommt das Programm beispielsweise folgende Eingabe:

```
3
10
1
16
5
8
0
3.141592
34556592
3.141592
59223
3433923
2e4
5e-2
3.235452
4.545592
3259.2
34535292
17.15e-4
3.144352
0.0680757
3.151592
3.341592
31592
5.141592
3.141592
100.01
200
```

```
300
400
500
601
20.16e6
-0.00901
```

so liefert es diese Tabelle:

```
     3.1  34556592.00000      3
 59223.0   3433923.00000  20000
     0.1         3.23545      5
  3259.2  34535292.00000      0
     3.1         0.06808      3
     3.3     31592.00000      5
     3.1       100.01000    200
   300.0       400.00000    500
   601.0  20160000.00000      0
```

**Aufgabe 6**

Es gibt viele Möglichkeiten, die nicht darstellbaren Zeichen aus 8-Bit-Dateien zu entfernen. Das nachfolgende Programm basiert auf der Tatsache, daß drei 8-Bit-Zeichen auch mit Hilfe von vier 6-Bit-Zeichen dargestellt werden können. In der bitweisen Darstellung benötigen beide 24 Bit.

Das Programm liest jeweils drei 8-Bit-Zeichen von der Standardeingabe und erzeugt aus den so gewonnenen 24 Bit vier Zeichen zur Ausgabe. Bevor diese 6-Bit-Zeichen (deren Wertebereich zwischen 0 und 63 liegt) allerdings ausgegeben werden können, werden sie durch Addition von 32 in den Bereich der darstellbaren ASCII-Zeichen verschoben. Um die Ausgabe besser lesbar zu machen und notfalls mit Hilfe eines normalen Texteditors ändern zu können, fügt das Programm nach jeweils 60 Zeichen eine Zeilenschaltung ein. Da diese nicht als normales Zeichen auftreten kann, werden bei der Rückkonvertierung alle Zeilenschaltungen entfernt.

Da nicht jede Datei ganzzahlig in Drei-Byte-Blöcke aufgeteilt werden kann, ist eine Sonderbehandlung für den Fall nötig, daß ein oder zwei Zeichen übrigbleiben. In diesem Fall gibt das Programm das (ansonsten nicht vorkommende) Zeichen '|' ein- oder zweimal am Ende der Datei aus.

Ein Großteil der Implementierungsarbeit liegt in der Funktion *GetSixBit* zur Extraktion eines der vier 6-Bit-Zeichen aus einem Array von drei 8-Bit-Zeichen. Hier muß sehr stark mit den aus Kapitel 2 bekannten bitweisen Operatoren gearbeitet werden. Die alternative Verwendung einer Union, in der sich das drei Zeichen lange 8-Bit-Array und ein 4*6-Bitfeld überlagern, scheidet wegen der damit verbundenen Portierbarkeitsprobleme aus. Die Funktion *WriteC6Block* hat die Aufgabe, das Array *cblock*, in dem *pos* gültige Zeichen sind, 6-Bit-weise auszugeben.

```
/* lsg0806.c */

#include <stdio.h>

int GetSixBit(unsigned char *cblock, int pos)
{
  switch (pos) {
  case 0: return cblock[0] >> 2;
  case 1: return (cblock[1] >> 4) | ((cblock[0]&3) << 4);
  case 2: return (cblock[2] >> 6) | ((cblock[1]&15) << 2);
  case 3: return cblock[2] & 63;
  }
  return 0;
}

void WriteC6Block(unsigned char *cblock, int cnt)
{
  if (cnt == 3) {
    putchar(' ' + GetSixBit(cblock, 0));
    putchar(' ' + GetSixBit(cblock, 1));
    putchar(' ' + GetSixBit(cblock, 2));
    putchar(' ' + GetSixBit(cblock, 3));
  } else if (cnt == 2) {
    cblock[2] = 0;
    putchar(' ' + GetSixBit(cblock, 0));
    putchar(' ' + GetSixBit(cblock, 1));
    putchar(' ' + GetSixBit(cblock, 2));
    putchar('|');
  } else if (cnt == 1) {
    cblock[1] = 0;
    cblock[2] = 0;
    putchar(' ' + GetSixBit(cblock, 0));
    putchar(' ' + GetSixBit(cblock, 1));
    putchar('|');
    putchar('|');
  }
}

void main(void)
{
  int c, pos = 0, blockcnt = 0;
```

```
  unsigned char cblock[3];

  while ((c = getchar()) != EOF) {
    cblock[pos] = c;
    if (pos == 2) {
      WriteC6Block(cblock,3);
      if (++blockcnt % 15 == 0) {
        putchar('\n');
      }
    }
    pos = (pos + 1) % 3;
  }
  WriteC6Block(cblock,pos);
}
```

Übrigens gibt es auf UNIX-Anlagen ein ähnliches, aber etwas ausgefeilteres Programm mit dem Namen *uuencode*. Es dient demselben Zweck wie das hier vorgestellte.

**Aufgabe 7**

Nach den Überlegungen bei der vorigen Aufgabe ist die Implementierung dieses Programms prinzipiell klar. Das Programm liest in einer Schleife jeweils vier Bytes ein, zieht die zuvor addierte Konstante 32 ab und schreibt die so entstandenen vier 6-Bit-Werte gepackt in ein drei Byte großes Array. Eventuell auftretende Zeilenschaltungen in der Eingabe werden überlesen.

Auch hier steckt die Hauptarbeit in der Funktion *SetSixBit*, die das Zeichen *c* an der Position *pos* in das drei Byte große Array *cblock* packt. Aufgrund der unterschiedlichen Wortgrenzen von 6- und 8-Bit-Zeichen ist auch hier der extreme Einsatz von bitweisen Operatoren vonnöten. Die Routine *WriteC8Block* zum Schreiben des Arrays ist hingegen trivial, da die Zeichen ja bereits in 8-Bit-Form vorliegen.

```
/* lsg0807.c */

#include <stdio.h>

void SetSixBit(unsigned char *cblock, int pos, int c)
{
  switch (pos) {
  case 0:
    cblock[0] = (cblock[0]&3) | (c<<2);
    break;
  case 1:
```

```
    cblock[0] = (cblock[0] & ~3) | (c>>4);
    cblock[1] = (cblock[1] & 15) | ((c&15)<<4);
    break;
  case 2:
    cblock[1] = (cblock[1] & ~15) | (c>>2);
    cblock[2] = (cblock[2] & 63) | ((c&3)<<6);
    break;
  case 3:
    cblock[2] = (cblock[2] & ~63) | (c&63);
    break;
  }
}

void WriteC8Block(unsigned char *cblock, int cnt)
{
  int i;

  for (i = 0; i < cnt; ++i) {
    putchar(cblock[i]);
  }
}

void main(void)
{
  int c, pos = 0;
  unsigned char cblock[3];

  cblock[0] = cblock[1] = cblock[2] = 0;
  while ((c = getchar()) != EOF && c != '|') {
    if (c == '\n') {
      continue;
    }
    SetSixBit(cblock, pos, c-' ');
    if (pos == 3) {
      WriteC8Block(cblock, 3);
      cblock[0] = cblock[1] = cblock[2] = 0;
    }
    pos = (pos + 1) % 4;
  }
  WriteC8Block(cblock,pos-1);
}
```

Auch zu diesem Programm gibt es unter UNIX ein Pendant, nämlich *uudecode*.

GoTo

# Datei-I/O

# 9

## Kapitelüberblick

## 9.1 Standarddatei-I/O

Das vorige Kapitel hat mit seiner Beschreibung der Bildschirmein-/-ausgabe viele Details vorweggenommen, die auch bei der Behandlung von Dateioperationen eine Rolle spielen. Da C und UNIX historisch gesehen sehr eng zusammengehören, zeigen sich hier die Vorteile des allumfassenden Dateikonzepts von UNIX. Dabei wird praktisch jedes Gerät, egal ob Terminal, Drucker, Festplatte oder Hauptspeicher letztendlich als Datei betrachtet.

Resultat dieser Sichtweise ist eine starke Konsistenz zwischen Funktionen zur Bildschirmein-/-ausgabe und Funktionen zur Dateiein-/-ausgabe. Beide sind – zumindest auf der Ebene von Textdateien – nahezu gleich und haben bis auf einen Parameter genau die gleiche Aufrufsyntax und -semantik. Das im vorigen Kapitel erworbene Wissen über die Funktionen *getchar*, *putchar*, *printf* und *scanf* können Sie daher nahezu uneingeschränkt weiterverwenden.

Da die textorientierte Betrachtungsweise für manche Anwendungen jedoch nicht ausreichend ist, bietet C noch zwei weitere Klassen von Dateifunktionen, die in diesem Kapitel in den Abschnitten *Binär-Datei-I/O* und *Low-Level-Datei-I/O* behandelt werden. Insgesamt liefern die Dateifunktionen von C ein mächtiges und umfassendes Instrumentarium zur Lösung nahezu aller praktischen Anwendungsfälle.

**Zugriff auf Dateien**

Wie in fast allen anderen Programmiersprachen besteht auch in C der Zugriff auf Dateien aus drei aufeinanderfolgenden Phasen:

1. Öffnen bzw. Anlegen der Datei
2. Zugriff auf die Datei
3. Schließen der Datei

Das Öffnen der Datei dient dazu, eine temporäre Verbindung zwischen der externen Datei, von der zunächst nur der Name bekannt ist, und dem laufenden Programm herzustellen. Die Funktionen zum Zugriff auf die geöffnete Datei entsprechen grundsätzlich den im vorigen Abschnitt gezeigten bildschirmorientierten Ein- und Ausgabefunktionen. Sie besitzen allerdings jeweils einen zusätzlichen Parameter, in dem die zu bearbeitende Datei angegeben wird. Das Schließen der Datei dient dazu, das Ende der Bearbeitung anzuzeigen und die Datei in einen definierten Endzustand zu versetzen.

### 9.1.1 Das C-Dateikonzept

Das Bearbeiten von Dateien in C erfolgt prinzipiell immer *zeichenorientiert*. Für ein C-Programm ist eine Datei zunächst eine beliebig lange unstrukturierte Folge von Einzelzeichen. Für die Dateifunktionen in einem

C-Programm spielt es keine Rolle, ob sie auf einer Textdatei, einer Datenbank oder einem ausführbaren Programm arbeiten. Letztlich handelt es sich bei jedem dieser Dateitypen um eine Folge von Einzelzeichen, die erst durch die Verarbeitung mit dem Programm eine tiefere Bedeutung und Struktur bekommen.

Obwohl wir diese Allgemeingültigkeit beim Arbeiten mit Dateien nicht aus den Augen verlieren sollten, gibt es in C aus Gründen der Bequemlichkeit und Effizienz viele Funktionen, die einer Datei bestimmte strukturelle Eigenschaften unterstellen. So wissen die C-Dateibearbeitungsfunktionen auf Wunsch durchaus zwischen Text- und Binärdateien zu unterscheiden oder erlauben das Lesen oder Schreiben von kompletten Sätzen einer vorgegebenen Struktur. Letztendlich dienen diese Vereinfachungen aber nur der Bequemlichkeit. Alle Ein-/Ausgabefunktionen auf den unteren Ebenen greifen über eine einheitliche zeichenorientierte Schnittstelle auf die Dateien zu.

### 9.1.2 Öffnen einer Datei

```
#include <stdio.h>

FILE *fopen(const char *fname, const char *mode);
```

Mit der Funktion *fopen* öffnet man eine Datei, um sie dann bearbeiten zu können. Wichtigster Parameter von *fopen* ist *fname*, eine Zeichenkette, die den Namen der zu öffnenden Datei angibt. Der Parameter *mode* – ebenfalls eine Zeichenkette – macht Angaben darüber, welche Operationen auf der geöffneten Datei erlaubt sind. Der Rückgabewert von *fopen* ist vom Typ *FILE**, also ein Zeiger auf den Datentyp *FILE*.

Dieser beim Öffnen einer Datei zurückgegebene Zeiger spielt eine wichtige Rolle bei allen nachfolgenden Zugriffen auf die Datei. Er zeigt bei jedem Lese-, Schreib- oder sonstigen Zugriff an, *welche* Datei gerade bearbeitet werden soll. Der Grund für die Verwendung eines solchen internen Bezeichners liegt darin, daß ein Programm natürlich durchaus mehr als eine Datei zur selben Zeit öffnen kann und damit die Aufgabe hat, diese Dateien voneinander unterscheiden zu müssen. Der von *fopen* zurückgegeben *FILE** dient damit gewissermaßen als *interner Name* einer geöffneten Datei, den sie während der kompletten Bearbeitungsdauer behält.

#### R 48 Streamorientierte Dateizugriffe

Es hat sich allgemein eingebürgert, Variablen vom Typ FILE* als *Stream* und die in diesem Abschnitt besprochenen Funktionen als *streamorientierte* Dateifunktionen zu bezeichnen. R48

Wir wollen uns ein erstes Beispiel ansehen:

```
/* bsp0901.c */

#include <stdio.h>

void main(void)
{
  FILE *f1;

  f1 = fopen("test.txt", "r");
  if (f1 == NULL) {
    printf("Kann test.txt nicht öffnen\n");
  }
}
```

Zunächst wird in diesem Programm eine Variable *f1* vom Typ *FILE** definiert. Sie bekommt den Rückgabewert von *fopen* zugewiesen und dient dazu, bei späteren Zugriffen die gewünschte Datei zu identifizieren. Da der erste Parameter von *fopen "test.txt"* lautet, soll die Datei *»test.txt«* im aktuellen Verzeichnis geöffnet und für die weitere Bearbeitung zugänglich gemacht werden.

Eine wichtige Rolle spielt an dieser Stelle auch die vordefinierte Konstante *NULL*, die von *fopen* immer dann zurückgegeben wird, wenn die gewünschte Datei nicht geöffnet werden kann. Es gibt verschiedene Ursachen dafür, daß sich eine Datei nicht öffnen läßt; wir werden darauf bei der Besprechung des *mode*-Parameters genauer eingehen.

Es ist erlaubt, mehr als eine Datei gleichzeitig zu öffnen. Dazu ist für jede Datei eine *FILE**-Variable anzulegen und eine *fopen*-Anweisung abzusetzen. Die einzelnen Dateien können dann anhand der *FILE**-Variable unterschieden werden. Auf jedem Betriebssystem gibt es ein bestimmtes Limit bezüglich der maximal erlaubten Anzahl gleichzeitig offener Dateien. Unter MSDOS liegt dieses Limit standardmäßig bei 8 Dateien, kann aber durch einen Eintrag *FILES=n* in der Sytemdatei CONFIG.SYS auf *n* Dateien vergrößert werden. Unter UNIX ist der Wert systemabhängig, liegt aber im allgemeinen höher. Falls ein Programm versucht, mehr als die erlaubte Anzahl an Dateien zu öffnen, wird *fopen* beim Überschreiten der Grenze *NULL* zurückgeben und dadurch signalisieren, daß die gewünschte Datei nicht geöffnet werden konnte.

#### Dateinamen

Der Parameter *fname* darf jeden zulässigen Pfadnamen enthalten. Es ist also erlaubt, neben reinen Dateinamen auch Unterverzeichnis- oder Laufwerksbestandteile voranzustellen und so relative oder absolute Pfadnamen zu konstruieren. Hier zeigt sich allerdings ein potentielles Portierbarkeitsproblem, denn die Namenskonventionen für Pfadangaben unterscheiden sich zwischen unterschiedlichen Betriebssystemen teilweise ganz erheblich. Folgender Vergleich zwischen UNIX und MS-DOS mag einen Eindruck von den Problemen vermitteln:

| Eigenschaft | UNIX | MSDOS |
|---|---|---|
| In Dateinamen erlaubte Zeichen | Alle Zeichen | Buchstaben, Zahlen und einige Sonderzeichen |
| Länge von Dateinamen | <=14 | max. 8 (plus 3 für die Namenserweiterung) |
| Unterscheidung zwischen Groß- und Kleinschrift | Ja | Nur Großschrift |
| Pfadbezeichnungen | Trennzeichen ist / | Trennzeichen ist \ |
| Laufwerksbezeichnungen | Gibt es nicht | a:, b:, etc... |

Tabelle 9.1: Dateinamen unter MSDOS und UNIX

Beispiele zulässiger Dateinamen sind etwa:

```
c:\autoexec.bat
.\hallo.c
auto.pcx
myfile
/dev/rfd0135ds18
/usr/lib/Alib.a.Z.crc
```

Obwohl diese Probleme grundsätzlich sehr einfacher Natur sind, können sie bei der Portierung dateiorientierter Programme sehr hohen Arbeitsaufwand verursachen. Ein einfaches Gegenmittel gibt es leider nicht. Mittlerweile haben sich die Konventionen allerdings etwas angeglichen. So dürfen unter Windows 95 und auf neueren UNIX-Systemen die Dateinamen fast beliebig lang werden und auch Leer- und bestimmte Sonderzeichen enthalten.

### Bearbeitungsmodi

#### R 49 Die Parameter von fopen

R49

Der Parameter *mode* der Funktion *fopen* ist ebenfalls eine Zeichenkette. Er bestimmt die Art, wie *fopen* die Datei öffnet, und welche Art von Zugriff nach dem Öffnen erlaubt ist. Im Prinzip besteht der String *mode* aus einem Buchstaben, dem möglicherweise ein »+« und eventuell noch ein weiterer Buchstabe folgt. Tabelle 9.2 listet die unterschiedlichen Varianten des ersten Buchstabens auf:

| Modus | Bedeutung |
|---|---|
| r | Öffnen der Datei zum Lesen. *fopen* gibt NULL zurück, wenn die Datei nicht existiert oder der aktuelle User keine Leseberechtigung hat. |
| w | Anlegen einer Datei zum Schreiben. *fopen* gibt NULL zurück, wenn eine bestehende Datei nicht geändert werden kann oder keine Schreibberechtigung für den derzeitigen User besteht. Unter MS-DOS kann die Datei nicht geöffnet werden, wenn ihr *Readonly*-Attribut gesetzt ist. |
| a | Öffnen der Datei zum Schreiben am Ende der Datei bzw. automatisches Anlegen der Datei, wenn sie noch nicht vorhanden ist. *fopen* gibt NULL zurück, wenn die vorhandene Datei nicht beschrieben werden darf bzw. wenn die noch nicht vorhandene Datei aufgrund mangelnder Rechte des Benutzers nicht angelegt werden darf. |
| r+ | Öffnen einer existierenden Datei zum Verändern, d.h. zum Lesen und Schreiben. *fopen* gibt NULL zurück, wenn die Datei nicht existiert oder wenn der aktuelle Benutzer keine Lese- und Schreibrechte hat. |
| w+ | Anlegen einer neuen Datei zum Verändern. Existiert eine Datei gleicher Bezeichnung bereits, so wird sie zuvor gelöscht. *fopen* gibt NULL zurück, wenn die vorhandene Datei nicht beschrieben werden darf bzw. wenn die noch nicht vorhandene Datei aufgrund mangelnder Rechte des Benutzers in diesem Verzeichnis nicht angelegt werden darf. |
| a+ | Öffnen der Datei zum Lesen oder Schreiben am Ende der Datei bzw. automatisches Anlegen der Datei, wenn sie noch nicht vorhanden ist. *fopen* gibt NULL zurück, wenn die vorhandene Datei nicht gelesen und beschrieben werden darf bzw. wenn die noch nicht vorhandene Datei aufgrund mangelnder Rechte des Benutzers in diesem Verzeichnis nicht angelegt werden darf. |

**Tabelle 9.2: Bearbeitungsmodi**

Zusätzlich zu diesen Zugriffsrechten kann die Zeichenkette *mode* noch einen weiteren Buchstaben enthalten, der angibt, ob beim Bearbeiten der Datei zwischen Text- und Binärdatei unterschieden werden soll.

| Modus | Bedeutung |
|---|---|
| b | Die Datei wird im Binärmodus geöffnet. Darin werden keine impliziten Konvertierungen an eingelesenen oder ausgegebenen Zeichen vorgenommen. Jedes gelesene Zeichen wird an das Programm genauso weitergegeben, wie es in der Datei steht, und jedes geschriebene Zeichen wird genauso in die Datei geschrieben, wie es das Programm an die Schreibfunktion übergeben hat. |
| t | Die Datei wird im Textmodus geöffnet und sollte daher nur lesbare Textzeichen enthalten. Bei den MS-DOS-C-Compilern werden bei der Bearbeitung von Dateien, die im Textmodus geöffnet sind, einige automatische Konvertierungen vorgenommen (s.u.) |

**Tabelle 9.3: Binär- und Textmodus**

R50

### R 50 Text- und Binärdateien

Um den Unterschied zwischen beiden Dateitypen zu verstehen, muß man sich ihre jeweilige Anwendung klarmachen. Textdateien dienen dazu, Inhalte in einer für den Menschen lesbaren Form zu speichern. Es soll also insbesondere möglich sein, eine Textdatei mit einem normalen Editor anzusehen oder zu bearbeiten. Aus diesem Grund bestehen Textdateien nur aus sichtbaren ASCII-Zeichen und wenigen Steuercodes, wie z.B. Zeilenschaltungen oder Tabulatoren.

Für das Bearbeiten solch reiner Textdateien ist der Modus *t* vorgesehen. Da unter MS-DOS ein Zeilenende durch die Zeichensequenz \r\n angezeigt, unter UNIX aber ein einzelnes \n verwendet wird, führen die MS-DOS-C-Compiler im Textmodus folgende Konvertierungen automatisch durch:

1. Beim Schreiben in eine Textdatei wird ein \n automatisch in \r\n konvertiert.
2. Beim Lesen einer Textdatei wird ein \r\n automatisch auf ein \n reduziert.
3. Beim Lesen einer Textdatei wird ein \0x1A (CTRL-Z) als Dateiendezeichen interpretiert und EOF zurückgegeben.

Diese Konvertierung hat den großen Vorteil, daß beim Bearbeiten von Textdateien innerhalb des Programmes die Zeilenschaltung immer durch ein *einzelnes* Zeichen, nämlich \n, repräsentiert wird. Dies macht nicht nur die Programmierung einfacher, sondern erhöht auch die Portabilität zwischen UNIX und MS-DOS.

Bei der Bearbeitung *binärer* Dateien wird diese Konvertierung nicht vorgenommen. Wenn Sie ganz sichergehen wollen, daß die Daten in Ihrem Programm exakt mit denen in der zu verarbeitenden Datei übereinstimmen, müssen Sie die Datei durch Anhängen des *b*-Schalters als Binärdatei öffnen. Falls im *mode*-Parameter weder der *b*- noch der *t*-Schalter angegeben wird, verwendet der Compiler eine systemabhängige Voreinstellung.

Abbildung 9.1 zeigt die Unterschiede zwischen den beiden Dateitypen am Beispiel einer Textdatei, die mit Hilfe der Funktion *getchar* nacheinander im Text- und im Binärmodus gelesen wird. Die Textdatei besteht aus den beiden Zeilen »Z1« und »Z2«, die durch eine CRLF-Zeilenschaltung getrennt sind, und besitzt am Ende das Dateiendezeichen CTRL-Z.

Nachdem eine Datei erfolgreich geöffnet wurde, kann sie gemäß ihrem *mode*-Parameter bearbeitet werden. Dazu dienen ähnliche Funktionen, wie wir sie mit *putchar* und *getchar* auch schon bei den bildschirmorientierten I/O-Funktionen kennengelernt haben. Der wesentliche Unterschied zu den bisher kennengelernten Funktionen besteht darin, daß jeweils der Dateizeiger an die dateiorientierten Funktionen als zusätzlicher Parameter übergeben wird.

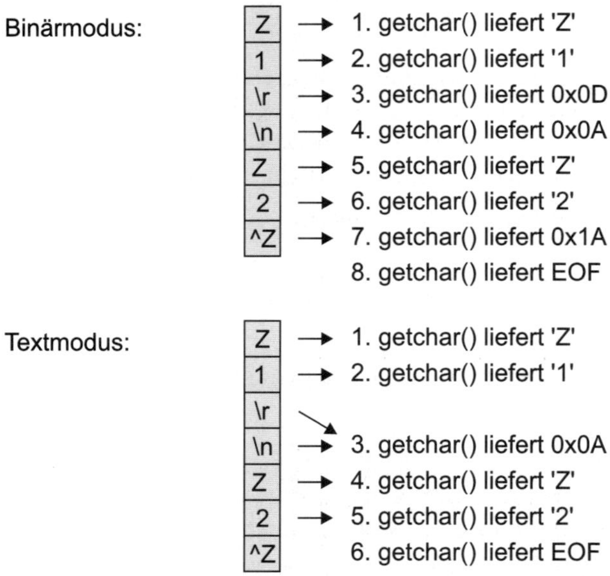


**Abbildung 9.1: Lesen einer Datei im Text- und Binärmodus**

### 9.1.3 putc

```
#include <stdio.h>

int putc(char c, FILE *f);
```

Diese Funktion ist das Gegenstück zu *putchar* und hat die Aufgabe, ein einzelnes Zeichen *c* in die Datei *f* zu schreiben. Da nach jedem Aufruf von *putc* der (unsichtbare) Satzzeiger eine Stelle weiterbewegt wird, können durch mehrfache Aufrufe von *putc* fortlaufend weitere Zeichen in die Datei eingefügt werden.

Beachten Sie, daß alle in diesem Abschnitt erwähnten Funktionen ihre Ein- bzw. Ausgabe *puffern*. Für *putc* bedeutet dies beispielsweise, daß nicht bei jedem Aufruf tatsächlich auch ein Zeichen auf die Festplatte geschrieben wird, sondern erst dann, wenn der interne Puffer vollgeschrieben ist.

Dieses Verhalten erinnert an die Pufferung der Ausgabe bei den bildschirmorientierten Ausgabefunktionen. Auch dort wurde eine Zeile erst nach einer Zeilenschaltung ausgegeben oder wenn der Puffer voll war (oder unbemerkt beim Aufruf einer Eingabefunktion). Der Grund für die Pufferung ist derselbe wie bei *putchar* und *printf*, nämlich die Erhöhung der Performance. Eine der Übungsaufgaben dieses Kapitels wird sich damit beschäftigen, herauszufinden, wie sehr sich das Laufzeitverhalten zweier Programme unterscheidet, wenn sie mit gepufferter bzw. ungepufferter Ausgabe arbeiten.

Eine alternative Möglichkeit, den Ausgabepuffer einer Datei zu leeren, wird noch erklärt und besteht darin, die Funktion *fflush* aufzurufen. Auch das Beenden des Programmes führt automatisch dazu, daß die Puffer aller offenen Dateien geleert werden.

Ein Beispiel zur Verwendung der Funktion *putc* finden Sie bei der folgenden Beschreibung von *getc*.

### 9.1.4 getc

```
#include <stdio.h>

int getc(FILE *f);
```

Diese Funktion ist das dateiorientierte Gegenstück zu *getchar* und hat die Aufgabe, ein einzelnes Zeichen aus der Datei *f* zu lesen. Da nach jedem Aufruf von *getc* der Satzzeiger eine Stelle weiterbewegt wird, bedeuten mehrfache Aufrufe von *getc* ein sukzessives Lesen von Zeichen aus der Datei. Falls das Dateiende erreicht wurde oder ein Fehler aufgetreten ist, liefert die Funktion die Konstante EOF zurück. Alle weiteren Versuche, mit *getc* Zeichen aus der Datei zu lesen, liefern dann ebenfalls EOF.

Es soll ein Programm geschrieben werden, das Dateien kopieren kann. Es soll die Namen von Quell- und Zieldatei interaktiv beim Benutzer erfragen, herausfinden, ob die Quelldatei existiert und ihren Inhalt gegebenenfalls in die Zieldatei kopieren.

```
/* bsp0902.c */

#include <stdio.h>

void main(void)
{
  FILE *quelle, *ziel;
  char name[100];
  char c;

  printf("Name der Quelldatei: ");
  scanf("%99s", name);
  if ((quelle = fopen(name,"rb")) == NULL) {
    printf("Kann Datei %s nicht öffnen\n", name);
  } else {
    printf("Name der Zieldatei: ");
    scanf("%99s", name);
```

```
    if ((ziel = fopen(name,"w+b")) == NULL) {
      printf("Kann Datei %s nicht öffnen\n", name);
    } else {
      while ((c = getc(quelle)) != EOF) {
        putc(c, ziel);
      }
    }
  }
}
```

Das Programm definiert zwei *FILE**-Variablen, um die Quell- und Zieldatei gleichzeitig zu öffnen. Das Öffnen der Quelldatei erfolgt im Modus *rb*, da die Datei nur gelesen werden soll und alle Zeichen transparent zu übertragen sind. Konnte die Quelldatei geöffnet werden, wird die Zieldatei im Modus *w+b* geöffnet, d.h. sie wird neu angelegt und zum Schreiben im Binärmodus vorbereitet. Das eigentliche Kopieren erfolgt nach diesen Vorbereitungen in einer simplen Schleife, in der so lange Zeichen aus der Quelldatei gelesen und in die Zieldatei geschrieben werden, bis *getc* durch Rückgabe von EOF das Ende der Quelldatei anzeigt. Danach wird das Programm beendet.

Eigentlich ist das Programm noch nicht ganz vollständig, denn es fehlen die Funktionsaufrufe zum Schließen der Dateien, wenn alle Zeichen kopiert wurden. Trotzdem arbeitet es korrekt, denn beim ordnungsgemäßen Beenden eines C-Programmes werden alle noch offenen Dateien geschlossen. Da aber immer nur eine begrenzte Anzahl an Dateien gleichzeitig offen sein kann, sollten möglichst nicht alle Dateien unbegrenzt offen gehalten werden.

Ein weiteres Problem bei der Programmierung unter MS-DOS ist die Tatsache, daß Verzeichniseinträge nur aktualisiert werden, wenn man die zugehörigen Dateien schließt. Zwar kann man beliebig viele Zeichen in eine Datei schreiben, ohne sie zwischendurch schließen zu müssen; kommt es jedoch nach einer Änderung zu einem Absturz oder wird das Programm abgebrochen, so sind Verzeichniseinträge und tatsächliche Dateistrukturen inkonsistent. Dadurch können unter Umständen Daten verlorengehen oder verfälscht werden.

### 9.1.5 Schließen einer Datei

```
#include <stdio.h>

int fclose(FILE *f);
```

Die Funktion *fclose* dient dazu, eine geöffnete Datei zu schließen. Durch das Schließen wird der Inhalt der Dateipuffer auf das Speichermedium geschrieben und der Verzeichniseintrag der Datei aktualisiert. Nach dem Schließen der Datei kann die Variable *f* zum Öffnen einer anderen Datei verwendet werden.

Nach erfolgreichem Schließen gibt *fclose* den Wert 0, beim Auftreten eines Fehlers die Konstante EOF zurück. Als Fehler kann dabei im wesentlichen nur der Fall eintreten, daß die zu schließende Datei *f* gar nicht geöffnet war.

### 9.1.6 fprintf und fscanf

Die Funktionen *printf* und *scanf* – zur formatierten Ein- und Ausgabe auf dem Bildschirm – stehen unter dem Namen *fprintf* und *fscanf* auch zum Bearbeiten von Dateien zur Verfügung. Sie unterscheiden sich von den bisher bekannten Funktionen durch den zusätzlichen *FILE**-Parameter an erster Stelle der Parameterliste.

Da die Arbeitsweise der Funktionen schon genau erklärt wurde, wollen wir uns an dieser Stelle mit der Syntaxbeschreibung und einem Beispiel begnügen.

```
#include <stdio.h>

int fprintf(FILE *f1, const char *format,...);

int fscanf(FILE *f1, const char *format,...);
```

Wir wollen ein Programm schreiben, das zu jeder Zeile einer beliebigen Textdatei die Anzahl der Zeichen in der Zeile zählt und das Resultat als Dezimalzahl in die korrespondierende Zeile einer Ausgabedatei *cnt.txt* schreibt.

```
/* bsp0903.c */

#include <stdio.h>

void main(void)
{
  FILE *f1, *f2;
  char name[100];
  int c;
  int i;

  printf("Name der Quelldatei: ");
  scanf("%99s", name);
  if ((f1 = fopen(name, "r")) == NULL) {
    printf("Kann Datei %s nicht öffnen\n", name);
```

```
  } else {
    if ((f2 = fopen("cnt.txt", "w+")) == NULL) {
      printf("Kann Datei cnt.txt nicht öffnen\n");
    } else {
      do {
        i = 0;
        while ((c=getc(f1)) != EOF && c != '\n') {
          i++;
        }
        fprintf(f2, "%i\n", i);
      } while (c != EOF);
      fclose(f2);
    }
    fclose(f1);
  }
}
```

Wesentlich für die Funktion des Programmes ist die *do*-Schleife am Ende. In ihr wird jeweils eine komplette Zeile aus der Eingabedatei eingelesen und gleichzeitig die Anzahl der Zeichen in der Zeile gezählt. Nach dem Zeilenende wird mit der Funktion *fprintf* die Anzahl der Zeichen und zusätzlich eine Zeilenschaltung in die Ausgabedatei geschrieben. Falls das Ende der Eingabedatei erkannt wurde, wird die Schleife verlassen, beide Dateien durch Aufruf von *fclose* geschlossen und das Programm beendet.

### 9.1.7 Die Standarddateien

Wir haben schon mehrfach erwähnt, daß Bildschirm-I/O sich *prinzipiell* nicht von Datei-I/O unterscheidet. In der Tat ist es auch mit den dateiorientierten I/O-Funktionen möglich, auf den Bildschirm auszugeben bzw. von der Tastatur zu lesen. Dazu gibt es in jedem C-Programm drei vordefinierte Dateibezeichner mit den Namen *stdin*, *stdout* und *stderr*. Sie haben folgende Bedeutung:

| Bezeichner | Bedeutung |
|---|---|
| *stdin* | Standardeingabekanal |
| *stdout* | Standardausgabekanal |
| stderr | Standardfehlerkanal |

**Tabelle 9.4: Standarddateien**

Diese Dateien werden beim Starten des Programmes automatisch vom Laufzeitsystem erzeugt und brauchen weder explizit geöffnet noch geschlossen zu werden. Tatsächlich sind die Aufrufe *printf(s,...)* und *fprintf(stdout, s, ...)* gleichbedeutend; ebenso wie *scanf(s, ...)* und *fscanf(stdin, s, ...), putchar(c)* und *putc(c, stdout)* oder *getchar()* und *getc(stdin)*. In manchen Libraries sind die Funktionen *printf* und *scanf* sogar genau auf diese Weise implementiert. Während man diese alternative Möglichkeit, bildschirmorientierte Ein-/Ausgabe zu betreiben, wegen der umständlicheren Syntax vermutlich nicht verwenden wird, eröffnet sich im Zusammenhang mit der Datei *stderr* eine interessante Perspektive.

#### Fehlerausgaben

Angenommen, Sie wollen ein Filterprogramm schreiben, das alle über die Standardeingabe eingelesenen Zeichen überprüft, konvertiert und auf der Standardausgabe wieder ausgibt. Da die Standardausgabe des Programmes normalerweise umgeleitet ist, ist es nicht möglich, im Fehlerfall mit *printf* Diagnoseausgaben auf den Bildschirm zu schreiben. Diese würden zusammen mit der normalen Ausgabe umgeleitet werden, wären damit für den Bediener des Programmes unsichtbar und würden fälschlicherweise in der Ausgabedatei landen.

Aus diesem Grund gibt es die Datei *stderr*, die nach dem Starten des Programmes geöffnet wird und zunächst mit *stdout* identisch ist. Alle Ausgaben auf *stderr* erscheinen also auf dem Bildschirm. Interessant wird es, wenn die Standardausgabe umgeleitet wird. *stderr* bleibt davon unberührt und sendet seine Ausgaben weiterhin an den Bildschirm. Angewendet auf unser Filterprogramm gibt es nun doch eine Möglichkeit, Ausgaben bei umgeleiteter Standardausgabe auf den Bildschirm zu schreiben.

Das folgende Programm liest als typischer Filter seine Eingabedatei bis zum Dateiende und führt mit jedem Zeichen eine bestimmte Aktion durch. Taucht in der Eingabe ein Fehler auf, so schreibt das Programm mit *fprintf(stderr, "...");* eine Fehlermeldung auf den Bildschirm, unabhängig davon, ob die Standardausgabe umgeleitet ist. Das am Ende der Schleife befindliche *putchar(c);* schreibt die verarbeiteten Daten jedoch wie vorgesehen in die umgeleitete Ausgabedatei.

```
/* bsp0904.c */

#include <stdio.h>

void main(void)
{
  int c;

  while ((c = getchar()) != EOF) {
    ...
    if (Fehler) {
```

```
            fprintf(stderr, "Fehler xyz aufgetreten\n");
            break;
        }
        ...
        putchar(c);
        ...
    }
}
```

Wollen Sie dagegen auch die Standardfehlerausgaben nicht sehen, so können Sie unter UNIX auch diesen Kanal umleiten, indem Sie das Größer-Zeichen zur Ausgabeumleitung mit einer vorangestellten 2 verwenden, also z.B.:

```
cat Eingabedatei | filter >Ausgabedatei 2>Fehlerdatei
```

Unter MS-DOS ist es leider nicht möglich, Ausgaben auf *stderr* in eine Datei umzuleiten.

Obwohl etwas mehr Schreibarbeit erforderlich ist, hat es sich aufgrund dieser Vorteile allgemein eingebürgert, in C-Programmen alle Fehlermeldungen und Warnungen über den Stream *stderr* auszugeben.

## 9.2 Zusätzliche Funktionen zum Datei-I/O

Neben den bisher erklärten Funktionen zum Öffnen, Lesen, Schreiben und Schließen von Dateien gibt es einige zusätzliche Funktionen, die in Zusammenhang mit Dateioperationen nützlich sind. Die Liste der in diesem Abschnitt erklärten Funktionen ist zwar nicht vollständig, sie behandelt aber die wichtigsten Bereiche und kann durch das Studium der Library-Referenzen des verwendeten C-Compilers erweitert werden.

### 9.2.1 fflush

```
#include <stdio.h>

int fflush(FILE *f);
```

Die der Datei *f* zugeordneten Puffer werden geleert. Falls die Datei zum Schreiben geöffnet ist, werden die noch im Puffer befindlichen Zeichen physikalisch in die Datei geschrieben. War die Datei zum Lesen geöffnet, werden die noch ungelesenen Zeichen im Eingabepuffer gelöscht. Der Rückgabewert von *fflush* ist 0 bei Erfolg, andernfalls EOF.

### 9.2.2 rewind

```
#include <stdio.h>

void rewind(FILE *f);
```

Der Dateizeiger wird an den Anfang der Datei gesetzt. Bei der nächsten Schreib- oder Leseoperation wird wieder mit dem ersten Zeichen in der Datei *f* begonnen.

### 9.2.3 fseek

#### R 51 Die Parameter von fseek

R51

```
#include <stdio.h>

int fseek(FILE *f, long offset, int origin);
```

Die Funktion *fseek* dient dazu, den Satzzeiger der Datei *f* beliebig zu positionieren. Die Positionsangabe ergibt sich aus den Parametern *offset* und *origin*. Während *origin* angibt, welche von drei markanten Positionen in der Datei Bezugspunkt für die Positionierung sein soll, bezeichnet *offset* die Entfernung von diesem Bezugspunkt. Als zulässige Werte für *origin* sind drei symbolische Konstanten definiert:

| Symbol | Numerischer Wert | Offsetberechnung ab |
|---|---|---|
| SEEK_SET | 0 | Anfang der Datei |
| SEEK_CUR | 1 | aktuelle Position des Satzzeigers |
| SEEK_END | 2 | Ende der Datei |

**Tabelle 9.5: Der Parameter *origin* in *fseek***

Der Parameter *offset* kann auch negative Werte annehmen. In diesem Fall berechnet sich der tatsächliche Offset, indem der Zeiger von der durch *origin* bezeichneten Stelle um *offset* Zeichen zurückgesetzt wird. Falls die Positionierung erfolgreich war, gibt *fseek* 0 zurück, andernfalls einen Wert ungleich 0.

```
/* bsp0905.c */

#include <stdio.h>

void main(void)
{
  FILE *f1;
```

```
  if ((f1 = fopen("test.txt", "r+")) != NULL) {
    /*
     ..Datei-Operationen
    */
    fseek(f1,    0L, SEEK_END);
    fseek(f1, -200L, SEEK_CUR);
    fseek(f1,    0L, SEEK_SET);
    fclose(f1);
  }
}
```

Das Programm springt nach dem Öffnen der Datei zunächst an ihr Ende, positioniert dann den Satzzeiger 200 Zeichen weiter in Richtung Dateianfang und setzt ihn schließlich an den Anfang der Datei.

Beachten Sie bitte, daß es unter MS-DOS Probleme geben kann, wenn die Funktion *fseek* auf Dateien angewendet wird, die im Textmodus geöffnet wurden. Der Grund dafür sind die impliziten Konvertierungen, die in diesem Modus ausgeführt werden, und den damit verbundenen Problemen beim Zählen der Zeichen in der Datei. In der Regel kann *fseek* bei Textdateien nur angewendet werden, wenn einer der beiden folgenden Fälle zutrifft:

1. *origin* ist SEEK_SET und *offset* ist ein von *ftell* gelieferter Wert.
2. *origin* ist ein beliebiger der drei Werte, aber *offset* ist 0.

### 9.2.4 ftell

```
#include <stdio.h>

long ftell(FILE *f);
```

Mit dieser Funktion kann die aktuelle Position des Satzzeigers in der Datei *f* ermittelt werden. Der Rückgabewert enthält den Offset des Satzzeigers, gezählt vom Beginn der Datei. Falls bei der Ausführung der Funktion ein Fehler aufgetreten ist, gibt *ftell* den Wert -1L zurück.

```
/* bsp0906.c */

#include <stdio.h>

void main(void)
{
  FILE *f1;

  if ((f1 = fopen("test.txt", "rb")) != NULL) {
```

```
    fseek(f1, 0L, SEEK_END);
    printf("Dateilänge: %ld\n", ftell(f1));
    fclose(f1);
  }
}
```

Ähnlich wie *fseek* arbeitet auch *ftell* oft nicht korrekt, wenn die Datei im Textmodus geöffnet wurde. Durch die CRLF/LF-Konvertierung wird der Rückgabewert von *ftell* in diesem Fall in aller Regel nicht exakt dem physikalischen Offset in der Datei entsprechen. Immerhin kann der Rückgabewert unter Einhaltung der Regeln, die bei *fseek* genannt werden, in Zusammenhang mit dieser Funktion dazu verwendet werden, Dateipositionen festzuhalten und später wieder anzuspringen.

## 9.3 Typisierte Dateien

### R 52 Typisierte Dateien

R52

Neben den bereits vorgestellten Standarddateifunktionen und den noch zu erklärenden Low-Level-Funktionen gibt es in C zwei Dateifunktionen, die in der Mitte zwischen beiden liegen. Sie betrachten eine Datei weder als zeilenweise strukturierte Textdatei noch als vollkommen unformatierten Bytestrom. Die von diesen Funktionen implizierte Ordnung sieht eine Datei statt dessen als Folge *identisch strukturierter Datensätze* an. Sie ist vergleichbar mit den *typisierten Dateien* von PASCAL oder MODULA-2.

Anders als bei diesen Sprachen definiert man in C den Unterschied zwischen Textdateien und typisierten Dateien jedoch nicht beim Öffnen der Datei, sondern beim Schreiben und Lesen. Wir werden im folgenden die beiden Funktionen *fread* und *fwrite* kennenlernen, mit denen es in C möglich ist, typisierte Dateien mit einer festen Grundstruktur zu bearbeiten. Diese Dateien werden im Binärmodus geöffnet und haben eine feste Satzstruktur. Die einzelnen Sätze können sowohl sequentiell als auch wahlfrei bearbeitet werden.

### 9.3.1 Realisierung

Um unter C mit typisierten Dateien arbeiten zu können, muß zunächst ein geeigneter Datentyp zur Verfügung stehen. Er ist in Form einer Struktur, einer Union, eines Arrays oder einer Zusammensetzung daraus zu erstellen. Für die folgenden Beispiele soll die bereits aus Kapitel 7 bekannte Angestelltenstruktur *struct ang_typ* verwendet werden:

```
struct ang_typ {
  char name[20];
  int  anst_verhaeltnis;
  union {
```

```
    struct {
      int  lohn;
      char lst_klasse;
      char kr_kasse[30];
      int  einstg_datum;
    } arb;
    struct {
      char tarif;
      int  gehalt;
      char lst_klasse;
      char kr_kasse[30];
      int  kuend_frist;
    } ang;
    struct {
      long jahres_gehalt;
      char lst_klasse;
      char kr_kasse[30];
      char zus_kasse[30];
      char abschluss[30];
      int  sich_stufe;
    } wiss;
    struct {
      int  rechnungs_betrag;
      int  arb_zeit;
      char umst;
    } frei;
  } angest_dat;
};
```

Angenommen, es soll ein Programm geschrieben werden, das es erlaubt, die Daten eines beliebigen Angestellten zu erfassen und in der Angestelltendatei *ang.dat* abzulegen. Jeder neue Satz soll dabei an das Ende der Datei geschrieben werden. Zusätzlich soll das Programm in der Lage sein, alle Angestelltensätze aus der Datei zu lesen und auf dem Bildschirm auszugeben. Wir werden jetzt sehen, wie diese Anforderungen mit den Funktionen *fwrite* und *fread* erledigt werden können.

### 9.3.2 fwrite

```
#include <stdio.h>

size_t fwrite(void *buf, size_t size, size_t cnt, FILE *f1);
```

*fwrite* schreibt *cnt* Elemente, von denen jedes die Größe *size* hat, in die Datei *f*. Der Puffer *buf* muß dabei wenigstens *size*cnt* Bytes an gültigen Daten enthalten. Beachten Sie, daß in *size* die Größe *eines Elements* der Struktur stehen muß, während in *cnt* die *Anzahl der zu schreibenden Elemente* steht. Dadurch kann *fwrite* mit einem Befehl eine einzelne Struktur oder ein komplettes Array schreiben. Abbildung 9.2 stellt die Arbeitsweise von *fwrite* bei einer Puffergröße von 4*6 Zeichen grafisch dar.

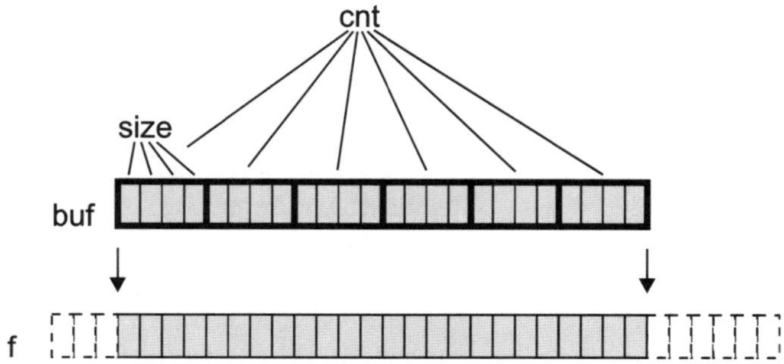


**Abbildung 9.2: Die Arbeitsweise von *fwrite***

Sicherlich wird Ihnen der Typ *void** des Parameters *buf* unbekannt vorkommen. *void** ist das Synonym für einen *untypisierten* Zeiger. Sind Parameter vom Typ *void**, so darf als aktueller Parameter jeder beliebige Zeiger übergeben werden. Das machen wir uns im nächsten Beispiel zunutze und übergeben direkt die mit dem Adreßoperator gewonnene Speicheradresse der zu schreibenden Datenstruktur.

Nach der Schreiboperation liefert *fwrite* die Anzahl der tatsächlich geschriebenen Sätze zurück. War beispielsweise *size* gleich 128 und *cnt* gleich 10, so ist der Rückgabewert von *fwrite* 10, nicht etwa 1280. Trat während des Schreibens ein Fehler auf, so kann der Rückgabewert auch kleiner als *cnt* sein. Nach dem Ausführen des Schreibbefehls steht der Satzzeiger *hinter* den neu eingefügten Elementen.

Das folgende Listing zeigt, wie man einen neuen Satz vom Typ *ang_typ* an das Ende der Angestelltendatei schreibt:

```
/* bsp0907.c */

void AngestelltenSpeichern()
{
  FILE *f1;

  if ((f1 = fopen("ang.dat", "r+b")) == NULL) {
    if ((f1 = fopen("ang.dat", "w+b")) == NULL) {
      fprintf(stderr, "Kann Datei ang.dat nicht öffnen\n");
      exit(1);
```

```
    }
  }
  fseek(f1, 0, SEEK_END);
  fwrite(&ang, sizeof(struct ang_typ), 1, f1);
  fclose(f1);
}
```

Die Hauptarbeit wird vom *fwrite*-Befehl übernommen, der den Angestelltensatz *ang* an die aktuelle Dateiposition schreibt. Da mit Hilfe des *fseek*-Befehls vorher an das Ende der Datei gesprungen wurde, wird der neue Satz an die bestehende Datei angehängt.

Gleichzeitig können Sie an diesem Beispiel erkennen, wie zwei unterschiedliche *fopen*-Kommandos kombiniert werden, um die Angestelltendatei zu öffnen, wenn sie bereits existiert, und neu anzulegen, falls sie noch nicht existiert. Da wir in diesem Beispiel lediglich Daten an das Ende der Datei anhängen wollten, hätten wir auch einfach den Modus »a« verwenden können.

### 9.3.3 fread

```
#include <stdio.h>

size_t fread(void *buf, size_t size, size_t cnt, FILE *f1);
```

*fread* liest *cnt* Elemente der Größe *size* aus der geöffneten Datei *f* und schreibt sie in den Puffer *buf*. Der Puffer *buf* muß wenigstens *size*cnt* Bytes groß sein. Beachten Sie, daß in *size* die Größe eines Elements der Struktur stehen muß, während in *cnt* die Anzahl der zu schreibenden Elemente steht. Damit kann *fread* mit einem Befehl eine einzelne Struktur oder ein komplettes Array lesen. Abbildung 9.3 stellt die Arbeitsweise von *fread* grafisch dar.

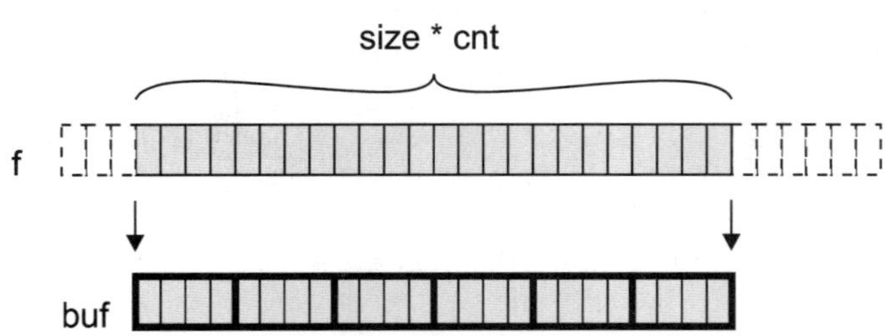


**Abbildung 9.3: Die Arbeitsweise von fread**

Ebenso wie *fwrite* gibt auch *fread* die Anzahl der verarbeiteten Sätze zurück, in diesem Fall also die Anzahl der *gelesenen* Sätze. Falls die Datei weniger Sätze besitzt als verlangt, liefert *fread* einen Wert kleiner als *cnt* zurück. Das nachfolgende Beispielprogramm demonstriert, wie alle Sätze aus der Angestelltendatei eingelesen und auf dem Bildschirm ausgegeben werden können:

```
/* bsp0908.c */

void AngestellteAusgeben()
{
  FILE *f1;

  if ((f1 = fopen("ang.dat", "r+b")) == NULL) {
    fprintf(stderr, "Kann Datei ang.dat nicht öffnen\n");
    exit(1);
  }
  while (fread(&ang,sizeof(struct ang_typ), 1, f1) == 1) {
    printf("%30s (Typ %d)\n",ang.name,ang.anst_verhaeltnis);
  }
  fclose(f1);
}
```

Sie sehen auch hier, daß *fread* mit einem einzigen Befehl eine komplette Struktur aus der Angestelltendatei liest und in die globale Variable *ang* schreibt. Nach jedem Lesebefehl steht der Satzzeiger unmittelbar hinter den gerade gelesenen Daten und damit am Anfang des nächsten Satzes. Jeder erfolgreiche Lesebefehl bewegt den internen Satzzeiger also um die Länge eines kompletten Satzes weiter.

Damit soll die Diskussion der typisierten Dateien an dieser Stelle beendet werden. Tatsächlich sind sowohl *fread* als auch *fwrite* durchaus zu anderen Dingen zu gebrauchen als den hier gezeigten. Die Motivation, sich mit diesen Funktionen zu beschäftigen, liegt jedoch in aller Regel darin, Dateien mit einer festen Satzstruktur im wahlfreien Zugriff bearbeiten zu können. So wollen wir uns hier auf diese Anwendungen beschränken.

Werden unter Verwendung der Funktionen *fread* und *fwrite* Hauptspeicherinhalte direkt in Dateien abgelegt, kann dies leicht zu Portabilitätsproblemen führen. Sollen diese Dateien nämlich auf einem System verwendet werden, das eine andere interne Darstellung der Datenstrukturen benutzt, kommt es zu Problemen. Gefahr besteht hier nicht nur bei unterschiedlichen Rechnerarchitekturen, sondern bereits bei unterschiedlichen Betriebssystemen auf ein und derselben Architektur und sogar bei unterschiedlichen Compilern desselben Betriebssystems. Auslöser sind beispielsweise ein anderes Member-Alignment in Strukturen, eine andere Byte-Reihenfolge bei Ganzzahlen oder eine andere interne Darstellung von Fließkommawerten.

Selbst bei nur einem Compiler auf einer Systemplattform kann ein solches Problem auftreten, wenn das Member-Alignment des Compilers während der Entwicklungsphase verändert wurde. Seien Sie also entsprechend vorsichtig beim Umgang mit diesen Funktionen.

## 9.4 Low-Level-Datei-I/O

Während die High-Level-Dateifunktionen auf einem hohen Abstraktionsniveau dazu dienten, Daten des Programmes formatiert auszugeben oder einzulesen, gibt es in C eine weitere Gruppe von Dateifunktionen, die auf einem tieferen Level arbeitet. Diese Low-Level-Dateifunktionen betrachten die Daten lediglich als unstrukturierte Folge von Bytes und bieten im wesentlichen Möglichkeiten, Byte-Sequenzen vorgegebener Länge einzulesen oder auszugeben.

Obwohl die verfügbaren Funktionen von der Namensgebung her große Ähnlichkeit mit den High-Level-Funktionen haben, gibt es einen wichtigen prinzipiellen Unterschied, der leicht zur Verwirrung führen kann. Während die geöffneten Dateien bei den High-Level-Funktionen über einen Zeiger vom Typ *FILE** (einem Stream) angesprochen wurden, werden die mit Low-Level-Funktionen zu bearbeitenden über einen *Handle* identifiziert. Ein Handle ist dabei kein Zeiger, sondern ein einfacher *int*-Wert, der beim Öffnen der Datei zurückgegeben wird. Er wird verwendet, um die Datei in allen Low-Level-Dateifunktionen zu bezeichnen.

Die Low-Level-Funktionen bilden die Grundlage für die höheren Dateifunktionen und andere Teile der Standard-Library. Sie arbeiten ungepuffert, die jeweils angegebene Anzahl an Bytes wird unmittelbar physikalisch geschrieben bzw. gelesen. In der Regel kann es daher durchaus sinnvoll sein, bei Low-Level-Routinen einen selbstverwalteten Puffer zu verwenden oder nur Schreib-/Leseoperationen zu benutzen, die größere Einheiten auf einmal bearbeiten. Nachfolgend sollen nun die wichtigsten Funktionen dieser Klasse von Ein-/Ausgaberoutinen besprochen werden.

### 9.4.1 open

#### R 53 Die Parameter von open und creat

R53

```
#include <io.h>

int open(const char *name, int mode);
```

Die Funktion *open* dient zum Öffnen der Datei mit dem Namen *name*. Dabei darf der Dateiname sowohl Pfadbezeichnungen als auch (unter MS-DOS) Laufwerksbuchstaben enthalten. Der Parameter *mode* gibt an, welche Operationen nach dem Öffnen mit der Datei durchgeführt werden können. Es können folgende symbolische Konstanten übergeben werden:

| mode | Bedeutung |
|---|---|
| O_RDONLY | Die Datei soll zum Lesen geöffnet werden. |
| O_WRONLY | Die Datei soll zum Schreiben geöffnet werden. |

**Tabelle 9.6: Der *mode*-Parameter von *open***

Beide Werte können auch mit dem Bitweises-Oder-Operator zu O_RDONLY | O_WRONLY verknüpft werden, wenn die Datei sowohl zum Lesen als auch zum Schreiben geöffnet werden soll. Falls die Datei existiert und im gewünschten Modus geöffnet werden kann, gibt *open* den Handle der geöffneten Datei zurück; andernfalls wird -1 zurückgegeben.

Zusätzlich zu den oben angegebenen symbolischen Konstanten kann *mode* auch noch einige andere Werte annehmen. Wir wollen die wichtigsten davon kurz auflisten:

| mode | Bedeutung |
|---|---|
| O_CREAT | Automatisches Anlegen der Datei, falls sie noch nicht existiert. Dieser Wert hat keinen Einfluß auf Dateien, die bereits existieren. |
| O_TRUNC | Automatisches Leeren der Datei, falls sie bereits existiert. |

**Tabelle 9.7: Weitere *mode*-Parameter von *open***

Auf vielen Systemen gibt es noch weitere Konstanten zur Übergabe an den *mode*-Parameter, auf die wir an dieser Stelle nicht näher eingehen wollen. Zusätzlich hat *open* meist noch einen optionalen dritten Parameter, der die Zugriffsrechte einer neu anzulegenden Datei bestimmt. Weitere Details zu *open* finden sich in der Befehlsreferenz am Ende des Buches. Bei der Verwendung der Low-Level-I/O-Routinen sind auf manchen Systemen zusätzliche Header-Dateien erforderlich (beispielsweise *unistd.h* unter GNU-C), um alle Deklarationen einzubinden.

```
/* bsp0909.c */

#include <stdio.h>
#include <io.h>
#include <fcntl.h>
#include <unistd.h>

void main(void)
{
  int handle;

  if ((handle = open("c:\\config.sys", O_RDONLY)) == -1) {
```

```
    printf("CONFIG.SYS nicht vorhanden\n");
    exit(1);
  }
  close(handle);
  printf("CONFIG.SYS vorhanden\n");
}
```

### 9.4.2 creat

```
#include <io.h>
#include <sys\stat.h>

int creat(const char *name, int access);
```

*creat* dient zum Anlegen einer neuen Datei mit dem Namen *name*. Falls eine Datei mit diesem Namen bereits existiert, wird sie geöffnet und sofort geleert. Der Parameter *access* spezifiziert die Zugriffsrechte der anzulegenden Datei. Dabei sind folgende symbolische Konstanten möglich:

| access | Bedeutung |
|---|---|
| S_IREAD | Die Datei darf nur gelesen werden. |
| S_IWRITE | Die Datei darf nur geschrieben werden. |

**Tabelle 9.8:** ***access*-Parameter von *creat***

Sollen beide Rechte an die Datei vergeben werden, können die Werte mit dem Bitweises-Oder-Operator zu S_IREAD | S_IWRITE verknüpft werden. Unter MS-DOS ist es nicht möglich, einer Datei Schreibrechte zu geben, ohne ihr gleichzeitig auch Leserechte zu verleihen.

Konnte die Datei erfolgreich angelegt bzw. geöffnet werden, gibt *creat* den Handle der Datei, also einen positiven *int*-Wert zurück, andernfalls wird -1 zurückgegeben.

```
/* bsp0910.c */

#include <stdio.h>
#include <io.h>
#include <fcntl.h>
#include <unistd.h>
#include <sys\stat.h>

void main(void)
{
  int handle;
```

```
    if ((handle = creat("invisibl.e", S_IREAD)) == -1) {
    printf("invisibl.e kann nicht angelegt werden\n");
    exit(1);
  }
  close(handle);
  printf("invisbl.e READ-ONLY angelegt\n");
}
```

Das Programm soll eine READ-ONLY-Datei *»invisibl.e«* anlegen und eine Meldung über Erfolg oder Nichterfolg ausgeben.

### 9.4.3 write

```
#include <io.h>

int write(int handle, const void *buf, size_t len);
```

Die Funktion *write* dient zum Schreiben von unformatierten Daten in die Datei mit dem Handle *handle*. Um einen geeigneten Handle zu erhalten, muß die Datei mit *open* oder *creat* geöffnet worden sein. *write* schreibt die ersten *len* Bytes des Puffers *buf* in die Datei. Konnten die Daten nicht in die Datei geschrieben werden, so gibt die Funktion -1 zurück, andernfalls liefert sie die Anzahl der geschriebenen Bytes.

Diese Funktion eignet sich ähnlich wie *fwrite* recht gut dazu, vom Programm verwendete Datenstrukturen in eine Datei zu schreiben. So beispielsweise eine Folge von Sätzen konstanter Länge, die programmintern durch ein Array oder eine Struktur repräsentiert werden.

```
/* bsp0911.c */

#include <stdio.h>
#include <io.h>
#include <fcntl.h>
#include <unistd.h>
#include <sys\stat.h>

struct kunde {
  char   name[30];
  char   ort[30];
  int    alter;
  double umsatz;
};

void main(void)
{
```

```
  int handle;
  struct kunde k1;
  int i;
  if ((handle=creat("kunden.dat",S_IREAD|S_IWRITE)) == -1) {
    printf("Kundendatei kann nicht angelegt werden\n");
    exit(1);
  }
  strcpy(k1.name, "Meier, Fritz");
  strcpy(k1.ort , "2000 Hamburg");
  k1.alter = 37;
  k1.umsatz = 5468.30;
  for (i=0; i < 10; i++) {
    write(handle, &k1, sizeof(k1));
  }
  close(handle);
}
```

Das Programm erzeugt eine Kundendatei mit zehn identischen Sätzen konstanter Länge. Der Beginn des zu übertragenden Speicherbereichs wird durch den Adreßoperator & festgelegt und entspricht dem ersten Byte der Struktur *k1*. Die Länge eines Datensatzes wird mit dem *sizeof*-Operator ermittelt.

Nach Ausführung dieses Programms existiert eine Datei *kunden.dat*, in der die Daten exakt so gespeichert sind, wie sie auch im Hauptspeicher abgelegt waren. Es handelt sich also nicht mehr um eine ASCII-Datei, die mit einem Editor angesehen werden kann. Statt dessen werden alle Daten entsprechend ihrer *internen Repräsentation* in der Datei abgelegt. Diese entspricht aber – zumindest für die numerischen Typen – nicht mehr einer für den Menschen auf den ersten Blick lesbaren Darstellung. Die sinnvollste Möglichkeit, die so gespeicherten Daten wieder zu lesen, besteht darin, sie mit der *read*-Funktion (s.u.) einzulesen und in einer gleichartigen Struktur abzuspeichern.

### 9.4.4 read

```
#include <io.h>

int read(int handle, void *buf, size_t len);
```

Die Funktion *read* dient zum Lesen von *len* Bytes aus der Datei mit dem Handle *handle*. Um einen geeigneten Handle zu erhalten, muß die Datei mit *open* oder *creat* geöffnet worden sein. Die Funktion legt die gelesenen Daten an der Position im Hauptspeicher ab, die durch den Zeiger *buf* bezeichnet wird . Der Aufrufer von *write* muß selbst dafür sorgen, daß an dieser Adresse genügend freier Speicherplatz zur Verfügung steht.

Tritt beim Lesen ein Fehler auf, so gibt die Funktion den Wert -1 zurück, andernfalls liefert sie die Anzahl der tatsächlich gelesenen Bytes. Der Rückgabewert ist genau dann kleiner als *len*, wenn das Dateiende erreicht wurde, bevor die gewünschte Anzahl an Bytes gelesen werden konnte.

```
/* bsp0912.c */

#include <stdio.h>
#include <io.h>
#include <unistd.h>
#include <fcntl.h>

struct kunde {
  char   name[30];
  char   ort[30];
  int    alter;
  double umsatz;
};

void main(void)
{
  int handle;
  struct kunde k1;

  if ((handle=open("kunden.dat",O_RDONLY)) == -1) {
    printf("Kundendatei kann nicht geöffnet werden\n");
    exit(1);
  }
  read(handle, &k1, sizeof(k1));
  printf("%s\n", k1.name);
  printf("%s\n", k1.ort);
  printf("%d\n", k1.alter);
  printf("%e\n", k1.umsatz);
  close(handle);
}
```

Das Programm liest den ersten Datensatz aus der im vorigen Beispiel angelegten Kundendatei und gibt ihn auf dem Bildschirm aus. Damit das korrekt funktioniert, muß die Datenstruktur, in der die Daten nach dem Einlesen abgelegt werden, exakt der Datenstruktur entsprechen, die zum Schreiben der Daten verwendet wurde.

### 9.4.5 lseek

```
#include <unistd.h>

int fseek(int handle, long offset, int origin);
```

*lseek* ist das Pendant zu *fseek* und dient zum Verschieben des Dateizeigers in der geöffneten Datei mit dem Handle *handle*. Er wird dabei um *offset* Bytes bewegt, beginnend bei der durch *origin* angegebenen Position. *origin* kann dabei eine der folgenden Konstanten sein:

| origin | Bedeutung |
|---|---|
| SEEK_SET | Der Offset ist als absolute Positionsangabe ab Dateianfang anzusehen. |
| SEEK_CUR | Der Offset wird zur aktuellen Position des Dateizeigers addiert. |
| SEEK_END | Der Offset wird zum Dateiende addiert. |

**Tabelle 9.9: Der *origin*-Parameter von *lseek***

Dabei darf *offset* sowohl positive als auch negative Werte annehmen. Der Rückgabewert von *lseek* ist der Offset der neuen Position des Dateizeigers, gerechnet vom Anfang der Datei. Falls beim Ausführen der Funktion ein Fehler aufgetreten ist, wird -1 zurückgegeben.

```
/* bsp0913.c */

#include <stdio.h>
#include <io.h>
#include <unistd.h>
#include <fcntl.h>

struct kunde {
  char   name[30];
  char   ort[30];
  int    alter;
  double umsatz;
};

void main(void)
{
  int handle;
  struct kunde k1;

  if ((handle=open("kunden.dat",O_RDONLY)) == -1) {
    printf("Kundendatei kann nicht geöffnet werden\n");
```

```
    exit(1);
  }
  lseek(handle, (long)(3*sizeof(k1)), SEEK_SET);
  read(handle, &k1, sizeof(k1));
  printf("%s\n", k1.name);
  printf("%s\n", k1.ort);
  printf("%d\n", k1.alter);
  printf("%e\n", k1.umsatz);
  close(handle);
}
```

Dieses Programm liest den vierten Datensatz aus der Kundendatei und gibt ihn auf dem Bildschirm aus.

### 9.4.6 close

```
#include <io.h>

int close(int handle);
```

*close* dient dazu, die Datei mit dem Handle *handle* zu schließen. Sie muß dabei zuvor mit *open* oder *creat* geöffnet worden sein. Wenn die Datei ordnungsgemäß geschlossen werden konnte, gibt die Funktion den Wert 0 zurück, andernfalls -1.

### 9.4.7 unlink

```
#include <io.h>

int unlink(const char *name);
```

Mit der Funktion *unlink* wird die Datei *name* vom externen Speichermedium gelöscht. Dabei kann jeder beliebige gültige Pfadname angegeben werden. Bei erfolgreicher Ausführung gibt *unlink* den Wert 0 zurück, andernfalls -1.

Beachten Sie, daß *unlink* ungeöffnete Dateien schließt und zur Identifizierung anstelle eines Handles den auf Systemebene gültigen Dateinamen benötigt. Beachten Sie auch, daß *unlink* auf vielen Systemen *endgültig* ist. Eine einmal gelöschte Datei bleibt verschwunden, auch wenn sie nur versehentlich gelöscht wurde.

```
/* bsp0914.c */

#include <stdio.h>
#include <io.h>
#include <unistd.h>
```

```
void main(void)
{
  if (unlink("kunden.dat") == -1) {
    printf("Kundendatei kann nicht gelöscht werden\n");
    exit(1);
  }
  printf("O.K.\n");
}
```

Weitere Details zu den Low-Level-Dateifunktionen können der Funktionsreferenz am Ende des Buches entnommen werden.

## 9.5 Lesen von Verzeichnissen

### R 54 Lesen von Verzeichnissen

R54

Oftmals ist es nötig, den Inhalt eines Verzeichnisses zu lesen. Die dafür erforderlichen Funktionen sind leider nicht portabel, sondern unterscheiden sich von Betriebssystem zu Betriebssystem.Unter UNIX wird ein Verzeichnis traditionell als gewöhnliche Datei aufgefaßt, auf die der lesende Zugriff mit den normalen Dateifunktionen erledigt werden kann. Zur Vereinfachung gibt es allerdings die Struktur *dirent*, in der die wichtigsten Dateiattribute enthalten sind, und die Funktionen *opendir*, *readdir*, *closedir* und *rewinddir*, die den Zugriff auf die Verzeichniseinträge ermöglichen und Strukturen des Typs *dirent* füllen. Um sie zu verwenden, muß die Headerdatei *dirent.h* eingebunden werden.

Unter MS-DOS/Windows stellen die meisten Compiler die beiden Funktionen *findfirst* und *findnext* zur Verfügung, mit denen das Lesen der Verzeichniseinträge möglich wird:

```
#include <dir.h>

int findfirst(
  const char *pathname, struct ffblk *ffblk, int attrib
);

int findnext(struct ffblk *ffblk);
```

Beide Funktionen arbeiten mit einer Struktur des Typs *struct ffblk*, die etwa folgenden Aufbau hat (meist enthält sie noch weitere Felder, die hier aber nicht von Interesse sind):

```
struct ffblk {
  unsigned char  ff_attrib; /* Attribute der Datei*/
  unsigned short ff_ftime;  /* Zeit der letzten Änderung*/
  unsigned short ff_fdate;  /* Datum der letzten Änderung*/
```

```
  unsigned long  ff_fsize;  /* Größe der Datei*/
  char ff_name[260];        /* Name der Datei*/
};
```

Um ein Verzeichnis zu lesen, muß zunächst *findfirst* aufgerufen werden. In *pathname* wird die Suchmaske übergeben. Dabei handelt es sich um einen Verzeichnisnamen, der optional von einem Dateinamen mit Wildcards gefolgt wird. Beispiele für gültige Suchmasken sind *c:\tmp* oder **.c* oder *\arc\prog*.h*. Zusätzlich muß an *findfirst* ein Zeiger auf eine Struktur des typs *struct ffblk* übergeben werden, in der die Informationen zu der gefundenen Datei zurückgegeben werden. Der letzte Parameter *attrib* gibt an, nach welchem Typ von Dateien gesucht werden soll. Er ist als Oder-Verknüpfung der in Tabelle 9.10 angegeben Konstanten zu realisieren:

| access | Bedeutung |
|---|---|
| FA_RDONLY | Die Suche berücksichtigt auch Dateien, für die das Programm nur Leserechte hat. |
| FA_HIDDEN | Die Suche berücksichtigt auch versteckte Dateien. |
| FA_SYSTEM | Die Suche berücksichtigt auch Systemdateien. |
| FA_LABEL | Die Suche berücksichtigt auch die Bezeichnung des Datenträgers (wird unter MS-DOS auch als Datei gehalten). |
| FA_DIREC | Die Suche berücksichtigt auch Verzeichnisse. |
| FA_ARCH | Die Suche berücksichtigt auch Dateien mit gesetztem Archivbit. |

**Tabelle 9.10: *attrib*-Parameter von *findfirst***

Der Rückgabewert von *findfirst* gibt an, ob eine passende Datei gefunden werden konnte oder nicht. Bei Erfolg ist er 0, andernfalls wird ein Wert ungleich 0 zurückgegeben. Nach einem erfolgreichen Aufruf von *findfirst* kann durch sukkzessive Aufrufe von *findnext* das komplette Verzeichnis gelesen werden. Bei jedem Aufruf wird in *ffblk* der nächste Verzeichniseintrag zurückgegeben. Auch *findnext* gibt bei Erfolg 0 zurück. Falls keine weiteren Dateien gefunden wurden, ist der Rückgabewert ungleich 0.

Wir wollen uns als Beispiel ein etwas größeres Programm ansehen, das dem UNIX-Tool *du* nachempfunden ist. Es hat die Aufgabe, die Größe aller Dateien und Unterverzeichnisse in einem bestimmten Verzeichnis zu ermitteln und auf dem Bildschirm auszugeben. Die Größe von Unterverzeichnissen soll rekursiv über alle darin enthaltenen Dateien und Unterverzeichnisse ermittelt werden. Das Startverzeichnis und die maximale Rekursionstiefe sollen in der Kommandozeile angegeben werden können. Außerdem soll es möglich sein, die Größenausgabe auf Unterverzeichnisse zu beschränken.

```
/* bsp0915.c */

#include <stdio.h>
#include <string.h>
#include <stdlib.h>
#include <dir.h>

//Konstanten
#define MAXPATHNAMELEN 256

//---Statische Variablen------------------------------------
static int  maxdepth;
static int  nofiles;
static char startdir[MAXPATHNAMELEN+1];

//---Funktionen---------------------------------------------
/**
 * Beschreibt die Syntax des Programmaufrufs und beendet
 * das Programm.
 */
void usage()
{
  printf("Aufruf: du [options] [startdir]\n\n");
  printf("-?        Hilfe ausgeben\n");
  printf("-help     Hilfe ausgeben\n");
  printf("-d<depth> Rekursionstiefe (Default: 999)\n");
  printf("-n        Ausgabe nur fuer Verzeichnisse\n");
  exit(0);
}

void ParseCommandLine(int argc, char **argv)
{
  int i;

  //Kommandozeilenargumente parsen, zuerst die Schalter...
  maxdepth = 999;
  nofiles = 0;
  for (i = 1; i < argc; ++i) {
    if (argv[i][0] == '-') {
      //Schalter
      if (strcmp(argv[i]+1, "?") == 0) {
        usage();
      } else if (strcmp(argv[i]+1, "help") == 0) {
        usage();
```

```
      } else if (argv[i][1] == 'd') {
        maxdepth = atoi(argv[i] + 2);
      } else if (argv[i][1] == 'n') {
        nofiles = 1;
      }
    } else {
      break;
    }
  }
  //...dann das Startverzeichnis
  if (i < argc) {
    char lastchar;
    strcpy(startdir, argv[i]);
    lastchar = startdir[strlen(startdir) - 1];
    if (lastchar != '\\' && lastchar != ':') {
      strcat(startdir, "\\");
    }
  } else {
    strcpy(startdir, ".\\");
  }
}

long DirSize(const char *dir, int depth)
{
  int    ret;
  long   size, itemsize;
  struct ffblk fd;
  char   seek[2*MAXPATHNAMELEN+1];
  char   nextdir[MAXPATHNAMELEN+1];
  int    ignore;
  int    isdir;

  size = 0;
  if (depth <= maxdepth) {
    sprintf(seek, "%s*.*", dir);
    //Ersten Verzeichniseintrag suchen
    ret = findfirst(
      seek,
      &fd,
      FA_RDONLY|FA_HIDDEN|FA_SYSTEM|FA_DIREC|FA_ARCH
    );
    while (ret == 0) {
      ignore = 0;
      isdir = fd.ff_attrib & FA_DIREC;
```

```
      if (isdir) {
        if (strcmp(fd.ff_name, ".") == 0) {
          ignore = 1;
        } else if (strcmp(fd.ff_name, "..") == 0) {
          ignore = 1;
        } else {
          //Unterverzeichnis rekursiv durchlaufen
          sprintf(nextdir, "%s%s\\", dir, fd.ff_name);
          itemsize = DirSize(nextdir, depth + 1);
        }
      } else {
        //Dateigroesse merken
        itemsize = fd.ff_fsize;
      }
      if (!ignore) {
        if (depth == 0 && (isdir || !nofiles)) {
          //Groesse ausgeben
          printf(
            "%10ld %-40s %s\n",
            itemsize,
            fd.ff_name,
            (fd.ff_attrib & FA_DIREC) ? " <DIR>" : ""
          );
        }
        size += itemsize;
      }
      //Naechsten Verzeichniseintrag suchen
      ret = findnext(&fd);
    }
  }
  return size;
}

void main(int argc, char **argv)
{
  ParseCommandLine(argc, argv);
  DirSize(startdir, 0);
  exit(0);
}
```

Die Funktion *ParseCommandLine* liest die Kommandozeile. Zuerst werden die Schalter erwartet, danach der optionale Verzeichnisname. Die Funktion *GetDirSize* liefert die kumulierte Groesse des angegebenen Verzeichnisses inkl. aller darin enthaltenen Dateien und Unterverzeichnisse. Falls *depth* gleich 0 ist, wird das Ergebnis ausgegeben, falls *depth* groesser *maxdepth* ist, wird die Suche abgebrochen.

Ein Beispielaufruf des Programms wäre:

```
du -n c:\arc
```

Er könnte etwa folgende Ausgabe erzeugen:

```
16908780 PROG                                   <DIR>
44262734 DOKU                                   <DIR>
 8061726 EDU                                    <DIR>
      67 adr.txt
    3338 memo.txt
 2811109 Office                                 <DIR>
  919726 Music                                  <DIR>
```

## 9.6 Zusammenfassung

Bevor Sie sich den Aufgaben zu diesem Kapitel zuwenden, soll die Vielfalt der vorgestellten Funktionen noch einmal zusammengefaßt werden. Tabelle 9.11 stellt die bisher besprochenen Merkmale der Dateiein- und -ausgabe jeweils für High-Level-Funktionen (inkl. typisierter Dateien) und Low-Level-Funktionen gegenüber.

| Merkmal | High-Level-I/O | Low-Level-I/O |
|---|---|---|
| Datentyp | FILE * | int |
| Öffnen | fopen | open |
| Anlegen | fopen | creat |
| Schreiben | fputc, fprintf, fwrite | write |
| Lesen | fgetc, fscanf, fread | read |
| Positionieren / Abfragen | fseek, rewind, ftell | lseek |
| Schließen | fclose | close |

**Tabelle 9.11: Zusammenfassung der Dateifunktionen**

## 9.7 Aufgaben zu Kapitel 9

**1. (A)**

Schreiben Sie ein Programm, das eine Textdatei kopieren kann. Beim Kopieren sollen alle Kleinbuchstaben der Quelldatei automatisch in Großbuchstaben umgewandelt werden. Bei dieser und den folgenden Aufgaben sollen die für das Programm nötigen Eingaben, wie Dateinamen etc., interaktiv vom Benutzer erfragt werden.

**2. (A)**

Schreiben Sie ein Testprogramm, um herauszufinden, wie lange es jeweils dauert, eine 5, 50, 500, 5000 oder 50000 Bytes große Datei *neu anzulegen*. Versuchen Sie, das Ergebnis zu bewerten.

**3. (B)**

Schreiben Sie ein Programm, das zwei beliebige Dateien zeichenweise miteinander vergleicht und gegebenenfalls die Position des ersten unterschiedlichen Zeichens und die Zeile, in der sich dieses Zeichen befindet, ausgibt.

**4. (B)**

Schreiben Sie ein Programm, das als Eingabe den Namen einer Textdatei und eine *int*-Zahl *i* erwartet. Ihr Programm soll die *Zeile* unmittelbar *vor*, *auf* und *hinter* dem Zeichen ausgeben, das an *i*-ter Stelle in der Datei steht.

**5. (B)**

Schreiben Sie ein Programm, das herausfindet, ob eine vorgegebene Datei eine Text- oder eine Binärdatei ist.

**6. (C)**

Schreiben Sie ein Programm, das – ähnlich wie das Programm *grep* – in einer Textdatei einen vorgegebenen Suchbegriff findet und alle Zeilen, die diesen Suchbegriff enthalten, auf dem Bildschirm ausgibt. Es reicht, wenn Sie als Suchbegriff normale Zeichenketten (ohne Sonderzeichen) korrekt behandeln, *reguläre Ausdrücke* soll Ihr Programm nicht suchen können.

## 9.8 Lösungen zu ausgewählten Aufgaben

### Aufgabe 1

Ein Großteil des Aufwandes bei der Lösung dieser Aufgabe besteht in der Implementierung der Benutzerschnittstelle. Sind die Dateien erst ordnungsgemäß geöffnet, wird die Eingabedatei in einer *while*-Schleife Zeichen für Zeichen in die Ausgabedatei kopiert. Dabei wird jedes Zeichen gegebenenfalls zunächst in einen Großbuchstaben umgewandelt. Beachten Sie, daß die hier vorgestellte Lösung die Umlaute nicht konvertiert.

```
/* lsg0901.c */

#include <stdio.h>

void main(void)
{
  char fname1[20], fname2[20];
```

```
  FILE *f1, *f2;
  int c;

  printf("Name der Quelldatei: ");
  scanf("%18s", fname1);
  printf("Name der Zieldatei: ");
  scanf("%18s", fname2);
  if ((f1 = fopen(fname1,"r")) == NULL) {
    fprintf(stderr, "Kann %s nicht öffnen\n", fname1);
    exit(1);
  } else if ((f2 = fopen(fname2,"w")) == NULL) {
    fprintf(stderr, "Kann %s nicht öffnen\n", fname2);
    exit(1);
  } else {
    while ((c = getc(f1)) != EOF) {
      if (c >= 'a' && c <= 'z') {
        c-=32;
      }
      putc(c, f2);
    }
    fclose(f1);
    fclose(f2);
  }
}
```

**Aufgabe 2**

Es war natürlich nicht der tiefere Sinn dieser Aufgabe, ein Zeitmeßprogramm zu schreiben. Vielmehr sollte das Programm so geschrieben werden, daß eine manuelle Zeitmessung möglich ist. Das hier vorgestellte Programm verwendet drei geschachtelte *for*-Schleifen, um die Dateien wie gewünscht anzulegen. In der äußeren Schleife wird die Gesamtgröße der anzulegenden Dateien hochgezählt, d.h. der Schleifenzähler durchläuft die Werte 5, 50, 500 usw. Darin wird jeweils zehnmal in der mittleren Schleife eine Datei angelegt und mit der gewünschten Anzahl Bytes beschrieben (in der inneren Schleife).

```
/* lsg0902.c */

#include <stdio.h>

void main(void)
{
  long i,j,size;
  FILE *f1;
```

```
    for (size = 5; size <= 50000; size *= 10) {
      printf("10 Dateien  %ld Byte anlegen\n", size);
      printf("Bitte ENTER drücken...");
      getchar();
      for (i = 0; i < 10; i++) {
        if ((f1 = fopen("auf_0902.tmp", "w")) == NULL) {
          fprintf(stderr, "Kann Datei nicht öffnen\n");
          exit(1);
        }
        for (j = 0; j < size; j++) {
          putc(' ', f1);
        }
        fclose(f1);
      }
      printf("Fertig\n\n");
    }
  }
```

Das Anlegen der Datei erfolgt jeweils durch Öffnen im Modus »w«, der eine nicht vorhandene Datei neu anlegt bzw. eine existierende reinitialisiert. In die leere Datei wird dann die erforderliche Anzahl an Leerzeichen geschrieben. Auf einer Testanlage lieferte das Programm für jeweils zehn Durchläufe folgende Ergebnisse:

| Größe | Dauer [s] |
|---|---|
| 5 | 1.62 |
| 50 | 1.69 |
| 500 | 1.77 |
| 5000 | 2.40 |
| 50000 | 6.63 |

**Tabelle 9.12: Laufzeiten von Programm 9.2**

Auffallend ist bei diesen Ergebnissen, daß die zum Erstellen benötigte Zeit nicht linear von der Größe der Datei abhängt. Dieser Charakter würde erst bei noch größeren Dateien deutlich werden. Statt dessen dauert es nahezu genauso lange, eine Datei mit 500 Bytes anzulegen, wie eine Datei mit 5 Bytes, und auch das Anlegen einer 5 kByte großen Datei ist nur unwesentlich langsamer.

Diesem Ergebnis kann man entnehmen, daß der überwiegende Teil der Rechenzeit bei den kleinen Dateien durch das Öffnen und Schließen verbraucht wird. Erst ab relativ großen Dateien macht sich der eigentliche

Schreibvorgang überhaupt bemerkbar. Dies läßt zu Recht darauf schließen, daß sowohl das Öffnen als auch das Schließen von Dateien keinesfalls triviale Operationen sind, und daß das Laufzeitverhalten beider Kommandos in datenintensiven Anwendungen nicht vernachlässigt werden darf.

**Aufgabe 3**

Bei dieser Aufgabe kam es im wesentlichen darauf an, die Dateien richtig zu öffnen und die gelesenen Zeichen miteinander zu vergleichen. Das Öffnen der Dateien geschieht im Textmodus, um den Zeilenzähler *linecnt* durch Vergleich mit '\n' inkrementieren zu können. Nach dem Öffnen der Dateien liest eine *while*-Schleife so lange jeweils das nächste Zeichen simultan aus beiden Dateien, bis entweder ein Unterschied oder das gemeinsame Ende beider Dateien erkannt wurde.

Falls der einzige Unterschied zwischen zwei Dateien darin besteht, daß eine der beiden kürzer ist als die andere, so terminiert die Schleife ebenfalls ordnungsgemäß. Da in diesem Fall ein ASCII-Zeichen mit EOF verglichen wird, führt dies ebenso zum Abbruch der Schleife. Dieser Fall wird auch bei der Ausgabe des Programmresultats noch einmal gewürdigt.

```
/* lsg0903.c */

#include <stdio.h>

void main(void)
{
  char fname1[20], fname2[20];
  FILE *f1, *f2;
  int  c1, c2;
  int  charcnt = 0, linecnt = 0;

  printf("Name der 1. Datei: ");
  scanf("%18s", fname1);
  printf("Name der 2. Datei: ");
  scanf("%18s", fname2);
  if ((f1 = fopen(fname1, "rt")) == NULL) {
    fprintf(stderr, "Kann %s nicht öffnen\n", fname1);
    exit(1);
  } else if ((f2 = fopen(fname2, "rt")) == NULL) {
    fprintf(stderr, "Kann %s nicht öffnen\n", fname2);
    exit(1);
  } else {
    while ((c1=getc(f1)) == (c2=getc(f2)) && c1 != EOF) {
      charcnt++;
```

```
        if (c1 == '\n') {
          linecnt++;
        }
      }
      if (c1 == c2) {
        printf("Beide Dateien sind gleich\n");
      } else {
        printf("Ab dem %d. Zeichen unterschiedlich\n", charcnt + 1);
        printf("In Zeile %d\n", linecnt + 1);
        if (c1 == EOF) {
          printf("Ende der 1. Datei erreicht\n");
        } else if (c2 == EOF) {
          printf("Ende der 2. Datei erreicht\n");
        }
      }
      fclose(f1);
      fclose(f2);
    }
}
```

**Aufgabe 4**

Die Hauptschwierigkeit bei dieser Aufgabe besteht darin, die Anfangspositionen der aktuellen und der vorherigen Zeile herauszufinden. Wenn nämlich der mitlaufende Zähler die Suchposition gefunden hat, liegen die Zeilenanfänge schon weit zurück.

Eine mögliche Lösung des Problems besteht darin, in einem Zeichen-Array die letzten beiden Zeilen zu speichern und diese nach dem Finden der Suchstelle zunächst auszugeben. Anschließend müßte dann nur noch die Datei bis zur übernächsten Zeilenschaltung weitergelesen und jedes gefundene Zeichen ausgegeben werden. Der Nachteil dieser Lösung ist, daß zum Compile-Zeitpunkt nicht bekannt ist, welche Länge die größte vorkommende Zeile hat.

Eine mögliche Implementierung könnte so aussehen:

```
/* lsg0904.c */

#include <stdio.h>

void main(void)
{
  char fname1[20];
  FILE *f1;
  int  c1;
```

```
  int  such;
  long pos1, pos2, cnt = 0, i;

  printf("Name der Datei: ");
  scanf("%18s", fname1);
  printf("Suchposition: ");
  scanf("%d", &such);
  if ((f1 = fopen(fname1,"r")) == NULL) {
    fprintf(stderr, "Kann %s nicht öffnen\n", fname1);
    exit(1);
  } else {
    pos2 = pos1 = ftell(f1);
    while ((c1 = getc(f1)) != EOF && cnt != such) {
      if (c1 == '\n') {
        pos1 = pos2;
        pos2 = ftell(f1);
      }
      cnt++;
    }
    if (c1 != EOF) {
      fseek(f1, pos1, SEEK_SET);
      for (i = 0; i < 3; ++i) {
        while ((c1=getc(f1)) != EOF && c1 != '\n') {
          putchar(c1);
        }
        putchar('\n');
      }
    } else {
      printf("Position nicht in der Datei\n");
    }
    fclose(f1);
  }
}
```

Das Programm merkt sich die Positionen der letzten beiden Zeilenanfänge (*newline*-Zeichen) in den Variablen *pos1* und *pos2*. Dabei gibt *pos2* den Anfang der aktuellen und *pos1* den Anfang der vorherigen Zeile an. Wenn das Programm nun (durch Mitzählen in *cnt*) feststellt, daß die gewünschte Position erreicht ist, braucht es nur noch zur Stelle *pos1* zurückzuspringen und ab dort alle Zeichen bis zum dritten darauffolgenden *newline* auszugeben.

**Aufgabe 5**

Es ist für ein Computerprogramm gar nicht so einfach, herauszufinden, ob es eine Binär- oder Textdatei bearbeitet. Während ein menschlicher Betrachter auf den ersten Blick erkennt, welcher der beiden Klassen die Datei zuzuordnen ist, müssen wir dem Programm die nötigen Regeln mühsam beibringen.

Das einzige sichere Kriterium *für* eine Binärdatei ist das Vorhandensein eines Null-Zeichens, denn das hat in einer Textdatei nichts zu suchen. Darüber hinaus gibt es noch weitere Kriterien, die aber etwas unsicherer sind:

Für eine Binärdatei spricht:

- Zeichen mit ASCII-Code > 127 gefunden (insbesondere auf UNIX-Systemen mit 7-Bit-Zeichensatz).
- Zeichen mit ASCII-Code < 32 gefunden, das kein Whitespace ist.

Für eine Textdatei spricht:

- Letztes Zeichen in der Datei ist Ctrl-Z (nur für MS-DOS).
- Dateilänge geteilt durch die Anzahl gefundener linefeed-Zeichen (MS-DOS: carriage return / linefeed) ist kleiner als 80 (entspricht der mittleren Zeilenlänge).

Diese Regeln werden im folgenden Programm beispielhaft für die MS-DOS-Version implementiert:

```
/* lsg0905.c */

#include <stdio.h>

void main(void)
{
  char fname[20];
  FILE *f1;
  int  c, last_c = '\0';
  int  nullchar = 0;
  int  gt_127 = 0;
  int  ls_32 = 0;
  int  ctrl_z = 0;
  int  nl_cnt = 1;
  int  size = 0;

  printf("Name der Datei: ");
  scanf("%18s", fname);
  if ((f1 = fopen(fname, "rb")) == NULL) {
    fprintf(stderr, "Kann %s nicht öffnen\n", fname);
```

```
    exit(1);
  } else {
    while ((c = getc(f1)) != EOF) {
      size++;
      if (c == 0)
        nullchar = 1;
      else if (c > 127)
        gt_127 = 1;
      else if (c < 32 && c != '\t' && c != '\n' && c != '\r')
        ls_32 = 1;
      else if (c == '\n' && last_c == '\r')
        nl_cnt++;
      last_c = c;
    }
    if (last_c == 26) {
      ctrl_z = 1;
    }
    switch (2*nullchar+gt_127+ls_32-ctrl_z
            -((size/nl_cnt<=80)?2:0)) {
    case 4: case 3: case 2: case 1:
      printf("Eine Binärdatei\n");
      break;
    case 0:
      printf("Nicht entscheidbar\n");
      break;
    case -1: case -2:
      printf("Eine Textdatei\n");
      break;
    }
    fclose(f1);
  }
}
```

Das Programm merkt sich das Erfülltsein der Kriterien in den logischen 0/1-Variablen. Am Ende summiert es die für eine Binärdatei sprechenden Kriterien und subtrahiert die für eine Textdatei sprechenden. Ist das Ergebnis kleiner 0, handelt es sich um eine Textdatei, ist es größer 0, um eine Binärdatei. War das Ergebnis 0, so kann keine Angabe gemacht werden.

Beachten Sie, daß die Kriterien *»Nullzeichen«* und *»Anzahl Zeichen geteilt durch Anzahl Zeilen ist kleiner 80«* jeweils doppelt gewertet werden. Dies hat sich nach etlichen Tests als recht praktikabel erwiesen. Übrigens gibt es auf UNIX-Systemen ein ähnliches Programm mit dem Namen *file*. Dieses ist wesentlich treffsicherer, aber seine Implementierung ist auch wesentlich aufwendiger.

**Aufgabe 6**

Die gegebene Aufgabe läßt sich in drei Funktionen unterteilen:

1. Das Hauptprogramm übernimmt das Öffnen und Schließen der Datei, den Benutzerdialog und die Steuerung des globalen Programmablaufs.
2. Die Funktion *readline* liest aus der Eingabedatei die nächste Zeile in einen übergebenen Puffer.
3. Die Funktion *includes* überprüft, ob der Suchstring in der aktuellen Zeile enthalten ist.

Nach dieser Unterteilung ist die Programmierung der *main*-Funktion sehr einfach. Auch die Funktion *readline* sollte keine Schwierigkeiten machen. Hier muß lediglich darauf geachtet werden, daß die Pufferlänge nicht überschritten wird und daß der String ordnungsgemäß mit einem Null-Zeichen terminiert wird.

Wesentlich komplizierter ist die Implementierung der *includes*-Funktion. Das hier gewählte Verfahren verwendet die einfachste, aber auch langsamste Methode zur Überprüfung. Für alle Zeichen in der aktuellen Zeile wird überprüft, ob der Suchbegriff an dieser Stelle zu finden ist. Ist dies der Fall, so gibt die Funktion den Wert 1 zurück, andernfalls ist der Suchbegriff nicht enthalten und die Funktion gibt 0 zurück.

```
/* lsg0906.c */

#include <stdio.h>

int readline(FILE *f, char buf[])
{
  int c, i = 0;

  while ((c=getc(f)) != EOF && c != '\n' && i < 128) {
    buf[i++] = c;
  }
  buf[i] = '\0';
  return (c != EOF || i != 0);
}

int includes(char s1[], char s2[])
{
  int i=0, j;
```

```
  while (s1[i]) {
    j = 0;
    while (s1[i+j] && s2[j] == s1[i+j]) {
      j++;
    }
    if (s2[j] == '\0') {
      return 1;
    }
    i++;
  }
  return 0;
}

void main(void)
{
  char fname[20], such[30], buf[130];
  FILE *f1;

  printf("Name der Datei: ");
  scanf("%18s", fname);
  printf("Suchbegriff: ");
  scanf("%28s", such);
  if ((f1 = fopen(fname,"r")) == NULL) {
    fprintf(stderr, "Kann %s nicht öffnen\n", fname);
    exit(1);
  } else {
    while (1) {
      if (!readline(f1, buf)) {
        break;
      }
      if (includes(buf, such)) {
        printf("%s\n",buf);
      }
    }
    fclose(f1);
  }
}
```

GoTo

# Zeiger – erster Teil

# 10

## Kapitelüberblick

## 10.1 Dynamische Datenstrukturen

### R 55 Dynamische Datenstrukturen

R55

Wir haben uns in den vergangenen Kapiteln mit relativ überschaubaren Problemen auseinandergesetzt und konnten mit den bisher eingeführten Datentypen und -strukturen in aller Regel angemessene Lösungen finden. Allen vorgestellten Datenstrukturen war gemeinsam, daß ihre Größe zur Übersetzungszeit des Programms feststeht; sie werden daher als *statisch* bezeichnet.

In der Praxis gibt es jedoch eine große Klasse von Problemen, deren zugrundeliegende Struktur *dynamischer* Natur ist. Will man Probleme dieser Art mit einem Computerprogramm angemessen bearbeiten, so benötigt man eine Datenstruktur, deren Größe und Aufbau sich zur Laufzeit des Programmes verändern kann, also eine *dynamische Datenstruktur.*

Um einen ersten Eindruck von den potentiellen Schwierigkeiten bei der Verwendung statischer Datenstrukturen zur Lösung eines dynamischen Problems zu gewinnen, wollen wir ein Beispiel betrachten, für das sowohl ein statisches als auch ein dynamisches Lösungsbeispiel gegeben wird.

### 10.1.1 Der statische Lösungsansatz

Angenommen, Sie sollen ein einfaches Programm für die Verwaltung Ihrer Adressen schreiben. Mit diesem Programm soll es möglich sein, neue Adressen einzufügen, bestehende zu löschen, und die vorhandenen Adressen sollen in Namensreihenfolge verarbeitet werden können. Weiter angenommen, ein einzelner Adreßsatz werde durch eine Struktur *struct asatz* dargestellt, und die Menge aller möglichen Adressen sei durch ein Array *A* mit Elementen vom Typ *struct asatz* repräsentiert. Die verfügbaren Adressen seien in *A* aufsteigend nach Namen sortiert.

Diese Vorgehensweise scheint zwar auf den ersten Blick naheliegend, bei näherer Betrachtung offenbaren sich jedoch einige Schwächen:

1. Soll ein neues Element eingefügt werden, so ist in *A* zunächst die Stelle zu finden, an der das Element alphabetisch einzuordnen ist. Um Platz für das einzufügende Element zu schaffen, müssen dann alle darauffolgenden Elemente um eine Position nach oben verschoben werden. Da jedes der zu verschiebenden Elemente dabei mindestens einmal gelesen und geschrieben werden muß, kann diese Vorgehensweise bei einem großen Array sehr zeitaufwendig werden.
2. Soll ein Element gelöscht werden, so kann es nur aus dem Array entfernt werden, indem alle darauffolgenden Elemente um eine Position nach unten verschoben werden. Aus denselben Gründen wie zuvor ist auch dieser Vorgang unter Umständen sehr zeitaufwendig.

3. Da zur Entwicklungszeit des Programmes nicht bekannt ist, wie viele Adressen eingefügt werden sollen, ist das Array im allgemeinen entweder zu groß dimensioniert und verschwendet damit wertvollen Arbeitsspeicher, oder es bietet nicht genug Platz, um neue Elemente einzufügen. Muß es erweitert werden, ist ein größeres Array anzulegen, in daß alle Elemente kopiert werden müssen.

All diese Schwierigkeiten entstehen durch eine Datenstruktur, die für die Aufgabe unangemessen war. Die gewählte Darstellung der Daten war *statisch*, während die Aufgabe einen *dynamischen* Ansatz implizierte. Bei einer solchen Vorgehensweise entstehen in aller Regel Probleme, die in der eigentlichen Aufgabenstellung nicht enthalten sind und die Lösung unübersichtlich und schwer verständlich machen. Wir wollen uns nun einen Lösungsansatz ansehen, der eine dynamische Darstellung der Daten verwendet und bei dem keines der drei Probleme auftaucht.

### 10.1.2 Die dynamische Lösung

Angenommen, wir verfügten über eine Möglichkeit, Datensätze miteinander zu verketten. Dann könnten wir die Adressen als alphabetisch sortierte Liste verketteter Elemente vom Typ *struct asatz* darstellen. Wenn es weiterhin möglich wäre, zur Laufzeit des Programmes neue Elemente in die Kette einzufügen, bestehende Elemente zu löschen oder die Verkettung der Elemente zu ändern, dann können die oben angesprochenen Probleme nicht mehr auftauchen:

1. Soll ein Adreßsatz eingefügt werden, so wird zunächst Speicher für eine Adreßstruktur angefordert. Anschließend wird die Stelle in der Liste gesucht, an der das Element eingefügt werden muß. Schließlich wird die Einfügung durch Auftrennen der Liste an dieser Stelle und Verketten dieses Elements mit den beiden entstandenen Teilen der Liste vorgenommen. Der Aufwand hält sich in Grenzen, es ist lediglich Hauptspeicher zu beschaffen und einige wenige Verkettungsoperationen sind durchzuführen. Der Rest der Liste braucht nicht kopiert zu werden, da die Einfügung durch das Ändern der Verkettung realisiert wird.

2. Soll ein Satz gelöscht werden, so ist nach dem Auffinden der entsprechenden Stelle lediglich das betreffende Element aus der Liste zu entfernen, die Lücke wieder zu schließen und der für dieses Element angeforderte Speicher an das Betriebssystem zurückzugeben. Auch dies erfordert einen sehr viel geringeren Aufwand als bei der Darstellung im Array, denn wieder entfällt der zeitaufwendige Kopierlauf.

3. Der Speicherbedarf der Liste entspricht immer der tatsächlichen Anzahl gespeicherter Elemente, es wird kein Speicher verschwendet. Für die Verkettungen wird nur wenig zusätzlicher Speicher benötigt.

Durch das dynamische Anfordern von Speicher kann die Liste (theoretisch) beliebig groß werden.

### 10.1.3 Ausblick

Nun ist dieses Szenario keineswegs hypothetisch, sondern entspricht genau den Möglichkeiten, die in C zur Konstruktion dynamischer Datenstrukturen zur Verfügung stehen. Die erwähnten Verkettungen werden durch *Zeiger* realisiert, die dynamische Speicherbeschaffung erledigt die Library-Funktion *malloc*. Aufgabe dieses Kapitels ist es, Ihnen die Verwendung von Zeigern zur Modellierung dynamischer Datenstrukturen in C nahezubringen.

Es gibt im täglichen Leben eine Unzahl von Dingen, die man im weitesten Sinn als *Zeiger* bezeichnen kann. Man kann sich einen Zeiger als *Referenz* oder *Verweis* auf ein anderes Objekt vorstellen. Beispiele für Referenzen sind Literaturangaben und Inhaltsverzeichnisse in Büchern, Adressen von Bekannten, das auf dem Bildschirm eingeblendete Fernsehprogramm des Abends, der Familienstammbaum oder die Zusammenfassung im Geschichtsbuch. Überall gibt es Zeiger, die auf Dinge verweisen, mit denen sie im Zusammenhang stehen.

Zeiger und das dahinterstehende Konzept der *indirekten Adressierung* gibt es in Assemblersprachen schon lange. In höheren Programmiersprachen tauchten Zeiger zur Konstruktion dynamischer Datenstrukturen zuerst in PL/I, ALGOL-68 und PASCAL auf und sind mittlerweile fester Bestandteil aller modernen Universalsprachen wie beispielsweise C, Modula-2 und ADA. In anderen Sprachen (z. B. Java) gibt es zwar keine expliziten Zeiger, aber dynamische Datenstrukturen lassen sich leicht mit Hilfe von Objektreferenzen nachbilden. Auch LISP erlaubt die Konstruktion hochdynamischer Datenstrukturen ohne die Verwendung expliziter Zeiger. Daneben gibt es auch Programmiersprachen, die weder Zeiger noch dynamische Datenstrukturen kennen. Als Beispiel wären hier FORTRAN, COBOL, BASIC und viele datenbankorientierte Anwendungssprachen zu nennen.

Falls Sie von einer der letztgenannten Sprachen zu C kommen, denken Sie bitte nicht, Zeiger und dynamische Datenstrukturen wären unnötiger Ballast und der Umgang mit ihnen bräuchte nicht unbedingt erlernt zu werden. Das Gegenteil ist der Fall! Zeiger gehören in allen dynamischen Programmiersprachen zu den wichtigsten Hilfsmitteln bei der Konstruktion von Datenstrukturen und sind in C geradezu unverzichtbar. Da die Bedeutung von Zeigern in C weit über die Konstruktion dynamischer Datenstrukturen hinausgeht (das komplette Kapitel 11 widmet sich dieser Tatsache), gibt es keine C-Programme von Bedeutung, die ohne Zeiger auskommen.

Falls Sie bei der Beschäftigung mit Zeigern zunächst Verständnisschwierigkeiten haben, können Sie sich trösten. Das geht fast jedem Programmierer so, wenn er sich das erste Mal mit dieser Materie beschäftigt. Lassen Sie sich also nicht gleich entmutigen. Versuchen Sie statt dessen, die Beispiele nachzuvollziehen, experimentieren Sie mit den Programmen und lesen Sie die Kapitel ruhig noch einmal durch. Sie werden feststellen, daß Ihnen die praktische Arbeit und jede Wiederholung etwas mehr an Wissen und Verständnis bringt.

Da dieses Buch in erster Linie die Sprache C vermitteln will, wird das Thema »Dynamische Datenstrukturen« nur insoweit behandelt, als es für das Verständnis der wichtigsten Zusammenhänge nötig ist. Sollten Sie darüber hinaus Interesse an Datenstrukturen haben, so empfiehlt sich das Studium weiterführender Literatur. Anhang C enthält eine Reihe von Literaturhinweisen zu diesem Thema.

## 10.2 Einführung des Zeigerbegriffs

### 10.2.1 Definition einer Zeigervariablen

#### R 56 Definition einer Zeigervariable

R56

In C werden Zeiger bei ihrer Definition *typisiert*, d.h. ein für einen bestimmten Typ definierter Zeiger darf nur auf Variablen dieses Typs zeigen. Es ist beispielsweise nicht erlaubt, einen *int*-Zeiger auf eine *double*-Variable zeigen zu lassen. Daher ist es nötig, bei der Definition eines Zeigers den Datentyp anzugeben, den der Zeiger referenzieren soll. Die allgemeine Syntax einer Zeigerdefinition hat folgendes Aussehen:

Syntax

```
Datentyp * Name;
```

Durch diese Definition wird eine Variable *Name* vom Typ »Zeiger auf *Datentyp*« vereinbart. Der Wertebereich einer solchen Variablen ist die Menge aller Zeiger, die auf Speicherobjekte vom Typ *Datentyp* zeigen können. Durch die Definition sind Zeiger und zugeordneter Typ untrennbar miteinander verbunden, d.h. es ist nicht möglich, den Typ des Zeigers im weiteren Programmverlauf zu verändern.

Durch die Definition der Zeigervariablen wird kein Speicherplatz für ein Objekt vom Typ *Datentyp* reserviert. Der Compiler reserviert für eine Zeigervariable lediglich soviel Speicher, wie zur Darstellung des Zeigers nötig ist. Da Objekte vom Typ *Datentyp* prinzipiell an jeder beliebigen Stelle im Hauptspeicher eines Programmes liegen können, müssen mit einem Zeiger letztendlich alle erreichbaren Hauptspeicheradressen dargestellt werden können. Daher werden zur Speicherung eines Zeigers genau so viele Bytes verwendet, wie die interne Darstellung einer Maschinenadresse erfordert. Das sind beispielsweise 2 Bytes auf Systemen mit 16-Bit-Adressen und 4 Bytes auf Systemen mit 32-Bit-Adressen.

Ebenso wie jede andere Variable ist auch der Wert eines Zeigers unmittelbar nach seiner Definition unbestimmt, er referenziert also *irgendeine* Speicherstelle im Adreßraum des Programmes. Natürlich gibt es – wie bei allen Datentypen – nur eine einzige sinnvolle Operation auf einer nichtinitialisierten Variable, nämlich die Zuweisung eines Wertes. Sie funktioniert ähnlich wie bei einer normalen Variablen, nur muß natürlich ein Zeiger zugewiesen werden, nicht ein einfacher Datentyp.

### 10.2.2 Wertzuweisung

Durch den Ausdruck *A=B* wird einem Zeiger *A* der Wert des Zeigers *B* zugewiesen. Nach der Zuweisung haben beide Zeiger denselben Wert und zeigen damit gemeinsam auf das Objekt, das zunächst durch *B* referenziert wurde.

#### R 57 Anwendung des Adressoperators

R57

Die einfachste Möglichkeit, einen Zeiger zu konstruieren, besteht darin, den in Kapitel 2 vorgestellten Adreßoperator & zu verwenden. Ist *x* eine Variable vom Typ *t*, so ist der Ausdruck *&x* ein Zeiger auf die Variable *x*. Der Typ des Ausdrucks ist *Zeiger auf t*.

Wir wollen ein Beispiel betrachten (s. Abbildung 10.1):

```
/* bsp1001.c */

void main(void)
{
  int i;
  int *ptr;

  i = 5;
  ptr = &i;
}
```

In diesem Programm wird zunächst eine *int*-Variable *i* definiert und anschließend eine Zeigervariable *ptr* auf ein *int*. Durch die Zuweisung *i=5* wird der *int*-Variablen der Wert 5 zugewiesen. An der Stelle im Hauptspeicher des Computers, an der *i* gespeichert wird, befindet sich nun der Wert 5. Zu diesem Zeitpunkt ist der Wert des Zeigers undefiniert, denn ihm wurde noch nichts zugewiesen. Erst durch den Ausdruck *ptr=&i* erhält der Zeiger *ptr* einen definierten Wert, nämlich die Adresse der Variablen *i*. *ptr* zeigt jetzt also auf die Variable *i*, die den Wert 5 beinhaltet.

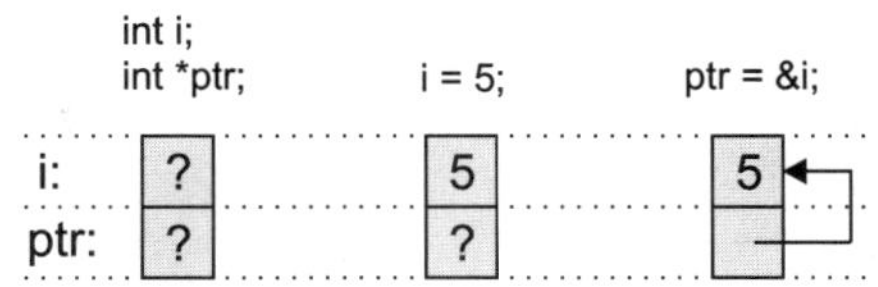


**Abbildung 10.1: Zuweisung mit Hilfe des Adreßoperators**

Mit Hilfe des Adreßoperators können wir also Zeiger auf bereits vorhandene Speichervariablen konstruieren. Da die Größe normaler Speichervariablen schon zur Übersetzungszeit errechnet wird und der Compiler den erforderlichen Speicherplatz beim Programmstart automatisch reserviert, hat diese Vorgehensweise natürlich noch nichts mit dynamischen Datenstrukturen zu tun, die ja zur Laufzeit des Programmes ihre Größe verändern können. Uns dienen diese Beispiele zunächst hauptsächlich dazu, die elementaren Operationen im Umgang mit Zeigern zu erlernen.

Da Zeiger typgebunden sind, ist es nicht erlaubt, ihnen die Adresse einer Variablen eines anderen Typs zuzuweisen. Das folgende Programm würde vom Compiler als fehlerhaft erkannt, weil die in der letzten Anweisung vorgenommene Zuweisung eines *double*-Zeigers an einen *int*-Zeiger nicht erlaubt ist:

```
/* bsp1002.c */

void main(void)
{
  double x;
  int *ptr;

  x = 5.0;
  ptr = &x;
}
```

Obwohl die interne Darstellung aller Zeiger gleich ist (lediglich eine Adresse), verhindert der Compiler eine solche Zuweisung, um Programmierfehler dieser Art schon beim Übersetzen des Programmes aufzudekken.

### 10.2.3 Dereferenzierung

#### R 58 Dereferenzierung eines Zeigers

R58

Wurde einem Zeiger ein Wert zugewiesen, so wollen wir natürlich auch auf das referenzierte Objekt zugreifen. Dazu gibt es in C den unären Umleitungsoperator *, den wir auch als Verweisoperator bezeichnen wollen. Stellt man einem Zeiger in einem Ausdruck ein * voran, so erhält man als

Resultat das durch den Zeiger referenzierte Objekt. Der Typ des Ausdrucks entspricht dem Grundtyp des Zeigers.

Der unäre *-Operator darf nicht mit dem zweistelligen Multiplikationsoperator verwechselt werden; außer dem Aussehen haben beide nichts gemeinsam. Der Compiler unterscheidet beide anhand des Kontexts, in dem der Stern in Ausdrücken auftaucht.

Um die Verwendung des Verweisoperators zu verdeutlichen, wollen wir das obige Programm um eine Ausgabeanweisung erweitern:

```
/* bsp1003.c */

#include <stdio.h>

void main(void)
{
  int i;
  int *ptr;

  i = 5;
  ptr = &i;
  printf("%d\n", *ptr);
}
```

Als letzte Anweisung taucht der Aufruf von *printf* auf, mit dem ein *int*-Wert ausgegeben werden soll. Als aktuellen Parameter übergeben wir jedoch in diesem Fall keine *int*-Variable, sondern mit **ptr* das Objekt, auf das der Zeiger *ptr* zeigt. Da *ptr* als Zeiger auf *int* definiert wurde, liefert der Verweisoperator in diesem Fall einen *int*-Wert und das Programm gibt die Zahl 5 aus. Abbildung 10.2 illustriert noch einmal den Unterschied zwischen einem Zeiger und dem Objekt, auf das der Zeiger zeigt.

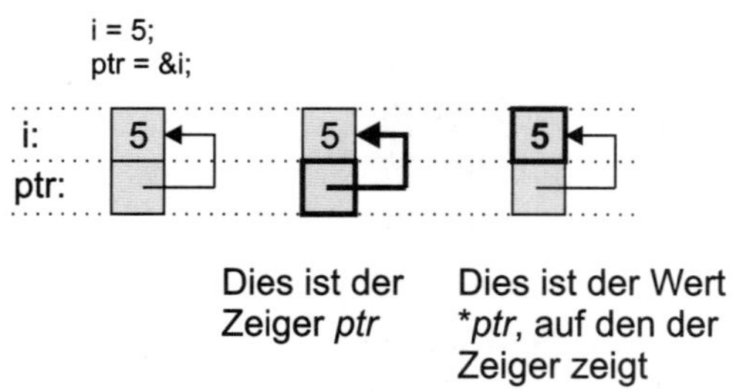


**Abbildung 10.2: Zeiger und zugehöriges Objekt**

Da der Rückgabewert des Verweisoperators ein *lvalue* ist (s. Kapitel 2), dürfen wir einen dereferenzierten Zeiger auch auf der linken Seite einer Zuweisung verwenden. Damit ist es möglich, Variablen indirekt zu verändern:

```
/* bsp1004.c */

#include <stdio.h>

void main(void)
{
  int i;
  int *ptr;

  ptr = &i;
  i = 1;
  printf("i ist jetzt %d\n", i);
  *ptr = 2;
  printf("i ist jetzt %d\n", i);
}
```

Die Ausgabe des Programmes lautet:

```
i ist jetzt 1
i ist jetzt 2
```

Die Anweisung *ptr=&i* weist *ptr* die Adresse der Variablen *i* zu, d.h. *ptr* ist jetzt ein Zeiger auf die *int*-Variable i.

Beachten Sie, daß an dieser Stelle keine undefinierte Zuweisung erfolgte, weil *i* noch nicht initialisiert war! Vielmehr ist es so, daß *ptr* nicht der Wert (der tatsächlich noch undefiniert ist), sondern die Adresse von *i* zugewiesen wird. Die Adresse einer Variablen wird aber vom Compiler bereits beim Übersetzen festgelegt und ist daher stets definiert.

Die nächste Anweisung weist *i* den Wert 1 zu, so daß das erste *printf* folgerichtig die 1 auf dem Bildschirm ausgibt. In der nun folgenden Anweisung **ptr=2* wird dem Objekt, auf das der Zeiger *ptr* zeigt, der Wert 2 zugewiesen. Da wir mit der ersten Anweisung *ptr* gleich auf *i* zeigen ließen, erhält *i* nun den Wert 2, das nachfolgende *printf* gibt 2 aus.

Indem wir Zeiger mit Hilfe des Adreßoperators auf namentlich bekannte Variablen zeigen lassen, haben wir eine Möglichkeit gefunden, unter verschiedenen Namen auf denselben Speicherbereich zuzugreifen:

1. Wir können direkt über den Namen der Variablen auf das Objekt zugreifen.

2. Wir können mit Hilfe des Verweisoperators und eines Zeigers indirekt auf das Objekt zugreifen.

Hierfür wurde der Begriff des *Alias-Namens* (oder des *Aliasing*) geschaffen. Er wird immer dann benutzt, wenn durch die Verwendung eines Zeigers auf dieselbe Variable mit unterschiedlichen Namen zugegriffen werden kann.

### 10.2.4 Zuweisung zweier Zeiger

Die Zuweisung einer Adresse an eine Zeigervariable kann nicht nur mit Hilfe des Adreßoperators erfolgen, sondern auch durch Zuweisung einer anderen Zeigervariablen. Analog zur Zuweisung einfacher Typen müssen auch die beiden Zeigervariablen zuweisungskompatibel sein, d.h. auf denselben Grundtyp zeigen. Betrachten Sie folgendes Programm (s. Abbildung 10.3):

```
/* bsp1005.c */

#include <stdio.h>

void main(void)
{
  int i1, i2;
  int *p1, *p2;

  i1 = 1;
  i2 = 2;
  p1 = &i1;
  p2 = &i2;
  printf("*p1=%d  *p2=%d\n", *p1, *p2);
  p2 = p1;
  printf("*p1=%d  *p2=%d\n", *p1, *p2);
}
```

Es erzeugt die Ausgabe

```
*p1=1  *p2=2
*p1=1  *p2=1
```

Zunächst werden *i1* und *i2* mit den Werten 1 bzw. 2 initialisiert. Die nächsten beiden Zuweisungen sorgen dafür, daß *p1* auf *i1* und *p2* auf *i2* zeigt. Folgerichtig liefert die erste Ausgabe der dereferenzierten Zeiger die Werte 1 und 2.

Der Effekt der nun folgenden Zuweisung *p2 = p1* muß sorgfältig analysiert werden. *p2* wird der Inhalt von *p1* zugewiesen, d.h. in *p2* steht nach der Zuweisung die Adresse, die vorher in *p1* stand. Das ist aber die Adresse von *i1*, so daß *p2* nach der Zuweisung ebenfalls die Adresse von *i1* enthält, also auf *i1* zeigt. Beide Zeiger verweisen nun auf *i1* und die zweite *printf*-Anweisung gibt – ebenfalls folgerichtig – zweimal die 1 aus.

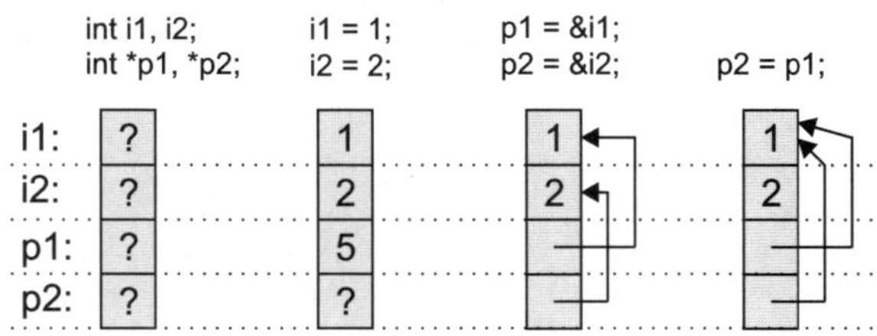


**Abbildung 10.3: Zuweisung zweier Zeiger**

Nachdem im Verlaufe des Buches schon angeklungen war, daß Zeigeroperationen nicht ganz ungefährlich sind, wollen wir uns ein erstes Beispiel für ein fehlerhaftes Zeigerprogramm ansehen.

```
/* bsp1006.c */

#include <stdio.h>

float *p1;

void print(float num)
{
  printf("Wert ist %f\n", num);
}

void bla()
{
  float x = 3.14;

  p1 = &x;
  print(*p1);
}

void main(void)
{
  float y = 2.71;

  p1 = &y;
  print(*p1);
  bla();
```

```
  printf("Jetzt wird's falsch...\n");
  print(*p1);
}
```

Wenn Sie das Programm laufen lassen, könnte es z.B. folgende Werte ausgeben:

```
Wert ist 2.710000
Wert ist 3.140000
Jetzt wird's falsch...
Wert ist 0.000000
```

Es könnte aber auch ein anderer Wert ausgegeben werden. Kernpunkt des Problems ist die globale Variable *p1*, die einen Zeiger auf ein *float* darstellt. Zunächst bekommt *p1* in *main* die Adresse der mit dem Wert 2.71 initialisierten lokalen Variablen *y* zugewiesen. Der nachfolgende Aufruf *print(p1)* gibt die Zahl 2.71 auf dem Bildschirm aus. In der anschließend aufgerufenen Funktion *bla* zeigt *p1* nach der Anweisung *p1=&x;* auf die mit 3.14 initialisierte lokale Variable *x*, was durch die korrekte Ausgabe des Wertes 3.14 bestätigt wird.

Da aber nach dem Ende einer Funktion deren lokale Variablen ungültig werden, zeigt *p1* in *main* nach dem Aufruf von *bla* auf einen undefinierten Speicherbereich. Die nachfolgende Bildschirmausgabe liefert dann einen falschen Wert, da der für die lokale Variable *x* reservierte Stackspeicher bereits anderweitig verwendet wurde (möglicherweise für die Argumente des dazwischenliegenden Aufrufs von *printf*).

Das geschilderte Problem kommt also dadurch zustande, daß ein Zeiger auf einen *ungültigen* Speicherbereich zeigt. In diesem Fall ist auch das Ergebnis einer Verweisoperation undefiniert. In unserem Fall wurde der Speicherbereich dadurch ungültig, daß ein globaler Zeiger auf lokale Variablen zeigte, die nach Funktionsende nicht mehr definiert waren. Wie wir im folgenden noch sehen werden, gibt es eine ganze Reihe möglicher Ursachen dafür, daß ein Zeiger auf einen ungültigen Wert zeigt.

Es gibt leider keine generelle Strategie zur Vermeidung dieser Art von Fehlern. Im Laufe der folgenden Abschnitte werden immer wieder Programmsituationen auftauchen, in denen Zeiger durch *leichte* Programmierfehler auf falsche Speicherbereiche zeigen. Während lesende Zugriffe auf diesen Zeiger falsche Werte ermitteln, können schreibende Zugriffe dazu führen, daß das Programm stehenbleibt oder abstürzt.

Auf den meisten modernen Betriebssystemen gibt es allerdings *hardwareunterstützte Speicherschutzmechanismen*, die verhindern, daß ein fehlerhafter Zeiger einen Maschinenstillstand verursacht. Das Betriebssystem bekommt bei Verletzung der Schutzregeln von der Hardware eine Mitteilung und bricht das Programm mit einer Meldung »memory fault« oder »protection error« ab. Dies hat den Vorteil, daß man als (experimentierfreudiger) C-Anfänger auch auf Mehrplatzsystemen mit vielen Benutzern nicht unbedingt Angst haben muß, das gesamte System zum Absturz zu bringen. Das gilt natürlich nicht bei hardware-naher Systemprogrammierung, etwa im Bereich der Treiberentwicklung oder bei der Modifikation von Kernelroutinen.

### 10.2.5 Dynamische Speicherzuweisung

Die vorangegangenen Abschnitte haben die grundlegenden Operationen mit Zeigern erklärt, sich dabei allerdings auf *statische* Speicherbereiche beschränkt. Wir wollen uns nun den Umgang mit dynamisch zugewiesenem Datenspeicher ansehen.

Für das Verständnis dieses Abschnitts ist es wichtig, den Begriff des *Heap* zu verstehen. Unter einem Heap versteht man einen großen, zusammenhängenden Speicherbereich, der einem C-Programm zur Laufzeit als Speicherlieferant dient. Stellen Sie sich den Heap am besten als große Menge an Hauptspeicher vor, aus dem sich ein C-Programm mit Hilfe von Library-Funktionen unterschiedlich große Stücke herausgeben lassen kann, um darin Daten des Programmes zu speichern.

#### R 59 Anforderung von Speicher mit malloc

R59

Obwohl der Heap in der Regel sehr viel größer als der für normale Variablen verfügbare Speicher ist, hat er doch nur eine *endliche* Ausdehnung. Aus diesem Grund existiert in C eine Library-Funktion, mit deren Hilfe nicht mehr benötigter Speicher wieder an das Betriebssystem zurückgegeben werden kann. Anders als in anderen Sprachen (beispielsweise Java, LISP oder Clipper) wird in C der nicht mehr benötigte Speicher nicht automatisch zurückgegeben. Wir wollen uns jedoch zunächst mit der Anforderung von Speicher beschäftigen.

**malloc**

```
#include <stdlib.h>

void *malloc(size_t size);
```

Ein Aufruf von *malloc(size)* reserviert auf dem Heap einen Hauptspeicherbereich der Größe *size* Bytes und liefert einen Zeiger auf das erste Byte des Speicherblocks (s. Abbildung 10.4). Falls nicht mehr genügend zusammenhängender Speicher verfügbar ist, gibt *malloc* den vordefinierten Zeiger NULL zurück. Damit sind wir nun in der Lage, den Speicherplatz für eine Variable *zur Laufzeit* des Programmes zu beschaffen:

```
/* bsp1007.c */

#include <stdio.h>
#include <stdlib.h>

void main(void)
{
  int *ptr;

  ptr = malloc(sizeof(int));
  if (ptr != NULL) {
    *ptr = 15;
    printf("%d\n", *ptr);
  } else {
    fprintf(stderr, "Nicht genug Speicher vorhanden\n");
  }
}
```

Zunächst wird ein *int*-Zeiger *ptr* definiert. Diesem wird durch Aufruf von *malloc* ein freier Speicherbereich der Größe eines *int* zugewiesen. Falls der Aufruf erfolgreich war, zeigt *ptr* jetzt auf das erste Byte des reservierten Speichers, andernfalls enthält *ptr* den Wert NULL. Mit Hilfe des Ausdrucks ***ptr*** kann nun lesend oder schreibend auf diesen Speicherbereich zugegriffen werden, so als ob sich dort eine vom Compiler erzeugte Variable befinden würde.

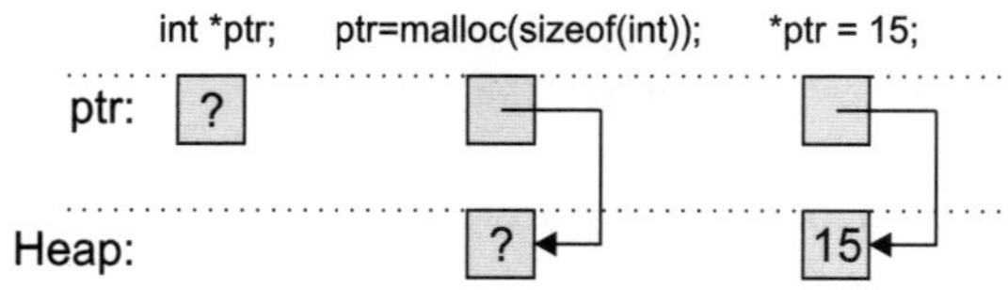


**Abbildung 10.4: Speicherallozierung auf dem Heap**

### NULL-Zeiger

Da es sein kann, daß *malloc* nicht mehr genügend zusammenhängenden Speicher findet, muß nach jedem Aufruf getestet werden, ob der Rückgabewert NULL ist. NULL ist ein vordefinierter Zeiger, dessen Wert sich von allen *regulären* Zeigern unterscheidet. Er wird in der Regel von Funktionen, die Zeiger als Rückgabewerte liefern, zur Anzeige eines Fehlers verwendet. Im Kapitel 9 haben Sie NULL schon einmal kennengelernt, denn *fopen* gibt diesen Wert zurück, wenn die angegebene Datei nicht geöffnet werden konnte. Das Dereferenzieren eines NULL-Zeigers ist nicht erlaubt und führt zu undefiniertem Programmverhalten.

Die standardmäßige Reaktion auf einen von *malloc* zurückgegebenen NULL-Zeiger sollte daher ein Programmabbruch mit der Fehlermeldung »Nicht genügend Hauptspeicher« sein. Natürlich kann das Programm alternativ auch versuchen, durch Rückgabe von nicht mehr genutztem Speicher und erneutem Aufruf von *malloc* doch noch den benötigten Speicher zu beschaffen. In keinem Fall darf jedoch ein NULL-Zeiger einfach ignoriert werden.

Auf manchen älteren C-Systemen gibt es die Headerdatei *stdlib.h* nicht. In diesem Fall müssen Sie *malloc* vor seiner Verwendung unbedingt deklarieren, da sein Rückgabewert nicht vom Typ *int* ist (s. Kapitel 6). Das kann z.B. durch die folgende Angabe am Anfang der Quelldatei geschehen:

```
void *malloc();
```

Manche Systeme stellen alternativ eine Datei *malloc.h* zur Deklaration der Heap-Management-Routinen zur Verfügung. Da beim Fehlen von *stdlib.h* auch der *NULL*-Zeiger undefiniert wäre, sollte alternativ wenigstens *stdio.h* eingebunden werden.

**Die Größenangabe bei malloc**

Bei einem Aufruf von *malloc* muß die Anzahl der zu reservierenden Bytes übergeben werden, d.h. die Größe des Objekts, das durch den Zeiger referenziert werden soll. Wenn man diese Werte kennt, könnte man sie natürlich als numerische Konstanten angeben, also etwa 2 bei einem *int*-Zeiger oder 8 bei einem *double*-Zeiger. Das hat allerdings den Nachteil, daß der Aufruf von *malloc* maschinenabhängig und dadurch das Programm schlechter portierbar wird. Auf einem anderen Rechner oder Compiler kann ein *int* natürlich eine von 2 und ein *double* eine von 8 abweichende Größe haben.

Besser ist es daher, die Größe des Zielobjekts durch Verwendung des *sizeof*-Operators vom Compiler bestimmen zu lassen. Dabei ist allerdings Vorsicht geboten, denn nicht der Zeiger selbst darf an *sizeof* übergeben werden, sondern das Objekt, worauf der Zeiger zeigt. Das folgende Programm ist ein typisches Beispiel für einen fehlerhaften Aufruf von *malloc*:

```
/* bsp1008.c */

#include <stdio.h>
#include <stdlib.h>

void main(void)
{
  double *p1, *p2;
```

```
  p1 = malloc(sizeof(p1));
  p2 = malloc(sizeof(p2));
  if (p1 != NULL && p2 != NULL) {
    *p1 = 3.14;
    printf("*p1 ist %f\n", *p1);
    *p2 = 2.71;
    printf("*p2 ist %f\n", *p2);
    printf("*p1 ist %f\n", *p1);
  }
}
```

Die Ausgabe des Programms ist:

```
*p1 ist 3.140000
*p2 ist 2.710000
*p1 ist 802989300753582740000000000000.
```

Für die beiden *double*-Zeiger wird durch den zweimaligen Aufruf von *malloc* zunächst der (vermeintlich) erforderliche Speicher reserviert. Sind beide Aufrufe erfolgreich, schreibt das Programm den Wert 3.14 an die Stelle, auf die *p1* zeigt, und gibt den Inhalt von **p1* zur Kontrolle aus. Diese Zuweisung scheint in Ordnung zu sein, denn das Programm gibt den korrekten Wert aus. Nun wird an der für **p2* reservierten Speicherstelle der Wert 2.71 eingetragen. Die Ordnungsmäßigkeit dieser Zuweisung wird auch hier mit einer *printf*-Anweisung bestätigt.

Deren Ausgabe zeigt allerdings unmißverständlich, daß irgendetwas schief gegangen sein muß. Tatsächlich liegt der Fehler darin, daß beim Aufruf von *malloc* zuwenig Speicher reserviert wurde. Der *sizeof*-Operator hat nämlich nicht die Größe eines *double*-Wertes an *malloc* übergeben, sondern die Größe eines Zeigers auf ein *double*. Auf fast allen Maschinen ist dies aber viel zu wenig, nämlich typischerweise 4 statt 8 Byte.

Aus diesem Grund überschreiben die Zuweisungen jeweils fremde Speicherbereiche oberhalb oder unterhalb des reservierten Bereichs. In diesem Beispiel liegen die Speicherbereiche durch die direkt aufeinanderfolgenden *malloc*-Aufrufe vermutlich zufällig hintereinander. So überschreibt die Zuweisung des zweiten Wertes einen Teil des Speicherbereichs, der eigentlich für das erste Objekt gedacht war.

Es gibt im wesentlichen drei Möglichkeiten, den Fehler aus dem Programm zu entfernen:

1. Die Angabe der Größe eines *double* als numerische Konstante:

```
p1=malloc(8);
p2=malloc(8);
```

Nachteilig ist hier – wie schon erwähnt – die schlechte Portier- und Lesbarkeit; außerdem muß man natürlich ganz sicher sein, den richtigen Wert zu kennen. Diese Lösung sollten Sie daher nicht verwenden.

2. Die Angabe des Typs als Argument von *sizeof*:

```
p1=malloc(sizeof(double));
p2=malloc(sizeof(double));
```

   Diese Lösung arbeitet ebenfalls korrekt und vermeidet die Probleme der vorhergehenden. Sie hat aber noch den Nachteil, daß zwei Stellen im Programm geändert werden müssen, wenn sich der Typ des Zeigers (etwa auf *float*) ändert. Diese Nachteile werden durch die dritte Lösung vermieden.

3. Die Angabe des dereferenzierten Zeigers als Argument für *sizeof*:

```
p1=malloc(sizeof(*p1));
p2=malloc(sizeof(*p2));
```

   Diese Lösung geht von der korrekten Annahme aus, daß der Speicherbedarf einer dereferenzierten Zeigervariable mit dem Speicherbedarf seines Grundtyps übereinstimmt. Wird nun im Programm die Definition des Zeigers geändert (z.B. auf *float *p1*), so wird automatisch auch die Speicherplatzberechnung für den Aufruf von *malloc* korrigiert.

Ändern wir das Programm entsprechend um, so gibt es die erwarteten Werte aus:

```
*p1 ist 3.140000
*p2 ist 2.710000
*p1 ist 3.140000
```

**Anmerkung**

Falls Sie versuchen, das vorige Beispiel auf Ihrem Compiler nachzuvollziehen, kann es sein, daß nicht das hier angegebene fehlerhafte Ergebnis zu sehen ist. Der Fehler wird nur dann offensichtlich, wenn die beiden Speicherbereiche sich tatsächlich überlappen. Verwendet ein Compiler eine etwas andere Freispeicherverwaltung, kann es durchaus sein, daß die Ausgabe des Programmes zunächst korrekt ist. Das ist dann aber reiner Zufall; der Fehler zeigt sich zwar nicht, ist aber dennoch im Programm enthalten.

### void*

Vielleicht ist Ihnen bei der Lektüre dieses Abschnitts aufgefallen, daß mehrfach die Konstruktion *void** aufgetaucht ist. Dabei handelt es sich um einen *untypisierten* Zeiger, der zu allen anderen Zeigertypen kompatibel ist und insbesondere in Zuweisungen frei mit typisierten Zeigern gemischt werden kann. Ein *void*-Zeiger umgeht also bei einer Zuweisung die

Typüberprüfungen des Compilers. Dies widerspricht damit ein wenig der Aussage vom Anfang dieses Kapitels, daß in C jeder Zeiger typisiert ist.

Allerdings gibt es berechtigte Anwendungen für einen untypisierten Zeiger, und zwar inbesondere als Argument oder Rückgabewert in Funktionen, die mit Hauptspeicheradressen umgehen. Ohne *void*-Zeiger wäre es beispielsweise nicht möglich, die Funktion *malloc* in der vorgestellten Form zu konstruieren, da ihr Rückgabewert nur für Zeiger *eines bestimmten* Datentyps zulässig wäre. Es wäre dann also erforderlich, für alle Grundtypen eigene *malloc*-Funktionen zur Verfügung zu stellen, beispielsweise

```
int *int_malloc();
char *char_malloc();
float *float_malloc();
```

Das wäre natürlich sehr umständlich. Die andere Alternative, nämlich den Rückgabewert von *malloc* nach jedem Aufruf mit Hilfe des Typkonvertierungsoperators in den passenden Datentyp zu verwandeln, ist ebenso unschön. Daher ist der *void*-Zeiger in den genannten Situationen ein durchaus praktikables und anerkanntes Instrument.

Vielleicht gehört Ihr Compiler noch zu der Sorte, bei der die Funktion *malloc* wie folgt definiert ist und bei der trotzdem die Zuweisung an einen anders typisierten Zeiger nicht scheitert:

```
char *malloc();
```

Der Compiler führt dann wahrscheinlich – entgegen den bisherigen Erklärungen – keine Typüberprüfung an Zeigern durch, sondern betrachtet grundsätzlich alle Zeigertypen als kompatibel zueinander. In diesem Fall gibt es natürlich auch keinen Schutz gegen die unbeabsichtigte Verwendung falsch typisierter Zeiger.

### 10.2.6 Rückgabe von Speicher

#### free

Da der Heap nicht unendlich groß ist, gibt es die Funktion *free* zur Rückgabe von alloziertem Speicher.

```
#include <stdlib.h>

void free(void *p);
```

Der zuvor mit *malloc* dem Zeiger *p* zugewiesene Heap-Speicher wird wieder zurückgegeben. Da *p* als *void** definiert ist, können Zeiger beliebigen Typs zurückgegeben werden. Das Verhalten der Funktion *free* ist undefiniert, wenn *p* nicht das Resultat eines vorherigen Aufrufs von *malloc* war oder wenn *p* mehrfach zurückgegeben wird. In beiden Fällen ist mit schweren Programmfehlern zu rechnen.

Auf den meisten Systemen braucht *free* nicht explizit aufgerufen zu werden, nur um unmittelbar vor Programmende den belegten Heap-Speicher zurückzugeben. Dies wird vom Betriebssystem beim Beenden des Programmes in aller Regel automatisch erledigt. *free* dient also vor allem dazu, den *während* des Programmablaufs nicht mehr benötigten Speicher wieder verfügbar zu machen.

Da nach dem Aufruf von *free(p)* zwar der *p* zugewiesene Speicher als frei markiert wird, *p* selbst aber immer noch auf die ursprüngliche Stelle zeigt, kann es auch hier leicht zu Programmierfehlern kommen:

```
/* bsp1009.c */

#include <stdio.h>
#include <stdlib.h>

void main(void)
{
  double *p1, *p2;

  if ((p1 = malloc(sizeof(*p1))) != NULL) {
    *p1 = 77.0;
    printf("*p1 ist %f\n", *p1);
    free(p1);
    printf("*p1 ist %f\n", *p1);
    if ((p2 = malloc(sizeof(*p2))) != NULL) {
      *p2 = 99.0;
      printf("*p1 ist %f\n", *p1);

  }
}
```

Die Ausgabe des Programmes könnte beispielsweise sein:

```
*p1 ist 77.000000
*p1 ist 77.000000
*p1 ist 99.000000
```

Zunächst wird *p1* der für ein *double* erforderliche Speicherplatz zugewiesen und mit dem Wert 77.0 belegt. Der nachfolgende Aufruf von *printf* bestätigt dies. Obwohl dann mit *free(p1)* der Speicher an den Heap zurückgegeben wird, zeigt natürlich *p1* weiterhin auf die ehemals reservierte Stelle (denn wegen der Übergabe per CALL-BY-VALUE kann *free* den übergebenen Parameter ja nicht verändern). Da *free* den zurückgegebenen Speicher in aller Regel auch nicht gleich neu initialisiert, steht dort immer noch der Wert 77.0.

Aus diesem Grund liefert das zweite *printf* noch den alten Wert, obwohl der Zeiger *p1* eigentlich schon undefiniert ist. Noch schlimmer wird es, wenn *malloc* erneut aufgerufen wird. In diesem Fall versucht die Funktion möglicherweise, den bereits zurückgegebenen Speicher erneut zuzuweisen, so daß nun *p1* und *p2* (zufällig) auf denselben Bereich zeigen. Die nachfolgende Zuweisung an *p2* wird also auch in *p1* reflektiert und führt zur Ausgabe von 99.0 auf dem Bildschirm.

Achten Sie also darauf, daß Ihr Programm keine an *free* übergebenen Zeiger weiterverwendet, ohne ihnen zuvor einen neuen, gültigen Zeigerwert zugewiesen zu haben. Ebenfalls sehr leicht kann der folgende Fehler passieren:

```
/* bsp1010.c */

#include <stdio.h>
#include <stdlib.h>

void main(void)
{
  int *p1;
  int j = 5;

  p1 = malloc(sizeof(*p1));
  /*...*/
  p1 = &j;
  /*...*/
}
```

Nach der Zuweisung von Heap-Speicher an *p1* wird dieser Zeiger durch eine erneute Zuweisung verändert, ohne daß der reservierte Speicher zuvor mit *free* zurückgegeben wurde. Dies hat zur Folge, daß nun kein Zeiger mehr auf den reservierten Bereich zeigt und dieser während der weiteren Programmausführung nie (!) mehr zurückgegeben werden kann. Passiert ein solcher Fehler mehrfach (beispielsweise in einer Schleife), so kann der Heap-Speicher sehr schnell aufgebraucht sein.

**Anmerkung** Neben *malloc* und *free* gibt es in den meisten C-Systemen noch eine Reihe weiterer Funktionen zur dynamischen Verwaltung von Hauptspeicher. Sie unterscheiden sich in Details von den vorgestellten Routinen, z.B. bei der Parameterübergabe oder der Initialisierung des angeforderten Speichers. Wichtig ist jeweils, daß die benötigten Funktionen nur paarweise verwendet werden. Es darf nur *die* Funktion zur Rückgabe eines Speicherbereichs verwendet wird, die mit der Funktion korrespondiert, die zur Anforderung des Speichers verwendet wurde.

## 10.3 Lineare Listen

### R 60 Lineare Listen

R60

Sie kennen jetzt alle grundlegenden Eigenschaften von Zeigern und die Vorgehensweise beim Umgang mit dynamisch zugeordnetem Speicher. Dennoch waren auch die letzten Beispiele noch nicht »richtig dynamisch«. Obwohl der Speicher zur Laufzeit alloziert wurde, haben wir die Zeiger immer noch zur Übersetzungszeit des Programmes angelegt. Der entscheidende Schritt zum Entwurf dynamischer Strukturen besteht darin, Zeiger auf Strukturen zu konstruieren, die *ihrerseits wieder Zeiger beinhalten*. Das ist das Grundprinzip aller dynamischen Datenstrukturen in C.

### 10.3.1 Grundkonstruktion

Wir wollen das Beispiel vom Anfang dieses Kapitels wieder aufgreifen und die Adressenverwaltung nun mit einer dynamischen Datenstruktur programmieren. Dazu definieren wir zunächst die zugrundeliegende Struktur:

```
/* bsp1011.c */

#include <stdio.h>
#include <stdlib.h>

struct asatz {
  char name[20];
  char strasse[20];
  unsigned plz;
  char ort[15];
  struct asatz *next;
};
```

Die Besonderheit dieser Struktur ist das Element *next* ganz am Ende. *next* ist ein Zeiger auf eine Variable, die denselben Typ wie die Struktur selbst hat, nämlich *struct asatz*. Mit diesem Zeiger ist es nun möglich, einzelne Strukturen miteinander zu verketten, indem der *next*-Zeiger eines Elements auf den Anfang des nächsten zeigt. Bei fortgesetzter Anwendung entsteht eine Kette von Variablen vom Typ *struct asatz*. Um das Ende der Kette erkennen zu können, weisen wir dem *next*-Zeiger des letzten Elements den Wert NULL zu.

Abbildung 10.5 zeigt eine lineare Liste, die aus vier Elementen vom Typ *struct asatz* besteht. Die Zeiger werden durch Pfeile dargestellt und der letzte Verweis repräsentiert den NULL-Zeiger.

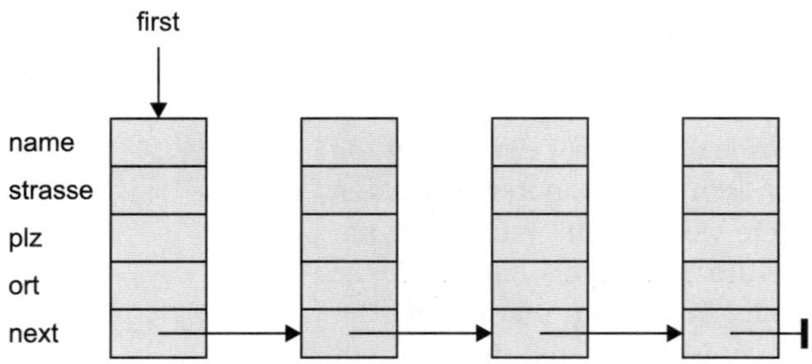


**Abbildung 10.5: Eine lineare Liste mit vier Elementen**

### 10.3.2 Zugriff auf Elemente

In Kapitel 7 haben Sie gelernt, daß die Elemente einer Struktur mit Hilfe des Punktoperators angesprochen werden können. Wurde beispielsweise folgende Variable

```
struct asatz x;
```

definiert, so kann mit den Ausdrücken *x.name*, *x.strasse*, *x.plz* und *x.ort* auf die einzelnen Elemente von *x* zugegriffen werden. Ganz analog funktioniert der Zugriff, wenn statt einer Strukturvariablen ein Zeiger auf eine Struktur zur Verfügung steht. Hier muß zunächst der Verweisoperator auf den Zeiger angewendet werden, um die Struktur zu erhalten, und diese kann dann mit dem Punktoperator weiter zerlegt werden. Auf die Elemente der durch den Zeiger

```
struct asatz *ptr;
```

referenzierten Variable kann also wie folgt zugegriffen werden:

```
(*ptr).name;
(*ptr).strasse;
(*ptr).plz;
(*ptr).ort;
```

Unschön ist natürlich, daß bei jedem Zugriff die Klammern angegeben werden müssen, denn der Punktoperator hat eine höhere Bindungskraft als der Verweisoperator. Das haben glücklicherweise auch die Entwickler von C erkannt und als Kombination aus Dereferenzierung und Elementzugriff den ->-Operator erschaffen. Die obigen Zugriffe lassen sich damit folgendermaßen vereinfachen:

```
ptr->name;
ptr->strasse;
ptr->plz;
ptr->ort;
```

Diese Notation hat sich eingebürgert und wird praktisch ausschließlich verwendet; auch wir werden sie im folgenden verwenden.

Wir wollen uns nun der Implementierung unserer Liste zuwenden, zunächst aber die Anforderungen an die Adreßdatenbank etwas umformulieren, damit die Funktionen nicht zu unübersichtlich werden:

1. Neue Adreßsätze werden immer an das Ende der bisherigen Liste angehängt (die Sätze sind also nicht nach Namen sortiert).
2. Die Sätze können in der Reihenfolge der Speicherung auf dem Bildschirm ausgegeben werden.
3. Ein Satz kann durch Angabe des Namens gelöscht werden.

Durch diese Einschränkungen verliert unsere dynamische Lösung ein wenig an Glaubwürdigkeit, weil es nicht erforderlich ist, in der Mitte der Liste etwas einzufügen. Nach der Behandlung der grundlegenden Techniken soll daher am Ende dieses Abschnitts die entsprechende Funktion nachgereicht werden. Einige der Übungsaufgaben werden sich noch einmal mit den ursprünglichen Anforderungen auseinandersetzen.

### 10.3.3 Anhängen eines Satzes

Um das erste Element in der Liste ansprechen zu können, definieren wir eine globale Variable *first*:

```
struct asatz *first;
```

Wenn die Liste leer ist, enthält *first* den NULL-Zeiger, andernfalls zeigt sie auf das erste Element. Man kann sich diesen Zeiger als *Aufhänger* der Liste vorstellen, an dem das erste der ansonsten nur untereinander verketteten Elemente festgemacht ist. Jeder Zugriff auf die Liste erfolgt über diesen Aufhänger und durchläuft die Adreßsätze nacheinander. Ein wahlfreier Zugriff auf ein beliebiges Listenelement ist also nicht möglich. Damit entspricht eine lineare Liste von ihrer Zugriffsstruktur her eher einer sequentiellen Datei als einem Array.

Das Anhängen eines Elements an die Liste erledigen wir mit der Funktion *append*, die wie folgt aufgerufen wird:

```
void append(char n[], char s[], unsigned p, char o[]);
```

Aufgabe von *append* soll es sein, den Adreßdatensatz mit dem Namen *n*, der Straße *s*, der Postleitzahl *p* und dem Ort *o* an das Ende der Liste anzuhängen:

```
/* bsp1012.c */
void append(char n[], char s[], unsigned p, char o[])
{
  struct asatz *ptr;

  if (first == NULL) {
    first = malloc(sizeof(*first));
    strcpy(first->name    ,n);
    strcpy(first->strasse ,s);
    first->plz = p;
    strcpy(first->ort     ,o);
    first->next = NULL;
  } else {
    ptr = first;
    while (ptr->next!=NULL) {
      ptr = ptr->next;
    }
    ptr->next = malloc(sizeof(*ptr));
    ptr = ptr->next;
    strcpy(ptr->name    ,n);
    strcpy(ptr->strasse ,s);
    ptr->plz = p;
    strcpy(ptr->ort     ,o);
    ptr->next = NULL;
  }
}
```

Zunächst überprüft *append*, ob die Liste leer ist. In diesem Fall wird dem Aufhänger *first* durch Aufruf von *malloc* der Speicher für das erste Element zugewiesen, so daß *first* also schon auf den zukünftigen ersten Adreßdatensatz zeigt. Anschließend brauchen nur noch die Elemente dieses Satzes mit den Werten der übergebenen Parameter gefüllt zu werden. Um das Ende der Liste anzuzeigen, wird der *next*-Zeiger auf NULL gesetzt. Abbildung 10.6 zeigt das Anhängen eines Satzes in eine leere Liste.

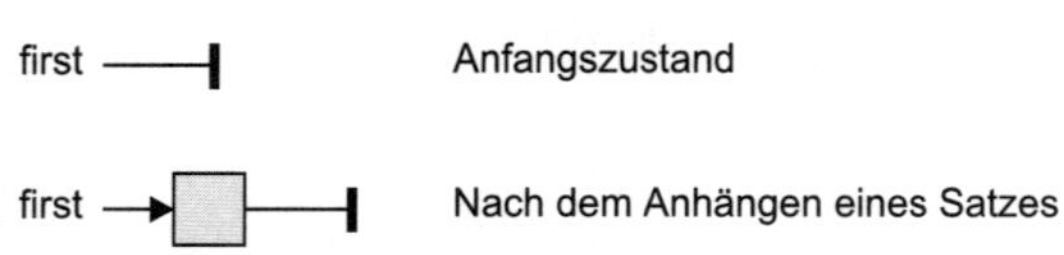


**Abbildung 10.6: Anhängen an eine leere Liste**

Etwas schwieriger ist das Anhängen, wenn die Liste bereits Elemente enthält (s. Abbildung 10.7). In diesem Fall muß zuerst das letzte Element gesucht werden. Dazu wird der Hilfszeiger *ptr* auf das erste Element gesetzt und durchläuft dann in einer *while*-Schleife nacheinander alle Elemente, bis er auf dem letzten Element stehenbleibt, da die Bedingung *ptr->next==NULL* erfüllt ist. Um nun ein neues Element anzuhängen, wird einfach der Rückgabewert von *malloc* dem Zeiger *ptr->next* zugewiesen, so daß dieser auf ein leeres Element zeigt. Das braucht dann nur noch mit den Werten der übergebenen Parameter gefüllt und der *next*-Zeiger des nunmehr neuen letzten Elements auf NULL gesetzt zu werden.

Falls Sie vergessen, nach dem Anhängen eines neuen Elements den letzten *next*-Zeiger auf NULL zu setzen, wird der nächste Listendurchlauf nicht ordnungsgemäß terminieren und das Programm abstürzen oder hängenbleiben. Da außerdem nach den *malloc*-Aufrufen nicht getestet wird, ob der Rückgabewert ungleich NULL ist, wird das Programm sich auch dann undefiniert verhalten, wenn zu wenig Speicher zur Verfügung steht. In »echten« Programmen sollten Sie nie vergessen, den Rückgabewert von *malloc* abzuprüfen. Wir haben hier nur aus Gründen der Übersichtlichkeit darauf verzichtet.

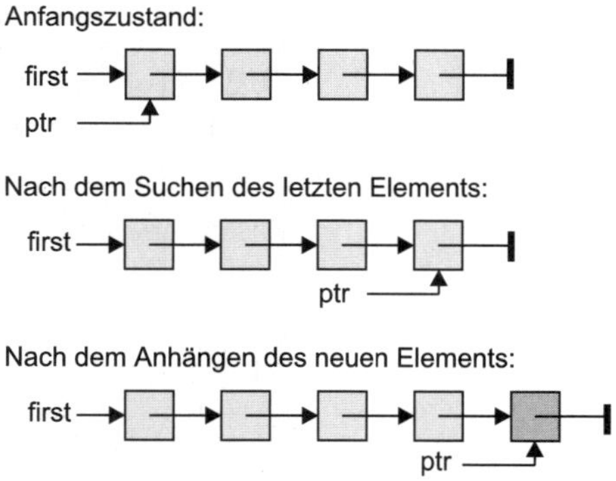


**Abbildung 10.7: Anhängen an eine nicht-leere Liste**

### 10.3.4 Ausgeben der Liste

Das Ausgeben der Liste ist einfacher als das Anhängen eines neuen Satzes:

```
/* bsp1013.c */

void print()
{
  struct asatz *ptr;
```

```
  ptr = first;
  while (ptr != NULL) {
    printf(
      "%20s %20s %4d %15s\n",
      ptr->name,
      ptr->strasse,
      ptr->plz,
      ptr->ort
    );
    ptr = ptr->next;
  }
}
```

Auch hier wird wieder ein Hilfszeiger *ptr* benötigt, mit dem die Liste durchlaufen werden kann. Durch die Zuweisung von *first* wird *ptr* initialisiert und zeigt auf das erste Listenelement. In einer *while*-Schleife werden dann so lange Elemente ausgegeben, wie *ptr* nicht NULL ist. Nach der Ausgabe eines Adreßsatzes wird *ptr* durch die Zuweisung *ptr=ptr->next;* auf das nächste Element gesetzt. Da diese Zuweisung beim letzten Element NULL ergibt, wird die *while*-Schleife nach dem Verarbeiten des letzten Adreßsatzes beendet. Beachten Sie, daß die Funktion auch bei leerer Liste korrekt arbeitet.

### 10.3.5 Löschen eines Satzes

Zum Löschen eines Listenelements soll eine Funktion *delete* entwickelt werden, die nach einem als Parameter übergebenen Namen *n* sucht und das gegebenenfalls gefundene Element aus der Liste entfernt:

```
void delete(const char n[]);
```

Die Implementierung von *delete* kann wie folgt vorgenommen werden:

```
/* bsp1014.c */

void delete(const char n[])
{
  struct asatz *ptr, *ptr1;

  if (first != NULL) {
    if (strcmp(first->name, n) == 0) {
      ptr = first->next;
      free(first);
      first = ptr;
    } else {
      ptr = first;
```

```
      while (ptr->next != NULL) {
        ptr1 = ptr->next;
        if (strcmp(ptr1->name, n) == 0) {
          ptr->next = ptr1->next;
          free(ptr1);
          break;
        }
        ptr = ptr1;
      }
    }
  }
}
```

Um zu testen, ob zwei Strings denselben Inhalt haben, wird in *delete* die Library-Funktion *strcmp* verwendet. *strcmp* erwartet zwei *char*-Arrays als Parameter und gibt 0 zurück, wenn beide gleich sind. Eine genaue Beschreibung von *strcmp* und weiterer Stringfunktionen finden Sie im Referenzteil des Buchs.

Wenn die Liste leer ist, terminiert *delete* sofort; andernfalls wird zunächst überprüft, ob das *erste* Element zu löschen ist. In diesem Fall ist die Vorgehensweise ganz einfach. Wir merken uns in *ptr* den Zeiger auf das zweite Element, löschen mit *free(first);* das erste Element und setzen den *first*-Zeiger auf *ptr*, damit das ehemals zweite Element jetzt an erster Stelle steht.

Soll dagegen nicht das erste, sondern ein anderes Element gelöscht werden, ist der Aufwand etwas größer (s. Abbildung 10.8). In diesem Fall muß die Liste elementeweise durchlaufen werden, um bei jedem Element zu prüfen, ob der Name seines Nachfolgers mit dem Namen des zu löschenden Elements übereinstimmt. Der Zeiger *ptr1* dient dabei als Hilfszeiger auf das jeweilige Nachfolgeelement. Falls das richtige Element gefunden wurde, wird dem *next*-Zeiger des aktuellen Elements der *next*-Zeiger des Nachfolgers zugewiesen, um so das zu löschende Element aus der Liste auszuhängen. Anschließend wird der belegte Speicher mit *free(ptr1);* an den Heap zurückgegeben und die *while*-Schleife durch einen Aufruf von *break* beendet.

Beachten Sie, daß die Funktion auch dann richtig arbeitet, wenn das erste oder letzte Element der Liste zu löschen bzw. wenn der angegebene Name nicht in der Liste vorhanden ist.

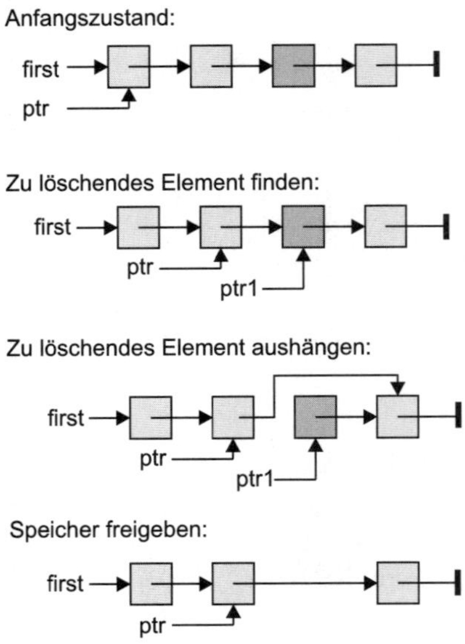


**Abbildung 10.8: Löschen eines Elements**

### 10.3.6 Alphabetisches Einfügen

Wir wollen zum Abschluß noch die Funktion zum alphabetischen Einfügen von Elementen in die Liste betrachten. Damit ist die Adreßverwaltung dann soweit vervollständigt, daß sie alle Anforderungen, die wir am Anfang dieses Kapitels gestellt haben, erfüllt:

```
/* bsp1015.c */

void insert(char n[], char s[], unsigned p, char o[])
{
  struct asatz *ptr, *ptr1;

  if (first == NULL) {
    append(n, s, p, o);
  } else {
    ptr = first;
    while (ptr != NULL && strcmp(ptr->name, n)) {
      ptr = ptr->next;
    }
    if (ptr == NULL) {
      append(n, s, p, o);
    } else if (ptr == first) {
      first = malloc(sizeof(*first));
```

```
      strcpy(first->name    ,n);
      strcpy(first->strasse ,s);
      first->plz = p;
      strcpy(first->ort     ,o);
      first->next = ptr;
    } else {
      ptr1 = first;
      while (ptr1->next != ptr) {
        ptr1 = ptr1->next;
      }
      ptr = malloc(sizeof(*ptr));
      strcpy(ptr->name    ,n);
      strcpy(ptr->strasse ,s);
      ptr->plz = p;
      strcpy(ptr->ort     ,o);
      ptr->next=ptr1->next;
      ptr1->next = ptr;
    }
  }
}
```

Der Aufwand bei dieser Funktion kommt durch die vielen unterschiedlichen Listenpositionen zustande, an denen die Einfügung erfolgen kann. Machen Sie sich bitte selbst die Mühe, die Arbeitsweise dieser Funktion zu verstehen, da sie recht typisch für Algorithmen ist, die auf dynamischen Datenstrukturen arbeiten.

Im nächsten Kapitel werden Sie Zeiger unter ganz anderen Aspekten kennenlernen, die so nur in C und vergleichbaren Sprachen möglich sind. Die sich dabei eröffnenden Möglichkeiten gehen weit über die in den meisten anderen Hochsprachen hinaus. Zuvor sollen aber noch einige weitere dynamische Datenstrukturen vorgestellt werden, die typisch für den Umgang mit Zeigern sind.

## 10.4 Weitere dynamische Datenstrukturen

### 10.4.1 Doppelt verkettete Listen

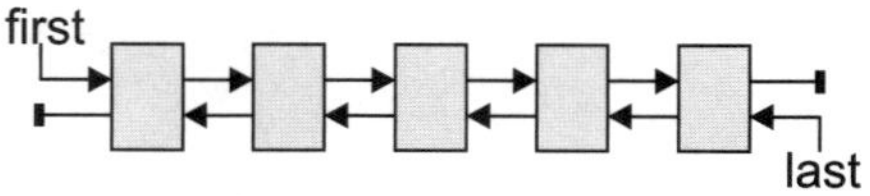


**Abbildung 10.9: Eine doppelt verkettete Liste**

Doppelt verkettete Listen entstehen dadurch, daß man in einer linearen Liste die Elemente nicht nur vorwärts, sondern auch rückwärts miteinander verkettet (s. Abbildung 10.9). Das ist von Vorteil, weil man die Liste in beiden Richtungen durchlaufen kann und weil mit *last* ein direkter Zeiger auf das letzte Element zur Verfügung steht. Dafür gestaltet sich die Implementierung der Einfüge- und Löschfunktionen etwas aufwendiger.

Wichtigstes Merkmal eines Listenelements ist es, daß es *zwei* Zeiger enthält. Der erste von ihnen zeigt auf das Nachfolgeelement, der zweite auf den Vorgänger:

```
/* bsp1016.c */

struct dliste {
  char name[20];
  char strasse[20];
  unsigned plz;
  char ort[15];
  struct dliste *next;
  struct dliste *previous;
};
```

Es gibt sehr viele Anwendungen für einfach oder doppelt verkettete Listen. Als Beispiel sei die Liste der Dateien im aktuellen Verzeichnis, die Symbolverwaltung eines Compilers oder der Textspeicher eines Editors genannt.

### 10.4.2 Bäume

#### R 61 Bäume, Stacks und Queues

R61

Bäume entstehen, wenn jedes Element zwei oder mehr Zeiger besitzt, die auf weitere Elemente (die Unterbäume) zeigen (s. Abbildung 10.10). Die Wurzel des Baumes wird als Listenanker verwendet. Bäume, deren Elemente genau zwei Nachfolger haben, heißen *binäre* Bäume:

```
/* bsp1017.c */

struct baum {
  int info;
  struct baum *lb, *rb;
};
```

Bäume spielen in der Informatik eine fast ebenso große Rolle wie lineare Listen. Ihre Anwendung steht meist in engem Zusammenhang mit irgendeiner Art des Sortierens, Ordnens oder Wiederfindens von Daten. Beispiele für Bäume sind etwa die Indexdateien einer Datenbank, die

Struktur eines hierarchischen Dateisystems oder die Owner-Part-Beziehung einer Stückliste.

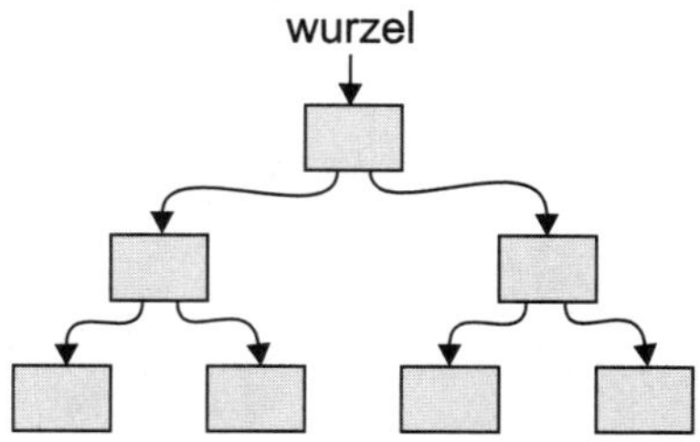


**Abbildung 10.10: Ein binärer Baum**

### 10.4.3 Stacks

Bei einem *Stack* (auch *Stapel* genannt) handelt es sich um eine besondere Art von linearer Liste, die nur eingeschränkte Zugriffsmöglichkeiten besitzt. Der Zugriff auf die Liste geschieht immer über das oberste Element. Es gibt eine Funktion *push*, die ein neues Element oben auf den Stapel schiebt, und eine Funktion *pop*, die das oberste Element des Stapels entfernt. Außerdem gibt es eine dritte Funktion *top*, mit der das oberste Element gelesen werden kann, ohne es zu entfernen. Abbildung 10.11 zeigt die Arbeitsweise eines Stacks.

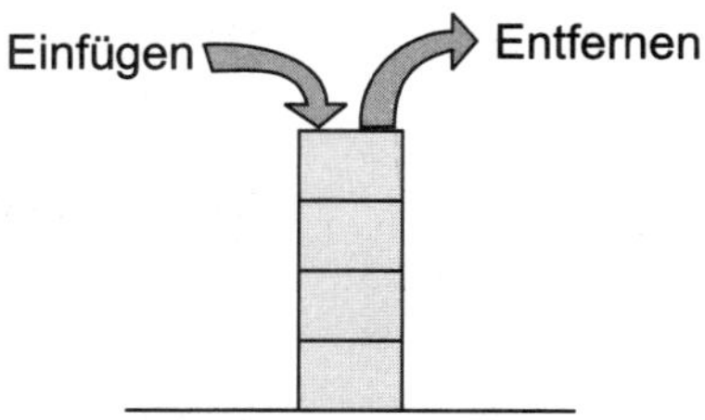


**Abbildung 10.11: Ein Stack**

Der Stapel ist ein Datenspeicher mit der Eigenschaft, die *zuletzt* hineingeschriebenen Daten *zuerst* wieder zurückzugeben. Dies bezeichnet man auch als LIFO-Prinzip (Last-in-First-out).

Ein Stack wird beispielsweise von einem Compiler zur Verwaltung von lokalen Variablen und Rücksprungadressen während des Programmlaufs verwendet. Auch bei der Syntaxanalyse von Programmiersprachen, Anwendungen aus der Graphentheorie und der Nachbildung von rekursiven Lösungen werden Stacks eingesetzt.

### 10.4.4 Queues

Eine *Queue* (auch *Schlange* genannt) ist ebenfalls eine lineare Liste mit eingeschränkten Zugriffsmöglichkeiten. Hier erfolgt das Einfügen immer am *Ende* und das Lesen immer am *Anfang* der Liste (s. Abbildung 10.12).

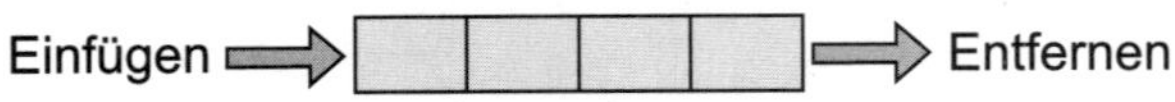


**Abbildung 10.12: Eine Queue**

Die Queue ist ein Datenspeicher mit der Eigenschaft, die *zuerst* hineingeschriebenen Daten auch *zuerst* wieder zurückzugeben. Dies bezeichnet man auch als *FIFO*-Prinzip (First-in-First-out).

Queues tauchen häufig bei der Verwaltung von Ressourcen auf, etwa als Druckerqueue in Mehrplatz-Betriebssystemen oder als Nachrichtenqueue bei der ereignisorientierten Programmierung. Auch für Simulationsaufgaben werden Queues oft eingesetzt.

## 10.5 Aufgaben zu Kapitel 10

**1. (A)**

Finden Sie heraus, ob Ihr C-System die Headerdatei *stdlib.h* beinhaltet oder ob es eine andere Datei mit der Deklaration der Funktion *malloc* gibt. Untersuchen Sie ferner, ob Ihr Compiler bei der Zuweisung von Zeigern deren Typen überprüft.

**2. (A)**

Schreiben Sie ein Programm, das die Größe des verfügbaren Heap-Speichers ermittelt.

**3. (A)**

Schreiben Sie eine Funktion *count*, die die Anzahl der Elemente einer linearen Liste zurückgibt. Verwenden Sie dazu eine lineare Liste, wie sie in diesem Kapitel vorgestellt wurde.

**4. (B)**

Schreiben Sie eine Funktion *swap*, welche zwei beliebige Elemente der linearen Liste vertauscht. Gehen Sie davon aus, daß der Funktion ein Zeiger auf das erste der zu vertauschenden Elemente übergeben wird.

**5. (B)**

Implementieren Sie einen Stack mit den Funktionen *push*, *pop* und *top*, so wie er im letzten Abschnitt dieses Kapitels beschrieben wurde.

**6. (P)**

Versuchen Sie, den Sinn des folgenden Programms herauszufinden:

```
/* auf1006.c */

#include <stdio.h>
#include <stdlib.h>

struct el {
  int cnt;
  struct el *next;
};

struct el *A[256];

void main(void)
{
  int i,j=0;
  struct el *p;

  for (i = 0; i < 256; i++) {
    A[i] = NULL;
  }
  while ((i = getchar()) != EOF) {
    j++;
    if ((p = A[i]) == NULL) {
      A[i] = malloc(sizeof(struct el));
      if (A[i] == NULL) break;
      A[i]->cnt = j;
      A[i]->next = NULL;
    } else {
      while (p->next!=NULL) {
        p = p->next;
      }
      p->next = malloc(sizeof(struct el));
      if (p->next == NULL) break;
      p->next->cnt = j;
      p->next->next = NULL;
    }
  }
  for (i = 0; i < 256; i++) {
    p = A[i];
    if (p != NULL) {
      printf("\n%d: ",i);
```

```
    }
    while (p != NULL) {
      printf("%5d", p->cnt);
      p = p->next;
    }
  }
  printf("\n");
}
```

**7. (B)**

Schreiben Sie ein Programm, das eine lineare Liste mit *int*-Nutzdaten implementiert und über eine Einfügefunktion *vinsert* verfügt. Die soll bei jedem Aufruf das übergebene Element genau dann nicht in die Liste einfügen, wenn keines der bereits in der Liste vorhandenen Elemente Teiler des einzufügenden Elements ist.

**8. (B)**

Schreiben Sie eine rekursive Funktion *lmax*, die das größte Element einer linearen Liste mit *unsigned*-Elementen findet. Sehen Sie den rekursiven Ansatz darin, daß das größte Element der Liste durch Vergleich des ersten Elements mit dem größten der restlichen Liste bestimmt werden kann.

**9. (C)**

Entwerfen Sie eine Funktion, die herausfindet, ob in einer verketteten Liste ein *Zyklus* enthalten ist. Ein Zyklus entsteht dann, wenn der Nachfolgerzeiger eines Elements auf eines seiner Vorgängerelemente zeigt. Schreiben Sie die Funktion so, daß ihr Speicherbedarf weder mit der Größe der Liste noch mit der Größe eines eventuellen Zyklus nennenswert wächst.

## 10.6 Lösungen zu ausgewählten Aufgaben

### Aufgabe 1

Mit folgendem kurzen Programm können beide Fragen beantwortet werden:

```
/* lsg1001.c */

#include <stdlib.h>

void main(void)
{
  int *p1;
  char *p2;
  p1 = p2;
}
```

Wenn der Compiler bei der *#include*-Anweisung auf einen Fehler stößt, so existiert diese wahrscheinlich nicht. Während die gängigen MSDOS-C-Compiler (und alle anderen ANSI-C-Compiler) die Datei besitzen, ist sie auf manchen älteren UNIX-Systemen nicht vorhanden.

Wenn Ihr C-Compiler Zeiger unterschiedlicher Typen unterscheiden kann, wird ihm die Anweisung *p1=p2* nicht gefallen. Auch hier werden die ANSI-Compiler zumindest eine Warnung ausgeben, während einige UNIX-Compiler sich nicht daran stören.

**Aufgabe 2**

Um herauszubekommen, wieviel Heap zur Verfügung steht, kann man ein Programm schreiben, das einfach so lange Speicher alloziert, bis keiner mehr zur Verfügung steht. Damit das Programm nicht vollkommen trivial wird, kann man es so gestalten, daß die Menge des auf einmal reservierten Speichers immer kleiner wird. Beispielsweise wird sie immer dann halbiert, wenn *malloc* NULL zurückgibt. Das Ende des Programmes ist dann erreicht, wenn ein einzelnes Byte reserviert werden muß.

```
/* lsg1002.c */

#include <stdio.h>
#include <stdlib.h>

#define STARTSIZE 30000

void main(void)
{
  long summe = 0;
  int  size = STARTSIZE;
  char *p = NULL;

  while (size > 1) {
    p = malloc(size);
    if (p != NULL) {
      summe += size;
    } else {
      size /= 2;
    }
  }
  printf("%ld\n", summe);
}
```

Bei näherer Betrachtung ist das Programm nicht ganz wasserdicht. Läßt man es – unter sonst gleichen Bedingungen – mit kleineren Werten von STARTSIZE laufen, wird man feststellen, daß insgesamt weniger Heap-Speicher zur Verfügung steht. Dies liegt daran, daß *malloc* selbst Teile des Heaps zur Verwaltung der freien und besetzten Speicherblöcke benötigt. Da bei einem kleineren Wert von STARTSIZE aber insgesamt mehr Speicherblöcke angefordert werden, wächst auch der Overhead für die Verwaltung derselben.

Beachten Sie, daß bei den MS-DOS-C-Compilern die Größe des verfügbaren Heaps vom Speichermodell, mit dem kompiliert wurde, abhängig ist. So steht insbesondere unter den Modellen mit 16-Bit-Zeigern (z.B. *small*) oft nur ein Heap von maximal 64 kByte zur Verfügung. Erst bei Verwendung größerer Speichermodelle (z.B. *large*) kann der gesamte verfügbare DOS-Speicher genutzt werden.

**Aufgabe 3**

Die Implementierung der Funktion *count* ähnelt der Funktion *print* zum Ausgeben der Liste. Mit Hilfe eines Hilfszeigers *ptr* werden alle Elemente der Liste sequentiell durchlaufen und ein mitlaufender Zähler *cnt* bestimmt die Zahl der Listenelemente.

```
/* lsg1003.c */

#include <stdio.h>
#include <stdlib.h>

int count()
{
  struct asatz *ptr;
  int cnt = 0;

  ptr = first;
  while (ptr) {
    cnt++;
    ptr = ptr->next;
  }
  return cnt;
}
```

Etwas aus dem Rahmen fällt die Abbruchbedingung für die Schleife. Normalerweise würde dort *ptr!=NULL* stehen. Da aber NULL normalerweise als *(void*)0* definiert ist (oder auf eine andere Art aus dem Wert 0 abgeleitet wurde), kann NULL auch direkt als Testausdruck verwendet werden.

### Aufgabe 4

```
/* lsg1004.c */

#include <stdio.h>
#include <stdlib.h>

void swap(struct asatz *el)
{
  struct asatz *p;

  if (el == NULL || el->next == NULL) {
    return;
  } else if (el == first) {
    p = first->next;
    first->next = p->next;
    p->next = first;
    first = p;
  } else {
    p = first;
    while (p->next != el) {
      p = p->next;
    }
    p->next = el->next;
    el->next = p->next->next;
    p->next->next = el;
  }
}
```

Die Funktion differenziert im wesentlichen (abgesehen von der Unterscheidung nach trivialen Listen mit maximal einem Element) danach, ob das erste Element der Liste an der Vertauschung beteiligt ist oder nicht. Ist dies der Fall, so muß nach dem Umhängen einiger Zeiger der Listenanker *first* neu gesetzt werden. Ist dies nicht der Fall, so muß zunächst per Listendurchlauf das vor dem Vertauschelement liegende Listenelement gefunden werden, um danach die notwendigen Änderungen an den Zeigern durchführen zu können.

### Aufgabe 5

Um die Dinge nicht unnötig zu verkomplizieren, soll unser Stack lediglich *int*-Werte speichern können. Die grundlegende Datenstruktur *struct stack* enthält daher nur ein Feld *data* vom Typ *int* und einen Zeiger *next* auf das nächste Element.

```
/* lsg1005.c */

#include <stdio.h>
#include <stdlib.h>

struct stack {
  int data;
  struct stack *next;
};
```

Wie bei einer linearen Liste verwenden wir einen Anker *first* als Zeiger auf das oberste Element, der leere Stack wird durch *FIRST==NULL* angezeigt.

```
struct stack *first=NULL;
```

Die Implementierung der geforderten Funktionen ist einfacher als bei linearen Listen. Da immer am oberen Ende der Liste eingefügt und gelöscht wird, werden keine Elementsuchfunktionen benötigt.

```
void push(int wert)
{
  struct stack *p;
  p = first;
  first = malloc(sizeof(struct stack));
  first->data = wert;
  first->next = p;
}

void pop()
{
  struct stack *p;

  if (first != NULL) {
    p = first;
    first = first->next;
    free(p);
  }
}

int top()
{
  if (first != NULL) {
    return first->data;
  } else {
    return -1;
```

```
  }
}
```

Beachten Sie, daß bei der Implementierung der Funktion *push* keine Sonderbehandlung für den Fall vorgesehen ist, daß nicht mehr genügend Heap-Speicher verfügbar ist. In einer realen Implementierung sollte diese Fehlerbehandlung natürlich auf keinen Fall fehlen.

**Aufgabe 6**

Das angegebene Programm liest die Standardeingabe und speichert zu jedem gefundenen Zeichen alle Positionen, an denen es in der Eingabe aufgetaucht ist. Es handelt sich also um eine Art *Crossreferenzliste* der Anordnung von Zeichen in einer Datei. So erzeugt beispielsweise der Aufruf

```
echo hallo | a.out
```

die folgende Ausgabe:

```
 10:    7
 32:    6
 97:    2
104:    1
108:    3    4
111:    5
```

An Position 7 befand sich ein Newline, an Position 6 ein Leerzeichen, an Position 3 und 4 befand sich jeweils ein 'l' usw.

Das Programm speichert diese Informationen in einem Array von 256 Zeigern. Von denen verweist jeder auf den Anfang einer linearen Liste mit den Positionsangaben, wenn das Zeichen mit dem zugehörigen Index wenigstens einmal in der Datei auftaucht. Kam ein bestimmtes Zeichen nicht in der Eingabe vor, so enthält das zugehörige Array-Element den Wert NULL.

Dieses Programm sollte die Implementierung einer mehrdimensionalen Datenstruktur demonstrieren, bei der die eine Dimension von konstanter Ausdehnung ist (256 unterschiedliche Zeichen), während die andere Dimension in der Größe variiert (Anzahl der Vorkommen jedes Zeichens).

**Aufgabe 7**

Das Schwierigste an dieser Aufgabe ist es sicherlich, sie erst einmal zu verstehen. Am besten, man dreht das angegebene Prädikat um und erhält dann: »Ein Element ist genau dann einzufügen, wenn in der Liste bereits ein Element existiert, welches Teiler des Einzufügenden ist«. Das hört sich schon viel einfacher an und kann durch einen einfachen Listendurchlauf implementiert werden.

```
/* lsg1007.c */

#include <stdio.h>
#include <stdlib.h>

struct element {
  int wert;
  struct element *next;
};

struct element *first=NULL;

void vinsert(int n)
{
  struct element *p;

  p = first;
  while (p) {
    if (n % p->wert == 0) {
      p = first;
      first = malloc(sizeof(struct element));
      first->wert = n;
      first->next = p;
      break;
    }
    p = p->next;
  }
}
```

Da in der Aufgabenstellung nichts darüber ausgesagt wurde, an welcher Stelle der Liste das Element eingefügt werden soll, gehen wir den einfachsten Weg und fügen es am Listenkopf an.

### Aufgabe 8

Eine ähnliche Funktion haben wir schon im Kapitel 6 kennengelernt. Die hier vorgestellte ist noch etwas eleganter, da nur ein Parameter übergeben werden muß.

```
/* lsg1008.c */

struct element {
  unsigned wert;
  struct element *next;
};
```

```
struct element *first=NULL;

unsigned lmax(struct element *p)
{
  unsigned i;

  if (p) {
    i = lmax(p->next);
    return p->wert>i ? p->wert : i;
  } else {
    return 0;
  }
}
```

Der Funktion *lmax* wird ein Zeiger auf den Anfang einer linearen Liste übergeben. Durch rekursiven Aufruf ermittelt sie zunächst das Maximum der Liste, die übrig bleibt, wenn man das erste Element abschneidet. Anschließend vergleicht sie diesen Wert mit dem Inhalt des aktuellen Listenkopfes und liefert den größeren der beiden Werte zurück. Bei einer leeren Liste gibt *lmax* den Wert 0 zurück, was den Vorteil hat, daß keine Sonderbehandlung für die Abbruchbedingung der Rekursion notwendig ist.

**Aufgabe 9**

Diese Aufgabe zu lösen war sicherlich nicht ganz einfach. Zwar wäre es relativ leicht, durch die Liste zu laufen und sich Zeiger auf alle Elemente zu merken, die schon besucht wurden. Dann könnte man bei jedem Schritt überprüfen, ob ein schon bekanntes Element vorliegt. Diese Vorgehensweise erfordert aber so viele Zeiger, wie Elemente in der Liste sind, und der Platzbedarf wächst proportional zur Länge der Liste. Auch das Geschwindigkeitsverhalten ist alles andere als optimal, da im *n*-ten Schritt *n-1* Zeiger verglichen werden müssen und die Laufzeit somit quadratisch mit der Anzahl der Elemente wächst.

Es gibt aber einen Algorithmus, der nur einen einzigen Merker benötigt und zudem ein lineares Laufzeitverhalten hat. Betrachten Sie zunächst den Programmcode und lesen Sie dann die nachfolgenden Erklärungen.

```
/* lsg1009.c */

#include <stdio.h>
#include <stdlib.h>

struct element {
  struct element *next;
};
```

```
struct element *first=NULL;

int Zyklus()
{
  struct element *p, *mem;
  int step = 1, cnt = 0;

  p = mem = first;
  while (p) {
    p = p->next;
    if (p == mem) {
      return 1;
    }
    cnt++;
    if (cnt == step) {
      mem = p;
      step *= 2;
      cnt = 0;
    }
  }
  return 0;
}
```

Die Funktion *Zyklus* verwendet einen Merker *mem*, der auf ein Listenelement zeigen kann. Die Arbeitsweise der Funktion ist nun so, daß man den Merker auf ein bestimmtes Listenelement setzt, dann eine vorgegebene Anzahl an Listenelementen weiterläuft und bei jedem Element überprüft, ob der Merker auf dieses Element zeigt. Wurde der Merker wiedergefunden, so hat die Liste einen Zyklus, da man an derselben Stelle schon einmal war. Wurde der Merker aber vor Ablauf der Schrittzahl nicht gefunden, so wird die Schrittzahl für den nächsten Durchlauf verdoppelt, der Merker an der aktuellen Position plaziert und wieder von vorne begonnen. Durch diese Vorgehensweise entdeckt man beliebig große Zyklen an beliebigen Stellen in der Liste!

Interessant ist, daß man mit einem einzigen Merker auskommt, der Platzbedarf also nicht von der Länge der Liste abhängig ist. Vom Laufzeitverhalten her kann es schlimmstenfalls passieren, daß der Zyklus knapp zweimal durchlaufen wird, bevor er entdeckt wird. Dies bedeutet aber nichts anderes als lineares Laufzeitverhalten.

GoTo

# Zeiger – zweiter Teil

# 11

## Kapitelüberblick

## 11.1 Zeiger und Arrays

Das vorige Kapitel war eine Einführung in das Arbeiten mit Zeigern, wie es für die meisten Programmiersprachen typisch ist. Zeiger wurden dabei bevorzugt als Referenzen auf Strukturen eingesetzt, die wiederum Zeiger enthalten. Speicher für diese Strukturen wurde dynamisch beim Laufzeitsystem besorgt, und über Verkettungen wurden dann Datenstrukturen konstruiert, die in der Lage waren, ihre Form und Größe zur Laufzeit zu verändern.

In Programmiersprachen wie PASCAL oder MODULA-2 wäre damit der Zeigerbegriff bereits vollständig eingeführt, nennenswerte zusätzliche Anwendungen für Zeiger gibt es nicht. In C geht es jetzt erst richtig los. Neben der Konstruktion dynamischer Datenstrukturen spielen Zeiger vor allem in Zusammenhang mit Arrays und Strings eine große Rolle. Darüber hinaus erlauben sie arithmetische Operationen, werden zur Simulation von CALL-BY-REFERENCE verwendet, können auf Funktionen zeigen und noch einiges mehr. All diese Dinge werden jetzt erklärt.

Diese Anwendungen erlauben einige ungewöhnliche und auf den ersten Blick schwer verständliche Konstruktionen. Da sie aber nützlich sind und von den meisten C-Programmierern intensiv genutzt werden, ist es überaus sinnvoll, sie genau zu studieren. Es macht aber nichts, wenn Sie beim ersten Durcharbeiten nicht gleich alles verstehen. Lesen Sie das Kapitel später noch einmal und arbeiten Sie mit den Beispielen und Aufgaben. So werden Ihnen die komplexen Details nach einer Weile automatisch vertraut.

In den vergangenen Kapiteln wurde schon des öfteren davon gesprochen, daß ein enger Zusammenhang zwischen Zeigern und Arrays besteht. Wir haben insbesondere das »merkwürdige« Verhalten der Funktion *scanf* kennengelernt, als es darum ging, eine Zeichenkette einzulesen. Während man bei allen anderen Typen den Adreßoperator vor den aktuellen Parameter stellen mußte, durfte dieser bei einer Zeichenkette nicht angegeben werden. Der Grund für dieses Verhalten liegt in der weitgehenden Äquivalenz von Arrays und Zeigern, die wir jetzt genauer untersuchen wollen.

### 11.1.1 Array gleich Zeiger?

Bisher haben Sie gelernt, daß ein Zeiger in C immer typisiert ist (die Ausnahme ist ein *void*-Zeiger, der hier aber nicht interessiert). Ein Zeiger eines bestimmten Grundtyps zeigt in definiertem Zustand also immer auf eine Speicherzelle, an der eine Variable dieses Typs gespeichert ist. Diese Tatsache bleibt zwar nach wie vor richtig, sie soll jetzt aber etwas erweitert werden: Ein Zeiger eines bestimmten Typs kann nicht nur auf eine einzelne Variable, sondern auch auf ein Element einer Folge von Werten dieses Typs zeigen.

Nun ist eine solche Folge natürlich nichts anderes als ein Array von Werten des geforderten Grundtyps. Es ist also naheliegend, den Namen einer Array-Variablen als Zeiger auf ihr erstes Element aufzufassen.

Gegeben sei folgende Definition, durch die ein Array mit 100 Elementen vom Typ *int* definiert wird:

```
int folge[100];
```

Dann ist der Bezeichner *folge* gleichbedeutend mit einem Zeiger auf das erste Element des Arrays *folge*. Wenigstens im Prinzip, die wenigen Unterschiede werden im nächsten Abschitt erläutert.

Die erste Konsequenz daraus ist, daß der Ausdruck **folge* definiert und gleichbedeutend mit dem Ausdruck *folge[0]* ist. Da *folge* ein Zeiger auf das erste Element des Arrays ist, ist **folge* der dereferenzierte Zeiger, also das erste Element, also *folge[0]*. Es gibt daher neben der schon bekannten Methode eine zweite, mit der auf das erste Element eines Arrays zugegriffen werden kann. Dabei spielt es überhaupt keine Rolle, welche der beiden Methoden Sie verwenden, beide sind vollkommen gleichwertig.

Natürlich ist nicht einzusehen, weshalb man mit dem Verweisoperator nur auf das *erste* Element des Arrays zugreifen sollte. Wir werden gleich feststellen, daß mit dieser Methode der Zugriff auf *alle* Elemente des Arrays möglich ist. Bevor wir uns aber konkret dem Nutzen dieser Festlegung zuwenden, wollen wir die wichtigen Unterschiede zwischen Array und Zeiger verdeutlichen.

### 11.1.2 Die Unterschiede zwischen beiden

Trotz der offensichtlichen Äquivalenz von Arrays und Zeigern gibt es zwei wesentliche Unterschiede, die bei der Definition entsprechender Variablen deutlich werden. Wir wollen uns das an einem Beispiel klarmachen.

Betrachten Sie die Definitionen

```
double x1[100];
```

und

```
double *x2;
```

Im Prinzip werden durch beide Definitionen Zeiger auf *double*-Variablen festgelegt. Die Variable *x1* bezeichnet ein Array mit 100 Elementen des Typs *double*, also einen *double*-Zeiger auf ihr erstes Element. *x2* wurde dagegen explizit als Zeiger auf eine *double*-Variable definiert. Die Unterschiede zwischen beiden sind:

1. Durch die Definition von *x1* wird zur Übersetzungszeit des Programmes Speicher für 100 *double*-Variablen reserviert, während *x2* als Zeiger nur den zur Speicherung eines Zeigers erforderlichen Platz belegt. Wie Sie im vorigen Kapitel gesehen haben, wird bei der Definition eines Zeigers noch kein Platz für eine Variable des zugeordneten Typs reserviert, und damit natürlich erst recht nicht für eine Folge von 100 Elementen.
2. Während *x2* eine *Variable* ist, der Werte zugewiesen werden können, handelt es sich bei *x1* um eine *Konstante*, die immer auf denselben Wert (nämlich auf das erste Element einer Folge von 100 *double*-Variablen) zeigt. Eine Zuweisung an *x1* ist also nicht erlaubt. Zum Zeitpunkt der Definition wird vielmehr eine implizite Initialisierung durch den Compiler vorgenommen, und der Zeiger wird dem reservierten Speicherbereich zugewiesen.

Sind diese Unterschiede tatsächlich so klein wie behauptet? Die Frage ist jetzt noch nicht zu beantworten. Wenn Sie aber die nächsten Abschnitte durchgelesen haben, werden Sie – wie jeder andere C-Programmierer – eine weitgehende Äquivalenz zwischen Zeigern und Arrays sehen. Um uns diesem Ziel zu nähern, wollen wir uns der Verwendung des Verweisoperators zum Zugriff auf einzelne Elemente des Arrays zuwenden.

### 11.1.3 Zeigerarithmetik

R62

#### R 62 Zeigerarithmetik

Um auf alle Elemente eines Arrays mit dem Verweisoperator zugreifen zu können, gibt es in C weitreichende Möglichkeiten der *Zeigerarithmetik*, d.h. der Möglichkeit, mit Zeigern zu rechnen. Es ist beispielsweise erlaubt (und sogar sinnvoll), einen Zeiger und ein *int* zu addieren oder zu subtrahieren oder zwei Zeiger voneinander abzuziehen. Wir wollen uns im folgenden alle zulässigen arithmetischen Operationen ansehen, an denen Zeiger beteiligt sind.

#### Addition von Zeiger und int

Der Rückgabewert einer Addition eines *xtyp*-Zeigers und eines *int*-Wertes ist ein *xtyp*-Zeiger. *xtyp* kann dabei jeder beliebige Basis- oder strukturierte Typ sein. Die Operation macht normalerweise nur Sinn, wenn der Zeiger auf ein Element eines *xtyp*-Arrays zeigt. Als Ergebnis wird ein Zeiger auf das Element zurückgegeben, das sich so viele Positionen hinter dem Ausganszeiger befindet, wie durch den zu addierenden Wert angegeben wurde.

```
/* bsp1101.c */

#include <stdio.h>

int A[5] = { 4 , 56 , 12 , 37 , 18 };

void main(void)
{
  printf("%d\n", *A);
  printf("%d\n", *(A + 3));
  printf("%d\n", *(A + 4));
  printf("%d\n", *A + 3);
}
```

Die Ausgabe des Programmes lautet:

```
4
37
18
7
```

In der ersten Ausgabeanweisung wird der Inhalt des durch den Zeiger *A* bezeichneten Elements ausgegeben (s. Abbildung 11.1). Da *A* ein Zeiger auf das erste Element des Arrays ist, wird 4 ausgegeben. In der zweiten Anweisung wird zunächst der Ausdruck *A+3* ausgewertet. Nach den vorigen Ausführungen zeigt dieser auf das nach **A* drittnächste Element im Array, also die 37. Die nächste Anweisung funktioniert ganz analog und gibt das vierte Element nach **A* aus, also die 18.

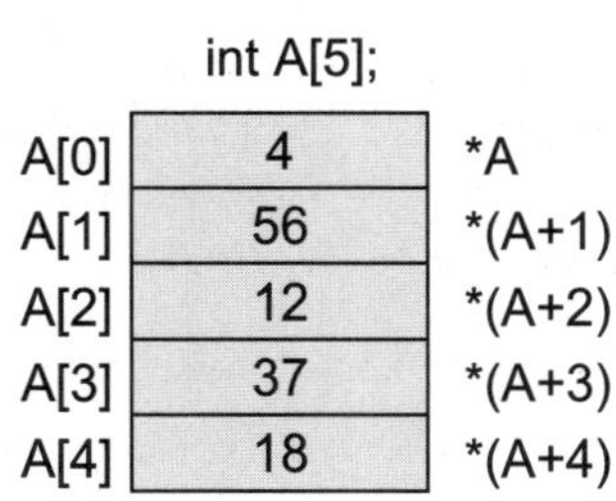


**Abbildung 11.1: Die Addition von Zeiger und int**

Die letzte Anweisung soll einen Fehler demonstrieren, denn hier wurde vergessen, den Summenausdruck aus Zeiger und *int* zu klammern. Da der Verweisoperator * eine wesentlich höhere Priorität hat als der Additionsoperator, wird zunächst **A* ermittelt (das Ergebnis ist 4) und dann zu diesem *int* die Konstante 3 addiert, so daß die Ausgabe des Programmes 7 ist.

Wir können nun verallgemeinern: der Ausdruck **(A+i)* liefert das *i*-te Element des Arrays *A*. Da der Verweisoperator einen *lvalue* zurückgibt, gilt also: der Ausdruck **(A+i)* ist vollkommen gleichbedeutend mit dem Ausdruck *A[i]*. Beide Schreibweisen können nach Belieben gemischt werden, der Compiler macht keinen Unterschied zwischen ihnen.

An dieser Stelle zeigt sich eine mögliche Fehlerquelle. Da eine Addition aus Zeiger und *int* erst zur Laufzeit des Programmes ausgeführt werden kann, hat der Compiler keine Möglichkeit, zu überprüfen, ob der Ergebniszeiger eventuell schon außerhalb des Arrays liegt. Im Gegensatz zu anderen Sprachen ist es in C im allgemeinen nicht möglich, eine derartige Überprüfung zur Laufzeit zu aktivieren. So können durch Anwendung dieser Art von Zeigerarithmetik sehr schnell Zeiger auf ungültige Speicherbereiche erzeugt werden:

```
/* bsp1102.c */

#include <stdio.h>

int A[5] = { 4 , 56 , 12 , 0 , 18 };

void main(void)
{
  int i;

  for (i = 0; i <= 5; i++) {
    printf("%d\n", *(A+i));
  }
}
```

Das Programm liefert folgende Ausgabe:

```
4
56
12
0
18
25637
```

Verwunderlich ist natürlich der letzte Wert. Er kommt dadurch zustande, daß die Schleifen-Testbedingung *i<=5* (statt *i<5*) lautet und somit beim letzten Zugriff der Ausdruck *A+5* ausgewertet wird, der *hinter* das Array zeigt.

Es handelt sich hierbei um dieselben Probleme, die auch beim normalen Zugriff auf ein Array mit dem Indexoperator auftreten können. Da C keinerlei Unterstützung zu ihrer Entdeckung zur Verfügung stellt, müssen Array-Zugriffe – egal, ob mit Indexoperator oder Zeigerarithmetik – stets sehr sorgfältig geprüft werden. Scheuen Sie sich nicht, an kritischen Stellen eine ASSERT-Anweisung oder eine DEBUG-Ausgabe zu plazieren.

Der allerwichtigste Punkt bei der Addition eines Zeigers *ptr* und eines *int n* ist die Tatsache, daß der Ergebniszeiger auf das *n*-te *Element* hinter *ptr* zeigt und nicht etwa auf das *n*-te *Byte* dahinter. Wurde beispielsweise

```
double *p1;
```

definiert, so zeigt der Zeiger *p1+1* nicht 1, sondern 8 Bytes hinter *p1* (denn ein *double* belegt 8 Bytes). Dies gilt analog für jeden anderen Datentyp *T*, auf den ein Zeiger *p* verweist. Das Ergebnis von *p+n* ist immer ein Zeiger auf die Speicherposition *p+n*sizeof(T)*. Machen Sie sich bitte klar, daß nur durch diese Vorgehensweise der Zugriff auf Array-Elemente mit Hilfe des Verweisoperators und der Zeigerarithmetik überhaupt möglich ist.

Da ein *void*-Zeiger untypisiert ist, ist Adreßarithmetik auf einem *void*-Zeiger nicht erlaubt.

#### Subtraktion von Zeiger und int

Der Rückgabewert der Subtraktion eines *xtyp*-Zeigers und eines *int*-Wertes ist ein *xtyp*-Zeiger. *xtyp* kann dabei jeder beliebige Basis- oder strukturierte Typ sein. Diese Operation ist ebenfalls nur sinnvoll, wenn der Zeiger auf ein Element innerhalb eines *xtyp*-Arrays zeigt. Als Ergebnis wird ein Zeiger auf das Element zurückgegeben, das sich so viele Positionen vor dem Ausgangszeiger befindet, wie durch den zu subtrahierenden Wert angegeben.

```
/* bsp1103.c */

#include <stdio.h>

double F[] = { 1.2, 3.14, 2.78 };

void main(void)
{
  double *p;

  p = F + 2;
  printf("%f\n", *p);
  printf("%f\n", *(p - 1));
  printf("%f\n", *(p - 2));
}
```

Die Ausgabe dieses Programmes lautet:

```
2.780000
3.140000
1.200000
```

Alle bei der Addition eines Zeigers mit einem *int* gemachten Ausführungen gelten analog auch für die Subtraktion. Zunächst verweist *p* durch die Zuweisung von *F+2* auf das letzte Element von *F*. **p* ist damit das letzte Element von *F* und hat den Inhalt 2.78. **(p-1)* ist das eine Position vor dem letzten Element stehende Element, also 3.14, und **(p-2)* ist das zwei Positionen vor dem letzten Element stehende Element, also 1.2.

Die Subtraktion von Zeiger und *int* ist normalerweise weniger nützlich als die Addition. Beachten Sie, daß möglicherweise illegale Zeiger errechnet werden, die vor dem ersten Element des Arrays liegen.

Während die Addition eines Zeigers und eines *int*-Wertes *kommutativ* ist, ist es bei der Subtraktion nicht erlaubt, die Operanden zu vertauschen, d.h. einen Zeiger von einem *int* zu subtrahieren. Ein solcher Fall wird vom Compiler als Fehler angesehen und erzeugt eine Fehlermeldung der Art "illegal pointer arithmetic".

#### Subtraktion von Zeiger und Zeiger

Der Rückgabewert der Subtraktion zweier Zeiger ist ein *int*. Diese Operation ist nur sinnvoll, wenn beide Zeiger auf Elemente ein und desselben Arrays zeigen. Als Ergebnis dieser Operation wird die Anzahl der Elemente zwischen beiden Zeigern geliefert.

```
/* bsp1104.c */

#include <stdio.h>

char hello[] = "hello, world";

void main(void)
{
  char *p;

  p = hello;
  while (*p != '\0') {
    if (*p == ' ') {
      printf("Leerzeichen an Pos %ld\n", p - hello);
      exit(0);
    }
    p = p + 1;
```

```
  }
  printf("Kein Leerzeichen im String\n");
}
```

Das Programm soll herausfinden, an welcher Stelle im String *hello* sich ein Leerzeichen befindet. Es liefert die Antwort

```
Leerzeichen an Pos 6
```

Der für uns interessante Teil des Programmes ist der Ausdruck *p – hello* in der *printf*-Anweisung. Das Programm definiert zunächst ein *char*-Array, welches mit der *"hello, world"*-Meldung initialisiert wird. Bei der Initialisierung mit einer Stringkonstanten wird dem letzten Element des Arrays ein Null-Zeichen zugewiesen. Dies macht sich die Schleife in ihrer Abbruchbedingung zunutze.

Der Hilfszeiger *p*, der zunächst auf das erste Element des Arrays zeigt, durchläuft mit Hilfe der Zeigerarithmetik nacheinander die einzelnen Elemente, bis **p* Null ist. Enthält **p* allerdings während des Durchlaufs ein Leerzeichen, so wird durch den Ausdruck *p – hello* die Anzahl der Array-Elemente zwischen aktueller Zeigerposition und Anfang des Arrays ausgegeben und das Programm beendet.

Beachten Sie, daß auch bei der Subtraktion zweier Zeiger die Maßeinheit des Ergebniswertes nicht *Byte*, sondern *Anzahl Elemente* ist. Werden also beispielsweise zwei Zeiger voneinander subtrahiert, die auf das erste und zweite Element eines Arrays aus 100 Byte großen Strukturen zeigen, so ist der Rückgabewert nicht 100, sondern 1. Die Subtraktion zweier Zeiger ist damit genau die Komplementäroperation zur Addition bzw. Subtraktion von Zeiger und *int*.

Abbildung 11.2 zeigt anschaulich die Äquivalenz der drei Ausdrücke *hello + 6 = = p*, *p – 6 = = hello* und *p – hello = = 6*.

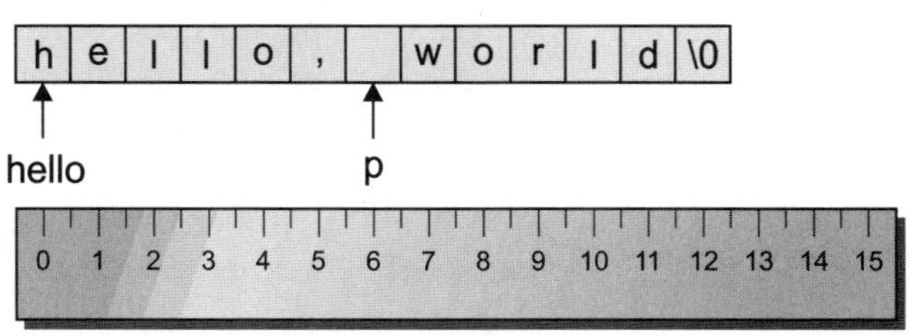


**Abbildung 11.2: Subtraktion von Zeiger und Zeiger**

#### Inkrement und Dekrement auf Zeigern

Auch auf Zeiger lassen sich die bereits bekannten Inkrement- und Dekrementoperatoren anwenden. Auch diese Operatoren sind im allgemeinen nur für Elemente innerhalb eines Arrays sinnvoll. Als Ergebnis wird jeweils ein Zeiger auf das nachfolgende bzw. vorhergehende Element zurückgegeben. Damit entspricht beispielsweise *Z++* für einen beliebigen Zeiger *Z* exakt der Operation *Z = Z + 1*, ebenso wie es bei einem numerischen Typ der Fall gewesen wäre.

Es gibt auch hier die Unterscheidung zwischen Prä- und Postinkrement bzw. Prä- und Postdekrement. Im ersten Fall wird der Zeiger *vor* der weiteren Verwendung innerhalb des Ausdrucks verändert, im zweiten Fall erst *danach*.

```
/* bsp1105.c */

#include <stdio.h>

char hello[] = "hello, world";

void main(void)
{
  char *p;

  p = hello;
  while (*p++);
  printf("Länge: %ld\n", p - hello - 1);
}
```

Dieses Programm ist ein erstes Beispiel für die Optimierungsmöglichkeiten, die man durch die Verwendung von Zeigern bei Zugriffen auf Arrays erreicht. Das Programm soll die Länge der Zeichenkette *hello* ermitteln. Dazu dient ausschließlich die *while*-Schleife mit dem merkwürdigen Testausdruck **p++* und dem leeren Schleifenrumpf. Wir wollen uns den Testausdruck etwas genauer ansehen.

Wegen der Operatorreihenfolge wird zunächst *p++* ausgewertet. Zwar haben die einstelligen Operatoren Verweis und Postinkrement die gleiche Prioritätsstufe, in einem solchen Fall wird jedoch immer zuerst der Postfix-Operator ausgewertet. Der Rückgabewert dieses Teilausdrucks ist (s. Kapitel 2) also *p*, wobei als Nebeneffekt (quasi im Hintergrund) der Zeiger *p* bereits inkrementiert wurde.

Auf diesen Rückgabewert wird dann der Verweisoperator angewendet, so daß der Rückgabewert des kompletten Ausdrucks der Inhalt des aktuellen Array-Elements ist. Die *while*-Schleife bricht ab, wenn hier ein Nullzeichen steht, also das Ende des Strings erreicht ist. Ist das aktuelle Zeichen dagegen kein Nullzeichen, so läuft die Schleife weiter (denn *p* wurde ja inkrementiert), und das nächste Element wird untersucht. Der Zeiger wird also so lange erhöht, bis er auf den Null-Terminator der Zeichenkette stößt. In diesem Fall braucht nur noch die Differenz zwischen *hello* und *p* ermittelt und *1* davon subtrahiert zu werden. Das Ergebnis ist die Länge der Zeichenkette.

Wir könnten das Hauptprogramm also auf einfache Weise in eine allgemein verwendbare Funktion *strlen* umwandeln, welche die Länge einer übergebenen Zeichenkette zurückliefert:

```
/* bsp1106.c */

strlen(char *s)
{
  char *p = s;

  while (*p++);
  return p - s - 1;
}
```

Programmkonstruktionen dieser Art sind häufig in C-Programmen anzutreffen. Ihr Vorteil ist neben der kürzeren Schreibweise das bessere Laufzeitverhalten gegenüber dem Array-Zugriff mit dem Indexoperator. Wir werden im nächsten Abschnitt die Implementierung einer weiteren Stringfunktion untersuchen und dabei auf einige Laufzeitaspekte detailliert eingehen.

#### Kombinierte Zuweisungsoperatoren

Genau wie bei Zahlenoperatoren lassen sich auch bei Zeigern die verfügbaren arithmetischen Operatoren mit den Zuweisungsoperatoren kombinieren. Damit ist es möglich, das Ergebnis einer Addition oder Subtraktion einer Zeigervariablen und eines *int* gleich wieder der Zeigervariablen zuzuweisen.

```
/* bsp1107.c */

#include <stdio.h>

static double numbers[] = {2, 3, 5, 7, 11, 13, 17};

void main(int argc, char **argv)
{
  double *p = numbers;

  printf("%f\n", *p);
  p += 3;
  printf("%f\n", *p);
```

```
  p += 3;
  printf("%f\n", *p);
}
```

Die Ausgabe des Programmes ist:

```
2.000000
7.000000
17.000000
```

### 11.1.4 Dynamische Arrays

#### R 63 Erstellen dynamischer Arrays

R63

Interessanterweise ist es nicht nur möglich, mit dem Verweisoperator auf die Elemente eines Arrays zuzugreifen, sondern auch der umgekehrte Weg ist erlaubt, also der Zugriff auf einen Zeiger mit Hilfe des Indexoperators. Damit eröffnet sich in C die Möglichkeit, *dynamische Arrays* zu definieren, d.h. solche, deren Größe erst zur Laufzeit des Programmes festgelegt wird.

Betrachten Sie folgendes Beispiel:

```
/* bsp1108.c */

#include <stdio.h>
#include <stdlib.h>

double *CreateDoubleArray(int len)
{
  return malloc(len * sizeof(double));
}

void main(void)
{
  int i, len;
  double *p;

  printf("Wie lang soll das Array werden: ");
  scanf("%d", &len);
  if ((p = CreateDoubleArray(len)) == NULL) {
    fprintf(stderr,"Nicht genügend Speicher\n");
  } else {
    for (i = 0; i < len; i++) {
      p[i] = i + 0.1;
    }
    printf("%f\n", p[0]);
    printf("%f\n", p[len/2]);
```

```
    printf("%f\n", p[len-1]);
    free(p);
  }
}
```

Aufgabe des Programmes ist es, ein Array vom Typ *double* zu definieren, dessen Größe erst zur Laufzeit festgelegt wird. Dazu wird ein *double*-Zeiger *p* definiert und mit Hilfe von *malloc* ausreichend Speicher an ihn zugewiesen. Nun liegen also an der Stelle, auf die *p* zeigt, *len* uninitialisierte *double*-Variablen im Speicher. Normalerweise würden wir jetzt mit Zeigerarithmetik der Art **(p+...)* auf diese Variablen zugreifen. Da es aber erlaubt ist, auch auf Zeiger mit Hilfe des Indexoperators zuzugreifen, können die einzelnen Elemente wie bei einem »richtigen« Array angesprochen werden. So bezeichnet etwa *p[0]* das erste, *p[1]* das zweite und *p[2]* das dritte Element unseres dynamischen Arrays.

Allgemein können wir festhalten, daß es – abgesehen von den anfangs erwähnten Restriktionen – prinzipiell egal ist, ob per Zeiger- oder Indexnotation auf Arrays zugegriffen wird. In der Praxis ist normalerweise die Indexnotation bequemer, wenn *wahlfrei* auf die einzelnen Elemente zugegriffen werden muß. Die Zeigernotation ist dagegen beim *sequentiellen* Durchlaufen der Arrayelemente die bessere Lösung.

Die Möglichkeit, die Größe von Arrays zur Laufzeit festzulegen, ist an sich schon eine bemerkenswerte Eigenschaft für eine streng typisierte und kompilierte Sprache. Dennoch müßte die Realisierung dieses Konzepts in C strenggenommen als *halbdynamisch* bezeichnet werden. Zwar kann die Größe eines Arrays zur Laufzeit festgelegt und der Speicher auf dem Heap alloziert werden, anschließend läßt sie sich jedoch nicht mehr verändern. In der Theorie der Programmiersprachen werden eigentlich nur Arrays, die auch das *nachträgliche* Verändern ihrer Größe erlauben, als *dynamisch* bezeichnet. Wir wollen uns daran nicht stören, für die Zwecke dieses Buches ist die grobe Unterscheidung in statisch und dynamisch ausreichend.

### 11.1.5 Die strcpy-Funktion

### R 64 Codeoptimierung

R64

Zum Ende dieses Abschnitts wollen wir einen kleinen Ausflug in typische Optimierungstechniken der Sprache C machen. Dazu soll der Versuch unternommen werden, eine günstige Implementierung der *strcpy*-Funktion zu finden.

Die in der Standard-Library eines jeden C-Compilers verfügbare Funktion *strcpy* hat die Aufgabe, den Inhalt einer Zeichenkette im Hauptspeicher zu kopieren. Sie wird mit zwei Parametern aufgerufen:

```
char *strcpy(char *dest, const char *src);
```

Der Parameter *src* zeigt auf die zu kopierende Zeichenkette, *dest* auf einen Puffer, der die Daten aufnehmen soll. Der ursprüngliche Inhalt der Ziel-Zeichenkette wird überschrieben. Die Funktion geht davon aus, daß ausreichend Platz vorhanden ist, um alle Zeichen der Quell-Zeichenkette zu kopieren.

Wir wollen uns nun verschiedene Implementierungen dieser Funktion ansehen und ihre Vor- und Nachteile analysieren. Wir beginnen mit der naheliegendsten Version und optimieren die Funktion dann schrittweise. Die endgültige Version verwendet sehr ausgefeilte Zeigerzugriffe und zeigt, wie man Dereferenzierung, Zeigerarithmetik und Nebeneffekte geschickt kombiniert. Konstruktionen dieser Art sind in C-Programmen sehr häufig anzutreffen und es lohnt sich, sie intensiv zu studieren.

### Version 1

```
/* bsp1109.c */

char *strcpy(char *ziel, char *quelle)
{
  int i=0;

  while (quelle[i]!='\0') {
    ziel[i]=quelle[i];
    i=i+1;
  }
  ziel[i]='\0';
  return ziel;
}
```

Das Kopieren der Zeichenkette erfolgt in der *while*-Schleife, die mit Hilfe des Zählers *i* die Elemente des Quellarrays solange Zeichen für Zeichen in das Zielarray kopiert, bis der Null-Terminator gefunden wurde. Man kann sich leicht überlegen, daß diese Version unter den gegebenen Bedingungen korrekt arbeitet, ihr Laufzeitverhalten ist allerdings nicht besonders gut.

Wir wollen nun zunächst die arithmetischen und logischen Ausdrücke mit den üblichen Methoden optimieren und erhalten eine leicht verbesserte zweite Version:

### Version 2

```
/* bsp1109.c */
```

```
char *strcpy(char *ziel, const char *quelle)
{
  int i = 0;

  while (quelle[i]) {
    ziel[i] = quelle[i];
    i++;
  }
  ziel[i] = '\0';
  return ziel;
}
```

In dieser Version wurde sowohl der Testausdruck als auch der Ausdruck zum Erhöhen des Zählers etwas verbessert. Beide werden daher etwas schneller abgearbeitet. Wir können die Schleife jedoch noch weiter vereinfachen.

**Version 3**

```
/* bsp1109.c */

char *strcpy(char *ziel, const char *quelle)
{
  int i = 0;

  while (ziel[i] = quelle[i]) ++i;
  return ziel;
}
```

Der Schritt zu dieser Version ist schon etwas komplizierter. Er macht sich die Tatsache zunutze, daß eine Zuweisung ein *Ausdruck* ist und einen Ergebniswert produziert, der in diesem Fall zur Schleifenkontrolle weiterverwendet wird. Hier wird also sowohl die Zuweisung als auch der Test, ob der Null-Terminator gefunden wurde, in den Schleifenkopf verlegt. Der Rumpf der Schleife hat daher nichts weiter zu tun, als den Zähler zu inkrementieren. Da der Schleifenkopf (und damit die Zuweisung) im Gegensatz zum Schleifenrumpf noch einmal ausgeführt wird, wenn der Testausdruck schon 0 wird, brauchen wir den Null-Terminator nicht mehr explizit anzuhängen.

Wir wollen nun den letzten Schritt tun und die Zugriffe auf beide Zeichenketten mit Hilfe von Verweisoperatoren erledigen:

**Version 4**

```
/* bsp1109.c */
```

```
char *strcpy(char *ziel, const char *quelle)
{
  char *tmp = ziel;

  while (*ziel++ = *quelle++);
  return tmp;
}
```

Diese Funktion ist die kürzeste und eleganteste, aber auch die am schwierigsten zu verstehende. Alle Aktionen werden innerhalb des Schleifenkopfes ausgeführt. Dabei wird zunächst der rechts vom Zuweisungsoperator stehende Ausdruck ausgewertet und dann der links davon befindliche. Diese Art von Ausdruck kennen Sie schon aus der *strlen*-Funktion, er liefert das durch den Zeiger referenzierte Element bei gleichzeitiger Erhöhung des Zeigers.

Auf der linken Seite des Zuweisungsoperators steht also jeweils das aktuelle Element des Zielarrays und auf der rechten Seite das des Quellarrays. Durch die Zuweisung wird der Inhalt des Quellarrays sukzessive in das Zielarray kopiert. Da der Wert einer Zuweisung jeweils dem Wert des Ausdrucks rechts vom Gleichheitszeichen entspricht, stoppt die Schleife, nachdem der Null-Terminator aus dem Quellstring in den Zielstring kopiert wurde.

Hätten wir die Funktion ohne Rückgabewert definiert, könnten wir sie auf einen Einzeiler reduzieren:

```
void strcpy(char *ziel, char *quelle)
{
  while (*ziel++ = *quelle++);
}
```

**Versuchsauswertung**

Wir haben diese Optimierungsschritte bisher ohne weitere Überprüfung durchgeführt. Interessant ist natürlich das tatsächliche Laufzeitverhalten der Funktionen. Ich habe dazu die vier Versionen der Funktion und zusätzlich die Library-Version von *strcpy* unter GNU-C 2.7.2 kompiliert und die Ergebnisse in Tabelle 11.1 gegenübergestellt:

| Version | Ohne Optimierung | Mit Optimierung |
|---|---|---|
| 1 | 16.2 | 7.8 |
| 2 | 16.0 | 7.8 |

**Tabelle 11.1: Die Laufzeiten der strcpy-Routinen**

| Version | Ohne Optimierung | Mit Optimierung |
|---|---|---|
| | | |
| 3 | 12.7 | 7.8 |
| 4 | 12.4 | 7.6 |
| strcpy | 7.8 | 7.6 |

**Tabelle 11.1: Die Laufzeiten der strcpy-Routinen**

Die Laufzeiten (in Sekunden) wurden handgestoppt und resultieren aus 100maliger Anwendung der Funktion auf einen 750000 Zeichen langen String. Ist der Optimizer ausgeschaltet, entspricht das Laufzeitverhalten im wesentlichen unseren Erwartungen und verbessert sich schrittweise von der ersten bis zur letzten Version. Bei aktiviertem Optimizer (Compilerschalter *-O3*) ist dagegen das Laufzeitverhalten der vier Versionen gleich und entspricht dem der mitgelieferten *strcpy*-Funktion.

Dieses bemerkenswerte Ergebnis zeigt, daß es eigentlich unnötig ist, kryptischen Code zu schreiben, um bei Array-Zugriffen in Schleifen eine hohe Performance zu erzielen. Es entspricht damit einer Regel, die einmal von Donald Knuth postuliert wurde und auch in Steve Maguire's Buch »Nie wieder Bugs!« eine wichtige Rolle spielt. Sie besagt, daß man unnötige Optimierungen im Code vermeiden sollte. Tatsächlich werden von modernen Optimizern viele der Low-Level-Optimierungen, die ein guter C-Programmierer früher in der Trickkiste hatte, automatisch vorgenommen.

Für ältere Compiler oder solche mit einem weniger guten Optimizer kann es allerdings durchaus sinnvoll sein, den Code wie beschrieben selbst zu optimieren. Versuche mit früheren Versionen einiger C-Compiler haben ergeben, daß das Laufzeitverhalten der dritten und vierten Version unserer *strcpy*-Routine auch (oder gerade) bei höchster Optimierungsstufe deutlich besser ist, als das der einfacheren Versionen. Hier ist bei performancekritischen Routinen im Einzelfall zu überprüfen, ob eine Optimierung per Hand lohnenswert ist.

## 11.2 Simulation von Call-By-Reference

Der dritte wichtige Anwendungsbereich für Zeiger besteht in der Simulation des Parameterübergabe-Mechanismus CALL-BY-REFERENCE. Darunter versteht man die Möglichkeit, Parameter so an eine Funktion zu übergeben, daß die aufgerufene Funktion in der Lage ist, Werte an den Aufrufer zurückzugeben.

In Kapitel 6 haben wir gelernt, daß die Parameterübergabe in C grundsätzlich nach dem Verfahren CALL-BY-VALUE erfolgt. Das bedeutet, daß beim Aufruf einer Funktion alle aktuellen Parameter kopiert werden und dann innerhalb der Funktion wie initialisierte lokale Variablen zur Verfügung stehen. Da nach dem Ende der Funktion die möglicherweise geänderten Kopien nicht wieder zurückgeschrieben werden, kann eine Funktion auf diese Weise keine Werte an den Aufrufer zurückgeben.

Bisher kennen wir drei Möglichkeiten, diese Beschränkungen zu umgehen:

1. Mit Hilfe des Funktionsrückgabewertes konnte ein einzelner Wert an den Aufrufer zurückgegeben werden.
2. Die Funktion konnte globale Variablen verändern.
3. Wurde ein Array übergeben, so wirkten sich Änderungen an den Elementen innerhalb der Funktion tatsächlich auf den aktuellen Parameter aus.

Der letzte Fall ist dabei der interessanteste, denn er ist auf die Äquivalenz von Arrays und Zeigern zurückzuführen. Sie werden nun lernen, daß es mit Hilfe von Zeigern möglich ist, die Übergabeart CALL-BY-REFERENCE für beliebige Datentypen zu simulieren und auf diese Weise Funktionen mit Rückgabeparametern auszustatten.

### 11.2.1 Definition von Referenzparametern

Um einen Wert aus einer Funktion an den Aufrufer zurückzugeben, darf der formale Parameter nicht als einfache Variable des gewünschten Typs definiert werden, sondern muß ein Zeiger auf eine Variable dieses Typs sein. Zwar wird auch der Zeiger per CALL-BY-VALUE übergeben, also in Form einer Kopie. Da mit dem Zeiger aber die Adresse der übergebenen Variablen zur Verfügung steht, kann mit Hilfe des Verweisoperators schreibend auf diese Variable zugegriffen werden, und CALL-BY-REFERENCE wird so – quasi durch die Hintertür – möglich.

Um diese neue Form der Parameterübergabe zu üben, wollen wie eine Beispielfunktion schreiben, die die Werte zweier *int*-Variablen vertauscht:

```
void swap(int x, int y)
{
  int tmp;

  tmp=x; x=y; y=tmp;
}
```

Diese naheliegende Variante funktioniert aus den eben genannten Gründen natürlich nicht, denn die Änderung der formalen Parameter ist nur innerhalb der Funktion wirksam. Also ändern wir die Definition der Funktion etwas ab und erhalten eine funktionierende Version:

```
/* bsp1110.c */

void swap(int *x, int *y)
{
  int tmp;

  tmp=*x; *x=*y; *y=tmp;
}
```

Die Funktion *swap* bekommt nun anstelle der beiden *int*-Variablen zwei Zeiger übergeben und vertauscht die Inhalte der Speicherstellen, auf die diese Zeiger verweisen. Dies mag zwar auf den ersten Blick etwas kompliziert aussehen, tatsächlich handelt es sich jedoch nur um eine geschickte Anwendung des Verweisoperators.

Zunächst wird der lokalen Hilfsvariablen *tmp* der Wert zugewiesen, auf den *x* zeigt. Da *x* ein Zeiger auf ein *int* ist, ist diese Zuweisung vollkommen korrekt. Dann wird der Variablen, auf die *x* noch immer zeigt, der Wert zugewiesen, auf den *y* zeigt. An der Stelle, auf die der *x*-Zeiger zeigt, steht nun der Inhalt der Variablen, auf die der *y*-Zeiger verweist. Nun braucht nur noch der Variablen, auf die *y* zeigt, der mittlerweile in *tmp* stehende ehemalige Wert des *x*-Zeigers zugewiesen zu werden, und die Vertauschung ist komplett.

### 11.2.2 Aufrufen einer Funktion mit Referenzparametern

Um die zweite Version der Funktion *swap* aufzurufen, reicht es natürlich nicht mehr aus, lediglich die zu vertauschenden Variablen zu übergeben. Statt dessen müssen Zeiger auf diese Variablen übergeben werden, die man mit Hilfe des Adreßoperators leicht ermitteln kann:

```
/* bsp1110.c */

void main(void)
{
  int x=10,y=20;

  printf("x=%d y=%d\n", x, y);
  swap(&x, &y);
  printf("x=%d y=%d\n", x, y);
}
```

Die Ausgabe des Programmes lautet nun korrekt:

```
x=10 y=20
x=20 y=10
```

### 11.2.3 Probleme

Wir haben nun zwar eine Möglichkeit gefunden, Parameter aus einer Funktion zurückzugeben, jedoch hat diese Vorgehensweise einige Nachteile:

1. Beim Aufruf der Funktion müssen *Zeiger* übergeben werden. Falls ohne Funktionsprototypen gearbeitet wird, kann der Compiler keine Parameterüberprüfungen durchführen und daher nicht feststellen, ob dies vergessen wurde. Hierin liegt eine wesentliche Fehlerquelle.
2. Im Funktionsrumpf der Funktion muß jeder Zugriff auf einen Rückgabeparameter mit Hilfe des Verweisoperators ausgeführt werden. Dies kann leicht vergessen werden und führt außerdem dazu, daß die Programme schwerer zu lesen sind.
3. Zusätzliche Verwirrung kann bei C-Neulingen dadurch entstehen, daß es mit Arrays Datentypen gibt, die *implizit* per Zeiger übergeben werden. Auch wenn die Definition von Array-Parametern nach CALL-BY-VALUE aussieht, handelt es sich für die Elemente um eine Übergabe per CALL-BY-REFERENCE.

Fazit: Anders als in Pascal oder C++ gibt es in C leider keinen eingebauten Mechanismus zur Rückgabe von Variablenparametern. So ist man gezwungen, diesen mit expliziten Zeigerkonstruktionen nachzubilden und läuft dabei leicht Gefahr, durch Unachtsamkeit einen Fehler zu machen. Um die möglichen Fehlerquellen zu minimieren, sollten Sie möglichst immer mit Funktionsprototypen arbeiten, um so viele Fehler wie möglich bereits zur Übersetzungszeit zu finden.

## 11.3 Zeiger auf Funktionen

Nahezu alle Computer, mit denen wir heute zu tun haben, arbeiten nach dem Prinzip der *von-Neumann-Architektur*, die im Jahre 1946 durch den Mathematiker John von Neumann als universelles Konzept zur Gestaltung von Rechenanlagen vorgeschlagen wurde. Eines der wesentlichen Merkmale dieser Architektur ist, daß ein gemeinsamer Hauptspeicher sowohl für Programmcode als auch für Daten verwendet wird.

Zwar gibt es einige Sprachen, die keinen grundsätzlichen Unterschied zwischen Daten und Programm kennen (in LISP hängt es beispielsweise lediglich vom Kontext ihrer Verwendung ab, ob eine *Liste* als Programm oder als Daten interpretiert wird). In den meisten imperativen Programmiersprachen aber sind Daten und Programmcode fein säuberlich getrennt.

In vielen dieser Sprachen gibt es allerdings Zwischenkonstrukte, die die Grenze zwischen Programm- und Datenbereich verwischen. So kennt beispielsweise CLIPPER mit den *Makros* und *Codeblöcken* Ausdruckstypen, die zur Laufzeit konstruiert, kompiliert und ausgeführt werden können. In JAVA gibt es mit dem *Introspection-API* die Möglichkeit, Eigenschaften von Klassen und Objekten zur Laufzeit abzufragen und (in beschränkter Form) als Daten zu behandeln. In Assembler und einigen anderen Sprachen kann man selbstmodifizierende Programme schreiben, die zur Laufzeit ihren eigenen Code verändern.

### R 65 Funktionszeiger

R65

Auch in C gibt es eingeschränkte Möglichkeiten, Daten als Programme und Programme als Daten zu betrachten. Die Rede ist von Zeigern auf Funktionen, d.h. Variablen, die die Startadresse einer Funktion aufnehmen und wie eine solche aufgerufen werden können.

### 11.3.1 Definition von Funktionszeigern

Funktionen gehören in C nicht zu den elementaren Datentypen, d.h. es ist nicht erlaubt, eine Funktion in einer Variablen zu speichern. Es ist aber möglich, einen *Zeiger auf eine Funktion* zu definieren und wie eine ganz normale Zeigervariable irgendeines anderen Typs zu verwenden. Darüber hinaus haben Funktionszeiger noch eine entscheidende zusätzliche Fähigkeit, sie lassen sich nämlich *aufrufen*. In diesem Fall wird die Funktion aufgerufen, auf die der Zeiger zeigt.

Sie wissen bereits, daß Zeiger nichts anderes sind als Adressen, die in der Regel auf Datenbereiche im Programm zeigen. Nun ist eine Datenadresse aber normalerweise genauso aufgebaut wie eine Programmadresse, so daß technisch eigentlich nichts dagegen spricht, in einem Zeiger die Adresse einer Funktion zu speichern. Die Frage ist jetzt nur, was man unter der Adresse einer Funktion versteht. Da jede Funktion an irgendeiner Stelle im Hauptspeicher des Programmes liegen muß, ist es naheliegend, die Position des ersten Maschinenbefehls als ihre Adresse aufzufassen. Das Aufrufen eines Zeigers auf eine Funktion ist also im Prinzip nichts anderes als ein Sprung an die im Zeiger gespeicherte Adresse des ersten Machinenbefehls der Funktion.

Das Schwierigste bei den Zeigern auf Funktionen ist die Syntax der Definition. Wie alle Zeiger sind auch sie typisiert. Bei Funktionszeigern bedeutet das, daß mindestens der Typ des Rückgabewertes der Funktion, auf die der Zeiger verweisen soll, festgelegt werden muß. Betrachten wir beispielsweise die folgende Definition:

```
double (*f)();
```

Hier wird ein Zeiger *f* auf eine Funktion definiert, deren Rückgabewert vom Typ *double* ist. Die Klammern um **f* sind unbedingt nötig, denn sonst würde die Definition

```
double *f();
```

lauten. Das wäre die Deklaration einer Funktion, die einen Zeiger auf ein *double* zurückgibt.

Alle Funktionszeiger werden auf diese Weise definiert. Charakteristisches Merkmal ist dabei die Klammerung des Variablenbezeichners. Komplexere Definitionen können dadurch sehr schnell unübersichtlich werden, denn es gibt Klammern für den Namen der Funktion, für ihre Argumente und zur Änderung der Auswertungsreihenfolge. Mit Hilfe der folgenden Regeln kann man sich das Lesen und Schreiben komplizierter Definitionen allerdings vereinfachen.

R66

**R 66 Lesen komplizierter Definitionen**

1. Beginnen Sie mit dem Lesen beim Bezeichner.
2. Lesen Sie dann die Definition wie einen Ausdruck weiter, d.h. in der Reihenfolge, in der die auftretenden Sonderzeichen als »Operatoren« in einem Ausdruck ausgewertet würden.
3. Beachten Sie bei der Reihenfolge insbesondere die Vorrangregeln der »Operatoren«. Lesen Sie bei gleichberechtigten einstelligen »Operatoren« zunächst die Postfix- und dann die Präfix-"Operatoren« (Rechts-vor-Links-Regel).
4. Interpretieren Sie die auftretenden »Operatoren« nicht wie in einem Ausdruck, sondern entsprechend ihrer Bedeutung in einer Definition, d.h

   [ ] ist kein Zugriff auf ein Array-Element, sondern die Definition eines Arrays,

   ( ) ist kein Funktionsaufruf, sondern die Definition einer Funktion,

   * ist kein Verweis, sondern die Definition eines Zeigers.
5. Beachten Sie, daß Klammern, wenn sie keine Funktion bezeichnen, zur Änderung der Vorrangregeln verwendet werden.

Wir wollen uns die beiden Beispiele noch einmal ansehen:

```
double (*f)();
```

ist ein Zeiger – denn aufgrund der Klammerung wird zuerst *(*f)* gelesen – auf eine Funktion – wegen () –, die einen *double* zurückgibt.

```
double *f();
```

ist eine Funktion – denn zuerst wird *f()* gelesen – , die einen Zeiger auf ein *double* zurückgibt. Ein etwas komplizierteres Beispiel wäre

```
void (*plot)(double (*f)());
```

Es handelt sich um einen Zeiger *plot* auf eine Funktion, die keinen Rückgabewert, aber einen formalen Parameter hat. Dieser Parameter ist selbst ein Zeiger auf eine Funktion, die einen *double* zurückgibt. Versuchen Sie, die angegebenen Regeln auf dieses Beispiel anzuwenden. Am Ende dieses Kapitels finden sie eine Übungsaufgabe, die sich mit dem Lesen komplizierter Defintionen beschäftigt.

### 11.3.2 Zuweisung eines Funktionszeigers

Nach der Definition eines Funktionszeigers ist dieser zunächst undefiniert. Man kann ihm beispielsweise den Namen einer bereits bekannten Funktion zuweisen:

```
/* bsp1111.c */

#include <stdio.h>
#include <math.h>

double (*f)();

void main(void)
{
  f = sin;
}
```

In diesem Programm wird zunächst die Variable *f* als Zeiger auf eine Funktion definiert, die einen *double*-Wert zurückgibt. Durch die Zuweisung in der vorletzten Zeile wird *f* die Adresse von *sin*, d.h. die Adresse der in der Standard-Library enthaltenen Sinusfunktion, zugewiesen. Ähnlich wie bei einem Array entspricht also auch der Name einer Funktion, wenn er in einem Ausdruck verwendet wird, der Adresse ihres ersten Elements.

Beachten Sie bitte, daß die Anweisung *f=sin;* keinen Funktionsaufruf durchführt. Weder *sin* noch *f* noch irgendeine andere Funktion werden also zum Zeitpunkt der Zuweisung aufgerufen. Ein solcher Aufruf kann nur dadurch erfolgen, daß der Funktionsaufrufoperator ( ) auf den Namen einer Funktion angewendet wird. In diesem Beispiel wird lediglich die Adresse des ersten Maschinenbefehls der Sinusfunktion in die Zeigervariable *f* geschrieben.

### 11.3.3 Aufrufen eines Funktionszeigers

Ein Zeiger auf eine Funktion kann ebenso wie eine normale Funktion aufgerufen werden. Der Aufruf ähnelt syntaktisch der Definition eines Funktionszeigers. Das folgende Programm

```
/* bsp1112.c */

#include <stdio.h>
#include <math.h>

double (*f)();

void main(void)
{
  f = sin;
  printf("%f\n", sin(3.1415));
  printf("%f\n", (*f)(3.1415));
}
```

gibt

```
0.000093
0.000093
```

auf dem Bildschirm aus und ruft damit zweimal nacheinander die Sinusfunktion mit einem Argument nahe Pi auf. In dem Ausdruck *(*f)(3.1415)* wird zunächst der Verweisoperator ausgewertet, dessen Ergebnis wegen der zuvor erfolgten Zuweisung *f=sin;* die Funktion *sin* ist. Durch Anwendung des ( )-Operators wird dann die Sinusfunktion tatsächlich aufgerufen und liefert den angegebenen Rückgabewert.

Die meisten Compiler erlauben den Aufruf eines Funktionszeigers auch ohne vorherige Anwendung des Verweisoperators, so daß obiges Programm auch wie folgt funktioniert:

```
/* bsp1113.c */

void main(void)
{
  f = sin;
  printf("%f\n", sin(3.1415));
  printf("%f\n", f(3.1415));
}
```

Diese Schreibweise ist eigentlich die naheliegendere. Da *f* ebenso ein Zeiger auf den Anfang der Sinusfunktion ist wie *sin*, und dieser auch ohne Dereferenzierung aufgerufen werden kann, sollte das eigentlich auch mit *f* möglich sein. Tatsächlich kennen aber nicht alle Compiler diese Schreibweise, zudem ist sie meist spärlich dokumentiert und sollte daher insgesamt mit der nötigen Vorsicht eingesetzt werden.

### 11.3.4 Übergabe als Parameter

Funktionszeiger sind recht nützlich, wenn man sie als Parameter an andere Funktionen übergibt. Da es sich um normale Zeigervariablen handelt, können sie mit den üblichen Methoden an eine Funktion übergeben werden.

Wir wollen diese Eigenschaften an einem Beispielprogramm studieren, das eine Funktion *plot* definiert, an die als Parameter eine beliebige Funktion mit einem *double*-Rückgabewert übergeben wird. Ihre Aufgabe ist es, eine Wertetabelle der übergebenen Funktion zu erstellen.

```
/* bsp1114.c */

#include <stdio.h>
#include <math.h>

void plot(double (*fp)())
{
  double x;

  printf(" x f(x)    \n");
  printf("-----------\n");
  for (x = 0.0; x <= 10.0; x = x + 1.0) {
    printf("%2.0f ", x);
    printf("%10.4f\n", (*fp)(x));
  }
  printf("\n");
}

void main(void)
{
  plot(sin);
  plot(cos);
  plot(sqrt);
}
```

Die Ausgabe des Programmes ist:

```
 x f(x)
-----------
 0      0.0000
 1      0.8415
 2      0.9093
 3      0.1411
 4     -0.7568
```

```
 5    -0.9589
 6    -0.2794
 7     0.6570
 8     0.9894
 9     0.4121
10    -0.5440

 x f(x)
-----------
 0     1.0000
 1     0.5403
 2    -0.4161
 3    -0.9900
 4    -0.6536
 5     0.2837
 6     0.9602
 7     0.7539
 8    -0.1455
 9    -0.9111
10    -0.8391

 x f(x)
-----------
 0     0.0000
 1     1.0000
 2     1.4142
 3     1.7321
 4     2.0000
 5     2.2361
 6     2.4495
 7     2.6458
 8     2.8284
 9     3.0000
10     3.1623
```

Die Funktion *plot* durchläuft in der *for*-Schleife die Werte von 0 bis 10 und gibt jeweils den Funktionswert auf dem Bildschirm aus. Da die zur Berechnung verwendete Funktion als Parameter übergeben wird, kann *plot* für alle Funktionen verwendet werden, die ein *double* als Argument und Rückgabewert haben.

Im Hauptprogramm wird dies beispielhaft für die Funktionen *sin, cos* und *sqrt* aus der Standard-Library demonstriert. Es kann aber ohne weiteres auch eine selbstdefinierte Funktion an *plot* übergeben werden. Die nachfolgende Version des obigen Programmes zeigt dies für die selbstgeschriebene Funktion *quadrat*:

```
/* bsp1115.c */

#include <stdio.h>
#include <math.h>

void plot(double (*fp)())
{
  double x;

  printf(" x f(x)     \n");
  printf("------------\n");
  for (x = 0.0; x <= 10.0; x = x + 1.0) {
    printf("%2.0f ", x);
    printf("%10.4f\n", (*fp)(x));
  }
  printf("\n");
}

double quadrat(double x)
{
  return x * x;
}

void main(void)
{
  plot(sin);
  plot(cos);
  plot(sqrt);
  plot(quadrat);
}
```

Zusätzlich zu der bisherigen Ausgabe liefert das Programm nun noch eine Liste der Quadratzahlen von 0 bis 10:

```
 x f(x)
------------
 0     0.0000
 1     1.0000
 2     4.0000
 3     9.0000
 4    16.0000
 5    25.0000
```

```
 6    36.0000
 7    49.0000
 8    64.0000
 9    81.0000
10   100.0000
```

## 11.4 Kommandozeilenparameter

### R 67 Kommandozeilenparameter

R67

Eines der wichtigsten Konzepte bei der Entwicklung von Tools und Hilfsprogrammen in C haben wir noch gar nicht erwähnt, nämlich die *Kommandozeilenparameter.* Gemeint sind die Argumente, die beim Aufruf von der Systemebene an ein Programm übergeben werden können. Ein typischer Aufruf des Kopierbefehls *cp* (unter MS-DOS: *copy*) könnte beispielsweise so aussehen:

```
cp users.log users1.log
```

Dieser Aufruf besteht aus dem Programmnamen *cp* und zwei zusätzlichen Argumenten *users.log* und *users1.log.* Die Argumente dienen dazu, dem Programm weitere Informationen mitzugeben, ohne die es seine Aufgabe nicht oder nur durch Interaktion mit dem Anwender ausführen könnte. Zwar spielen Kommandozeilenparameter in Anwendungsprogrammen in der Regel keine große Rolle, bei der Entwicklung von Tools und Hilfsprogrammen aber sind sie unverzichtbares Hilfsmittel zur Kommunikation mit dem Anwender.

Dieser Abschnitt erklärt, wie man aus einem C-Programm heraus die beim Aufruf des Programmes übergebenen Parameter ermittelt und verwendet.

### 11.4.1 Definition

Bisher war *main* für uns eine *parameterlose* Funktion, was wir durch das Schlüsselwort *void* in der Parameterliste angezeigt haben. Es ist jedoch auch möglich, *main* zu parametrisieren und das Laufzeitsystem zu veranlassen, die beim Aufruf an das Programm übergebenen Argumente an *main* weiterzureichen.

Dazu sind zwei Parameter *argc* und *argv* zu deklarieren, von denen der erste als *int* und der zweite als Array von Zeigern auf *char* typisiert sein muß:

```
main(int argc, char *argv[])
{
  ...
}
```

Natürlich könnte man auch andere Namen für die formalen Parameter verwenden, wichtig ist lediglich, daß ihre Typisierung stimmt. Die Definition von *argv* ist etwas schwierig zu verstehen, denn sie bezeichnet ein Array von Zeigern auf Zeichen. Anschaulicher ist es, sich *argv* als Array von Strings vorzustellen, dann ist *argv[0]* der erste String, *argv[1]* der zweite usw.

Alternativ kann man *argv* auch in folgender Form deklarieren:

```
char **argv;
```

Beide Varianten sind für den Compiler gleichbedeutend.

### 11.4.2 Auswertung

Beim Starten eines C-Programmes wird nicht sofort *main* aufgerufen, sondern die Kontrolle geht zuerst an eine Startroutine des Laufzeitsystems. Eine ihrer Aufgaben liegt darin, die Kommandozeilenparameter aufzubereiten und an *main* zu übergeben. Als ersten Parameter übergibt das Laufzeitsystem an *main* die Anzahl der in der Kommandozeile vorgefundenen Argumente und stellt diese in *argc* zur Verfügung.

Als zweiten Parameter stellt das Laufzeitsystem in *argv* ein Array von nullterminierten Zeichenketten zur Verfügung, das die einzelnen Argumente der Kommandozeile enthält. Wir wissen ja bereits, daß eine null-terminierte Zeichenkette, die ja normalerweise durch ein *char*-Array realisiert wird, mit einem Zeiger auf ein *char* weitgehend gleichbedeutend ist. Tatsächlich besteht das *argv*-Array nicht aus Puffern fester Länge, sondern speichert lediglich *char*-Zeiger auf das erste Element des jeweiligen Kommandozeilenarguments. Abbildung 11.3 stellt die Struktur von *argv* nach einem Programmaufruf beispielhaft dar.

Betrachten Sie folgendes Programm:

```
/* bsp1116.c */

#include <stdio.h>

void main(int argc, char **argv)
{
  int i;

  for (i = 0; i < argc; i++) {
    printf("%s ", argv[i]);
  }
  printf("\n");
}
```

Dieses Programm gibt die beim Aufruf angegebenen Argumente auf dem Bildschirm aus. Da durch *argc* die Anzahl der Argumente bekannt ist, kann leicht eine *for*-Schleife zur Ausgabe der Argumente verwendet werden. Der Zugriff auf die einzelnen Argumente erfolgt dabei jeweils mit dem Ausdruck *argv[i]*, der einer null-terminierten Zeichenkette entspricht.

Wenn Sie das Programm laufen lassen, werden Sie feststellen, daß es zuerst seinen eigenen Namen ausgibt. Dies ist natürlich kein Fehler, sondern beabsichtigt, denn das erste Argument der Kommandozeile ist immer der Name des Programmes selbst. Auch wenn überhaupt kein expliziter Parameter beim Aufruf des Programmes angegeben wird, ist *argv[0]* definiert. Daraus folgt auch, daß *argc* immer größer als 0 ist.

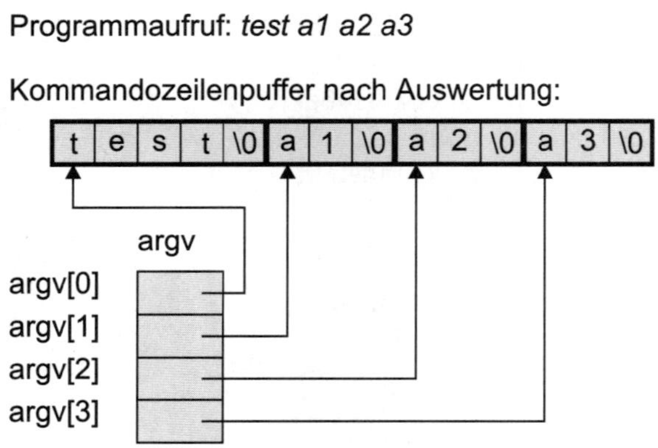


**Abbildung 11.3: argv nach dem Aufruf von test a1 a2 a3**

Alle Parameter werden in Form von Zeichenketten an das Programm übergeben. Selbst wenn ein Argument in der Kommandozeile nur aus Ziffern besteht, kommt es in *argv* als Zeichenkette an und muß nötigenfalls mit einer geeigneten Konvertierung umgewandelt werden. Die Trennung der einzelnen Argumente erfolgt in der Kommandozeile durch eingestreute Leerzeichen. Durch Anführungszeichen können andererseits mehrere Kommandozeilenargumente zusammengefaßt werden.

Als letztes Beispiel wollen wir uns ein Programm zur Berechnung einfacher arithmetischer Ausdrücke ansehen. Das Programm soll Ausdrücke der Art *Zahl op Zahl* akzeptieren, wobei *op* einer der arithmetischen Operatoren +, –, * oder / ist. Es soll die gewünschte arithmetische Berechnung durchführen und das Ergebnis auf Standardausgabe ausgeben.

```
/* bsp1117.c */

#include <stdio.h>
```

```
#include <stdlib.h>

void main(int argc, char *argv[])
{
  int x, y, z;

  if (argc != 4) {
    fprintf(stderr, "Falsche Parameterzahl!\n");
    fprintf(stderr, "Aufruf: a.out <Zahl><op><Zahl>\n");
    exit(1);
  }
  x = atoi(argv[1]);
  y = atoi(argv[3]);
  if (strcmp(argv[2], "+") == 0) {
    z = x + y;
  } else if (strcmp(argv[2], "-") == 0) {
    z = x - y;
  } else if (strcmp(argv[2], "*") == 0) {
    z = x * y;
  } else if (strcmp(argv[2], "/") == 0) {
    z = x / y;
  } else {
    fprintf(stderr, "Ungültiger Operand!\n");
    exit(1);
  }
  printf("%d", z);
}
```

Zunächst überprüft das Programm, ob genau vier Kommandozeilenargumente übergeben wurden. Ist das nicht der Fall, bricht es mit einer Fehlermeldung ab und gibt seine Aufrufsysntax auf dem Bildschirm aus. Bei korrektem Aufruf wandelt das Programm die beiden als Zeichenkette übergebenen numerischen Argumente in *int*-Werte um und speichert sie in den Variablen *x* und *y*. Danach überprüft es, welcher Operator in der Kommandozeile angegeben wurde, und berechnet schließlich das Ergebnis, das dann mit *printf* ausgegeben wird.

Beachten Sie bitte, daß das Programm nur dann korrekt funktioniert, wenn die drei Argumente in der Kommandozeile durch Leerzeichen getrennt wurden. Würde das Programm beispielsweise mit *1+3* als Argument aufgerufen werden (ohne trennende Leerzeichen), bekäme es neben seinem eigenen Namen nur noch *ein* weiteres Argument, nämlich die Zeichenkette "1+3", übergeben. Es würde eine Fehlermeldung ausgeben.

Andererseits lassen sich Argumente mit Leerzeichen dadurch zusammenfassen, daß sie in Anführungszeichen gesetzt werden. So würde auch ein Aufruf von *a.out " 1 + 3 "* nur ein einziges Argument an das Programm übergeben und damit zu einem Fehler führen.

## 11.5 Variable Parameterlisten

### R 68 Variable Parameterlisten

R68

Im Verlauf des Buchs haben Sie schon mehrfach Funktionen gesehen, die mit einer variablen Anzahl an Parametern aufgerufen wurden. Die bekanntesten sind sicher *printf* und *scanf*, aber auch der Aufruf von *main* kann wahlweise mit oder ohne aktuelle Parameter erfolgen. Variable Parameterlisten sind keine exklusiven Privilegien des Compilerherstellers, sondern stehen jedem C-Programmierer zur Verfügung; *printf* und *scanf* ganz normale Library-Funktionen, die ebenfalls davon Gebrauch machen.

Es gibt zwar eine Reihe nützlicher Anwendungen für Funktionen mit variablen Parameterlisten, bedenken sollte man dabei jedoch, daß der Compiler für solche Funktionen keine Parameterprüfungen durchführen kann. Ein Fehler beim Aufruf einer Funktion mit einer variablen Parameterliste wird also nicht vom Compiler bemerkt, sondern führt zu einem Laufzeitfehler.

### 11.5.1 Definition

Eine Funktion mit einer variablen Parameterliste muß wenigstens einen *festen* Parameter enthalten. Alle anderen Parameter dürfen frei sein. Da es der Funktion selbst nicht möglich ist, zu erkennen, wie viele Argumente bei einem konkreten Aufruf *tatsächlich* übergeben wurden, muß ihr dies vom Aufrufer mitgeteilt werden. Wenn Sie an *printf* zurückdenken, werden Sie sich daran erinnern, daß bei jedem Aufruf die Anzahl der aktuellen Parameter mit Hilfe des Formatstrings angegeben wurde. Die Syntax für die Definition einer Funktion mit variablen Parametern ist:

```
[Speicherklasse] [Typ] Name "(" FesteParameter ", ... )"
[Parameterdefinition]
Block
```

Der einzige Unterschied zur normalen Funktionsdefinition besteht also darin, daß nach den festen Parametern anstelle weiterer formaler Parameter ein Komma und drei Punkte stehen. Sie zeigen an, daß bei einem Aufruf der Funktion nach dem festen Parameter beliebig viele variable Parameter übergeben werden dürfen. Auch der Funktionsprototyp ist auf diese Weise zu deklarieren. Wenn Sie in der Headerdatei *stdio.h* nachsehen, werden Sie feststellen, daß auch einige der Standardfunktionen so deklariert wurden:

```
...
int fprintf(FILE *_stream, const char *_format, ...);
int printf(const char *_format, ...);
...
```

### 11.5.2 Implementierung

Um eine Funktion mit einer variablen Parameterliste zu implementieren, muß zunächst die Headerdatei *stdarg.h* eingebunden werden. Sie enthält vier Makros, mit deren Hilfe die variable Parameterübergabe realisiert werden kann:

| Makroname | Syntax | Bedeutung |
|---|---|---|
| va_list | va_list name; | Abstrakter Datentyp, mit dessen Hilfe die Liste der Parameter definiert wird. |
| va_start | void va_start(va_list argptr, lastarg); | Parametrisiertes Makro, mit dessen Hilfe die Argumentliste initialisiert wird. |
| va_arg | type va_arg(va_list argptr, type); | Parametrisiertes Makro, das dazu dient, den nächsten Parameter aus der Liste zu lesen. |
| va_end | void va_end(va_list argptr); | Parametrisiertes Makro zur Endebehandlung. |

**Tabelle 11.2: Makros zur Definition variabler Parameterübergaben**

Als erstes Beispiel wollen wir eine Funktion *Sum* schreiben, die die Summe beliebig vieler *int*-Werte berechnen soll. Um der Funktion mitzuteilen, wie lang die Argumentliste ist, soll als letzter Parameter eine 0 übergeben werden. Die Funktion *Sum* kann (zusammen mit einem kleinen Testprogramm) folgendermaßen realisiert werden:

```
/* bsp1118.c */

#include <stdio.h>
#include <stdarg.h>

static int Sum(int n1, ...)
{
  va_list argptr;
  int n;

  va_start(argptr, n1);
  while (1) {
    n = va_arg(argptr, int);
    if (n == 0) {
      break;
```

```
    }
    n1 += n;
  }
  va_end(argptr);
  return n1;
}

void main(void)
{
  printf(
    "Summe von {1,2,3,4,5} = %d\n",
    Sum(1,2,3,4,5,0)
  );
  printf(
    "Summe von {1,..10} = %d\n",
    Sum(1,2,3,4,5,6,7,8,9,10,0)
  );
}
```

Die Ausgabe des Programms ist:

```
Summe von {1,2,3,4,5} = 15
Summe von {1,..10} = 55
```

*Sum* läßt sich dabei mit 2, 3 oder mehr Parametern aufrufen. Wichtig ist, daß das Ende der Parameterliste durch Übergabe von 0 angezeigt wird.

Da der Aufbau des Funktionskopfes bereits erklärt wurde, wollen wir uns nun der Implementierung der Funktion zuwenden. Zunächst definiert *Sum* eine lokale Variable *argptr* vom Typ *va_list*, die zum Zugriff auf die Parameterliste verwendet wird. Auf den ersten Parameter, *n1*, kann noch mit herkömmlichen Mitteln zugegriffen werden. Da er gleichzeitig erstes Glied der zu summierenden Reihe ist, verwenden wir ihn zur Speicherung der aufsummierten Werte.

Durch den Aufruf *va_start(argptr,n1);* wird die Listenvariable *argptr* initialisiert und zeigt auf den ersten Parameter hinter *n1*. Gemäß unseren Übergabekonventionen steht hier auf jeden Fall noch ein weiterer Parameter. Mit Hilfe des Makros *va_arg* kann nun sukzessive auf den jeweils nächsten Parameter zugegriffen werden. Das Programm übergibt bei jedem Aufruf an *va_arg* die Listenvariable *argptr* und den erwarteten Typ des jetzt folgenden Parameters. Bei korrektem Aufruf kann der Rückgabewert von *va_arg* direkt einer passenden Variablen zugewiesen werden.

Der ordnungsgemäße Aufruf von *va_arg* ist sehr kritisch für das richtige Funktionieren des Programmes. *va_arg* arbeitet nur dann richtig, wenn erstens ein weiterer Parameter zur Verfügung steht und zweitens dieser exakt den erwarteten Typ hat. Trifft eine dieser Bedingungen nicht zu, ist das Verhalten von *va_arg* undefiniert und wird sich in einem Laufzeitfehler niederschlagen. Da die aufgerufene Funktion keine Möglichkeit hat, mit Sprachmitteln festzustellen, wie viele Parameter noch nicht abgearbeitet sind und von welchem Typ diese sind, muß sie diese Information von anderer Seite bekommen. In unserem Beispiel ist es klar: Die Anzahl der Parameter wird durch die 0 am Ende der Parameterliste begrenzt, der Typ aller Paramter ist *int*.

Hat die Funktion durch wiederholten Aufruf von *va_arg* alle Argumente abgearbeitet, so sollte das Makro *va_end* aufgerufen werden, um die erforderliche Endebehandlung durchzuführen.

### 11.5.3 vprintf und vfprintf

Neben der Möglichkeit, durch mehrfachen Aufruf von *va_arg* die variablen Parameter einzeln zu verarbeiten, gibt es einige Funktionen, die es erlauben, die Liste der variablen Parameter im Stück zu übernehmen. Als Beispiel dafür wollen wir eine Funktion *Log* konstruieren, die analog zu *printf* aufgerufen wird. Im Gegensatz zu dieser werden die übergebenen Daten aber bei jedem Aufruf mit Datum und Zeit versehen auf dem Bildschirm ausgegeben. Eine solche Funktion ist für Debugging-Zwecke recht nützlich und kann leicht so erweitert werden, daß ihre Ausgaben (beispielsweise unter einer grafischen Oberfläche) nicht auf den Bildschirm, sondern in eine Datei geschrieben werden und damit dauerhaft zur Verfügung stehen.

Falls Sie diese Funktion mit den bisher vorgestellten Mitteln realisieren wollten, so käme die zeitaufwendige Aufgabe auf Sie zu, die Funktionalität von *printf* nachzuprogrammieren. Glücklicherweise stellt die Standardbibliothek mit *vprintf* und *vfprintf* zwei Funktionen zur Verfügung, mit denen diese Aufgabe wesentlich leichter gelöst werden kann. Die Syntax dieser Funktionen ist:

```
int vprintf(char *format, va_list arglist);
int vfprintf(FILE *f, char *format, va_list arglist);
```

Wie Sie sehen, unterscheiden sich diese Deklarationen von *printf* und *fprintf* dadurch, daß die optionalen Argumente nicht einzeln, sondern mit Hilfe eines Zeigers vom Typ *va_list* in einem Stück übergeben werden. Innerhalb einer selbst definierten Funktion mit variablen Parameterlisten kann dieser Zeiger wie im vorigen Beispiel durch die Deklaration einer Variablen vom Typ *va_list* und ihrer Initialisierung durch Aufruf von *va_start* gewonnen werden. Die gewünschte Funktion *Log* kann damit wie folgt konstruiert werden:

```
/* bsp1119.c */

#include <stdio.h>
#include <stdarg.h>
#include <time.h>

static void Log(char *s, ...)
{
  struct tm *loctim;
  time_t elapsed;
  va_list argptr;

  time(&elapsed);
  loctim = localtime(&elapsed);
  printf(
    "%02d.%02d.%04d %02d:%02d ",
    loctim->tm_mday,
    loctim->tm_mon,
    loctim->tm_year + 1900,
    loctim->tm_hour,
    loctim->tm_min
  );
  va_start(argptr, s);
  vprintf(s, argptr);
  va_end(argptr);
  printf("\n");
}

void main(void)
{
  int x = 2, y = 3;
  double pi = 3.14;

  Log("Oh, ein Fehler im Buch");
  Log("%d + %d = %d", x, y, x + y);
  Log("10*pi=%.4lf", 10.0 * pi);
}
```

Die Ausgabe des Programmes ist:

```
24.11.1994 11:25 Oh, ein Fehler im Buch
24.11.1994 11:25 2 + 3 = 5
24.11.1994 11:25 10*pi=31.4000
```

*Log* wird aufgerufen wie *printf*. Der erste Parameter *s* ist der Formatstring, alle weiteren Parameter sind optional und werden durch den Formatstring spezifiziert. Zunächst gibt *Log* mit Hilfe der Funktionen *time* und *localtime* (s. Referenzteil) die aktuellen Werte von Datum und Uhrzeit auf dem Bildschirm aus, dann wird der Zeiger *argptr* initialisiert und zusammen mit dem Formatstring an *vprintf* übergeben. *vprintf* führt anschließend die Bildschirmausgabe durch und verhält sich wie ein identischer Aufruf von *printf*. Zm Schluß führt *Log* durch Aufruf von *va_end* die notwendige Endebehandlung durch.

Um die Funktion *Log* wie vorgeschlagen so zu erweitern, daß alle Ausgaben in eine Datei geleitet werden, ist nicht viel zu tun. Das Programm muß lediglich die gewünschte Protokolldatei öffnen und *Log* den Dateizeiger zur Verfügung stellen. Innerhalb von *Log* ist der Aufruf von *vprintf* durch *vfprintf* zu übersetzen und beim Aufruf an erster Stelle der Zeiger auf die geöffnete Datei zu übergeben.

## 11.6 Aufgaben zu Kapitel 11

**1. (A)**

Schreiben Sie ein Programm, das alle seine Argumente auf dem Bildschirm ausgibt. Orientieren Sie sich dabei an dem Verhalten des Befehls *echo*.

**2. (A)**

Schreiben Sie ein Programm, das die Größe einer als Argument angegebenen Datei auf die Standardausgabe ausgibt.

**3. (B)**

Schreiben Sie eine Funktion *strucmp*, die zwei Zeichenketten miteinander vergleicht. *strucmp* soll im Prinzip so arbeiten wie *strcmp*, dabei aber die Unterschiede in der Groß- und Kleinschreibung beider Zeichenketten ignorieren.

**4. (B)**

Viele Programme akzeptieren neben den normalen Argumenten auch zusätzliche Schalter, mit denen bestimmte Sonderfunktionen gesteuert werden. Bei C-Programmen hat es sich eingebürgert, diese Schalter in der Kommandozeile durch ein vorangestelltes "-" zu kennzeichnen. Schreiben Sie ein Programm, das die übergebenen Parameter nach normalen Argumenten und Schaltern getrennt auf dem Bildschirm ausgibt.

**5. (B)**

Schreiben Sie ein Programm *split*, das eine Datei an einer vorgegebenen Position aufteilt und den Inhalt in zwei separaten Dateien abspeichert. Alle erforderlichen Argumente sollen in der Kommandozeile angegeben werden können.

**6. (P)**

Versuchen Sie, die Bedeutung der folgenden Definitionen herauszufinden:

```
typedef int *v1[];
typedef int (*v2)[];
typedef int **v3;
typedef int *(*v4)();
typedef int ***v5;
typedef v4  (*v6)();
```

**7. (B)**

Verbessern Sie das in Aufgabe 8.2 vorgestellte *tee*-Programm in der Weise, daß die Eingabe nicht mehr auf *stderr*, sondern in eine als Argument anzugebende Datei umgeleitet wird. Zusätzlich soll sie natürlich weiterhin auf die Standardausgabe geschrieben werden.

**8. (C)**

Schreiben Sie ein Programm *untab*, das Tabulatoren in einer Textdatei in Leerzeichen umwandelt. Dabei soll ein Tabulatorzeichen nicht durch eine *konstante* Anzahl an Leerzeichen ersetzt werden, sondern durch jeweils so viele, wie das aktuelle Zeichen von der nächsten Tabulatorposition entfernt ist.

Schreiben Sie das Programm so, daß die gewünschten Tabulatorpositionen in der Kommandozeile entweder einzeln per Spaltenangabe oder mit einem Schalter *-a<Zahl>* in konstanten Abständen vorgegeben werden können.

**9. (P)**

Geben Sie die Ausgabe des folgenden Programms an:

```
/* auf1109.c */

#include <stdio.h>

void main(void)
{
  int i1, i2, i3;
```

```
  int *p1, *p2, *p3;

  i2 = 12;
  i1 = 11;
  p3 = &i2;
  *p3 += 1;
  i3 = 13;
  p2 = p3;
  p1 = &i1;
  *p2 = ((*p1)++)-1;
  p3 = &i3;
  --*p3;
  *p3 -= 2 * (*p1 - *p2);
  printf("%d %d %d\n", i1, i2, i3);
}
```

**10. (P)**

Geben Sie die Ausgabe des folgenden Programms an:

```
/* auf1110.c */

#include <stdio.h>

void main(void)
{
  int a[] = {1,2,3,4,5,6,7,8,9,10};
  int i, *p;
  p = a;
  for (i = 0; i < 5; ++i, ++p) {
    if (i % 2) {
      ++p;
    } else {
      ++*p;
    }
  }
  for (i = 0; i < 10; ++i) {
    printf("%d\n", a[i]);
  }
}
```

**11. (P)**

Geben Sie die Ausgabe des folgenden Programms an:

```
/* auf1111.c */
#include <stdio.h>
```

```
static int ia[2000];
static int *pia[10];

void main(void)
{
  int i, d, *p;

  for (i = 0; i < 2000; ++i) {
    ia[i] = i + 1;
  }
  for (d = 1, p = ia, i = 0; i < 10; ++i) {
    *(pia + i) = p;
    p += d;
    d += d;
  }
  for (i = 0; i < 10; ++i) {
    printf("%d\n", **(pia + i));
  }
}
```

**12. (P)**

Geben Sie die Ausgabe des folgenden Programms an:

```
/* auf1112.c */

#include <stdio.h>
#include <math.h>

typedef double(*doublefunc)(double);

double sqr(double x)
{
  return x * x;
}

double diff(doublefunc f, double x)
{
  double h = 1e-10;
  return (f(x + h) - f(x)) / h;
}

void main(void)
{
  printf("%.6f\n", diff(sqr, 1.0));
```

```
  printf("%.6f\n", diff(sqrt, 1.0));
  printf("%.6f\n", diff(sin, 3.1415));
}
```

## 11.7 Lösungen zu ausgewählten Aufgaben

### Aufgabe 1

Da die einzelnen Kommandozeilenelemente bereits in Form von Zeichenketten in einem Array an die *main*-Funktion übergeben werden, ist diese Aufgabe leicht zu lösen. Es brauchen bloß *argc-1* Elemente ausgegeben zu werden, beginnend bei Element Nummer 1 bis zum Ende der Argumentliste.

```
/* lsg1101.c */

#include <stdio.h>

void main(int argc, char **argv)
{
  int i;

  for (i = 1; i < argc; i++) {
    printf("%s ", argv[i]);
  }
  printf("\n");
}
```

### Aufgabe 2

Sie kennen noch keine Einzelfunktion, die die Größe einer externen Datei angibt. Durch Kombination der Funktionen *fseek* und *ftell* (s. Kapitel 9) können Sie die Größe aber auch so bestimmen.

```
/* lsg1102.c */

#include <stdio.h>

void main(int argc, char **argv)
{
  FILE *f1;

  if (argc != 2) {
    fprintf(stderr, "Aufruf: a.out <Dateiname>\n");
  } else {
    if ((f1 = fopen(argv[1], "rb")) != NULL) {
      fseek(f1, 0L, SEEK_END);
```

```
      printf("Länge von %s ist %ld\n", argv[1], ftell(f1));
      fclose(f1);
    } else {
      fprintf(stderr, "Datei %s nicht da\n", argv[1]);
    }
  }
}
```

Zunächst öffnet das Programm die als Argument übergebene Datei, bewegt dann den Dateizeiger durch einen *fseek*-Aufruf an das Dateiende und bestimmt schließlich mit *ftell* die Position des Dateizeigers. Dieser Wert entspricht offensichtlich der Länge der Datei.

**Aufgabe 3**

Der grundlegende Algorithmus arbeitet so, daß die beiden Strings Zeichen für Zeichen miteinander verglichen werden. Falls beide Zeichen Null sind oder sich voneinander unterscheiden, kann die Schleife abgebrochen und die Differenz aus erstem und zweitem Zeichen zurückgegeben werden. Der resultierende Wert ist dann kleiner, gleich oder größer Null, wenn die erste Zeichenkette kleiner, gleich oder größer der zweiten Zeichenkette war. Um die gewünschte Nebenbedingung (Unabhängigkeit von Groß- und Kleinschreibung) zu realisieren, ist innerhalb der Schleife zusätzlich eine Konvertierungsroutine zu plazieren.

Damit die Funktion möglichst schnell arbeitet, verwendet sie Zeigerarithmetik und benutzt die als Parameter übergebenen Zeiger zum Durchlaufen der Strings.

```
/* lsg1103.c */

int strucmp(char *s1, char *s2)
{
  char c1, c2;

  while ((c1 = *s1++) && (c2 = *s2++)) {
    if (c1 >= 'a' && c1 <= 'z') c1 -= 'a' - 'A';
    if (c2 >= 'a' && c2 <= 'z') c2 -= 'a' - 'A';
    if (c1 != c2) break;
  }
  if (!c1) {
    c2 = *s2;
  }
  return c1 - c2;
}
```

Die etwas seltsam anmutende Anweisung

```
if (!c1) c2=*s2;
```

hat ihren Grund in der Short-Circuit-Evaluation des Testausdrucks der Schleife. Wenn nämlich beide Zeichenketten gleich sind, wird die Schleife beim Erreichen der Nullbytes schon nach der Auswertung des Ausdrucks *c1=*s1++* gestoppt und die Variable *c2* hat noch den Wert aus dem letzten Schleifendurchlauf. Das hätte zur Folge, daß die Differenz aus *c1* und *c2* nicht 0, sondern einen Wert kleiner 0 ergeben hätte.

Diese Fehlerquelle ist recht tückisch (ich bin auch darauf hereingefallen) und zeigt, daß man bei der Verwendung von Nebeneffekten in Ausdrükken, in denen auch die logischen Operatoren && oder || vorkommen, besonders aufpassen muß.

**Aufgabe 4**

Man kann die Aufgabe ganz einfach dadurch lösen, daß man die Liste der Argumente zweimal durchläuft. Dabei gibt man zunächst nur die Schalter und erst beim zweiten Durchlauf die Nicht-Schalter-Argumente aus. Einen Schalter kann man daran erkennen, daß das erste Zeichen des Arguments ein '-' ist.

```
/* lsg1104.c */

#include <stdio.h>

void main(int argc, char **argv)
{
  int i;

  printf("Programmname: %s\n", argv[0]);
  printf("Schalter: \n");
  for (i = 1; i < argc; i++) {
    if (argv[i][0] == '-') {
      printf("%s\n", argv[i]);
    }
  }
  printf("Normale Argumente:\n");
  for (i = 1; i < argc; i++) {
    if (argv[i][0] != '-') {
      printf("%s\n", argv[i]);
    }
  }
}
```

Erfahrungsgemäß gehen viele Tools unter UNIX (oder MS-DOS) allerdings nicht so vor, sondern erwarten die Schalter am Anfang der Argumentliste. Schalter, die dann nach einem Nicht-Schalter-Argument auftauchen, werden ebenfalls als Nicht-Schalter-Argument angesehen. (Das ist übrigens einer der wenigen Ansätze, um unter UNIX Dateien mit Namen wie "-c" oder "-x" usw. wieder zu löschen. Das Löschen von Dateien mit Namen wie "*" oder "?" ist im Vergleich dazu fast ein Kinderspiel.)

**Aufgabe 5**

Damit das Programm möglichst universell und bequem in der Anwendung wird, soll ein Aufruf mit 4 Parametern realisiert werden:

1. der Name der Quelldatei,
2. der Splitpunkt (in Prozent der Gesamtgröße) zwischen 0 und 100,
3. der Name der ersten Zieldatei,
4. der Name der zweiten Zieldatei;

so daß beispielsweise der Aufruf

```
split k1.txt 50 k1.t1 k2.t1
```

die Datei *k1.txt* genau in der Mitte teilt. Dabei wird die erste Hälfte in die Datei *k1.t1* und die zweite Hälfte in die Datei *k1.t2* kopiert. Prozentuale Trennpunkte kleiner gleich Null oder größer gleich 100 soll das Programm ablehnen.

Das nachfolgende Programm ist nur deshalb so lang, weil es sehr viele Fehlermöglichkeiten prüft und auf der Standardfehlerausgabe dokumentiert. Die eigentlichen Tätigkeiten beginnen erst im letzen Viertel mit dem Ermitteln der Länge der Quelldatei, des Trennpunktes und dem nachfolgenden Kopiervorgang. Da das Programm alle Dateien im Binärmodus öffnet, kann es nicht nur Texte, sondern beliebige Dateien splitten.

```
/* lsg1105.c */

#include <stdio.h>
#include <stdlib.h>

void main(int argc, char **argv)
{
  FILE *f1, *f2, *f3;
  int  c;
  long pos, i = 0;

  if (argc != 5) {
```

```
    fprintf(stderr, "Aufruf: split <D1> <n> <D2> <D3>\n");
    exit(1);
  }
  if ((f1 = fopen(argv[1], "rb")) == NULL) {
    fprintf(stderr, "Kann %s nicht öffnen\n", argv[1]);
    exit(1);
  }
  if ((f2 = fopen(argv[3], "wb")) == NULL) {
    fprintf(stderr, "Kann %s nicht öffnen\n", argv[3]);
    exit(1);
  }
  if ((f3 = fopen(argv[4], "wb")) == NULL) {
    fprintf(stderr, "Kann %s nicht öffnen\n", argv[4]);
    exit(1);
  }
  pos = atoi(argv[2]);
  if (pos <= 0 || pos >= 100) {
    fprintf(stderr, "Trennpunkt in %% angeben\n");
    exit(1);
  }
  fseek(f1, 0L, SEEK_END);
  pos = ftell(f1) * pos / 100;
  fseek(f1, 0L, SEEK_SET);
  while ((c=getc(f1)) != EOF) {
    if (i++ < pos) {
      putc(c, f2);
    } else {
      putc(c, f3);
    }
  }
  fclose(f1);
  fclose(f2);
  fclose(f3);
}
```

**Aufgabe 6**

- *typedef int *v1[ ];* ist ein Array von Zeigern, die jeweils auf *int*-Variablen zeigen. Man kann diese Definition also als eindimensionales Array von *int*-Arrays auffassen, oder aber als zweidimensionales Array von *int*-Werten. Diese Konstruktion kommt in der Praxis nicht selten vor und ist uns schon (mit *char* als Grundtyp) bei der Übergabe von Kommandozeilenparametern begegnet.

- *typedef int (*v2)[ ];* ist ein Zeiger auf ein Array von *int*-Werten. So etwas kommt in der Praxis kaum vor.
- *typedef int **v3;* Da ein Array prinzipiell nichts anderes ist als ein Zeiger, ist diese Definition mit der ersten gleichbedeutend. Viele Autoren verwenden diese Schreibweise, um Kommandozeilenparameter zu definieren:

```
main(int argc,char **argv)
{
  ...
}
```

- *typedef int *(*v4)();* ist ein Zeiger auf eine Funktion, die einen Zeiger auf ein *int* zurückgibt. Man könnte es sich auch als einen Zeiger auf eine Funktion vorstellen, deren Rückgabewert ein *int*-Array ist.
- *typedef int ***v5;* ist ein Zeiger auf einen Zeiger auf einen Zeiger auf ein *int*. Ob eine solche Definition nützlich ist, ist mir allerdings nicht bekannt – in der Praxis kommt sie normalerweise nicht vor.
- *typedef v4 (*v6)();* Es handelt sich um einen Zeiger auf eine Funktion, deren Rückgabewert wiederum ein Zeiger auf eine Funktion ist, die ihrerseits die Adresse einer *int*-Variablen liefert. Auch diese Definition ist ein gutes Stück jenseits dessen, womit man als C-Programmierer normalerweise zu tun hat, sie ist aber immer noch gebräuchlicher als die vorige.

**Aufgabe 7**

Das Programm *tee* ist ein Filter, der die Standardeingabe unverändert auf die Standardausgabe sendet, dabei aber gleichzeitig alle Zeichen auch in eine Datei schreibt. Da *tee* nicht interaktiv ist, wird ihm der Name der Datei in der Kommandozeile übergeben.

Eine Besonderheit des Programmes liegt in der Art seiner Fehlerbehandlung. Wird beim Aufruf von *tee* kein Argument angegeben oder kann die angegebene Datei nicht angelegt werden, so bricht das Programm nicht mit einer Fehlermeldung ab, sondern benutzt *stderr* als alternative Ausgabedatei. Ob dies in allen Fällen sinnvoll ist, mag dahingestellt bleiben, mir ging es hier hauptsächlich darum, die dahinterstehende Technik zu demonstrieren.

```
/* lsg1107.c */

#include <stdio.h>

void main(int argc, char **argv)
```

```
{
  int c;
  FILE *f1;

  if (argc == 1) {
    f1 = stderr;
  } else {
    if ((f1 = fopen(argv[1], "w")) == NULL) {
      f1 = stderr;
    }
  }
  while ((c=getchar()) != EOF) {
    putchar(c);
    putc(c, f1);
  }
  if (f1 != stderr) {
    fclose(f1);
  }
}
```

**Aufgabe 8**

Um die Aufgabe zu lösen, muß das Programm sich merken, an welcher Stelle die Tabstops stehen sollen. Es verwendet dazu ein Zeichenarray *lineal*, in dem das 0-te Element genau dann auf 1 steht, wenn sich an dieser Stelle ein Tabstop befindet – andernfalls hat es den Wert 0. Da dieses Array 132 Elemente enthält, kann das Pogramm nur Dateien mit Zeilen, die nicht länger als 132 Zeichen sind, korrekt verarbeiten.

Damit das Programm möglichst flexibel eingesetzt werden kann, wird es als Filter implementiert und benutzt so zur Kommunikation die Standardein- und ausgabe. Diese Vorgehensweise hat zusätzlich den Vorteil, daß das Programm sich nicht darum kümmern muß, Dateien zu öffnen oder zu schließen.

Das Programm besteht im wesentlichen aus zwei Teilen. Die Funktion *init_lineal* hat die Aufgabe, die Kommandozeile zu analysieren und das Tabstop-Array mit den vom Benutzer gewünschten Einstellungen zu versehen. Dabei akzeptiert *init_lineal* sowohl die Einzeleingabe der Tabstops als auch die Eingabe von Tabstops in konstanten Abständen, die mit dem *-a*-Schalter angegeben werden.

Das Hauptprogramm braucht dann nur noch zeichenweise die Standardeingabe zu lesen und einen internen Spaltenzähler *pos* zu führen. Hierbei sind drei Fälle zu unterscheiden:

1. Wenn ein Tabulatorcode in der Eingabe auftaucht, sind Leerzeichen auszugeben, bis die nächste vorgesehene Tabulatorposition erreicht ist.
2. Wenn eine Zeilenschaltung auftaucht, ist diese auszugeben und der Spaltenzähler auf 0 zu setzen.
3. Alle anderen Zeichen werden unverändert ausgegeben.

```
/* lsg1108.c */

#include <stdio.h>
#include <stdlib.h>

#define LINLEN 132

static char lineal[LINLEN];

void init_lineal(int argc, char **argv)
{
  int i, size;

  for (i = 0; i < LINLEN; i++) {
    lineal[i] = 0;
  }
  if (argv[1][0] == '-') {
    size = atoi(argv[1] + 2);
    for (i = 0; i < LINLEN; i++) {
      if (i % size == 0) {
        lineal[i] = 1;
      }
    }
  } else {
    for (i = 1; i < argc; i++) {
      size = atoi(argv[i]);
      if (size >= 0 && size < LINLEN) {
        lineal[size] = 1;
      }
    }
  }
}

void main(int argc, char **argv)
{
  int  c;
```

```
  int  pos = 0, i, j;

  if (argc < 2) {
    fprintf(stderr, "Aufruf: untab -a<num>\n");
    fprintf(stderr, "  oder: untab <tpos> ...\n");
    exit(1);
  }
  init_lineal(argc, argv);
  while ((c=getchar()) != EOF) {
    if (c == '\t') {
      for (i = pos+1; i < LINLEN && !lineal[i]; i++);
      if (i < LINLEN) {
        for (j = 1; j <= i-pos; j++) {
          putchar(' ');
        }
        pos = i;
      }
    } else if (c == '\n') {
      putchar('\n');
      pos=0;
    } else {
      putchar(c);
      pos++;
    }
  }
}
```

Falls in der Eingabe mehr Tabulatoren auftauchen als in der Kommandozeile angegeben wurden, oder die Eingabezeile länger als 132 Zeichen ist, verschluckt das Programm die überschüssigen Zeichen, d.h. es gibt an ihrer Stelle gar nichts aus.

GoTo

# Tips und Tricks

# 12

## Kapitelüberblick

## 12.1 Typische Fehlersituationen

Dieses Kapitel bildet mit einer Zusammenstellung der am häufigsten anzutreffenden Programmierfehler den Abschluß des ersten Teils dieses Buches. Gerade C steckt für den Neuling voller Tücken und Fallstricke. Oft ist es nur ein fehlendes Semikolon oder eine falsch gesetzte Klammer, die den Compiler eine völlig unverständliche Fehlermeldung ausgeben läßt. Selbst eine kleine Ungenauigkeit beim Umgang mit Zeigern oder Adressen kann zu einem Laufzeitfehler führen, der eine langwierige Fehlersuche nach sich zieht.

Sie finden in diesem Abschnitt eine Auflistung typischer Problemfälle. Die abgedruckten Programmausschnitte stellen Negativbeispiele vor und dienen als Anschauungsmaterial dafür, wie man es nicht machen sollte. Wenn Sie das nächste Mal nach einem Fehler in einem Ihrer C-Programme suchen, können diese Hinweise Ihnen möglicherweise helfen, das Problem schneller zu beheben.

### 12.1.1 Gleichheitsoperator

Der relationale Operator zum Testen der Gleichheit zweier Operanden heißt nicht =, sondern = =. Der folgende Ausdruck testet nicht, ob *a* gleich *b* ist, sondern weist *a* den Wert von *b* zu und testet dann, ob *a* ungleich 0 ist.

Falsch ist:

```
if (a=b) ...
```

Richtig ist:

```
if (a==b) ...
```

### 12.1.2 Semikolon am Ende

Am Ende einer Ausdrucksanweisung muß ein Semikolon stehen.

Die folgende Anweisung erzeugt einen Fehler beim Kompilieren:

```
void main(void)
{
  int a;

  a = 0
}
```

Richtig ist:

```
void main(void)
{
  int a;

  a = 0;
}
```

### 12.1.3 Semikolon in der Mitte

Ein zuviel gesetztes Semikolon innerhalb einer Anweisung wird möglicherweise als Nullanweisung angesehen und führt zu verdeckten Fehlern. Die folgende Anweisung schreibt die Meldung *"Ende erreicht"* immer auf den Bildschirm (und nicht nur, wenn *i* gleich 10 ist), da das überflüssige Semikolon die Anweisung für den *if*-Zweig der Bedingung bildet:

```
if (i == 10);
  printf("Ende erreicht\n");
```

Richtig ist:

```
if (i == 10)
  printf("Ende erreicht\n");
```

Oder noch besser:

```
if (i == 10) {
  printf("Ende erreicht\n");
}
```

### 12.1.4 Semikolon hinter dem Makro

Ein Semikolon am Ende einer Makrodefinition wird Bestandteil des Makros und somit bei jeder Verwendung des Makros in den Quelltext eingefügt. Die Anweisung

```
#define MAXIMUM 100;
...
if (liter >= MAXIMUM) {
...
```

wird expandiert zu

```
#define MAXIMUM 100;
...
if (liter >= 100;) {
...
```

und führt damit zu einem Syntaxfehler.

Korrekt ist:

```
#define MAXIMUM 100
...
if (liter >= MAXIMUM) {
...
```

### 12.1.5 if-Anweisung

Der Testausdruck einer *if*-Anweisung muß immer in Klammern stehen, ein Schlüsselwort *then* gibt es in C nicht. Daher würde die Anweisung höchstens von einem PASCAL-Compiler verstanden:

```
if a >= 100 then
...
```

Korrekt ist:

```
if (a >= 100)
...
```

### 12.1.6 Logische Operatoren

Die logischen Operatoren für die UND bzw. ODER-Verknüpfung heißen in C && und || (und nicht etwa & und |). Die folgende Anweisung würde die beiden Teilausdrücke bitweise UND-verknüpfen und dann testen, ob das Resultat ungleich 0 ist:

```
if (i < 10 & j == 0)
...
```

Korrekt ist:

```
if (i < 10 && j == 0)
...
```

### 12.1.7 break in der switch-Anweisung

Am Ende eines *case*-Teils innerhalb der *switch*-Anweisung muß normalerweise ein *break* stehen. Der folgende Programmteil arbeitet nur dann korrekt, wenn *i* weder 10 noch 12 ist:

```
switch (i) {
  case 10:
    printf("i ist 10\n");
  case 12:
    printf("i ist 12\n");
  default:
    printf("i ist weder 10 noch 12\n");
}
```

In den anderen Fällen werden die nachfolgenden *printf*-Anweisungen ebenfalls ausgegeben. Korrekt ist:

```
switch (i) {
  case 10:
    printf("i ist 10\n");
    break;
  case 12:
    printf("i ist 12\n");
    break;
  default:
    printf("i ist weder 10 noch 12\n");
    break;
}
```

### 12.1.8 for-Schleife

Die drei Ausdrücke im Kopf der *for*-Schleife müssen mit Semikolons getrennt werden und nicht mit Kommata. Die folgende Anweisung führt daher zu einem Syntaxfehler beim Kompilieren:

```
for (i = 0, i != 10, i++) ...
```

Korrekt ist:

```
for (i = 0; i != 10; i++) ...
```

### 12.1.9 printf

Die an *printf* bzw. *scanf* übergebenen Parameter müssen genau zu den im Formatstring angegebenen Formatanweisungen passen. Achten Sie diesbezüglich insbesondere auf die *long*- und *double*-Parameter und darauf, daß Sie nicht Formatanweisungen verwenden, die Ihr C-Compiler nicht kennt. Die folgende Anweisung wird immer undefinierte Werte ausgeben.

```
printf("x=%d\n");
```

Korrekt ist:

```
printf("x=%d\n", i);
```

### 12.1.10 Zeiger bei scanf

Alle an *scanf* übergebenen Parameter müssen Zeiger sein. Vergessen Sie daher nicht den Adreßoperator & vor Nicht-Zeiger-Variablen. Eine Anweisung der Art führt zu falschen Ergebnissen und bringt unter Umständen den Rechner zum Absturz:

```
int i;

scanf("%d", i);
```

Korrekt ist:

```
int i;

scanf("%d", &i);
```

### 12.1.11 Dezimalkomma statt Dezimalpunkt

Die Dezimalstellen in einer Fließkommakonstanten werden durch einen Punkt und nicht durch ein Komma abgetrennt. Das folgende Programm wird das Doppelte von *pi* sicher nicht richtig berechnen:

```
#include <stdio.h>
#define PI 3,141592
```

```
void main(void)
{
  printf("2 PI ist %f\n", 2*PI);
}
```

Korrekt ist:

```
#include <stdio.h>

#define PI 3.141592

void main(void)
{
  printf("2 PI ist %f\n", 2*PI);
}
```

### 12.1.12 Backslash

Der Backslash als Zeichenkonstante muß (wegen der Präfixfunktion des Backslash in Zeichenkonstanten) als '\\' eingegeben werden. Falsch ist:

char c = '\';

Korrekt ist:

char c = '\\';

### 12.1.13 Blockklammern

Vergessen Sie nicht, die Blockklammern zu setzen, wenn Sie den Anweisungsteil einer der Anweisungen *do*, *while* oder *if* von einer einzigen auf mehrere Anweisungen erweitern. Der folgende Programmteil ist eine Endlosschleife:

```
int i=0;
while (i < 10)
  printf("%d\n", i);
  i++;
```

Korrekt ist:

```
int i=0;

while (i < 10) {
  printf("%d\n", i);
  i++;
}
```

### 12.1.14 Deklaration vergessen

Eine Funktion, deren Rückgabewert nicht vom Typ *int* ist, muß vor ihrer Verwendung deklariert werden. Die folgende Anweisung wird ohne vorhergehende Deklaration meist schwere Fehler verursachen:

```
char *p = malloc(10000);
```

Korrekt ist:

```
#include <stdlib.h>
char *p = malloc(10000);
```

### 12.1.15 Operatorrangfolge

Beachten Sie die Operatorrangfolge beim Schreiben komplexer Ausdrücke. Verwenden Sie lieber ein Klammerpaar zuviel als eins zuwenig. Das folgende Programm wird nur Einsen ausgeben:

```
#include <stdio.h>
void main(void)
{
  int c;

  while (c = getchar() != EOF) {
    printf("c is %d\n", c);
  }
}
```

Korrekt ist:

```
#include <stdio.h>

void main(void)
{
  int c;

  while ((c = getchar()) != EOF) {
    printf("c is %d\n", c);
  }
}
```

### 12.1.16 Nebeneffekte in logischen Ausdrücken

In C werden logische Ausdrücke in Shortcut-Evaluation ausgewertet. Daher kann es sein, daß Nebeneffekte in rechts stehenden Teilausdrücken nicht ausgewertet werden. Das folgende Programm zählt daher den Wert von i bis 10, den von j aber nur bis 5 hoch:

```
#include <stdio.h>

void main(void)
{
  int i = 0, j = 0;

  while (++i <= 5 || ++j <= 5) {
    printf("i=%d j=%d\n", i, j);
  }
}
```

Seine Ausgabe ist:

```
i=1 j=0
i=2 j=0
i=3 j=0
i=4 j=0
i=5 j=0
i=6 j=1
i=7 j=2
i=8 j=3
i=9 j=4
i=10 j=5
```

### 12.1.17 Überprüfung von Funktionsargumenten

Kontrollieren Sie alle Funktionsaufrufe doppelt, falls Sie einen C-Compiler verwenden, der beim Aufrufen einer Funktion Anzahl und Typ der aktuellen Parameter nicht überprüft. Das Aufrufen einer Funktion mit falschen oder fehlenden Parametern gehört zu den am schwierigsten zu findenden Fehlern. Falls Sie Zugriff auf einen Syntaxchecker (wie beispielsweise *lint* unter UNIX) haben, benutzen Sie diesen.

### 12.1.18 Zeigerrückgabewerte

Achten Sie darauf, aus einer Funktion keine Zeiger auf lokale Variablen zurückzugeben. Darüber hinaus sollten globale Zeigervariablen nach Ende einer Funktion nicht mehr auf deren lokale Variablen zeigen. Die folgende Anweisung gibt einen Zeiger auf die nach Ende der Funktion undefinierte Variable *i* zurück:

```
int *xyz()
{
  int i;
  ...
  return &i;
}
```

Funktionen sollten nur Zeiger auf globale oder statische Variablen zurückgeben, oder als Zeiger übergebene Argumente:

```
int *xyz(int *i)
{
  ...
  return i;
}
```

### 12.1.19 Klammerung in Makros

Wenn zu erwarten ist, daß ein parametrisiertes Makro mit komplexen Ausdrücken aufgerufen wird, dann klammern Sie die formalen Argumente bei jedem Gebrauch. Das folgende Programm wird nicht 64, sondern 23 errechnen:

```
#include <stdio.h>

#define QUADRAT(x) x*x

void main(void)
{
  int i, q;

  i = 5;
  q = QUADRAT(i+3);
  printf("%d\n", q);
}
```

Korrekt ist:

```
#include <stdio.h>

#define QUADRAT(x) (x)*(x)

void main(void)
{
  int i, q;

  i = 5;
  q = QUADRAT(i+3);
  printf("%d\n", q);
}
```

### 12.1.20 Nebeneffekte in Makros

Benutzen Sie beim Aufruf unbekannter parametrisierter Makros keine aktuellen Parameter mit Nebeneffekten. Durch die rein textuelle Ersetzung könnten diese mehrfach ausgeführt werden. Das folgende Programm wird nicht den Wert 36 errechnen und in i steht nach dem Aufruf von QUADRAT auch nicht 6:

```
#include <stdio.h>

#define QUADRAT(x) (x)*(x)

void main(void)
{
  int i, q;

  i = 5;
  q = QUADRAT(++i);
  printf("%d\n", q);
}
```

Korrekt ist:

```
#include <stdio.h>

#define QUADRAT(x) (x)*(x)

void main(void)
{
  int i, q;

  i = 5;
  ++i;
  q = QUADRAT(i);
  printf("%d\n", q);
}
```

### 12.1.21 Stacküberlauf

Definieren Sie keine sehr großen lokalen Variablen, wenn Sie auf einem Entwicklungssystem mit geringem Stackspeicher arbeiten. Aktivieren Sie gegebenenfalls per Compilerswitch den Stack-Check, um herauszufinden, ob Ihr Programm zuviel Stackspeicher verbraucht. Das folgende Programm wird viele kleinere Systeme überfordern:

```
void xyz(void)
{
```

```
  int gross[30000];
  ...
}
```

Besser wäre:

```
void xyz(void)
{
  static int gross[30000];

  ...
}
```

### 12.1.22 dangling-else

Setzen Sie Blockklammern, wenn Sie eine *if*-Anweisung in eine *if-else*-Anweisung schachteln. Das folgende Programm gibt "i ist kleiner 0" aus:

```
#include <stdio.h>

void main(void)
{
  int i = 0;

  if (i >= 0)
    if (i != 0)
      printf("i ist größer 0\n");
  else
    printf("i ist kleiner 0\n");
}
```

Korrekt ist:

```
#include <stdio.h>

void main(void)
{
  int i = 0;

  if (i >= 0) {
    if (i != 0) {
      printf("i ist größer 0\n");
    }
  } else {
    printf("i ist kleiner 0\n");
  }
}
```

### 12.1.23 Ein wirkungsloses break

Ein *break* springt nicht aus einer Schleife heraus, wenn es innerhalb der Schleife in einer *switch*-Anweisung verwendet wird. Das folgende Programm enthält eine Endlosschleife:

```
#include <stdio.h>

void main(void)
{
  int i = 0;

  while (1) {
    switch (++i % 7) {
    case 0:
      break;
    default:
      printf("%d\n", i);
      break;
    }
  }
}
```

Besser wäre:

```
#include <stdio.h>

void main(void)
{
  int i = 0;

  while (1) {
    if (++i % 7 == 0) {
      break;
    } else {
      printf("%d\n", i);
    }
  }
}
```

### 12.1.24 return-Anweisung vergessen

Das Vergessen der *return*-Anweisung kann zu undefinierten Rückgabewerten beim Aufruf der Funktion führen. Das folgende Programm gibt nicht 20 aus:

```
#include <stdio.h>

doubleit(int x)
{
  x = 2 * x;
}

void main(void)
{
  printf("2 * 10 = %d\n", doubleit(10));
}
```

Korrekt ist:

```
#include <stdio.h>

doubleit(int x)
{
  x = 2 * x;
  return x;
}

void main(void)
{
  printf("2 * 10 = %d\n", doubleit(10));
}
```

### 12.1.25 getchar

Die Funktion *getchar* terminiert erst dann, wenn eine Zeilenschaltung eingelesen wurde. Der Rückgabewert von *getchar* ist *int* und nicht *char.* Wäre nämlich der eingebaute *char* vom Typ *signed*, so gäbe es Probleme mit Umlauten, wäre er vom Typ *unsigned*, so könnte das EOF nicht mehr erkannt werden. Das folgende Programm führt auf Systemen, bei denen *char* vorzeichenlos ist, in eine Endlosschleife:

```
#include <stdio.h>

void main(void)
{
  char c;

  while ((c = getchar()) != EOF) {
    putchar(c);
  }
}
```

Korrekt ist:

```
#include <stdio.h>

void main(void)
{
  int c;

  while ((c = getchar()) != EOF) {
    putchar(c);
  }
}
```

### 12.1.26 Tippfehler in Konstanten

Verwenden Sie bei längeren numerischen Konstanten den Präprozessor oder die *const*-Anweisung. Sie vermeiden so tückische Tippfehler in literalen Konstanten. Das folgende Programm stürzt wegen eines Array-Überlaufs ab:

```
#include <stdio.h>

void main(void)
{
  int data[123];
  int i;

  for (i = 0; i < 132; ++i) {
    data[i] = i;
  }
}
```

Korrekt ist:

```
#include <stdio.h>

#define DATASIZE 123

void main(void)
{
  int data[DATASIZE];
  int i;

  for (i = 0; i < DATASIZE; ++i) {
    data[i] = i;
  }
}
```

### 12.1.27 Umfangreiche Makros

Große Makros neigen zu unerwünschten Nebeneffekten und sind nicht zu debuggen. Schreiben Sie anstelle eines Makros möglichst eine Funktion. Bei einem Makro gibt es keine Typüberprüfung der Parameter, und ein Makro besitzt keinen Rückgabewert. Das folgende Programm verwendet ein Makro als Ersatz für eine Funktion:

```
#include <stdio.h>

#define INTMITTEL(data, size) \
{ int i;\
  for (i = 0, ret = 0; i < size; ++i) {\
    ret += data[i];\
  }\
  ret = ret / size;\
}

void main(void)
{
  int data[] = {1,2,3,4,5};
  int ret;
  INTMITTEL(data, 5);
  printf("%d\n", ret);
}
```

Besser wäre:

```
#include <stdio.h>

int intmittel(int data[], int size)
{
  int i, ret;

  for (i = 0, ret = 0; i < size; ++i) {
    ret += data[i];
  }
  return ret / size;
}

void main(void)
{
  int data[] = {1,2,3,4,5};
  printf("%d\n", intmittel(data, 5));
}
```

### 12.1.28 Array-Überlauf

Das erste Element eines Arrays der Größe *n* hat immer den Index 0 und das letzte den Index *n-1*. Der Compiler prüft nicht, ob Array-Zugriffe innerhalb der erlaubten Grenzen liegen. Schützen Sie besonders kritische Abschnitte beispielsweise mit einem ASSERT-Makro. Das folgende Programm stürzt ab, weil die Funktion *fillsubarray* falsch aufgerufen wird:

```
#include <stdio.h>
#include <assert.h>

void fillsubarray(int *ar, int von, int len, int data)
{
  int i;

  for (i = 0; i < len; ++i) {
    ar[von + i]= data;
  }
}

void main(void)
{
  int data[] = {1,2,3,4,5,6,7,8,9,10};

  fillsubarray(data, 4, 10, 17);
}
```

Besser wäre:

```
#include <stdio.h>
#include <assert.h>

void fillsubarray(
  int *ar, int von, int len, int data, int size
)
{
  int i;

  assert(von >= 0);
  assert(von + len <= size);
  for (i = 0; i < len; ++i) {
    ar[von + i]= data;
  }
}

void main(void)
```

```
{
  int data[] = {1,2,3,4,5,6,7,8,9,10};

  fillsubarray(data, 4, 10, 17, 10);
}
```

### 12.1.29 Globale Variablen

Verwenden Sie globale Variablen nur, wenn es unbedingt nötig ist. In vielen Fällen können auch *static*-Variablen eingesetzt werden.

### 12.1.30 Unresolved External

Falls der Linker unerwartet *»unresolved external«* meldet, haben Sie möglicherweise beim Aufruf einer Funktion einen Tippfehler gemacht. Auch ein Fehler in der Groß-/Kleinschreibung einer Funktion führt dazu, daß die Funktion nicht gefunden wird.

### 12.1.31 Rückgabewerte einiger Library-Funktionen

Einige Funktionen der Standard-Library geben im Fehlerfall -1, andere 0 und manche NULL oder EOF zurück. Konsultieren Sie im Zweifelsfall lieber die Library-Handbücher, anstatt einen Fehler zu riskieren. Ignorieren Sie nicht die Rückgabewerte zur Anzeige von Fehlerzuständen. Die Library-Referenz in Teil 3 dieses Buches gibt zu jeder Standardfunktion den Rückgabewert an.

### 12.1.32 Fehlerhafte Sign-Extension

Verwenden Sie *unsigned*-Typen, wenn Sie mit bitweisen oder Schiebeoperatoren arbeiten. Unerwartete Vorzeichenerweiterungen könnten sonst die Folge sein. Das folgende Programm gibt nicht 1 aus, sondern -1:

```
#include <stdio.h>

void main(void)
{
  int i = 1;

  i <<= 31;
  i >>= 31;
  printf("%d\n", i);
}
```

Korrekt ist:

```
#include <stdio.h>

void main(void)
```

```
{
  unsigned int i = 1;

  i <<= 31;
  i >>= 31;
  printf("%d\n", i);
}
```

### 12.1.33 Alignment

Wenn Ihr Programm mit Strukturen arbeitet, bei denen die Reihenfolge oder die Speicheranordnung der einzelnen Elemente bedeutsam ist, müssen Sie bei der Portierung auf ein anderes Zielsystem mit Alignment-Problemen rechnen.

### 12.1.34 Führende 0 bei Zahlenkonstanten

Eine literale Zahlenkonstante mit einer führenden 0 wird als Oktalwert angesehen, also als Zahl zur Basis 8. Das folgende Programm gibt daher nicht 55 aus, sondern 45, die Dezimaldarstellung der Oktalzahl 55:

```
#include <stdio.h>

void main(void)
{
  int i = 055;
  printf("%d\n", i);
}
```

Korrekt ist:

```
#include <stdio.h>

void main(void)
{
  int i = 55;
  printf("%d\n", i);
}
```

### 12.1.35 Textmodus bei Dateioperationen

Bearbeiten Sie Binärdateien nicht im Textmodus. Als Folge könnten beim Lesen Zeichen verlorengehen und beim Schreiben zusätzlich unerwünschte Zeichen erzeugt werden. Falls Sie dagegen Textdateien im Binärmodus öffnen, müssen Sie die Dateiendekonventionen für das jeweilige Betriebssystem beachten.

### 12.1.36 Bindungskraft des Operators <<

Die Schiebeoperatoren << und >> haben eine geringere Bindungskraft als der Additions- und Subtraktionsoperator. Dadurch ist es insbesondere gefährlich, Schiebeoperatoren als Ersatz für die Multiplikation und Division mit Zweierpotenzen zu verwenden. Das folgende Programm gibt leider nicht 53 aus, sondern den falschen Wert 1536:

```
#include <stdio.h>

void main(void)
{
  printf("3 * 16 + 5 = %d\n", 3 << 4 + 5);
}
```

Korrekt ist:

```
#include <stdio.h>

void main(void)
{
  printf("3 * 16 + 5 = %d\n", (3 << 4) + 5);
}
```

### 12.1.37 sizeof auf Zeiger

Auf einen Zeiger angewendet, gibt *sizeof* immer einen konstanten Wert zurück, unabhängig vom Datentyp, auf den der Zeiger verweist. Die einzige Ausnahme sind Arrays, die mit einer zum Compile-Zeitpunkt bekannten Größe definiert wurden. Wollen Sie die Größe des Objekts ermitteln, auf das der Zeiger zeigt, so müssen Sie *sizeof* auf den dereferenzierten Zeiger anwenden. Die folgende Variante der weiter oben vorgestellten Funktion *fillsubarray* funktioniert nicht korrekt:

```
void fillsubarray( int *ar, int von, int len, int data)
{
  int i;

  assert(von >= 0);
  assert(von + len <= sizeof(data));
  for (i = 0; i < len; ++i) {
    ar[von + i]= data;
  }
}
```

Verwenden Sie statt dessen die oben vorgestellte Version von *fillsubarray*, bei der die Größe des Datenarrays als Argument übergeben wird.

### 12.1.38 free

Geben Sie an *free* nur Zeiger zurück, die Sie von *malloc* erhalten haben. Verwenden Sie Speicherbereiche, die Sie mit *free* freigegeben haben, nicht weiter. Außerdem verwenden Sie *free* nicht mehrfach zur Freigabe desselben Speicherbereichs. Das folgende Programm arbeitet nicht korrekt, weil in *strquote* Speicher freigegeben wird, der später noch benötigt wird:

```
#include <stdio.h>
#include <stdlib.h>

char *strquote(char *s)
{
  char *ret = malloc(strlen(s) + 3);
  sprintf(ret, "\"%s\"", s);
  free(s);
  return ret;
}

void main(void)
{
  int i;
  char *s = malloc(20);
  strcpy(s, "Hello, world");
  for (i = 0; i < 10; ++i) {
    printf("%s\n", strquote(s));
  }
}
```

Korrekt ist:

```
#include <stdio.h>
#include <stdlib.h>

char *strquote(char *s)
{
  char *ret = malloc(strlen(s) + 3);

  sprintf(ret, "\"%s\"", s);
  return ret;
}

void main(void)
{
  int i;
  char *s = malloc(20);
```

```
  char *p;

  strcpy(s, "Hello, world");
  for (i = 0; i < 10; ++i) {
    p = strquote(s);
    printf("%s\n", p);
    free(p);
  }
  free(s);
}
```

### 12.1.39 Streams und Handles

Verwenden Sie Streams (also den Typ *FILE**) nur mit den High-Level-Dateifunktionen und Handles (also den Typ *int*) nur mit den Low-Level-Funktionen.

### 12.1.40 Altmodische Zuweisungsoperatoren

Die kombinierten Zuweisungsoperatoren für Addition und Subtraktion heißen += bzw. -= und nicht etwa =+ bzw. =-, so wie es in den Anfangszeiten von C der Fall war.

### 12.1.41 do-Schleife

Die *do*-Schleife in C läuft so lange, *wie* eine vorgegebene Bedingung erfüllt ist, und nicht so lange, *bis* diese Bedingung erfüllt ist. Damit ist ihr Verhalten genau entgegengesetzt zu dem der *repeat-until*-Schleife in PASCAL.

Das folgende Programm gibt leider nicht die Zahlen von 1 bis 10 aus:

```
#include <stdio.h>

void main(void)
{
  int i = 1;

  do {
    printf("%d\n", i);
    ++i;
  } while (i > 10);
}
```

Korrekt ist:

```
#include <stdio.h>

void main(void)
```

```
{
  int i = 1;

  do {
    printf("%d\n", i);
    ++i;
  } while (i <= 10);
}
```

### 12.1.42 Parameterreihenfolge in fputc und fputs

Anders als bei den meisten dateiorientierten Funktionen steht bei einigen der Dateihandle nicht an erster Stelle, sondern an letzter. Zu ihnen zählen die Funktionen *putc*, *fputc*, *fputs*. Ihre Syntax ist:

```
int putc(int c, FILE *f1);
int fputc(int c, FILE *f1);
int fputs(const char *s, FILE *f1);
```

### 12.1.43 Parameterreihenfolge bei fseek

Bei *fseek* kann sehr leicht der zweite und dritte Parameter verwechselt werden, ohne daß der Compiler es merkt. Nur, wenn die Sprungdistanz den Wertebereich eines *int* überschreitet, kann der Compiler einen Typfehler erkennen. Falsch ist der folgende Aufruf:

```
fseek(f1, SEEK_SET, 100);
```

Korrekt ist:

```
fseek(f1, 100, SEEK_SET);
```

### 12.1.44 strncpy verschluckt das Nullbyte

Wenn *strncpy* einen String kopiert, der mindestens so lang ist, wie die Anzahl zu kopierender Zeichen, wird das terminierende Nullbyte nicht mitkopiert. Das folgende Programm gibt daher nicht "Hello" aus, sondern "Helloablablablabla":

```
#include <stdio.h>
#include <string.h>

void main(void)
{
  char *s1 = "Hello, world";
  char s2[20] = "Blablablablablabla";

  strncpy(s2, s1, 5);
```

```
  printf("%s\n", s2);
}
```

Korrekt ist:

```
#include <stdio.h>
#include <string.h>

void main(void)
{
  char *s1 = "Hello, world";
  char s2[20] = "Blablablablablabla";

  strncpy(s2, s1, 5);
  s2[5] = '\0';
  printf("%s\n", s2);
}
```

### 12.1.45 Kommentare

Ein Kommentar in C beginnt normalerweise mit /* und endet mit */. In C++ und Java gibt es auch einzeilige Kommentare, die mit // beginnen und sich bis zum Ende der Zeile erstrecken. Viele C-Compiler akzeptieren diese Kurzkommentare nicht. Sie sollten daher nicht eingesetzt werden, wenn Portabilität eine Rolle spielt.

### 12.1.46 Einlesen von Strings mit scanf

Beim Einlesen von Strings mit scanf muß Vorsorge getroffen werden, daß nicht mehr Daten eingegeben werden können, als Platz im Stringpuffer ist. Das folgende Programm stürzt ab, wenn sehr lange Strings eingegeben werden:

```
#include <stdio.h>

void main(void)
{
  char input[10];

  scanf("%s", input);
  printf("-->%s<--\n", input);
}
```

Korrekt ist:

```
#include <stdio.h>

void main(void)
```

```
{
  char input[10];

  scanf("%9s", input);
  printf("-->%s<--\n", input);
}
```

### 12.1.47 Ganzzahlige Division

Werden zwei ganzzahlige Werte durcheinander dividiert, so ist auch das Ergebnis ganzzahlig und eventuell vorhandene Nachkommastellen werden abgeschnitten. Das folgende Programm berechnet den Mittelwert einer Folge von Zahlen nicht korrekt:

```
#include <stdio.h>

#define NUMCNT 7

void main(void)
{
  int numbers[NUMCNT] = {2,3,5,7,11,13,17};
  int i, sum = 0;
  double mean;

  for (i = 0; i < NUMCNT; ++i) {
    sum += numbers[i];
  }
  mean = sum / NUMCNT;
  printf("Mittelwert ist %3.3f\n", mean);
}
```

Korrekt ist:

```
#include <stdio.h>

#define NUMCNT 7

void main(void)
{
  int numbers[NUMCNT] = {2,3,5,7,11,13,17};
  int i, sum = 0;
  double mean;

  for (i = 0; i < NUMCNT; ++i) {
    sum += numbers[i];
  }
```

```
  mean = sum / (double)NUMCNT;
  printf("Mittelwert ist %3.3f\n", mean);
}
```

## 12.2 Aufgaben zu Kapitel 12

Obwohl dieses Kapitel eigentlich keinen neuen Stoff vorgestellt hat, enthält es einige Aufgaben. Diese sollten unter Verwendung der bisher vorgestellten Techniken und unter Zuhilfenahme der Library-Referenz aus Teil 3 des Buches gelöst werden.

**1. (A)**

Implementieren Sie eine vereinfachte Version der auf UNIX-Systemen verfügbaren Funktion *sleep*. Ein Aufruf von *sleep* soll nichts weiter tun als warten, bis die als Parameter übergebene Zeit in Sekunden verstrichen ist.

**2. (B)**

Programmieren Sie einen Miniatur-*Kommandointerpreter*, der beliebige Programme starten kann. Er soll interaktiv eingegebene Kommandonamen und Parameter akzeptieren und die zugehörigen Programme so ausführen, als wären sie direkt vom Systemprompt aus eingegeben worden.

Implementieren Sie zusätzlich die folgenden Kommandos:

| | |
|---|---|
| ? | Auflisten der letzten 10 eingegebenen Kommandos |
| !0..!9 | Ausführen des in der ?-Liste an dieser Stelle auftauchenden Kommandos |
| exit | Beenden des Kommandointerpreters |

**3. (P)**

Versuchen Sie, die praktische Bedeutung des folgenden Programmes herauszufinden:

```
#include <stdio.h>
#include <stdlib.h>

main(int argc, char **argv)
{
  int c,ran;

  if (argc!=2) {
    fprintf(stderr,"Fehler 1\n");
    exit(1);
  }
  srand(atoi(argv[1]));
```

```
  while ((c=getchar())!=EOF) {
    ran=rand()%32;
    if (c>=32) c^=ran;
    putchar(c);
  }
}
```

**4. (B)**

Implementieren Sie eine vereinfachte Version des UNIX-Kommandos *cut*. Das Programm soll die Standardeingabe zeilenweise bearbeiten, aus jeder Zeile einen bestimmten Teil »ausschneiden« und auf Standardausgabe ausgeben. Der auszuschneidende Teil soll über Kommandozeilenargumente auf zwei unterschiedliche Arten angegeben werden können:

*-c<v>,<b>* Aus jeder Zeile sind die Zeichen in den Spalten *v* bis *b* auszugeben, die Zeichen in allen anderen Spalten sind zu ignorieren.

*-f<c><p>* Aus jeder Zeile ist das *p*-te Feld auszugeben, wobei die Aufteilung der Zeile in einzelne Felder anhand des Trennzeichens *c* vorgenommen wird.

*cut* soll also ebenso viele Zeilen ausgeben, wie es eingelesen hat. Der Inhalt einer jeden Eingabezeile wird jedoch auf eine bestimmte Weise projiziert.

**5. (B)**

Schreiben Sie ein Programm *level*, das angibt, auf welcher Tiefe innerhalb des hierarchischen Verzeichnissystemes Ihrer Festplatte Sie sich gerade befinden. Das Wurzelverzeichnis soll dabei die Tiefe 0 haben.

**6. (B)**

### R 69 Monte-Carlo-Verfahren

R69

In der Informatik und Mathematik gibt es eine ganze Reihe von Problemen, die sich einer exakten numerischen Lösung entziehen. In diesem Fall kann man manchmal mit Hilfe eines *Monte-Carlo-Verfahrens* zumindest eine Approximation finden.

Bei einem Monte-Carlo-Verfahren versucht man, für das zu lösende Problem eine Simulationsumgebung zu konstruieren, die man per Zufallszahlengenerator mit Daten beschickt. Durch Beobachtung der durch die Simulation produzierten Ergebnisse und ihre anschließende statistische Auswertung kann man dann – unter der Voraussetzung, daß der Zufallszahlengenerator die gewünschte Verteilung der Eingangsdaten auch tatsächlich aufweist – Rückschlüsse auf die wirkliche Lösung ziehen. In der Regel werden die Ergebnisse um so genauer, je mehr Daten zur Verfügung stehen und je besser die Zufallszahlen sind.

Ihre Aufgabe ist es nun, mit Hilfe eines Monte-Carlo-Verfahrens die Zahl PI möglichst genau zu bestimmen. Simulieren Sie dazu ein Blatt Papier, auf das ein Kreis mit dem Radius 1 und ein den Kreis genau umschließendes Quadrat gezeichnet ist. »Bombardieren« Sie nun das Quadrat an zufälligen Positionen mit kleinen imaginären Teilchen (z.B. Staubkörnchen) und werten Sie aus, wie viele von den innerhalb des Quadrates liegenden Teilchen auch innerhalb des Kreises liegen. Dieser Quotient und ein bißchen Arithmetik reichen aus, um PI näherungsweise zu bestimmen.

**7. (C)**

Erweitern Sie das Low-Level-Dateisystem um die Fähigkeit der Zeichenpufferung beim Arbeiten mit O_WRONLY-Dateien. Ersetzen Sie dazu die Funktion *write* durch die Funktionen *setfbuf*, *bwrite* und *bflush* mit der nachfolgend angegebenen Funktionalität. *setfbuf* bekommt den Handle einer geöffneten Datei, den Zeiger auf einen Pufferbereich und die Größe des Puffers übergeben. Es hat die Aufgabe, der geöffneten Datei einen Puffer für Schreiboperationen zuzuordnen. *bwrite* wird genauso aufgerufen wie *write*, arbeitet jedoch gepuffert. *bflush* bekommt den Handle der geöffneten Datei übergeben und dient zum Leeren des zugeordneten Puffers.

Vergleichen Sie die Performance von gepufferter und ungepufferter Arbeitsweise anhand eines Programmes zum Kopieren von Dateien.

## 12.3 Lösungen zu ausgewählten Aufgaben

### Aufgabe 1

Die Funktion kann durch wiederholte Abfrage der internen Uhrzeit realisiert werden. Dazu wird zunächst beim Start der Funktion mit Hilfe eines Aufrufs von *time* die aktuelle Systemzeit abgefragt und in einer Variablen gespeichert. Anschließend wird in einer ansonsten leeren *while*-Schleife so lange die Uhrzeit abgefragt, bis mindestens *seconds* Sekunden verstrichen sind.

```
#include <stdio.h>
#include <time.h>

void sleep(int seconds)
{
  time_t t1 = time(NULL);

  while (time(NULL) - t1 <= seconds) ;
}

main()
{
```

```
  printf("Warte 2 Sekunden...\n");
  sleep(2);
  printf("Fertig\n");
  printf("Warte 5 Sekunden...\n");
  sleep(5);
  printf("Fertig\n");
}
```

**Aufgabe 2**

Ein Kommandointerpreter ist *im Prinzip* ein sehr einfaches Programm. Er führt in einer Schleife lediglich die beiden Tätigkeiten »Hole eine neue Tastatureingabe« und »Führe die angegebenen Befehle und Kommandos aus« nacheinander aus. Dieses Prinzip bleibt auch nach der Einführung grundsätzlich neuer Funktionalitäten erhalten.

Das folgende Programm besteht daher tatsächlich aus einer großen *while*-Schleife, in der zunächst durch Aufruf der Funktion *enter_cmd* die nächste Eingabezeile gelesen und in einem Puffer zwischengespeichert wird. Im zweiten Schritt wird dann untersucht, ob eines der Sonderkommandos "?", "!" oder "exit" eingegeben wurde und gegebenenfalls entsprechend reagiert. Ist dies nicht der Fall, wird die angegebene Kommandozeile mit Hilfe des Systemaufrufs *system* zur Ausführung gebracht.

```
#include <stdio.h>
#include <stdlib.h>
#include <ctype.h>

static char old_cmds[10][80];

void enter_cmd(char *buf)
{
  int i=0,c;

  printf("\nminishell>");
  while ((c=getchar())!='\n') buf[i++]=c;
  buf[i]='\0';
}

main()
{
  static char buf[80];
  int i;

  for (i=0; i<10; i++) old_cmds[i][0]='\0';
  while (1) {
```

```
    enter_cmd(buf);
    if (strcmp(buf,"exit")==0) {
      break;
    } else if (strcmp(buf,"?")==0) {
      for (i=0; i<10; i++) {
        printf("\n %d-%s",i,old_cmds[i]);
      }
    } else if (buf[0]=='!' && isdigit(buf[1])) {
      system(old_cmds[buf[1]-'0']);
    } else {
      system(buf);
      for (i=0; i<9; i++) {
        strcpy(old_cmds[i],old_cmds[i+1]);
      }
      strcpy(old_cmds[9],buf);
    }
  }
  printf("bye.\n");
}
```

Zur Speicherung der bisherigen Kommandos benutzen wir das Array *old_cmds*, welches in der Lage ist, die zehn letzten Befehlszeilen mit einer Länge von jeweils maximal 80 Zeichen zwischenzuspeichern. Bei der Eingabe eines neuen Kommandos muß das Array verändert, bei der Eingabe des "?"- oder "!"-Befehls muß es gelesen werden.

Diese Miniaturshell bietet vielfältige Ansätze zu Verbesserungen und ist ein guter Ausgangspunkt für eigene Experimente auf diesem Gebiet. Naheliegende Erweiterungen wären etwa:

- Löschen und Editieren von gespeicherten Kommandos.
- Speichern der letzten zehn Kommandos auf der Festplatte, so daß diese nach einem erneuten Aufruf des Kommandointerpreters gleich wieder zur Verfügung stehen.
- Vorrichtungen zur Bearbeitung mehrzeiliger Kommandos wie Schleifen und bedingte Anweisungen.

**Aufgabe 3**

**R 70 Kryptographie**

R70

Das Programm stellt eine kryptographische Maschine dar, d.h. es kann zum Verschlüsseln und Entschlüsseln von Texten verwendet werden. Das Programm arbeitet als Filter, so daß alle Zeichen, die es über die Standardeingabe einliest, verschlüsselt auf der Standardausgabe wieder ausgegeben werden.

Das Programm erwartet genau ein Argument, das als Schlüssel verwendet wird. Nur wenn dem Empfänger der Schlüssel bekannt ist, kann er eine Nachricht wieder entschlüsseln. Um beispielsweise eine Datei *geheim.txt* zu verschlüsseln, ist folgendes Kommando abzusetzen:

```
cat geheim.txt | a.out 531 > geheim.cry
```

Alle Zeichen aus *geheim.txt* werden mit Hilfe des Schlüssels 531 verschlüsselt und in die Datei *geheim.cry* kopiert. Damit der Empfänger die so verschlüsselte Datei wieder im Klartext lesen kann, muß er den Schlüssel kennen und die Schlüsselmaschine erneut aufrufen:

```
cat geheim.cry | a.out 531
```

liefert ihm den Originaltext auf dem Bildschirm. Bei Verwendung irgendeines anderen Schlüssels würde er nur Buchstabensalat erhalten.

Das Programm basiert auf einer Variante der *Vernam*-Verschlüsselung, dem einzig beweisbar sicheren Verschlüsselungsverfahren. Bei der Vernam-Verschlüsselung wird ein Klartext aus *n* Zeichen mit Hilfe eines Schlüssels, der ebenfalls die Länge *n* hat, kodiert. Dabei wird jeweils das *i*-te Zeichen und das *i*-te Schlüsselelement bitweise exklusiv-oder-verknüpft, das Resultat ist das *i*-te Element des verschlüsselten Textes.

Damit der Empfänger die Nachricht wieder entschlüsseln kann, muß er genau das gleiche mit dem verschlüsselten Text durchführen. Da das Verfahren den Schlüssel zur Codierung eines einzelnen Zeichens jeweils nur einmal verwendet, kann eine codierte Nachricht ohne Kenntnis des kompletten Schlüssels praktisch nicht geknackt werden.

Da der Schlüssel jedoch immer genauso lang sein muß wie der Klartext, ist das Verfahren für sehr lange Informationen nicht besonders geeignet. Es wird immer ein »sicherer« Übertragungsweg für den sehr langen Schlüssel benötigt. Aus diesem Grund kann man ersatzweise Maschinen konstruieren, die aufgrund weniger definierter Vorgaben – der Basisschlüssel – in der Lage sind, sehr lange deterministische Schlüsselfolgen zu erzeugen. Nun brauchen Sender und Empfänger nur noch den sehr kurzen Basisschlüssel über einen sicheren Kanal zu übertragen.

Eine derartige Maschine zur Konstruktion deterministischer Zahlenfolgen ist erstaunlicherweise der bekannte Zufallszahlengenerator. Er erzeugt bei einem gleichbleibenden Startwert immer dieselbe Folge von Zufallszahlen, so daß er sich hervorragend als Schlüsselgenerator eignet. Der Startwert wird aus der Kommandozeile übernommen und mit der Funktion *srand* an den Generator übergeben. Nun kann jedes einzelne Zeichen mit der jeweils nächsten Zufallszahl exklusiv-oder verknüpft und so der verschlüsselte Text generiert werden. Da das exklusive Oder ein umkehrbarer

Operator ist, erhalten wir durch Anwendung der gleichen Methode und des Originalstartwertes wiederum den Klartext. Ist der Startwert hingegen nicht bekannt, so ergibt sich eine völlig andere Zufallszahlenfolge und der verschlüsselte Text bleibt unlesbar.

Beachten Sie, daß das Programm einige Tricks anwendet, um keine Steuerzeichen (ASCII 0 .. 31) im Schlüsseltext zu produzieren, die den Einsatz des Programmes als Filter möglicherweise erschwerten. Dies hat allerdings den unangenehmen Nebeneffekt, daß die Zeilenschaltungen im Text enthalten bleiben und so auch im verschlüsselten Text ein Teil der Struktur der Originaldaten sichtbar bleibt.

**Aufgabe 4**

Wenn man beginnt, diese Aufgabe zu lösen, stellt man fest, daß das Analysieren der Kommandozeile beinahe der aufwendigste Teil des gesamten Programmes ist. Daher bietet sich eine Unterteilung in die drei Module »Kommandozeile analysieren«, »Eingabe verarbeiten bei Feldwahl« und »Eingabe verarbeiten bei Spaltenwahl« an. Für die erste Aufgabe wird im nachfolgenden Programm die *main*-Funktion verwendet, und für die anderen beiden die Funktionen *cut_feld* und *cut_column*, die von *main* nach Analyse der Eingabezeile aufgerufen werden.

Zu *main* gibt es nicht viel zu erklären; die Funktion bemüht sich hauptsächlich, die übergebenen Parameter einzulesen und in die später benötigten Typen umzuwandeln. Das Wirkungsprinzip der beiden anderen Funktionen ähnelt sich. In *cut_feld* wird ein Feldzähler *actfeld* geführt, der bei Auftreten des Trennzeichens inkrementiert und bei Auftreten einer Zeilenschaltung auf 1 gesetzt wird. Nur bei den Zeichen, bei denen dieser Feldzähler denselben Wert hat wie die als Parameter übergebene Feldnummer, werden die Eingabezeichen auch an die Ausgabe weitergereicht. Eine Ausnahme von dieser Regel bildet allerdings die Zeilenschaltung, welche immer ausgegeben wird.

Ganz ähnlich arbeitet *cut_column*, nur daß hier statt des Feldzählers ein Spaltenzähler *actpos* geführt wird. Anhand dessen kann überprüft werden, ob die eingelesenen Zeichen in den gewünschten Spalten stehen.

```
#include <stdio.h>
#include <stdlib.h>

void cut_feld(char del, int feld)
{
  int c;
  int actfeld=1;

  while ((c=getchar())!=EOF) {
```

```
    if (c=='\n') {
      putchar('\n');
      actfeld=1;
    } else if (c==del) {
      actfeld++;
    } else if (actfeld==feld) {
      putchar(c);
    }
  }
}

void cut_column(int von, int bis)
{
  int c;
  int actpos=1;

  while ((c=getchar())!=EOF) {
    if (c=='\n') {
      putchar('\n');
      actpos=1;
    } else {
      if (actpos>=von && actpos<=bis) putchar(c);
      actpos++;
    }
  }
}

main(int argc,char **argv)
{
  int  c, von=0,bis=0,i,feld=0;
  char buf[20],delimiter;

  if (argc!=2) {
    fprintf(stderr,"Aufruf: cut -f<c><pos>\n");
    fprintf(stderr,"  oder: cut -c<von>,<bis>\n");
    exit(1);
  }
  if (argv[1][1]=='f') {
    strcpy(buf,argv[1]+2);
    delimiter=buf[0];
    if (!delimiter) {
      fprintf(stderr,"Fehler in Feldangabe\n");
      exit(1);
    }
```

```
    for (i=1; buf[i]; i++) {
      feld=feld*10+buf[i]-'0';
    }
    cut_feld(delimiter,feld);
  } else if (argv[1][1]=='c') {
    strcpy(buf,argv[1]+2);
    for (i=0; buf[i] && buf[i]!=','; i++) {
      von=10*von+buf[i]-'0';
    }
    if (!buf[i]) {
      fprintf(stderr,"<bis> muß angegeben werden\n");
      exit(1);
    }
    for (++i; buf[i]; i++) {
      bis=10*bis+buf[i]-'0';
    }
    cut_column(von,bis);
  } else {
    fprintf(stderr,"Fehler: falsches Argument\n");
    exit(1);
  }
}
```

**Aufgabe 5**

Eine der Möglichkeiten, diese Aufgabe zu lösen, besteht darin, den Namen des aktuellen Verzeichnisses zu ermitteln und die Anzahl der darin auftauchenden \, gefolgt von mindestens einem anderen Zeichen, festzustellen. Das Problem ist nur, daß Sie noch keine Library-Funktion kennen, mit der Sie den Namen des aktuellen Verzeichnisses bestimmen können. Man kann aber einen kleinen Trick anwenden.

Auf der Ebene der Systemkommandozeile gibt es einen Befehl, der den Namen des aktuellen Verzeichnisses ermittelt. Unter UNIX heißt er *pwd* und unter MS-DOS *cd* (ohne Parameter). Die Lösung der Aufgabe beruht darauf, aus dem Programm heraus dieses Kommando mit *system* aufzurufen und dessen Ausgabe in eine Datei umzuleiten. Danach braucht nur noch diese Datei gelesen und ihr Inhalt nach \ durchsucht zu werden.

Das Musterprogramm implementiert das Verfahren für MS-DOS. Um es auf UNIX-Systeme zu portieren, ist lediglich das Kommando *cd* gegen *pwd* auszutauschen und statt nach \ ist nach / zu suchen.

```
#include <stdio.h>
#include <stdlib.h>
#include <io.h>
```

```
main()
{
  FILE *f1;
  char buf[133];
  int  c, i,level=0;

  system("cd > level.$$$");
  if ((f1=fopen("level.$$$","r"))==NULL) {
    fprintf(stderr,"Kann temporäre Datei nicht lesen\n");
    exit(1);
  }
  for (i=0; i<132 && (c=getc(f1))!=EOF && c!='\n'; i++)
    buf[i]=c;
  buf[i]='\0';
  fclose(f1);
  for (i=0; buf[i]; i++) {
    if (buf[i]=='\\') level++;
  }
  if (i>0 && buf[i-1]=='\\') level--;
  unlink("level.$$$");
  printf("level ist %d\n",level);
}
```

Vielleicht haben Sie nicht damit gerechnet, daß *system* in der Lage ist, so komplizierte Dinge wie Ausgabeumleitungen zu erledigen, und sind deshalb nicht auf die Lösung gekommen. Trösten Sie sich, *system* ist dazu wirklich nicht in der Lage. Statt dessen bedient es sich des Kommandointerpreters (MS-DOS: *command.com*, UNIX: */bin/sh*), um das angegebene Programm auszuführen. Aus diesem Grunde kann man an *system* praktisch alle Kommandostrings übergeben, die auch bei einer manuellen Eingabe auf der Ebene des Kommandointerpreters möglich gewesen wären.

### Aufgabe 6

Das nachfolgende Programm erzeugt insgesamt eine Million Zufallszahlenpaare im Bereich (0,0) bis (1,1) mit einer Genauigkeit von jeweils sechs Stellen nach dem Komma. Da der eingebaute Zufallszahlengenerator von C-Entwicklungssystemen in der Regel nur *int*-Zahlen produziert, muß er jeweils zweimal aufgerufen werden, um die oberen und unteren drei Stellen des Koordinatenwertes nacheinander zu berechnen.

Anschließend braucht nur noch überprüft zu werden, ob das Koordinatenpaar innerhalb des Kreises liegt oder nicht. Ist dies der Fall, wird die Variable *treffer* erhöht, andernfalls bleibt sie auf ihrem bisherigen Wert. Der mit 4.0 multiplizierte Wert aus *treffer* und der Gesamtzahl der produzierten Koordinatenpaare *gesamt* ist dann die Approximation von PI.

```
#include <stdio.h>
#include <stdlib.h>
#include <time.h>

main()
{
  long treffer = 0, gesamt = 0;
  double x, y;

  srand((unsigned)time(NULL));
  for (gesamt = 1; gesamt <= 1000000L; ++gesamt) {
    x = (1000.0*(rand()%1000) + rand()%1000) / 1000000.0;
    y = (1000.0*(rand()%1000) + rand()%1000) / 1000000.0;
    if (x*x + y*y < 1.0) {
      ++treffer;
    }
    if (gesamt % 100000L == 0) {
      printf(
        "PI = %3.8lf\n",
        4.0*(double)treffer/(double)gesamt
      );
    }
  }
}
```

Ein Beispiellauf erzeugt folgende Ausgabe:

```
PI = 3.15260000
PI = 3.15202000
PI = 3.15136000
PI = 3.15109000
PI = 3.15105600
PI = 3.15102667
PI = 3.15103429
PI = 3.15121000
PI = 3.15120000
PI = 3.15115200
```

Das Ergebnis kommt dem tatsächlichen Wert von PI bereits recht nahe. Die Genauigkeit der Berechnung ist vor allem von der Güte der produzierten Zufallszahlen abhängig. Manche Compiler besitzen eine Library-Funktion *drand()* zum Erzeugen von Fließkommazufallszahlen zwischen 0 und 1. Diese liefern in der Regel eine wesentlich höhere Genauigkeit.

**Aufgabe 7**

Da mehr als eine Datei gleichzeitig geöffnet sein kann, müssen Sie zunächst eine Datenstruktur zur Verwaltung der Pufferinformationen aufbauen. Je Datei muß ein Zeiger auf den Pufferanfang, dessen Länge und Füllungsgrad verwaltet werden. Die einfachste Möglichkeit zur Speicherung besteht in der Konstruktion eines Arrays aus Strukturen dieses Aufbaus. Der Handle einer geöffneten Datei dient dann als Index in das Array mit den Pufferinformationen. Diese Vorgehensweise impliziert natürlich eine Obergrenze für die Handles, da die Größe des Arrays zur Übersetzungszeit festgelegt werden muß. Da die Handles gewöhnlich kleine positive ganze Zahlen sind, ist eine Obergrenze von 100 in der Praxis sicherlich ausreichend.

Durch die Funktion *setfbuf* wird das Array-Element, dessen Index dem übergebenen Handle entspricht, initialisiert. Die eigentliche Pufferung wird von *bwrite* erledigt. Wenn eine Schreibanfrage von *n* Bytes an *bwrite* gerichtet wird, überprüft die Funktion zunächst, ob noch mindestens *n* Bytes Platz im Puffer sind. Ist dies der Fall, werden die übergebenen Daten lediglich in den Puffer geschrieben und dessen Füllungsgrad wird vergrößert; physikalisch geschrieben wird hingegen nicht. Ist nicht mehr genug Platz im Puffer, so wird dieser geleert, d.h. mit *write* weggeschrieben. Danach wird überprüft, ob die Anzahl der übergebenen Daten in den Puffer paßt. Ist dies der Fall, so werden die Daten wiederum lediglich in den Puffer kopiert. Andernfalls werden alle Daten mit *write* geschrieben und der Puffer bleibt leer.

Damit beim Schließen einer gepufferten Datei mit *close* nicht die Daten verlorengehen, die sich noch im Puffer befinden, gibt es die Funktion *bflush*, mit der der Puffer einer per Handle übergebenen Datei weggeschrieben werden kann.

```
#include <stdio.h>
#include <io.h>
#include <fcntl.h>
#include <sys\stat.h>

#define MAXHANDLE 100
#define FB filebuf[handle]

struct {
  char *buf;
  int len;
  int size;
} filebuf[MAXHANDLE];
```

```
void setfbuf(int handle, char *buf, int len)
{
  if (handle>=0 && handle<MAXHANDLE) {
    FB.buf=buf;
    FB.len=len;
    FB.size=0;
  }
}

int bwrite(int handle, char *buf, int len)
{
  if (FB.len-1-FB.size>=len) {
    memcpy(FB.buf+FB.size,buf,len);
    FB.size+=len;
  } else {
    write(handle,FB.buf,FB.size);
    FB.size=0;
    if (FB.len>len) {
      memcpy(FB.buf,buf,len);
      FB.size=len;
    } else {
      write(handle,buf,len);
    }
  }
}

void bflush(int handle)
{
  write(handle,FB.buf,FB.size);
  FB.size=0;
}
```

Um die Verwendung der neuen Funktionen besser zu verstehen, betrachten Sie folgendes Hauptprogramm zum Kopieren einer Datei. Nach dem Öffnen (bzw. Anlegen) der Dateien wird der Schreibdatei ein Puffer zugeordnet, so daß alle nachfolgenden Schreiboperationen mit *bwrite* erfolgen können. Um beim *close* keine Datenverluste zu erleiden, wird unmittelbar davor durch den Aufruf von *bflush* der zugeordnete Puffer geleert.

```
main(int argc, char **argv)
{
  int f1,f2;
  char c;
  static char xbuf[20000];
```

```
  if (argc!=3) {
    fprintf(stderr,"Aufruf: muster11 source dest\n");
    exit(1);
  }
  if ((f1=open(argv[1],O_RDONLY))== -1) {
    fprintf(stderr,"Kann %s nicht öffnen\n",argv[1]);
    exit(1);
  }
  if ((f2=creat(argv[2],S_IWRITE|S_IREAD))== -1) {
    fprintf(stderr,"Kann %s nicht anlegen\n",argv[2]);
    exit(1);
  }
  setfbuf(f2,xbuf,200);
  while (read(f1,&c,1)==1) {
    bwrite(f2,&c,1);
  }
  bflush(f2);
  close(f1);
  close(f2);
}
```

Vom Laufzeitverhalten her ergab sich durch das Puffern der Ausgabedatei eine Geschwindigkeitssteigerung des gesamten Programmes um etwa den Faktor 2,5. Dabei spielte es kaum eine Rolle, ob der Puffer 200 oder 20000 Bytes groß war. Erst bei Puffergrößen unter 50 Bytes wurde die Performance allmählich wieder schlechter und erreichte bei einem nur 2 Byte großen Puffer schließlich dieselben Werte wie die ungepufferte Ausgabe.

Go To

Werkzeuge

# TEIL II

GoTo

# Compiler und Linker

# 13

## Kapitelüberblick



## 13.1 Was ist GNU?

**GNU und die FSF**

Die Entwicklung der GNU-Tools wurde 1984 von Richard Stallmann am MIT mit der Entwicklung von GNU-Emacs initiiert. Stallmann wollte eine frei erhältliche Alternative zu den kommerziellen UNIX-Betriebssystemen schaffen und den Gedanken frei erhältlicher und kopierbarer Software in alle Welt tragen. Er manifestierte dies durch die Gründung der *Free Software Foundation* (FSF), die auch heute noch aktiv ist. GNU ist ein Akronym aus den Anfangsbuchstaben von »GNU's Not Unix«.

Das ursprünglich geplante GNU-Betriebssystem *Hurd* ist zwar immer noch nicht fertig, aber mit LINUX und Free-BSD gibt es mittlerweile einige freie UNIX-Implementierungen im Sinne des GNU-Gedankens. Die Free Software Foundation hat mit den GNU-Tools eine Menge zum Erfolg dieser nicht-kommerziellen Systeme beigetragen. Die bekanntesten und wichtigsten Werkzeuge der FSF sind der Editor *GNU-Emacs* und der GNU-C/C++-Compiler. Daneben gibt es eine große Anzahl nützlicher Tools, Programme und Libraries. Die Qualität der GNU-Software ist hoch und kann sich mit der von professionellen Produkten messen.

**GPL** Alle GNU-Tools unterliegen den Lizenzbestimmungen der GPL, der *GNU General Public License*. Ihre wesentlichen Kernaussagen sind:

- Software soll frei erhältlich und kopierbar sein. Frei ist dabei nicht zwangsläufig im Sinne von umsonst zu verstehen (obwohl das oft der Fall ist), sondern meint die freie Verfügbarkeit der Quelltexte und die automatische Übertragung der eigenen Rechte auf die Nutzer der Programme.
- Alle Kopien (auch alle Quelltexte) müssen mit dem erforderlichen Copyright-Vermerk versehen werden und die Anwendung der GPL muß klar ersichtlich sein. Die GPL ist üblicherweise in einer Datei mit der Bezeichnung COPYING enthalten und wird der Distribution beigefügt. Auf der dem Buch beiligenden CD-ROM befindet sie sich im Verzeichnis *\archiv\gnu*.
- Eventuelle Copyright- und Patentrechte bleiben unberührt.
- Alle Garantie-, Schadensersatz- und ähnliche Ansprüche werden ausgeschlossen. Der Besitzer des Copyrights oder der Distributor kann nicht für Schäden haftbar gemacht werden, die in Zusammenhang mit der Nutzung von Programmen entstehen, die unter der GPL vertrieben werden.

**FSF-Homepage** Die Homepage der FSF ist im Internet unter der Adresse *http://www.fsf.org* zu finden. Dort finden sich Links zum Laden der Software und einige Hintergrundinformationen zu Personen und Ereignissen, die die Entwicklung der FSF geprägt haben.

## 13.2 Installation von GNU-C

### 13.2.1 Einleitung

Auf der CD-ROM befindet sich der GNU-C-Compiler Version 2.7.2 in der MS-DOS-Portierung von *DJ Delorie* (DJGPP). GNU-C ist ein sehr bekannter Compiler, der für fast alle Plattformen frei erhältlich ist und effizienten und robusten Code erzeugt. Die MS-DOS-Portierung ist ein echter 32-Bit-Compiler, der ein flaches Speichermodell mit max. 128 MB Hauptspeicher und derselben Menge an Auslagerungsspeicher zur Verfügung stellt. Größenbeschränkungen durch Segmentierungen oder Speicherbeschränkungen, wie sie früher für DOS-basierte C-Compiler galten, können damit in den meisten Projekten vernachlässigt werden.

DJGPP erzeugt direkt lauffähige EXE-Dateien, die mit einem eingebetteten DOS-Extender im 32-Bit-Modus laufen. Die Verwendung eines externen Protected-Mode-Managers (in früheren Versionen *go32.exe*) ist nicht mehr nötig. Der Compiler und die erzeugten Programme erfordern mindestens einen 386er Prozessor und laufen als Konsolenapplikationen unter Windows 3.11 oder Windows 95 in einer DOS-Box. Bei reinen DOS-Systemen ist die Installation eines DPMI-Servers erforderlich, die Details stehen in der Datei *readme.1st* im Verzeichnis *\djg* der CD-ROM. Das Erzeugen von Windows-GUI-Applikationen wird von DJ Delories GNU-C derzeit nicht unterstützt.

Alle Programme und Beispiele in diesem Buch wurden mit besagter Portierung von DJ Delorie übersetzt und getestet. Als Plattform wurde Windows-95B verwendet. Wir wollen uns bei den Ausführungen in diesem und den nächsten Kapiteln auf die Werkzeuge eben dieser Portierung beschränken. Sie sind zwar nicht für alle C-Entwicklungssysteme repräsentativ, liefern aber doch eine große Menge verwertbarer Informationen für ein breites Spektrum von C-Entwicklungssystemen. Insbesondere die integrierten Entwicklungsumgebungen (Borland C, Visual C++, Metrowerks usw.) erfordern teilweise eine andere Bedienung oder stellen andere Werkzeuge zur Verfügung. Ihre Behandlung würde an dieser Stelle jedoch zu weit führen.

### 13.2.2 Installation unter Windows 95

Zunächst ist das Verzeichnis *\djg* der CD-ROM inklusive aller Dateien und Unterverzeichnisse auf die Festplatte zu kopieren, am besten in ein gleichnamiges Verzeichnis *\djg*. Dazu sind etwa 25 MByte an Plattenspeicher erforderlich. Darin sind alle Files enthalten, die zum Betrieb des Compilers, Linkers und der in den folgenden Kapiteln erläuterten Werkzeuge (Ausnahme: *Emacs*) erforderlich sind. Falls Plattenplatz knapp ist, könnte auf das Kopieren der Infodateien (Unterverzeichnis *\djg\info*) verzichtet werden oder aus dem Unterverzeichnis *\djg\bin* nicht benötigte Tools entfernt werden.

Die ausführbaren Dateien liegen unter *\djg\bin*. Dieses Verzeichnis sollte in den PATH eingebunden werden, um die Programme von überall aus aufrufen zu können. Am besten ist es, die notwendigen Anweisungen in die Datei *autoexec.bat* zu schreiben. Das könnte beispielsweise so aussehen:

```
rem --- GNU-C 2.7.2 -------
set DJGPP=e:\djg\djgpp.env
set PATH=%PATH%;e:\djg\bin
```

Alternativ könnte auch die Datei *\djg\djgppenv.bat* aus der *autoexec.bat* aufgerufen werden. Der hier verwendete Laufwerksbuchstabe *e:* (im Listing fett gedruckt) ist dabei durch den Buchstaben des Laufwerks zu ersetzen, in das die Dateien kopiert wurden.

Durch die Änderungen wird der PATH erweitert und die Umgebungsvariable DJGPP auf die Datei *\djg\djgpp.env* gesetzt. *djgpp.env* enthält eine Reihe von Konfigurationsparametern für den Compiler und andere Werkzeuge und ist eminent wichtig für den ordentlichen Betrieb von GNU-C. Dazu gehört beispielsweise der Schalter *LFN=y*, mit dem eingestellt werden kann, ob die Programme unter Windows 95 mit langen Dateinamen umgehen können oder nicht. Die meisten Einstellungen in *djgpp.env* können unverändert übernommen werden, denn sie sind unabhängig vom Installationslaufwerk und -pfad. Voraussetzung ist, daß *djgpp.env* im Hauptverzeichnis von GNU-C liegt. Weitere Informationen zur Installation finden sich in der Datei *readme.1st*. Nach dem Neustart des Rechners stehen die geänderten Einstellungen zur Verfügung und GNU-C sollte einsatzbereit sein.

### 13.2.3 Installation auf anderen Betriebssystemen

Auf der CD-ROM befindet sich neben der MS-DOS-Portierung im Verzeichnis *\archiv\gnu* die aktuelle Sourcecode-Distribution der GNU-Tools. Mit ihrer Hilfe kann GNU-C auf vielen anderen Betriebssystemen installiert und konfiguriert werden. Die Installation ist allerdings nicht ganz einfach und für den unerfahrenenen Anwender schwer zu durchschauen. Sie besteht im Prinzip darin, nach dem Kopieren der erforderlichen Dateien mit Hilfe eines einfachen C-Compilers (der bereits vorhanden sein muß) eine initiale Version des Compilers zu erstellen. Diese wird dann dazu verwendt, sich selbst zu übersetzen (ggfs. mehrmals) und eine ausgetestete, optimierte Compilerversion zu erzeugen.

Wenn alles gut geht, erkennt das Konfigurationsprogramm das Betriebssystem und alle erforderlichen Einstellungen selbsttätig, und der Vorgang läuft weitestgehend automatisch ab. Wenn nicht, ist Spezialwissen gefragt. Es lohnt sich daher auf jeden Fall, nachzuforschen, ob eine fertig übersetzte Version für das betreffende Betriebssystem beschafft werden kann. Eine Internet-Recherche über die einschlägigen Newsgroups und Suchmaschinen kann sehr hilfreich sein. Wir wollen auf den Umgang mit der Sourcecode-Distribution hier nicht weiter eingehen.

### 13.2.4 Weiterführende Informationen

**FAQ** Eine sehr hilfreiche Informationsquelle bei Problemen jeder Art sind die zu DJGPP mitgelieferten *Frequently Asked Questions*. In diesem Dokument werden Fragen beantwortet, die bei der Installation und beim Betrieb von

DJGPP in der vergangenheit immer wieder aufgetaucht sind. Die Datei befindet sich auf der CD-ROM im Verzeichnis *\djg\faq* als Text- oder HTML-Datei. Es ist eine gute Idee, dieses Dokument einmal querzulesen, bevor man mit der Entwicklung anspruchsvollerer Projekte in DJGPP beginnt. Viele potentielle Fehlerquellen können so gleich von vornherein ausgeschlossen werden.

**Info-Dateien**

Die meisten GNU-Entwickler erstellen ihre Dokumentation im *TexInfo*-Format, das nach einer Konvertierung mit dem beigefügten Inforeader gelesen werden kann. Rufen Sie einfach das Programm *info* auf (es befindet sich im Verzeichnis *\djg\bin*) und wählen Sie eines der angezeigten Hilfethemen aus. Die wichtigsten Themen für angehende C-Programmierer sind »gcc« für den Compiler und »libc« für die Bibliotheken. Zu fast allen Programmen und Tools gibt es eine zugehörige Infodatei. Weiterhin gibt es eine Node »info«, mit der die Beschreibung des Inforeaders selbst abgerufen werden kann. Seine Bedienung ist teilweise an Emacs angelehnt und etwas gewöhnungsbedürftig. Durch Eingabe eines »?« kann eine Kurzübersicht der Befehle abgerufen werden, mit »q« wird der Reader beendet.

Das Programm *info* kann auch mit Parametern aufgerufen werden, »info --help« gibt eine Übersicht aller Optionen. Soll beispielsweise die Dokumentation zur Standardlibrary gelesen werden, so genügt ein Aufruf von »info libc«. Ist die Node (bzw. die Kette der Nodes bis zum gewünschten Eintrag) bekannt, so kann sie zusätzlich angegeben werden, um direkt zu dem betreffenden Eintrag zu springen. So ruft beispielsweise das folgende Kommando direkt die Online-Dokumentation zur Funktion *printf* auf:

```
info libc "Alphabetical List" printf
```

Auch Abkürzungen von Nodenamen sind erlaubt. Das folgende Kommando ruft die Linkeroptionen der Kommandozeile des Compilers auf:

```
info gcc invok link
```

Das erste Kommando hätte also mit »info libc alpha printf« abgekürzt werden können. Das Erlernen des Inforeaders lohnt sich allemal, denn er ist eine Fundgrube für jede Art von Informationen zu den GNU-Programmen. Anwender von GNU-Emacs können alternativ den eingebauten Inforeader verwenden, wir werden darauf in Kapitel 14 zurückkommen.

**Informationsquellen im Internet**

Im Internet gibt es eine Vielzahl von Informationen zu GNU-C und der Portierung von DJ Delorie. Wir wollen einige wichtige Sites kurz vorstellen, andere Lokationen können leicht über die hier zu findenden Links oder die üblichen Suchmaschinen gefunden werden.

Die Homepage von DJ Delorie liegt unter *http://www.delorie.com/*. Hier stellt der Autor seine Arbeit, sich selbst und die von ihm erstellten Werkzeuge vor. Das meiste ist frei verfügbar und kann online heruntergeladen werden. Auf der Page werden auch Spiegelserver in Deutschland angegeben:

```
ftp://ftp.mpi-sb.mpg.de/pub/simtelnet/gnu/djgpp/
ftp://ftp.rz.ruhr-uni-bochum.de/pub/simtelnet/gnu/djgpp/
ftp://ftp.tu-chemnitz.de/pub/simtelnet/gnu/djgpp/
ftp://ftp.uni-heidelberg.de/pub/simtelnet/gnu/djgpp/
ftp://ftp.uni-magdeburg.de/pub/mirrors/simtelnet/gnu/djgpp/
ftp://ftp.uni-paderborn.de/pub/simtelnet/gnu/djgpp/
ftp://ftp.uni-trier.de/pub/pc/mirrors/Simtel.net/gnu/djgpp/
ftp://ftp.rz.uni-wuerzburg.de/pub/pc/simtelnet/gnu/djgpp/
```

Auf der Suchmaschine von YAHOO gibt es eine eigene Kategorie für die GNU-Tools. Ihre Adresse ist *http://www.yahoo.com/Computers_and_Internet/Software/GNU_Software/*.

Weitere wichtige Informationsquellen sind die Usenet-Newsgroups zu GNU. Sie beginnen mit *gnu.**, die Gruppen zu GNU-C sind *gnu.gcc*, *gnu.gcc.announce*, *gnu.gcc.bug* und *gnu.gcc.help*. Zu DJGPP gibt es eine eigene Gruppe mit dem Namen *comp.os.msdos.djgpp*. Bei speziellen Fragen hilft oft eine themenbezogenene Suche in DejaNews (*http://www.dejanews.com/*).

## 13.3 Übersetzen eines einfachen Programmes

Nach der Installation von GNU-C und dem Neustart des Rechners kann das erste Programm übersetzt werden. Das Hauptprogramm des GNU-Compilers ist *gcc*. Es startet die verschiedenen Phasen des Compilers sowie den Assembler- und Linklauf. Es ist somit ein zentrales Hilfsmittel, um aus einer C-Quelle ein ausführbares Programm zu machen. Die Aufrufsyntax ist:

R71

### R 71 Aufruf von GNU-C

```
gcc [-Schalter [...]]  Dateiname [,[...]]
```

Die einfachste Form des Aufrufs lautet *gcc Dateiname.c*. Er führt dazu, daß nacheinander Präprozessor, Compiler, Assembler und Linker aufgerufen werden, um aus der angegebenen Quelldatei ein ausführbares Programm zu machen. DJGPP erstellt in diesem Fall die beiden Dateien *a.out* und *a.exe*. Während *a.exe* unter MS-DOS direkt ausführbar ist, wird das *a.out*-Format nicht direkt verstanden. Eine *a.out*-Datei könnte beispielsweise in der mitgelieferten *Bash-Shell* aufgerufen werden.

Besser ist es, die Option *-o* zu verwenden, um dem Compiler den Namen der ausführbaren Datei anzugeben. Wir wollen das folgende elementare C-Programm betrachten:

```
#include <stdio.h>
void main()
{
  printf("hello, world\n");
}
```

Wenn das Programm in der Datei *hello.c* liegt, lautet das Kommando zum Übersetzen:

```
gcc -o hello.exe hello.c
```

Dadurch wird der Compiler angewiesen, die Datei *hello.c* zu übersetzen und mit den nötigen Libraries zu einer ausführbaren Datei *hello.exe* zu linken. Diese kann wie jedes andere DOS-Programm direkt aufgerufen werden

In dieser einfachen Form darf auch mehr als eine Quelldatei angegeben werden, um in einem Schritt verschiedene Quellen zu übersetzen. Darüber hinaus kennt *gcc* eine Vielzahl von Schaltern, mit denen sich der Übersetzungsvorgang steuern läßt. Einige der wichtigsten können Tabelle 13.1 entnommen werden, eine Komplettübersicht finden Sie in der Infodatei zu *gcc*.

| Schalter | Bedeutung |
|---|---|
| -c | Nur kompilieren, nicht linken |
| -v | Kommentiert die Übersetzungsschritte |
| -E | Nur Präprozessoraufruf (s. Kapitel 4) |
| -D | Externe Makrodefinition (s. Kapitel 4) |
| -S | Nur Assembleraufruf |
| -O | Optimizer anschalten |
| -g | Debuginfos generieren |
| -W | Default-Compilerwarnungen aktivieren |
| -W*all* | Höchste Warnstufe einschalten |
| -o *Name* | Das gelinkte Programm erhält den Namen *Name* |
| -L *Pfad* | Zusätzlicher Suchpfad für Libraries. |

**Tabelle 13.1: Wichtige Kommandozeilenschalter von gcc**

## 13.4 Getrenntes Kompilieren und Linken

Besteht ein Projekt aus mehr als einer Datei, so ist es nicht immer sinnvoll, alle Quelldateien in der Kommandozeile von *gcc* anzugeben und bei jedem Aufruf neu zu übersetzen. Normalerweise sollen nur die *geänderten* Dateien neu übersetzt und mit den bestehenden Objektdateien gelinkt werden. In der Kommandozeile von *gcc* dürfen sowohl Quell- als auch Objektdateien gemeinsam angegeben werden. Der Compiler erkennt an der Namenserweiterung, was mit der betreffenden Datei zu tun ist. Handelt es sich um eine Datei mit der Erweiterung *.c*, so wird sie zunächst übersetzt. Hat sie dagegen die Erweiterung *.o*, so wird sie erst im Linklauf verwendet.

Angenommen, die drei Dateien *x.c*, *y.c* und *z.c* sollen übersetzt und zu einem ausführbaren Programm *x.exe* gelinkt werden. Die einfachste Form, dies zu tun, ist die Angabe aller drei Quelldateien beim Aufruf von *gcc*:

```
gcc -o x.exe x.c y.c z.c
```

Wenn keine Fehler aufgetreten sind, erstellt *gcc* die ausführbare Datei *x.exe*.

Mit Hilfe des Schalters *-c* kann jede der Dateien auch getrennt übersetzt werden:

```
gcc -c x.c
gcc -c y.c
gcc -c z.c
```

oder noch einfacher:

```
gcc -c x.c y.c z.c
```

GNU-C erzeugt nun die drei Objektdateien *x.o* *y.o* und *z.o*. Sie können mit dem folgenden Kommando gelinkt werden:

```
gcc -o x.exe x.o y.o z.o
```

Die resultierende Datei *x.exe* ist identisch mit der vorigen. Wenn nun beispielsweise die Quelldatei *y.c* geändert wurde, braucht nur sie erneut übersetzt zu werden:

```
gcc -c y.c
```

Die neue Datei *y.o* kann nun wie zuvor mit den beiden bestehenden Objektdateien *x.o* und *z.o* zu einem ausführbaren Programm gelinkt werden:

```
gcc -o x.exe x.o y.o z.o
```

Der Vorteil besteht darin, daß nur die Datei übersetzt wird, die sich geändert hat. Bei großen Projekten mit vielen Quelldateien kann dadurch unter

Umständen viel Zeit gespart werden. Der Nachteil liegt darin, daß die Änderungen und Abhängigkeiten beachtet werden müssen, damit das Ergebnis konsistent bleibt. Wird eine geänderte Datei versehentlich nicht neu kompiliert, bindet der Linker die alte Version ein und es können schwer zu findende Fehler entstehen. Wird eine Headerdatei geändert, so müssen alle Dateien neu kompiliert werden, die diese Headerdatei einbinden.

Gerade in großen Projekten können diese Abhängigkeiten sehr schnell unübersichtlich werden und Fehler verursachen. Mit dem Programm *make* werden wir in Kapitel 16 ein Werkzeug kennenlernen, daß eine automatische Überwachung der Abhängigkeiten in einem Projekt ermöglicht und trozdem garantiert, daß nur die wirklich von einer Änderung betroffenen Dateien neu übersetzt werden müssen.

## 13.5 Arbeiten mit Libraries

### 13.5.1 Einbinden von Libraries

Mehrere Objektdateien können zu einer gemeinsamen Library zusammengefaßt werden. Das hat mehrere Vorteile:

- Große Projekte sind leichter zu handhaben, da sich die Zahl der beteiligten Dateien verringert.
- Libraries sind im Team leichter weiterzugeben als eine große Menge an Einzeldateien und leichter unter allen Teammitgliedern konsistent zu halten.
- Bei der Verwendung einer Library werden nur die wirklich benötigten Objektdateien eingebunden. Objektfiles, deren Funktionen oder Variablen nicht verwendet werden, bindet der Linker nicht ein.

Libraries haben typischerweise die Namenserwiterung *.a* (Archiv) und liegen im Verzeichnis *\djg\lib*. Die Standardlibrary der meisten C-Compiler heißt *libc.a* und wird beim Linken eines Programmes automatisch eingebunden. Daneben gibt es weitere Libraries, die Objektcode zu speziellen Features enthalten, die seltener gebraucht werden. So gibt es beispielsweise eine Library *libm.a*, die weitere mathemetische Funktionen und verbesserte Versionen der Matheroutinen aus *libc.a* enthält.

Solche zusätzlichen Libraries werden vom Linker nicht automatisch eingebunden, sondern müssen in der Kommandozeile mit Hilfe des Schalters *-l* (kleines L) explizit angegeben werden. Als Argument von *-l* erwartet der Compiler den abgekürzten Namen der Library (ohne das führende »lib« und nachfolgende ».a«). Soll beispielsweise *libm.a* eingebunden werden, so lautet der Compileraufruf:

```
gcc -o hello.exe hello.c -lm
```

Beim Einbinden einer Library ist ihre Position innerhalb der Kommandozeile von Bedeutung. Undefinierte Symbole in einer Objektdatei werden nur in den Libraries gesucht, die in der Kommandozeile *weiter rechts* stehen. Falsch wäre also der folgende Aufruf gewesen:

```
gcc -o hello.exe -lm hello.c
```

In diesem Fall hätte der Linker die Funktionen aus *libm.a* nicht gefunden und einen Fehler gemeldet.

### 13.5.2 Erstellen einer eigenen Library

Bei der Programmentwicklung können nicht nur vordefinierte Libraries verwendet, sondern mit Hilfe des Programms *ar* (*Archiver*) auch eigene erstellt werden. *ar* ermöglicht es, eine neue Library anzulegen und Objektdateien einzufügen, auszutauschen oder zu entfernen. Zusätzlich legt *ar* ein Inhaltsverzeichnis an, damit die Reihenfolge der Objektdateien in der Library keine Rolle bei der Suche nach undefinierten Symbolen spielt.

Die (etwas vereinfachte) Aufrufsyntax von *ar* ist wie folgt:

```
ar [-]X[Y] archive datei [...]
```

Dabei steht X für eines der Kommandos *d*, *r*, *t* und *x* und Y für den Buchstaben *s*. Das Kommando *d* löscht die angegebenen Objektdateien, das Kommando *x* extrahiert sie aus dem Archiv und das Kommando *r* (replace) fügt die angegebenen Objektdateien in die Library ein. Dabei werden eventuell vorhandene gleichnamige Objektdateien zuvor entfernt. Mit *t* kann man sich das Inhaltsverzeichnis der Library ansehen. *archive* ist der volle Name der Archivdatei, *datei* ist eine optionale Liste von Objektdateien. Der Optionenmarker "-" kann auch weggelassen werden. Der Modifier *s* gibt an, daß beim Erstellen des Archivs ein Inhaltsverzeichnis aller Symbole zu generieren ist. Dadurch ist es egal, in welcher Reihenfolge die Objektdateien eingefügt werden.

Um aus den zuvor erstellten Dateien *y.o* und *z.o* eine Library *libmyarc.a* zu erstellen, ist folgendes Kommando zu verwenden:

```
ar rs libmyarc.a y.o z.o
```

Der Inhalt kann mit folgendem Kommando angesehen werden:

```
ar t libmyarc.a
```

Die Ausgabe ist:

```
y.o
z.o
```

Soll eine geänderte und neu übersetzte Version von *z.o* eingebunden werden, genügt das Kommando:

```
ar r libmyarc.a y.o z.o
```

Das *s* braucht nicht mehr angegeben zu werden, denn ein Inhaltsverzeichnis existiert bereits. Sofern es vorhanden ist, wird es bei jeder Änderung der Library automatisch aktualisiert.

Um beim Linklauf die Library *libmyarc.a* anstelle der beiden separaten Objektdateien zu verwenden, ist der Compiler mit dem Schalter *-lmyarc* aufzurufen:

```
gcc -o x.exe x.c -L. -lmyarc
```

Wie bei den vordefinierten Libraries wird auch hier nur der abgekürzte Name der Datei angegeben. Der Schalter *-L.* gibt dabei an, daß die Datei *libmyarc.a* nicht nur in dem systemspezifischen Library-Verzeichnis (*\djg\lib*) gesucht werden soll, sondern auch im aktuellen Verzeichnis (für das der Punkt steht). Das Ergebnis des Aufrufs ist eine Datei *x.exe*, die mit der zuvor erstellten identisch ist.

Die Verwendung von Libraries ist sehr gebräuchlich. Eine Library faßt in aller Regel alle Objektdateien zu einem bestimmten Teilaspekt eines Programmes zusammen. Der Einsatz von Libraries macht vor allem Sinn, wenn ein Teilprojekt bereits relativ stabil ist. Andernfalls würde der Overhead zum Erstellen der Library bei jedem Turnaround-Zyklus die Vorteile durch verkürzte Linkzeiten und Konsistenz im Entwicklerteam möglicherweise wieder zunichte machen.

# GNU-Emacs

# 14

## Kapitelüberblick

## 14.1 Wahl des Editors

Neben dem Compiler und seinen Tools ist der Quelltexteditor eines der wichtigsten Werkzeuge eines Programmierers. Mit ihm verbringt er einen Großteil seiner Zeit, und der Editor hat einen erheblichen Einfluß auf die Produktivität des Entwicklers – sowohl im positiven wie auch im negativen Sinne. Sollen nur kleine Programme erstellt werden, reicht unter Umständen ein einfacher Editor wie *Notepad* oder *Edit* aus. Werden die Projekte dagegen umfangreicher, so lohnt es sich, einen besseren Editor zu erlernen.

Quelltexteditoren gibt es wie Sand am Meer. Unter UNIX ist beispielsweise *vi* sehr populär, denn er ist flexibel und es gibt ihn praktisch überall. Auch unter DOS und Windows gibt es sehr gute Editoren, beispielsweise *MultiEdit*, *QEdit*, den legendären *Brief* und viele andere mehr. Die Verwendung eines bestimmten Editors hat für viele Entwickler fast den Rang einer weltanschaulichen Fragestellung. Entweder der Editor wird über alle Maßen gelobt oder bis zur Unsachlichkeit gehaßt. Für *vi* scheint dies in besonderem Maße zu gelten.

Der ungekrönte König unter den Quelltexteditoren ist zweifellos *Emacs*. Er wurde als Makrosammlung vor über zwanzig Jahren von Richard Stallmann am MIT entwickelt. Unter der Bezeichnung *GNU-Emacs* wurde er mit der Gründung der FSF (s. Kapitel 13) als eigenständiges Programm etabliert. Seither wird GNU-Emacs ständig weiterentwickelt und hat heute mit der aktuellen Version 19.34 (bzw. 20.2) einen hohen Reifegrad erreicht. Neben der GNU-Version gibt es verschiedene Derivate, die teils kommerziell vertrieben werden und teils frei erhältlich sind (beispielsweise *Epsilon* oder *X-Emacs*).

Emacs spielt nicht nur die Rolle eines einfachen Texteditors, sondern versteht sich als komplette Arbeitsumgebung für alle Arten von Textmanipulation. Neben der Textverarbeitung enthält Emacs eine integrierte Entwicklungsumgebung für eine große Anzahl unterschiedlicher Programmiersprachen, ein Mailprogramm und einen Newsreader, eine Programmiersprache und vieles mehr. Fast alles in Emacs ist konfigurierbar und kann den eigenen Bedürfnissen angepaßt werden. Bis auf einen kleinen Kern sind alle Funktionen in LISP geschrieben und können erweitert, verändert und an die eigenen Bedürfnisse angepaßt werden.

Hardware-Anforderungen

Der Einsatz von Emacs erfordert einigen Aufwand. Ein komplett installiertes System benötigt etwa 25 MByte an Plattenplatz und die Rechenleistung aktueller Desktop-PCs. Noch vor wenigen Jahren konnte Emacs aufgrund dieser Hardware-Anforderungen nur auf UNIX-Workstations eingesetzt werden. Mittlerweile sind die PCs ausreichend leistungsfähig, und die Windows-Portierung von GNU-Emacs ist so stabil, daß der Editor auch hier gute Dienste leistet.

Die andere Schwierigkeit beim Einsatz von Emacs liegt in seiner relativ komplizierten Bedienung. Zwar funktionieren einfache Cursorbewegungen und Textmanipulationen so, wie man es von anderen Editoren her gewohnt ist. Komplexere Aktionen werden aber oft in einer für Emacs-Neulinge ungewohnten Weise behandelt oder erfordern kryptische Befehlssequenzen. Auch das in neueren Versionen eingeführte Menüsystem kann da kaum helfen und wird von echten Profis sowieso nicht verwendet. Emacs-Neulinge sollten mit einer gewissen Einarbeitungszeit rechnen, bevor eine angemessene Produktivität erreicht ist.

Bei intensiver Beschäftigung mit Emacs beginnen die Tastensequenzen nach einiger Zeit, eine gewisse Logik erkennen zu lassen. Die Anwendung komplexerer Features geht zügig von der Hand, und die Allerweltsaufgaben werden mit hinreichender Effizienz gemeistert. Neue Befehle werden mit Hilfe des gewöhnungsbedürftigen, aber ausführlichen Hilfesystems schnell erlernt und die sprachenspezifischen *Majormodes* bringen eine Vielzahl von echten Erleichterungen (das gilt in besonderem Maße für C-Programme). Man beginnt, Anpassungen vorzunehmen, Konfigurationsparameter zu ändern und eigene Erweiterungen zu schreiben. Emacs wird mehr und mehr an die eigenen Bedürfnisse angepaßt. Die Grenzen werden in aller Regel nicht von Emacs gesetzt, sondern nur durch die eigenen Fähigkeiten und die verfügbare Arbeitszeit. Auch »alte Hasen« entdecken noch nach Jahren Features, die ihnen zuvor unbekannt waren.

Doch genug der Lobreden! Niemand soll zu seinem Glück gezwungen werden, und gerade in der Lernphase einer neuen Programmiersprache kann es sinnvoll sein, zusätzlichen Aufwand zu vermeiden. Wer dennoch GNU-Emacs verwenden will, kann in diesem Kapitel seine Grundlagen erlernen und erfahren, wie er zu installieren ist. Hinweise auf weiterführende Informationen finden sich am Ende des Kapitels. Sie seien allen, die ernsthaft mit Emacs arbeiten wollen, wärmstens empfohlen.

## 14.2 Installation von GNU-Emacs

GNU-Emacs 19.34.6 in der Version für Windows 95 befindet sich auf der CD-ROM im Verzeichnis *\emacs*. Zur Installation ist es komplett inklusive aller Unterverzeichnisse in ein gleichnamiges Verzeichnis auf die Festplatte des eigenen Rechners zu kopieren. Von der Verwendung eines anderen Verzeichnisnamens als *\emacs* sollte besser Abstand genommen werden, da es sonst zu Problemen bei der Programmausführung kommen kann.

Die CD-ROM enthält eine vorinstallierte Version, die nicht mehr separat entpackt werden muß. Sie benötigt ca. 25 MB Plattenspeicher. Wegen der vielen kleinen *.el*-Files kann es sein, daß bei großen Festplatten wegen der festen Clustergrößen deutlich mehr Speicherplatz erforderlich ist.

Nach der Installation muß die *autoexec.bat* angepaßt werden, um einige Emacs-spezifische Umgebungsvariablen zur Verfügung zu stellen:

```
rem --- GNU Emacs ---------------------
set HOME=e:\emacs
set emacs_dir=e:\emacs
set SHELL=e:\emacs\bin\cmdproxy.exe
set EMACSLOADPATH=%emacs_dir%\lisp
set EMACSDATA=%emacs_dir%\etc
set EMACSPATH=%emacs_dir%\bin
set EMACSLOCKDIR=%emacs_dir%\lock
set INFOPATH=%emacs_dir%\info
set EMACSDOC=%emacs_dir%\etc
set TERM=CMD
set USER=dosuser
```

Alternativ könnte auch die Datei *\emacs\emacsenv.bat* aus der *autoexec.bat* aufgerufen werden. Der Laufwerksbuchstabe *e:* muß dabei natürlich gegen den Buchstaben des Laufwerks ausgetauscht werden, auf dem Sie die Kopie des *\emacs*-Verzeichnisses erstellt haben.

Um Emacs aus einer DOS-Box oder Kommandoshell zu starten, ist eine Datei *emacs.bat* nützlich, die folgenden Inhalt haben sollte:

```
@echo off
%emacs_dir%\bin\runemacs.exe %1 %2 %3 %4 %5 %6 %7 %8 %9
```

Sie ist auf der CD-ROM nicht enthalten, sondern muß per Hand erstellt und in ein Verzeichnis kopiert werden, auf das die PATH-Variable verweist. So kann Emacs aus einer DOS-Box einfach durch Eingabe des Kommandos »emacs« aufgerufen werden. Zusätzlich dürfen dabei maximal neun Dateinamen übergeben werden. Es ist nicht nötig, daß Verzeichnis

*\emacs\bin* in den PATH aufzunehmen, solange die übrigen Umgebungsvariablen korrekt gesetzt sind.

Alternativ kann ein Icon auf dem Desktop oder im Startmenü angelegt werden, das auf die Datei *e:\emacs\bin\runemacs.exe* im Verzeichnis *e:\emacs\bin* verweist (auch hier ist *e:* gegebenenfalls gegen den Buchstaben Ihres Installationsverzeichnisses auszutauschen).

## 14.3 Konzepte von Emacs

### 14.3.1 Aufruf

Nachdem alle Installationsschritte ausgeführt sind und der Rechner neu gestartet wurde, sollte Emacs einsatzbereit sein. Um das zu testen, öffnen Sie einfach eine DOS-Box und rufen Sie das Kommando *emacs* auf. GNU-Emacs sollte nun gestartet werden und sich mit der Einschaltmeldung bei Ihnen vorstellen. Falls Sie direkt eine bestimmte Datei editieren wollen, können Sie Emacs auch mit dem Dateinamen als Argument aufrufen. Um Emacs zu beenden, geben Sie die Tastenfolge STRG+x gefolgt von STRG+c ein.

### 14.3.2 Bildschirmaufbau

Das »hello, world«-Programm wird in Emacs etwa so angezeigt:

**Abbildung 14.1: Der Bildschirmaufbau von Emacs**

Der Bildschirmaufbau besteht (von oben nach unten) aus folgenden Teilen:

- Die *Titelleiste* zeigt den Namen der bearbeiteten Datei und den aktuellen Usernamen an (der ist in diesem Fall nicht konfiguriert).

- Die *Menüleiste* enthält die Standardmenüeinträge und ein Sondermenü für den C-Mode.
- Der *Puffer* zeigt den Inhalt der Datei an.
- Die *Statuszeile* liefert eine Reihe von Informationen (von links nach rechts: Datei wurde geändert, Dateiname ist »hello.c«, aktueller Majormode ist »C«, Der Cursor befindet sich in Zeile 1 und Spalte 0, es ist der *gesamte* Dateiinhalt zu sehen).
- Der *Minipuffer* dient zur Eingabe von Kommandos und Optionen. Manchmal zeigt er auch Statusinformationen an (»Mark set« bedeutet, daß gerade die Textmarke gesetzt wurde).

### 14.3.3 Kommandos in Emacs

Emacs ist ein *modusfreier* Editor. Anders als etwa bei *vi* braucht daher nicht ständig zwischen Anzeige- und Bearbeitungsmodus hin- und hergeschaltet zu werden. Die Konsequenz daraus ist, daß die Kommandos auf Tastatursequenzen gelegt werden mußten, die nicht mit normalen Texteingabetasten kollidieren. Die wichtigsten Kommandos von Emacs liegen entweder auf speziellen Funktionstasten oder werden durch Kombination einer Buchstabentaste mit einer Umschalttaste ausgelöst.

Die beiden wichtigsten Umschalttasten in Emacs heißen *Control* und *Meta* und werden auf PCs durch die Umschalttasten STRG und ALT realisiert. Dabei gibt es folgende wichtige Varianten:

- Die am häufigsten benötigen Tasten werden durch die STRG-Taste in Kombination mit einer anderen Taste ausgelöst. In Emacs hat sich dafür die Schreibweise C-t eingebürgert, wobei t für ein beliebiges Zeichen steht. So löst etwa C-n das Kommando *next-line* und C-f das Kommando *forward-char* aus. C-n wird eingegeben, indem die STRG-Taste gedrückt und festgehalten wird, dann das »n« gedrückt und wieder losgelassen wird, und schließlich die STRG-Taste losgelassen wird.
- Weitere wichtige Tasten werden zusammen mit dem Metakey ausgelöst. Dafür hat sich die Schreibweise M-t eingebürgert. Soll beispielsweise das aktuelle Wort in Großschrift konvertiert werden (*upcase-word*), so ist M-u zu drücken, also die ALT-Taste zusammen mit dem »u«. Um Tastaturen zu unterstützen, die keine ALT-Taste haben, wird auch die Taste ESC als Metakey angesehen. ESC darf allerdings *nicht zusammen mit dem Kommandobuchstaben* gedrückt werden, sondern muß vorher separat eingegeben werden. Das Kommando *upcase-word* hätte also auch durch die Tasten ESC, gefolgt von »u« ausgelöst werden können.
- Viele weitere Kommandos werden mit C-x (STRG plus x), gefolgt von einem oder weiteren Tasten oder Tastenkombinationen ausgelöst. Alle

Kommandos zum Dateihandling beispielsweise liegen auf Tastenkombinationen, die mit C-x beginnen. C-x ist der wichtigste Kommandoprefix in Emacs.

- Einige spezielle Kommandos werden mit der Tastenkombination C-c eingeleitet (STRG plus »c«). Dies gilt insbesondere für viele Kommandos, die spezifisch für einen bestimmten Majormode sind (also nur für einen bestimmten Dateityp gelten).
- Alle Tastenkommandos in Emacs werden über Tabellen auf die zugehörigen Emacs-Funktionen geleitet. Alternativ kann jede Funktion auch direkt über ihren Kommandonamen aufgerufen werden. Dazu ist M-x (ALT plus »x«) einzugeben und dann im Minipuffer der Name der gewünschten Funktion. Das Bewegen des Cursors in die nächste Zeile beispielsweise könnte also auch per M-x, gefolgt von dem Funktionsnamen *next-line*, erreicht werden. Das ist natürlich für die häufig benötigten Funktionen viel zu umständlich, aber viele seltene Funktionen haben keine Tastenbindung und müssen auf diese Weise aufgerufen werden.

Es ist wichtig, ein Gefühl für die Schreibweise C-x, M-y, usw. zu bekommen, denn sie wird in der Emacs-Dokumentation durchgängig verwendet. Auch wir werden sie ab sofort ausschließlich verwenden. Die dritte Umschalttaste ist die Shift-Taste, sie wird mit S- bezeichnet. Zusätzlich gibt es noch die *Funktionstasten*, deren Namen wir literal schreiben. Also beispielsweise *end* für die ENDE-Taste oder *f4* für die Funktionstaste F4. Kombinationen mehrerer Umschalttasten werden in einem Wort geschrieben, etwa C-M-insert für die Taste EINFG in Kombination mit STRG und ALT. Sequenzen mehrerer Tastenkombinationen werden hintereinander geschrieben. Das Kommando C-x C-f zum Öffnen einer Datei erfordert es, zuerst STRG in Kombination mit *x* zu drücken, diese Tasten wieder loszulassen und dann STRG in Kombination mit *f* zu drücken. Das hört sich alles sehr kompliziert an, in der Praxis gewöhnt man sich aber schnell daran.

Bei der auf der CD-ROM enthaltenen Version von GNU-Emacs ist eine spezielle Konfigurationsdatei *.emacs* dabei, die bei der Installation in das Verzeichnis *\emacs* kopiert wird. Die Datei *.emacs* enthält Anweisungen, die beim Start von Emacs automatisch ausgeführt werden. Neben vielen anderen Anpassungen werden dabei auch etliche Tastenbindungen geändert, um die Bedienung von Emacs zu vereinfachen und besser an die Gepflogenheiten unter DOS/Windows anzupassen. Dies betrifft insbesondere einige wichtige Cursorbewegungen und elementare Textmanipulationsfunktionen.

Weiterhin wird aus der *.emacs* ein Script *.emacs.local* geladen, in dem maschinenspezifische Anpassungen erledigt werden können (Zeichensatz, Fenstergröße etc.). Das vereinfacht die Pflege der Konfigurationsdateien auf unterschiedlichen Systemen.

Wir werden nachfolgend nur die aktuellen Tastenkombinationen angeben und Eigenanpassungen mit einem Sternchen besonders kennzeichnen. Sollten Sie mit einer eigenen *.emacs* oder auf einem fremden System arbeiten wollen, so kann es sein, daß bestimmte Funktionen durch andere Tastenkombinationen zu erreichen sind. Auch bei der Verwendung einer anderen Emacs-Version können einige Tastenbindungen anders sein.

## 14.4 Grundlagen der Bedienung

### 14.4.1 Allgemeine Kommandos

### R 72 Die Bedienung von GNU-Emacs

R72

| Tastenkombination | Bedeutung |
|---|---|
| C-x C-c | Beenden von Emacs. |
| C-g | Abbrechen des aktuellen Kommandos oder der aktuellen Eingabe. Dieses Kommando übernimmt die Funktion, die in vielen anderen System mit der ESC-Taste belegt ist. |
| C-h | Hilfe aufrufen (s. weiter unten den Abschnitt »Weiterführende Informationen«). |
| C-x u | Undo, Rückgängigmachen der letzten Änderung. |
| C-z* | Wie vor (das Sternchen bedeutet, daß diese Tastenbindung in der *.emacs* konfiguriert wurde und standardmäßig so nicht vorhanden ist). |

**Tabelle 14.1: Allgemeine Kommandos**

### 14.4.2 Dateioperationen

| Tastenkombination | Bedeutung |
|---|---|
| C-x C-f | Laden einer Datei in einen neuen Puffer. Die Datei wird standardmäßig in dem Verzeichnis gesucht, in dem die Datei liegt, die der aktuelle Puffer anzeigt (das Verzeichnis kann natürlich bei der Eingabe des Dateinamens geändert werden). |
| C-x C-s | Speichern der aktuellen Datei |
| C-x s | Speichern aller Puffer (nach Rückfrage mit »!« antworten) |
| C-x C-w | Speichern der aktuellen Datei unter einem anderen Namen |
| C-x i | Einfügen einer Datei an der aktuellen Cursorposition |
| C-x k | Aktuellen Puffer löschen, Datei schließen |

**Tabelle 14.2: Dateioperationen**

Bei manchen Funktionen stellt Emacs vor dem Ausführen eine Rückfrage an den Anwender, die mit *Ja* oder *Nein* beantwortet werden muß. Dabei ist manchmal eine kurze, manchmal eine lange Antwort erforderlich. Bei der kurzen Antwort gilt »y« als *Ja* und »n« als *Nein*. Bei der langen Antwort müssen die Begriffe »yes« bzw. »no« komplett ausgeschrieben werden. Welche der beiden Varianten Emacs erwartet, hängt vom jeweiligen Kontext ab. Bei Fragen, die relativ weitreichende Folgen haben, fordert er zumeist die lange Variante an, sonst die kurze. Welche Form gewünscht ist, wird im Minpuffer angezeit.

**Ja-/Nein-Rückfragen von Emacs**

### 14.4.3 Elementare Cursorbewegungen

| Tastenkombination | Bedeutung |
|---|---|
| left | Zeichen nach links (analog nach rechts) |
| C-left* | Wort nach links (analog nach rechts) |
| up | Zeile nach oben (analog nach unten) |
| C-up | Absatz nach oben (analog nach unten) |
| home* | Zeilenanfang |
| C-home* | Textanfang |
| end* | Zeilenende |
| C-end* | Textende |
| prior (BildHoch) | Eine Seite zurück (analog eine Seite weiter) |
| C-l (kleines L) | Bildschirm neu aufbauen und aktuelle Zeile vertikal zentrieren |
| C-M-S-left* | Bildschirm horizontal nach rechts scrollen (analog nach links) |
| C-M-S-home* | Bildschirm ganz nach links scrollen |
| C-M-S-end* | Bildschirm so weit nach rechts scrollen, daß das letzte Zeichen sichtbar wird. |
| M-g* | Zu einer bestimmten Zeilennummer springen |
| M-m | Auf das erste nicht-leere Zeichen der Zeile springen |
| C-S-home* | Wie vor |

Tabelle 14.3: Elementare Cursorbewegungen

### 14.4.4 Elementare Textmanipulationen

| Tastenkombination | Bedeutung |
|---|---|
| insert | Zwischen Einfüge- und Überschreibmodus umschalten |
| C-d | Zeichen unter Cursor löschen (C-d ist die ENTF-Taste) |
| M-d | Wort unter Cursor löschen und in den *Killring* kopieren. Die Bedeutung des Killrings wird weiter unten im Abschnitt »Ausschneiden, Kopieren und Einfügen« erläutert. |

Tabelle 14.4: Elementare Textmanipulationen

| Tastenkombination | Bedeutung |
|---|---|
| DEL | Zeichen links vom Cursor löschen (DEL ist die Backspace-Taste) |
| C-backspace* | Wort links vom Cursor löschen (und in den Killring kopieren) |
| C-k | Bis zum Zeilenende löschen (und in den Killring kopieren) |
| C-y* | Gesamte Zeile löschen (und in den Killring kopieren) |
| RET | Neue Zeile einfügen (RET ist die Enter-Taste) |
| M-SPC | Lange Leerzeichenlücke auf ein Zeichen reduzieren |

**Tabelle 14.4: Elementare Textmanipulationen**

### 14.4.5 Puffer- und Fensterkommandos

In Emacs muß zwischen *Puffern* und *Fenstern* unterschieden werden. Ein Puffer ist der Speicher für eine Datei oder für Daten anderer Art. Er wird gewöhnlich durch ein Fenster sichtbar gemacht, es kann aber auch mehrere Fenster zu einem Puffer geben. Ein Fenster ist immer eine Sicht auf die Daten eines Puffers. Ein Puffer muß nicht zwangsläufig eine Datei repräsentieren, es gibt auch virtuelle Puffer wie »*scratch*« (Notizen, Lisp-Kommandos etc.), den Minipuffer, »*help*« (Hilfetexte) oder »*Buffer List*« (Liste aller Puffer).

| Tastenkombination | Bedeutung |
|---|---|
| C-x b | Zu einem anderen Puffer wechseln (Name muß angegeben werden) |
| f6* | Wie vor |
| C-x C-b | Auswahl aus der Liste aller Puffer (in der Pufferliste selbst gibt es eine Reihe von Kommandos, mit »?« kann die Hilfe aufgerufen werden) |
| f4* | Auswahl aus der Liste aller Puffer |
| C-x 1 | Alle Fenster bis auf das aktuelle vom Bildschirm entfernen (die Puffer bleiben erhalten) |
| C-x 2 | Fenster vertikal splitten |
| C-x 3 | Fenster horizontal splitten |
| C-x 0 | Das aktuelle Fenster vom Bildschirm entfernen (der Puffer bleibt erhalten) |
| f11* | Das aktuelle Fenster vergrößern. |
| C-x o | Cursor in das nächste Fenster bewegen. |
| C-M-S-up* | Wie vor |
| C-M-S-down* | Wie vor |

**Tabelle 14.5: Elementare Fensterkommandos**

### 14.4.6 Eingabehilfen

Komplettierung

Ein sehr nützliches Feature in Emacs ist die *Komplettierung* im Minipuffer. Sie ermöglicht es, ein Kommando oder einen Dateinamen automatisch zu komplettieren, nachdem ein Teil davon eingegeben wurde. Soll beispielsweise eine Datei *HelloWorld.c* geladen werden, so reicht es aus, nach dem Kommando C-x C-f ein *eindeutiges Präfix* des Dateinamens innerhalb seines Verzeichnisses einzugeben, beispielsweise »Hel«, und dann die TAB-Taste zu drücken. Emacs versucht, den Dateinamen zu ergänzen, und man braucht nur noch ENTER zu drücken, um die Datei zu laden. Auch Verzeichnisnamen können auf diese Weise komplettiert werden.

War das Präfix noch nicht eindeutig, so ergänzt Emacs bis zum letzten übereinstimmenden Zeichen. Das Präfix kann nun ergänzt und durch Drücken von TAB weiter komplettiert werden.

Die Komplettierung funktioniert auch bei Funktionsnamen. Soll beispielsweise das Kommando *fill-paragraph* aufgerufen werden, so reicht es aus, »fill-p« einzugeben, und den Rest mit der TAB-Taste zu ergänzen. Soll ein Kommando schrittweise komplettiert werden, so kann zunächst ein kürzeres Präfix eingegeben werden und statt TAB das Fragezeichen gedrückt werden. Emacs zeigt nun eine Liste aller in Frage kommenden Kommandos an, aus der das Gewünschte mit den Cursortasten ausgewählt werden kann.

Kommandohistorie

Der Minipuffer merkt sich die zuletzt eingegebenen Kommandos. Soll ein Kommando wiederholt verwendet werden, so kann es statt der Eingabe seines Namens mit den Tasten *up* und *down* aus der Liste der letzten Kommandos ausgewählt werden. Hierbei unterscheidet Emacs zwischen den unterschiedlichen Arten der Eingabe im Minipuffer. Soll eine Datei geladen werden, werden nur zuvor eingegebene Dateinamen angeboten, bei einer Kommandoeingabe nur Kommandos.

## 14.5 Spezielle Kommandos

### 14.5.1 Suchen und Ersetzen

| Tastenkombination | Bedeutung |
|---|---|
| C-s | Inkrementelle Suche vorwärts starten bzw. fortsetzen (ab Cursorposition). Dabei wird die Suche nach jedem eingegebenen Buchstaben des Suchbegriffs automatisch fortgesetzt und sofort das jeweils erste Auftreten des bis dahin eingegebenen Begriffs gefunden. Soll die jeweils nächste Fundstelle gesucht werden, so ist einfach erneut C-s einzugeben. |
| C-M-s | Wie vor, aber mit regulären Ausdrücken (s. u.) |

Tabelle 14.6: Suchen und Ersetzen

| Tastenkombination | Bedeutung |
|---|---|
| C-r | Inkrementelle Suche rückwärts ab Cursorposition. Ansonsten wie C-s. Eine Rückwärtssuche kann *vorwärts* fortgesetzt werden, indem von C-r auf C-s gewechselt wird. Dies gilt auch umgekehrt. |
| C-M-r | Wie vor, aber mit regulären Ausdrücken. |
| ESC % | Suchen und Ersetzen. Zunächst muß der zu suchende und der zu ersetzende String eingegeben werden. Nach jedem Treffer erwartet Emacs eine Entscheidung, wie zu verfahren ist. SPC oder »y« ersetzt den Suchbegriff, »n« ersetzt nicht, sondern springt zum nächsten Treffer, »!« ersetzt alle weiteren Vorkommen ohne weitere Rückfragen und »q« bricht den Vorgang ab. Mit C-r kann ein *rekursives Editieren* (s.u.) gestartet werden. |
| query-replace-regexp | Wie vor, aber mit regulären Ausdrücken |

**Tabelle 14.6: Suchen und Ersetzen**

**Reguläre Ausdrücke**

Die Verwendung von regulären Ausrücken bei der Suche erlaubt es, *variable* Bestandteile im Suchtext zu spezifizieren. Die Tabelle 14.7 listet die in Emacs erlaubten Sonderzeichen für reguläre Ausdrücke in Suchbegriffen auf:

<table>
<tr><th>Tastenkombination</th><th>Bedeutung</th></tr>
<tr><td>^</td><td>Zeilenanfang</td></tr>
<tr><td>$</td><td>Zeilenende</td></tr>
<tr><td>.</td><td>Ein beliebiges Zeichen</td></tr>
<tr><td>*</td><td>Eine beliebig häufiges Vorkommen des vorigen Ausdrucks (einschließlich 0-mal)</td></tr>
<tr><td>+</td><td>Wie vor, der vorige Ausdruck muß aber mindestens einmal vorkommen</td></tr>
<tr><td>?</td><td>Der vorige Ausdruck ist optional, muß also genau einmal oder gar nicht vorkommen</td></tr>
<tr><td>[...]</td><td>Gibt eine Menge von Zeichen an. Mit Hilfe eines »-« können Bereiche angegeben werden. Ist das erste Zeichen ein »^«, so wird die Bedeutung umgekehrt und der Ausdruck paßt auf alle Zeichen, die nicht enthalten sind.</td></tr>
<tr><td>\(...\)</td><td>Gruppiert eine Liste von regulären Ausdrücken, die durch »\|« getrennt sind, oder nach denen die Postfix-Operatoren »*«, »+« oder »?« angewendet werden sollen.</td></tr>
<tr><td>\|</td><td>Trennt zwei alternative reguläre Ausdrücke</td></tr>
<tr><td>\<</td><td>Wortanfang</td></tr>
<tr><td>\></td><td>Wortende</td></tr>
<tr><td>\1 bis \9</td><td>Hat dieselbe Bedeutung wie der n-te mit »\(» und »\)« geklammerte Teilausdruck (n von 1 bis 9). Kann bei der Funktion query-replace-regexp auch im zu ersetzenden String verwendet werden, um den Inhalt des n-ten geklammerten Teilausdrucks einzufügen.</td></tr>
<tr><td>\&</td><td>Kann bei query-replace-regexp im zu ersetzenden String verwendet werden, um den Inhalt des gesamten Treffers einzufügen.</td></tr>
</table>

**Tabelle 14.7: Reguläre Ausdrücke in Emacs**

Rekursives Editieren

Beim Suchen und Ersetzen passiert es oft, daß man während des Ersetzungsvorgangs an einer bestimmten Stelle noch eine Korrektur am Text vornehmen, einen Kommentar einfügen oder eine ähnliche Änderung vornehmen will. Bei den meisten Editoren hat man nun lediglich die Möglichkeit, den Ersetzungsvorgang abzubrechen und später neu zu starten. Man kann auch versuchen, sich die Stelle zu merken, um sie später noch einmal manuell aufzusuchen.

Emacs bietet in diesem Fall die Möglichkeit, *temporär auszusteigen*, die betreffende Änderung durchzuführen und anschließend mit dem ursprünglichen Suchen & Ersetzen fortzufahren. So ein Ausstieg wird in Emacs als *rekursives Editieren* bezeichnet. Dazu ist an der gewünschten Stelle der Ersetzungsvorgang mit der Tastenkombination C-r zu unterbrechen und das rekursive Editieren zu starten (die Statuszeile zeigt dies an, indem die Modusanzeige in eckige Klammern eingeschlossen wird). Nachdem alle Änderungen erledigt sind, kann durch Drücken der Tastenkombination C-M-c mit dem Suchen & Ersetzen an der Abbruchstelle fortgefahren werden.

### 14.5.2 Ausschneiden, Kopieren und Einfügen

| Tastenkombination | Bedeutung |
|---|---|
| C-SPC | Setzt die *Marke* an die aktuelle Cursorposition. Alle Funktionen, die Text ausschneiden oder kopieren, verwenden dazu den Text zwischen *der Marke und der aktuellen Cursorposition* (er wird *Region* genannt). Vor solchen Aktionen ist also zuerst die Marke an das eine Ende des gewünschten Bereichs zu setzen und dann mit dem Cursor an dessen anderes Ende zu springen. |
| M-h | Markiert den ganzen Absatz. |
| C-x h | Markiert den ganzen Text. |
| C-ins | Kopiert die Region in den Killring. |
| S-delete | Schneidet die Region aus und kopiert sie in den Killring. |
| S-ins | Fügt den zuletzt in den Killring kopierten Text an der Cursorposition ein. |
| M-y | Dieses Kommando funktioniert nur unmittelbar nach dem Einfügekommando S-ins. Es tauscht den zuletzt eingefügten Text gegen den unmittelbar davor im Killring liegenden aus. Durch wiederholtes Drücken von M-y können auch früher ausgeschnittene oder kopierte Textteile wieder aus dem Killring hervorgeholt werden. |
| C-M-insert* | Dupliziert die aktuelle Zeile. |
| S-down* | Kopiert die komplette Zeile in den Killring und bewegt den Cursor an den Zeilenanfang. |

Tabelle 14.8: Kopieren und Einfügen

### 14.5.3 Rechteckige Bereiche

Die normalen Blockoperationen arbeiten mit dem zwischen Cursor und Marke liegenden Text. In Emacs ist es auch möglich, *rechteckige Bereiche* auszuschneiden und an anderer Stelle wieder einzufügen. Ein rechteckiger

Bereich ist genauso zu markieren wie ein normaler: die Marke ist an einem Ende zu plazieren und der Cursor am anderen. Die Operationen für rechteckige Bereiche betrachten jedoch nicht den kompletten Text zwischen beiden Punkten, sondern ignorieren die links und rechts des aufgespannten Rechtecks liegenden Spalten.

| Tastenkombination | Bedeutung |
|---|---|
| C-x r k | Schneidet die rechteckige Region zwischen Marke und Cursor aus und kopiert sie in den Rechteck-Killring. |
| C-x r y | Fügt den zuletzt in den Rechteck-Killring kopierten Text an der Cursorposition ein. |
| C-x r o | Öffnet an der Cursorposition eine Spalte mit Leerzeichen entsprechend der Größe der rechteckigen Region. |
| C-x r d | Schneidet die rechteckige Region zwischen Marke und Cursor aus, ohne sie in den Rechteck-Killring zu kopieren. |
| C-x r c | Füllt die rechteckige Region zwischen Marke und Cursor mit Leerzeichen auf. |

**Tabelle 14.9: Operationen mit rechteckigen Bereichen**

### 14.5.4 Bookmarks

Mit *Bookmarks* bietet Emacs die Möglichkeit, Textstellen durch Lesezeichen zu markieren und später leicht wiederzufinden. Die Lesezeichen werden dabei automatisch in einer Datei *.emacs.bmk* im Verzeichnis *emacs* verwaltet. Der Name des Lesezeichens wird im Minipuffer eingegeben. Bei der Auswahl eines bestehenden Lesezeichens kann der Name komplettiert werden.

| Tastenkombination | Bedeutung |
|---|---|
| C-x r m | Markiert die aktuelle Stelle mit einem Lesezeichen. |
| C-x r b | Lädt eine mit einem Lesezeichen markierte Datei und positioniert den Cursor an der markierten Stelle. |
| C-x r l | Listet alle Lesezeichen auf. |
| C-f8* | Setzt an der aktuellen Position ein Lesezeichen ""gk-f8«. |
| f8* | Springt zum Lesezeichen »gk-f8«. |

**Tabelle 14.10: Bookmark-Kommandos**

### 14.5.5 Tastaturmakros

Oft muß eine Folge von Kommandos mehrmals wiederholt werden, um bestimmte Änderungen an vielen verschiedenen Stellen in der Datei vorzunehmen. Hier ist es einfacher, ein Tastaturmakro auszuzeichnen, das die gewünschte Änderung einmal vornimmt, und es anschließend beliebig oft aufzurufen.

Sollen beispielsweise alle Zeilen einer Datei auf eine bestimmte Weise geändert werden, so kann wie folgt vorgegangen werden:

- Der Makrorecorder wird gestartet.
- Der Cursor wird an einem Fixpunkt der Zeile positioniert (Anfang oder Ende).
- Die Änderung wird vorgenommen.
- Der Cursor wird in die nächste Zeile bewegt.
- Der Makrorecorder wird gestoppt.

Nun kann das Makro wiederholt aufgerufen werden und ändert nacheinander alle Zeilen der Datei.

| Tastenkombination | Bedeutung |
|---|---|
| C-x ( | Startet den Makrorecorder. Im Minipuffer wird nun »Defining kbd macro...« angezeigt und es werden alle folgenden Tastenanschläge aufgezeichnet. |
| C-x ) | Beendet die Aufzeichnung des Tastaturmakros. Das Makro kann nun ausgeführt werden. |
| C-x e | Führt das zuletzt aufgezeichnete Makro aus. |
| f9* | Wie vor. |

**Tabelle 14.11: Tastaturmakros**

**Einfache Kommandos wiederholen**

Soll ein einfaches Kommando mehrmals wiederholt werden, so kann es mit dem Präfix ESC n versehen werden. n steht dabei für die Anzahl der Wiederholungen. Um also beispielsweise einen 70 Zeichen langen Strich einzufügen, kann das Kommando »ESC 70 -« verwendet werden. Ein alternativer Wiederholungspräfix ist C-u. Ohne weitere Angaben führt es dazu, daß das folgende Kommando 4mal wiederholt wird. C-u kann auch mehrfach hintereinander gedrückt werden. In diesem Fall ergibt sich die Anzahl der Wiederholungen als Potenzfunktion der Anzahl zur Basis 4.

### 14.5.6 Der Buffer-Modus

Durch Drücken von C-x C-b wird Emacs in den Buffer-Modus geschaltet. Hier werden nicht nur alle Puffer angezeigt, sondern es können auch Bearbeitungsfunktionen aufgerufen werden. Da Emacs sich nicht mehr im Editmodus befindet, können diese Funktionen meist über eine einfache Buchstaben- oder Zahlentaste abgerufen werden. Tabelle 14.12 listet die wichtigsten Kommandos im Buffermode auf.

Einige der Kommandos im Buffer-Modus werden verzögert ausgeführt (z.B. »s« oder »d«). Die Puffer werden dabei zunächst mit den gewünschten Kommandos markiert und erst nach Drücken von »x« werden die zugeordneten Kommandos tatsächlich ausgeführt.

| Tastenkombination | Bedeutung |
|---|---|
| s | Puffer zum Speichern markieren. |
| d | Puffer zum Schließen markieren. |
| v | Auswählen des angezeigten Puffers (auch ENTER). |
| ? | Hilfe zu diesem Modus aufrufen. |
| u | Hebt das zugeordnete Kommando auf. |
| x | Ausführen der zugeordneten Kommandos. |

**Tabelle 14.12: Funktionen im Buffer-Modus**

### 14.5.7 Der Dired-Modus

Emacs kann nicht nur eine Datei bearbeiten, sondern auch ein *Verzeichnis*. Wird Emacs mit einem Verzeichnisnamen als Argument aufgerufen oder wird nach C-x C-f der Name eines Verzeichnisses anstelle einer Datei angegeben, schaltet Emacs in den Dired-Modus und zeigt den Inhalt des Verzeichnisses in einem eigenen Puffer an. In diesem Puffer gibt es eine Reihe von Bearbeitungsfunktionen, von denen wird die wichtigsten auflisten wollen. Ähnlich dem Buffer-Modus werden auch im Dired-Modus die meisten Kommandos verzögert ausgeführt.

| Tastenkombination | Bedeutung |
|---|---|
| d | Datei zum Löschen markieren (funktioniert auch mit einem Verzeichnis) |
| u | Löschmarkierung aufheben |
| R | Datei umbenennen |
| C | Datei kopieren |
| f | Datei öffnen |
| g | Verzeichnis neu lesen |
| + | Verzeichnis anlegen |
| # | Alle Autosave-Files markieren (#*.*#) |
| ~ | Alle Backup-Files markieren (*.*~) |
| ? h | Hilfe für Dired-Modus aufrufen |
| M-backspace | Alle Markierungen aufheben |
| x (oder D) | Alle Dateien mit Löschmarkierung tatsächlich löschen (nach Rückfrage) |
| ENTER | Ausgewählte Datei anzeigen bzw. in das ausgewählte Verzeichnis wechseln |
| > | Das nächste angezeigte Verzeichnis anspringen (analog <) |
| q | Dired-Modus beenden |

**Tabelle 14.13: Funktionen im Dired-Modus**

| Tastenkombination | Bedeutung |
|---|---|
| %m | Alle Dateien markieren, deren Name einem vorgegebenen regulären Ausdruck entspricht |
| %d | Wie vor, jedoch die Dateien zum Löschen markieren |
| ! | Ausführen eines externen Kommandos. Zunächst wird ein Kommandoname abgefragt, auf den die angegebene Datei per Ausgabeumleitung umgelenkt wird. Alternativ kann in der Kommandozeile ein »*« verwendet werden, um anzuzeigen, daß an dieser Stelle der Dateiname als Argument eingesetzt werden soll. |

**Tabelle 14.13: Funktionen im Dired-Modus**

### 14.5.8 Weitere nützliche Funktionen

| Tastenkombination | Bedeutung |
|---|---|
| C-t | Aufeinanderfolgende Zeichen vertauschen |
| M-t | Aufeinanderfolgende Wörter vertauschen |
| C-x C-t | Aufeinanderfolgende Zeilen vertauschen |
| M-u | Wort in Großbuchstaben konvertieren |
| M-l | Wort in Kleinbuchstaben konvertieren |
| M-q | Absatz formatieren |
| M-/ | Das aktuelle Wort zu dem Wort ergänzen, das als letztes davor mit diesem Präfix angefangen hat |
| C-x TAB | Hartes Einrücken des markierten Textes (unabhängig von den Formatierungskommandos des Major-Modes). Die Tiefe der Ein- bzw. Ausrückung kann durch das Wiederholungspräfix ESC n bestimmt werden (*n* positiv oder negativ). |
| M-! | Ausführen eines externen Kommandos. Die Ausgabe des Kommandos wird in einem Puffer »*Shell Command Output*« abgelegt. |
| M-x calendar | Ruft Kalender und Terminplaner auf. |

**Tabelle 14.14: Weitere nützliche Funktionen**

## 14.6 Der C-Modus

### 14.6.1 Major-Modes

Emacs ist in der Lage, sich völlig unterschiedlichen Anforderungen anzupassen und unterstützt dabei als Programmiereditor insbesondere die verschiedensten Programmiersprachen. In der Standarddistribution gibt es bereits Unterstützung für C, C++, Java, Pascal, Fortran, ADA, AWK, Perl, Prolog und viele andere Sprachen.

Die Konfiguration erfolgt dabei mit Hilfe spezieller *Major-Modes*, die auf der Basis des Dateinamens oder seiner Erweiterung aktiviert werden. Ein Majormode stellt typischerweise folgende Services zur Verfügung:

- Eine eigene Tastaturbelegung, um besonders wichtige Funktionen auf Tastendruck zur Verfügung zu stellen.
- Syntaxhighlighting, um sprachspezifische Teile des Textes (Kommentare, Stringkonstanten, Schlüsselworte usw.) farblich hervorzuheben.
- Funktionen zur Textformatierung und zur automatischen Einrückung von Programmbestandteilen.
- Spezielle Funktionen zur syntaxgesteuerten Bewegung des Cursors im Text.
- Automatischer Aufruf des Compilers und anderer Werkzeuge.

Wir wollen uns in diesem Abschnitt die wichtigsten Eigenschaften des C-Major-Modes ansehen. Der C-Major-Mode der Version 19.34 befindet sich in der Datei *cc-mode.el* im Verzeichnis *\emacs\lisp* und wird automatisch geladen, wenn die Datei eine der Erweiterungen *.c*, *.h*, *.y* oder *.lex* hat. Falls nötig, kann der C-Modus auch manuell geladen werden. Die Hauptfunktion heißt *c-mode* und kann mit dem Kommando »M-x c-mode ENTER« aufgerufen werden.

### 14.6.2 Wichtige Tastaturkommandos

| Tastenkombination | Bedeutung |
|---|---|
| TAB | Rückt die aktuelle Zeile entsprechend ihrer syntaktischen Bedeutung ein. Falls sich weiter oben ein Syntaxfehler befindet, erfolgt die Einrückung unter Umständen nicht korrekt. |
| C-TAB* | Wie vor, allerdings wird der gesamte Text zwischen Marke und Cursorposition eingerückt |
| M-a | An den Anfang der Anweisung |
| M-e | An das Ende der Anweisung |
| C-M-a | An den Anfang der Funktion |
| C-M-e | An das Ende der Funktion |
| C-M-h | Gesamte Funktion markieren |
| C-c C-q | Komplette Funktion korrekt formatieren |
| C-c C-c | Markierten Bereich auskommentieren |
| M-; | Kommentar einfügen |
| M-j | Kommentar in der nächsten Zeile fortsetzen |

**Tabelle 14.15: Wichtige Tastaturkommandos im C-Modus**

### 14.6.3 Compileraufruf

Emacs enthält bereits standardmäßig einige Unterstützung zum Aufruf des Compilers und zur Behandlung von Fehlern. In der *.emacs* auf der beiliegenden CD-ROM wurden weitere Erweiterungen implementiert, die

Emacs in Zusammenspiel mit GNU-C zu einem komfortablen Entwicklungssystem machen. Tabelle 14.16 gibt eine Übersicht der verfügbaren Kommandos.

| Tastenkombination | Bedeutung |
|---|---|
| M-x compile | Aufruf des Compilers. Emacs schlägt das Kommando »make -k« vor, es kann vom Anwender verändert werden. Soll lediglich eine einzelne Quelldatei *hello.c* übersetzt werden (zu der es kein *makefile* gibt), kann es beispielsweise in »make -k hello« geändert werden. Alternativ könnte auch »gcc -o hello.exe hello.c« verwendet werden. Weitere Aufrufe von *compile* verwenden das geänderte Kommando. |
| S-f8* | Wie vor, allerdings wird das Compile-Kommando nicht mehr interaktiv abgefragt, sondern es wird automatisch das zuletzt eingegebene Kommando verwendet. Die aktuelle Datei wird vorher gesichert. |
| f7* | Falls beim Übersetzen Fehler aufgetreten sind, kann mit diesem Kommando zum nächsten Fehler gesprungen und ein Editorpuffer an der fehlerhaften Stelle geöffnet werden. |
| f5* | Ausführen eines externen Kommandos (also beispielsweise des übersetzten Programmes). Wie bei *compile* muß auch hier das auszuführende Kommando interaktiv eingegeben werden. |
| C-f5* | Wiederholtes Ausführen des zuletzt mit *f5* ausgeführten Kommandos. |

**Tabelle 14.16: Kommandos zum Übersetzen und Starten eines GNU-C-Programmes**

### 14.6.4 Tagging

In großen Projekten die Übersicht zu behalten, ist nicht einfach. Dies gilt insbesonders, wenn daran viele Dateien von unterschiedlichen Entwicklern in verschiedenen Verzeichnissen beteiligt sind. Emacs stellt mit den *Tag-Files* glücklicherweise ein Hilfsmittel zur Verfügung, mit dem das Auffinden einer bestimmten Funktion sehr erleichtert wird.

Ein Tag-File ist eine Datei, die eine Liste von Suchbegriffen enthält. Typische Suchbegriffe sind Namen von Funktionen oder Variablen. Neben jedem Suchbegriff wird auch festgehalten, in welcher Datei und in welcher Zeile der Datei der Begriff *definiert* wird. Der Name des Tag-Files ist üblicherweise *TAGS*. Soll beispielsweise in einer Datei *x.c* eine externe Funktion *hello* aufgerufen werden, deren Aufrufsyntax unklar ist, kann mit Hilfe des Tag-Files die gesuchte Stelle sofort gefunden werden.

Das Erstellen eines Tag-Files kann unter GNU-Emacs mit dem Programm *etags* aus dem Verzeichnis *\emacs\bin* erfolgen. *etags* bekommt eine Liste von Dateinamen als Argument übergeben und erstellt aus diesen Dateien das Tag-File. Zusätzlich können diverse Schalter gesetzt werden, die das Verhalten von *etags* steuern. Ein typischer Aufruf ist also (wie immer sollten sie dabei *e:* durch den korrekten Laufwerksbuchstaben ersetzen):

```
e:\emacs\bin\etags *.c
```

Hierdurch wird aus allen Dateien mit der Erweiterung *.c* im aktuellen Verzeichnis ein Tag-File mit der Bezeichnung TAGS erstellt und im aktuellen Verzeichnis abgelegt.

In Emacs kann nun mit Hilfe des Kommandos M-. (ALT und Punkt) nach einem Tag gesucht werden. Wird das Kommando das erste Mal aufgerufen, so fragt Emacs zunächst nach dem Namen des Tag-Files, später wird er automatisch verwendet. Nun muß der Name des zu suchenden Bezeichners eingegeben werden und mit ENTER bestätigt werden. Wird die gesuchte Funktion gefunden, öffnet Emacs einen Editorpuffer mit dieser Datei und positioniert den Cursor an der Definitionsstelle der Funktion. Falls der Cursor zum Zeitpunkt des Aufrufs von M-. auf einem Bezeichner steht, wird dieser im Minipuffer vorgeschlagen und kann mit ENTER übernommen werden.

**Weitere Kommandos**

Ist das Tag-File einmal erstellt, können weitere interessante Kommandos aufgerufen werden. So kann beispielsweise mit *M-x tags-search ENTER* in allen Dateien, die im Tag-File aufgelistet sind, nach einem beliebigen regulären Ausdruck gesucht werden. Folgetreffer können mit dem Kommando M-, (ALT und Komma) abgerufen werden. Mit *M-x tags-query-replace ENTER* kann in allen Dateien ein bestimmer String gesucht und durch einen anderen ersetzt werden.

### 14.6.5 Sonstige Eigenschaften des C-Modus

**Elektrische Tasten**

Im C-Modus gibt es ein Feature mit der Bezeichnung *Electric Keys*. Das sind Tasten, die neben ihrer eigentlichen Bedeutung weitere Funktionen übernehmen, insbesondere die Formatierung der aktuellen Quelltextzeile ändern. So wird beispielsweise bei der Eingabe von »{« am Anfang der Zeile sowohl die geschweifte Klammer eingefügt als auch die Zeile entsprechend ihrer syntaktischen Stellung eingerückt. Weitere elektrische Tasten sind »}«, »#«, »:« und »;«.

**Automatische Zeilenschaltungen**

Durch Drücken der Tastenkombination C-c C-a kann ein Modus aktiviert werden, bei dem nach bestimmten Tasten automatisch Zeilenschaltungen eingefügt werden. Zu diesen Tasten zählen die geschweiften Klammern, Komma, Semikolon und Doppelpunkt. Dieser Modus wird durch die Kennung »T:C/a« in der Statuszeile angezeigt und kann durch erneutes Drükken von C-c C-a abgeschaltet werden. Standardmäßig ist der Modus deaktiviert.

**Einzeilige Kommentare**

Da es sich mittlerweile eingebürgert hat, auch in C einzeilige Kommentare zuzulassen, die mit »//« beginnen (wie in C++), wurde der C-Modus in der *.emacs* so konfiguriert, daß er diese erkennt und syntaktisch wie einen langen Kommentar behandelt. Auch GNU-C 2.7.2 akzeptiert diese Kommentare.

## 14.7 Benutzerspezifische Anpassungen

### 14.7.1 Emacs-LISP

Wie am Anfang des Kapitels erwähnt, ist praktisch alles in Emacs konfigurierbar. Eine besonders wichtige Rolle spielt dabei die Konfigurationsdatei *.emacs* für die meisten Anwender. Sie liegt im Verzeichnis *\emacs* und wird beim Starten vom Emacs automatisch ausgeführt. In ihr können Variablen definiert oder verändert werden sowie Funktionen aufgerufen oder eigene Funktionen definiert werden.

Eine der größten Frustrationsquellen für Emacs-Neulinge besteht allerdings darin, daß selbst scheinbar einfache Konfigurationsänderungen mangels Spezialwissen kaum durchführbar sind. Während modernere Editoren menügesteuerte Customizing-Funktionen besitzen, müssen praktisch alle Änderungen in Emacs mit der Emacs-eigenen Programmiersprache Emacs-LISP realisiert werden. Nach einiger Einarbeitungszeit eröffnen sich auf diese Weise weitreichende Möglichkeiten, aber für den Neuling bleibt die Konfiguration schwierig.

Eine Einführung in Emacs-LISP würde an dieser Stelle zu weit führen, denn es müßte nicht nur die Sprache an sich, sondern vor allem die große Anzahl spezieller Konzepte besprochen werden, die Emacs zu dem machen, was er ist. Wir wollen statt dessen lediglich einen kurzen Einblick geben und einige grundlegende Konfigurationsaufgaben abhandeln. Für Interessierte sei auf die im Anschluß genannte weiterführende Dokumentation verweisen.

### 14.7.2 Einfache Konfigurationen

**Tastaturbelegung**

Es gibt verschiedene Tabellen, die für die Zuordnung von Tastendrücken auf Emacs-Funktionen zuständig sind. Soll eine Tastaturzuordnung global geändert werden, so kann dies am einfachsten mit der Funktion *global-set-key* erfolgen. Sie erwartet den Tastencode sowie den symbolischen Namen der aufzurufenden Funktion als Argument. Soll beispielsweise auf die Funktionstaste F12 das Kommando gelegt werden, das den Cursor eine Zeile nach unten bewegt, so kann dazu folgender Funktionsaufruf verwendet werden:

```
(global-set-key [f12] 'next-line)
```

Beispiele für Tastaturanpassungen finden sich in der *.emacs* im Abschnitt »Key Mappings«.

**Schriftgröße**

Die Fonteinstellungen in der *.emacs* sind für eine Auflösung von 1024 * 768 Punkten und der Systemeinstellung »Große Schriftarten« ausgelegt. Sie sollten also auch auf einem 15-Zoll-Monitor noch bequem zu verwenden sein. Der Funktionsaufruf zur Fonteinstellung befindet sich am Anfang des Abschnitts »Variable Settings« in der *.emacs*. Soll die Standardschrift verändert werden, kann entweder einer der auskommentierten Font-Strings verwendet werden, oder es kann ein eigener Font-String generiert und an die Funktion *set-default-font* übergeben werden.

Unter Windows 95 können die Font-Strings sehr einfach durch Aufruf der Funktion *win32-select-font* generiert werden. Dazu ist zweckmäßigerweise wie folgt vorzugehen:

- Geben Sie den Ausdruck *(insert (format "\n%s\n" (win32-select-font)))* in einer leeren Zeile im »*scratch*«-Puffer ein.
- Gehen Sie an das Ende der Zeile und geben Sie C-ENTER oder C-x C-e ein, um den eingegebenen Ausdruck auszuwerten.
- Emacs öffnet nun den Windows-spezifischen Fontauswahldialog. Stellen Sie die gewünschte Schrift ein und drücken Sie OK.
- Emacs generiert daraus einen Font-String und fügt ihn unmittelbar unter dem eingegebenen Ausdruck ein.

Sie können den Font-String nun kopieren und als Argument an die Funktion *set-default-font* übergeben, so wie es im Abschnitt »Variable Settings« der *.emacs* zu sehen ist.

**Farben**

Durch das Syntaxhighlighting ist es möglich, den verschiedenen syntaktischen Bestandteilen eines Quelltextes unterschiedliche Farben zuzuordnen. Die beigefügte *.emacs* wurde so konfiguriert, daß die Farbzuordnung relativ dezent ist, die Standardeinstellung ist poppiger. Farbzuordnungen werden in der Variable *font-lock-face-attributes* festgehalten, die im Abschnitt "Syntax Highlighting" verändert wird. Tabelle 14.17 listet die wichtigsten syntaktischen Konstrukte für Farbzuordnungen auf:

| Syntaktisches Element | Bedeutung |
|---|---|
| font-lock-comment-face | Kommentare |
| font-lock-string-face | Stringkonstanten |
| font-lock-keyword-face | Schlüsselwörter |
| font-lock-type-face | Schlüsselwörter für Datentypen und -modifier |
| font-lock-reference-face | Präprozessoranweisungen sowie Sprungziele und -marken |
| font-lock-function-name-face | Funktionsnamen |
| font-lock-variable-name-face | Variablennamen |

**Tabelle 14.17: Kommandos zum Übersetzen und Starten eines GNU-C-Programmes**

Emacs akzeptiert eine Vielzahl von symbolischen Farbnamen. Tabelle 14.18 gibt eine Übersicht:

| Bereich | Farbnamen |
|---|---|
| A – E | Aquamarine, Black, Blue, BlueViolet, Brown, CadetBlue, Coral, CornflowerBlue, Cyan, DarkGreen, DarkOliveGreen, DarkOrchid, DarkSlateBlue, DarkSlateGray, DarkSlateGrey, DarkTurquoise, DimGray, DimGrey |
| F – L | Firebrick, ForestGreen, Gold, Goldenrod, Gray, Green, GreenYellow, Grey, IndianRed, Khaki, LightBlue, LightGray, LightGrey, LightSteelBlue, LimeGreen |
| M – N | Magenta, Maroon, MediumAquamarine, MediumBlue, MediumOrchid, MediumSeaGreen, MediumSlateBlue, MediumSpringGreen, MediumTurquoise, MediumVioletRed, MidnightBlue, Navy, NavyBlue |
| O – S | Orange, OrangeRed, Orchid, PaleGreen, Pink, Plum, Red, Salmon, SeaGreen, Sienna, SkyBlue, SlateBlue, SpringGreen, SteelBlue |
| T – Z | Tan, Thistle, Turquoise, Violet, VioletRed, Wheat, White, Yellow, YellowGreen |

**Tabelle 14.18: Farbnamen in GNU-Emacs**

**Zeichensatzanpassungen**

Die Windows-Portierung von GNU-Emacs arbeitet mit dem Windows-Zeichensatz, wenn die globale Variable *standard-display-european* gesetzt ist; andernfalls wird nur ein 7-Bit-Zeichensatz verwendet. Da wir diesen Schalter in der *.emacs* setzen, entsprechen die Umlaute den unter Windows üblichen Konventionen. Dies führt zu Problemen, wenn hauptsächlich unter MS-DOS gearbeitet wird. Die Umlaute und andere Sonderzeichen des PC8-Zeichensatzes werden weder korrekt angezeigt noch können sie über die Tastatur eingegeben werden.

In diesem Fall könnte folgende Hilfskonstruktion verwendet werden:

```
(standard-display-ascii 132 "ä")
(standard-display-ascii 148 "ö")
(standard-display-ascii 129 "ü")
(standard-display-ascii 142 "Ä")
(standard-display-ascii 153 "Ö")
(standard-display-ascii 154 "Ü")
(standard-display-ascii 225 "ß")
(defun pc8-auml()  (interactive)(insert 132))
(defun pc8-ouml()  (interactive)(insert 148))
(defun pc8-uuml()  (interactive)(insert 129))
(defun pc8-Auml()  (interactive)(insert 142))
(defun pc8-Ouml()  (interactive)(insert 153))
(defun pc8-Uuml()  (interactive)(insert 154))
(defun pc8-szlig() (interactive)(insert 225))
(global-set-key [228] 'pc8-auml)
(global-set-key [246] 'pc8-ouml)
```

```
(global-set-key [252] 'pc8-uuml)
(global-set-key [196] 'pc8-Auml)
(global-set-key [214] 'pc8-Ouml)
(global-set-key [220] 'pc8-Uuml)
(global-set-key [223] 'pc8-szlig)
```

Hierdurch werden die PC8-Umlaute auf dem Bildschirm korrekt angezeigt und können über die Tastatur eingegeben werden. Andere Sonderzeichen, wie beispielsweise die Blockgrafiksymbole bleiben natürlich fehlerhaft. Das Hilfskonstrukt befindet sich in der *.emacs* im Abschnitt »Workaround for PC8 Character Set« und ist normalerweise auskommentiert. Eine anderer Workaround ist im FAQ zu NT-Emacs beschrieben. Es befindet sich in der Datei *ntemacs.html* im Verzeichnis *\archiv\emacs* der CD-ROM.

**Quelltextformatierung**

Wir hatten bereits erwähnt, daß im C-Modus bestimmte Quelltextformatierungen automatisch vorgenommen werden. Um dabei unterschiedlichen Anforderungen gerecht zu werden, bietet der C-Modus verschiedene Styles, aus denen der passendste ausgewählt werden kann. Mit Hilfe der Funktion *c-set-style* kann dabei eine der Varianten »gnu«, »k&r«, »bsd«, »stroustrup«, »whitesmith« und »ellemtel« aktiviert werden. Ohne Aufruf dieser Funktion wird der Sourcecode entsprechend den Standardwerten der internen Variablen des C-Modus formatiert.

Soll der Style dauerhaft geändert werden, so empfiehlt es sich, einen entsprechenden Funktionsaufruf in den *Hook* des C-Modus zu hängen. Ein Hook ist eine Art Callback-Funktion, die unter bestimmten Umständen aufgerufen wird und vom Anwender dazu verwendet werden kann, Konfigurationseinstellungen zu verändern. Am wichtigsten sind die Hooks der Major-Modes, denn sie erlauben es, sprachspezifische Anpassungen vorzunehmen, ohne den Quelltext des Major-Modes selbst zu verändern. Der Major-Mode-Hook des C-Modus hat den Namen *c-mode-hook*. In der beigefügten *.emacs* ist er wie folgt belegt:

```
;--- C-Mode -----------------------------------
(add-hook
 'c-mode-hook
 '(lambda ()
    (c-setup-dual-comments c-mode-syntax-table)
    (modify-syntax-entry ?@ "_" c-mode-syntax-table)
    (define-key c-mode-map "/" 'c-electric-slash)))
```

Hier wird lediglich das Verhalten des C-Modus so geändert, daß auch einzeilige Kommentare akzeptiert und in der richtigen Farbe dargestellt werden. Soll beispielsweise der Sourcecode dauerhaft mit dem GNU-eigenen Formatierungsstil formatiert werden, so könnte der Hook wie folgt geändert werden:

```
(add-hook
 'c-mode-hook
 '(lambda ()
    (c-set-style "gnu")
    (c-setup-dual-comments c-mode-syntax-table)
    (modify-syntax-entry ?@ "_" c-mode-syntax-table)
    (define-key c-mode-map "/" 'c-electric-slash)))
```

## 14.8 Weiterführende Informationen

Wir haben in diesem Kapitel nur die wichtigtsen Funktionen von GNU-Emacs angesprochen, viele komplexere Funktionen und Pakte wurden aus Platzgründen nicht behandelt. Glücklicherweise hat Emacs ein ausgefeiltes Hilfesystem, das auf fast jede Frage eine Antwort weiß. Tabelle 14.19 gibt einen Überblick über die wichtigsten Hilfefunktionen.

| Tastenkombination | Art der Hilfe |
|---|---|
| C-h ? | Hilfe zur Hilfe |
| C-h t | Das interaktive Emacs-Tutorial |
| C-h k | Mit welcher Funktion ist eine bestimmte Tastenkombination belegt? |
| C-h f | Beschreibung einer bestimmten Funktion |
| C-h F | Frequently Asked Questions zu GNU-Emacs (sehr ausführlich und lesenswert) |
| C-h m | Info zum aktuellen Mode |
| C-h i | Inforeader für alle GNU-Dokumentationen im TexInfo-Format |
| C-h v | Beschreibung einer bestimmten Variablen |
| C-h w | Gibt die Tastaturbindung einer bestimmten Funktion aus |
| C-h C-p | Hier steht das *GNU Manifesto*, das die ursprünglichen Ideen und Ziele des GNU-Projekts dokumentiert. |
| C-h C-c | Ruft die GPL (s. Kapitel 13) auf |

**Tabelle 14.19: Hilfetasten in GNU-Emacs**

Auch im Internet gibt es eine ganze Reihe von Informationsquellen zu GNU-Emacs. Neben den in Kapitel 13 genannten Adressen sind vor allem die folgenden interessant.

Die ultimative Homepage zur Windows-Version von GNU-Emacs findet sich unter *http://www.cs.washington.edu/homes/voelker/ntemacs.html*. Hier kann man viele aktuelle Dokumentationen, Sourcecodes und Nachrichten rund um den Windows-Port von GNU-Emacs finden. Hier finden sich auch konkrete Antworten zu einer Vielzahl von Fragen, die bei der Verwendung von Emacs unter Windows entstehen.

Dieses Dokument findet sich auch in der Datei *ntemacs.html* im Verzeichnis *archiv**emacs* der CD-ROM.

Unter der Adresse *ftp://archive.cis.ohio-state.edu/pub/gnu/emacs/elisp-archive/* findet sich ein Server mit dem Elisp-Archiv zu GNU-Emacs. Hier kann man viele Emacs-Erweiterungen finden, die nicht in der Standarddistribution enthalten sind. Wer Emacs-Lisp lernen will, kann dies mit dem GNU Emacs Lisp Reference Manual tun, das unter *http://www.cs.indiana.edu/usr/local/www/elisp/lispref/elisp_toc.html* liegt. Eine Einführung in die Programmierung mit Lisp unter GNU-Emacs findet sich unter der Adresse *http://www.cs.indiana.edu/usr/local/www/elisp/elisp-intro.html*.

Eine ebenso interessante Informationsquelle sind die GNU Bulletins, die halbjährlich herausgegebenen Informationsschreiben der FSF. Sie sind beispielsweise unter der Adresse *http://www.gnu.org/bulletins/bulletins.html* zu finden.

Wichtig sind auch die Usenet-Newsgroups zu GNU-Emacs. Es gibt etwa zehn von ihnen, sie beginnen alle mit dem Präfix *gnu.emacs.**. Die wichtigsten sind *gnu.emacs* und *gnu.emacs.help*, *gnu.emacs.announce* und *gnu.emacs.sources*.

Es gibt auch einige Bücher zu GNU-Emacs. Ein gutes Einführungsbuch, mit dem ich selbst die ersten Schritte erlernt habe, ist »Learning GNU Emacs« von Debra Cameron, Bill Rosenblatt und Eric Raymond. Es ist in der Nutshell-Reihe von O'Reilly erschienen und behandelt die Grundlagen, Mail, News und FTP, erklärt viele Konfigurationsmöglichkeiten und gibt einen ersten Einblick in die Programmierung mit Emacs Lisp.

GoTo

# Debugging und Profiling

# 15

## Kapitelüberblick

## 15.1 Debuggen mit gdb

### 15.1.1 Grundlagen

Es liegt in der Natur der Softwareentwicklung, daß Programme Fehler enthalten. Je größer die Anwendungen, desto höher die Wahrscheinlichkeit, daß offensichtliche oder versteckte Fehler im Code enthalten sind und den ordnungsgemäßen Ablauf des Programmes verhindern.

#### R 73 Techniken zur Fehlersuche und -behebung

R73

Es gibt eine ganze Reihe von Möglichkeiten, Programmfehler aufzuspüren, und ihre systematische Behandlung würde ein ganzes Buch füllen. Die in der täglichen Praxis wichtigsten Techniken zur Erkennung und Beseitigung von Programmfehlern sind:

- Das Programm wird einer *Quelltextanalyse* unterzogen, d.h. es wird von einem oder mehreren Entwicklern genau inspiziert und auf versteckte Unzulänglichkeiten untersucht. Ein solches Codereview kann bei Designfehlern, aber auch bei versteckten Codierungsfehlern, sehr hilfreich sein. Dies gilt umso mehr, wenn es nicht vom Entwickler selbst, sondern von einer dritten Person vorgenommen wird.
- Bei der zweiten Variante versucht man, die fehlerhafte Stelle durch *Einstreuen von Ausgabeanweisungen* in den Quelltext aufzuspüren. Auf diese Weise kann man versuchen, die Fehlerstelle schrittweise einzugrenzen und schließlich den Fehler zu lokalisieren. Diese Variante ist recht aufwendig, da die temporären Ausgabeanweisungen zunächst eingefügt und später wieder entfernt werden müssen. Dazu sind in der Regel mehrere Turnaround-Zyklen erforderlich. Diese Variante ist oftmals die letzte Chance, einen Fehler zu finden, der im Debugger nicht auftritt (Speicherprobleme, Zeigerfehler), oder wenn der schadhafte Programmteil seiner Natur nach nicht oder nur sehr schwer im Debugger zu bearbeiten ist (Low-Level-Routinen, Event-Handler, Repaint-Routinen).
- Die dritte Variante setzt einen *Debugger* zur Fehlersuche ein. Der Debugger ist ein Programm, das eine speziell übersetzte Version des schadhaften Programmes unter eigener Kontrolle startet und es erlaubt, den Code schrittweise auszuführen, an einer bestimmten Stelle anzuhalten, Variablen zu inspizieren oder zu verändern, und viele andere Dinge mehr. Mit Hilfe des Debuggers kann man in einer Art »Zeitlupe« sehr genau den Ablauf des Programmes verfolgen und findet auch versteckte Fehler meist relativ schnell.

Für Debugger gibt es keine einheitlichen Standards. Die Hersteller liefern zu ihren Entwicklungssystemen eigene Debugger, die von der Bedienung und den Fähigkeiten her inkompatibel zueinander sind. Wir wollen uns in diesem Abschnitt den Debugger *gdb* des GNU-C-Compilers ansehen. Er verfügt über eine ganze Menge Fähigkeiten und ist sehr flexibel. Viele Konzepte, die sich mit seiner Hilfe erläutern lassen, finden sich auch bei anderen Debuggern wieder. *gdb* ist ein Quelltextdebugger, der es erlaubt, das Programm auf der Ebene des C-Sourcecodes ablaufen zu lassen (im Gegensatz zu einem Assemblercode-Debugger). Seine Bedienung ist etwas archaisch, aber nach einiger Eingewöhnungszeit kann man ganz gut damit klarkommen.

Wir wollen uns in diesem Kapitel die wichtigsten Eigenschaften und Kommandos von *gdb* ansehen Weitere Features können dem ausführlichen Info-File entnommen werden (Aufruf: *info gdb*). Für Emacs-User sei angemerkt, daß es eine Emacs-Integration für *gdb* gibt. Sie heißt *gud* (Grand Unified Debugger) und unterstützt neben *gdb* auch andere Debugger (daher der Name). Sie steht in *gud.el* und ist Bestandteil der offiziellen Emacs-Distribution. Wir wollen an dieser Stelle nicht näher darauf eingehen.

### 15.1.2 Ein fehlerhaftes Programm

Um die wichtigsten Debugging-Techniken an einem echten Programm erläutern zu können, wollen wir mit einem Beispiel arbeiten. Dazu soll ein Programm *topsort.c* entwickelt werden, das eine *topologische Sortierung* implementiert. Das Programm enthält zwei Fehler, die wir mit dem Debugger aufspüren wollen. Zunächst wollen wir eine kurze Beschreibung des Programms geben.

### R 74 Topologisches Sortieren

R74

Manchmal hat man eine Menge von Elementen, auf denen eine *Teilordnung* definiert ist. Eine Teilordnung legt für einzelne Paare von Elementen deren Reihenfolge zueinander fest. Jede solche Festlegung wollen wir als *Regel* bezeichnen. Eine Teilordnung definiert also keine absolute Reihenfolge unter allen Elementen, sondern setzt immer nur Paare von Elementen in eine Beziehung zueinander.

Ein Beispiel für solche Teilordnungen sind die Teilaufgaben in einem Projektplan. Für Paare von Teilaufgaben ist zwar jeweils klar, in welcher Reihenfolge sie zu bearbeiten sind (das Kellergeschoß kommt vor dem Dachstuhl und das Mauerwerk vor dem Verputzen), aber eine strikte Gesamtreihenfolge aller Elemente ist zunächst nicht vorgegeben. Durch das *topologische Sortieren* ergibt sich eine solche Gesamtreihenfolge in der Weise, daß eine Ordnung der Elemente gefunden wird, bei der alle Regeln der Teilordnung erfüllt sind.

**Der Algorithmus zum topologischen Sortieren**

Beim topologischen Sortieren wird zunächst ein Element gesucht, das auf keiner rechten Seite einer Regel vorkommt. Ein solches Element hat keine Vorgänger und kann daher als erstes Element der Gesamtreihenfolge verwendet werden. Nun wird dieses Element aus der Liste der Elemente entfernt und alle Regeln, in denen dieses Element auf der linken Seite auftaucht, werden ebenfalls entfernt.

Aus der Liste der verbleibenden Elemente wird nun das nächste Element gesucht, das auf keiner rechten Seite auftaucht und wird an zweiter Stelle in die Gesamtordnung eingefügt. Auch dieses Element wird einschließlich aller Regeln, in denen es verwendet wird, aus der Element- und Regelliste entfernt. Das geht nun solange weiter, bis alle Elemente ausgegeben und entfernt sind. Das Ergebnis ist eine Liste aller Elemente in einer zu den Regeln verträglichen Reihenfolge.

Programme zum topologischen Sortieren findet man in den meisten Einführungsbüchern zum Thema *Algorithmen und Datenstrukturen* (beispielsweise in N. Wirth's gleichnamigen Werk). Üblicherweise werden sie mit Hilfe von linearen Listen realisiert, um möglichst performant und flexibel mit variabel großen Datenbeständen umgehen zu können. Wir wollen hier einen einfacheren, statischen Ansatz verfolgen, beim dem an Stelle der linearen Listen Arrays fester Größe verwendet werden. Das liefert uns ein nicht-triviales Programm, an dem wir einige wichtige Debugging-Techniken vorstellen können.

**Das Programm topsort.c**

Unser Programm *topsort.c* liest die Regeln der Teilordnung aus einer Datei ein. Wir wollen uns dabei mit einem imaginären Projekt »KaffeeKochen« beschäftigen und verwenden dazu die folgende Datei *topsort.txt*:

```
KaffeeBohnenMahlen        < KaffeePulverEinfuellen
WasserEinfuellen          < KaffeemaschineAnschalten
FilterEinlegen            < KaffeemaschineAnschalten
KaffeeInTasseFuellen      < KaffeeTrinken
ZuckerInTasseFuellen      < Umruehren
KaffeeFertigGekocht       < KaffeeInTasseFuellen
ZuckerInTasseFuellen      < KaffeeTrinken
KaffeeBohnenKaufen        < KaffeeBohnenMahlen
KaffeePulverEinfuellen    < KaffeemaschineAnschalten
Umruehren                 < KaffeeTrinken
KaffeeInTasseFuellen      < Umruehren
KaffeemaschineAnschalten  < KaffeeFertigGekocht
Pusten                    < KaffeeTrinken
KaffeeInTasseFuellen      < Pusten
ZuckerKaufen              < ZuckerInTasseFuellen
KaffeeTrinken             < OhDiesesAromaRufen
```

Jede Zeile enthält eine Regel, die für je zwei Elemente eine Teilordnung definiert. So folgt beispielsweise die Teilaufgabe *KaffeeBohnenMahlen* vor der Teilaufgabe *KaffeePulverEinfuellen* und die Teilaufgabe *WasserEinfuellen* vor der Teilaufgabe *KaffeemaschineAnschalten*. Das Programm hat nun die Aufgabe, eine topologische Sortierung dieser Regeln vorzunehmen und die einzelnen Aktivitäten in einer verträglichen Reihenfolge auszugeben.

Die erste Version des Programmes *topsort.c* sieht so aus (auf der CD-ROM ist *topsort1.c* die fehlerhafte Version und *topsort2.c* die korrigierte):

```
/*
 * File........: topsort1.c
 * Created.....: 98/02/27, Guido Krueger
 * Changed.....: --
 * Purpose.....: Simple topological sorting using a
 *               non-dynamic data structure
 * StdInput....: Activity1 < Activity2
 *               Activity3 < Activity4
 *               ...
 */
#include <stdio.h>

#define MAXACTIVITYLEN 30
#define MAXRULES       50
#define MAXACTIVITIES  (2 * MAXRULES)

struct {
  char name[MAXACTIVITYLEN + 1];
  int used;
} activities[MAXACTIVITIES];

struct {
  char rule[2][MAXACTIVITYLEN + 1];
  int  used;
} rules[MAXRULES];

int activitycnt = 0;
int rulecnt = 0;

void ReadInput(const char *fname)
{
  char rule[2][MAXACTIVITYLEN + 1];
  int  i, j;
  int  found;
  FILE *f1;
```

```

  if ((f1 = fopen(fname,"rt")) == NULL) {
    fprintf(stderr, "Kann %s nicht oeffnen\n", fname);
    exit(1);
  }
  while (fscanf(f1, "%30s < %30s\n",
                    rule[0], rule[1]) == 2) {
    if (rulecnt > MAXRULES) {
      //Aktivitaeten einfuegen
      for (i = 0; i < 2; ++i) {
        found = -1;
        for (j = 0; j < activitycnt; ++j) {
          if (strcmp(rule[i],
                     activities[j].name) == 0) {
            found = j;
            break;
          }
        }
        if (found == -1) {
          strcpy(activities[activitycnt].name, rule[i]);
          activities[activitycnt].used = 0;
          ++activitycnt;
        }
      }
      //Regel einfuegen
      strcpy(rules[rulecnt].rule[0], rule[0]);
      strcpy(rules[rulecnt].rule[1], rule[1]);
      rules[rulecnt].used = 0;
      ++rulecnt;
    }
  }
  fclose(f1);
}

void PrintTopSort()
{
  int i, j;
  int found, predfound;

  printf("Topologische Sortierung\n");
  printf("----------------------\n");
  do {
    found = -1;
    //Unbenutzte Aktitivitaet suchen, die auf keiner
```

```
    //rechten Seite einer Regel verwendet wird
    for (i = 0; i < activitycnt; ++i) {
      if (!activities[i].used) {
        predfound = -1;
        for (j = 0; j < rulecnt; ++j) {
          if (!rules[j].used) {
            if (strcmp(rules[j].rule[1],
                       activities[i].name) == 0) {
              predfound = j;
              break;
            }
          }
        }
        if (predfound == -1) {
          //Aktivitaet aus der Liste und allen
          //Regeln, die sie verwenden, streichen
          activities[i].used = 1;
          for (j = 0; j < rulecnt; ++j) {
            if (!rules[j].used) {
              if (strcmp(rules[j].rule[0],
                  activities[i].name) == 0) {
                rules[j].used = 1;
              }
            }
          }
          //Aktivitaet ausgeben
          printf("%s\n", activities[i].name);
        }
      }
    }
  } while (found != -1);
}

void main(int argc, char **argv)
{
  ReadInput(argv[1]);
  PrintTopSort();
}
```

Das Programm besteht im wesentlichen aus den beiden Funktionen *ReadInput* und *PrintTopSort*. *ReadInput* hat die Aufgabe, die Regeln aus der angegebenen Datei zu lesen und damit die Arrays *activities* und *rules* zu füllen. Das Array *rules* enthält für jede gefundene Regel einen Eintrag. Die linke Seite der Regel wird in dem Zeichenpuffer *rule[0]* und die rechte Seite in *rule[1]* gespeichert. Die Variable *used* merkt sich später, ob das Array-Element bereits verwendet wurde. Die Funktion *PrintTopSort* führt in einer Schleife die folgenden Aktionen durch:

- Suchen der nächsten unbenutzten Aktivität, die auf keiner rechten Seite einer Regel vorkommt.
- Entfernen der Aktivität und aller Regeln, in denen sie vorkommt.
- Ausgeben der gefundenen Aktivität.

Die Schleife wird beendet, wenn alle Aktivitäten abgearbeitet sind. Läßt man das Programm durch Aufruf des Kommandos »topsort topsort.txt« laufen, so ergibt sich folgende Ausgabe:

```
Topologische Sortierung
-----------------------
```

Dabei handelt es sich natürlich nicht um das Ergebnis, das wir uns vorgestellt haben, denn es werden ja überhaupt keine Aktivitäten ausgegeben. Wir wollen uns nun eine Sitzung mit dem Debugger ansehen, um die beiden Fehler aufzuspüren und zu beseitigen.

### 15.1.3 Vorbereiten des Programmes zum Debuggen

Um ein Programm mit *gdb* debuggen zu können, muß es mit der Option -*g* übersetzt werden. Diese weist den Compiler an, *symbolische Informationen* über Funktionen, Variablen, den Sourcecode usw. in die Ausgabedatei zu übernehmen. Diese Daten werden benötigt, um Variablen inspizieren zu können, das Programm an einer ganz bestimmten Stelle anhalten zu lassen oder im Einzelschrittmodus fortfahren zu können.

Ohne Debug-Informationen wird *topsort.c* so übersetzt:

```
gcc -o topsort.exe topsort.c
```

Um das Programm im Debugger laufen zu lassen, muß es mit folgendem Kommando übersetzt werden:

```
gcc -g -o topsort.exe topsort.c
```

Der Compiler erzeugt nun eine Datei *topsort.exe*, die ebenso lauffähig ist wie die ohne *-g* erzeugte Variante. Zusätzlich enthält sie die symbolischen Informationen, die es ermöglichen, das Programm unter Kontrolle des Debuggers laufen zu lassen. Da diese Debug-Informationen ein Programm vergrößern und verlangsamen, sollte die Produktionsversion ohne die Option *-g* übersetzt werden. Weiterhin gilt, daß die Debug-Version eines Programmes nicht mit aktiviertem Optimizer übersetzt werden sollte (Schalter -O nicht verwenden). Der Optimizer könnte Code umstellen oder verändern und so ein Debugging erschweren oder ganz unmöglich machen.

*gdb* kennt eine Reihe von Kommandozeilenschaltern, die beim Aufruf angegeben werden können. Tabelle 15.1 listet einige von ihnen auf:

**Kommandozeilenschalter**

| Kommandozeilenschalter | Bedeutung |
|---|---|
| --help | Hilfe ausgeben |
| --quiet | Versionshinweise beim Starten nicht ausgeben |
| --directory=*dir* | Quelldateien werden im Verzeichnis *dir* gesucht |
| --cd=*dir* | Arbeitsverzeichnis des Programms ist *dir* |
| --nx | Konfigurationsdatei *.gdbinit* nicht lesen |

**Tabelle 15.1: Einige Kommandozeilenschalter von gdb**

## 15.2 Eine Beispielsitzung im Debugger

Nachdem eine Debug-Version übersetzt und gelinkt wurde, kann das Programm unter der Kontrolle des Debuggers mit folgendem Kommando gestartet werden:

```
gdb topsort.exe
```

Der Debugger meldet sich mit seiner Eingabeaufforderung und ist bereit, Kommandos entgegenzunehmen:

```
GDB is free software and you are welcome to distribute
copies of it under certain conditions; type "show copying"
to see the conditions. There is absolutely no warranty
for GDB; type "show warranty" for details. GDB 4.16
(go32), Copyright 1996 Free Software Foundation, Inc...
(gdb)
```

Die Eingabeaufforderung von *gdb* ist der String »(gdb)« am Anfang der Zeile. Im folgenden werden sowohl die eigenen Kommandos als auch die Ausgaben von *gdb* angegeben. Zur besseren Unterscheidung werden die vom Entwickler eingegebenen Kommandos fett gedruckt.

### 15.2.1 Breakpoints

Das Programm ist nun geladen, aber noch nicht gestartet. Da es überhaupt keine Aktivitäten ausgibt, vermuten wir einen Fehler beim Einlesen und setzen einen *Breakpoint* auf die Funktion *ReadInput*:

```
(gdb) br ReadInput
Breakpoint 1 at 0x157f: file topsort.c, line 37.
```

Ein *Breakpoint* dient dazu, das Programm an einer bestimmten Stelle im Programm anhalten zu lassen und die Kontrolle an den Debugger zu übergeben. Breakpoints können durch Angabe der Zeilennummer oder durch

Angabe eines Funktionsnamens gesetzt werden. Wir haben den Breakpoint auf die erste Anweisung der Funktion *ReadInput* gesetzt.

### 15.2.2 Kommandos und Abkürzungen

Der Kommandoname »br« war die Abkürzung von »break«, dem eigentlichen Namen des Breakpoint-Kommandos. Kommandonamen dürfen in *gdb* soweit abgekürzt werden, wie sie eindeutig von anderen Namen zu unterscheiden sind. Zu manchen Kommandos gibt es auch einbuchstabige Abkürzungen. Ähnlich wie in Emacs können Kommandos und Bezeichner im Programm durch Drücken der TAB-Taste oder mit ESC ? komplettiert werden. Das obige Kommando hätte also auch als »br R«, gefolgt von TAB, eingegeben werden können. Viele Kommandos können durch einfaches Drücken der ENTER-Taste wiederholt werden.

### 15.2.3 Starten des Programmes

Um das Programm im Debugger zu starten, ist das Kommando »run« aufzurufen. Optional können dabei die Kommandozeilenargumente angegeben werden, die beim Start an das Programm übergeben werden sollen. Wir starten das Programm mit dem Argument »topsort.txt«:

```
(gdb) r topsort.txt
Starting program: topsort.exe topsort.txt

Breakpoint 1, ReadInput (fname=0x53080 "topsort.txt")
    at topsort.c:37
37        if ((f1 = fopen(fname,"rt")) == NULL) {
```

Das Programm wird nun ausgeführt, bis es auf den Breakpoint am Anfang der Funktion *ReadInput* trifft. *gdb* hält das Programm an, übernimmt die Kontrolle, zeigt die Funktionsargumente und gibt an, in welcher Datei und Zeile das Programm unterbrochen wurde. Zusätzlich wird die nächste auszuführende Zeile im Quelltext ausgegeben.

### 15.2.4 Einzelschrittbearbeitung

Um den weiteren Verlauf des Programmes zu untersuchen, wollen wir es im *Einzelschrittmodus* fortführen. Dazu gibt es die beiden Kommandos *step* und *next*, die mit *s* und *n* abgekürzt werden können. Mit dem Kommando *next* wird die nächste Zeile vollständig ausgeführt, und der Debugger wartet vor der übernächsten Zeile. Das Kommando *step* unterscheidet sich von *next*, wenn die auszuführende Zeile im Quelltext einen Funktionsaufruf enthält. Ist dies der Fall, springt *step* in die Funktion hinein, während *next* die Funktion als Ganzes abarbeiten würde.

```
(gdb) n
42                          rule[0], rule[1]) == 2) {
```

Das Programm hat die Verzweigung übersprungen, die Datei konnte also geöffnet werden. Wir wollen uns ansehen, ob die Funktion *fscanf* die Werte erwartungsgemäß einliest:

```
(gdb) n
43              if (rulecnt > MAXRULES) {
```

### 15.2.5 Variablen ansehen

Das Programm ist in die *while*-Schleife eingetreten, also konnte *fscanf* 2 Werte einlesen. Nun müßte in *rule[0]* und *rule[1]* die erste Regel der Datei *topsort.txt* stehen:

```
(gdb) x /s rule[0]
0x4f9c8 <end+262108>:     "KaffeeBohnenMahlen"
(gdb) x /s rule[1]
0x4f9e7 <end+262139>:     "KaffeePulverEinfuellen"
```

Das Kommando *x* dient dazu, den Wert an einer bestimmten Speicheradresse auszugeben. Als Argument wird eine optionale Formatanweisung (»/s« bezeichnet einen String) und die Adresse oder der Name der Variablen angegeben. Alternativ hätten die beiden Variablen auch mit dem Kommando *p* (*print*) ausgegeben werden können. *p* ist in der Lage, auch komplexe Ausdrücke auszuwerten und kann sogar Funktionen aufrufen. Weitere Informationen über die Kommandos zur Datenausgabe und -manipulation kann man sich mit »help data« geben lassen.

Die Eingabevariablen *rule[0]* und *rule[1]* enthalten also die erwarteten Werte. Wir wollen mit dem Programm fortfahren, um die weitere Verarbeitung der Werte zu untersuchen:

```
(gdb) n
66          }
```

### 15.2.6 Quelltext ausgeben

Das Programm ist überraschenderweise nicht in die Verzweigung gesprungen, sondern hinter ihr Ende. Mit dem Kommando *list* können wir uns den Quelltext in der Umgebung der aktuellen Haltestelle ausgeben lassen:

```
(gdb) list
61                  strcpy(rules[rulecnt].rule[0], rule[0]);
62                  strcpy(rules[rulecnt].rule[1], rule[1]);
63                  rules[rulecnt].used = 0;
64                  ++rulecnt;
65              }
66          }
67          fclose(f1);
```

```
68          }
69
70          void PrintTopSort()
```

In der Tat stehen wir hinter der Verzweigung, und das läßt nur den Schluß zu, daß der Testausdruck in Zeile 43 *false* ergeben hat. Damit haben wir auch schon den ersten Fehler gefunden, denn der Ausdruck

```
rulecnt > MAXRULES
```

ist natürlich immer *false*:

```
(gdb) p rulecnt > 50
$14 = 0
```

### 15.2.7 Beenden von gdb

Tatsächlich sollte hier eigentlich der Operator < stehen, um dafür zu sorgen, daß die Kapazität der beiden Arrays beim Einlesen nicht überschritten wird. Wir verlassen also den Debugger mit dem *quit*-Kommando:

```
(gdb) quit
The program is running. Quit anyway (and kill it)? (y or n) y
66          }
```

Jetzt korrigieren wir den Fehler, übersetzen das Programm erneut und starten es direkt von der Kommandozeile. Die Ausgabe ist:

```
Topologische Sortierung
-----------------------
WasserEinfuellen
FilterEinlegen
KaffeeBohnenKaufen
ZuckerKaufen
```

Das ist zwar besser als zuvor, aber offensichtlich immer noch nicht korrekt. Wir starten das Programm also erneut im Debugger und setzen einen Breakpoint auf die Funktion *PrintTopSort*, in der wir einen weiteren Fehler vermuten:

```
GDB is free software and you are welcome to distribute
copies of it under certain conditions; type "show copying"
to see the conditions. There is absolutely no warranty
for GDB; type "show warranty" for details. GDB 4.16
(go32), Copyright 1996 Free Software Foundation, Inc...
(gdb) b PrintTopSort
Breakpoint 1 at 0x17a2: file topsort.c, line 75.
(gdb) r topsort.txt
```

```
Starting program: topsort.exe topsort.txt

Breakpoint 1, PrintTopSort () at topsort.c:75
75        printf("Topologische Sortierung\n");
```

Einige Einzelschritte führen uns an den Anfang der nächsten Schleife. Dort wird nach einer unbenutzten Aktivität gesucht, die auf keiner rechten Seite einer Regel auftritt:

```
(gdb) n 3
Topologische Sortierung
-----------------------
81              for (i = 0; i < activitycnt; ++i) {
```

An dieser Eingabe ist zweierlei bemerkenswert. Erstens gibt es einige Kommandos (insbesondere *step* und *next*), die ein numerisches Argument akzeptieren, um das Kommando wiederholt ausführen zu lassen. Zweitens kann man sehen, daß die Standardausgabe des Programmes in den Debugger umgeleitet wird. Die beiden ersten Zeilen nach der Kommandoeingabe stammen von den beiden korrespondierenden *printf*-Funktionen im Quelltext.

### 15.2.8 Top-Down-Debugging

Beim Debuggen empfiehlt es sich, in *Top-Down-Manier* vorzugehen. Dabei wird das Programm zunächst in wenige große Funktionsblöcke unterteilt und diese jeweils am Stück getestet. Wenn sich einer von ihnen als fehlerhaft herausgestellt hat, wird er in kleinere Einheiten unterteilt, die wiederum unabhängig voneinander getestet werden. So kann man sich sehr viel schneller an das Problem herantasten, als wenn man von Anfang an in Einzelschritten durch das komplette Programm läuft.

Für unser Problem bedeutet dies nun, daß wir zunächst wissen wollen, ob das Suchen einer unbenutzen Aktivität korrekt funktioniert. Das Programm soll also zunächst bis Zeile 93 laufen, um herauszufinden, ob die Variable *predfound* einen Wert ungleich -1 angenommen hat. Wir plazieren also einen Breakpoint in Zeile 93 und setzen das Programm mit dem *cont*-Kommando fort:

```
(gdb) b 93
Breakpoint 2 at 0x1888: file topsort.c, line 93.
(gdb) cont
Continuing.

Breakpoint 2, PrintTopSort () at topsort.c:93
93                      if (predfound == -1) {
```

Der Inhalt von *predfound* ist 7, das entspricht der Regel »KaffeeBohnen-Kaufen > KaffeeBohnenMahlen«, bei der in der Tat die gerade untersuchte Aktivität auf der rechten Seite steht:

```
(gdb) p predfound
$1 = 7
(gdb) p rules[7]
$9 = {rule = {"KaffeeBohnenKaufen",
    '\000' <repeats 12 times>,
    "KaffeeBohnenMahlen",
    '\000' <repeats 12 times>}, used = 0}
(gdb) p activities[i]
$10 = {name = "KaffeeBohnenMahlen",
    '\000' <repeats 12 times>, used = 0}
```

Diese Aktivität ist also nicht als Kandidat zur Ausgabe geeignet. Wir führen nun einen Einzelschritt aus, um sicher zu gehen, daß das Programm die nachfolgenden Anweisungen überspringt und das nächste Element des Arrays *activities* untersucht:

```
(gdb) n
81              for (i = 0; i < activitycnt; ++i) {
```

Dies ist tatsächlich der Fall und wir können das Programm fortsetzen:

```
(gdb) cont
Continuing.

Breakpoint 2, PrintTopSort () at topsort.c:93
93                      if (predfound == -1) {
(gdb) p predfound
$11 = 0
```

### 15.2.9 Löschen eines Breakpoints

Auch bei dieser Aktivität wurde wieder eine Regel gefunden, in der die Aktivität auf der rechten Seite enthalten ist. Wir werden langsam sicherer, daß dieser Teil des Programmes korrekt arbeitet. Interessanter scheint es jetzt, eine Aktivität zu untersuchen, die nicht auf der rechten Seite einer Regel enthalten ist. Dazu löschen wir mit dem Kommando *clear* den Breakpoint in Zeile 93 und setzen einen neuen in Zeile 94:

```
(gdb) clear 93
Deleted breakpoint 2
(gdb) br 94
Breakpoint 3 at 0x1892: file topsort.c, line 94.
(gdb) cont
```

```
Continuing.

Breakpoint 3, PrintTopSort () at topsort.c:96
96                          activities[i].used = 1;
```

Da in Zeile 94 und 95 Kommentare stehen, hält der Debugger das Programm in Zeile 96 an. Wir sehen uns die Aktivitätenliste an:

```
(gdb) x /s activities[i].name
0xebc8 <activities+72>:    "WasserEinfuellen"
```

Nach einem Blick auf die Regelbasis können wir feststellen, daß es tatsächlich keine Regel gibt, bei der die Aktivität »WasserEinfuellen« auf der rechten Seite erscheint. Bis zu diesem Punkt verhält das Programm sich also korrekt.

### 15.2.10 Das until-Kommando

Wir wollen uns nun ansehen, welche der Regeln als ungültig markiert werden. Um das Programm in Zeile 101 anhalten zu lassen, werden wir diesmal aber keinen weiteren Breakpoint in Zeile 101 setzen, sondern den Programmablauf einfach mit dem *until*-Kommando bis zu dieser Zeile fortsetzen und uns dann ansehen, welche Regel markiert wird:

```
(gdb) until 101
PrintTopSort () at topsort.c:100
100                                         rules[j].used = 1;
(gdb) x /s rules[j].rule[0]
0xde74 <rules+68>:         "WasserEinfuellen"
```

Das Programm verhält sich immer noch korrekt und hat die erste Regel, die auf der linken Seite eine Aktivität »WasserEinfuellen« hat, als ungültig markiert. Da es keine weiteren derartigen Regeln gibt, setzen wir das Programm bis zur Ausgabeanweisung fort:

```
(gdb) until 106
PrintTopSort () at topsort.c:106
106                         printf("%s\n", activities[i].name);
(gdb) n
WasserEinfuellen
81                for (i = 0; i < activitycnt; ++i) {
```

Nun sollte das Programm eigentlich die innere Schleife verlassen und mit einem weiteren Durchlauf der äußeren Schleife die nächste unbenutzte Aktivität suchen, die nicht auf der rechten Seite einer noch unmarkierten Regel auftaucht. Statt dessen finden wir uns in Zeile 81 am Anfang der inneren Schleife wieder, und genau hier liegt das Problem. Es fehlt sowohl die Zuweisung eines Wertes ungleich -1 an die Variable *found* als auch das *break*-Kommando zum Verlassen der inneren Schleife. Beide Anweisungen gehören unmittelbar hinter den Aufruf von *printf* in Zeile 106.

### 15.2.11 Die fehlerfreie Programmversion

Wir verlassen den Debugger, ergänzen das Programm um die fehlenden Anweisungen und starten es von der Kommandozeile. Die Ausgabe ist nun:

```
Topologische Sortierung
-----------------------
WasserEinfuellen
FilterEinlegen
KaffeeBohnenKaufen
KaffeeBohnenMahlen
KaffeePulverEinfuellen
KaffeemaschineAnschalten
KaffeeFertigGekocht
KaffeeInTasseFuellen
Pusten
ZuckerKaufen
ZuckerInTasseFuellen
Umruehren
KaffeeTrinken
OhDiesesAromaRufen
```

Das mag zwar nicht die aus menschlicher Sicht sinnvollste Reihenfolge sein (wozu Pusten, wenn man danach erst noch Zucker kaufen muß), aber sie verhält sich konform der vorgegebenen Regeln und das Programm erfüllt die gewünschten Anforderungen. Nachfolgend sehen Sie die korrigierte Version des Programmes. Die Zeilen, in denen Änderungen vorgenommen wurden, sind fett gedruckt:

```
/*
 * File........: topsort2.c
 * Created.....: 98/02/27, Guido Krueger
 * Changed.....: --
 * Purpose.....: Simple topological sorting using a
 *               non-dynamic data structure
 * StdInput....: Activity1 < Activity2
 *               Activity3 < Activity4
 *               ...
 */
#include <stdio.h>

#define MAXACTIVITYLEN 30
```

```
#define MAXRULES        50
#define MAXACTIVITIES  (2 * MAXRULES)

struct {
  char name[MAXACTIVITYLEN + 1];
  int used;
} activities[MAXACTIVITIES];

struct {
  char rule[2][MAXACTIVITYLEN + 1];
  int  used;
} rules[MAXRULES];

int activitycnt = 0;
int rulecnt = 0;

void ReadInput(const char *fname)
{
  char rule[2][MAXACTIVITYLEN + 1];
  int  i, j;
  int  found;
  FILE *f1;

  if ((f1 = fopen(fname,"rt")) == NULL) {
    fprintf(stderr, "Kann %s nicht oeffnen\n", fname);
    exit(1);
  }
  while (fscanf(f1, "%30s < %30s\n",
                    rule[0], rule[1]) == 2) {
    if (rulecnt < MAXRULES) {
      //Aktivitaeten einfuegen
      for (i = 0; i < 2; ++i) {
        found = -1;
        for (j = 0; j < activitycnt; ++j) {
          if (strcmp(rule[i],
                     activities[j].name) == 0) {
            found = j;
            break;
          }
        }
        if (found == -1) {
          strcpy(activities[activitycnt].name, rule[i]);
          activities[activitycnt].used = 0;
          ++activitycnt;
```

```
      }
    }
    //Regel einfuegen
    strcpy(rules[rulecnt].rule[0], rule[0]);
    strcpy(rules[rulecnt].rule[1], rule[1]);
    rules[rulecnt].used = 0;
    ++rulecnt;
   }
  }
  fclose(f1);
}

void PrintTopSort()
{
  int i, j;
  int found, predfound;

  printf("Topologische Sortierung\n");
  printf("-----------------------\n");
  do {
    found = -1;
    //Unbenutzte Aktitivitaet suchen, die auf keiner
    //rechten Seite einer Regel verwendet wird
    for (i = 0; i < activitycnt; ++i) {
      if (!activities[i].used) {
        predfound = -1;
        for (j = 0; j < rulecnt; ++j) {
          if (!rules[j].used) {
            if (strcmp(rules[j].rule[1],
                       activities[i].name) == 0) {
              predfound = j;
              break;
            }
          }
        }
        if (predfound == -1) {
          //Aktivitaet aus der Liste und allen
          //Regeln, die sie verwenden, streichen
          activities[i].used = 1;
          for (j = 0; j < rulecnt; ++j) {
            if (!rules[j].used) {
              if (strcmp(rules[j].rule[0],
                  activities[i].name) == 0) {
                 rules[j].used = 1;
```

```
              }
            }
          }
          //Aktivitaet ausgeben
          printf("%s\n", activities[i].name);
          found = i;
          break;
        }
      }
    }
  } while (found != -1);
}

void main(int argc, char **argv)
{
  ReadInput(argv[1]);
  PrintTopSort();
}
```

## 15.3 Kommandozusammenfassung

### R 75 Kommandos von gdb

R75

Wir haben in diesem Abschnitt nur die grundlegenden Eigenschaften von *gdb* besprochen und die Kommandos auch nur in ihren elementaren Varianten vorgestellt. Darüber hinaus bietet *gdb* eine große Zahl an zusätzlichen Kommandos, Kommandovarianten und Konfigurationsmöglichkeiten, die hier aus Platzgründen nicht untergebracht werden können. Der Debugger selbst bietet über das Kommando *help* Hilfetexte zu allen wichtigen Funktionen, weitere Informationen finden sich in der Infodatei zu *gdb*. Tabelle 15.2 faßt die wichtigsten Kommandos von *gdb* noch einmal zusammen.

| Kommando | Bedeutung |
|---|---|
| b[reak] | Setzen eines Breakpoints in eine Zeile oder an den Anfang einer Funktion |
| watch | Setzen eines Watchpoints, also einer Programmunterbrechung, die eintritt, wenn der als Argument übergebene Ausdruck seinen Wert ändert |
| clear | Löschen eines Breakpoints |
| r[un] | Starten des Programmes |
| c[ont] | Fortfahren nach Programmunterbrechung |
| u[ntil] | Fortfahren bis zu einer bestimmten Zeile |

**Tabelle 15.2: Die wichtigsten Kommandos von gdb**

| Kommando | Bedeutung |
|---|---|
| s[tep] | Einzelschritt ausführen (bei einem Funktionsaufruf in die Funktion hineinspringen) |
| n[ext] | Einzelschritt ausführen (bei einem Funktionsaufruf die Funktion überspringen) |
| finish | Bis zum Ende der Funktion fortfahren |
| x | Ansehen einer Variablen |
| p[rint] | Auswerten eines Ausdrucks (der Ausdruck darf auch Nebeneffekte enthalten) |
| set | Den Wert einer Variablen ändern (Syntax: *set var = exp*) |
| backtrace | Stackframe ansehen |
| l[ist] | Quelltext ansehen |
| shell | Ausführen des als Argument angegebenen externen Kommandos |
| q[uit] | Beenden des Programmes und Verlassen des Debuggers |

**Tabelle 15.2: Die wichtigsten Kommandos von gdb**

## 15.4 Weitere Werkzeuge zur Programmanalyse

### 15.4.1 gprof

In großen Projekten oder bei komplizierten Programmen ist die Ausführungsgeschwindigkeit einer Anwendung oft von vielen verschiedenen Faktoren abhängig und wird vom Code unterschiedlicher Programmierer beeinflußt. Es ist insbesondere schwierig festzustellen, warum ein Programm zu langsam läuft und wo die von ihm beanspruchte Rechenzeit verbraucht wird.

In diesem Fall kann ein *Profiler* weiterhelfen. Ein Profiler ist ein Werkzeug, das eine Laufzeitanalyse des erstellten Programms vornimmt und aufzeigt, in welchen Funktionen welcher Anteil an Rechenzeit verbraucht wurde. Der Standardprofiler für GNU-C ist *gprof*. Als Bestandteil von GNU-C ist er auf der beigefügten CD-ROM enthalten und kann ohne zusätzliche Installation aufgerufen werden.

Soll das Laufzeitverhalten eines Programmes mit *gprof* analysiert werden, so ist dazu in folgenden Schritten vorzugehen:

- Zunächst ist eine fehlerfreie Version des zu testenden Programmes zu erstellen und mit dem Compilerschalter *-pg* zu übersetzen (Beispiel: *gcc -pg slowmult.c*). Unter GNU ist weiterhin wichtig, daß die vom Compiler erzeugte Ausgabedatei *a.out* für die Analyse zur Verfügung steht. Das Programm sollte also ohne Option *-o* gelinkt werden.
- Nun ist das Programm zu starten, und alle kritischen Programmteile sollten aufgerufen werden. Durch den Schalter *-pg* wird das Laufzeitverhalten gemessen und die Profiling-Informationen werden nach Programmende in die Datei *gmon.out* geschrieben.

- Wenn das Programm beendet ist, kann *gprof* zur Auswertung von *gmon.out* aufgerufen werden. Die auf die Standardausgabe ausgegebenen Ergebnisse sollten zur besseren Auswertung in eine Datei umgeleitet werden.

Die Ausgabe von *gprof* besteht aus zwei Teilen. Im ersten Teil werden alle Funktionen mit der von ihnen verbrauchten Rechenzeit und der Anzahl ihrer Aufrufe nach Rechenzeit sortiert ausgegeben. Der zweite Teil gliedert die Funktionsaufrufe nach ihrer Aufrufbeziehung und zeigt insbesondere die Verteilung der Rechenzeit einer Funktion auf die von ihr aufgerufenen Unterfunktionen. Die Ausgabe von *gprof* enthält zusätzlich erläuternde Bemerkungen, in denen die Bedeutung der einzelnen Parameter genauer beschrieben wird.

### 15.4.2 lint

*lint* ist ein Werkzeug zur *statischen Programmanalyse*. Im Gegensatz zum Debugger und Profiler arbeitet es nicht mit dem laufenden Programm, sondern untersucht die Quelltexte des zu analysierenden Programmes. *lint* wurde zu einer Zeit entwickelt, als es die ANSI-Norm für C noch nicht gab. Zu dieser Zeit waren die meisten C-Compiler nicht in der Lage, Typüberprüfungen für Funktionsaufrufe durchzuführen, und durch falsche Typisierungen konnten sehr leicht schwer zu findende Fehler entstehen. Aus dieser Situation heraus wurde *lint* mit dem Anspruch entwickelt, Quelltextprüfungen zur Verfügung zu stellen, die der Compiler nicht liefern konnte. Weiterhin sollte *lint* Warnungen ausgeben, wenn Teile des Quelltextes bei einer Portierung auf andere Systeme möglicherweise potentiell Probleme verursachen könnten.

**Prüfungen von lint**

*lint* wird auf einem syntaktisch korrekten C-Quelltext aufgerufen und führt darauf eine Vielzahl von Prüfungen aus. Einige von ihnen sind:

- Sind die Parameter einer Funktion deklariert? Sind sie korrekt deklariert? Wird die Funktion korrekt aufgerufen? Spielt die Auswertungsreihenfolge eine Rolle?
- Werden die Library-Funktionen korrekt aufgerufen?
- Ist der Rückgabewert einer Funktion deklariert? Wird er korrekt verwendet?
- Werden typische Compiler-Limits überschritten (Länge von Bezeichnern, Schachtelungstiefe von Blöcken, Anzahl der Elemente in Strukturen, Schachtelung von Include-Dateien)?
- Gibt es unerreichbare Kontrollstrukturen? Gibt es Schleifen, die nicht verlassen werden können? Ist der Rumpf einer Schleife kein Block? Gibt es Anweisungen, die keinen Effekt haben?

- Gibt es mehrere Ausgänge aus einer Funktion? Gibt es einen Kontrollpfad, bei dem eine Funktion ohne Rückgabewert verlassen werden kann? Werden uninitialisierte Variablen verwendet? Gibt es Kontrollpfade, bei denen ein Rückgabeparameter unbelegt bleibt? Wird eine externe Funktion nur innerhalb des Moduls verwendet?
- Wird die *break*-Anweisung in geschachtelten Schleifen verwendet? Fehlt eine *break*-Anweisung innerhalb eines *case*-Zweiges? Werden unbedingte Sprünge verwendet?
- Wird = statt == in Schleifentestausdrücken verwendet? Gibt es Zuweisungen in Testausdrücken? Gibt es Variablen, die nicht verwendet werden? Gibt es leere Blöcke? Gibt es Funktionen, die nichts tun?
- Werden geschachtelte Kommentare verwendet? Wird *printf* mit der richtigen Anzahl von Parametern aufgerufen? Sind sie korrekt typisiert?
- Gibt es externe Verweise auf lokale Variablen? Werden gefährliche Typkonvertierungen verwendet? Wird uninitialisierter Speicher benutzt? Wird lokal allozierter Speicher nicht zurückgegeben? Gibt es Memory-Leaks? Wird ein NULL-Zeiger dereferenziert?
- Können Operatoren auf Fließkommazahlen durch Darstellungs- oder Rundungsfehler gefährdet werden? Werden boolesche und ganzzahlige Werte unzulässig vermischt?

Obwohl die von *lint* ausgegebenen Meldungen keine Fehler im Sinne des Compilers sind (für ihn wären sie bestenfalls Warnungen), könnte es sein, daß sie im laufenden Programm Probleme verursachen würden. *lint* versucht, den Code auf stilistische Ungereimtheiten zu analysieren und gibt dem Entwickler Hinweise, wie er es besser machen kann.

Die Anzahl der von *lint* gefundenen Fehler ist typischerweise sehr groß. Viele Entwickler sind daher davon abgegangen, *lint* in größeren Projekten zu verwenden, denn der zur Behebung erforderliche Aufwand kann nicht geleistet werden. Dennoch kann es nicht schaden, sein Programm von Zeit zu Zeit mit *lint* zu untersuchen, oder – noch besser – so *lint*-konform zu programmieren, daß bestimmte Code-Unzulänglichkeiten gar nicht erst auftreten. Die meisten *lint*-Versionen erlauben es, einzelne Fehlerarten oder bestimmte Klassen von Fehler zu deaktiveren, um die Ausgabe übersichtlicher zu gestalten.

**LCLint**

Auf der CD-ROM zum Buch befindet sich das Programm *LCLint 2.4* von David Evans (*evs@sds.lcs.mit.edu*) in der Portierung für Windows 95. Die Homepage zum Projekt und weitere Informationen zu LCLint finden sich unter *http://www.sds.lcs.mit.edu/lclint/*, die Windows-Portierung wird auf *http://www.sds.lcs.mit.edu/lclint/win32.html* beschrieben. Auf der Homepage gibt es weitere Informationen zu LCLint, die auf der CD-ROM nicht enthalten sind. So beispielsweise Artikel des Autors, Verweise auf die Quelltexte, eine Mailingliste, Bugfixes usw.

Zur Installation ist das Programm *lclint.exe* aus dem Verzeichnis *\archiv\lclint\bin* der CD-ROM in ein Verzeichnis zu kopieren, auf das die PATH-Variable verweist. Weiterhin müssen einige Umgebungsvariablen gesetzt werden, Details stehen im Installationsverzeichnis in der Datei *win32.html*. Alternativ kann die Datei *lclinenv.bat* aufgerufen werden. Sie ist für das Installationsverzeichnis *e:\lclint-2.4* vorkonfiguriert und muß gegebenenfalls angepaßt werden.

LCLint ist eine Konsolenapplikation, die in einer DOS-Box unter Windows 95 läuft. Die einfachste Form des Aufrufs besteht darin, den Programmnamen anzugeben, gefolgt von der zu überprüfenden Datei:

```
lclint slowmult.c
```

Alternativ können auch Wildcards verwendet werden:

```
lclint *.c
```

Um die Include-Dateien des zu prüfenden Programms korrekt einzubinden, ist mit dem Schalter *-I* eine Liste der Verzeichnisse mit den einzubindenden Headerdateien anzugeben:

```
lclint -Id:\djg\include *.c
```

LCLint wird dann normalerweise eine große Anzahl von Meldungen ausgeben und auf potentielle Fehler oder Schwächen in den Quelltexten hinweisen. Mit dem Schalter *-weak* kann die Genauigkeit der Prüfungen herabgesetzt werden:

```
lclirt -weak slowmult.c
```

LCLint kennt viele Schaltern, mit denen einzelne Checks an- und ausgeschaltet und das Verhalten des Programms beeinflußt werden kann. Es lohnt sich, mit dem Programm zu experimentieren. Wir wollen an dieser Stelle nicht weiter auf Details eingehen, sondern verweisen auf die beigefügte Dokumentation.

### 15.4.3 Sonstige Hilfsmittel

Es gibt eine Reihe weiterer Werkzeuge zur Programmanalyse. Zu ihnen zählt beispielsweise *cflow* zur Darstellung der Aufrufstruktur der Funktionen in einem Programm, *cxref* zur Erzeugung einer Crossreferenzliste oder *ctrace* zur Einbettung von Ausgabeanweisungen zur Ablaufverfolgung eines Programms. Weiterhin gibt es eine Reihe von systemspezifischen Werkzeugen, die in der jeweiligen Compilerdokumentation beschrieben werden, komplexe Werkzeuge zur Berechnung von Code-Metriken oder Hilfsmittel zur Analyse des Programms unter Lastbedingungen. Wir wollen es an dieser Stelle bei einer Einführung belassen und auf die weiterführenden Werkzeuge nicht näher eingehen.

GoTo

# Projektverwaltung mit make

# 16

## Kapitelüberblick



## 16.1 make

Dieses Kapitel beschreibt die wichtigen Tools *make*, *touch* und *grep* zur Entwicklung und Wartung von C-Programmen. Während diese Hilfsprogramme früher nur auf UNIX-Systemen zu finden waren, sind sie mittlerweile Bestandteil der meisten professionellen C-Entwicklungssysteme. Während so gut wie alle Systeme über *make* verfügen, gibt es doch einige C-Compiler ohne *grep* oder *touch*. Da diese Tools jedoch sehr nützlich sind, sollte man sich eventuell die Mühe machen, sie zu beschaffen oder in Eigenregie zu entwickeln. Auf der CD-ROM zum Buch sind sie als Bestandteil von GNU-C bereits enthalten und stehen nach der Installation sofort zur Verfügung.

Die nachfolgend vorgestellten Eigenschaften beschreiben jeweils nur die wichtigsten Aspekte der Programme und sollten daher von allen Entwicklungssystemen erfüllt werden. Bei vielen Systemen gehen vor allem die Fähigkeiten von *make* wesentlich weiter als hier angegeben und erlauben weitergehende Vereinfachungen bei der Organisation des Quelltextes und der Verwaltung der Abhängigkeiten der Dateien untereinander. Es lohnt sich daher, vor der Entwicklung eines größeren Projekts die spezifischen Fähigkeiten der Tools anhand der zugehörigen Compilerdokumentation zu studieren.

### R 76 Projektverwaltung mit make

R76

*make* ist ein Programm, welches die Verwaltung von Projekten erleichtert, an denen mehr als eine Quelldatei beteiligt ist. Es wird durch eine Datei *makefile* gesteuert, in der die Abhängigkeiten zwischen den Quelldateien explizit angegeben sind. Anhand von Dateidatum und -uhrzeit kann *make* erkennen, ob eine Datei des Projekts nicht mehr aktuell ist, weil sie von anderen Dateien abhängt, die jüngeren Datums sind. Das Programm funktioniert vor allem deshalb, weil Datum und Uhrzeit einer Datei bei jeder Änderung vom Betriebssystem aktualisiert werden. Erkennt *make* eine veraltete Datei, so führt es die im *makefile* angegebenen Kommandos zur Aktualisierung der Datei aus. Dazu zählen insbesondere Compiler- und Linkeraufrufe, die dazu dienen, die ausführbaren Dateien und Objektdateien aus den Quelldateien neu zu generieren.

**Aufruf** `make [ Ziel ] { Schalter }`

### 16.1.1 Abhängigkeitsregeln

Das *makefile* besteht aus einer Anzahl von Regeln, mit denen die Abhängigkeiten der Quelldateien untereinander beschrieben werden. Jede Regel hat die Form

```
Zieldatei: Quelldatei1 Quelldatei2 ...
  Kommando1
  Kommando2
  ...
```

Durch eine solche Regel wird angegeben, daß *Zieldatei* von *Quelldatei1*, *Quelldatei2* usw. abhängt. Falls *make* feststellt, daß *Zieldatei* veraltet ist, führt es nacheinander die Kommandos *Kommando1*, *Kommando2* usw. aus.

Die Frage ist nun zunächst, *wann* eine Datei von einer anderen abhängt. Dafür gibt es eine ganz einfache Regel: eine Datei *A* hängt von einer Datei *B* genau dann ab, wenn *B* zum Erstellen von *A* benötigt wird.

Die offensichtlichsten Abhängigkeiten bestehen daher zwischen den Quelldateien eines Projekts und den aus ihnen erzeugten Objektdateien. Eine Datei *A.o* (*A.obj* unter MS-DOS) ist immer von der zugehörigen Quelldatei *A.c* abhängig, da *A.c* zum Erstellen von *A.o* benötigt wird. Um nun festzustellen, ob *A.o* aktuell ist, müssen lediglich Datum und Uhrzeit der beiden Dateien verglichen werden. Ist *A.c* jünger als *A.o*, so *muß* *A.o* inaktuell sein, da *A.c* nach dem Erstellen von *A.o* noch einmal verändert wurde. Um *A.o* auf den neuesten Stand zu bringen, muß *A.c* kompiliert werden. Um diese Zusammenhänge im *makefile* darzustellen, müßte folgende Regel aufgestellt werden:

```
A.o: A.c
  gcc -c A.c
```

Neben diesen Abhängigkeiten zwischen den Quelldateien und den aus ihnen erzeugten Objektdateien gibt es noch zwei weitere Typen von Abhängigkeiten, die in der Praxis eine wichtige Rolle spielen:

1. Die Abhängigkeit eines ausführbaren Programmes von den Objektdateien, aus denen es zusammengelinkt wird.
2. Die Abhängigkeit einer Objektdatei von den Headerdateien, die ihre eigene Quelldatei per *#include* einbindet.

Wir wollen ein etwas umfangreicheres Beispiel betrachten. Ein Projekt bestehe aus den Quelldateien *A.c*, *B.c* und *C.c* sowie aus den Headerdateien *X.h* und *Y.h*. *X.h* werde von *A.c* und *B.c* eingebunden, *Y.h* von *A.c* und *C.c*. Das fertige Programm soll den Namen *UVW* haben. Ein passendes *makefile* hätte folgendes Aussehen:

```
UVW: A.o B.o C.o
  gcc -oUVW A.o B.o C.o

A.o: A.c X.h Y.h
  gcc -c A.c

B.o: B.c X.h
  gcc -c B.c

C.o: C.c Y.h
  gcc -c C.c
```

*make* unterscheidet Regeln von Kommandos anhand der Whitespaces, die am Anfang der Zeile stehen. Bei sehr vielen *make*-Programmen – insbesondere unter UNIX – ist es unbedingt nötig, am Anfang der Kommandos einen *Tabulator* (und keine Leerzeichen) zu verwenden. Andernfalls erkennt das Programm die Zeile nicht als Kommando, sondern betrachtet sie als Regel, und bricht mit seltsamen Fehlermeldungen ab.

Wir wollen uns nun ansehen, wie dieses *makefile* beim Aufruf des Programmes *make* interpretiert würde.

### 16.1.2 Interpretation des makefile

*make* beginnt mit der Analyse der Abhängigkeiten zwischen den Dateien bei der allerersten Regel. Dabei überprüft es zunächst für alle Dateien auf der rechten Seite der Regel, ob diese selbst an anderer Stelle des *makefile* auf der *linken Seite* einer Regel verzeichnet sind. Ist dies der Fall, wird rekursiv zunächst diese Regel bearbeitet und die darin beschriebenen Abhängigkeiten werden ausgewertet. Diese Vorgehensweise setzt sich rekursiv fort, bis eine Datei *atomar* ist, d.h. nicht durch eine eigene Abhängigkeitsregel beschrieben wird.

Wenn auf diese Art alle Teilregeln für die rechte Seite ausgewertet wurden oder wenn für eine Datei auf der rechten Seite einer Regel keine eigene Regel vorhanden ist, beginnt die eigentliche Bestimmung des Aktualitätsstatus der Datei. Dabei wird überprüft, ob wenigstens eine der Dateien auf der rechten Seite der Regel jünger ist als die abhängige Datei auf der linken Seite. Ist dies der Fall, werden die in der Regel angegebenen Kommandos nacheinander ausgeführt, um die abhängige Datei zu aktualisieren.

Wir wollen uns diese Vorgehensweise anhand unseres *makefile* beispielhaft ansehen. Angenommen, alle Dateien unseres Projektes wären erstellt und aktuell. Wir führen nun eine kleine Änderung in der Quelldatei *B.c* durch und rufen *make* auf. *make* beginnt mit der Regel *UVW* und stellt fest, daß für alle Dateien auf der rechten Seite ebenfalls Regeln vorhanden sind. Bei der nun anstehenden Überprüfung der Regel *A.o* stellt *make* fest, daß keine der unabhängigen Dateien eine eigene Regel in diesem *makefile* besitzt, und daß die nachfolgende Überprüfung der Dateidaten auch keine Inaktualität von *A.o* erkennen läßt.

Im nächsten Schritt wird *B.o* ausgewertet. Hier stellt *make* fest, daß – bedingt durch die Änderung in *B.c* – die Datei *B.c* jünger ist als *B.o*. Zur Aktualisierung muß das folgende Kommando ausgeführt werden:

```
gcc -c B.c
```

Bei der dann folgenden Überprüfung der Regel *C.o* werden keine weiteren Inaktualitäten festgestellt. Nachdem alle unabhängigen Dateien von *UVW* aktualisiert wurden, fährt *make* mit der Überprüfung der Aktualität von UVW fort und stellt dabei fest, daß die Datei *B.o* jünger ist als *UVW* (denn sie wurde durch den Compileraufruf eben gerade erstellt). Zur Aktualisierung führt sie nun das folgende Kommando aus:

```
gcc -oUVW A.o B.o C.o
```

Durch dieses Kommando wird nun *UVW* durch Linken der drei Objektdateien erstellt und ist somit wieder auf dem neuesten Stand. *make* hat also die Kommandos zum Kompilieren und Linken ebenso angewendet, wie wir es getan hätten, um eine aktuelle Version des Programmes *UVW* zu erstellen.

Die Vorteile bei der Verwendung von *make* gegenüber manuellem Compiler- und Linkeraufruf liegen auf der Hand:

1. Auch bei großen Projekten behält man den Überblick, weil *make* automatisch dafür sorgt, daß geänderte Dateien automatisch übersetzt und gelinkt werden.
2. Es werden nur die Dateien kompiliert, die sich tatsächlich geändert haben. Dadurch verringern sich die Turnaround-Zeiten in größeren Projekten.
3. Das *makefile* ist eine gute Dokumentation eines Programmprojekts. Es listet alle nötigen Quellen und Headerdateien auf und beschreibt gleichzeitig die Zusammenhänge und Abhängigkeiten zwischen den Dateien.

**Anmerkung**

Ausführbare Programme sind natürlich nicht nur von ihren eigenen Quelldateien und den projektspezifischen Headerdateien abhängig. Tatsächlich hängen sie auch von allen eingebundenen Headerdateien, Objektfiles und Libraries des Entwicklungssystems ab und müßten aktualisiert werden, wenn sich eine dieser Dateien ändert. Glücklicherweise ändern sich diese Dateien in der Praxis normalerweise nicht, und es ist daher üblich, die Anhängigkeiten eines Projekts von den Standarddateien des Entwicklungssystems nicht im *makefile* festzuhalten.

### 16.1.3 Kommentare

In einem *makefile* können Kommentare durch das Doppelkreuz # eingeleitet werden. Der Rest der Zeile hinter dem Doppelkreuz wird dann ignoriert.

### 16.1.4 Implizite Regeln

Um das Aktualisieren vieler gleichartiger Typen von Dateien zu erleichtern, kann man implizite Regeln in der Form

```
.a.b:
  Kommando1
  Kommando2
  ...
```

angeben. Diese Regeln deklarieren alle *.b*-Dateien des aktuellen Verzeichnisses als abhängig von der gleichnamigen *.a*-Datei. Falls eine *.b*-Datei nicht aktuell ist, werden die angegebenen Kommandos ausgeführt.

Um innerhalb eines Kommandos auf den impliziten Dateinamen der gerade bearbeiteten Datei zuzugreifen, kann man das vordefinierte Makros $* (s.u.) verwenden. Eine typische Regel für alle Objektdateien könnte beispielsweise wie folgt definiert werden:

```
.c.o:
  gcc -c $*.c
```

### 16.1.5 Makros

*Makros* sind Zeichenketten, die beim Auftreten im *makefile* durch andere Zeichenketten ersetzt werden. Dabei ist zwischen *internen* und *selbstdefinierten* Makros zu unterscheiden.

**Interne Makros**

Interne Makros werden automatisch von *make* generiert und können ohne Deklaration verwendet werden. Es gibt folgende interne Makros, die sich auf die jeweils gerade abgearbeitete Regel beziehen:

| Name | Bedeutung |
|---|---|
| $* | Name der abhängigen Datei ohne Extension |
| $@ | Voller Name der abhängigen Datei |
| $** | Vollständige Liste der unabhängigen Dateien |
| $? | Die Liste der unabhängigen Dateien, die jünger sind als die abhängige Datei. |

**Tabelle 16.1: Interne Makros von make**

**Selbstdefinierte Makros**

Selbstdefinierte Makros können am Anfang des *makefile* wie folgt definiert werden:

```
NAME=TEXT
```

Um das Makro im Text zu verwenden, ist sein Name in Klammern hinter einem Dollarzeichen anzugeben:

```
$(NAME)
```

*make* ersetzt dann das Makro durch den zugeordneten Text.

### 16.1.6 Kommandozeilenschalter

In den meisten Fällen reicht es aus, *make* ohne Angabe von Schaltern oder Parametern aufzurufen. Für besondere Zwecke sind jedoch einige Optionen recht nützlich.

| Schalter | Bedeutung |
|---|---|
| -n | Das *makefile* soll die angegebenen Regeln auswerten, die erforderlichen Kommandos aber nicht ausführen, sondern nur auf dem Bildschirm auflisten. |
| -f<Datei> | Nicht *makefile*, sondern *Datei* enthält die Regeln und soll als Steuerdatei verwendet werden. |
| -d | Ausgabe zusätzlicher Informationen zu Debugging-Zwecken |
| -s | Ausgabe der Kommandonamen unterdrücken |
| -i | Fehler beim Auftreten von Kommandos sollen nicht zum Abbruch von *make* führen. |
| -k | So weit es geht fortfahren, auch wenn ein oder mehrere Dateien nicht erzeugt werden konnten. |

**Tabelle 16.2: Kommandozeilenschalter von make**

Die gesamte Wirkungsweise von make beruht auf korrekten Zeitstempeln in den Dateien. Hat eine Datei ein fehlerhaftes Änderungsdatum, so kann es zu folgenden Problemen kommen:

- Ist der Zeitstempel zu alt, wird die Datei nicht neu kompiliert, obwohl sie möglicherweise inaktuell ist.
- Ist der Zeitstempel zu neu, löst die Datei möglicherweise bei jedem *make*-Lauf einen Neuaufbau des Programmes aus, obwohl sie möglicherweise gar nicht verändert wurde.

Ungültige Zeitstempel können auf unterschiedliche Weise in das Projekt gelangen. Einerseits kann man Datum und Uhrzeit der letzten Änderung natürlich manuell verändern, es kann aber auch passieren, daß einfach nur die Systemzeit falsch eingestellt ist. Der weitaus häufigste Fall in einem Projektteam besteht darin, daß die Systemzeiten der einzelnen Projektteilnehmer nicht synchronisiert sind und dadurch Ungenauigkeiten im Sekunden- oder Minutenbereich in die Zeitstempel eingeschleppt werden.

Die auf diese Weise nach und nach entstehenden Fehler sind sehr schwer zu finden und können zu den seltsamsten Symptomen führen. Daher sollte peinlich genau auf die korrekte Synchronisierung der Systemzeit geachtet werden, wenn im Projektteam mit netzwerkweiten Abhängigkeiten gearbeitet wird.

## 16.2 touch

Das Programm *touch* hat die Aufgabe, Datum und Uhrzeit der als Parameter übergebenen Dateien auf das aktuelle Systemdatum einzustellen. Nützlich ist das Programm vor allem im Zusammenhang mit *make*, um dafür zu sorgen, daß bestimmte Dateien auf jeden Fall kompiliert werden.

So führt beispielsweise der Aufruf *touch *.c* innerhalb des Projektverzeichnisses dazu, daß das Änderungsdatum aller C-Quellen aktualisiert wird. Der nächste Aufruf von *make* würde dann alle Quellen neu übersetzen.

Aufruf

```
touch Dateiname [...]
```

Setzt Datum und Uhrzeit aller angegebenen Dateinamen auf das aktuelle Systemdatum. Normalerweise dürfen die einzelnen Dateinamen auch die Wildcards ? und * enthalten, um eine ganze Gruppe von Dateien auf einmal zu bearbeiten. Die *touch*-Implementierung von GNU-C kennt noch einige weitere Optionen, die mit dem Schalter *--help* abgefragt werden können.

## 16.3 grep

### 16.3.1 Mustersuche

*grep* dient dazu, in einer oder mehreren Dateien alle Zeilen zu finden, die einem bestimmten Suchmuster entsprechen. Alle gefundenen Zeilen werden dann nacheinander auf dem Bildschirm ausgegeben. Verglichen mit der Suchfunktion eines einfachen Editors bietet *grep* zwei Vorteile:

1. *grep* kann nicht nur *eine* Datei durchsuchen, sondern beliebig viele. So kann beispielsweise mit einem einzigen *grep*-Aufruf nach allen Vorkommen einer bestimmten globalen Variablen in allen Quelltexten eines Projekts gesucht werden.
2. Als Suchbegriffe können nicht nur einfache Textkonstanten angegebenen werden, sondern auch *reguläre Ausdrücke*. Mit diesen ist es möglich, Textstellen auch dann zu suchen, wenn sie nur teilweise bekannt sind oder leicht variieren.

Wahrscheinlich werden Sie *grep* um so mehr schätzen, je länger Sie programmieren und je größer Ihre Projekte werden. Während man ohne *grep* bei Fragen der Art »Wo wurde eigentlich das Makro *XYZ* definiert?« oder »Welche Programme rufen die Funktion *abc* auf?« in großen Projekten möglicherweise sehr viel vor sich hat, geht die Beantwortung dieser Art von Fragen mit *grep* in wenigen Sekunden vor sich und ist viel weniger fehleranfällig.

Aufruf

```
grep [ Schalter ]  Suchbegriff  { Datei }
```

Dieses Kommando durchsucht die angegebenen Dateien zeilenweise nach dem *Suchbegriff* und gibt alle passenden Zeilen auf dem Bildschirm aus. Ein Dateiname darf auch die Wildcards ? und * enthalten. Wird keine Datei angegeben, so benutzt *grep* die Standardeingabe.

Das folgende Kommando sucht das Wort "printf" in allen .Quelldateien des aktuellen Verzeichnisses und gibt alle Zeilen aus, die dieses Wort enthalten:

```
grep printf *.c
```

Das Verhalten von *grep* kann durch einige Schalter gesteuert werden:

| Schalter | Bedeutung |
|---|---|
| -c | Die passenden Zeilen werden nicht ausgegeben, sondern lediglich gezählt. Am Ende jeder Datei wird die Anzahl der Treffer ausgegeben. |
| -i | Bei der Suche wird nicht zwischen Groß- und Kleinschreibung unterschieden. |
| -l | Die passenden Zeilen werden nicht ausgegeben, sondern nur die Dateinamen, wenn mindestens eine Zeile gefunden wurde. |
| -n | Die gefundenen Zeilen werden jeweils mit vorangestellter Zeilennummer ausgegeben. |
| -v | Es werden alle Zeilen gefunden, die dem Suchbegriff *nicht* entsprechen. |
| -d | Manche Implementierungen beherrschen die Fähigkeit, rekursiv in Unterverzeichnissen zu suchen. Damit lassen sich ganze Verzeichnisbäume nach Zeichenketten in bestimmten Dateien suchen. Die GNU-Implementierung kennt diesen Schalter leider nicht. |

**Tabelle 16.3: Kommandozeilenschalter von grep**

### 16.3.2 Reguläre Ausdrücke

#### R 77 Reguläre Ausdrücke in grep

R77

Der Begriff *regulärer Ausdruck* stammt aus der theoretischen Informatik und bezeichnet Ausdrücke zur Konstruktion von Zeichenketten aus der Familie der *regulären Sprachen*. Einfach gesprochen, versteht man darunter die Möglichkeit, nicht nur nach *konstanten* Texten zu suchen, sondern auch Suchbegriffe zuzulassen, die in gewissem Umfang variable Muster enthalten. Der angegebene Suchbegriff kann dazu eine Reihe von Zeichen enthalten, die für *grep* eine besondere Bedeutung haben. Diese Zeichen sind:

| Sonderzeichen | Bedeutung |
|---|---|
| ^ | Findet den Zeilenanfang. |
| $ | Findet das Zeilenende. |
| . | Findet ein beliebiges Zeichen. |
| * | Findet 0 oder mehr Vorkommen des vorigen Zeichens. |
| + | Findet 1 oder mehr Vorkommen des vorigen Zeichens. |
| \ | Sorgt dafür, daß das nächste Zeichen nicht als Sonderzeichen interpretiert wird. |
| [abcd] | Findet eines der Zeichen *a*, *b*, *c* oder *d*. |
| [^abcd] | Findet alle Zeichen außer *a*, *b*, *c* oder *d*. |

**Tabelle 16.4: Sonderzeichen zur Konstruktion regulärer Ausdrücke**

In Tabelle 16.5 finden Sie ein paar Beispiele für die Verwendung von regulären Ausdrücken in *grep*.

| Regulärer Ausdruck | Findet... |
|---|---|
| xyz | alle Zeilen, in denen *xyz* vorkommt. |
| ^xyz | alle Zeilen, in denen *xyz* am Anfang der Zeile steht. |
| xyz$ | alle Zeilen, in denen *xyz* am Ende der Zeile steht. |
| ^$ | alle Leerzeilen. |
| af+e | alle Zeilen, in denen ein *a*, gefolgt von einem oder mehreren *f*, gefolgt von einem *e* vorkommt (z. B. *afe, affe, schlaffer, Tafel*). |
| af*e | alle Zeilen, in denen ein *a*, gefolgt von Null oder mehreren *f*, gefolgt von einem *e* vorkommt (z. B. *afe, affe, schlaffer, afffffffffffeeee*, aber auch *Maenner*). |
| [afe] | alle Zeilen, in denen ein *a*, *f* oder *e* vorkommt. |
| [^x] | alle Zeilen, in denen kein *x* vorkommt. |
| while.*1 | alle Zeilen, in denen das Wort *while* und irgendwo danach die *1* vorkommt. |
| .* | alle Zeilen |
| \..*0 | alle Zeilen, in denen ein . irgendwo links von einer 0 vorkommt. |

**Tabelle 16.5: Beispiele für die Verwendung regulärer Ausdrücke in grep**

GoTo

# Versionskontrolle mit RCS

# 17

## Überblick

## 17.1 Grundlagen und Konzepte

### 17.1.1 Einführung

Eins der verbreitetsten freien Quelltextmanagementsysteme ist RCS (Revision Control System). Es wurde vor 10 Jahren von Walter F. Tichy entworfen und in diversen Fachartikeln ausführlich diskutiert. Seither wurde RCS beständig weiterentwickelt und in einer Unzahl von Projekten eingesetzt. Es ist fester Bestandteil der FSF-Tools und sollte zu jeder GNU-Entwicklungsumgebung gehören.

Ein Quelltextmanagementsystem dient dazu, die Dateien eines Projektes zu verwalten, Änderungen an Quelltexten zu überwachen und die Arbeit mehrerer Benutzer im Team zu koordinieren. Neben RCS gibt es einige weitere bekannte Quelltextmanagementsysteme. Dazu zählen beispielsweise traditionelle Systeme wie *SCCS*, *PVCS* und *CVS* oder neuere Versionen mit grafischer Oberfläche wie *ClearCase* oder *Visual Source Safe*. Während die Bedienung dieser Werkzeuge jeweils unterschiedlich ist, sind die grundlegenden Konzepte bei allen ungefähr gleich. Hat man erst eines der Systeme verstanden, fällt der Umstieg auf ein anderes nicht schwer.

Quelltextmanagementsysteme werden auch als *Versionskontrollsysteme*, *Quelltextverwaltungssysteme* oder *Konfigurationsmanagementsysteme* bezeichnet. Die wichtigsten Eigenschaften eines Quelltextmanagementsystems sind:

- Verschiedene Versionen einer Quelldatei können unabhängig voneinander gespeichert und rekonstruiert werden. Änderungen an der aktuellen Version zerstören nicht die Vorgängerversionen.
- Das Quelltextmanagementsystem verwaltet eine komplette Historie aller Änderungen und erlaubt es, über *Versionsnummern* auf beliebig alte Stände einer Datei zurückzugreifen.
- Bei der Arbeit im Team sorgt das Quelltextmanagementsystem dafür, daß nur *ein* Entwickler zur Zeit Änderungen an einer Datei vornehmen kann. Alle anderen werden während des Zugriffs gesperrt.
- Es ist möglich, einen Baum von Änderungen zu verwalten, der sich an verschiedenen Stellen in der Historie verzweigt. Damit können unterschiedliche Versionen parallel verfolgt werden. Später können die unterschiedlichen Stände wieder zusammengemischt werden.
- Komplette Projektstände können mit einem Namen versehen werden und sind später über alle Dateien eines Projektes hinweg reproduzierbar.

In diesem Kapitel sollen die wichtigsten Konzepte von Quelltextmanagementsystemen vorgestellt und ihre Anwendung am Beispiel von RCS erläutert werden. Dabei müssen wir uns natürlich auf Grundlagen und einführende Techniken beschränken. Insbesondere bei großen Projekten mit vielen Entwicklern und unterschiedlichen Versionen, die parallel zu pflegen sind, kann das Quelltextmanagement sehr komplex werden und Techniken erfordern, die weit über die hier vorgestellten hinausgehen. Für kleinere Projekte liefern die hier behandelten Themen aber einen guten Einstieg in die Thematik und können als Grundlage für weitergehende Studien verwendet werden.

### 17.1.2 Konzepte von Quelltextmanagementsystemen

Um eine Quelldatei mit RCS zu verwalten, muß sie registriert werden. Dadurch wird ein *Masterfile* angelegt, das alle Versionen der Datei in platzsparender Weise verwaltet. Das Masterfile ist nicht direkt zugänglich, sondern der Zugriff erfolgt mit einer Reihe von Werkzeugen, die RCS zur Verfügung stellt. Das Extrahieren einer Version aus dem Masterfile bezeichnet man als *auschecken*. Dabei wird entweder die aktuelleste oder eine beliebige ältere Version in das Arbeitsverzeichnis geladen. Nachdem alle Änderungen vorgenommen sind, wird die Datei wieder an das Masterfile übergeben und die Änderungen zur Vorversion werden festgehalten. Diesen Vorgang bezeichnet man als *einchecken*.

Beim Auschecken einer Datei wird diese gesperrt, so daß andere Benutzer nur mehr lesend auf die Datei zugreifen können. Versucht ein anderer Benutzer, dieselbe Datei auszuchecken, bekommt er einen Hinweis, daß die Datei bereits gesperrt ist. Er wird nun warten, bis der erste Benutzer seine Änderungen eingecheckt hat, um dann seinerseits die Datei auszuchecken und seine Änderungen vorzunehmen. Es ist auch möglich, alle Änderungen an einer ausgecheckten Datei zu verwerfen und zum letzten eingecheckten Zustand zurückzukehren.

In bestimmten Situationen kann es sinnvoll sein, die Sperre eines anderen Anwenders zu durchbrechen, um die eigenen Änderungen vornehmen zu können (Entwickler X ist in Urlaub gefahren und hat dummerweise vergessen, eine wichtige Datei, an der er vor seinem Fortgang gearbeitet hat, einzuchecken). Dies führt natürlich zu einem Konflikt, wenn der erste Entwickler später versucht, seine eigenen Änderungen einzuchecken. Dieser muß manuell aufgelöst werden und ist umso größer, je mehr reguläre Änderungen seither eingecheckt wurden. Das Durchbrechen der Sperre sollte daher nur in absoluten Ausnahmefällen angewendet werden.

Um zu verhindern, daß eine eingecheckte Datei versehentlich geändert wird, setzt RCS beim Einchecken eine Schreibsperre auf die Datei. Wird eine eingecheckte Datei in einem Editor zur Bearbeitung aufgerufen, gibt es spätestens beim Versuch, sie zu speichern, eine Fehlermeldung. Die Schreibsperre wird beim Auschecken automatisch entfernt, so daß ausgecheckte Dateien wie gewohnt bearbeitet werden können. Um die Konsistenz des Systems nicht zu gefährden, sollte der Schreibschutz natürlich nicht per Hand entfernt werden.

RCS stellt eine Reihe weiterer Hilfsmittel zum Zugriff auf die Masterdatei zur Verfügung. So können beispielsweise beliebige alte Versionen angezeigt oder ausgecheckt werden. Es ist möglich, die beim Einchecken vergebenen Kommentare anzusehen oder zwei Versionen können miteinander verglichen werden. Weiterhin können Verzweigungen innerhalb der Versionshistorie angelegt werden, um verschiedene Versionen parallel zu pflegen, und es ist möglich, unterschiedliche Versionen wieder zusammenzumischen.

## 17.2 Grundlegende Operationen

### 17.2.1 Vorbereitungen

Nach der Installation von GNU-C von der CD-ROM ist auch RCS einsatzbereit, denn alle erforderlichen Programme befinden sich bereits im Verzeichnis *\djg\bin*.

#### R 78 Die Befehle von RCS

R78

RCS ist eine Sammlung einfach zu bedienender Programme, die von der Kommandozeile aus aufgerufen werden können. Tabelle 17.1 gibt eine Übersicht der verfügbaren Befehle.

| Befehl | Bedeutung |
|---|---|
| ci | Einchecken von Dateien |
| co | Auschecken von Dateien |
| rcs | Verwaltung von RCS-Dateien |
| rlog | Anzeigen des Versionslogs |
| rcsdiff | Vergleichen zweier Versionen |
| rcsmerge | Zusammenführen unterschiedlicher Versionen |
| ident | Suchen von Keywords |

**Tabelle 17.1: Die Befehle von RCS**

Anstatt die einzelnen Befehle mit allen Optionen vorzustellen, wollen wir im folgenden *rezeptartig* vorgehen. Dazu werden die wichtigsten Tätigkeiten im Rahmen der Versionsverwaltung vorgestellt und jeweils beschreiben, wie sie mit den RCS-Kommandos ausgeführt werden können. Weitere Details zu den einzelnen Kommandos und ihren Optionen können der Dokumentation entnommen werden. Die Dokumentationsquellen befinden sich im Installationsarchiv von RCS; HTML-Versionen der Manpages und eine kurze Beschreibung des RCS-Dateiformats ist im Verzeichnis *\djg\src\rcs-5.7* zu finden.

**Die Umgebungsvariable USER**

Bevor mit RCS gearbeitet werden kann, muß die Umgebungsvariable USER auf einen eindeutigen Usernamen gesetzt werden. Unter UNIX sollte hier der aktuelle Benutzername stehen, unter MS-DOS kann ein beliebiger Name gewählt werden. Zwar wird bereits in der Datei *djgpp.env* die Umgebungsvariable USER (auf den Wert »dosuser«) gesetzt und wird von den RCS-Tools korrekt verwendet. Dort bleibt sie aber für Emacs unsichtbar und sollte daher auf DOS-Ebene zusätzlich (auf denselben Wert) gesetzt werden (beispielsweise in der *autoexec.bat*). Weiterhin ist es auf manchen Systemen nötig, die aktuelle Zeitzone mit Hilfe der Umgebungsvariable TZ zu setzen. Unter MS-DOS/Windows kommen wir ohne diese Variable aus.

**Das RCS-Verzeichnis**

Bei der Windows-Version von RCS gibt es drei Möglichkeiten, die Masterfiles eines Projekts abzulegen:

- Gibt es im aktuellen Verzeichnis (dort, wo die Quelldateien liegen), *kein* Unterverzeichnis und keine Datei mit dem Namen *rcs*, legt RCS alle Masterfiles in demselben Verzeichnis wie die Quelldateien ab. Ein Masterfile hat den gleichen Namen wie die zugehörige Quelldatei, allerdings mit der Erweiterung »,v«.
- Gibt es ein Unterverzeichnis *rcs*, so legt RCS die Masterfiles in diesem Unterverzeichnis an. Dadurch ergibt sich eine bessere Trennung zwischen Arbeitsdateien und Masterfiles, und verzeichnisorientierte Befehle werden nicht durch die zusätzlichen Masterfiles gestört.
- Bei der dritten Variante gibt es im Arbeitsverzeichnis eine *Datei* mit dem Namen *rcs*, die auf ein Verzeichnis mit den Masterfiles zeigt. Die Datei enthält dazu eine einzige Textzeile mit dem Namen des Masterfile-Verzeichnisses (z.B. »n:\masterfiles\project1.rcs«). Der Name des Masterfile-Verzeichnisses muß entweder *rcs* sein oder die Erweiterung *.rcs* haben. Diese Variante emuliert die unter MS-DOS nicht vorhandene Möglichkeit, symbolische Links anzulegen.

Wir werden in diesem Kapitel nur die zweite Variante verwenden. Die erste ist relativ unüblich und sollte hier nur der Vollständigkeit halber erwähnt werden. Die dritte Variante ist vor allem bei der Arbeit im Team interessant, denn sie ermöglicht es, das Masterfile-Verzeichnis im Netz abzulegen und so mit mehreren Benutzern an einem gemeinsamen Projekt zu arbeiten. In diesem Fall ist es natürlich besonders wichtig, daß die Umgebungsvariable USER korrekt gesetzt ist und alle beteiligten Entwickler eindeutige Benutzernamen haben.

**Versionsnummern**

Jede eingecheckte Version einer Datei bekommt eine eindeutige Versionssnummer. Die Versionsnummern beginnen mit 1.1 und werden bei jedem Einchecken automatisch zu 1.2, 1.3, 1.4 usw. hochgezählt. Es ist auch möglich, die Folge der Versionsnummern manuell zu ändern, beispielsweise um den vorderen Teil der Nummer zu ändern. Wird eine Verzweigung angelegt, verlängert sich die Versionsnummer um zwei Komponenten. Wenn also beispielsweise auf der Version 1.5 verzweigt wird, hat die erste Version des neuen Zweigs die Nummer 1.5.1.1 und durchläuft dann die Folge 1.5.1.2, 1.5.1.3 usw. Wird ein weiterer Zweig auf der Version 1.5 angelegt, so bekommt er die Versionsnummern 1.5.2.1, 1.5.2.2 usw. Wird ein weiterer Unterzweig auf einem bestehenden Zweig angelegt, so verlängert sich die Versionsnummer entsprechend um zwei Stellen.

Eine RCS-Versionsnummer besteht also aus mindestens 2 Teilen, nämlich den links bzw. rechts vom Punkt stehenden Nummern. Diese beiden Nummernteile haben bei der professionellen Produktion von Software sehr unterschiedliche Bedeutungen und Bezeichnungen. Sie werden manchmal als Versions- und Releasenummer, manchmal als Release- und Revisionsnummer oder auch als Major- und Minor-Versionsnummer bezeichnet. Manchmal kennzeichnet eine Änderung im linken Teil eine kostenpflichtige Änderung, manchmal nicht. Manchmal entspricht eine Änderung im linken Teil einer inkompatiblen Änderung oder Erweiterung, während eine Änderung im rechten Teil lediglich ein Bugfix kennzeichnet. Teilweise verwenden die Softwarehäuser auch vollkommen andere Nummernsysteme.

Leider haben sich noch keine einheitlichen Standards herausgebildet, und wir wollen hier auch keine Definitionen vornehmen. Für die Zwecke dieses Kapitels reicht es uns aus, den linken Teil der Versionsnummer als Haupt- und den rechten als Nebenversionsnummer zu bezeichnen.

### 17.2.2 Einchecken einer Datei

Das Einchecken einer Datei erfolgt immer mit dem Programm *ci*. Die einfachste Variante besteht darin, *ci* nur mit dem Namen der einzucheckenden Datei als Argument aufzurufen. Existiert das zugehörige Masterfile bereits, so werden die vorgenommenen Änderungen dort eingecheckt, andernfalls wird das Masterfile neu angelegt und die erste Version 1.1 darin abgelegt.

Wir wollen in den folgenden Beispielen eine Datei *hello.c* verwenden, die folgenden Inhalt hat:

```
#include <stdio.h>

void main(void)
{
  printf("Hello RCS\n");
}
```

Zur Vorbereitung erstellen wir das Unterverzeichnis *rcs*, in dem RCS die Masterfiles ablegen kann. Soll die erste Version von *hello.c* eingecheckt werden, so ist dazu folgendes Kommando zu verwenden:

```
ci hello.c
```

Das *ci*-Kommando antwortet mit der folgenden Meldung und erwartet die Eingabe eines kurzen Beschreibungstextes. Dieser dient dazu, die vorgenommenen Änderungen (bzw. in diesem Fall die initiale Version) zu beschreiben und kann später mit dem *rlog*-Kommando wieder abgerufen werden:

```
RCS/hello.c,v  <--  hello.c
enter description, terminated with single '.' or end of file:
NOTE: This is NOT the log message!
>>
```

Der Kommentar kann ein- oder mehrzeilig sein. Er wird durch die Eingabe eines einzelnen Punkts in der Eingabezeile abgeschlossen. Wir antworten mit

```
>> Hello, RCS, initial revision
>> .
```

und RCS checkt die Datei ein:

```
initial revision: 1.1
done
```

RCS erstellt nun das Masterfile *hello.c,v* im Unterverzeichnis *rcs* und entfernt die Datei *hello.c* aus dem aktuellen Verzeichnis.

### 17.2.3 Auschecken einer Datei

Soll die Datei *hello.c* aus dem Masterfile extrahiert werden, so ist dazu das Kommando *co* zu verwenden. *co* wird in der einfachsten Version ebenfalls nur mit dem Dateinamen als Argument aufgerufen:

```
co hello.c
```

Dadurch wird die letzte Version von *hello.c* aus dem Masterfile extrahiert und mit Schreibschutz versehen im aktuellen Verzeichnis abgelegt. Diese Datei kann zwar nun zum Kompilieren des Programmes verwendet werden, kann aber wegen des Schreibschutzes nicht geändert werden. Soll eine Datei zum Ändern ausgecheckt werden, so ist zusätzlich der Schalter *-l* anzugeben (*l* = *lock*):

```
co -l hello.c
```

In diesem Fall wird ebenfalls die aktuelle Version aus dem Masterfile entnommen und im aktuellen Verzeichnis plaziert. Das Schreibschutzflag wird dabei entfernt, und die Datei kann nach Belieben geändert werden. Innerhalb des Masterfiles wird vermerkt, von welchem Benutzer die Datei ausgecheckt wurde. Versucht ein anderer Benutzer, die Datei auszuchekken, so wird dies mit der folgenden Fehlermeldung abgelehnt:

```
RCS/hello.c,v  -->  hello.c
co: RCS/hello.c,v: Revision 1.1 is already locked by guido.
```

Sollen die Änderungen eingecheckt werden, so kann dazu wieder das Kommando *ci* verwendet werden. Um eine schreibgeschützte Version der Datei zum Kompilieren des Programmes zurückzubehalten, sollte *ci* mit der Option *-u* aufgerufen werden (*u* = *unlock*):

```
ci -u hello.c
```

RCS vergibt nun eine neue Versionsnummer 1.2 und fügt die Änderungen zusammen mit dem Kommentar des Anwenders in das Masterfile ein:

```
RCS/hello.c,v  <--  hello.c
new revision: 1.2; previous revision: 1.1
enter log message, terminated with single '.' or end of file:
>> more output
>> .
done
```

Soll die Datei nach dem Einchecken gleich wieder ausgecheckt werden, so kann *ci* mit der Option *-l* aufgerufen werden:

```
ci -l hello.c
```

Das ist beispielsweise sinnvoll, wenn das Einchecken nur dazu dient, eine Sicherungskopie des aktuellen Stands im Netz anzulegen, die Datei aber weiter bearbeitet werden soll. Der Check-In-Kommentar könnte dann »Zwischensicherung« oder »Abendsicherung« oder ähnlich lauten.

**Hinweis**

Würde RCS alle Versionen einer Datei komplett speichern, hätten die Masterfiles schnell eine Größe erreicht, die in der Praxis nicht mehr handhabbar wäre. Statt dessen speichert RCS nur die jeweils letzte Version einer Datei komplett im Masterfile und rekonstruiert die Vorversionen über *Deltas*. Ein Delta ist ein Satz von Informationen, der den Unterschied zwischen zwei Textdateien aus den notwendigen Änderungen, Löschungen und Einfügungen angibt, die an der ersten Datei vorgenommen werden müssen, um die zweite zu erhalten. Ein Standardwerkzeug zum Erstellen von Deltas ist *diff*, das in abgewandelter Form auch von RCS verwendet wird.

Während ältere Versionsmanagementsysteme (beispielsweise SCCS) vorwiegend mit *Vorwärtsdeltas* arbeiteten, verwendet RCS für den Hauptzweig einer Versionshistorie *Rückwärtsdeltas*. Bei Vorwärtsdeltas wird die älteste Version einer Datei komplett gespeichert, und die jüngeren Versionen werden über die Deltas konstruiert. Bei Rückwärtsdeltas ist es genau umgekehrt. Der Vorteil bei der Verwendung von Rückwärtsdeltas liegt darin, daß der (in der Praxis häufigere) Zugriff auf jüngere Versionen viel schneller erfolgt, weil dabei meist gar keine oder nur wenige Deltas zu interpretieren sind. Außerdem ist der aktuelle Dateistand auch dann noch zu rekonstruieren, wenn eines der Deltas beschädigt ist. Werden Versionszweige angelegt, verwendet RCS für diese jedoch auch Vorwärtsdeltas (ab der Verzweigungsstelle), um nicht im Masterfile den aktuellen Stand für alle laufenden Zweige halten zu müssen.

### 17.2.4 Zurücknehmen von Änderungen

Soll eine Datei eingecheckt werden, an der keine Änderungen vorgenommen wurden, so kann das ebenfalls mit *ci* erfolgen. Das Programm erkennt, daß die Datei unverändert geblieben ist und nimmt die Sperre zurück, ohne eine neue Revision zu generieren:

```
file is unchanged; reverting to previous revision 1.4
done
```

Manchmal ist es sogar nötig, Änderungen an einer ausgecheckten Datei rückgängig zu machen, ohne sie in das Masterfile einzuchecken. Das kann beispielsweise der Fall sein, wenn die Änderungen nur experimentellen Charakter hatten, oder wenn sie zwischenzeitlich von einem anderen Teammitglied eingecheckt wurden.

Sollen die Änderungen einer ausgecheckten Datei rückgängig gemacht werden, so kann bei ausgecheckter Datei das Kommando co erneut aufgerufen werden, um die aktuellste Version aus dem Masterfile zu extrahieren. Mit der Option *-l* oder *-u* wird angegeben, ob die Datei mit oder ohne Sperre ausgecheckt werden soll. Stellt RCS fest, daß bereits eine ausgecheckte Datei existiert, so gibt es zuvor die Rückfrage »writable hello.c exists; remove it? [ny](n):«. Wird sie bestätigt, checkt RCS die Datei im angegebenen Modus erneut aus und überschreibt alle Änderungen, die an der lokalen Version vorgenommen wurden.

### 17.2.5 Status- und Loginformationen

Mit Hilfe des Kommandos *rlog* können Statusinformationen aus dem Masterfile abgefragt werden. Bei der einfachsten Form des Aufrufs wird nur der Dateiname angegeben:

```
rlog hello.c
```

Die Ausgabe des Programmes gibt dann einen Überblick über den aktuellen Stand des Masterfiles und aller eingecheckten Versionen:

```
RCS file: RCS/hello.c,v
Working file: hello.c
head: 1.3
branch:
locks: strict
access list:
symbolic names:
keyword substitution: kv
total revisions: 3;     selected revisions: 3
description:
Hello, RCS, initial revision
----------------------------
revision 1.3
date: 1998/03/07 14:39:11;  author: guido;  state: Exp;  lines: +1 -
1
third version
----------------------------
revision 1.2
date: 1998/03/07 14:15:24;  author: guido;  state: Exp;  lines: +5 -
1
more output
----------------------------
revision 1.1
date: 1998/03/07 14:01:28;  author: guido;  state: Exp;
-- Fortsetzung --

Initial revision
==========================================================
```

*rlog* kennt eine Reihe von Optionen, mit denen die Ausgabe und die Auswahl der Dateien gesteuert werden kann. Wir wollen uns einige typische Anwendungen ansehen und verweisen für die Details auf die Dokumentation zu *rlog*.

Soll eine Liste der ausgecheckten C-Quellen des aktuellen Verzeichnisses ausgegeben werden, so kann dazu die Option *-R* (nur Dateinamen) in Verbindung mit *-L* (nur gesperrte Dateien) verwendet werden:

```
rlog -R -L *.c
```

Soll zusätzlich der Header jeder Datei ausgegeben werden, so ist statt *-R* die Option *-h* zu verwenden:

```
rlog -h -L *.c
```

Leider ist es standardmäßig nicht möglich, eine Liste aller ausgecheckten Dateien zusammen mit dem Besitzer der Sperre auszugeben. Dabei hilft das folgende AWK-Script *co_users.awk*:

```
BEGIN {
  FS = ":";
  printit = 0;
}
/Working file: / {
  gsub("^ +", "", $2);
  printf("%-20s ", $2);
}
/access list:/ {
  printit = 0;
}
printit != 0 {
  gsub("^ +", "", $1);
  printf("%-10s %-10s\n", $1, $2);
}
/locks:/ {
  printit = 1;
}
```

Es kann als Filter hinter *rlog* gehängt werden:

```
rlog -h -L *.c | awk -f co_users.awk
```

## 17.3 Versionen verwalten

### 17.3.1 Versionsunterschiede

In der Praxis ist es relativ häufig nötig, verschiedene Versionen einer Datei miteinander zu vergleichen. Die beiden wichtigsten Awendungsfälle sind:

- Der ausgecheckte Stand soll mit dem letzten eingecheckten Stand verglichen werden, um einen Überblick darüber zu bekommen, welche Änderungen seit dem Auschecken vorgenommen wurden.
- Zwei eingecheckte Stände sollen miteinander verglichen werden, um herauszubekommen, wann eine bestimmte Änderung eingecheckt wurde.

Beide Fragestellungen können mit dem Kommando *rcsdiff* beantwortet werden. Wird *rcsdiff* nur mit einem Dateinamen als Argument aufgerufen, so wird der erste der beiden genannten Fälle abgedeckt:

```
rcsdiff hello.c
```

Das Programm vergleicht nun den aktuellen lokalen Stand der Datei mit dem zuletzt eingecheckten und gibt das Ergebnis in einer Form aus, wie sie von *diff* erzeugt wird:

```
===========================================
RCS file: RCS/hello.c,v
retrieving revision 1.3
diff -r1.3 hello.c
5c5
<   int i, j;
---
>   int i;
7,8c7,8
<   for (i = 0; i < 5; ++i) {
<     printf("Hello RCS\n");
---
>   for (i = 0; i < 10; ++i) {
>     printf("Still Hello RCS\n");
9a10
>   printf("Ende");
```

Die Diagnoseausgabe kann mit dem Schalter *-q* unterdrückt werden. Sollen zwei beliebige Versionen miteinander verglichen werden, müssen diese jeweils mit Hilfe der Option *-r* beim Aufruf angegeben werden:

```
rcsdiff -r1.2 -r1.3 hello.c
```

RCS lädt nun beide Versionen in temporäre Dateien und vergleicht sie mit *diff*:

```
===================================
RCS file: RCS/hello.c,v
retrieving revision 1.2
retrieving revision 1.3
diff -r1.2 -r1.3
5c5
<   int i;
---
>   int i, j;
```

### 17.3.2 Versionsnummern manuell vergeben

Werden die Versionsnummern weiterhin automatisch vergeben, so bleibt die Hauptnummer auf 1 stehen und die Nebennummern werden fortlaufend hochgezählt. In der Softwareentwicklung ist es aber üblich, größere Programmänderungen oder wichtige Neuentwicklungen durch einen deutlicheren Sprung in der Versionsnumerierung zu kennzeichnen. Dazu wird typischerweise die Hauptnummer um eins oder einen höheren Betrag erhöht und die Nebennummer wieder auf 1 gesetzt.

RCS erlaubt es, Versionsnummern in beliebig großen Schritten aufsteigend zu vergeben, indem beim Einchecken mit Hilfe der Option *-r* die gewünschte Nummer angegeben wird. Ist beispielsweise die aktuelle Version 1.6 von *hello.c* ausgecheckt und soll mit der Version 2.1 fortgefahren werden, so ist die Datei mit dem folgenden Kommando einzuchecken:

```
ci -u -r2.1 hello.c
```

Jedes weitere Einchecken, das ohne explizite Versionsnummer erfolgt, erhöht dann wieder die Nebennummer um 1. Alternativ hätte auch mit einer höheren Versionsnummer als 2.1 fortgefahren werden können. RCS akzeptiert beliebige Versionsnummern, solange sie aufsteigend sortiert sind und dem Nummernschema des aktuellen Zweigs entsprechen.

### 17.3.3 Versionszweige erstellen

Die lineare Versionsnumerierung ist in der Theorie einfach und elegant, funktioniert in der Praxis aber meist nicht. Oftmals ist es erforderlich, mehr als eine Version parallel zu pflegen. Gründe hierfür könnten sein:

- Der ausgelieferte Stand enthält Fehler, die gefixt werden müssen. Leider sind diese erst bekannt geworden, als im Hauptzweig bereits mit der Weiterentwicklung der nächsten Version begonnen wurde.
- Es werden über einen längeren Zeitraum verschiedene Versionen parallel gehalten, weil unterschiedliche Betriebssysteme bedient oder kundenspezifische Anpassungen gepflegt werden müssen.
- Während der Betatestphase wird bereits mit der Entwicklung der nächsten Version begonnen. Deren Änderungen sollen aber nicht die Bugfixings und Folgelieferungen der Betaphase gefährden.

RCS bietet die Möglichkeit, die Versionshistorie einer Datei an einer beliebigen Stelle zu verzweigen. Dazu muß einfach der Stand mit dem gewünschten Verzweigungspunkt ausgecheckt, geändert und wieder eingecheckt werden. Handelte es sich beim ausgecheckten Stand um eine ältere Version, legt RCS beim Einchecken automatisch einen neuen Zweig an. Dabei verlängert sich die Versionsnummer um 2 Stellen.

Angenommen, der aktuelle Stand der Datei *hello.c* ist 2.11 und auf der Version 1.3 soll zwecks Fehlerbehebung eine Änderung vorgenommen werden. Dann ist zunächst die Version 1.3 auszuchecken:

```
co -l -r1.3 hello.c
```

Nun werden die gewünschten Änderungen vorgenommen und die Datei wird wieder eingecheckt:

```
ci -u hello.c
```

RCS erkennt nun, daß oberhalb von Version 1.3 bereits weitere Stände der Datei eingecheckt wurden und die Änderungen deshalb nicht einfach oben auf der Versionshistorie abgelegt werden können. Statt dessen wird parallel zum Hauptzweig ein neuer Zweig angelegt, der die Versionsnummer 1.3.1.1 zugewiesen bekommt. Dieser kann zukünftig separat zum Hauptzweig gepflegt werden. Soll die aktuellste Version des 1.3er Zweigs ausgecheckt werden, so kann dazu entweder die volle Versionsnummer oder die auf drei Stellen abgekürzte Variante verwendet werden:

```
co -l -r1.3.1 hello.c
```

Wird dieser Stand nach dem Ändern wieder eingecheckt, so bekommt er die Versionsnummer 1.3.1.2.

### 17.3.4 Versionen mischen

Je länger mehrere Zweige einer Datei parallel laufen, um so schwieriger wird es, die unterschiedlichen Änderungen zu synchronisieren. Damit nicht einer der beteiligten Stände veraltet, ist es oft nötig, alle Änderungen eines Zweigs in den übrigen Zweigen nachzuziehen. Das ist aufwendig und wird leicht vergessen oder führt zu Fehlern durch Unachtsamkeit. Es ist daher sinnvoll, verschiedene Zweige so früh wie möglich zu resynchronisieren und anschließend wieder mit einer gemeinsamen Version zu arbeiten.

Das Resynchronisieren unterschiedlicher Versionen kann mit dem Kommando *rcsmerge* vorgenommen werden. Wir wollen uns das an einem einfachen Beispiel ansehen und erstellen dazu eine Datei *test.c*, die wir als Version 1.1 einchecken:

```
#include <stdio.h>

void main(void)
{
  printf("Zeile 1\n");
}
```

Nun checken wir die Datei aus, führen einige Änderungen durch und checken sie als Version 1.2 wieder ein:

```
#include <stdio.h>

void main(void)
{
  printf("Zeile 1\n");
  printf("Zeile 2\n");
```

```
  printf("Zeile 3\n");
}
```

Wir gehen davon aus, daß diese Version fehlerfrei ist, liefern sie aus und beginnen mit der Arbeit an der Version 2. Hier wird zunächst eine neue Funktion *xyz* eingeführt und die Änderungen als Version 2.1 eingecheckt:

```
#include <stdio.h>

void xyz(void)
{
  printf("Hi, this is version 2\n");
}

void main(void)
{
  printf("Zeile 1\n");
  printf("Zeile 2\n");
  printf("Zeile 3\n");
}
```

Dummerweise stellt sich während der Arbeit an der Version 2 heraus, daß die ausgelieferte Version 1 fehlerhaft ist und ein Bugfixing erfordert. Wir checken also den letzten Stand der Version 1 erneut aus, führen die Änderungen durch und checken sie als neuen Zweig 1.2.1.1 ein:

```
#include <stdio.h>

void main(void)
{
  printf("Zeile 2\n");
  printf("Zeile 3 (changed)\n");
  printf("Zeile 4\n");
}
```

Gegenüber dem zunächst ausgelieferten Stand 1.2 wurde die Ausgabeanweisung "Zeile 1" gelöscht, "Zeile 3" geändert und "Zeile 4" hinzugefügt. Wir könnten nun natürlich versuchen, die Bugfixes der Version 1 per Hand auch in der aktuellen Version 2 nachzuziehen, aber das wäre mühsam und könnte bei komplexeren Änderungen sehr leicht zu Fehlern führen.

Alternativ kann nun das Kommando *rcsmerge* verwendet werden, mit dem es möglich ist, die Änderungen beider Stände wieder in einer Datei zusammenzufassen. Ein geeigneter Aufruf wäre:

```
rcsmerge -r1 -r2 -p test.c > test.tmp
```

Dadurch wird der letzte Stand der Version 2 mit dem letzten Stand der Version 1 abgeglichen und das Ergebnis per Ausgabeumleitung in die Datei *test.tmp* geschrieben. Anschließend kann es als neuer Stand in der Version 2 eingecheckt werden. In unserem Fall hätte *rcsmerge* gute Arbeit geleistet und exakt die Datei produziert, die sowohl die neue Funktion *xyz* als auch die Bugfixes der Version 1 enthält:

```
#include <stdio.h>

void xyz(void)
{
  printf("Hi, this is version 2\n");
}

void main(void)
{
  printf("Zeile 2\n");
  printf("Zeile 3 (changed)\n");
  printf("Zeile 4\n");
}
```

Schwieriger wird es, wenn die Änderungen nicht überschneidungsfrei sind. Wenn also beispielsweise gegenüber dem gemeinsamen Verzweigungspunkt Zeilen in der einen Version gelöscht und in der anderen geändert wurden, oder wenn Zeilen auf unterschiedliche Weise geändert wurden. In diesem Fall kann *rcsmerge* die Anpassungen nicht automatisch vornehmen oder macht Fehler. In größeren Projekten oder bei komplexen Änderungen sollte *rcsmerge* daher nur mit großer Vorsicht angewendet werden oder lediglich unterstützenden Charakter haben.

### 17.3.5 Symbolische Versionsnamen

Bei größeren Projekten, an denen viele Dateien beteiligt sind, werden die Nebenversionsnummern der einzelnen Dateien nach kurzer Zeit auseinanderlaufen. Dadurch wird es schwierig, bestimmte Projektstände (beispielsweise Auslieferungen) später zu reproduzieren. Alle beteiligten Dateien müßten mit *den* Versionsnummern ausgecheckt werden, die sie zum Zeitpunkt des früheren Standes hatten.

Als Abhilfe bietet es sich an, beim Einchecken eines reproduzierbaren Standes mit Hilfe der Option *-n* einen symbolischen Versionsnamen zu vergeben und ihn allen am Projektstand beteiligten Quelldateien zuzuweisen:

```
ci -nBuild437 -u *.c
```

Dadurch erhalten alle gesperrt ausgecheckten Dateien zu ihrer jeweiligen Versionsnummer den symbolischen Versionsnamen *Build437*. Alternativ kann mit Hilfe des Programms *rcs* (s.u.) und seiner Option *-n* auch bei einer nicht ausgecheckten Datei der aktuellste Stand mit einem symbolischen Namen versehen werden. Soll dieser Stand später reproduziert werden, so kann beim Auschecken hinter der Option *-r* der symbolische Name anstelle der Versionsnummer angegeben werden:

```
co -l -rBuild437 *.c
```

Alternativ ist es auch möglich, Dateien nach Datum, Entwicklungsstand oder Autor auszuchecken und damit die Reproduzierbarkeit der Auslieferungen eines umfangreichen Projektes zu gewährleisten.

### 17.3.6 Das Programm rcs

Der Vollständigkeit halber soll hier noch kurz das Hilfsprogramm *rcs* erwähnt werden. Es übernimmt Verwaltungsaufgaben in einem Projekt und erlaubt es, diverse Optionen und Eigenschaften der Masterfiles einzustellen. So kann *rcs* dazu verwendet werden, neue Dateien in das Projekt einzuchecken, den Lock- oder Entwicklungsstatus einer Datei zu ändern, Zugriffsrechte zu vergeben bzw. zu entziehen, die Headerinformationen des Masterfiles zu verändern oder nicht mehr benötigte Versionen zu löschen. Details können der Online-Dokumentation entnommen werden.

## 17.4 Keyword-Expansion

### R 79 Keyword-Expansion in RCS

R79

Die meisten Quelltextmanagementsysteme kennen das Konzept der *Keyword Expansion*. Damit ist die Fähigkeit gemeint, beim Einchecken in der Quelldatei nach bestimmten Schlüsselwörtern zu suchen und diese durch Verwaltungsinformationen aus dem Masterfile zu ersetzen. Auf diese Weise kann z.B. automatisch die aktuelle Versionsnummer oder ein Teil der Änderungshistorie in einem Kommentar im Dateiheader plaziert werden. Die von RCS expandierten Schlüsselworte beginnen und enden jeweils mit einem Dollarzeichen, die einen fest vorgegebenen Bezeichner umschließen. Tabelle 17.2 gibt eine Übersicht der in RCS verfügbaren Schlüsselwörter:

| Schlüsselwort | Bedeutung |
|---|---|
| $Author$ | Name des Autors der Änderung |
| $Date$ | Datum der Änderung |

**Tabelle 17.2: Schlüsselwörter in RCS**

| Schlüsselwort | Bedeutung |
|---|---|
| $Header$ | Standardheader mit Pfadname der Datei und anderen Angaben |
| $Id$ | Wie vor, jedoch ohne Pfadangaben |
| $Locker$ | Name des Benutzers mit der Sperre |
| $Log$ | Beim Einchecken angegebener Hinweistext (wird beim nächsten Login nicht ersetzt, sondern angehängt) |
| $RCSfile$ | Name des Masterfiles |
| $Revision$ | Versionsnummer |
| $Source$ | Name der Quelldatei |
| $State$ | Entwicklungszustand der Datei |

**Tabelle 17.2: Schlüsselwörter in RCS**

Als Beispiel soll eine Datei *test.c* eingecheckt werden, die folgenden Aufbau hat:

```
/*
$Author$
$Date$
$Header$
$Id$
$Locker$
$Log$
$RCSfile$
$Revision$
$Source$
$State$
*/

#include <stdio.h>

void main(void)
{
}
```

Beim Einchecken werden die Schlüsselwörter expandiert und die Datei hat anschließend folgenden Inhalt:

```
/*
$Author: guido $
$Date: 1998/03/08 19:33:25 $
$Header: c:/arc/doku/c/1998/tmp/RCS/test.c,v 1.1 1998/03/08 19:33:25
guido Exp $
```

```
$Id: test.c,v 1.1 1998/03/08 19:33:25 guido Exp $
$Locker:  $
$Log: test.c,v $
Revision 1.1  1998/03/08 19:33:25  guido
Initial revision

$RCSfile: test.c,v $
$Revision: 1.1 $
$Source: c:/arc/doku/c/1998/tmp/RCS/test.c,v $
$State: Exp $
*/

#include <stdio.h>

void main(void)
{
}
```

Zur Qualitätskontrolle ausgelieferter Versionen ist es mitunter nützlich, die Versionsnummern der beteiligten Quelldateien direkt aus dem ausführbaren Programm bestimmen zu können. Da sie in einen Kommentar eingebettet wurden, landen die Schlüsselwörter in unserem Beispiel natürlich nicht in der fertigen Programmversion, sondern werden vom Compiler ignoriert. In großen Projekten wird daher üblicherweise je C-Quelldatei eine statische Stringvariable definiert, die ein geeignetes Schlüsselwort enthält (typischerweise *$Id$*).

Der Name der Variablen ist unerheblich, denn sie wird ja nicht weiter verwendet. Er sollte aber so gewählt werden, daß sie nicht mit anderen Bezeichnern kollidiert. Da der Compiler statische Variablen im Datensegment des ausführbaren Programmes ablegt, können diese mit einem geeigneten Programm später daraus extrahiert werden. GNU-C besitzt zu diesem Zweck das Programm *ident*. Es wird mit einem Dateinamen als Argument aufgerufen und gibt alle gefundenen Schlüsselwörter auf die Standardausgabe aus. Ein ähnliches Programm, das evtl. auf anderen Systemen zur Verfügung steht, ist *what*.

```
#include <stdio.h>

static const char *_RCSID = "$Id$";

void main(void)
{
}
```

Nach dem Einchecken sieht die Datei so aus:

```
#include <stdio.h>

static const char *_RCSID = "$Id: test.c,v 1.1 1998/03/08 19:46:59
guido Exp gui
do $";

void main(void)
{
}
```

Wird das Programm nun mit GNU-C kompiliert und gelinkt, so können durch Aufruf von »ident test.exe« alle Schlüsselwörter extrahiert werden:

```
test.exe:
     $Id: stub.asm built 10/05/96 20:49:00 by djasm $
     $Id: test.c,v 1.1 1998/03/08 19:46:59 guido Exp guido $
     $Id: DJGPP libc built Oct 31 1996 19:13:19 by gcc 2.7.2.1 $
```

Hier ist eindeutig zu erkennen, daß die Quelldatei *test.c* in der Version 1.1 eingelinkt wurde. Diese Information kann bei einer eventuellen Fehlersuche überaus hilfreich sein. Wie man sieht, schreiben auch Teile der Laufzeitbibliothek und des Startcodes einen Id-Stempel in die ausführbare Datei. Dieses Verfahren ist weit verbreitet, und es ist manchmal ganz aufschlußreich, *ident* über die Auslieferungen kommerzieller Programme laufen zu lassen.

Zu bedenken ist dabei, daß jede zusätzliche Variable Speicher belegt und das Programm damit belastet. Zudem wird das Einchecken natürlich zeitaufwendiger, da die Schlüsselworte ausgetauscht und in die Originaldatei zurückgeschrieben werden müssen.

## 17.5 RCS und GNU-Emacs

Emacs besitzt mit dem Paket *VC* von Eric Raymond eine brauchbare Integration der gängigsten Quelltextmanagementsysteme. Mit wenigen Tastendrücken können Dateien aus- oder eingecheckt oder bei RCS registriert werden. Auch das Zurücknehmen von Änderungen, das Erzeugen symbolischer Versionsnamen und das Vergleichen unterschiedlicher Dateistände kann mit wenig Aufwand erledigt werden.

Nach einer Standardinstallation erkennt Emacs automatisch, ob eine Datei unter Kontrolle von RCS gehalten wird oder nicht. Die wichtigste Aktion in VC is *vc-next-action*, die auf der Tastenkombination C-x v v liegt. *vc-next-action* führt dabei immer die sich aus dem derzeitigen Zustand der aktuellen Datei ergebende *nächste logische Aktion* aus:

- Ist die Datei ausgecheckt, so wird sie eingecheckt, falls Änderungen vorgenommen wurden. Das Auschecken wird rückgängig gemacht, falls die Datei unverändert war.
- Ist eine Datei eingecheckt, so wird sie ausgecheckt und kann geändert werden.
- Ist eine Datei noch nicht bei RCS registriert, so wird sie initial eingecheckt.
- Wurde eine Datei von einem anderen Anwender ausgecheckt, so kann dessen Sperre durchbrochen werden.

All diese Aktionen können mit C-x v v ausgelöst werden. VC merkt sich dabei den internen Zustand der Datei und wendet die jeweils sinnvollste Aktion an. Falls zusätzliche Daten eingegeben werden müssen (wie beispielsweise der Kommentar beim Einchecken der Datei), öffnet Emacs ein eigenes Fenster zur Erfassung der Daten. Die Eingabe muß mit C-c C-c abgeschlossen werden. Wird statt dessen das Fenster geschlossen, bricht Emacs die laufende Operation stillschweigend ab.

Da VC sich aus Gründen der Performance den aktuellen Zustand einer Datei merkt, empfiehlt es sich, nicht parallel mit VC und den normalen RCS-Befehlen an ein und derselben Datei zu arbeiten. Es könnte sonst passieren, daß Zustandsvariablen durcheinander geraten und nicht mehr die richtigen Aktionen angestoßen werden. Dies kann auch im Netzwerk passieren oder wenn die Zugriffsrechte einer Datei per Hand geändert werden. Mit der Funktion *vc-clear-context* können alle internen Zustandsvariablen zurückgesetzt werden.

Tabelle 17.3 gibt eine Übersicht der wichtigsten Kommandos von VC. Man kann daraus ersehen, daß die in der täglichen Arbeit am häufigsten benötigten Funktionen gut unterstützt werden. Komplexere Aktionen (insbesondere diejenigen, die mit Verzweigungen arbeiten oder bei denen nicht die aktuellste Version einer Datei verwendet wird) müssen nach wie vor per Hand erledigt werden. Die letzten beiden Funktionen arbeiteten (zumindest in der Windows-Version) gar nicht oder verhielten sich eigenartig.

| Tastenkombination | Bedeutung |
|---|---|
| C-x v v | Nächste Aktion ausführen |
| C-x v d | Alle registrierten Dateien anzeigen |
| C-x v = | Aktuelle Version mit der zuletzt eingecheckten vergleichen |

**Tabelle 17.3: Die wichtigsten Kommandos von VC**

| Tastenkombination | Bedeutung |
|---|---|
| C-x v u | Alle Änderungen rückgängig machen |
| C-x v l | Loginformationen anzeigen |
| C-x v i | Registrieren einer Datei bei RCS |
| C-x v h | Fügt einen Header mit dem Schlüsselwort *$Id$* ein |
| C-x v s | Erzeugt einen symbolischen Namen für den aktuellsten Stand aller Dateien im Projekt |
| C-x v r | Lädt alle Versionen mit einem bestimmten symbolischen Namen |
| C-x v ~ | Lädt eine beliebige Version der Datei in einen anderen Buffer |

**Tabelle 17.3: Die wichtigsten Kommandos von VC**

## 17.6 Weiterführende Informationen

Das Thema »Versionskontrolle« erweist sich in der Praxis als ausgesprochen komplex. Ursache dafür sind die verschiedenen Dimensionen der Softwareentwicklung, die gleichzeitig betrachtet werden müssen (und dadurch die Zahl der möglichen Probleme exponentiell ansteigen lassen):

- Anzahl der Dateien
- Anzahl der Entwickler
- Anzahl der parallel existierenden Versionen
- Anzahl der Zielplattformen

Die Erläuterungen in diesem Kapitel können daher nur ein erster Einstieg in die Problematik sein. Als weiterführende Lektüre kann etwa das Buch »Applying RC and SCCS« von Don Bolinger und Tan Bronson verwendet werden. Es beschreibt nicht nur die grundlegenden Aspekte des Konfigurationsmanagements, sondern gibt auch konzeptionelle Unterstützung und geht auf viele wichtige Praxisprobleme ein.

Referenz

# TEIL III

GoTo

# Die Standard-Library

# 18

## Kapitelüberblick



## 18.1 Einleitung

In Teil 1 Buches haben Sie alle grundlegenden Eigenschaften der Programmiersprache C kennengelernt. Sie kennen Ausdrücke und Anweisungen, können Funktionen schreiben und mit Datenstrukturen umgehen, Sie kennen die Ein-/Ausgabefunktionen und haben sich mit dem Zeigerkonzept von C auseinandergesetzt. Alles in allem sind Sie nun in der Lage, C-Programme zu schreiben, zu analysieren und zu erweitern!

Stellen Sie sich vor, Sie benötigen den Logarithmus oder die Quadratwurzel einer Fließkommazahl oder eine der Winkelfunktionen. Selbst schreiben? Kein Problem (siehe Kapitel 2), aber wenn Sie nicht gerade Profi auf diesem Gebiet sind, wird die dabei zu erzielende Genauigkeit und Rechengeschwindigkeit vermutlich nicht ausreichen. Stellen Sie sich weiter vor, sie wollen das Verhalten Ihres Programmes durch Zugriff auf Umgebungsvariablen steuern. Mit den bisher verfügbaren Mitteln haben Sie keine Möglichkeit, dies zu tun. Stellen Sie sich vor, Sie benötigen Zufallszahlen, wollen die aktuelle Uhrzeit wissen, brauchen Zugriff auf Betriebssystemfunktionen oder wollen eine grafikorientierte Anwendung schreiben. All dies ist bisher noch nicht möglich.

Der Schlüssel zu den angesprochenen Funktionen ist in den Libraryroutinen eines C-Entwicklungssystems zu finden. Jeder C-Compiler wird mit einer Bibliothek von Standardfunktionen ausgeliefert, die einen Großteil der genannten Funktionen abdecken. Diese Standardfunktionen wurden vom Hersteller des Compilers entwickelt und ausgetestet und können ohne weiteren Programmieraufwand übernommen werden.

Der Referenzteil erklärt die wichtigsten Funktionen der Standard-Library. Die vorgestellten Funktionen sind in den meisten aktuellen C-Compilern zu finden und stellen eine gute Grundlage für eigene Entwicklungen dar. Neben den in Standard- oder ANSI-C verfügbaren Funktionen hat allerdings nahezu jeder Compilerhersteller seine eigenen Erweiterungen vorgenommen und damit herstellerspezifische Eigenarten geschaffen. Besonders häufig sind solche Erweiterungen in Bereichen anzutreffen, die in C traditionell eher schlecht entwickelt waren, beispielsweise bei der Grafikausgabe oder im Bereich der systemnahen DOS- und BIOS-Funktionen. Diese Funktionen sollen hier nicht aufgeführt werden. Einige Funktionen, die meist auch auf C-Compilern implementiert wurden, die nicht unter UNIX laufen, sind ebenfalls aufgeführt.

### 18.1.1 Aufbau der Referenzeinträge

Das Format der Referenzeinträge ist einheitlich aufgebaut:

1. Zunächst wird der *Name* der Funktion angegeben.
2. Dann folgt eine Kurzbeschreibung ihrer *Aufgabe*.
3. Die *Syntax* beschreibt die Parameter und den Rückgabewert der Funktion und gibt an, welche Headerdatei eingebunden werden muß, um die Funktion verwenden zu können. Bei den UNIX-kompatiblen Funktionen (s.u.) wird oft die Headerdatei "unistd.h" angegeben, wie es in GNU-C üblich ist. Wird ein anderer Compiler unter UNIX verwendet, kann eine andere Headerdatei erforderlich sein, hier sollte die lokale Dokumentation zu Rate gezogen werden.
4. Unter *Rückgabewert* wird der von der Funktion zurückgegebene Wert beschrieben.

5. Der Abschnitt *Beschreibung* liefert eine ausführliche Beschreibung der Funktion und gibt Hinweise zu ihrer Verwendung und zu Besonderheiten beim Aufruf der Funktion.

6. *Kompatibilität* macht Angaben, auf welchen Systemen die Funktion zur Verfügung steht. Dabei gibt es die beiden Möglichkeiten ANSI und UNIX. ANSI-Funktionen entsprechen dem ANSI-Standard und stehen in allen kompatiblen Compilern zur Verfügung. Die mit UNIX gekennzeichneten Funktionen sind nicht Bestandteil des Standards, stehen aber auf den meisten UNIX- und vielen anderen Systemen zur Verfügung. Die auf der beigefügten CD-ROM enthaltene Version von GNU-C beherrscht alle hier abgedruckten Funktionen. Teilweise mußten dabei aufgrund betriebssystembedingter Unterschiede Zugeständnisse an die jeweilige Portierung gemacht werden, so daß leichte Unterschiede zur hier abgedruckten Darstellung möglich sind. Bei den mit UNIX gekennzeichneten Funktionen sollte daher auf jeden Fall die Dokumentation des jeweiligen Compilers zu Rate gezogen werden.

7. Bei nicht-trivialen Funktionen wird zum Schluß ein *Anwendungsbeispiel* gegeben.

## 18.2 Übersicht nach Themengebieten

Zur besseren Übersicht finden Sie zunächst eine Unterteilung der nachfolgend vorgestellten Funktionen nach *Themengebieten*. Solange Sie die Funktionsnamen noch nicht auswendig kennen, finden Sie so die zur Lösung einer bestimmten Aufgabe erforderlichen Funktionen schneller.

### 18.2.1 Bildschirmein-/-ausgabe

| | |
|---|---|
| getchar | Ein Zeichen von der Standardeingabe lesen. |
| gets | Eine Zeile von der Standardeingabe lesen. |
| printf | Daten formatiert auf die Standardausgabe schreiben. |
| putchar | Ein Zeichen auf die Standardausgabe schreiben. |
| puts | Eine Zeile auf die Standardausgabe schreiben. |
| scanf | Daten formatiert von der Standardeingabe lesen. |

### 18.2.2 Datei- und Verzeichnisfunktionen

| | |
|---|---|
| access | Die Zugriffsmöglichkeiten auf eine Datei ermitteln. |
| chdir | Das aktuelle Verzeichnis wechseln. |
| close | Eine Datei schließen. |
| creat | Eine neue Datei anlegen. |

| | |
|---|---|
| fclose | Eine Datei schließen. |
| fcloseall | Alle geöffneten Dateien schließen. |
| fdopen | Eine Datei im Streammodus mit dem Handle einer Low-Level-Datei öffnen. |
| feof | Abfragen, ob das Dateiende erreicht ist. |
| ferror | Prüfen, ob ein Fehler beim Bearbeiten einer Datei aufgetreten ist. |
| fflush | Die wichtigsten Kommandos von VCDie Puffer einer Datei leeren. |
| fgetc | Das nächste Zeichen aus einer Datei lesen. |
| fgetpos | Die aktuelle Position des Dateizeigers ermitteln. |
| fgets | Eine Zeile aus einer Datei lesen. |
| fileno | Den Low-Level-Handle einer geöffneten Datei ermitteln. |
| fopen | Eine Datei öffnen. |
| fprintf | Daten formatiert in eine Datei ausgeben. |
| fputc | Ein Zeichen in eine Datei schreiben. |
| fputs | Eine Zeile in eine Textdatei schreiben. |
| fread | Binärdaten aus einer Datei lesen. |
| freopen | Auf einen vorhandenen Dateihandle eine neue Datei öffnen. |
| fscanf | Daten formatiert aus einer Datei lesen. |
| fseek | Den Dateizeiger wahlfrei positionieren. |
| fsetpos | An eine bestimmte Stelle in einer Datei springen. |
| ftell | Die Position des Dateizeigers ermitteln. |
| fwrite | Binärdaten in eine Datei schreiben. |
| getc | Ein Zeichen aus einer Datei lesen. |
| lseek | Den Dateizeiger wahlfrei positionieren. |
| mkdir | Ein neues Verzeichnis anlegen. |
| mktemp | Einen eindeutigen Dateinamen erzeugen. |
| open | Eine Datei öffnen. |
| perror | Eine Fehlermeldung ausgeben. |
| putc | Ein Zeichen in eine Datei schreiben. |
| read | Binärdaten aus einer Datei lesen. |
| remove | Eine Datei löschen. |
| rename | Eine Datei umbenennen. |

| | |
|---|---|
| rewind | Den Dateizeiger zurücksetzen. |
| rmdir | Ein Verzeichnis löschen. |
| setbuf | Einer Datei einen Puffer zuordnen. |
| tmpfile | Eine temporäre Datei erzeugen. |
| tmpnam | Einen temporären Dateinamen erzeugen. |
| ungetc | Die letzte Leseoperation rückgängig machen. |
| unlink | Eine Datei löschen. |
| vprintf, vfprintf, vsprintf | Formatierte Ausgabe mit variabler Parameterliste. |
| write | Binärdaten in eine Datei schreiben. |

### 18.2.3 Zeichenkettenoperationen

| | |
|---|---|
| atof | Eine Zeichenkette in ein *double* umwandeln. |
| atoi | Eine Zeichenkette in ein *int* umwandeln. |
| atol | Eine Zeichenkette in ein *long* umwandeln. |
| isalnum | Makros für die Klassifizierung von Zeichen. |
| itoa | Eine Ganzzahl in einen String umwandeln. |
| ltoa | Eine lange Ganzzahl in einen String umwandeln. |
| sprintf | Daten formatiert in eine Zeichenkette schreiben. |
| sscanf | Daten formatiert aus einer Zeichenkette lesen. |
| strcat | Einen String an einen anderen anhängen. |
| strchr | Nach Zeichen in einem String suchen. |
| strcmp | Zwei Strings miteinander vergleichen. |
| strcpy | Einen String kopieren. |
| strcspn | Nicht vorhandene Zeichen in einem String suchen. |
| strerror | Zu einer Fehlernummer den Fehlerklartext beschaffen. |
| strlen | Die Länge eines Strings ermitteln. |
| strncat | Einen String an einen anderen anhängen. |
| strncmp | Zwei Strings miteinander vergleichen. |
| strncpy | Einen String kopieren. |
| strpbrk | Nach Zeichen in einem String suchen. |
| strrchr | Das letzte Vorkommen eines Zeichens in einem String suchen. |

| | |
|---|---|
| strspan | Nach einem Teilstring suchen, der nur Zeichen aus einer vorgegebenen Menge enthält. |
| strstr | Einen String in einem anderen String suchen. |
| strtod | Eine Zeichenkette in ein *double* umwandeln. |
| strtok | Einen String in einzelne Token zerlegen. |
| strtol | Eine Zeichenkette in ein *long* umwandeln. |
| strtoul | Eine Zeichenkette in ein *unsigned long* umwandeln. |
| toascii | Ein Zeichen 7-Bit-ASCII-konform machen. |
| tolower | Ein Zeichen in einen Kleinbuchstaben umwandeln. |
| toupper | Ein Zeichen in einen Großbuchstaben umwandeln. |

### 18.2.4 Speicherverwaltung

| | |
|---|---|
| alloca | Hauptspeicher aus dem Runtime-Stack beschaffen. |
| calloc | Hauptspeicher beschaffen. |
| free | Hauptspeicher freigeben. |
| malloc | Hauptspeicher beschaffen. |
| memchr | Im Speicher nach Zeichen suchen. |
| memcmp | Speicherbereiche vergleichen. |
| memcpy | Speicherbereichen kopieren. |
| memmove | Überlappende Speicherbereiche kopieren. |
| memset | Speicher initialisieren. |

### 18.2.5 Arithmetik

| | |
|---|---|
| abs | Absoluten Betrag berechnen. |
| acos | Arcuscosinus berechnen. |
| asin | Arcussinus berechnen. |
| atan | Arkustangens berechnen. |
| ceil | Fließkommazahl aufrunden. |
| cos | Cosinus berechnen. |
| exp | Exponentialfunktion zur Basis *e* berechnen. |
| fabs | Betrag einer Fließkommazahl berechnen. |
| floor | Fließkommazahl abrunden. |
| fmod | Restwertfunktion zu einer Fließkommazahl berechnen. |
| frexp | Fließkommazahl in Mantisse und Exponent aufteilen. |
| hypot | Hypothenuse eines rechtwinkligen Dreiecks berechnen. |

| | |
|---|---|
| labs | Absoluten Betrag einer langen Ganzzahl berechnen. |
| ldexp | Die Funktion x * $2^{exp}$ berechnen. |
| log | Natürlichen Logarithmus berechnen. |
| log10 | Logarithmus zur Basis 10 berechnen. |
| modf | Fließkommazahl in Vor- und Nachkommateil aufteilen. |
| pow | Exponentialfunktion zur einer beliebigen Basis berechnen. |
| pow10 | Exponentialfunktion zur Basis 10 berechnen. |
| sin | Sinus berechnen. |
| sqrt | Quadratwurzel berechnen. |
| tan | Tangens berechnen. |

### 18.2.6 Systemfunktionen

| | |
|---|---|
| abort | Das laufende Programm abbrechen. |
| alarm | Einen Signalalarm auslösen. |
| asctime | Uhrzeitstruktur in einen String umwandeln. |
| assert | Bedingung prüfen und das Programm beenden, wenn die Bedingung nicht erfüllt ist. |
| atexit | Funktion zur Endebehandlung registrieren. |
| bsearch | In einem sortierten Array eine binäre Suche durchführen. |
| clock | Laufzeit des Programms ermitteln. |
| ctime | Eine Uhrzeit in einen String umwandeln. |
| difftime | Die Differenz zwischen zwei Zeitpunkten berechnen. |
| exit | Das Programm beenden. |
| getenv | Eine Umgebungsvariable lesen. |
| localtime | Datum-/Uhrzeitwert in eine Struktur umwandeln. |
| longjmp | Nichtlokalen unbedingten Sprung ausführen. |
| lsearch | In einem Array eine sequentielle Suche durchführen. |
| mktime | Eine Zeitstruktur in einen Sekundenwert umwandeln. |
| putenv | Eine Umgebungsvariable setzen. |
| qsort | Ein Array mit dem Quicksort-Algorithmus sortieren. |
| raise | Ein Signal auslösen. |
| rand | Eine Zufallszahl erzeugen. |
| setjmp | Eine Marke für einen nichtlokalen unbedingten Sprung setzen. |

| | |
|---|---|
| setvbuf | Einer geöffneten Datei einen Puffer zuordnen. |
| signal | Einen Signalhandler registrieren. |
| srand | Zufallszahlengenerator initialisieren. |
| system | Ein externes Programm ausführen. |
| time | Aktuelles Datum und Uhrzeit ermitteln. |

## 18.3 Alphabetische Referenz

### abort

**Aufgabe** Das laufende Programm abbrechen.

**Syntax**

```
#include <stdlib.h>

void abort();
```

**Beschreibung** Dient zum sofortigen Abbruch eines Programmes. Ein Aufruf von *abort* schreibt eine Fehlermeldung wie »abnormal program termination« oder »Abort!« auf den Bildschirm (genau: auf *stderr*) und gibt einen Exitcode ungleich 0 zurück. Beachten Sie, daß diese Funktion auf manchen Compilern die geöffneten Dateien nicht ordnungsgemäß schließt, so daß Daten verloren gehen können. *abort* sollte daher nur dann *exit* vorgezogen werden, wenn wegen schwerwiegender Fehler dessen Aufruf nicht mehr erfolgreich durchgeführt werden kann.

**Kompatibilität** ANSI

```
/* ref01.c */

#include <stdio.h>
#include <malloc.h>

void main(int argc, char **argv)
{
  char *p;

  if ((p = malloc(1000)) == NULL) {
    abort();
  }
}
```

### abs

**Aufgabe** Absoluten Betrag berechnen.

**Syntax**

```
#include <stdlib.h>

int abs(int value);
```

**Rückgabewert**

Der absolute Betrag von *value*.

**Beschreibung**

Die Funktion *abs* berechnet den absoluten Betrag von *value*.

**Kompatibilität**

ANSI

```
/* ref02.c */

#include <stdio.h>

void main(int argc, char **argv)
{
  printf("Der Betrag von -10 ist %d\n", abs(-10));
}
```

---

### access

**Aufgabe**

Die Zugriffsmöglichkeiten auf eine Datei ermitteln.

**Syntax**

```
#include <io.h>

int access(const char *fname, int mode);
```

**Rückgabewert**

Wenn die Datei vorhanden und der gewünschte Zugriff erlaubt ist, gibt die Funktion 0 zurück, andernfalls -1.

**Beschreibung**

Diese Funktion überprüft, ob die Datei mit dem Namen *fname* existiert und unter der Bearbeitungsart *mode* auf sie zugegriffen werden kann. *mode* kann dabei als Summe über folgende Konstanten gebildet werden:

| mode | Bedeutung |
|---|---|
| 0 | Datei existiert |
| 1 | Datei ist ausführbar (wird unter MS-DOS meistens ignoriert) |
| 2 | Datei kann beschrieben werden |
| 4 | Datei kann gelesen werden (gilt unter MS-DOS für alle Dateien) |
| 6 | Datei kann beschrieben und gelesen werden. |

**Tabelle 18.1: Der Parameter mode in access**

**Kompatibilität**

UNIX

```
/* ref03.c */

#include <stdio.h>
#include <io.h>

int file_exists(const char *fname)
{
  return access(fname, 0) == 0;
}

void main(int argc, char **argv)
{
  if (file_exists("test1.c")) {
    printf("Die Datei test1.c ist vorhanden\n");
  } else {
    printf("Die Datei test1.c ist nicht vorhanden\n");
  }
}
```

---

### acos

**Aufgabe** Arcuscosinus berechnen.

**Syntax**

```
#include <math.h>

double acos(double x)
```

**Rückgabewert** Der Arcuscosinus des Winkels *x* im Bereich von 0 bis PI.

**Beschreibung** *acos* berechnet den Arcuscosinus des Winkels *x*. Dabei muß *x* zwischen -1 und 1 liegen.

**Kompatibilität** ANSI

---

### alarm

**Aufgabe** Einen Signalalarm auslösen.

**Syntax**

```
#include <unistd.h>

unsigned alarm(unsigned seconds);
```

**Rückgabewert** Die Anzahl der verbleibenden Sekunden bis zum Auslösen des Alarms.

**Beschreibung** Die Funktion sorgt dafür, daß das Signal SIGALRM (s. Beschreibung der Funktion *signal*) nach einer voreingestellten Zeit ausgelöst wird. Falls durch einen anderen Aufruf von *alarm* bereits ein noch nicht ausgelöster Alarm läuft, überschreibt der aktuelle Aufruf den vorigen. Die Übergabe von 0 als Argument löscht einen noch nicht ausgelösten Alarm.

**Kompatibilität**

UNIX

```
/* ref04.c */

#include <stdio.h>
#include <signal.h>
#include <unistd.h>

void alarm_callback(int sig)
{
  printf("\n-->alarm callback aufgerufen\n");
  exit(0);
}

void main(int argc, char **argv)
{
  signal(SIGALRM, alarm_callback);
  alarm(3);
  while (1) {
    printf("warten auf alarm callback...\n");
  }
}
```

---

## alloca

**Aufgabe**

Hauptspeicher aus dem Runtime-Stack beschaffen.

**Syntax**

```
#include <stdlib.h>

void *alloca(size_t size);
```

**Rückgabewert**

Liefert einen Zeiger auf das erste Byte des reservierten Speicherbereichs, wenn der Aufruf erfolgreich war. Andernfalls wird der Nullzeiger NULL zurückgegeben.

**Beschreibung**

Diese Funktion dient zum Beschaffen von *size* Bytes Hauptspeicher aus dem Laufzeitstack des Programmes. Bei erfolgreicher Ausführung liefert *alloca* einen Zeiger auf das erste Byte des reservierten Speicherbereichs, andernfalls NULL. Im Gegensatz zu *malloc* darf der Speicher allerdings nicht (durch Aufruf von *free*) explizit zurückgegeben werden, sondern wird vom Laufzeitsystem nach Ende der Funktion automatisch freigegeben.

**Kompatibilität**

UNIX

```
/* ref05.c */

#include <stdio.h>
```

```
char *s1 = "Dies ist ein langer String";

void main(int argc, char **argv)
{
  char *s2 = alloca(strlen(s1) + 1);
  strcpy(s2, s1);
  printf("s1 = %s\n", s1);
  printf("s2 = %s\n", s2);
}
```

### asctime

**Aufgabe** Uhrzeitstruktur in einen String umwandeln.

**Syntax**

```
#include <time.h>

char *asctime(const struct tm *tptr);
```

**Rückgabewert** Liefert die übergebene Uhrzeit als nullterminierten String im Format »Sun Jan 01 12:34:56 1993\n«.

**Beschreibung** Diese Funktion konvertiert eine Uhrzeit, die im Format *struct tm* vorliegt, in einen Datums-Zeit-String im angegebenen Format.

**Kompatibilität** ANSI

```
/* ref06.c */

#include <stdio.h>
#include <time.h>

void main(int argc, char **argv)
{
  time_t t;
  time(&t);
  printf("Wie haben jetzt: %s", asctime(localtime(&t)));
}
```

### asin

**Aufgabe** Arcussinus berechnen.

**Syntax**

```
#include <math.h>

double asin(double x);
```

**Rückgabewert** Der Arcussinus des Winkels *x* im Bereich von -PI/2 bis PI/2.

**Beschreibung**

*asin* berechnet den Arcuscosinus des Winkels *x*. Dabei muß *x* zwischen -1 und 1 liegen.

**Kompatibilität**

ANSI

---

### assert

**Aufgabe**

Bedingung prüfen und das Programm beenden, wenn die Bedingung nicht erfüllt ist.

**Syntax**

```
#include <assert.h>

void assert(int test);
```

**Rückgabewert**

Keiner.

**Beschreibung**

*assert* wertet den Ausdruck *test* in einer *if*-Anweisung aus. Falls *test* wahr ist, wird das Programm fortgesetzt, andernfalls wird es mit einer Fehlermeldung beendet. In diesem Fall werden zusätzlich der Name der Quelldatei, die aktuelle Quelltextzeile und der Testausdruck selbst mit auf dem Bildschirm ausgegeben.

Falls vor dem Einbinden der Headerdatei *assert.h* das Makro NDEBUG definiert wird, evaluiert der Aufruf von *assert* zu einer Leeranweisung, wird also ignoriert. *assert* wird meist verwendet, um Debug-Code in ein Programm einzufügen, der in der (fehlerfreien) Produktionsversion nicht mehr enthalten sein soll. Die Debugversion wird dazu normal übersetzt, während der Compiler beim Erstellen der Produktionsversion mit dem Schalter -DNDEBUG aufgerufen wird,

**Kompatibilität**

ANSI

Das Programm

```
/* ref07.c */

#include <stdio.h>
#include <assert.h>

double divide(double x, double y)
{
  assert(y != 0.0);
  return x / y;
}

void main(void)
{
```

```
  printf("%6.2f\n", divide(10.0,2.0));
  printf("%6.2f\n", divide(10.0,0.0));
}
```

erzeugt folgende Ausgabe

```
  5.00
Assertion failed: file test.c, line 6
Abnormal program termination
```

---

### atan

**Aufgabe** Arkustangens berechnen.

**Syntax**

```
#include <math.h>

double atan(double x);
```

**Rückgabewert** Der Arkustangens von *x*.

**Beschreibung** Die Funktion *atan* berechnet den Winkel (in Bogenmaß), dessen Tangens *x* ist.

**Kompatibilität** ANSI

---

### atexit

**Aufgabe** Funktion zur Endebehandlung registrieren.

**Syntax**

```
#include <stdlib.h>

int atexit(void (*func)());
```

**Rückgabewert** 0, wenn kein Fehler aufgetreten ist, andernfalls ein Wert ungleich 0.

**Beschreibung** Mit Hilfe sukzessiver Aufrufe von *atexit* können maximal 32 Funktionen registriert werden, die beim ordnungsgemäßen Beenden des Programms automatisch in last-in-first-out-Ordnung aufgerufen werden. Sinnvoll ist dies beispielsweise, um wichtige Funktionen zur Endebehandlung auch dann aufzurufen, wenn das Programm aufgrund eines Fehlers an anderer Stelle beendet werden muß. Die Funktion *atexit* erwartet als Argument einen Zeiger auf eine Funktion, die weder Parameter noch Rückgabewert hat.

**Kompatibilität** ANSI

Das Programm

```
/* ref08.c */

#include <stdio.h>
```

```
#include <stdlib.h>

void ExitFunc1()
{
  printf("Dies ist ExitFunc1\n");
}

void ExitFunc2()
{
  printf("Dies ist ExitFunc2\n");
}

void main(void)
{
  atexit(ExitFunc1);
  atexit(ExitFunc2);
}
```

erzeugt folgende Ausgabe:

```
Dies ist ExitFunc2
Dies ist ExitFunc1
```

---

**atof**

**Aufgabe**

Eine Zeichenkette in ein *double* umwandeln.

**Syntax**

```
#include <stdlib.h>
#include <math.h>

double atof(const char *s)
```

**Rückgabewert**

Die in ein *double* konvertierte Zeichenkette *s*. Falls die Zeichenkette nicht erfolgreich konvertiert werden konnte, wird 0.0 zurückgegeben.

**Beschreibung**

Die übergebene Zeichenkette wird als Zahl in dezimaler Fließkommanotation betrachtet und in ein *double* konvertiert. Die Zeichenkette muß dabei den folgenden Aufbau haben:

1. Ein zusammenhängender Bereich von 0 oder mehr Whitespaces.
2. Ein optionales Vorzeichen.
3. Eine Sequenz aus Ziffern mit einem optionalen Dezimalpunkt, gefolgt von einer Sequenz aus Ziffern.
4. Ein "E" oder "e", gefolgt von einer (optional vorzeichenbehafteten) Ganzzahl

**Kompatibilität**

ANSI

```
/* ref09.c */

#include <stdio.h>
#include <stdlib.h>
#include <string.h>

void main(void)
{
  char buf[10] = "1";

  while (strlen(buf) < 9) {
    printf("buf=%s, atof(buf)=%f\n", buf, atof(buf));
    strcat(buf, "1");
  }
}
```

Die Ausgabe des Programmes lautet:

```
buf=1, atof(buf)=1.000000
buf=11, atof(buf)=11.000000
buf=111, atof(buf)=111.000000
buf=1111, atof(buf)=1111.000000
buf=11111, atof(buf)=11111.000000
buf=111111, atof(buf)=111111.000000
buf=1111111, atof(buf)=1111111.000000
buf=11111111, atof(buf)=11111111.000000
```

### atoi

**Aufgabe** Eine Zeichenkette in ein *int* umwandeln.

**Syntax**

```
#include <stdlib.h>

int atoi(const char *s)
```

**Rückgabewert** Die in ein *int* konvertierte Zeichenkette *s*. Falls die Zeichenkette nicht erfolgreich konvertiert werden konnte, wird 0 zurückgegeben.

**Beschreibung** Die übergebene Zeichenkette wird als Zahl in dezimaler Notation betrachtet und in ein *int* konvertiert. Die Zeichenkette muß dabei folgenden Aufbau haben:

1. Ein zusammenhängender Bereich von 0 oder mehr Whitespaces
2. Ein optionales Vorzeichen
3. Eine Sequenz aus Ziffern

Die erste Nicht-Ziffer beendet die Konvertierung von *atoi*. Beachten Sie, daß im allgemeinen keine Vorkehrungen zum Schutz gegen einen Überlauf getroffen werden.

**Kompatibilität**

ANSI

```
/* ref10.c */

#include <stdio.h>
#include <stdlib.h>

void main(void)
{
  printf("%d\n", atoi("   -15rb"));
  printf("%d\n", atoi("0"));
  printf("%d\n", atoi("xyz"));
}
```

Die Ausgabe des Programmes lautet:

```
-15
0
0
```

Der erste Aufruf von *atoi* liefert deshalb das korrekte Ergebnis, weil die übergebene Zeichenkette nur bis zur ersten Nicht-Ziffer gelesen wird. Ein potentielles Problem ergibt sich dadurch, daß sowohl bei einem Fehler als auch beim Übergeben von "0" der Wert 0 zurückgegeben wird. Dies wird durch den zweiten und dritten Aufruf von *atoi* gezeigt.

---

### atol

**Aufgabe**

Eine Zeichenkette in ein *long* umwandeln.

**Syntax**

```
#include <stdlib.h>

long atol(const char *s)
```

**Rückgabewert**

Die in ein *long* konvertierte Zeichenkette *s*. Falls die Zeichenkette nicht erfolgreich konvertiert werden konnte, wird 0 zurückgegeben.

**Beschreibung**

Die übergebene Zeichenkette wird als Zahl in dezimaler Notation betrachtet und in ein *long* konvertiert. Die Zeichenkette muß dabei den bei *atoi* beschriebenen Aufbau haben.

**Kompatibilität**

ANSI

### bsearch

**Aufgabe** In einem sortierten Array eine binäre Suche durchführen.

**Syntax**

```
#include <stdlib.h>

void *bsearch (
  const void *key,
  const void *base,
  size_t num,
  size_t size,
  int (*ptf)(const void *ckey, const void *celem)
);
```

**Rückgabewert** Liefert einen Zeiger auf das erste Element, daß den Kriterien entspricht, falls die Suche erfolgreich war. Andernfalls wird NULL zurückgegeben.

**Beschreibung** Die Funktion *bsearch* implementiert den bekannten Algorithmus zur *binären Suche* auf einem sortierten Array. Dieser ist durch fortgesetzte Intervallhalbierung sehr effizient und wird in der Praxis häufig eingesetzt. Die Funktion *bsearch* kapselt die Implementierung hinter einer funktionsbasierten Schnittstelle, die 5 Argumente erwartet. Damit ist sie in der Lage, eine binäre Suche auf einem beliebig typisierten Array beliebiger Größe durchzuführen.

Der Parameter *key* ist ein Zeiger auf das zu suchende Element und *base* ist ein Zeiger auf das erste Element des Arrays (in der Praxis also typischerweise der *Name* des Arrays). Beide sollten gleich typisiert sein. Die beiden folgenden Parameter *num* und *size* geben die Anzahl der Elemente des Arrays und die Größe jedes einzelnen Elements an. Als fünfter Parameter ist ein Zeiger auf eine Funktion zu übergeben, die für jeden Schritt die Lage des Suchelements relativ zum mittleren Element des aktuellen Intervalls bestimmt.

Diese Funktion bekommt zwei Parameter übergeben. Der erste ist ein Zeiger auf den Suchschlüssel und der zweite ein Zeiger auf das mit ihm zu vergleichende Element. Die Funktion muß -1 zurückgeben, wenn der Schlüssel kleiner als das Suchelement ist, +1, wenn es größer ist und 0, wenn das Arrayelement gleich dem Suchelement ist. Hier kann wahlweise eine selbstdefinierte oder eine Standardfunktion übergeben werden. Sollen beispielsweise Zeichenketten verglichen werden, so kann hier direkt die Funktion *strcmp* verwendet werden.

**Kompatibilität** ANSI

Das folgende Listing zeigt die Anwendung von *bsearch* zum Durchsuchen einer sortierten Tabelle mit Ganzzahlen. Im Hauptprogramm werden in der zunächst leeren Tabelle 1000 aufsteigende Ganzzahlen eingefügt, die nicht durch 3 oder 5 teilbar sind. Anschließend werden durch Aufruf der Funktion *intable* die Zahlen 750..760 gesucht und deren jeweilige Trefferposition auf dem Bildschirm ausgegeben. Falls die Zahl nicht gefunden wurde, gibt *intable* -1 zurück.

```
/* ref11.c */

#include <stdio.h>
#include <stdlib.h>

#define MAXELEMENTS 1000

static int elements[MAXELEMENTS];

int cmpint(const void *ckey, const void *celement)
{
  int ret     = 0;
  int key     = *((int *)ckey);
  int element = *((int *)celement);

  if (key < element) {

ret = -1;
  } else if (key > element) {
     ret = 1;
  }
  return ret;
}

int intable(int number)
{
  int *p;

  p = (int*)bsearch(
    &number,
    elements,
    MAXELEMENTS,
    sizeof(int),
    cmpint
  );
  if (p == NULL) {
     return -1;
  } else {
     return p - elements;
  }
}
```

```
void main(void)
{
  int cnt = 0, current = 1, i;

  //Elementarray füllen
  while (cnt < MAXELEMENTS) {
     if (current %3 != 0 && current % 5 != 0) {
       elements[cnt++] = current;
     }
     ++current;
  }
  //Die Werte 750..760 suchen
  for (i = 750; i <= 760; ++i) {
     printf("intable(\"%d\") = %d\n", i, intable(i));
  }
}
```

Die Ausgabe des Programms ist:

```
intable("750") = -1
intable("751") = 400
intable("752") = 401
intable("753") = -1
intable("754") = 402
intable("755") = -1
intable("756") = -1
intable("757") = 403
intable("758") = 404
intable("759") = -1
intable("760") = -1
```

### calloc

**Aufgabe** Hauptspeicher beschaffen.

**Syntax**

```
#include <stdlib.h>

void *calloc(size_t cnt, size_t size)
```

**Rückgabewert** Liefert einen Zeiger auf das erste Byte des reservierten Speicherbereichs, wenn der Aufruf erfolgreich war. Andernfalls wird der Nullzeiger NULL zurückgegeben.

**Beschreibung** Diese Funktion dient zum Beschaffen von *size * cnt* Bytes Hauptspeicher zur Laufzeit des Programmes. Bei erfolgreicher Ausführung liefert *calloc* einen Zeiger auf das erste Byte des reservierten Speicherbereichs, andernfalls NULL. Im Gegensatz zu *malloc* erwartet *calloc* die Größe des zu reservierenden Speicherbereichs nicht in Bytes, sondern getrennt für die Größe eines Arrayelements und die Anzahl der Elemente in einem Array. *calloc* ist damit prädestiniert für die Beschaffung von Speicher zum dynamischen Anlegen von Arrays.

**Kompatibilität**

ANSI

```
/* ref12.c */

#include <stdio.h>
#include <stdlib.h>

static double *create_double_array(int cnt)
{
  return calloc(cnt, sizeof(double));
}

void main(void)
{
  double *adouble;
  int i;
  adouble = create_double_array(100);
  for (i = 0; i < 100; ++i) {
    adouble[i] = 100.0 * i + 1.0;
  }

  for (i = 0; i < 100; ++i) {
    printf("%f\n", adouble[i]);
  }
}
```

---

**ceil**

**Aufgabe**

Fließkommazahl aufrunden.

**Syntax**

```
#include <math.h>

double ceil(double x)
```

**Rückgabewert**

Der kleinste ganzahlige Wert, der größer oder gleich *x* ist.

**Beschreibung**

Die Funktion liefert die kleinste Ganzzahl (als *double*), die größer oder gleich *x* ist.

**Kompatibilität**

ANSI

```
/* ref13.c */

#include <stdio.h>
#include <math.h>
```

```
void main(void)
{
  printf("%f\n", ceil(3.00));
  printf("%f\n", ceil(3.33));
  printf("%f\n", ceil(3.99));
}
```

liefert:

```
3.000000
4.000000
4.000000
```

### chdir

**Aufgabe** Das aktuelle Verzeichnis wechseln.

**Syntax**

```
#include <unistd.h>

int chdir(const char *newdir);
```

**Rückgabewert** 0 bei Erfolg, -1 sonst.

**Beschreibung** Wechselt in das als Argument angegebene Verzeichnis und macht es zum neuen aktuellen Verzeichnis.

**Kompatibilität** UNIX

```
/* ref14.c */

#include <stdio.h>
#include <unistd.h>

void main(int argc, char **argv)
{
  if (argc != 2) {
    fprintf(stderr,"Aufruf: chdir <Verzeichnis>\n");
    exit(1);
  } else if (chdir(argv[1]) != 0) {
    fprintf(stderr,"%s nicht gefunden\n", argv[1]);
    exit(1);
  }
}
```

### clock

**Aufgabe** Laufzeit des Programms ermitteln.

**Syntax**

```
#include <time.h>

clock_t clock();
```

**Rückgabewert**

Anzahl der Schritte der Systemuhr seit dem Start des Programmes.

**Beschreibung**

Diese Funktion ermittelt die Anzahl der Schritte der Systemuhr seit dem Start des Programmes. Um die Laufzeit in Sekunden zu erhalten, ist dieser Wert durch die Konstante CLK_TCK (oder CLOCKS_PER_SEC) zu dividieren.

**Kompatibilität**

ANSI

```
/* ref15.c */

#include <stdio.h>
#include <time.h>

void main(void)
{
  long l;

  clock();
  for (l = 0; l < 1000000; ++l) {
    if (l % 100000 == 0) {
      printf("%ld Schritte\n", l);
    }
  }
  printf(
    "Laufzeit: %d Sekunden\n",
    clock() / CLK_TCK
  );
}
```

Das Beispielprogramm zeigt einen alleinstehenden Aufruf von *clock* am Anfang des Programms. Dieser ist bei einigen Compilern (beispielsweise GNU-C) notwendig, um den Zeitzähler zu initialisieren. Der erste Aufruf von *clock* nach Programmstart gibt in diesem Fall immer 0 zurück.

---

### close

**Aufgabe**

Eine Datei schließen.

**Syntax**

```
#include <io.h>

int close(int handle);
```

**Rückgabewert** 0, wenn die angegebene Datei erfolgreich geschlossen werden konnte, -1 andernfalls.

**Beschreibung** Die Funktion schließt eine Datei, die mit einer der Funktionen *open* oder *creat* geöffnet wurde und über den Dateihandle *handle* angesprochen werden kann. Diese Funktion gehört zum Komplex »Low-Level-Dateihandling« und wurde in Kapitel 9 sehr ausführlich erklärt.

**Kompatibilität** UNIX

---

### cos

**Aufgabe** Cosinus berechnen.

**Syntax**

```
#include <math.h>

double cos(double x);
```

**Rückgabewert** Der Cosinus des Winkels *x* im Bereich -1 bis 1.

**Beschreibung** *cos* berechnet den Cosinus des Winkels *x*. Dabei ist *x* in Bogenmaß anzugeben.

**Kompatibilität** ANSI

---

### creat

**Aufgabe** Eine neue Datei anlegen.

**Syntax**

```
#include <io.h>
#include <sys\stat.h>

int creat(const char *fname, int mode);
```

**Rückgabewert** Bei erfolgreicher Ausführung gibt die Funktion den Handle der erzeugten Datei zurück, einen nichtnegativen *int*-Wert. Falls ein Fehler aufgetreten ist, wird -1 zurückgegeben.

**Beschreibung** Anlegen einer neuen Datei mit dem Namen *fname*. Falls eine Datei gleichen Namens bereits existierte, wird sie überschrieben. Der Parameter *mode* gibt die Attribute der Datei nach dem Anlegen an. Es bedeutet:

| mode | Bedeutung |
|---|---|
| S_IWRITE | Schreibberechtigung |
| S_IREAD | Leseberechtigung |

**Tabelle 18.2: Der Parameter mode in creat**

Sollen beide Attribute gleichzeitig vergeben werden, so können die Konstanten mit dem Bitweises-Oder-Operator verknüpft übergeben werden.

Wird mit *creat* eine neue Datei angelegt, so kann nicht direkt angegeben werden, ob die Datei im Text- oder Binärmodus gefüllt werden soll. Statt dessen interpretiert *creat* die globale Variable *_fmode*, die vom Programm auf einen der Werte O_TEXT oder O_BINARY gesetzt werden kann.

**Kompatibilität** UNIX

s. Beschreibung der Funktion *read*.

---

**ctime**

**Aufgabe** Eine Uhrzeit in einen String umwandeln.

**Syntax**

```
#include <time.h>

char *ctime(const time_t *tptr);
```

**Rückgabewert** Liefert die übergebene Uhrzeit als nullterminierten String im Format »Sun Jan 01 12:34:56 1993\n«.

**Beschreibung** Diese Funktion arbeitet wie die Kombination aus *asctime* und *localtime*. Sie konvertiert einen *time_t* in einen Datums-Zeit-String im angegebenen Format.

**Kompatibilität** ANSI

```
/* ref16.c */

#include <stdio.h>
#include <time.h>

void main(argv)
{
  time_t t;
  time(&t);
  printf("Wie haben jetzt: %s", ctime(&t));
}
```

---

**difftime**

**Aufgabe** Die Differenz zwischen zwei Zeitpunkten berechnen.

**Syntax**

```
#include <time.h>

double difftime(time_t t2, time_t t1);
```

**Rückgabewert** Die Differenz zwischen den beiden Zeitwerten als *double*.

**Beschreibung** Berechnet die Differenz zwischen den beiden Zeitpunkten *t1* und *t2* in Sekunden.

**Kompatibilität** ANSI

```
/* ref17.c */

#include <stdio.h>
#include <time.h>

void main(argv)
{
  time_t anfang, ende;
  int i;

  time(&anfang);
  for (i = 0; i <= 5000; ++i) {
    printf("running...\n");
  }
  time(&ende);
  printf(
    "Die Schleife benötigte %f Sekunden\n",
    difftime(ende, anfang)
  );
}
```

### exit

**Aufgabe** Das Programm beenden.

**Syntax**

```
#include <stdlib.h>

void exit(int status)
```

**Rückgabewert** Diese Funktion kehrt nicht zum Aufrufer zurück und gibt keinen Wert zurück.

**Beschreibung** Beendet das laufende Programm und gibt den Exitcode *status* an den Aufrufer zurück. Vor dem Beenden des Programmes werden alle Dateipuffer geleert, alle geöffneten Dateien geschlossen und alle mit *atexit* registrierten Funktionen aufgerufen.

Es hat sich eingebürgert, daß Programme bei erfolgreicher Beendigung den Status 0, im Falle eines Fehlers jedoch einen Wert größer 0 zurückgeben. Auf diese Weise können Batchdateien bzw. Shell-Scripts mit einer ERRORLEVEL-Abfrage (bzw. $?-Abfrage) auf abnormale Programmabbrüche reagieren.

**Kompatibilität** ANSI

```
/* ref18.c */

#include <stdio.h>
#include <stdlib.h>

void main(void)
{
  FILE *f1;
  char c;

  if ((f1 = fopen("c:\\config.sys", "r")) == NULL) {
    fprintf(stderr, "Kann CONFIG.SYS nicht öffnen\n");
    exit(1);
  }
  while ((c = getc(f1)) != EOF) {
    putchar(c);
  }
  fclose(f1);
  exit(0);
}
```

Das Programm hat die Aufgabe, die MS-DOS-Konfigurationsdatei CONFIG.SYS auf dem Bildschirm auszugeben. Falls dies möglich ist, wird das Programm mit dem Exitcode 0, andernfalls mit einer Fehlermeldung und dem Exitcode 1 beendet.

### exp

**Aufgabe**

Exponentialfunktion berechnen.

**Syntax**

```
#include <math.h>

double exp(double x)
```

**Rückgabewert**

Die Exponentialfunktion $e^x$.

**Beschreibung**

Berechnet die Exponentialfunktion $e^x$, wobei e=2.7118... die Basis des natürlichen Logarithmus ist.

**Kompatibilität**

ANSI

---

### fabs

**Aufgabe**

Betrag einer Fließkommazahl berechnen.

**Syntax**

```
#include <math.h>

double fabs(double x);
```

**Rückgabewert**

Der Betrag der als Argument übergebenen Zahl.

**Beschreibung** Die Funktion *fabs* berechnet den absoluten Betrag von *x*.

**Kompatibilität** ANSI

```
/* ref19.c */

#include <stdio.h>
#include <math.h>

void main(int argc, char **argv)
{
  printf("Der Betrag von -10.2 ist %.f\n", fabs(-10.2));
}
```

---

### fclose

**Aufgabe** Eine Datei schließen.

**Syntax**

```
#include <stdio.h>

int fclose(FILE *f1);
```

**Rückgabewert** Die Funktion gibt 0 zurück, wenn die Datei erfolgreich geschlossen werden konnte. Beim Auftreten eines Fehlers wird die Konstante EOF zurückgegeben.

**Beschreibung** *fclose* dient zum Schließen einer Datei, die mit der Funktion *fopen* geöffnet wurde. Durch das Schließen der Datei werden die Dateipuffer auf das externe Speichermedium zurückgeschrieben und die Verzeichnis-Einträge aktualisiert.

**Kompatibilität** ANSI

---

### fcloseall

**Aufgabe** Alle geöffneten Dateien schließen.

**Syntax**

```
#include <stdio.h>

int fcloseall(void);
```

**Rückgabewert** Die Funktion gibt die Anzahl der tatsächlich geschlossenen Dateien zurück. Beim Auftreten eines Fehlers wird die Konstante EOF zurückgegeben.

**Beschreibung** *fcloseall* dient zum Schließen aller Datei, die mit *fopen* geöffnet wurden. Durch das Schließen der Datei werden die Dateipuffer auf das externe Speichermedium zurückgeschrieben und die Verzeichnis-Einträge aktualisiert. *fcloseall* schließt nicht die Standardsystemdateien *stdin, stdout, stderr, stdaux* und *stdprn*.

**Kompatibilität**

UNIX

### fdopen

**Aufgabe**

Eine Datei im Streammodus mit dem Handle einer Low-Level-Datei öffnen.

**Syntax**

```
#include <stdio.h>

FILE *fdopen(int handle, char *mode);
```

**Rückgabewert**

Wenn die Datei mit dem Namen *fname* erfolgreich geöffnet werden konnte, liefert die Funktion einen Zeiger, über den die geöffnete Datei von anderen Funktionen aus angesprochen werden kann. Im Falle eines Fehlers gibt *fopen* die Konstante NULL zurück.

**Beschreibung**

*fdopen* dient dazu, eine Datei als Highlevel-Stream-Mode-Datei zu öffnen, wenn sie bereits über eine der Low-Level-Funktionen angelegt oder geöffnet wurde. Die im Argument *handle* übergebene Low-Level muß bereits geöffnet sein, der zweite Parameter *mode* hat dieselbe Bedeutung wie bei der Funktion *fopen*.

**Kompatibilität**

UNIX

Das folgende Programm leitet die Standardeingabe in eine Datei test.txt um und fügt vor jeder neuen Zeile die aktuelle Zeilennummer ein:

```
/* ref20.c */

#include <stdio.h>
#include <fcntl.h>

void main(void)
{
  int handle = open("test.txt", O_CREAT);
  FILE *f1   = fdopen(handle, "w");
  int c, cnt = 1;

  fprintf(f1, "%03d ", cnt);
  while ((c = getchar()) != EOF) {
    putc(c, f1);
    if (c == '\n') {
      fprintf(f1, "%03d ", ++cnt);
    }
  }
}
```

### feof

**Aufgabe** Abfragen, ob das Dateiende erreicht ist.

**Syntax**

```
#include <stdio.h>

int feof(FILE *file);
```

**Rückgabewert** Liefert einen Wert ungleich 0, falls das Ende der Datei erreicht ist, andernfalls wird 0 zurückgegeben.

**Beschreibung** Mit Hilfe von *feof* kann ermittelt werden, ob das Ende der als Argument übergebenen Datei erreicht ist.

**Kompatibilität** ANSI

Das folgende Programm quotet jede Zeile, die es über die Standardeingabe liest, mit einem ">" am Anfang und gibt sie anschließend auf Standardausgabe aus.

```
/* ref21.c */

#include <stdio.h>

void main(void)
{
  char buf[200];

  while (!feof(stdin)) {
    gets(buf);
    printf(">%s\n", buf);
  }
}
```

---

### ferror

**Aufgabe** Prüfen, ob ein Fehler beim Bearbeiten einer Datei aufgetreten ist.

**Syntax**

```
#include <stdio.h>

int ferror(FILE *file);
```

**Rückgabewert** Ungleich 0, falls ein Fehler aufgetreten ist, andernfalls wird 0 zurückgegeben.

**Beschreibung** Liefert einen Wert ungleich 0, falls ein Fehler beim Bearbeiten der Datei aufgetreten ist, andernfalls wird 0 zurückgegeben.

**Kompatibilität** ANSI

## fflush

**Aufgabe**

Die Puffer einer Datei leeren.

**Syntax**

```
#include <stdio.h>

int fflush(FILE *f1);
```

**Rückgabewert**

*fflush* gibt 0 bei erfolgreicher Arbeit zurück, und liefert EOF, falls ein Fehler aufgetreten ist.

**Beschreibung**

Beim Bearbeiten von Dateien mit den High-Level-Datei-Funktionen werden aus Effizienzgründen immer Pufferbereiche im Hauptspeicher gehalten, um Teile der Datei zwischenzupeichern. Die Funktion *fflush* dient dazu, die Dateipuffer der Datei *f1* zu leeren und physikalisch auf das externe Speichermedium zurückzuschreiben.

**Kompatibilität**

ANSI

```
/* ref22.c */

#include <stdio.h>

void main(void)
{
  int zahl;

  printf("Geben Sie eine Zahl ein: ");
  fflush(stdout);
  scanf("%d", &zahl);
  printf("Die Zahl ist %d\n", zahl);
}
```

---

## fgetc

**Aufgabe**

Das nächste Zeichen aus einer Datei lesen.

**Syntax**

```
#include <stdio.h>

int fgetc(FILE *f1)
```

**Rückgabewert**

Liefert das nächste gelesene Zeichen bzw. EOF, wenn das Ende der Datei erreicht ist. Da diese Funktion gepuffert arbeitet, terminiert sie erst, wenn ein '\n' bzw. das Dateiende gelesen wurde.

**Beschreibung**

*getc* ist eine Funktion, die das nächste verfügbare Zeichen aus der Datei *f1* liefert und gleichzeitig den Dateizeiger eine Position weiterschiebt. Falls das Dateiende erreicht wurde, gibt *getc* die Konstante EOF zurück.

**Kompatibilität**

ANSI

Das folgende Programm erwartet zwei Dateinamen als Kommandozeilenargumente. Die erste Datei wird zum Lesen geöffnet und nach einer einfachen Konvertierung aller Buchstaben in Großschrift in die zweite Datei kopiert.

```
/* ref23.c */

#include <stdio.h>

void main(int argc, char **argv)
{
  FILE *f1, *f2;
  int c;

  if (argc != 3) {
    fprintf(
      stderr,
      "Aufruf: toupper <Eingabedatei> <Ausgabedatei>\n"
    );
    exit(1);
  }
  if ((f1 = fopen(argv[1], "rb")) == NULL) {
    fprintf(stderr,"Kann %s nicht öffnen\n", argv[1]);
    exit(1);
  }
  if ((f2 = fopen(argv[2], "wb")) == NULL) {
    fprintf(stderr,"Kann %s nicht anlegen\n", argv[1]);
    exit(1);
  }
  while ((c = fgetc(f1)) != EOF) {
    if (c >= 'a' && c <= 'z') {
      c -= ('a' - 'A');
    }
    fputc(c, f2);
  }
  fclose(f2);
  fclose(f1);
}
```

### fgetpos

**Aufgabe** Die aktuelle Position des Dateizeigers ermitteln.

**Syntax**

```
#include <stdio.h>

int fgetpos(FILE *f1, fpos_t *pos)
```

**Rückgabewert**

0 bei Erfolg, andernfalls einen Wert ungleich 0.

**Beschreibung**

Mit *fgetpos* kann die aktuelle Position des Dateizeigers in der geöffneten Textdatei *f1* festgehalten werden. Dazu wird ein Zeiger *pos* auf eine Variable vom Typ *fpos_t* übergeben. Das Gegenstück zu dieser Funktion ist *fsetpos*, die mit Hilfe des in *pos* gespeicherten Wertes an die alte Position springen kann.

**Kompatibilität**

ANSI

Das folgende Programm liest die in der Kommandozeile angegebene Textdatei ein und gibt sie auf Standardausgabe wieder aus. Ab Zeile 2 erfolgt die Ausgabe mit rückwärts laufenden Zeilennummern.

```
/* ref24.c */

#include <stdio.h>

void main(int argc, char **argv)
{
  FILE *f1;
  int cnt = 1;
  fpos_t line2;
  char c;

  if (argc != 2) {
    fprintf(stderr,"Aufruf: revline <Dateiname>\n");
    exit(1);
  }
  if ((f1 = fopen(argv[1], "rt")) == NULL) {
    fprintf(stderr, "Kann %s nicht öffnen\n", argv[1]);
    exit(1);
  }
  //Pass 1: Zeile 1 ausgeben und Zeilen zählen
  while ((c = getc(f1)) != EOF) {
    if (cnt == 1) {
      putchar(c);
    }
    if (c == '\n') {
      if (++cnt == 2) {
        fgetpos(f1, &line2);
      }
    }
  }
  //Pass 2: Die übrigen Zeilen ausgeben
  --cnt;
  fsetpos(f1, &line2);
```

```
  printf("%3d ", cnt);
  while ((c = getc(f1)) != EOF) {
    putchar(c);
    if (c == '\n') {
      printf("%3d ", --cnt);
    }
  }
  fclose(f1);
}
```

---

### fgets

**Aufgabe** Eine Zeile aus einer Datei lesen.

**Syntax**

```
#include <stdio.h>

char *fgets(char *buf, int len, FILE *f1)
```

**Rückgabewert** Liefert *buf*, falls erfolgreich aus der Datei gelesen werden konnte. Andernfalls wird NULL zurückgegeben.

**Beschreibung** Liest soviele Zeichen aus der Datei *f1*, bis entweder das Ende der Datei erreicht ist, eine Zeile vollständig eingelesen wurde oder *len – 1* Zeichen gelesen wurden. *fgets* arbeitet damit so ähnlich wie *gets*, läuft aber nicht Gefahr, durch zu große Zeilenlängen einen Pufferüberlauf zu verursachen. Ein weiterer wichtiger Unterschied zu *gets* ist die Tatsache, daß *fgets* das '\n' am Ende der Zeile nicht entfernt, sondern unverändert stehen läßt.

**Kompatibilität** ANSI

Das folgende Listing zeigt eine verbesserte Version des Beispielsprogramms zu *feof*, das auch mit sehr kleinen Puffergrößen fehlerfrei läuft:

```
/* ref25.c */

#include <stdio.h>

#define BUFLEN 10

void main(void)
{
  char buf[BUFLEN + 1];
  int quote = 1;

  while (!feof(stdin)) {
    if (fgets(buf, BUFLEN, stdin) != NULL) {
      printf("%s%s", (quote ? ">" : ""), buf);
      quote = buf[strlen(buf) - 1] == '\n';
```

```
    }
  }
}
```

### fileno

**Aufgabe**

Den Low-Level-Handle einer geöffneten Datei ermitteln.

**Syntax**

```
#include <stdio.h>

int fileno(FILE *f1)
```

**Rückgabewert**

Der Handle der angegeben Datei .

**Beschreibung**

Jede mit einer der High-Level-Funktionen geöffnete Datei besitzt letztlich auch eine Low-Level-Repräsentation. Mit dieser Funktion kann der zu *f1* gehörende Handle beschafft werden.

**Kompatibilität**

ANSI

```
/* ref26.c */

#include <stdio.h>

void main(void)
{
  printf("Der Handle zu stdin  ist: %d\n", fileno(stdin));
  printf("Der Handle zu stdout ist: %d\n", fileno(stdout));
  printf("Der Handle zu stderr ist: %d\n", fileno(stderr));
  printf("Der Handle zu stdaux ist: %d\n", fileno(stdaux));
  printf("Der Handle zu stdprn ist: %d\n", fileno(stdprn));
}
```

### floor

**Aufgabe**

Fließkommazahl abrunden.

**Syntax**

```
#include <math.h>

double floor(double x);
```

**Rückgabewert**

Die größte ganze Zahl, die nicht größer als *x* ist.

**Beschreibung**

*floor* liefert die größte Ganzzahl, die kleiner oder gleich *x* ist. Das Ergebnis ist vom Typ *double*.

**Kompatibilität**

ANSI

```
/* ref27.c */

#include <stdio.h>
#include <math.h>

void main(void)
{
  printf("%f\n", floor(3.00));
  printf("%f\n", floor(3.33));
  printf("%f\n", floor(3.99));
}
```

Die Ausgabe des Programms ist:

```
3.000000
3.000000
3.000000
```

---

**fmod**

**Aufgabe** Restwertfunktion zu einer Fließkommazahl berechnen.

**Syntax**

```
#include <math.h>

double fmod(double x, double y);
```

**Rückgabewert** Der Rest der ganzzahligen Division von *x* durch *y*.

**Beschreibung** *fmod* liefert den Rest *r* der Division *x / y*, so daß *x = i * y + r* für ganzzahliges *i* und *0 <= f < y*. Oder anders gesprochen: *fmod* liefert den Rest, der übrigbleibt, wenn man *y* mit einer so großen Ganzzahl multipliziert, daß das Ergebnis gerade noch nicht größer als als *x* ist und dann dieses Ergebnis von *x* abzieht.

**Kompatibilität** ANSI

```
/* ref28.c */

#include <stdio.h>
#include <math.h>

void main(void)
{
  printf("fmod(16.0, 2.0) = %f\n", fmod(16.0, 2.0));
  printf("fmod(16.0, 3.0) = %f\n", fmod(16.0, 3.0));
  printf("fmod(16.1, 3.0) = %f\n", fmod(16.1, 3.0));
  printf("fmod(16.0, 3.1) = %f\n", fmod(16.0, 3.1));
  printf("fmod(16.1, 3.7) = %f\n", fmod(16.1, 3.7));
}
```

Die Ausgabe des Programms ist:

```
fmod(16.0, 2.0) = 0.000000
fmod(16.0, 3.0) = 1.000000
fmod(16.1, 3.0) = 1.100000
fmod(16.0, 3.1) = 0.500000
fmod(16.1, 3.7) = 1.300000
```

## fopen

**Aufgabe**

Eine Datei öffnen.

**Syntax**

```
#include <stdio.h>

FILE *fopen(const char *fname, const char *mode);
```

**Rückgabewert**

Wenn die Datei mit dem Namen *fname* erfolgreich geöffnet werden konnte, liefert die Funktion einen Zeiger, über den die geöffnete Datei von anderen Funktionen aus angesprochen werden kann. Im Falle eines Fehlers gibt *fopen* die Konstante NULL zurück.

**Beschreibung**

*fopen* dient dazu, eine Datei zu öffnen, um sie danach mit den High-Level-Datei-Funktionen zu bearbeiten. Die Zeichenkette *fname* gibt den Namen der Datei an, unter der sie dem Betriebssystem bekannt ist. Dabei sind neben einfachen Dateinamen auch komplette Pfadnamen zulässig. Der Parameter *mode* kann folgende Werte annehmen:

| mode | Bedeutung |
|---|---|
| r | Öffnen zum Lesen |
| w | Neuanlegen zum Schreiben |
| a | Öffnen zum Anhängen an das Ende der Datei bzw. Neuanlegen |
| r+ | Öffnen zum Lesen und Schreiben |
| w+ | Neuanlegen zum Lesen und Schreiben |
| a+ | Öffnen zum Lesen und Schreiben und Positionierung am Ende der Datei |

Tabelle 18.3: Der Parameter mode in fopen

Zusätzlich kann *mode* noch einen der Buchstaben *b* oder *t* enthalten:

| mode | Bedeutung |
|---|---|
| t | Bearbeiten im Textmodus |
| b | Bearbeiten im Binärmodus |

Tabelle 18.4: Der Parameter mode in fopen

**Kompatibilität** ANSI

s. *exit*

### fprintf

**Aufgabe** Daten formatiert in eine Datei ausgeben.

**Syntax**

```
#include <stdio.h>

int fprintf(FILE *f1, const char *format,...);
```

**Rückgabewert** Falls ein Fehler aufgetreten ist, wird EOF zurückgegeben, andernfalls liefert die Funktion die Anzahl der tatsächlich ausgegebenen Zeichen.

**Beschreibung** *fprintf* dient zur formatierten Ausgabe von Werten in die Datei *f1*. Die Funktion akzeptiert Aufrufe mit variabel langen Parameterlisten, es müssen jedoch immer mindestens die ersten beiden Parameter *f1* und *format* übergeben werden.

Der Parameter *format* dient zur Formatierung der Ausgabe und gibt zusätzlich die Typen an, die als weitere Parameter übergeben werden. Für jeden aktuellen Parameter muß dabei eine typmäßig passende Formatanweisung folgenden Aufbaus vorhanden sein:

```
%[Flag][Breite][Genauigkeit][Laenge]Typ
```

Es bedeuten:

- *Flag*

| Flag | Bedeutung |
|---|---|
| - | Linksbündig ausgeben |
| + | Vorzeichen immer ausgeben (auch +) |
| Leerz. | Positive Zahlen beginnen mit einer Leerstelle |
| # | Hex-Zahlen werden vorne mit 0x, Oktal-Zahlen mit 0 beginnend ausgeben |

**Tabelle 18.5: Das Flag in fprintf-Formatanweisungen**

- *Breite*

| Breite | Bedeutung |
|---|---|
| n | Die Feldbreite ist mindestens *n* Stellen |

**Tabelle 18.6: Die Breite in fprintf-Formatanweisungen**

| Breite | Bedeutung |
|---|---|
| 0n | wie vor, kürzere Ausgaben werden mit Nullen aufgefüllt |
| * | Der nächste aktuelle Parameter enthält die Feldbreite |

**Tabelle 18.6: Die Breite in fprintf-Formatanweisungen**

▼ *Genauigkeit*

| Genauigkeit | Bedeutung |
|---|---|
| .n | Dezimalzahlen werden mit *n* Nachkommastellen ausgegeben |
| .0 | Unterdrücken eventueller Dezimalstellen |
| * | Der nächste aktuelle Parameter enthält die Anzahl der auszugebenden Dezimalstellen |

**Tabelle 18.7: Die Genauigkeit in fprintf-Formatanweisungen**

▼ *Laenge*

| Laenge | Bedeutung |
|---|---|
| l | Lange Variante des Datentyps soll ausgegeben werden, d. h. *long* (bei *d,x,X,o,u*) bzw. *double* (falls *f,e,E,g,G* für *float* zu verwenden sind) |

**Tabelle 18.8: Die Laenge in fprintf-Formatanweisungen**

▼ *Typ*

| Typ | Bedeutung |
|---|---|
| d | *int* (dezimal) |
| x,X | *int* (hexadezimal) |
| o | *int* (oktal) |
| u | *unsigned* (dezimal) |
| c | *char* (oder *int*) |
| s | *char** |
| f | *double* (manchmal *float*) |
| e,E | *double* (manchmal *float*) (mit Exponent) |
| g,G | *double* (manchmal *float*) (evtl. mit Exponent) |
| % | Prozentzeichen ausgeben |

**Tabelle 18.9: Der Typ in fprintf-Formatanweisungen**

**Kompatibilität** ANSI

```
/* ref29.c */

#include <stdio.h>

void main(void)
{
  fprintf(stderr, "Fehler im Anwendungsprogramm\n");
  exit(1);
}
```

---

## fputc

**Aufgabe** Ein Zeichen in eine Datei schreiben.

**Syntax**

```
#include <stdio.h>

int fputc(int c, FILE *f1);
```

**Rückgabewert** Bei erfolgreicher Ausführung liefert *fputc* den Parameter *c* zurück, andernfalls EOF.

**Beschreibung** *fputc* dient zur Ausgabe eines einzelnen Zeichens *c* in die Datei *f1*. Es unterscheidet sich von *putc* nur dadurch, daß *putc* als Makro implementiert wurde und *fputc* als Funktion.

**Kompatibilität** ANSI

s. *fgetc*.

---

## fputs

**Aufgabe** Eine Zeile in eine Textdatei schreiben.

**Syntax**

```
#include <stdio.h>

int fputs(const char *s, FILE *f1);
```

**Rückgabewert** *fputs* gibt 0 zurück, wenn kein Fehler aufgetreten ist, andernfalls gibt die Funktion EOF zurück.

**Beschreibung** *puts* schreibt die Zeichenkette *s* in die Datei *f1*. Anders als *puts* gibt *fputs* jedoch nicht automatisch eine Zeilenschaltung danach aus.

**Kompatibilität** ANSI

Das folgende Programm zeigt eine veränderte Version des Beispiels zu *fgets*, in dem die Ausgabe nun mit *fputs* anstelle von *printf* erledigt wird:

```
/* ref30.c */
```

```
#include <stdio.h>

#define BUFLEN 50

void main(void)
{
  char buf[BUFLEN + 1];
  int quote = 1;

  while (!feof(stdin)) {
    if (fgets(buf, BUFLEN, stdin) != NULL) {
      if (quote) {
        fputs(">", stdout);
      }
      fputs(buf, stdout);
      quote = buf[strlen(buf) - 1] == '\n';
    }
  }
}
```

### fread

**Aufgabe**

Binärdaten aus einer Datei lesen.

**Syntax**

```
#include <stdio.h>

size_t fread(void *buf, size_t size, size_t num, FILE *f1);
```

**Rückgabewert**

Liefert die Anzahl der gelesenen *Elemente* (nicht Bytes!) bzw. einen Wert kleiner *num*, falls ein Fehler aufgetreten ist.

**Beschreibung**

Mit *fread* kann eine Datei gelesen werden. Die Funktion ist insbesondere für Dateien geeignet, die aus vielen Sätzen gleicher Länge bestehen. *fread* liest aus der Datei *f1* ab der aktuellen Position *num* Elemente mit einer Länge von jeweils *size* Bytes und speichert das Ergebnis in dem Puffer *buf*. Die Gesamtzahl gelesener Bytes ist also gleich *num*size* und der Puffer *buf* muß ausreichend dimensioniert sein.

**Kompatibilität**

ANSI

```
/* ref31.c */

#include <stdio.h>

struct adr {
  char name[20];
  char ort[20];
  int  alter;
```

```
} adress[10];

void main(void)
{
  FILE *f1;

  if ((f1=fopen("kunden.dat","r"))==NULL) {
    fprintf(stderr,"Fehler beim Öffnen der Datei\n");
    exit(1);
  }
  if (fread(adress,sizeof(struct adr),10,f1)!=10) {
    fprintf(stderr,"Fehler beim Lesen der Datei\n");
    exit(1);
  }
  printf("%s\n",adress[3].name);
  printf("%s\n",adress[3].ort);
  printf("%d\n",adress[3].alter);
  fclose(f1);
}
```

**free**

**Aufgabe** Hauptspeicher freigeben.

**Syntax**

```
#include <stdlib.h>

void free(void *p);
```

**Beschreibung** Diese Funktion dient der Rückgabe des mit *malloc* beschafften Hauptspeichers. Beispiele und ausführliche Erklärungen zu dieser Funktion finden Sie in den Kapiteln 10 und 11 bei der Einführung von Zeigern.

**Kompatibilität** ANSI

---

**freopen**

**Aufgabe** Auf einen vorhandenen Dateihandle eine neue Datei öffnen.

**Syntax**

```
#include <stdio.h>

FILE *freopen(const char *fname, const char *mode, FILE *f1);
```

**Rückgabewert** Liefert den Zeiger *f1*, wenn die Funktion erfolgreich war, andernfalls wird NULL zurückgegeben.

**Beschreibung** *freopen* schließt die Datei *f1* und öffnet auf demselben Dateizeiger eine neue Datei mit dem Namen *fname* und dem Modus *mode* (s. *fopen*). Diese Funktion kann beispielsweise verwendet werden, um aus einem Programm heraus die Standardausgabe in eine Datei umzuleiten.

**Kompatibilität**

ANSI

```
/* ref32.c */

#include <stdio.h>
void main(void)

{
  printf("Standardausgabeumleitung nach out.log\n");
  freopen("out.log", "a", stdout);
  printf("Diese Ausgabe steht in out.log\n");
}
```

Die Bildschirmausgabe des Programmes ist :

```
Standardausgabeumleitung nach out.log
```

Die zweite *printf*-Anweisung wurde in die Datei *out.log* umgeleitet.

### frexp

**Aufgabe**

Fließkommazahl in Mantisse und Exponent aufteilen.

**Syntax**

```
#include <math.h>

double frexp(double x, int *exponent);
```

**Rückgabewert**

Die Funktion gibt die Mantisse zurück.

**Beschreibung**

*frexp* teilt eine Fließkommazahl in Mantisse und Exponent auf. Die Mantisse liegt dabei im Bereich von 0.5 bis 1 und wird als Rückgabewert der Funktion zurückgegeben. Der Exponent wird zur Basis 2 bereechnet und als Ganzzahl in dem als *int*-Zeiger übergebenen Parameter *exponent* abgelegt.

**Kompatibilität**

ANSI

```
/* ref33.c */

#include <stdio.h>
#include <math.h>

void printfrexp(double x)
{
  int exponent;
  double mantisse = frexp(x, &exponent);
  printf("%f = %f * 2 ^ %d\n", x, mantisse, exponent);
}

void main(void)
```

```
{
  printfrexp(0.00987654109);
  printfrexp(1);
  printfrexp(3.14159265);
  printfrexp(512.0);
  printfrexp(10000.12345);
  printfrexp(2.718e15);
}
```

Die Ausgabe des Programmes ist :

```
0.009877 = 0.632099 * 2 ^ -6
1.000000 = 0.500000 * 2 ^ 1
3.141593 = 0.785398 * 2 ^ 2
512.000000 = 0.500000 * 2 ^ 10
10000.123450 = 0.610359 * 2 ^ 14
2718000000000000.000000 = 0.603517 * 2 ^ 52
```

**fscanf**

**Aufgabe** Daten formatiert aus einer Datei lesen.

**Syntax**

```
#include <stdio.h>

int fscanf(FILE *f1, const char *format,...);
```

**Rückgabewert** Liefert die Anzahl der erfolgreich gelesenen Werte. Falls dieser Wert kleiner als die Anzahl der einzulesenden Werte ist, konnten einige Felder nicht gelesen werden. Beim Auftreten des Dateiendes wird EOF zurückgegeben.

**Beschreibung** *fscanf* dient zum formatierten Einlesen von Werten aus der Datei *f1*. Die Funktion akzeptiert Aufrufe mit variabel langen Parameterlisten, es müssen jedoch immer mindestens die ersten beiden Parameter *f1* und *format* übergeben werden.

Der Parameter *format* macht Angaben über die Formatierung der einzulesenden Werte und gibt zusätzlich die Typen an, die als weitere Parameter übergeben werden müssen. Er besteht aus einer Aneinanderreihung von drei unterschiedlichen Objekttypen:

1. *Whitespace* erlaubt in der Eingabe an dieser Stelle eine beliebige Anzahl an Whitespaces und überliest diese.
2. *Normale ASCII-Zeichen* müssen in der Eingabedatei an derselben Stelle auftauchen.
3. *Formatanweisungen* dienen zum Einlesen von Werten und müssen ganz bestimmten Regeln entsprechen.

Für jeden aktuellen Parameter muß dabei eine typmäßig passende Formatanweisung folgenden Aufbaus vorhanden sein:

```
%[Ignore][Breite][Laenge]Typ
```

Es bedeuten:

- *Ignore*

| Ignore | Bedeutung |
|---|---|
| * | Das nächste Feld wird zwar gelesen, aber nicht einer Variablen zugewiesen. |

**Tabelle 18.10: Das Ignore in fscanf**

- *Breite*

| Breite | Bedeutung |
|---|---|
| n | Es werden maximal *n* Stellen eingelesen. |

**Tabelle 18.11: Die Breite in fscanf**

- *Länge*

| Laenge | Bedeutung |
|---|---|
| l | Lange Variante des Datentyps soll eingelesen werden, d.h. *long* (bei *d,x,X,o,u*) bzw. *double* (falls *f,e,E,g,G* für *float* zu verwenden sind). |
| h | *short int* soll eingelesen werden (bei d,x,X,o,u). |

**Tabelle 18.12: Die Laenge in fscanf**

- *Typ*

| Typ | Bedeutung |
|---|---|
| d | Zeiger auf *int* (Dezimalwert erwartet) |
| x | Zeiger auf *int* (Hexadezimal erwartet) |
| o | Zeiger auf *int* (Oktalwert erwartet) |
| i | Zeiger auf *int* (Hexadezimal, falls 0x..., Oktal, falls 0..., Dezimal sonst) |
| u | Zeiger auf *unsigned* (Dezimalwert erwartet) |
| c | Zeiger auf *char.* Falls Breite angegeben, Zeiger auf char[] mit genügend Platz |

**Tabelle 18.13: Der Typ in fscanf**

| Typ | Bedeutung |
|---|---|
| s | *char**, 0-Byte wird angehängt |
| f | *double* (manchmal *float*) |

**Tabelle 18.13: Der Typ in fscanf**

| Typ | Bedeutung |
|---|---|
| e,E | *double* (manchmal *float*) (mit Exponent) |
| g,G | *double* (manchmal *float*) (evtl. mit Exponent) |
| % | Prozentzeichen einlesen |
| [...] | *char** (mit Suchzeichenangabe) |

**Tabelle 18.13: Der Typ in fscanf**

**Kompatibilität** ANSI

```
/* ref34.c */

#include <stdio.h>

void main(void)
{
  int a, b;

  fscanf(stdin, "%x %x", &a, &b);
  printf("%X+%X=%X\n", a, b, a+b);
}
```

Das Programm liest zwei hexadezimale Werte über Standardeingabe ein und gibt diese zusammen mit ihrer Summe auf dem Bildschirm aus.

---

### fseek

**Aufgabe** Den Dateizeiger wahlfrei positionieren.

**Syntax**

```
#include <stdio.h>

int fseek(FILE *f1, long offset, int origin);
```

**Rückgabewert** Liefert 0, wenn die Funktion fehlerfrei ausgeführt werden konnte, und einen Wert ungleich 0, falls ein Fehler aufgetreten ist.

**Beschreibung** Die Funktion *fseek* dient zum Positionieren des Schreib-/Lesezeigers in der Datei *f1*. Der Zeiger wird relativ um *offset* Bytes, beginnend bei der durch *origin* angegebenen Startposition, verschoben. Dabei kann *origin* folgende Werte annehmen:

| origin | Bedeutung |
|---|---|
| SEEK_SET | Dateianfang |
| SEEK_CUR | Aktuelle Position |
| SEEK_END | Dateiende |

**Tabelle 18.14: Der Parameter origin in fseek**

**Kompatibilität**

ANSI

```
/* ref35.c */

#include <stdio.h>

void main(void)
{
  FILE *f1;

  if ((f1 = fopen("c:\\config.sys","r")) == NULL) {
    fprintf(stderr, "Fehler beim Öffnen der Datei\n");
    exit(1);
  }
  fseek(f1, -1L, SEEK_END);
  printf("%d\n", getc(f1));
  fseek(f1, 0L, SEEK_SET);
  printf("%c\n", getc(f1));
  fseek(f1, 6L, SEEK_CUR);
  printf("%c\n", getc(f1));
  fclose(f1);
}
```

Das Programm gibt das letzte, erste und achte (!) Zeichen der Datei *config.sys* aus.

---

### fsetpos

**Aufgabe**

An eine bestimmte Stelle in einer Datei springen.

**Syntax**

```
#include <stdio.h>

long ftell(FILE *f1, const fpos_t *pos);
```

**Rückgabewert**

0 bei Erfolg, andernfalls ein Wert ungleich 0.

**Beschreibung** Diese Funktion ist das Gegenstück zu *fgetpos* und dient dazu, an eine mit *fgetpos* gemerkte und in der Variablen *pos* festgehaltene Stelle in der Textdatei *f1* zu springen.

**Kompatibilität** ANSI

s. *fgetpos*.

---

**ftell**

**Aufgabe** Die Position des Dateizeigers ermitteln.

**Syntax**

```
#include <stdio.h>

long ftell(FILE *f1);
```

**Rückgabewert** Gibt die aktuelle Position des Dateizeigers zurück. Falls ein Fehler aufgetreten ist, wird -1 zurückgegeben.

**Beschreibung** Mit der Funktion *ftell* kann die aktuelle Position des Schreib-/Lesezeigers in der Datei *f1* ermittelt werden. Der Rückgabewert ist die Position des Zeigers relativ zum Dateianfang.

**Kompatibilität** ANSI

Das folgende Programm ermittelt die Länge der Datei *config.sys*:

```
/* ref36.c */

#include <stdio.h>

void main(void)
{
  FILE *f1;

  if ((f1 = fopen("c:\\config.sys", "r")) == NULL) {
    fprintf(stderr, "Fehler beim Öffnen der Datei\n");
    exit(1);
  }
  fseek(f1, 0L, SEEK_END);
  printf("%ld\n", ftell(f1));
  fclose(f1);
}
```

---

**fwrite**

**Aufgabe** Binärdaten in eine Datei schreiben.

**Syntax**

```
#include <stdio.h>

size_t fwrite(void *buf, size_t size, size_t num, FILE *f1);
```

**Rückgabewert**

Liefert die Anzahl der tatsächlich geschriebenen Elemente (nicht Bytes!) bzw. einen Wert kleiner *num*, falls ein Fehler aufgetreten ist.

**Beschreibung**

Mit *fwrite* kann in eine Datei geschrieben werden. Die Funktion ist insbesondere für Dateien geeignet, die aus vielen Sätzen gleicher Länge bestehen. *fwrite* schreibt ab der aktuellen Position *num* Elemente mit einer Länge von jeweils *size* Bytes in die Datei *f1* und verwendet dazu die Daten aus dem Puffer *buf*. Die Gesamtzahl geschriebener Bytes ist also gleich *num*size* und der Puffer *buf* muß die entsprechende Größe haben.

**Kompatibilität**

ANSI

Das folgende Programm erzeugt eine neue Kundendatei mit 10 gleichartigen Sätzen (s. *fread*):

```
/* ref37.c */

#include <stdio.h>

struct {
  char name[20];
  char ort[20];
  int  alter;
} kunde;

void main(void)
{
  FILE *f1;
  int i;

  if ((f1=fopen("kunden.dat","w"))==NULL) {
    fprintf(stderr,"Fehler beim Öffnen der Datei\n");
    exit(1);
  }
  strcpy(kunde.name,"Müller, Walter");
  strcpy(kunde.ort,"3000 Hannover");
  kunde.alter=42;
  for (i=1; i<=10; i++) {
    if (fwrite(&kunde,sizeof(kunde),1,f1)!=1) {
      fprintf(stderr,"Fehler beim Schreiben der Datei\n");
      exit(1);
    }
```

```
  }
  fclose(f1);
}
```

## getc

**Aufgabe** Ein Zeichen aus einer Datei lesen.

**Syntax**

```
#include <stdio.h>

int getc(FILE *f1);
```

**Rückgabewert** Liefert das nächste gelesene Zeichen bzw. EOF, wenn das Ende der Datei erreicht ist. Da diese Funktion gepuffert arbeitet, terminiert sie erst, wenn ein '\n' bzw. das Dateiende gelesen wurde.

**Beschreibung** *getc* ist ein Makro, welches das nächste verfügbare Zeichen aus der Datei *f1* liefert und gleichzeitig den Dateizeiger eine Position weiterschiebt. Falls das Dateiende erreicht wurde, gibt *getc* die Konstante EOF zurück.

**Kompatibilität** ANSI

Das folgende Programm führt eine Konvertierung der deutschen Umlaute in der als Argument übergebenen Datei vom Windows- in den DOS-Zeichensatz durch:

```
/* ref38.c */

#include <stdio.h>

void main(int argc, char **argv)
{
  FILE *f1;
  char c;

  if (argc != 2) {
    fprintf(stderr,"Aufruf: ansi2oem <Dateiname>\n");
    exit(1);
  }
  if ((f1 = fopen(argv[1], "rb")) == NULL) {
    fprintf(stderr, "Kann %s nicht öffnen\n", argv[1]);
    exit(1);
  }
  while ((c = getc(f1)) != EOF) {
    switch (c) {
    case 'ä': c = 132;
      break;
    case 'ö': c = 148;
```

```
      break;
    case 'ü': c = 129;
      break;
    case 'Ä': c = 142;
      break;
    case 'Ö': c = 153;
      break;
    case 'Ü': c = 154;
      break;
    case 'ß': c = 225;
      break;
    }
    putchar(c);
  }
  fclose(f1);
}
```

### getchar

**Aufgabe**

Ein Zeichen von der Standardeingabe lesen.

**Syntax**

```
#include <stdio.h>

int getchar();
```

**Rückgabewert**

Liefert das nächste über Standardeingabe eingegebene Zeichen bzw. EOF, wenn keine weiteren Zeichen über die Standardeingabe verfügbar sind. Da diese Funktion gepuffert arbeitet, terminiert sie erst, wenn ein '\n' bzw. das Dateiende gelesen wurde.

**Beschreibung**

*getchar* ist ein Makro, welches das nächste verfügbare Zeichen von der Standardeingabe liest. Falls keine weiteren Zeichen verfügbar sind, gibt *getchar* die Konstante EOF zurück.

**Kompatibilität**

ANSI

Das folgende Programm kopiert alle Zeichen von der Standardeingabe auf die Standardausgabe und ersetzt dabei alle '\n' durch '\r' gefolgt von '\n' (also ein Programm zur Konvertierung von UNIX-Textdateien nach MS-DOS):

```
/* ref39.c */

#include <stdio.h>

void main(void)
{
  int c;
```

```
  while ((c = getchar()) != EOF) {
    if (c == '\n') {
      putchar('\r');
    }
    putchar(c);
  }
}
```

## getenv

**Aufgabe** Eine Umgebungsvariable lesen.

**Syntax**

```
#include <stdlib.h>

char *getenv(const char *name);
```

**Rückgabewert** Liefert den Wert der Umgebungsvariablen *name*, bzw. den Zeiger NULL, wenn eine Umgebungsvariable dieses Namens nicht existiert.

**Beschreibung** Mit *getenv* können die Umgebungsvariablen des Beriebssystems gelesen werden. Der Parameter *name* gibt dabei an, welche Umgebungsvariable gelesen werden soll. Der Rückgabewert ist ein Zeiger auf das erste Zeichen der gefundenen Umgebungsvariablen, bzw. Null, wenn sie nicht existiert.

Es ist nicht möglich, durch schreibenden Zugriff auf den zurückgegebenen Zeiger die Umgebungsvariable zu verändern.

**Kompatibilität** ANSI

```
/* ref40.c */

#include <stdio.h>
#include <stdlib.h>

void main(void)
{
  printf("PATH=%s\n", getenv("PATH"));
  printf("PROMPT=%s\n", getenv("PROMPT"));
  printf("COMSPEC=%s\n", getenv("COMSPEC"));
}
```

liefert beispielsweise:

```
PATH=F:\;C:\;C:\DOS;C:\BIN;C:\BAT;C:\UNIX\ETC;
PROMPT=$p---$g
COMSPEC=C:\COMMAND.COM
```

### gets

**Aufgabe** Eine Zeile von der Standardeingabe lesen.

**Syntax**

```
#include <stdio.h>

char *gets(char *buf);
```

**Rückgabewert** Wenn ein Fehler aufgetreten oder das Ende der Eingabe erreicht ist, wird NULL zurückgegeben, andernfalls *s*.

**Beschreibung** *gets* liest die nächste Zeile von der Standardeingabe und speichert das Ergebnis in dem Zeichenpuffer *buf*. Zuvor wird das terminierende '\n' entfernt und durch ein Nullzeichen ersetzt. Der Zeichenpuffer muß groß genug sein, um den String komplett aufnehmen zu können.

**Kompatibilität** ANSI

s. *feof*.

---

### hypot

**Aufgabe** Hypothenuse eines rechtwinkligen Dreiecks berechnen.

**Syntax**

```
#include <math.h>

double hypot(double k1, double k2);
```

**Rückgabewert** Die Hypothenusenlänge des rechtwinklingen Dreiecks mit den Katheten *k1* und *k2*.

**Beschreibung** Diese Funktion berechnet die Länge der Hypothenuse des rechtwinkligen Dreiecks, dessen Katheten die Länge *k1* und *k2* haben.

**Kompatibilität** ANSI

```
/* ref41.c */

#include <stdio.h>
#include <math.h>

void main(void)
{
  double k1 = 3.0;
  double k2 = 4.0;
  printf("hypot(3.0, 4.0) = %f\n", hypot(k1, k2));
}
```

### isalnum

**Aufgabe** Makros für die Klassifizierung von Zeichen.

**Syntax**

```
#include <ctype.h>

int isalnum(int c);
```

**Rückgabewert** *isalnum* gibt einen Wert ungleich 0 zurück, wenn das übergebene Zeichen *c* ein Buchstabe (A..Z, a..z) oder eine Ziffer (0..9) ist, andernfalls wird 0 zurückgegeben.

**Beschreibung** *isalnum* ist ein Makro zur Klassifizierung von Zeichen. Es ist als Wahrheitswert-Funktion zu verwenden, die immer dann den Wert »wahr« zurückgibt, wenn das übergebene Zeichen ein Buchstabe oder eine Ziffer ist. Aus Geschwindigkeitsgründen ist dieses Makro bei vielen Compilern auf der Basis einer Tabellensuche implementiert. Diese Tabelle ist meist nur für Werte von *c* zwischen -1 und 255 ausgelegt, so daß der Aufruf des Makros mit einem Wert, der außerhalb dieses Bereichs liegt, undefiniert ist.

**Kompatibilität** ANSI

```
/* ref42.c */

#include <stdio.h>
#include <ctype.h>

void main(void)
{
  printf("%d\n", isalnum('a'));
  printf("%d\n", isalnum('a'));
  printf("%d\n", isalnum('?'));
}
```

liefert die Ausgabe:

```
2
2
0
```

Sie können an diesem Beispiel erkennen, daß logische Funktionen im Fall von »wahr« nicht unbedingt 1 zurückgeben müssen, sondern lediglich einen Wert *ungleich 0*. Der logische Wahrheitswert »falsch« wird hingegen immer durch 0 repräsentiert.

In der Header-Datei *ctype.h* werden noch weitere Makros zur Klassifizierung von Zeichen definiert. Da diese auf dieselbe Art zu verwenden sind wie *isalnum*, wollen wir die Beschreibung etwas verkürzen.

| Makro | Bedeutung |
|---|---|
| isalpha | Erkennt alle klein- und großgeschriebenen Buchstaben. |
| isascii | Erkennt alle ASCII-Zeichen, d.h. Zeichen mit einem Code zwischen 0 und 127. |
| iscntrl | Erkennt alle Steuerzeichen, d.h. alle Zeichen mit einem Code kleiner 32 (dezimal) oder das Zeichen mit dem Code 127. |
| isdigit | Erkennt alle Ziffern (0..9). |
| isgraph | Liefert bei allen druckbaren Zeichen – außer es handelt sich um das Leerzeichen – einen Wert ungleich 0. Dieses Makro ist also bis auf das Leerzeichen mit *isprint* identisch. |
| islower | Erkennt alle kleingeschriebenen Buchstaben. Beachten Sie, daß das Verhalten des Makros bei deutschen Umlauten compilerabhängig ist. Manche Compiler liefern hier das logische "wahr", andere "falsch". |
| isprint | Erkennt alle druckbaren Zeichen, d.h. alle ASCII-Zeichen mit einem Code zwischen einschließlich 32 und 126. |
| ispunct | Erkennt alle Zeichen, die weder Steuerzeichen noch alphanumerische Zeichen sind. |
| isspace | Erkennt Leerzeichen, Tabulator, Zeilenschaltung, vertikalen Tabulator, Seitenvorschub oder Wagenrücklauf, also die Zeichen mit dem ASCII-Code von 9 bis 13 und 32. |
| isupper | Erkennt großgeschriebene Buchstaben. Auch hier kann es Probleme mit den deutschen Umlauten geben. |
| isxdigit | Erkennt hexadezimale Ziffern, also die Zeichen 0 bis 9, A bis F und a bis f. |

**Tabelle 18.15: Makros aus ctype.h**

## itoa

**Aufgabe**

Eine Ganzzahl in einen String umwandeln.

**Syntax**

```
#include <stdlib.h>

char *itoa(int value, char *buf, int radix);
```

**Rückgabewert**

Der String *buf*.

**Beschreibung**

Diese Funktion wandelt die Ganzzahl *value* in einen String um und speichert das Ergebnis in dem Puffer, auf den *buf* zeigt. Die Umwandlung erfolgt dabei zur Basis *radix*, deren Wert zwischen 2 und 36 liegen kann. Der Aufrufer muß dafür sorgen, daß der für *buf* allozierte Speicher ausreichend zur Aufnahme des kompletten Ergebnisses, inkl. des terminierenden Nullzeichens, ist.

**Kompatibilität**

ANSI

Das folgende Programm wandelt die Zahl 111 zur Basis 2 bis 16 in eine Zeichenkette um und gibt das jeweilige Ergebnis auf dem Bildschirm aus:

```
/* ref43.c */

#include <stdio.h>
#include <stdlib.h>

void main(void)
{
  int i;
  char buf[100];

  for (i = 2; i <=16; ++i) {
    itoa(111, buf, i);
    printf("111 zur Basis %2d ist: %10s\n", i, buf);
  }
}
```

Die Ausgabe des Programms ist:

```
111 zur Basis  2 ist:    1101111
111 zur Basis  3 ist:      11010
111 zur Basis  4 ist:       1233
111 zur Basis  5 ist:        421
111 zur Basis  6 ist:        303
111 zur Basis  7 ist:        216
111 zur Basis  8 ist:        157
111 zur Basis  9 ist:        133
111 zur Basis 10 ist:        111
111 zur Basis 11 ist:         a1
111 zur Basis 12 ist:         93
111 zur Basis 13 ist:         87
111 zur Basis 14 ist:         7d
111 zur Basis 15 ist:         76
111 zur Basis 16 ist:         6f
```

### labs

**Aufgabe** Absoluten Betrag einer langen Ganzzahl berechnen.

**Syntax**

```
#include <stdlib.h>

long labs(long value);
```

**Rückgabewert** Der absolute Betrag von *value*.

**Beschreibung** Die Funktion *labs* berechnet den absoluten Betrag von *value*.

**Kompatibilität** ANSI

```
/* ref44.c */

#include <stdio.h>
void main(int argc, char **argv)
{
  printf("Der Betrag von -10L ist %d\n", abs(-10L));
}
```

### ldexp

**Aufgabe** Die Funktion x * $2^{exp}$ berechnen.

**Syntax**

```
#include <math.h>

double ldexp(double x, int exp);
```

**Rückgabewert** Der Wert von x * $2^{exp}$.

**Beschreibung** Berechnet die Exponentialfunktion x * $2^{exp}$.

**Kompatibilität** ANSI

---

### localtime

**Aufgabe** Datum-/Uhrzeitwert in eine Struktur umwandeln.

**Syntax**

```
#include <time.h>

struct tm *localtime(const time_t *t);
```

**Rückgabewert** Ein Zeiger auf eine Struktur vom Typ *struct tm*, welche die in *t* kodierte Uhrzeit enthält.

**Beschreibung** *localtime* wandelt die als *time_t* vorliegende Uhrzeit *t* in eine Struktur folgenden Aufbaus um:

```
struct tm {
    int tm_sec;  /*Sekunden*/
    int tm_min;  /*Minuten*/
    int tm_hour; /*Stunde*/
    int tm_mday; /*Tag*/
    int tm_mon;  /*Monat - 1*/
    int tm_year; /*Jahr - 1900*/
    int tm_wday; /*Wochentag, 0=So*/
    int tm_yday; /*Tag im jahr*/
    int tm_isdst;/*Sommerzeitflag*/
};
```

**Kompatibilität** ANSI

```
/* ref45.c */

#include <stdio.h>
#include <time.h>

void main(void)
{
  time_t t;
  struct tm *ptime;

  time(&t);
  ptime = localtime(&t);
  printf(
    "Wir haben den %02d.%02d.%4d\n",
    ptime->tm_mday,
    ptime->tm_mon + 1,
    ptime->tm_year + 1900
  );
}
```

Dieses Programm gibt das Tagesdatum auf dem Bildschirm aus.

---

### log

**Aufgabe** Natürlichen Logarithmus berechnen.

**Syntax**

```
#include <math.h>

double log(double x);
```

**Rückgabewert** Der natürliche Logarithmus $log_{e}^{x}$ des Wertes *x* zur Basis *e*.

**Beschreibung** Die Funktion *log* berechnet den Logarithmus $log_{e}^{x}$. Der Definitionsbereich ist $x>0$.

**Kompatibilität** ANSI

---

### log10

**Aufgabe** Logarithmus zur Basis 10 berechnen.

**Syntax**

```
#include <math.h>

double log10(double x);
```

**Rückgabewert** Der natürliche Logarithmus $log_{10}^{x}$ des Wertes *x* zur Basis $_{10}$.

**Beschreibung** Die Funktion *log10* berechnet den Logarithmus $log_{10}^{x}$. Der Definitionsbereich ist $x>0$.

**Kompatibilität**

ANSI

## longjmp

**Aufgabe**

Nichtlokalen unbedingten Sprung ausführen.

**Syntax**

```
#include <setjmp.h>

void longjmp(jmp_buf label, int value);
```

**Rückgabewert**

Kein Rückgabewert.

**Beschreibung**

Die Funktion *setjmp* und ihr Konterpart *longjmp* gehören zu den kurioseren Funktionen der Standard-Library. Mit ihrer Hilfe ist es möglich, unbedingte Sprünge quer durch das ganze Programm auszuführen, unabhängig davon, wie sehr die Verschachtelung der aktuellen Funktion von der Funktion abweicht, in der das Label plaziert wurde.

Um *longjmp* aufrufen zu können, muß zuvor ein korrespondierender Aufruf von *setjmp* erfolgt sein. *setjmp* erwartet als Parameter eine Labelvariable *label* vom Typ *jmp_buf*, wie sie in *setjmp.h* deklariert ist. Wurde *setjmp* auf diese Weise direkt aufgerufen, so ist sein Rückgabewert 0.

Führt das Programm irgendwann später einen Aufruf von *longjmp* mit der initialisierten Labelvariablen *label* aus, so wird das Programm in den Zustand zurückgesetzt, den es vor dem ersten Aufruf von *setjmp* hatte. Alle geschachtelten lokalen Variablen, Parameter, Rückgabewerte und sonstigen lokalen Daten, die das Programm beim Aufruf von *longjmp* zur Verfügung hatte, werden vernichtet und der Aufruf von *setjmp* erneut ausgeführt. Im Unterschied zum ersten Aufruf wird jetzt jedoch nicht 0 zurückgegeben, sondern der Wert, der als zweiter Parameter *value* an *longjmp* übergeben wurde.

Das Verhalten von *longjmp* ist nur definiert, wenn *setjmp* im Programmablauf vorher aufgerufen wurde. Zusätzlich muß zum Zeitpunkt des Aufrufs von *longjmp* die Funktion, in der der Aufruf von *setjmp* erfolgte, noch aktiv sein. Ist eine dieser Bedingungen verletzt, ist das Verhalten von *longjmp* undefiniert.

```
/* ref46.c */

#include <stdio.h>
#include <setjmp.h>

jmp_buf label1;

void Func()
{
```

```
  printf("Starte Func\n");
  longjmp(label1,1);
  printf("Beende Func\n");
}

void main(void)
{
  printf("Programmstart\n");
  if (setjmp(label1) > 0) {
    printf("Label 1 angesprungen\n");
    exit(0);
  }
  Func();
}
```

Wenn das Programm gestartet wird, gibt es zuerst die Meldung »Programmstart« aus. Mit dem Aufruf *setjmp(label1);* wird dann die Sprungmarke gesetzt. Da der Rückgabewert von *setjmp* in diesem Fall 0 ist, wird die Verzweigung umgangen und direkt *Func* aufgerufen. Nach der Ausgabe der Meldung »Starte Func« wird per *longjmp* das Label angesprungen und der Paramater 1 zurückgegeben. Das Programm wird nun in den Zustand zurückgesetzt, den es beim ersten Aufruf von *setjmp* hatte, mit dem Unterschied das *setjmp* nun 1 zurückgibt. Dadurch wird die Verzweigung ausgeführt, die Meldung »Label 1 angesprungen« ausgegeben und das Programm beendet.

### lsearch

**Aufgabe** In einem Array eine sequentielle Suche durchführen.

**Syntax**

```
#include <stdlib.h>

void *lsearch (
  const void *key,
  const void *base,
  size_t num,
  size_t size,
  int (*ptf)(const void *ckey, const void *celem)
);
```

**Rückgabewert** Liefert einen Zeiger auf das erste Element, das den Kriterien entspricht, falls die Suche erfolgreich war. Andernfalls wird NULL zurückgegeben.

**Beschreibung** Die Funktion *lsearch* implementiert eine einfache sequentielle Suche auf einem Array. Im Gegensatz zu bsearch brauchen die Elemente des Arrays dazu noch sortiert sein. Die Funktion hat dieselbe Schnittstelle wie *bsearch* und ist damit ebenfalls in der Lage, eine Suche auf einem beliebig typisierten Array beliebiger Größe durchzuführen.

Der Parameter *key* ist ein Zeiger auf das zu suchende Element und *base* ist ein Zeiger auf das erste Element des Arrays (in der Praxis also typischerweise der *Name* des Arrays). Beide sollten gleich typisiert sein. Die beiden folgenden Parameter *num* und *size* geben die Anzahl der Elemente des Arrays und die Größe jedes einzelnen Elements an. Als fünfter Parameter ist ein Zeiger auf eine Funktion zu übergeben, die für jeden Schritt entscheidet, ob das aktuelle Element dem gesuchten entspricht.

Diese Funktion bekommt zwei Parameter übergeben. Der erste ist ein Zeiger auf den Suchschlüssel und der zweite ein Zeiger auf das mit ihm zu vergleichende Element. Die Funktion muß einen Wert ungleich 0 zurückgeben, wenn der Schlüssel ungleich dem Suchelement ist und 0, wenn das Arrayelement gleich dem Suchelement ist. Hier kann wahlweise eine selbstdefinierte oder eine Standardfunktion übergeben werden. Sollen beispielsweise Zeichenketten verglichen werden, so kann hier direkt die Funktion *strcmp* verwendet werden.

**Kompatibilität**

UNIX

s. *lsearch*.

---

**lseek**

**Aufgabe**

Den Dateizeiger wahlfrei positionieren.

**Syntax**

```
#include <unistd.h>

int lseek(int fd, long offset, int origin);
```

**Rückgabewert**

Liefert den Offset der neuen Dateiposition, wenn die Funktion fehlerfrei ausgeführt werden konnte. Falls ein Fehler aufgetreten ist, gibt die Funktion -1 zurück.

**Beschreibung**

Die Funktion *lseek* dient zum Positionieren des Schreib-/Lesezeigers in der Datei mit dem Handle *fd*. Der Zeiger wird relativ um *offset* Bytes, beginnend bei der durch *origin* angegebenen Startposition, verschoben. Dabei kann *origin* folgende Werte annehmen:

| origin | Bedeutung |
|---|---|
| SEEK_SET | Dateianfang |
| SEEK_CUR | Aktuelle Position |
| SEEK_END | Dateiende |

**Tabelle 18.16: Der Parameter origin in lseek**

**Kompatibilität** UNIX

Vgl. *fseek*.

---

### ltoa

**Aufgabe** Eine lange Ganzzahl in einen String umwandeln.

**Syntax**

```
#include <stdlib.h>

char *ltoa(long value, char *buf, int radix);
```

**Rückgabewert** Der String *buf*.

**Beschreibung** Diese Funktion wandelt die lange Ganzzahl *value* in einen String um und speichert das Ergebnis in dem Puffer, auf den *buf* zeigt. Die Umwandlung erfolgt dabei zur Basis *radix*, deren Wert zwischen 2 und 36 liegen kann. Der Aufrufer muß dafür sorgen, daß der für *buf* allozierte Speicher ausreichend zur Aufnahme des kompletten Ergebnisses, inkl. des terminierenden Nullzeichens, ist.

**Kompatibilität** ANSI

s. *itoa*.

---

### malloc

**Aufgabe** Hauptspeicher beschaffen.

**Syntax**

```
#include <stdlib.h>

void *malloc(size_t size);
```

**Rückgabewert** Liefert einen Zeiger auf das erste Byte des reservierten Speicherbereichs, wenn der Aufruf erfolgreich war. Andernfalls wird der Nullzeiger NULL zurückgegeben.

**Beschreibung** Diese Funktion dient zum Beschaffen von *size* Bytes Hauptspeicher zur Laufzeit des Programmes. Bei erfolgreicher Ausführung liefert *malloc* einen Zeiger auf das erste Byte des reservierten Speicherbereichs.

**Kompatibilität** ANSI

---

### memchr

**Aufgabe** Im Speicher nach Zeichen suchen.

**Syntax**

```
#include <string.h>

int memchr(const void *buf, int c, size_t n);
```

**Rückgabewert**

Einen Zeiger auf c, falls das Zeichen gefunden wurde, andernfalls NULL.

**Beschreibung**

Die Funktion *memchr* durchsucht die ersten *n* Bytes des Speicherbereichs, auf den *buf* zeigt, nach dem ersten Vorkommen des Zeichens *c*.

**Kompatibilität**

ANSI

Das folgende Programm implementiert eine Funktion *mystrlen*, in der die Länge eines Strings dadurch ermittelt wird, daß unter Verwendung der Funktion *memchr* nach dem ersten Auftreten des terminierden Nullbytes gesucht wird:

```
/* ref47.c */

#include <stdio.h>
#include <string.h>

int mystrlen(const char *s)
{
  return (char *)memchr(s, '\0', 10000) - s;
}

void main(int argc, char **argv)
{
  char buf[20];
  int i;

  strcpy(buf, "");
  for (i = 1; i <= 10; ++i) {
    printf(
      "Die Länge von \"%s\" ist: %d\n", buf, mystrlen(buf)
    );
    strcat(buf, "x");
  }
}
```

**Die Ausgabe des Programms ist:**

```
Die Länge von "" ist: 0
Die Länge von "x" ist: 1
Die Länge von "xx" ist: 2
Die Länge von "xxx" ist: 3
Die Länge von "xxxx" ist: 4
Die Länge von "xxxxx" ist: 5
Die Länge von "xxxxxx" ist: 6
Die Länge von "xxxxxxx" ist: 7
Die Länge von "xxxxxxxx" ist: 8
Die Länge von "xxxxxxxxx" ist: 9
```

### memcmp

**Aufgabe** Speicherbereiche vergleichen.

**Syntax**

```
#include <string.h>

int memcmp(const void *buf1, const void *buf2, size_t size);
```

**Rückgabewert** Der Rückgabewert kann der Tabelle R.17 entnommen werden:

| Rückgabewert | Bedeutung |
|---|---|
| < 0 | falls *buf1* kleiner ist als *buf2* |
| > 0 | falls *buf1* größer ist als *buf2* |
| = = 0 | falls *buf1* gleich *buf2* ist |

**Tabelle 18.17: Der Rückgabewert von memcmp**

**Beschreibung** Die Funktion *memcmp* vergleicht die ersten *size* Bytes der beiden Speicherbereiche *buf1* und *buf2* miteinander. Die Funktion untersucht dabei, ob einer der beiden Speicherbereiche lexikographisch kleiner ist als der andere, oder ob beide gleich sind.

**Kompatibilität** ANSI

```
/* ref48.c */

#include <stdio.h>
#include <string.h>

char *s1 = "abc1";
char *s2 = "abc2";
char *s3 = "abc3";

void main(void)
{
  printf("%d\n", memcmp(s1, s2, 4));
  printf("%d\n", memcmp(s2, s1, 4));
  printf("%d\n", memcmp(s1, s3, 3));
}
```

liefert:

```
-1
1
0
```

### memcpy

**Aufgabe** Speicherbereichen kopieren.

**Syntax**

```
#include <string.h>

void *memcpy(const void *dest, const void *src, size_t size);
```

**Rückgabewert** Gibt *dest* zurück.

**Beschreibung** *memcpy* kopiert *size* Bytes aus dem Speicherbereich, auf den *src* zeigt, in den Speicherbereich, auf den *dest* zeigt. Das Verhalten der Funktion ist undefiniert, wenn sich die beiden Speicherbereiche überlappen. In diesem Fall sollte *memmove* verwendet werden.

**Kompatibilität** ANSI

Das folgende Programm kopiert die ersten beiden Zeichen des Strings *s2* an den Anfang des Strings *s1*:

```
/* ref49.c */

#include <stdio.h>
#include <string.h>

char *s1 = "abc1";
char *s2 = "xyz";

void main(void)
{
  printf("%s\n", (char *)memcpy(s1, s2, 2));
}
```

Die Ausgabe des Programms ist:

```
xyc1
```

---

### memmove

**Aufgabe** Überlappende Speicherbereiche kopieren.

**Syntax**

```
#include <string.h>

void *memmove(const void *dest, void *src, size_t size);
```

**Rückgabewert** Gibt *dest* zurück.

**Beschreibung** *memcpy* kopiert *size* Bytes aus dem Speicherbereich, auf den *src* zeigt, in den Speicherbereich, auf den *dest* zeigt. Im Gegensatz zu *memcpy* kann diese Funktion auch dann verwendet werden, wenn sich Quell- und Zielbereich überlappen.

**Kompatibilität** ANSI

Das folgende Programm kopiert fortlaufend drei Zeichen innerhalb eines Strings um eine Position nach rechts. Die Aufrufe haben dabei überlappende Quell- und Zielpuffer:

```
/* ref50.c */

#include <stdio.h>
#include <string.h>

char *s1 = "Dies ist ein Test";

void main(void)
{
  int i;

  for (i = 0; i <= 12; ++i) {
    memmove(s1 + 2 + i, s1 + 1 + i, 3);
    printf("%s\n", s1);
  }
}
```

**Die Ausgabe des Programms ist:**

```
Diiesist ein Test
Diiiesst ein Test
Diiiiest ein Test
Diiiiies ein Test
Diiiiiiesein Test
Diiiiiiiesin Test
Diiiiiiiiesn Test
Diiiiiiiiies Test
DiiiiiiiiiiesTest
Diiiiiiiiiiiesest
Diiiiiiiiiiiiesst
Diiiiiiiiiiiiiest
Diiiiiiiiiiiiiies
```

---

### memset

**Aufgabe** Speicher initialisieren.

**Syntax**

```
#include <string.h>

void *memset(void *buf, int c, size_t size);
```

**Rückgabewert** Gibt *buf* zurück.

**Beschreibung** *memset* initialisiert die ersten *size* Bytes des Speicherbereichs, auf den *buf* zeigt, mit dem Wert *c*.

**Kompatibilität**

ANSI

```
/* ref51.c */

#include <stdio.h>
#include <string.h>

char *s = "Dieser String wird überschrieben";

void main(void)
{
  printf("%s\n", (char *)memset(s, 'x', (size_t)20));
}
```

Das Programm erzeugt folgende Ausgabe:

```
xxxxxxxxxxxxxxxxxxxxberschrieben
```

---

### mkdir

**Aufgabe**

Ein neues Verzeichnis anlegen.

**Syntax**

```
#include <sys/stat.h>

int mkdir(const char *dirname, mode_t mode);
```

**Rückgabewert**

Die Funktion gibt 0 zurück, wenn das Verzeichnis erzeugt werden konnte. Bei einem Fehler wird ein Wert ungleich 0 zurückgegeben.

**Beschreibung**

Die Funktion legt das Verzeichnis mit dem Namen *dirname* an und fügt darin automatisch die beiden Pseudodateien "." und ".." ein. Der zweite Parameter *mode* gibt unter UNIX die Zugriffsrechte der Datei an, bei den DOS-Portierungen üblicher C-Compiler fehlt er entweder völlig oder wird ignoriert.

**Kompatibilität**

UNIX

Das folgende Programm legt im aktuellen Verzeichnis zehn Unterverzeichnisse mit den Namen *tmpdir1* bis *tmpdir10* an.

```
/* ref52.c */

#include <stdio.h>
#include <sys/stat.h>

void main(void)
{
  char dirname[20];
  int i;
```

```
  for (i = 1; i <= 10; ++i) {
    sprintf(dirname, "tmpdir%d", i);
    printf("Anlegen des Verzeichnisses %s: ", dirname);
    if (mkdir(dirname, 0) == 0) {
      printf("OK\n");
    } else {
      printf("fehlgeschlagen\n");
    }
  }
}
```

### mktemp

**Aufgabe** Einen eindeutigen Dateinamen erzeugen.

**Syntax**

```
#include <stdio.h>

char *mktemp(char *template);
```

**Rückgabewert** Falls der Templatestring korrekt gebildet wurde, wird er als Rückgabewert zurückgegeben, andernfalls wird NULL zurückgegeben.

**Beschreibung** Die Funktion ersetzt den übergebenen String *template* durch einen eindeutigen Dateinamen und liefert einen Zeiger auf diesen als Rückgabewert. *template* muß dazu ein nullterminierter String mit sechs "X" am rechten Ende sein. *mktemp* ersetzt die "XXXXXX" so durch einen Kombination aus Buchstaben und Ziffern, daß der resultierende Dateiname in dem angegebenen Verzeichnis eindeutig ist.

**Kompatibilität** UNIX

Das folgende Programm definiert eine Funktion *createtempfile*, die im aktuellen Verzeichnis eine temporäre Datei mit dem Namen "$$" gefolgt von 6 weiteren Buchstaben anlegt und den Handle auf die geöffnete Datei zurückgibt. Das Hauptprogramm erzeugt durch Aufruf von *createtempfile* eine temporäre Datei und schreibt den String "mktemp-Test\n" hinein:

```
/* ref53.c */

#include <stdio.h>

FILE *createtempfile()
{
  char template[] = "$$XXXXXX";
  FILE *file = NULL;

  if (mktemp(template) != NULL) {
    file = fopen(template, "w");
```

```
  }
  return file;
}

void main(void)
{
  FILE *f1;

  if ((f1 = createtempfile()) == NULL) {
    printf("Kann temporäre Datei nicht anlegen\n");
  } else {
    fprintf(f1, "mktemp-Test\n");
    fclose(f1);
    printf("OK\n");
  }
}
```

---

### mktime

**Aufgabe**

Eine Zeitstruktur in einen Sekundenwert umwandeln.

**Syntax**

```
#include <time.h>

time_t mktime(struct tm *tptr);
```

**Rückgabewert**

Die Anzahl der Sekunden seit 1.1.1970, 00:00:00, die dem übergebenen Argument *tptr* entspricht. Falls die Struktur nicht konvertiert werden konnte, wird -1 zurückgegeben.

**Beschreibung**

Die Funktion *mktime* ist das Gegenstück zu der Funktion *localtime*. Sie normalisiert die Werte in der Zeitstruktur, auf die *tptr* zeigt, und liefert den Sekundenwert seit 1.1.1970, 00:00:00 Uhr GMT.

**Kompatibilität**

ANSI

Das folgende Programm berechnet die verbleibenden Sekunden bis zum Jahr 2000. Dazu initialisiert es die Variable *now* mit der aktuellen Uhrzeit und erzeugt daraus durch Aufruf von *localtime* eine Zeitstruktur (damit wir nicht alle Elemente selbst initialisieren müssen). Diese wird so verändert, daß ihre Elemente auf die letzte Sekunde des Jahres 1999 zeigen, und durch Aufruf von *mktime* wird der zugehörige Sekundenwert ermittelt. Das Ergebnis braucht dann nur noch um 1 erhöht und um den Wert von *now* vermindert werden:

```
/* ref54.c */

#include <stdio.h>
#include <time.h>
```

```
void main(void)
{
  struct tm *t2000;
  time_t now;

  time(&now);
  t2000 = localtime(&now);
  t2000->tm_year = 99;
  t2000->tm_mon  = 12 - 1;
  t2000->tm_mday = 31;
  t2000->tm_hour = 23;
  t2000->tm_min  = 59;
  t2000->tm_sec  = 59;
  printf(
    "Noch %d Sekunden bis zum Jahr 2000\n",
    mktime(t2000) - now + 1
  );
}
```

Die Ausgabe des Programms (zum jetzigen Zeitpunkt) ist:

```
Noch 60747417 Sekunden bis zum Jahr 2000
```

### modf

**Aufgabe** Fließkommazahl in Vor- und Nachkommateil aufteilen.

**Syntax**

```
#include <math.h>

double modf(double x, double *pint);
```

**Rückgabewert** Die Funktion gibt den Nachkommateil zurück.

**Beschreibung** *frexp* teilt die Fließkommazahl *x* in Vor- und Nachkommateil auf. Während der Nachkommateil von der Funktion zurückgegeben wird, muß der Vorkommateil als Zeiger auf ein *double* an die Funktion übergeben werden. Nach dem Aufruf steht hier der Vorkommateil.

**Kompatibilität** ANSI

```
/* ref55.c */

#include <stdio.h>
#include <math.h>

void printmodf(double x)
{
  double vorkomma;
  double nachkomma = modf(x, &vorkomma);
```

```
  printf("%f = %.0f + %f\n", x, vorkomma, nachkomma);
}

void main(void)
{
  printintmodf(0.00987654109);
  printintmodf(1);
  printintmodf(3.14159265);
  printintmodf(512.0);
  printintmodf(10000.12345);
  printintmodf(2.718e15);
}
```

Die Ausgabe des Programmes ist :

```
0.009877 = 0 + 0.009877
1.000000 = 1 + 0.000000
3.141593 = 3 + 0.141593
512.000000 = 512 + 0.000000
10000.123450 = 10000 + 0.123450
2718000000000000.000000 = 2718000000000000 + 0.000000
```

### open

Aufgabe

Eine Datei öffnen.

Syntax

```
#include <io.h>

int open(const char *fname, int access[, int open]);
```

Rückgabewert

Bei erfolgreicher Auführung gibt die Funktion einen nichtnegativen Wert (den Dateihandle) zurück, der bei Zugriffen auf diese Datei benötigt wird. Falls ein Fehler aufgetreten ist, wird -1 zurückgegeben.

Beschreibung

Öffnen einer bestehenden Datei mit dem Namen *fname*. Falls eine Datei dieses Namens nicht existiert, gibt die Funktion -1 zurück. Der Parameter *access* gibt an, ob die Datei zum Lesen und/oder Schreiben geöffnet werden soll. Es bedeutet:

| access | Bedeutung |
|---|---|
| O_RDONLY | Lesen |
| O_WRONLY | Schreiben |
| O_RDWR | Lesen und Schreiben |

Tabelle 18.18: Der Parameter access von open

Genau ein Parameter aus dieser Liste muß bei einem Aufruf von *open* angegeben werden. Soll die Datei zum Lesen und Schreiben geöffnet werden, so können die Werte mit dem Bitweises-Oder-Operator verknüpft übergeben oder die Konstante O_RDWR verwendet werden.

Weiterhin kann der *access*-Parameter mit einer beliebigen Kombination der folgenden Flags versehen werden:

| access | Bedeutung |
|---|---|
| O_APPEND | Nach dem Öffnen wird der Dateizeiger auf das Ende der Datei gesetzt. |
| O_CREAT | Falls die Datei nicht existiert, wird sie angelegt. |
| O_TRUNC | Eine existierende Datei wird unmittelbar nach dem Öffnen geleert, aso ihre Länge auf 0 gesetzt. |
| O_EXCL | Nur zusammen mit O_CREAT von Bedeutung: wenn die Datei bereits existiert, liefert die Funktion einen Fehler. |
| O_BINARY | Die Datei soll als Binärdatei geöffnet werden. Dieses Flag kann nicht mit O_TEXT kombiniert werden. |
| O_TEXT | Die Datei soll als Textdatei geöffnet werden. Dieses Flag kann nicht mit O_BINARY kombiniert werden. |

**Tabelle 18.19: Der Parameter access von open**

Typischerweise besitzt *open* noch einen dritten, optionalen Parameter *mode*, der erforderlich ist, wenn der *access*-Parameter die Konstante O_CREAT beinhaltet. Dieser Parameter definiert die Zugriffsrechte der neu angelegten Datei:

| access | Bedeutung |
|---|---|
| S_IREAD | Lesezugriff. |
| S_IWRITE | Schreibzugriff |

**Tabelle 18.20: Der optionale Parameter mode von open**

Manchmal sind die angegebenen Konstanten nicht in *io.h* zu finden, sondern in anderen Header-Dateien wie z. B. *dos.h* (oder *fcntl.h* und *sys/stat.h*). Details können der Dokumentation des jeweiligen Compilers entnommen werden.

**Kompatibilität** ANSI

Die Low-Level-Dateifunktionen werden ausführlich in Kapitel 9 behandelt. Dort finden sich auch Beispiele zur Anwendung von *open*.

### perror

**Aufgabe**

Eine Fehlermeldung ausgeben.

**Syntax**

```
#include <stdio.h>

void perror(const char *msg);
```

**Rückgabewert**

Keiner.

**Beschreibung**

Die Funktion *perror* gibt eine Fehlermeldung auf *stderr* aus. Dabei wird der als Argument übergebene String *msg*, gefolgt von einem Doppelpunkt und der Klartextfehlermeldung des letzten aufgetretenen Fehlers, ausgegeben. Diese Meldung wird dem Array *sys_errlist* (definiert in *errno.h*) entnommen, der mit der globalen Variable *errno* indiziert wird. Ein Aufruf von *perror* ist also immer dann sinnvoll, wenn der Aufruf einer Funktion fehlgeschlagen ist, die *errno* gesetzt hat.

**Kompatibilität**

ANSI

```
/* ref56.c */

#include <stdio.h>
#include <fcntl.h>
#include <unistd.h>

static char *fname = "c:\\autoexec.bax";

void main(void)
{
  int fd;

  if ((fd = open(fname, O_RDONLY)) == -1) {
    perror(fname);
    exit(1);
  }
  close(fd);
}
```

Existiert die Datei *c:\autoexec.bax* nicht, so gibt das Programm folgende Fehlermeldung aus:

```
c:\autoexec.bax: No such file or directory (ENOENT)
```

### pow

**Aufgabe**

Exponentialfunktion zur einer beliebigen Basis berechnen.

**Syntax**

```
#include <math.h>

double pow(double x, double y);
```

**Rückgabewert** Die Potenz $x^y$.

**Beschreibung** Die Funktion *pow* dient zum Berechnen von Potenzen der Form $x^y$.

**Kompatibilität** ANSI

```
/* ref57.c */

#include <stdio.h>
#include <math.h>

void main(void)
{
  printf("%f\n", pow(3.0, 2.0));
  printf("%f\n", pow(2.0, 3.0));
  printf("%f\n", pow(256.0, 0.125));
}
```

Die Ausgabe des Programms ist:

```
9.000000
8.000000
2.000000
```

## pow10

**Aufgabe** Exponentialfunktion zur Basis 10 berechnen.

**Syntax**

```
#include <math.h>

double pow10(int x);
```

**Rückgabewert** Die Potenz $10^x$

**Beschreibung** Die Funktion *pow* dient zum Berechnen von Zehnerpotenzen der Form $10^x$.

**Kompatibilität** UNIX

```
/* ref58.c */

#include <stdio.h>
#include <math.h>

void main(void)
{
```

```
  int i;

  for (i = 0; i <= 6; ++i) {
    printf("10 hoch %d = %7.0f\n", i, pow10(i));
  }
}
```

Die Ausgabe des Programms ist:

```
10 hoch 0 =       1
10 hoch 1 =      10
10 hoch 2 =     100
10 hoch 3 =    1000
10 hoch 4 =   10000
10 hoch 5 =  100000
10 hoch 6 = 1000000
```

---

**printf**

**Aufgabe**

Daten formatiert auf die Standardausgabe schreiben.

**Syntax**

```
#include <stdio.h>

int printf(const char *format,...);
```

**Rückgabewert**

Falls ein Fehler aufgetreten ist, wird EOF zurückgegeben, andernfalls liefert die Funktion die Anzahl der tatsächlich ausgegebenen Zeichen.

**Beschreibung**

*printf* dient zur formatierten Ausgabe von Werten auf Standardausgabe. Die Funktion akzeptiert Aufrufe mit variabel langen Parameterlisten, es muß jedoch immer mindestens der Parameter *format* übergeben werden. *printf* unterscheidet sich nur durch das Fehlen des Dateiparameters von der Funktion *fprintf*. Alle dort gemachten Aussagen gelten auch für *printf*.

**Kompatibilität**

ANSI

```
/* ref59.c */

#include <stdio.h>

void main(void)
{
  printf("%d\n", (int) 13.14);
  printf("%ld\n", (long)13.14);
  printf("%x\n", (int) 13.14);
  printf("%f\n", 13.14);
}
```

erzeugt die Ausgabe:

```
13
13
d
13.140000
```

### putc

**Aufgabe** Ein Zeichen in eine Datei schreiben.

**Syntax**

```
#include <stdio.h>

int putc(int c, FILE *f1);
```

**Rückgabewert** Bei erfolgreicher Ausführung liefert *putc* den Parameter *c* zurück, andernfalls EOF.

**Beschreibung** *putc* dient zur Ausgabe eines einzelnen Zeichens *c* in die Datei *f1*.

**Kompatibilität** ANSI

```
/* ref60.c */

#include <stdio.h>

char *s = "hello, world\n";

void main(void)
{
  FILE *f1;

  if ((f1 = fopen("hello.txt","w")) == NULL) {
    fprintf(stderr, "Kann hello.txt nicht anlegen\n");
    exit(1);
  }
  while (putc(*s, f1) != '\n') {
    s++;
  }
  fclose(f1);
}
```

Das Programm erzeugt eine Datei *hello.txt* mit dem Inhalt *»hello, world\n«*.

### putchar

**Aufgabe** Ein Zeichen auf die Standardausgabe schreiben.

**Syntax**

```
#include <stdio.h>

int putchar(int c);
```

**Rückgabewert**

Bei erfolgreicher Ausführung liefert *putchar* den Parameter *c* zurück, andernfalls EOF.

**Beschreibung**

*putchar* dient zur Ausgabe eines einzelnen Zeichens *c* auf Standardausgabe.

**Kompatibilität**

ANSI

```
/* ref61.c */

#include <stdio.h>

char *s = "hello, world\n";

void main(void)
{
  while (putchar(*s) != '\n') {
    s++;
  }
}
```

Das Programm gibt die Zeichenkette *"hello, world\n"* auf Standardausgabe aus.

---

**putenv**

**Aufgabe**

Eine Umgebungsvariable setzen.

**Syntax**

```
#include <stdlib.h>

int putenv(const char *cmd);
```

**Rückgabewert**

Die Funktion gibt 0 zurück, wenn kein Fehler aufgetreten ist, andernfalls gibt sie -1 zurück.

**Beschreibung**

Mit *putenv* ist es möglich, die Umgebungsvariablen des aktuellen Programmes und der aus diesem Programm heraus aufgerufenen Unterprogramme zu verändern. Um einer Umgebungsvariable *Name* den String *Wert* zuzuweisen, ist in *cmd* eine Zeichenkette der Form *Name=Wert* zu übergeben. *putenv* ist nicht in der Lage, die Umgebungsvariaben des aufrufenden Programmes zu verändern. Es ist also inbesondere nicht möglich, aus einem Programm heraus die in der *autoexec.bat* definierten Umgebungsvariablen von COMMAND.COM (bzw. analog unter UNIX) zu verändern.

**Kompatibilität** UNIX

Das folgende Programm verändert zunächst die Umgebungsvariable PROMPT, die unter MS-DOS dazu dient, das Aussehen der Eingabeaufforderung festzulegen, und ruft dann den Kommandointerpreter auf. Dieser erbt die Umgebungsvariablen seines Vaterprozesses und zeigt die geänderte Eingabeaufforderung an. Nach Ende des Kommandointerpreters sind wieder die ursprünglichen Umgebungsvariablen gültig.

```
/* ref62.c */

#include <stdio.h>
#include <stdlib.h>

void main(void)
{
  printf("Programmbeginn\n");
  putenv("PROMPT=$p-:)-:)-:)-:)-:)-$g");
  printf("Bitte EXIT zum Beenden...\n");
  system("command");
  printf("Programmende\n");
}
```

Die Ausgabe des Programms ist:

```
C:\ARC\DOKU\c\1998\tmp--->test1
Programmbeginn
Bitte EXIT zum Beenden...



Microsoft(R) Windows 95
   (C)Copyright Microsoft Corp 1981-1995.

C:\ARC\DOKU\c\1998\tmp-:)-:)-:)-:)-:)->exit
Programmende

C:\ARC\DOKU\c\1998\tmp--->
```

### puts

**Aufgabe** Eine Zeile auf die Standardausgabe schreiben.

**Syntax**

```
#include <stdio.h>

int puts(const char *s);
```

**Rückgabewert** *puts* gibt 0 zurück, wenn kein Fehler aufgetreten ist, andernfalls gibt die Funktion EOF zurück.

**Beschreibung**

*puts* schreibt die Zeichenkette *s*, gefolgt von einer Zeilenschaltung, auf die Standardausgabe.

**Kompatibilität**

ANSI

Das folgende Programm kopiert alle Eingabezeilen auf die Standardausgabe, wenn sie in der ersten Spalte ein Semikolon enthalten:

```
/* ref63.c */

#include <stdio.h>

static char buf[100];

void main(void)
{
  while (gets(buf) != NULL) {
    if (buf[0] == ';') {
      puts(buf);
    }
  }
}
```

---

## qsort

**Aufgabe**

Ein Array mit dem Quicksort-Algorithmus sortieren.

**Syntax**

```
#include <stdlib.h>

void qsort(
  void *base,
  size_t cnt,
  size_t size,
  int (*fcmp)(const void *, const void*)
);
```

**Rückgabewert**

Keiner.

**Beschreibung**

*qsort* ist eine Implementierung des Quicksort-Sortierverfahrens zum Sortieren eines beliebig typisierten Arrays von Werten. Das Array wird an *qsort* mit Hilfe eines Zeigers *base* auf sein erstes Element übergeben. Es enthält ingesamt *cnt* Elemente, von denen jedes die Größe *size* Bytes hat.

Da unterschiedliche Datentypen nicht mit einer einheitlichen Sortierordnung versehen sind, ist es erforderlich, an *qsort* eine Funktion *fcmp* zu übergeben, mit der zwei beliebige Arrayelemente verglichen werden können. Bei jedem Sortierschritt ruft *qsort* *fcmp* auf und übergibt zwei Zeiger auf die zu vergleichenden Elemente. *fcmp* muß die beiden Elemente vergleichen und einen Wert gemäß der Ordnung dieser Elemente zurückgeben. Ist das erste Element kleiner als das zweite, liefert *fcmp* einen negativen Wert, ist es größer, einen positiven, und sind beide gleich, so gibt *fcmp* 0 zurück.

Besteht das Array aus nullterminierten Zeichenketten, so kann als Vergleichsfunktion *strcmp* verwendet werden, denn *strcmp* verhält sich exakt so wie gefordert. Ist das Array dagegen anders typisiert, so muß eine eigene Vergleichsfunktion geschrieben werden.

Das folgende Programm erstellt ein Array mit *SIZE* zufälligen Elementen des Typs *int*. Dieses Array wird zunächst ausgegeben und dann mit *qsort* sortiert. Anschließend wird das sortierte Array ausgegeben. Als Sortierfunktion wird *intcmp* verwendet. Dieses Funktion bekommt bei jedem Vergleich zwei Arrayelemente per Zeiger übergeben, die mit den relationalen Operatoren KLEINER und GROESSER miteinander verglichen werden:

```
/* ref64.c */

#include <stdio.h>
#include <stdlib.h>

#define SIZE 10

static int A[SIZE];

int intcmp(const void *p1, const void *p2)
{
  int i1 = *((int *)p1);
  int i2 = *((int *)p2);

  if (i1 < i2) return -1;
  if (i1 > i2) return  1;
  return 0;
}

void main(void)
{
  int i;

  printf("Initialisiere Array...\n");
  for (i = 0; i < SIZE; ++i) {
    A[i] = rand() % 10000;
  }
  printf("Array unsortiert:\n");
  for (i = 0; i < SIZE; ++i) {
    printf("  %5d\n", A[i]);
  }
```

```
  printf("Sortiere Array...\n");
  qsort(A, SIZE, sizeof(int), intcmp);
  printf("Array sortiert:\n");
  for (i = 0; i < SIZE; ++i) {
    printf("  %5d\n", A[i]);
  }
}
```

Die Ausgabe des Programmes ist:

```
Initialisiere Array...
Array unsortiert:
      0
   4310
   4759
   5029
   7457
   7174
   1541
   2245
   2259
    628
Sortiere Array...
Array sortiert:
      0
    628
   1541
   2245
   2259
   4310
   4759
   5029
   7174
   7457
```

---

**raise**

**Aufgabe**

Ein Signal auslösen.

**Syntax**

```
#include <stdlib.h>

int raise(int sig);
```

**Rückgabewert**

0 bei Erfolg, ein Wert ungleich 0 andernfalls.

**Beschreibung**

Diese Funktion löst das als Argument *sig* übergebene Signal aus. Ein Signal ist ein aus der UNIX-Welt stammendes Konzept, mit dem parallele Prozesse miteinander kommunizieren können. In der Headerdatei *signal.h* sind folgende Signale vordefiniert:

| Signal | Bedeutung |
|---|---|
| SIGABRT | Abnormales Programmende (z.B. durch Aufruf von *abort*). |
| SIGFPE | Fließkommafehler. |
| SIGILL | Ungültige Anweisung. |
| SIGSEGV | Speicherschutzverletzung. |
| SIGTERM | Anfrage zum Beenden des Programms. |
| SIGINT | STRG+C oder STRG+Pause gedrückt. |

**Tabelle 18.21: Vordefinierte Signale**

Teilweise ist die Generierung dieser Signale systemabhängig. So werden unter einigen DOS-Compilern manche Signale gar nicht generiert, und andere können nicht asynchron generiert werden. Auch gibt es Signale, die nicht ANSI-kompatibel sind, aber unter UNIX zur Verfügung stehen. Diese werden hier nicht aufgeführt.

**Kompatibilität** ANSI

Das folgende Programm erwartet zwei Argumente in der Kommandozeile und interpretiert diese als Fließkommazahlen, die durcheinander dividiert werden sollen. Ist der zweite der beiden Operanden 0, so wird das Signal SIGFPE ausgelöst, das zum Programmabbruch führt.

```
/* ref65.c */

#include <stdio.h>
#include <stdlib.h>
#include <signal.h>

void main(int argc, char **argv)
{
  double op1, op2;

  if (argc == 3) {
    op1 = atof(argv[1]);
    op2 = atof(argv[2]);
    if (op2 == 0) raise(SIGFPE);
    printf("%f / %f = %f\n", op1, op2, op1 / op2);
  }
}
```

---

### rand

**Aufgabe** Eine Zufallszahl erzeugen.

**Syntax**

```
#include <stdlib.h>

int rand(void);
```

**Rückgabewert**

Liefert eine Zahl zwischen 0 und RAND_MAX (typischerweise $2^{15}$-1).

**Beschreibung**

Diese Funktion liefert bei jedem Aufruf eine (Pseudo-)Zufallszahl mit einem Wert zwischen 0 und RAND_MAX (typischerweise $2^{15}$-1). Normalerweise sollten alle Zahlen aus diesem Wertebereich gleich wahrscheinlich sein, einige Compiler machen hier jedoch Einschränkungen und bieten deshalb zusätzlich bessere Zufallszahlengeneratoren an.

Ein Zufallszahlengenerator erzeugt keine wirklich zufälligen Zahlen. Auf einer *deterministischen* Maschine, wie ein digitaler Computer es ist, wäre dies auch gar nicht so ohne weiteres möglich. Statt dessen merkt er sich die jeweils letzte erzeugte Zahl und berechnet daraus nach einem festgelegten mathematischen Verfahren die nächste Zufallszahl. Es werden also keine zufälligen Zahlen erzeugt, sondern lediglich gleichwahrscheinlich verteilte Zahlen aus einem sehr großen Wertevorrat.

Für viele Anwendungen ist der Wertebereich von *rand* zu groß, er läßt sich aber leicht mit Hilfe des Restwert-Operators % einschränken. Sollen beispielsweise nur Zufallszahlen aus dem Bereich von *0..n-1* generiert, so braucht der Rückgabewert lediglich *modulo n* genommen zu werden.

**Kompatibilität**

ANSI

```
/* ref66.c */

#include <stdio.h>
#include <stdlib.h>

void main(void)
{
  int i;

  for (i = 0; i < 10; i++) {
    printf("%d\n", rand() % 4);
  }
}
```

Dieses Programm liefert 10 Zufallszahlen im Bereich zwischen 0 und 3. Das Ergebnis könnte etwa sein:

```
2
2
1
3
```

```
3
3
2
3
0
2
```

Beachten Sie, daß dieses Programm bei jedem Aufruf dieselbe Zahlenfolge liefert, da der Startwert des Zählers durch die Initialisierung des Programmes immer gleich ist. Mit Hilfe der Funktion *srand* (s.u.) können Sie den Startwert jedoch beeinflussen.

---

### read

**Aufgabe** Binärdaten aus einer Datei lesen.

**Syntax**

```
#include <io.h>

int read(int handle, void *buf, size_t size);
```

**Rückgabewert** Liefert die Anzahl tatsächlich gelesener Bytes. Falls das Dateiende vorzeitig erreicht wurde, kann ein Wert kleiner als *size* zurückgegeben werden. Beim Auftreten eines Fehlers gibt die Funktion -1 zurück.

**Beschreibung** Lesen aus einer Datei, die mit einer der Funktionen *open* oder *creat* geöffnet wurde. Dabei ist *handle* der Dateihandle, der beim Öffnen zurückgegeben wurde. *read* versucht, *size* Bytes aus der Datei zu lesen und speichert die tatsächlich gelesenen Zeichen in dem durch *buf* spezifizierten Puffer.

**Kompatibilität** UNIX

```
/* ref67.c */

#include <stdio.h>
#include <io.h>
#include <fcntl.h>
#include <sys\stat.h>
#include <unistd.h>

#define BUFSIZE 512

char buf[BUFSIZE + 2];

void main(int argc, char **argv)
{
  int f1, f2;
  size_t len;
```

```
  if (argc != 3) {
    fprintf(stderr,"Aufruf: copyfile <Datei1> <Datei2>\n");
    exit(1);
  }
  _fmode = O_BINARY;
  if ((f1 = open(argv[1], O_RDONLY)) < 0) {
    perror(argv[1]);
    exit(1);
  }
  if ((f2 = creat(argv[2], S_IWRITE|S_IREAD)) < 0) {
    perror(argv[2]);
    close(f1);
    exit(1);
  }
  do {
    len = read(f1, buf, BUFSIZE);
    write(f2, buf, len);
  } while (len == BUFSIZE);
  close(f2);
  close(f1);
}
```

Dieses Programm ist die Grundversion eines Programmes zum Kopieren von Dateien. Durch Vergrößern des Puffers (d.h. der Konstanten *BUFSIZE*) kann die Performance des Programmes erheblich gesteigert werden.

### remove

**Aufgabe** Eine Datei löschen.

**Syntax**

```
#include <stdio.h>

int remove(const char *fname);
```

**Rückgabewert** Falls die Datei gelöscht werden konnte, gibt die Funktion 0 zurück, andernfalls -1.

**Beschreibung** Löscht die Datei *fname* aus dem angegebenen Verzeichnis.

**Kompatibilität** ANSI

Das folgende Programm löscht die in der Kommandozeile angegebene Datei. Zuvor wird eine Sicherungskopie angelegt, deren Name dem der Originaldatei mit der Erweiterung ».del« entspricht.

```
/* ref58.c */

#include <stdio.h>
#include <fcntl.h>
```

```
#include <sys/stat.h>
#include <unistd.h>
#include <string.h>

#define BUFSIZE 512

char buf[BUFSIZE + 2];

void main(int argc, char **argv)
{
  char *fname;
  int f1, f2;
  size_t len;

  if (argc != 2) {
    fprintf(stderr,"Aufruf: delfile <Datei>\n");
    exit(1);
  }
  //Prüfen, ob die Datei wirklich existiert
  if (access(argv[1], 0) != 0) {
    fprintf(stderr,"Unbekannte Datei: %s\n", argv[1]);
    exit(1);
  }
  //Erstellen der Sicherungskopie
  if ((fname = alloca(strlen(argv[1]) + 5)) == NULL) {
    fprintf(stderr,"Nicht genügend Speicher\n");
    exit(1);
  }
  strcpy(fname, argv[1]);
  strcat(fname, ".del");
  _fmode = O_BINARY;
  if ((f1 = open(argv[1], O_RDONLY)) < 0) {
    perror(argv[1]);
    exit(1);
  }
  if ((f2 = creat(fname, S_IWRITE|S_IREAD)) < 0) {
    perror(fname);
    close(f1);
    exit(1);
  }
  do {
    len = read(f1, buf, BUFSIZE);
    write(f2, buf, len);
  } while (len == BUFSIZE);
  close(f2);
  close(f1);
```

```
  //Löschen der Datei
  remove(argv[1]);
}
```

## rename

**Aufgabe**

Eine Datei umbenennen.

**Syntax**

```
#include <stdio.h>

int remove(const char *oldname, const char *newname);
```

**Rückgabewert**

Falls die Datei umbenannt werden konnte, gibt die Funktion 0 zurück, andernfalls -1.

**Beschreibung**

Benennt die Datei *oldname* in *newname* um. Beachten Sie, daß das Umbenennen einer Datei meist nur innerhalb desselben Dateisystems (bzw. logischen Laufwerks) möglich ist.

**Kompatibilität**

ANSI

Das folgende Programm ist eine anders implementierte Variante des Beispielprogramms zu *remove*. Statt die Datei vor dem Löschen zu *kopieren*, verwendet dieses Programm die Funktion *rename*, um die Sicherungskopie durch *Umbenennen* der Originaldatei zu erstellen:

```
/* ref69.c */

#include <stdio.h>
#include <unistd.h>
#include <string.h>

void main(int argc, char **argv)
{
  char *backup;

  if (argc != 2) {
    fprintf(stderr,"Aufruf: delfile <Datei>\n");
    exit(1);
  }
  //Prüfen, ob die Datei wirklich existiert
  if (access(argv[1], 0) != 0) {
    fprintf(stderr,"Unbekannte Datei: %s\n", argv[1]);
    exit(1);
  }
  //Namen der Sicherungskopie bestimmen
  if ((backup = alloca(strlen(argv[1]) + 5)) == NULL) {
    fprintf(stderr,"Nicht genügend Speicher\n");
```

```
    exit(1);
  }
  strcpy(backup, argv[1]);
  strcat(backup, ".del");
  //Ggfs. vorhandene Sicherungskopie löschen
  if (access(backup, 0) == 0) {
    remove(backup);
  }
  //Umbennen der Datei
  rename(argv[1], backup);
}
```

### rewind

**Aufgabe** Den Dateizeiger zurücksetzen.

**Syntax**

```
#include <stdio.h>

void rewind(f1)
FILE *f1;
```

**Rückgabewert** Keiner.

**Beschreibung** *rewind(f1);* ist gleichbedeutend mit *fseek(f1,0L,SEEK_SET);* und setzt den Dateizeiger an den Anfang der Datei zurück. Nach einem Aufruf von *rewind* zeigt der Dateizeiger auf das erste Byte der Datei *f1*.

**Kompatibilität** ANSI

Das folgende Programm zeigt die Anwendung von *rewind* am Beispiel der Standardeingabe *stdin*. Wird das Programm mit umgeleiteter Eingabe aufgerufen, so wird die Standardeingabe zweimal gelesen. Bei nicht umgeleiteter Eingabe kann nach dem ersten Dateiendezeichen mit der Eingabe fortgefahren werden (diesmal im zweiten Schleifendurchlauf), da *rewind* auch den EOF-Indikator zurücksetzt.

```
/* ref70.c */

#include <stdio.h>

void main(void)
{
  int i, c;
  for (i = 1; i <= 2; ++i) {
    printf("%d>", i);
    while ((c = getchar()) != EOF) {
      putchar(c);
      if (c == '\n') {
```

```
      printf("%d>", i);
    }
  }
  if (i == 1) {
    putchar('\n');
    rewind(stdin);
  }
 }
}
```

---

### rmdir

**Aufgabe**

Ein Verzeichnis löschen.

**Syntax**

```
#include <dir.h>

void rmdir(const char *dirname);
```

**Rückgabewert**

Der Rückgabewert ist 0, falls das Verzeichnis erfolgreich entfernt werden konnte. Andernfalls wird -1 zurückgegeben und *errno* auf einen der Werte EACCES oder ENOENT gesetzt.

**Beschreibung**

Entfernt das Verzeichnis mit dem Namen *dirname*. Damit der Aufruf gelingt, muß das Verzeichnis leer sein. Je nach System kann die einzubindende Headerdatei auch einen anderen Namen als *dir.h* haben (unter GNU-C heißt sie beispielsweise *unistd.h*).

**Kompatibilität**

UNIX

```
/* ref71.c */

#include <stdio.h>
#include <unistd.h>

void main(void)
{
  if (rmdir("c:\\tmp\\xdata") != 0) {
    fprintf(
      stderr,
      "Fehler beim Löschen von c:\\tmp\\xdata\n"
    );
    exit(1);
  }
}
```

---

### scanf

**Aufgabe**

Daten formatiert von der Standardeingabe lesen.

**Syntax**

```
#include <stdio.h>

int scanf(const char *format, ...);
```

**Rückgabewert** Liefert die Anzahl der erfolgreich gelesenen Werte. Falls dieser Wert kleiner als die Anzahl der einzulesenden Werte ist, konnten einige Felder nicht gelesen werden. Beim Auftreten des Dateiendes wird EOF zurückgegeben.

**Beschreibung** *scanf* dient zum formatierten Einlesen von Werten über die Standardeingabe. Die Funktion akzeptiert Aufrufe mit variabel langen Parameterlisten, dabei muß jedoch immer mindestens der Parameter *format* übergeben werden. Er macht Angaben über die Formatierung der einzulesenden Werte und gibt zusätzlich die Typen an, die als weitere Parameter übergeben werden müssen. Die weiteren Details können Sie der Beschreibung der Funktion *fscanf* entnehmen.

**Kompatibilität** ANSI

```
/* ref72.c */

#include <stdio.h>

void main(void)
{
  int a, b;
    scanf("%x %x", &a, &b);
  printf("%X+%X=%X\n", a, b, a+b);
}
```

Das Programm liest zwei hexadezimale Werte über die Standardeingabe ein und gibt sie zusammen mit ihrer Summe auf dem Bildschirm aus.

---

### setbuf

**Aufgabe** Einer Datei einen Puffer zuordnen.

**Syntax**

```
#include <stdio.h>

void setbuf(FILE *f1, char *buf);
```

**Rückgabewert** Keiner.

**Beschreibung** *setbuf* stellt der geöffneten Datei *f1* den Pufferbereich *buf* zur Verfügung. Alle Ein- und Ausgaben von *f1* werden anschließend über diesen Puffer abgewickelt. Falls *buf* NULL ist, so erfolgt die Ausgabe vollkommen ungepuffert, andernfalls muß *buf* die Größe BUFSIZ (in *stdio.h* definiert) haben.

**Kompatibilität** ANSI

Das folgende Programm erstellt eine 150 kByte große Datei und kopiert sie zweimal. Beim ersten Versuch bekommen sowohl Quell- als auch Zieldatei einen Puffer, beim zweiten Versuch bleiben die Dateien ungepuffert.

```
/* ref73.c */

#include <stdio.h>
#include <stdlib.h>
#include <time.h>

#define FILESIZE 150000L
#define FNAME1   "test.1"
#define FNAME2   "test.2"

void FileCopy1(char *src, char *dest)
{
  FILE *f1, *f2;
  static char buf1[BUFSIZ];
  static char buf2[BUFSIZ];
  int c;
  time_t t1 = time(NULL);

  printf("Kopiere gepuffert\n");
  f1=fopen(src, "rb");
  f2=fopen(dest, "wb");
  setbuf(f1, buf1);
  setbuf(f2, buf2);
  while ((c = getc(f1)) != EOF) {
    putc(c, f2);
  }
  fclose(f1);
  fclose(f2);
  printf("  Fertig nach %d s.\n", time(NULL)-t1);
}

void FileCopy2(char *src, char *dest)
{
  FILE *f1, *f2;
  int c;
  time_t t1 = time(NULL);

  printf("Kopiere ungepuffert\n");
  f1=fopen(src, "rb");
  f2=fopen(dest, "wb");
  setbuf(f1, NULL);
  setbuf(f2, NULL);
```

```
  while ((c = getc(f1)) != EOF) {
    putc(c,f2);
  }
  fclose(f1);
  fclose(f2);
  printf("  Fertig nach %d s.\n", time(NULL)-t1);
}

void CreateFile()
{
  FILE *f;

  f = fopen(FNAME1, "wb");
  fseek(f, FILESIZE-1, SEEK_SET);
  putc(' ', f);
  fclose(f);
}

void main(void)
{
  printf("Erzeuge %s\n", FNAME1);
  CreateFile();
  FileCopy1(FNAME1, FNAME2);
  FileCopy2(FNAME1, FNAME2);
}
```

Die Ausgabe des Programmes zeigt einen deutlichen Performanceunterschied zwischen gepufferter und ungepufferter Version:

```
Erzeuge test.1
Kopiere gepuffert
  Fertig nach 1 s.
Kopiere ungepuffert
  Fertig nach 29 s.
```

---

### setjmp

**Aufgabe** Eine Marke für einen nichtlokalen unbedingten Sprung setzen.

**Syntax**

```
#include <setjmp.h>

int setjmp(jmp_buf label);
```

**Rückgabewert** Kein Rückgabewert.

**Beschreibung** *setjmp* speichert den aktuellen Programmzustand in dem Labelpuffer *label*. Auf diese Weise fixiert die Funktion die aktuelle Programmstelle als Ziel eines späteren Aufrufs von *longjmp*. Wird *setjmp* direkt aufgerufen, ist der Rückgabewert 0, nach einem Aufruf von *longjmp* ist es der an *longjmp* übergebene Wert *value*. Eine genauere Beschreibung von *setjmp* finden Sie bei der Beschreibung von *longjmp*.

**Kompatibilität**

ANSI

s. *longjmp*

### setvbuf

**Aufgabe**

Einer geöffneten Datei einen Puffer zuordnen.

**Syntax**

```
#include <stdio.h>

int setvbuf(
  FILE *f1,
  char *buf,
  int buftype,
  size_t bufsize
);
```

**Rückgabewert**

Die Funktion gibt 0 zurück, wenn der Aufruf erfolgreich war, andernfalls wird ein Wert ungleich 0 zurückgegeben.

**Beschreibung**

Mit *setvbuf* kann das Pufferverhalten einer geöffneten Datei verändert werden. Falls *buf* NULL ist, alloziert die Funktion einen eigenen Puffer der Größe *bufsize*, andernfalls wird der in *buf* übergebene zur Pufferung verwendet. Alle Ein-/Ausgaben werden dann über diesen Puffer abgewickelt. Der Parameter *buftype* bestimmt die Art der Pufferung:

| Puffertyp | Bedeutung |
|---|---|
| _IOFBF | Die Datei wird voll gepuffert. |
| _IOLBF | Die Datei wird zeilenweise gepuffert. |
| _IONBF | die Ein-Ausgaben werden gar nicht gepuffert, unabhängig davon, welche anderen Argument übergeben werden. |

Tabelle 18.22: Puffertypen für setvbuf

**Kompatibilität**

ANSI

Das folgende Programm schließt an das Beispiel für *setbuf* an und stellt eine dritte Version der Kopierfunktion zur Verfügung, bei der ein großer Puffer verwendet wird (30 kByte):

```
/* ref74.c */

#include <stdio.h>
```

```
#include <stdlib.h>
#include <time.h>

#define FILESIZE 150000L
#define FNAME1   "test.1"
#define FNAME2   "test.2"

void FileCopy3(char *src, char *dest)
{
  FILE *f1, *f2;
  int c;
  time_t t1 = time(NULL);

  printf("Kopiere gepuffert\n");
  f1=fopen(src, "rb");
  f2=fopen(dest, "wb");
  setvbuf(f1, NULL, _IOFBF, 30000);
  setvbuf(f2, NULL, _IOFBF, 30000);
  while ((c = getc(f1)) != EOF) {
    putc(c, f2);
  }
  fclose(f1);
  fclose(f2);
  printf("  Fertig nach %d s.\n", time(NULL)-t1);
}

void CreateFile()
{
  FILE *f;

  f = fopen(FNAME1, "wb");
  fseek(f, FILESIZE-1, SEEK_SET);
  putc(' ', f);
  fclose(f);
}

void main(void)
{
  printf("Erzeuge %s\n", FNAME1);
  CreateFile();
  FileCopy3(FNAME1, FNAME2);
}
```

Die Ausgabe des Programms zeigt eine weitere Verbesserung gegenüber der mit *setbuf* gepufferten Variante. Allerdings ist dieser Unterschied nicht mehr so gravierend wie der zur ungepufferten Version und wird sich auch durch eine weitere Vergrößerung der Puffer nicht mehr wesentlich steigern lassen.

---

### signal

**Aufgabe**

Einen Signalhandler registrieren.

**Syntax**

```
#include <signal.h>

void (*signal(int sig, void (*func)(int)))(int);
```

**Rückgabewert**

Ein Zeiger auf den vorher installierten Signalhandler.

**Beschreibung**

Die Funktion *signal* dient dazu, das zukünftige Verhalten des Programms bei Aufreten eines Signals festzulegen. Das Standardverhalten besteht darin, das Programm zu beenden. Alternativ kann das Signal ignoriert oder ein anwendungsspezifischer Signalhandler (also eine *Signalbehandlungsfunktion*) installiert werden. *signal* erwartet die Übergabe einer Funktion, die ein einziges Argument vom Typ *int* hat und deren Rückgabewert *void* ist. Die beiden vordefinierten Signalhandler SIG_DFL und SIG_IGN dienen dazu, das Programm bei Auftreten eines Signals zu beenden (SIG_DFL) bzw. das Signal zu ignorieren (SIG_IGN).

**Kompatibilität**

ANSI

Das folgende Programm installiert einen anwendungsspezifischen Signalhandler für die Unterbrechungstaste STRG+C. Deren ursprüngliches Standardverhalten, das darin bestand, das Programm zu beenden, wird deaktiviert und durch den Code des Signalhandlers *SIGINTHandler* ersetzt. Dieser erhöht eine statische Variable *cnt* bei jedem Druck auf STRG+C um 1, bis der Wert 11 erreicht ist. Dann wird das Programm beendet.

Die Hauptfunktion des Programms gibt in einer Endlosschleife den Wert des Zählers *cnt* aus. Dieser ist zu Beginn 0 und kann durch Drücken von STRG+C asynchron erhöht werden.

```
/* ref75.c */

#include <stdio.h>
#include <signal.h>

static volatile int cnt = 0;

void SIGINTHandler(int sig)
{
  if (sig == SIGINT) {
    ++cnt;
```

```
  }
  if (cnt >= 11) {
    exit(0);
  }
}

void main(void)
{
  signal(SIGINT, SIGINTHandler);
  while (1) {
    printf("Zaehlerwert ist: %2d\n", cnt);
  }
}
```

### sin

**Aufgabe** Sinus berechnen.

**Syntax**

```
#include <math.h>

double sin(double x);
```

**Rückgabewert** Liefert den Sinus von *x*.

**Beschreibung** *sin* dient zur Berechnung der Sinusfunktion des im Bogenmaß übergebenen Winkels *x*.

**Kompatibilität** ANSI

```
/* ref76.c */

#include <stdio.h>
#include <math.h>

void main(void)
{
  printf("%.9f\n", sin(3.14));
  printf("%.9f\n", sin(3.1415));
  printf("%.9f\n", sin(3.14159265));
}
```

Die Ausgabe des Programms ist:

```
0.001592653
0.000092654
0.000000004
```

### sprintf

**Aufgabe**

Daten formatiert in eine Zeichenkette schreiben.

**Syntax**

```
#include <stdio.h>

double sprintf(char *buf, const char *format, ...);
```

**Rückgabewert**

Anzahl der geschriebenen Zeichen abzüglich des terminierenden Nullzeichens.

**Beschreibung**

*sprintf* arbeitet wie *printf*, gibt die formatierten Zeichen aber nicht auf dem Bildschirm aus, sondern schreibt sie in den Textpuffer *buf*. Die für den Formatstring *format* und die übrigen Parameter geltenden Konventionen können der Beschreibung von *fprintf* entnommen werden.

**Kompatibilität**

ANSI

Das folgende Programm zeigt die Verwendung von *sprintf* am Beispiel einer Funktion *ErrorLog*, die einen Fehlertext in eine Logdatei *error.log* und auf *stderr* schreibt. Damit die Formatierung des Fehlertextes nicht doppelt vorgenommen werden muß, erfolgt sie zunächst mit Hilfe von *sprintf* in einem lokalen Fehlerpuffer, der dann in beiden Ausgabeanweisungen verwendet wird.

```
/* ref77.c */

#include <stdio.h>
#include <time.h>

void ErrorLog(const char *msg)
{
  char timebuf[40];
  char *buf;
  FILE *flog;
  time_t t;
  struct tm *ptime;

  //Datum/Uhrzeit ermitteln
  time(&t);
  ptime = localtime(&t);
  sprintf(
    timebuf,
    "   Zeit:   %02d.%02d.%4d %02d:%02d:%02d",
    ptime->tm_mday,
    ptime->tm_mon + 1,
    ptime->tm_year + 1900,
```

```
    ptime->tm_hour,
    ptime->tm_min,
    ptime->tm_sec
  );
  //Speicher allozieren und Fehlerstring erzeugen
  buf = alloca(strlen(msg) + strlen(__FILE__) + 100);
  sprintf(
    buf,
    "***Fehler: %s\n   Datei:  %s\n   Zeile:  %d\n%s\n",
    msg,
    __FILE__,
    __LINE__,
    timebuf
  );
  //Ausgabe des Puffers auf stderr
  fprintf(stderr,buf);
  //Ausgabe in Logfile
  if ((flog = fopen("error.log", "at")) != NULL) {
    fseek(flog, 0L, SEEK_END);
    fprintf(flog, buf);
    fclose(flog);
  }
}

void main(int argc, char **argv)
{
  if (argc <= 1) {
    ErrorLog("Kommandozeilenargumente fehlen");
  }
}
Die Ausgabe des Programms ist:
***Fehler: Kommandozeilenargumente fehlen
   Datei:  test1.c
   Zeile:  32
   Zeit:   01.02.1998 11:06:47
Sie wird auch in error.log protokolliert.
```

---

**sqrt**

**Aufgabe** Quadratwurzel berechnen.

**Syntax**

```
#include <math.h>

double sqrt(double x);
```

**Rückgabewert** Liefert die Quadratwurzel von *x*.

**Beschreibung**

*sqrt* dient zur Berechnung der Quadratwurzel von *x*. Der Definitionsbereich von *x* ist die Menge der nichtnegativen Zahlen.

**Kompatibilität**

ANSI

```
/* ref78.c */

#include <stdio.h>
#include <math.h>

void main(void)
{
  printf("%f\n", sqrt(0.0));
  printf("%f\n", sqrt(1.0));
  printf("%f\n", sqrt(2.0));
}
```

liefert:

```
0.000000
1.000000
1.414214
```

---

**srand**

**Aufgabe**

Zufallszahlengenerator initialisieren.

**Syntax**

```
#include <stdlib.h>

void srand(unsigned seed);
```

**Beschreibung**

Diese Funktion initialisiert den Zufallszahlengenerator mit dem Wert *seed*. Bei gleichem Wert von seed liefert eine Folge von Aufrufen von *rand* auch bei unterschiedlichen Läufen des Programms immer dieselbe Folge von Zahlen. Anwendungen für solche »deterministischen« Zufallszahlenfolgen gibt es beispielsweise in der Kryptographie.

Wichtiger ist aber in der Praxis meist genau das Gegenteil, nämlich zu *verhindern*, daß die Zufallszahlenfolgen sich bei unterschiedlichen Programmläufen wiederholen. Dazu kann zu Programmstart die Funktion *srand* mit einem zufälligen Ausgangswert, wie etwa der aktuellen Uhrzeit, aufgerufen werden.

**Kompatibilität**

ANSI

```
/* ref79.c */

#include <stdio.h>
#include <stdlib.h>
```

```
#include <time.h>

void main(void)
{
  int i;

  srand((unsigned)time((time_t*)0));
  for (i = 0; i < 16; ++i) {
    printf("%d", rand() % 2);
  }
  printf("\n");
}
```

Dieses Programm liefert bei jedem Aufruf eine andere Folge von Zufallszahlen, etwa:

```
0010101100110011
0010000100111101
0001111100010011
1011100101111101
1000000010010011
0010010000101101
```

---

### sscanf

**Aufgabe** Daten formatiert aus einer Zeichenkette lesen.

**Syntax**

```
#include <stdio.h>

int sscanf(const char *buf, const char *format, ...);
```

**Rückgabewert** Liefert die Anzahl der erfolgreich gelesenen Werte. Falls das Ergebnis kleiner als die Anzahl der einzulesenden Werte ist, konnten einige Felder nicht gelesen werden. Beim Auftreten des Stringendes wird EOF zurückgegeben.

**Beschreibung** *sscanf* dient zum formatierten Einlesen von Werten aus einem String. Die Funktion arbeitet genauso wie *scanf* und *fscanf*, mit dem Unterschied, daß die Eingabewerte nicht aus einer Datei oder über *stdin* gelesen werden, sondern aus dem String *buf* stammen. Die Details der Verwendung von *sscanf* können Sie der Beschreibung der Funktion *fscanf* entnehmen.

**Kompatibilität** ANSI

```
/* ref80.c */

#include <stdio.h>
```

```
#define VALUES "10 41 5"

void main(void)
{
  int a, b, c;

  sscanf(VALUES, "%d %d %d", &a, &b, &c);
  printf("a = %2d\n", a);
  printf("b = %2d\n", b);
  printf("c = %2d\n", c);
}
```

Das Programm liest drei Ganzzahlen aus dem Zeichenpuffer *VALUES* ein und gibt sie auf dem Bildschirm aus:

```
a = 10
b = 41
c =  5
```

---

**strcat**

**Aufgabe**

Einen String an einen anderen anhängen.

**Syntax**

```
#include <string.h>

char *strcat(char *dest, const char *src);
```

**Rückgabewert**

Liefert einen Zeiger auf die verketteten Strings (gibt also *dest* zurück).

**Beschreibung**

Eine Kopie der Zeichenkette *src* wird an das Ende der Zeichenkette *dest* angehängt. Dabei geht *strcat* davon aus, daß in *dest* genügend Platz zum Speichern beider Zeichenketten ist. Beide Zeichenketten müssen mit einem Nullbyte terminiert sein.

**Kompatibilität**

ANSI

```
/* ref81.c */

#include <stdio.h>
#include <string.h>

void main(void)
{
  char buf[15];
  int i;

  buf[0] = '\0';
  for (i = 1; i <= 10; ++i) {
    strcat(buf, "*");
```

```
    printf("%s\n", buf);
  }
}
```

Das Programm erzeugt die folgende Ausgabe:

```
*
**
***
****
*****
******
*******
********
*********
**********
```

### strchr

**Aufgabe** Nach Zeichen in einem String suchen.

**Syntax**

```
#include <string.h>

char *strchr(const char *s, char c);
```

**Rückgabewert** Liefert einen Zeiger auf das erste Vorkommen des Zeichens *c* in *s*. Wenn *c* nicht in *s* vorkommt, wird NULL zurückgegeben.

**Beschreibung** *strchr* dient zum Suchen des Zeichens *c* in dem String *s*. Dabei beginnt die Funktion mit der Suche beim ersten Zeichen des Strings. Wurde das Zeichen gefunden, so liefert *strchr* einen Zeiger darauf zurück, andernfalls die Konstante NULL.

**Kompatibilität** ANSI

Das folgende Programm sucht nach dem ersten 'w' in dem String "hello, world\n". Die Ausgabe des Programms ist »world\n«.

```
/* ref82.c */

#include <stdio.h>
#include <string.h>

char *s = "hello, world\n";

void main(void)
{
  printf("%s\n", strchr(s, 'w'));
}
```

### strcmp

**Aufgabe**

Zwei Strings miteinander vergleichen.

**Syntax**

```
#include <string.h>

int strcmp(const char *s1, const char *s2);
```

**Rückgabewert**

Vergleicht die beiden Zeichenketten und liefert einen Wert entsprechend Tabelle R.23:

| Rückgabewert | Bedeutung |
|---|---|
| < 0 | wenn *s1* kleiner *s2* ist |
| = = 0 | wenn *s1* gleich *s2* ist |
| > 0 | wenn *s1* größer *s2* ist |

**Tabelle 18.23: Der Rückgabewert von strcmp**

**Beschreibung**

Die Funktion *strcmp* vergleicht die beiden nullterminierten Strings *s1* und *s2*. Die Zeichenketten werden bis zum ersten unterschiedlichen Zeichen, jedoch höchstens bis zum ersten Nullbyte miteinander verglichen. Falls *s1* kleiner als *s2* ist, wird ein Wert kleiner 0 zurückgegeben, ist *s1* größer als *s2*, Wert größer 0. Sind beide Strings gleich, ist der Rückgabewert 0.

**Kompatibilität**

ANSI

```
/* ref83.c */

#include <stdio.h>
#include <string.h>

void compare(const char *s1, const char *s2)
{
  int ret;
  char *s;

  if ((ret = strcmp(s1, s2)) < 0) {
    s = "<";
  } else if (ret > 0) {
    s = ">";
  } else {
    s = "==";
  }
  printf("\"%s\" %s \"%s\"\n", s1, s, s2);
}
```

```
void main(void)
{
  compare("abcd", "xyzt");
  compare("abcd", "abc");
  compare("abcd", "abcd");
  compare("abcd", "abcde");
  compare("abcd", "");
  compare("", "");
  compare("", " ");
  compare("  ", " ");
  compare(" z", "a");
  compare("B", "b");
}
```

Die Ausgabe des Programms ist:

```
"abcd" < "xyzt"
"abcd" > "abc"
"abcd" == "abcd"
"abcd" < "abcde"
"abcd" > ""
"" == ""
"" < " "
"  " > " "
" z" < "a"
"B" < "b"
```

---

### strcpy

**Aufgabe** Einen String kopieren.

**Syntax**

```
#include <string.h>

char *strcpy(char *dest, const char *src);
```

**Rückgabewert** Die Funktion *strcpy* gibt *dest* zurück.

**Beschreibung** *strcpy* kopiert die Zeichenkette *src* einschließlich des Null-Terminators an die durch *dest* bezeichnete Speicherstelle. Die Funktion setzt voraus, daß *dest* auf einen ausreichend großen Speicherbereich zeigt, um *src* einschließlich des Nullbytes komplett aufnehmen zu können.

**Kompatibilität** ANSI

```
/* ref84.c */

#include <stdio.h>
#include <string.h>
```

```
char *s1 = "hello, earth\n";
char *s2 = "hello, moon\n";

void main(void)
{
  printf("%s", s1);
  strcpy(s1, s2);
  printf("%s", s1);
}
```

Die Ausgabe des Programms ist:

```
hello, earth
hello, moon
```

---

**strcspn**

**Aufgabe**

Nicht vorhandene Zeichen in einem String suchen.

**Syntax**

```
#include <string.h>

size_t strcspn(const char *s, const char *set);
```

**Rückgabewert**

Die Funktion gibt die Länge des initialen Segments von *s* zurück, das keine Zeichen aus *set* enthält.

**Beschreibung**

Die Funktion *strcspn* durchsucht den String *s* von links nach rechts, bis das erste Zeichen gefunden wurde, das auch in *set* enthalten ist.

**Kompatibilität**

ANSI

Das folgende Programm untersucht einen langen String nacheinander nach den längsten Teilstrings, die keine Zeichen aus den Strings "a", "ab", "abc", usw. enthalten:

```
/* ref85.c */

#include <stdio.h>
#include <string.h>

#define BUF "Eric S. Roberts: The Art and Science of C"

void main(void)
{
  char c;
  char cset[27] = "";

  printf("\"%s\":\n", BUF);
  for (c = 'a'; c <= 'i'; ++c) {
```

```
      cset[c - 'a'] = c;
      cset[c - 'a' + 1] = '\0';
      printf(
        "%ld Stellen sind frei von Zeichen aus %s\n",
        strcspn(BUF, cset),
        cset
      );
    }
}
```

Die Ausgabe des Programms ist:

```
"Eric S. Roberts: The Art and Science of C":
25 Stellen sind frei von Zeichen aus a
10 Stellen sind frei von Zeichen aus ab
3 Stellen sind frei von Zeichen aus abc
3 Stellen sind frei von Zeichen aus abcd
3 Stellen sind frei von Zeichen aus abcde
3 Stellen sind frei von Zeichen aus abcdef
3 Stellen sind frei von Zeichen aus abcdefg
3 Stellen sind frei von Zeichen aus abcdefgh
2 Stellen sind frei von Zeichen aus abcdefghi
```

---

### strerror

**Aufgabe** Zu einer Fehlernummer den Fehlerklartext beschaffen.

**Syntax**

```
#include <stdio.h>
#include <string.h>

char *strerror(int errnum);
```

**Rückgabewert** Ein Zeiger auf einen statischen Puffer, der den zu *errnum* gehörenden Fehlertext enthält.

**Beschreibung** Viele der Systemfunktionen der C-Standardlibrary setzen die globale Variable *errno*, wenn ein Fehler aufgetreten ist. Durch Aufruf von *strerror* kann die zugehörige Klartextfehlermeldung ermittelt werden. Der Rückgabewert landet in einem statischen Puffer, der bei jedem Aufruf überschrieben wird.

**Kompatibilität** ANSI

```
/* ref86.c */

#include <stdio.h>
#include <string.h>
#include <fcntl.h>
```

```
extern int errno;

voic main(int argc, char **argv)
{
  int fd;

  if ((fd = open(argv[1], O_RDONLY)) == -1) {
    fprintf(stderr, "Fehler mit %s\n", argv[1]);
    fprintf(stderr, "Fehlernummer: %d\n", errno);
    fprintf(stderr, "Fehler: %s\n", strerror(errno));
  }
}
```

Wird das Programm ohne Argument aufgerufen, ist seine Ausgabe:

```
Fehler mit (null)
Fehlernummer: 14
Fehler: Invalid argument (EINVAL)
```

Wird es mit dem Namen einer nicht existierenden Datei aufgerufen, so ist die Ausgabe:

```
Fehler mit test1.cx
Fehlernummer: 22
Fehler: No such file or directory (ENOENT)
```

Wird es mit dem Namen einer Datei aufgerufen, für die keine ausreichenden Zugriffsrechte bestehen (in diesem Fall dem Verzeichnis "."), so ist seine Ausgabe:

```
Fehler mit .
Fehlernummer: 4
Fehler: Permission denied (EACCES)
```

---

**strlen**

**Aufgabe**

Die Länge eines Strings ermitteln.

**Syntax**

```
#include <string.h>

size_t strlen(const char *s);
```

**Rückgabewert**

Die Länge der Zeichenkette *s*.

**Beschreibung**

*strlen* ermittelt die Anzahl der Zeichen vom Anfang der Zeichenkette *s* bis zum ersten Nullbyte. Das Nullbyte wird nicht mitgezählt.

**Kompatibilität**

ANSI

```
/* ref87.c */

#include <stdio.h>
#include <string.h>

char s1[] = "Hallo";
char s2[100] = "Hallo";

void main(void)
{
  printf("%ld\n", strlen(s1));
  printf("%ld\n", strlen(s2));
  printf("%ld\n", strlen("Hallo"));
}
```

Die Ausgabe des Programms ist:

```
5
5
5
```

---

**strncat**

**Aufgabe** Einen String an einen anderen anhängen.

**Syntax**

```
#include <string.h>

int strncat(char *dest, const char *src, size_t len);
```

**Rückgabewert** *strncat* gibt *dest* zurück.

**Beschreibung** Die Funktion *strncat* hängt Zeichen aus *src* an *dest* an. Sie arbeitet genauso wie *strcat*, mit der Ausnahme, daß höchstens *len* Zeichen des Strings *src* an das Ende von *dest* angehängt werden.

**Kompatibilität** ANSI

```
/* ref88.c */

#include <stdio.h>
#include <string.h>

#define MAUER "Auf der Mauer auf der Lauer sitzt 'ne kleine "
#define WANZE "Wanze"

void main(void)
{
  int i;
```

```
  char buf[55];

  for (i = 0; i <= strlen(WANZE); ++i) {
    strcpy(buf, MAUER);
    printf("%s\n", strncat(buf, WANZE, i));
  }
}
```

Die Ausgabe des Programms ist:

```
Auf der Mauer auf der Lauer sitzt 'ne kleine
Auf der Mauer auf der Lauer sitzt 'ne kleine W
Auf der Mauer auf der Lauer sitzt 'ne kleine Wa
Auf der Mauer auf der Lauer sitzt 'ne kleine Wan
Auf der Mauer auf der Lauer sitzt 'ne kleine Wanz
Auf der Mauer auf der Lauer sitzt 'ne kleine Wanze
```

---

**strncmp**

**Aufgabe**

Zwei Strings miteinander vergleichen.

**Syntax**

```
#include <string.h>

int strncmp(const char *s1, const char *s2, size_t len);
```

**Rückgabewert**

Wie *strcmp*.

**Beschreibung**

Die Funktion *strncmp* arbeitet genauso wie *strcmp*, mit der Ausnahme, daß höchstens *len* Zeichen miteinander verglichen werden. Gab es bis zum len-ten Zeichen keinen Unterschied zwischen s1 und s2, so werden beide Strings als gleich angesehen, auch wenn sie sich weiter rechts unterscheiden.

**Kompatibilität**

ANSI

Das folgende Programm vergleicht zwei Strings, um herauszufinden, ab welcher Stelle sie sich unterscheiden:

```
/* ref89.c */

#include <stdio.h>
#include <string.h>

static char *s1 = "Hello, world";
static char *s2 = "Hello, moon";

void main(void)
{
  int i;
```

```
  int pos = -1;

  for (i = 0; s1[i] && s2[i]; ++i) {
    if (strncmp(s1, s2, i) != 0) {
      pos = i;
      break;
    }
  }
  if (pos == -1) {
    printf("Bis zum Ende gleich");
  } else {
    printf("Unterschiedlich ab dem %d. Zeichen\n", pos);
  }
}
```

Die Ausgabe des Programms ist:

```
Unterschiedlich ab dem 8. Zeichen
```

---

**strncpy**

**Aufgabe** Einen String kopieren.

**Syntax**

```
#include <string.h>

int strncpy(char *dest, const char *src, size_t len);
```

**Rückgabewert** *strncpy* gibt *dest* zurück.

**Beschreibung** Die Funktion kopiert den String *src* an die durch *dest* bezeichnete Stelle. Im Gegensatz zu *strcpy* werden dabei allerdings höchstens *len* Zeichen kopiert.

Auf manchen Systemen wird das terminierende Nullbyte nicht mitkopiert, wenn die Länge von *src* größer oder gleich *len* ist. Um Speicherüberläufe zu vermeiden, empfiehlt es sich daher, nach dem Kopieren grundsätzlich das *len*-te Zeichen von *dest* separat mit einem Nullbyte zu füllen (siehe Beispiel).

**Kompatibilität** ANSI

```
/* ref90.c */

#include <stdio.h>
#include <string.h>

#define MAUER "Auf der Mauer sitzt 'ne kleine Wanze"

void main(void)
```

```
{
  int i;
  char buf[40];
  for (i = strlen(MAUER) - 5; i <= strlen(MAUER); ++i) {
    strncpy(buf, MAUER, i);
    buf[i] = '\0';
    printf("%s\n", buf);
  }
}
```

Die Ausgabe des Programms entspricht der des Beispielprogramms zu *strncat* (ohne den Mittelteil »auf der Lauer«).

---

**strpbrk**

**Aufgabe**

Nach Zeichen in einem String suchen.

**Syntax**

```
#include <string.h>

char *strpbrk(const char *s, const char *set);
```

**Rückgabewert**

Einen Zeiger auf das erste Zeichen in *s*, das in *set* enthalten ist bzw. NULL wenn kein solches Zeichen gefunden wurde.

**Beschreibung**

Die Funktion *strpbrk* durchsucht den String *s* von links nach rechts, bis ein Zeichen gefunden wurde, das in *set* enthalten ist.

**Kompatibilität**

ANSI

Das folgene Programm zeigt die Verwendung der Funktion *strpbrk* am Beispiel eines einfachen *Stringtokenizers*. Die Funktion *token* soll das *n*-te Token eines vorgegebenen Strings extrahieren. Die Begrenzungszeichen der Token sollen in einem Delimiterstring übergeben werden können:

```
/* ref91.c */

#include <stdio.h>
#include <string.h>

#define MAXTOKLEN 100

char *token(const char *s, const char *delim, int num)
{
  char *p;
  static char buf[MAXTOKLEN + 2];

  if (s != NULL) {
    while (num > 0) {
      if ((s = strpbrk(s, delim)) == NULL) {
```

```
          break;
        }
        ++s;
        --num;
      }
      if (s != NULL) {
        p = strpbrk(s, delim);
        if (p == NULL) {
          strncpy(buf, s, MAXTOKLEN);
          buf[MAXTOKLEN] = '\0';
        } else {
          strncpy(buf, s, p - s);
          buf[p - s] = '\0';
        }
      }
    }
    return s != NULL ? buf : NULL;
}

void main(void)
{
  int i;
  char *buf = "x,y1,,y2,;,y3;ende";
  char *delim = ",;";

  printf("Tokenstring: \"%s\"\n", buf);
  printf("Delimiter:   \"%s\"\n", delim);
  printf("-----------------------------\n");
  for (i = 0; i <= 10; ++i) {
    printf(
      "%2d. Token ist \"%s\"\n",
      i,
      token(buf, delim, i)
    );
  }
}
```

Die Ausgabe des Programms ist:

```
Tokenstring: "x,y1,,y2,;,y3;ende"
Delimiter:   ",;"
-----------------------------
 0. Token ist "x"
 1. Token ist "y1"
 2. Token ist ""
 3. Token ist "y2"
```

```
 4. Token ist ""
 5. Token ist ""
 6. Token ist "y3"
 7. Token ist "ende"
 8. Token ist "(null)"
 9. Token ist "(null)"
10. Token ist "(null)"
```

---

### strrchr

**Aufgabe**

Das letzte Vorkommen eines Zeichens in einem String suchen.

**Syntax**

```
#include <string.h>

char *strrchr(const char *s, int c);
```

**Rückgabewert**

Einen Zeiger auf das letzte Zeichen *c*, das in *s* enthalten ist bzw. NULL, wenn kein solches Zeichen gefunden wurde.

**Beschreibung**

Die Funktion sucht nach dem am weitesten rechts stehenden Zeichen *c* in dem String *s*.

**Kompatibilität**

ANSI

Das folgende Programm sucht nach dem letzten 'o' in dem String "hello, world\n". Die Ausgabe des Programms ist »orld\n«.

```
/* ref92.c */

#include <stdio.h>
#include <string.h>

char *s = "hello, world\n";

void main(void)
{
  printf("%s\n", strrchr(s, 'o'));
}
```

### strspn

**Aufgabe**

Nach einem Teilstring suchen, der nur Zeichen aus einer vorgegebenen Menge enthält.

**Syntax**

```
#include <string.h>

size_t strspn(const char *s, const char *set);
```

**Rückgabewert** Die Länge des linksbündigen Teilstrings von *s*, der nur aus Zeichen besteht, die in *set* enthalten sind. Falls bereits das erste Zeichen aus *s* nicht in *set* enthalten ist, wird 0 zurückgegeben.

**Beschreibung** Die Funktion *strspn* durchläuft den String *s* solange von links nach rechts, wie alle gefundenen Zeichen in *set* enthalten sind.

**Kompatibilität** ANSI

Das folgende Programm implementiert ebenfalls einen Tokenizer (s. Beispiel zu *strpbrk*), der aber in diesem Fall mit einer Art »Positivliste« arbeitet. Dabei werden nicht die trennenden Delimiterzeichen, sondern die gültigen Zeichen der einzelnen Token angegeben:

```
/* ref93.c */

#include <stdio.h>
#include <string.h>

char *s = "eins, zwei, drei, vier";
char *lowercase = "abcdefghijklmnopqrstuvwxyz";

void main(void)
{
  char swapchar;
  int len;

  while (*s) {
    if ((len = strspn(s, lowercase)) == 0) {
      ++s;
    } else {
      swapchar = s[len];
      s[len] = '\0';
      printf("%s\n", s);
      s[len] = swapchar;
      s += len;
    }
  }
}
```

Die Ausgabe des Programms ist:

```
eins
zwei
drei
vier
```

### strstr

**Aufgabe**

Einen String in einem anderen String suchen.

**Syntax**

```
#include <string.h>

char *strstr(const char *s, const char *sub);
```

**Rückgabewert**

Liefert einen Zeiger auf das erste Zeichen von *s*, an dem *sub* beginnt. Falls *sub* nicht in *s* enthalten ist, wird NULL zurückgegeben.

**Beschreibung**

Durchsucht den String *s* nach dem Teilstring *sub*.

**Kompatibilität**

ANSI

```
/* ref94.c */

#include <stdio.h>
#include <string.h>

char *buf = "The Art of Computer Programming";

void main(void)
{
  printf("%s\n", strstr(buf, "er"));
}
```

Die Ausgabe des Programms ist:

```
er Programming
```

---

### strtod

**Aufgabe**

Eine Zeichenkette in ein *double* umwandeln.

**Syntax**

```
#include <stdlib.h>

double strtod(const char *s, char **endp);
```

**Rückgabewert**

Der in ein *double* umgewandelte Wert von *s*.

**Beschreibung**

Die Funktion *strtod* wandelt den String *s* in ein *double* um. *s* muß dabei als Fließkommazahl im Format [+|-]{n}[.]{n}[e|E[+|-]{n}] vorliegen oder einer der Textkonstanten +INF, -INF, +NAN oder -NAN entsprechen. *strtod* beendet die Konvertierung beim ersten Zeichen, das diesen Konventionen nicht entspricht. Falls der zweite Parameter *endp* ungleich NULL ist, wird er auf das Zeichen innerhalb von *s* gesetzt, das die Konvertierung beendete.

**Kompatibilität**

ANSI

```
/* ref95.c */

#include <stdio.h>
#include <stdlib.h>

char *buf = "1.0 2.0e10 3.1415 1E-3";

void main(void)
{
  while (*buf) {
    printf("%f\n", strtod(buf, &buf));
  }
}
```

Die Ausgabe des Programms ist:

```
1.000000
20000000000.000000
3.141500
0.001000
```

---

**strtok**

**Aufgabe** Einen String in einzelne Token zerlegen.

**Syntax**

```
#include <string.h>

char *strtok(char *s, const char *delim);
```

**Rückgabewert** Ein Zeiger auf das nächste gefundene Token bzw. NULL, falls keine weiteren Token vorhanden sind.

**Beschreibung** Die Funktion *strtok* dient dazu, den String *s* in einzelne Token zu zerlegen, die durch Delimiterzeichen aus dem String *delim* voneinander getrennt sind. Beim ersten Aufruf von *strtok* ist in *s* der zu zerlegende String zu übergeben, bei allen weiteren Aufrufen wird an dieser Stelle NULL übergeben.

Im Gegensatz zu der bei *strpbrk* vorgestellten Funktion *token* betrachtet *strtok* zusammenhängende Folgen von Trennzeichen *wie ein einziges* Trennzeichen und gibt daher keine leeren Token zurück.

**Kompatibilität** ANSI

```
/* ref96.c */

#include <stdio.h>
#include <string.h>
void main(void)
```

```
{
  char *buf = "x,y1,,y2,;,y3;ende";
  char *del = ",;";
  char *s;

  printf("Tokenstring: \"%s\"\n", buf);
  printf("Delimiter:   \"%s\"\n", del);
  printf("------------------------------\n");
  for (s = strtok(buf, del); s ; s = strtok(NULL, del)) {
    printf("%s\n", s);
  }
}
```

Die Ausgabe des Programms ist:

```
Tokenstring: "x,y1,,y2,;,y3;ende"
Delimiter:   ",;"
------------------------------
x
y1
y2
y3
ende
```

---

### strtol

**Aufgabe**

Eine Zeichenkette in ein *long* umwandeln.

**Syntax**

```
#include <stdlib.h>

long strtol(const char *s, char **endp, int base);
```

**Rückgabewert**

Der in ein *long* umgewandelte Wert von *s*.

**Beschreibung**

Die Funktion *strtol* wandelt den String *s* in ein *long* um. *s* muß dabei als Ganzzahl im Format [+|-]{n} vorliegen. Die Zahlenbasis wird durch den Parameter *base* vorgegeben, der entweder zwischen 2 und 36 liegen oder den Wert 0 haben muß. Ist *base* 0, so versucht *strtol*, die Basis anhand des Präfixes jeder Zahl selbst zu bestimmen. 0x und 0X werden dabei als Basis 16 interpretiert, 0 als Basis 8 und alle anderen Zahlen werden zur Basis 10 konvertiert. Der Zeiger *endp* zeigt (sofern er ungleich NULL ist) nach dem Aufruf auf das erste Zeichen, das nicht mehr konvertiert werden konnte.

**Kompatibilität**

ANSI

```
/* ref97.c */

#include <stdio.h>
```

```
#include <stdlib.h>

char *buf = "-2 1 0 1 2 0xFF";

void main(void)
{
  while (*buf) {
    printf("%ld\n", strtol(buf, &buf, 0));
  }
}
```

Die Ausgabe des Programms ist:

```
-2
1
0
1
2
255
```

---

**strtoul**

**Aufgabe** Eine Zeichenkette in ein *unsigned long* umwandeln.

**Syntax**

```
#include <stdlib.h>

unsigned long strtoul(const char *s, char **endp, int base);
```

**Rückgabewert** Der in ein *unsigned long* umgewandelte Wert von *s*.

**Beschreibung** Die Funktion *strtoul* arbeitet analog wie *strtol*, erlaubt aber kein Vorzeichen bei den zu konvertierenden Zahlenwerten.

**Kompatibilität** ANSI

s. *strtol*.

---

**system**

**Aufgabe** Ein externes Programm ausführen.

**Syntax**

```
#include <stdlib.h>

int system(const char *cmd);
```

**Rückgabewert** Liefert 0, wenn das Programm ausgeführt werden konnte, andernfalls -1.

**Beschreibung** Die Funktion *system* dient dazu, externe Kommandos oder Programme aus einem C-Programm heraus aufzurufen. *cmd* ist dabei der Name des Programmes mit allen erforderlichen Parametern, so wie er auch von der

Betriebssystemebene aus einzugeben wäre. Die Funktion *system* verwendet die PATH-Umgebungsvariable, um das auszuführende Programm zu suchen, wenn es nicht im aktuellen Verzeichnis liegt.

**Kompatibilität**

ANSI

```
/* ref98.c */

#include <stdio.h>
#include <stdlib.h>

void main(void)
{
  printf("Hier ist das C-Programm\n");
  printf("Bitte ENTER drücken...\n");
  getchar();
  printf("Mit exit gelangen Sie zu C zurück\n\n");
  system("command");
  printf("Hier ist wieder das C-Programm\n");
}
```

Das Beispiel demonstriert, wie man von einem laufenden C-Programm unter MS-DOS den Kommandoprozessor *command.com* aufrufen und damit interaktiv MS-DOS-Befehle eingeben und ausführen kann.

---

**tan**

**Aufgabe**

Tangens berechnen.

**Syntax**

```
#include <math.h>

double tan(double x);
```

**Rückgabewert**

Liefert den Tangens von *x*.

**Beschreibung**

*tan* dient zur Berechnung des Tangens des im Bogenmaß übergebenen Winkels *x*.

**Kompatibilität**

ANSI

```
/* ref99.c */

#include <stdio.h>
#include <math.h>

void main(void)
{
  printf("%.9f\n", tan(3.14));
  printf("%.9f\n", tan(3.1415));
  printf("%.9f\n", tan(3.14159265));
}
```

liefert die Werte:

```
-0.001592655
-0.000092654
-0.000000004
```

### time

**Aufgabe** Aktuelles Datum und Uhrzeit ermitteln.

**Syntax**

```
#include <time.h>

time_t time(time_t *t);
```

**Rückgabewert** Liefert die Systemzeit in Sekunden seit dem 1. Januar 1970.

**Beschreibung** *time* dient zum Ermitteln der Systemzeit. Falls der Parameter *t* nicht der NULL-Zeiger ist, wird in der Variablen, auf die *t* zeigt, die ermittelte Zeit gespeichert. Der Rückgabewert enthält ebenfalls die ermittelte Zeit.

**Kompatibilität** ANSI

Das folgende Programm schreibt 20 Punkte in Sekundenabständen auf den Bildschirm:

```
/* ref100.c */

#include <stdio.h>
#include <time.h>

void main(void)
{
  time_t oldtime = 0;
  int i;

  for (i = 0; i < 20; ++i) {
    while (oldtime == time(NULL));
    oldtime = time(NULL);
    putchar('.');
    fflush(stdout);
  }
  putchar('\n');
}
```

### tmpfile

**Aufgabe** Eine temporäre Datei erzeugen.

**Syntax**

```
#include <stdio.h>

FILE *tmpfile(void);
```

**Rückgabewert**

Ein Zeiger auf die geöffnete Datei, oder NULL, falls die Datei nicht angelegt werden konnte.

**Beschreibung**

Die Funktion *tmpfile* erzeugt eine temporäre Datei mit einem eindeutigen Namen, der nach den Regeln von *tmpnam* ermittelt wird und öffnet sie zum Lesen und Schreiben. Die Datei wird nach dem Schließen bzw. bei Ende des Programms automatisch wieder gelöscht.

**Kompatibilität**

ANSI

Das folgende Programm erzeugt eine temporäre Datei, schreibt einige Zeilen Text hinein und gibt ihren Inhalt auf Standardausgabe aus:

```
/* ref101.c */

#include <stdio.h>
#include <stdlib.h>

void main(void)
{
  FILE *f1;
  int i;

  printf("Erzeugen der temporäre Datei...\n");
  if ((f1 = tmpfile()) != NULL) {
    for (i = 1; i <= 10; ++i) {
      fprintf(f1, "Zeile %3d\n", i);
    }
    //Ausgeben der Datei
    rewind(f1);
    while ((i = getc(f1)) != EOF) {
      putchar(i);
    }
    printf("Schließen der temporären Datei...\n");
    fclose(f1);
  }
}
```

---

## tmpnam

**Aufgabe**

Einen temporären Dateinamen erzeugen.

**Syntax**

```
#include <stdio.h>

char *tmpnam(char *buf);
```

**Rückgabewert** Zeiger auf den generierten Dateinamen.

**Beschreibung** Mit *tmpnam* können temporäre Dateinamen erzeugt werden. *tmpnam* generiert bei jedem Aufruf einen neuen Dateinamen und sorgt dabei dafür, daß dieser noch nicht existiert. Falls in *buf* ein Zeiger auf einen Namenspuffer, der mindestens die Länge *L_tmpnam* haben muß, übergeben wird, landet der gewünschte Name in diesem Puffer. Ist *buf* dagegen NULL, so verwendet *tmpnam* einen internen statischen Puffer und gibt einen Zeiger auf diesen Puffer zurück. Diese Funktion kann verwendet werden, um temporäre Dateien anzulegen (s. *tmpfile*). Das Verzeichnis, in dem die Datei angelegt würde, ist systemabhängig, teilweise werden zu dessen Bestimmung Umgebungsvariablen wie *tmp* oder *temp* verwendet.

**Kompatibilität** ANSI

```
/* ref102.c */

#include <stdio.h>

void main(void)
{
  printf("%s\n", tmpnam(NULL));
  printf("%s\n", tmpnam(NULL));
  printf("%s\n", tmpnam(NULL));
}
```

Die Ausgabe des Programms ist beispielsweise:

```
e:/djg/tmp/dj100000
e:/djg/tmp/dj200000
e:/djg/tmp/dj300000
```

### toascii

**Aufgabe** Ein Zeichen 7-Bit-ASCII-konform machen.

**Syntax**

```
#include <ctype.h>

int toascii(int c);
```

**Rückgabewert** Der auf 7 Bit konvertierte Wert von *c*.

**Beschreibung** Setzt alle bis auf die niederwertigsten 7 Bits von *c* auf 0 und macht das Zeichen so kompatibel zum ASCII-Zeichensatz. Natürlich werden dadurch

Zeichen verfälscht, deren achtes Bit signifikant war (beispielsweise nationale Sonderzeichen). Diese Funktion war ursprünglich dazu gedacht, die fehlerfreie Datenübertragung auf Systemen zu ermöglichen, die lediglich 7-Bit breite Zeichen übertragen konnten.

**Kompatibilität**

ANSI

```
/* ref103.c */

#include <stdio.h>
#include <ctype.h>

void main(void)
{
  printf("%c\n", toascii('a'));
  printf("%c\n", toascii('A'));
  printf("%c\n", toascii('Ä'));
}
```

Die Ausgabe des Programms ist:

```
a
a
D
```

---

### tolower

**Aufgabe**

Ein Zeichen in einen Kleinbuchstaben umwandeln.

**Syntax**

```
#include <ctype.h>

int tolower(int c);
```

**Rückgabewert**

Liefert den in einen Kleinbuchstaben umgewandelten Wert von *c*, falls *c* ein Großbuchstabe war. Andernfalls wird *c* zurückgegeben.

**Beschreibung**

Diese Funktion dient zum Umwandeln von Groß- in Kleinbuchstaben. Dabei muß der in *c* übergebene Wert innerhalb des Bereichs 0 bis 127 liegen. Bei den meisten neueren Compilern darf er sogar zwischen 0 und 255 liegen. Die Umwandlung nationaler Sonderzeichen erfolgt meist nicht korrekt.

**Kompatibilität**

ANSI

```
/* ref104.c */

#include <stdio.h>
#include <ctype.h>

void main(void)
```

```
{
  printf("%c\n", tolower('a'));
  printf("%c\n", tolower('A'));
  printf("%c\n", tolower('Ä'));
}
```

Die Ausgabe des Programms ist:

```
a
a
Ä
```

### touppper

**Aufgabe** Ein Zeichen in einen Großbuchstaben umwandeln.

**Syntax**

```
#include <ctype.h>

int toupper(int c)
```

**Rückgabewert** Liefert den in einen Großbuchstaben umgewandelten Wert von *c*, falls *c* ein Kleinbuchstabe war. Andernfalls wird *c* zurückgegeben.

**Beschreibung** Diese Funktion dient zum Umwandeln von Klein- in Großbuchstaben. Dabei muß der in *c* übergebene Wert innerhalb des Bereichs 0 bis 127 liegen. Bei den meisten MS-DOS-Compilern darf er sogar zwischen 0 und 255 liegen. Die Umwandlung nationaler Sonderzeichen erfolgt meist nicht korrekt.

**Kompatibilität** ANSI

```
/* ref105.c */

#include <stdio.h>
#include <ctype.h>

void main(void)
{
  printf("%c\n", toupper('a'));
  printf("%c\n", toupper('A'));
  printf("%c\n", toupper('ä'));
}
```

Die Ausgabe des Programms ist beispielsweise:

```
A
A
ä
```

### ungetc

**Aufgabe**

Die letzte Leseoperation rückgängig machen.

**Syntax**

```
#include <stdio.h>

int ungetc(int c, FILE *f1);
```

**Rückgabewert**

Bei einem Fehler wird EOF zurückgegeben, andernfalls *c*.

**Beschreibung**

*ungetc* schreibt das zuletzt mit *getc* oder *fread* gelesene Zeichen *c* zurück in die Eingabedatei *f1*. Beim nächsten Aufruf einer dieser beiden Funktionen wird dann erneut *c* zurückgegeben. Ein Aufruf einer der Funktionen *fflush*, *rewind* oder *fseek* macht den Effekt eines *ungetc* unwirksam. Mehrfache Aufrufe von *ungetc* ohne dazwischenliegendes Lesen können zu einem Fehler führen bzw. alle bis auf das letzte zurückgegebene Zeichen ignorieren.

**Kompatibilität**

ANSI

Das folgende (etwas zu aufwendige) Programm teilt die Eingabe in einzelne Zeilen auf, die jeweils die maximale Anzahl an gleichen hintereinanderstehenden Zeichen enthalten:

```
/* ref106.c */

#include <stdio.h>

void main(void)
{
  int c, cc;

  while ((c = getchar()) != EOF) {
    cc = c;
    ungetc(c, stdin);
    while ((c = getchar()) == cc) {
      putchar(c);
    }
    ungetc(c, stdin);
    putchar('\n');
  }
}
```

Die Ausgabe des Programm für die Eingabe »1110011110000021« ist beispielsweise:

```
111
00
1111
```

```
00000
2
1
```

### unlink

**Aufgabe** Eine Datei löschen.

**Syntax**

```
#include <io.h>

int unlink(const char *fname);
```

**Rückgabewert** Der Rückgabewert ist 0 bei erfolgreichem Löschen, -1 andernfalls.

**Beschreibung** *unlink* dient zum Löschen einer nicht geöffneten Datei mit dem Namen *fname*.

**Kompatibilität** UNIX

Das folgende Programm ist ein Beispiel für eine modifizierte Version des MS-DOS-Befehls *del* zum Löschen der in der Kommandozeile angegebenen Dateien (seien Sie bitte vorsichtig, wenn Sie das Programm testen):

```
/* ref107.c */

#include <stdio.h>
#include <unistd.h>

void main(int argc, char **argv)
{
  int i;

  for (i = 1; i < argc; ++i) {
    unlink(argv[i]);
  }
}
```

### vprintf, vfprintf, vsprintf

**Aufgabe** Formatierte Ausgabe mit variabler Parameterliste.

**Syntax**

```
#include <stdio.h>

int vprintf(const char *format, va_list argptr);
int vfprintf(FILE *f1, const char *format, va_list argptr);
int vsprintf(char *buf, const char *format, va_list argptr);
```

**Rückgabewert** Die Anzahl der ausgegebenen Zeichen. Bei Auftreten eines Fehlers wird EOF zurückgegeben.

**Beschreibung**

Diese Funktionen arbeiten genauso wie die analogen Funktion *printf*, *fprintf* und *sprintf*. Der einzige Unterschied besteht darin, daß die optionalen Parameter nicht separat, sondern gemeinsam in Form eines Zeigers auf die variable Argumentenliste übergeben werden. Damit eigenen sich diese Funktionen gut, um eigene, *printf*-ähnliche Funktionen mit variabler Parameterliste zu schreiben.

Eine genaue Beschreibung von *vfprintf* und *fprintf* und des Umgangs mit variablen Parameterlisten finden Sie in Kapitel 11.

**Kompatibilität**

ANSI

```
/* ref108.c */

#include <stdio.h>
#include <stdarg.h>
#include <time.h>

static FILE *flog = NULL;

void Log(char *format, ...)
{
  va_list argptr;

  if (flog == NULL) {
    flog = fopen("test.log","a");
  }
  va_start(argptr, format);
  vfprintf(flog, format, argptr);
  fflush(flog);
  va_end(argptr);
}

void main(void)
{
  Log("Programmstart\n");
  Log("  Sekunden: %ld\n", time(NULL));
  Log("Programmende\n");
}
```

Das Programm hängt bei jedem Aufruf die Zeilen

```
Programmstart
  Sekunden: ...
Programmende
```

an das Ende der Logdatei *test.log* an.

### write

**Aufgabe** Binärdaten in eine Datei schreiben.

**Syntax**

```
#include <io.h>

int write(int handle, const void *buf, size_t size);
```

**Rückgabewert** Liefert die Anzahl der geschriebenen Bytes. Bei Auftreten eines Fehlers gibt die Funktion -1 zurück.

**Beschreibung** *write* dient zum Schreiben in eine Datei, die mit einer der Funktionen *open* oder *creat* geöffnet wurde. Dabei ist *handle* der Dateihandle, der beim Öffnen zurückgegeben wurde. *write* versucht, *size* Bytes aus dem Puffer *buf* in die Datei *handle* zu schreiben.

**Kompatibilität** UNIX

s. *read*.

# Syntax

# A

In diesem Anhang finden Sie eine Zusammenfassung der Syntax der Sprache C. Diese Zusammenfassung ist weniger als exakte formale Sprachbeschreibung, sondern vielmehr als praktische Hilfe beim Programmieren gedacht. Um die Produktionen noch einigermaßen übersichtlich zu halten, habe ich an einigen Stellen bewußt Details ausgelassen, die wesentlichen Sprachmöglichkeiten werden jedoch dargestellt.

## A.1 EBNF

Als praktisches Hilfsmittel zur Syntaxbeschreibung hat sich seit geraumer Zeit eine Technik namens *Erweiterte Backus-Naur-Form*, kurz EBNF, durchgesetzt. EBNF ist eine Erweiterung der *Backus-Naur-Form*, die von J. Backus und P. Naur zur Definition der Sprache ALGOL 60 benutzt wurde. Sie ist damit eine Metasprache zur Definition der Syntax von Programmiersprachen. EBNF bedient sich der im folgenden vorgestellten Elemente.

## A.2 Produktionen

Die Syntaxbeschreibung besteht aus vielen Produktionen. Auf der linken Seite der Produktion steht ein *Nichtterminalsymbol*, dessen Syntax definiert werden soll. Auf der rechten Seite erfolgt die eigentliche Definition mit Hilfe von *Terminalzeichen*, *Metasymbolen* und *Nichtterminalzeichen*. Linke und rechte Seite sind durch die Zeichenfolge ::= getrennt. Das Startsymbol der nachfolgenden Syntaxzusammenfasssung ist *Programm*.

## A.3 Terminalzeichen

Sie bezeichnen Schlüsselworte oder Sonderzeichen, die in einem konkreten Programm der zu beschreibenden Sprache exakt so geschrieben werden müssen, wie sie hier abgedruckt werden. Terminalzeichen sind stets fett gedruckt und können ein oder mehrere Zeichen lang sein.

### A.4 Nichtterminalsymbole

Nichtterminalsymbole repräsentieren die *Variablen* der Syntaxbeschreibung. Jedes Nichtterminalsymbol wird dabei einmal definiert (wenn es auf der linken Seite einer Produktion steht) und beliebig oft verwendet (auf der rechten Seite einer Produktion). Nichtterminalsymbole werden nicht-fett geschrieben.

### A.5 Metazeichen

Metazeichen haben eine besondere Bedeutung und beschreiben die Zusammenhänge zwischen Terminal- und Nichtterminalzeichen und sind stets ein Zeichen lang. In dieser Syntaxbeschreibung tauchen folgende Metazeichen auf:

<table>
<tr><th>Metazeichen</th><th>Bedeutung</th></tr>
<tr><td>::=</td><td>Definition. Trennt die linke und rechte Seite einer Produktion.</td></tr>
<tr><td>|</td><td>Alternative. A | B bedeutet, daß sowohl A als auch B möglich ist. Dieses Metazeichen hat die geringste Bindungskraft und wird daher immer ganz zuletzt angewendet (also auch nach der Hintereinanderschreibung, s. u.).</td></tr>
<tr><td>[ ]</td><td>Option. [A] bedeutet, daß A vorkommen kann, aber nicht unbedingt muß.</td></tr>
<tr><td>{ }</td><td>Iteration. {A} bedeutet, daß A gar nicht, einmal oder beliebig oft vorkommen kann.</td></tr>
<tr><td>( )</td><td>Gruppierung. Dient zur logischen Gruppierung von Teilausdrücken, um diese zuerst auszuwerten.</td></tr>
<tr><td>...</td><td>Bereich. A...B bedeutet, daß alle Zeichen zwischen (lexikalisch) A und B (einschließlich) vorkommen können.</td></tr>
</table>

**Tabelle A.1: Metazeichen in EBNF**

Die wichtigste implizite Regel besagt jedoch, daß hintereinanderstehende Symbole, die nicht durch ein Metazeichen getrennt sind, auch im Quelltext hintereinander vorkommen müssen.

Beachten Sie bitte, daß die Metazeichen auch als Terminalsymbole in der zu beschreibenden Sprache selbst vorkommen können. In C gilt dies für alle der genannten Metazeichen mit Ausnahme von "..." und "::=". Um diese beiden Fälle zu unterscheiden, werden Terminalsymbole immer fett dargestellt, während Metazeichen normal gedruckt sind. (Bei einer häufig zu findenden alternativen Schreibweise werden die Terminalsymbole in Anführungszeichen gesetzt.)

## A.6 Die Syntax von C

### Lexikalische Elemente

```
Kommentar  ::=
  /* { Zeichen } */
Bezeichner ::=
  [ Buchstabe | Unterstrich ]
  { Buchstabe | Unterstrich | Ziffer }
Konstante ::=
  Zahl |
  " { Zeichen } " |
  ' Zeichen '
Zahl ::=
  GanzZahl |
  [+|-] Ziffer { Ziffer } [. { Ziffer }]
  [(e|E) [+|-] Ziffer { Ziffer } ]
GanzZahl ::=
  [+|-] Ziffer { Ziffer } [l|L|u|U] |
  [+|-] OctZiffer { OctZiffer } [l|L|u|U] |
  [+|-] HexZiffer { HexZiffer } [l|L|u|U]
Buchstabe ::=
  A..Z | a..z
Unterstrich ::=
  _
Ziffer ::=
  0..9
OctZiffer ::=
  0..7
HexZiffer ::=
  0..9 | A..F | a..f
Zeichen ::=
  Alle verfügbaren Zeichen
```

### Ausdrücke

```
Ausdruck ::=
  EinfachAusdruck |
  * Ausdruck |
  & Ausdruck |
  - Ausdruck |
  + Ausdruck |
  ! Ausdruck |
  ~ Ausdruck |
  ++ Ausdruck |
```

```
  -- Ausdruck |
  Ausdruck ++ |
  Ausdruck -- |
  sizeof Ausdruck |
  ( Typname ) Ausdruck |
  Ausdruck BinOp Ausdruck |
  Ausdruck , Ausdruck |
  Ausdruck ? Ausdruck : Ausdruck
EinfachAusdruck ::=
  Bezeichner |
  Konstante |
  ( Ausdruck ) |
  EinfachAusdruck ( [ Namensliste ] ) |
  EinfachAusdruck [ Ausdruck ] |
  LValue.Bezeichner |
  EinfachAusdruck->Bezeichner
LValue ::=
  Bezeichner |
  EinfachAusdruck [ Ausdruck ] |
  LValue.Bezeichner |
  EinfachAusdruck->Bezeichner |
  * Ausdruck |
  ( LValue )
BinOp ::=
  *   |  /  |  %  |
  +   |  -  |
  >>  | <<  |
  <   |  >  | <=  | >=  |
  ==  | !=  |
  &   |
  ^   |
  |   |
  &&  |
  ||  |
  =   | +=  | -=  | *=  | /=  | %=  |
  >>= | <<= | &=  | ^=  | |=
KonstAusdruck ::=
  wie Ausdruck, jedoch zur Übersetzungszeit bekannt
```

## Anweisungen

```
Anweisung ::=
  Block |
  Ausdruck ; |
  if ( Ausdruck )
```

```
    Anweisung |
  if ( Ausdruck )
    Anweisung
  else
    Anweisung |
  while ( Ausdruck )
    Anweisung |
  do
    Anweisung
  while ( Ausdruck ) ; |
  for ( [Ausdruck] ; [Ausdruck] ; [Ausdruck] )
    Anweisung |
  switch ( Ausdruck ) {
  { case KonstAusdruck :
    Anweisung }
  [ default :
    Anweisung ]
  } |
  break ; |
  continue ; |
  return Ausdruck ; |
  goto Bezeichner ; |
  Bezeichner :
    Anweisung |
  ;
Block ::=
  {
  { DatenDeklaration }
  { Anweisung }
  }
```

### Deklarationen

```
Deklaration ::=
  DatenDeklaration |
  FunktionsDeklaration
DatenDeklaration ::=
  EinfachDeklaration |
  StruktDeklaration |
  EnumDeklaration
EinfachDeklaration ::=
  {Speicherklasse} {TypModi} Typname
  [*] Bezeichner [ [ GanzZahl ] | () ] [ Init ]
  {, [*] Bezeichner [ [ GanzZahl ] | ()] [ Init ] };
StruktDeklaration ::=
```

```
  struct [ Bezeichner ] {
    { Datendefinition }
    { BitFeld }
  } [ Namensliste ] [ Init ] ; |
  union [ Bezeichner ] {
    { Datendefinition }
  } [ Namensliste ] [ Init ] } ;
EnumDeklaration ::=
  enum [ Bezeichner ] {
    Bezeichner [ = GanzZahl ]
    { , Bezeichner [ = GanzZahl ] }
  } [ Namensliste ] ;
FunktionsDeklaration ::=
  {TypModi} Typname [*] Bezeichner ( Namensliste )
  { DatenDeklaration }
  Block
Speicherklasse ::=
  auto |
  static |
  extern |
  register |
  typedef
Typmodi ::=
  short |
  long |
  unsigned
Typname ::=
  char |
  short |
  int |
  long |
  unsigned |
  float |
  double |
  Bezeichner
Init ::=
  = Konstante |
  = { Konstante { , Konstante } }
BitFeld ::=
  unsigned Bezeichner : GanzZahl ; |
  unsigned : GanzZahl ;
Namensliste ::=
  Bezeichner { , Bezeichner }
```

### Präprozessor

```
PräprozessorAnweisung ::=
  #define Bezeichner { Zeichen } |
  #define Bezeichner ( Namensliste ) { Zeichen } |
  #undef Bezeichner |
  #include <Dateiname> |
  #include "Dateiname" |
  #if KonstAusdruck
      { Zeichen }
    [ #elif Konstausdruck
      { Zeichen } ]
    [ #else
      { Zeichen } ]
    #endif |
  #ifdef Bezeichner
      { Zeichen }
    [ #elif Bezeichner
      { Zeichen } ]
    [ #else
      { Zeichen } ]
    #endif |
  #ifndef Bezeichner
      { Zeichen }
    [ #elif Bezeichner
      { Zeichen } ]
    [ #else
      { Zeichen } ]
    #endif |
  #line GanzZahl Dateiname
Dateiname ::=
  { Zeichen } [ . { Zeichen }
```

### Programm

```
Programm ::=
  {
  [ PräprozessorAnweisung ]
  [ Deklaration ]
  }
```

GoTo

# Operator-Reihenfolge

# B

Die folgende Tabelle listet alle Operatoren von C in der Reihenfolge ihrer Bindungskraft auf. Weiter oben stehende Operatoren binden dabei stärker als weiter unten stehende und werden daher in Ausdrücken zuerst ausgewertet.

| Operator | Name | Assoziativität |
|---|---|---|
| A++ | Postinkrement | von links nach rechts |
| A- - | Postdekrement | |
| A(B) | Funktionsaufruf | |
| A[B] | Feldindex | |
| A.B | Elementzugriff | |
| A->B | Elementkennzeichnung | |
| | | |
| ++A | Präinkrement | von rechts nach links |
| - -A | Prädekrement | |
| -A | Unäres Minus | |
| +A | Unäres Plus | |
| !A | Logische Negation | |
| ~A | Einerkomplement | |
| *A | Umleitung | |
| &A | Adresse | |
| sizeof A | sizeof | |
| (type)A | Typumwandlung | |

Tabelle B.1: Operator-Reihenfolge

| Operator | Name | Assoziativität |
|---|---|---|
| A*B | Multiplikation | von links nach rechts |
| A/B | Division | |
| A%B | Restwert | |
| | | |
| A+B | Addition | |
| A-B | Subtraktion | |
| | | |
| A<<B | Linksschieben | |
| A>>B | Rechtsschieben | |
| | | |
| A<B | Kleiner als | |
| A<=B | Kleiner gleich | |
| A>B | Größer als | |
| A>=B | Größer gleich | |
| | | |
| A= =B | Gleichheit | |
| A!=B | Ungleichheit | |
| | | |
| A&B | Bitweises UND | |
| | | |
| A^B | Bitweises EXCLUSIV-ODER | |
| | | |
| A\|B | Bitweises ODER | |
| | | |
| A&&B | Logisches UND | |
| | | |
| A\|\|B | Logisches ODER | |
| | | |
| A?B:C | Bedingung | |
| | | |
| A=B | Zuweisung | |
| A+=B | Addition-Zuweisung | |
| A-=B | Subtraktion-Zuweisung | |
| A*=B | Multiplikation-Zuweisung | |
| A/=B | Division-Zuweisung | |

**Tabelle B.1: Operator-Reihenfolge**

| Operator | Name | Assoziativität |
|---|---|---|
| A%=B | Restwert-Zuweisung | |
| A&=B | Bitweises-UND-Zuweisung | |
| A\|=B | Bitweises-ODER-Zuweisung | |
| A^=B | Bitweises-EXCLUSIV-ODER-Zuweisung | |
| A<<=B | Linksschiebe-Zuweisung | |
| A>>=B | Rechtsschiebe-Zuweisung | |
| | | |
| A,B | Komma | |

Tabelle B.1: Operator-Reihenfolge

GoTo

# Literaturhinweise

# C


[1] "*The C-Programming Language*", Brian W. Kernighan und Dennis M. Ritchie, Prentice Hall, 1978.

Das Originalwerk über C von den Entwicklern der Sprache. Es ist für all diejenigen, deren Interesse an C über das bloße Erlernen der Sprache hinausgeht, ein Muß. Darüber hinaus ist es die Referenz für den als *Standard-C* bekanntgewordenen ursprünglichen Sprachstandard.

[2] "*Programmieren in C*", Brian W. Kernighan und Dennis M. Ritchie, Hanser Verlag 1988, 1990.

Die deutsche Übersetzung zu [1].

[3] "*Referenzbuch Standard-C*", P.J.Plauger und J. Brodie, *Vieweg/ Microsoft Press 1990.*

Die Referenz für den ANSI-C-Standard. Nur geeignet für Leute, die schon C können. Sehr detaillierte Angaben, aber teilweise etwas undurchsichtig strukturiert.

[4] "*New C Primer Plus*", Second Edition, Michael Waite und Stephen Prata, SAMS Publishing, 1993.

Eines der am meisten verkauften Lehrbücher zu C. Ist durch seine Ausführlichkeit auch für Programmierneulinge geeignet.

[5] "The Art and Science of C", Eric. S Roberts, Addison-Wesley, 1995.

Sehr schönes Buch über die C-Programmierung mit vielen interessanten Beispielen und Aufgaben. Nebenbei eine Einführung in die Informatik.

[6] "*Programming in C*", Stephen G. Kochan, Hayden Books Library 1988.

Ein gutes Lehrbuch auch für Leute mit geringen Programmierkenntnissen.

[7] "Nie wieder Bugs", Steve Maguire, Microsoft Press, 1993.

Das Buch trägt den Untertitel "Die Kunst der fehlerfreien C-Programmierung" und ist die deutsche Übersetzung von "Writing Solid Code". Es ist die ultimative Lektüre für alle ambitionierten C-Programmer, die ihren Codierungsstil verbessern und ihre Fehlerhäufigkeit verringern wollen.

[8] "C-Puzzlebuch", A.R. Feuer, Haner, 1985.

Das Buch ist die Übersetzung von "The C Puzzle Book". Es enthält eine große Anzahl an Beispielen, zu denen der Leser die Ausgabe des Programmes vorhersagen muß. Die Beispiele sind interessant und beschreiben auch selten genutzte oder tückische Features der Sprache. Leider ist der Titel heute nur noch schwer erhältlich.

[9] "Data Structures and Algorithm Analysis in C«, Mark Allen Weiss, Benjamin Cummings, 1993.

Anspruchsvolles aber dennoch verständliches Buch über Algorithmendesign und -analyse mit vielen Beispielen im C-Quellcode.

[10] "*Algorithmen in C*", Robert Sedgewick, Addison-Wesley, 1992.

Beschreibung von Algorithmen und ihrer charakteristischen Eigenschaften in C. Das Buch behandelt fast alle grundlegenden Bereiche der Algorithmentheorie, beispielsweise *Suchen*, *Sortieren*, *Stringverarbeitung*, *geometrische und graphische Datenverarbeitung* und *mathematische Verfahren*.

[11] "*Advanced Programming in the UNIX Environment*", W. Richard Stephens, Addison-Wesley, 1992.

Ausführliche Erklärung der C-Programmierung unter UNIX. Das sehr ausführliche Buch beginnt bei einfachen Grundlagen und endet bei *Dämonen* und *Interprozeßkommunkation*. Ein absolutes Muß für jeden, der systemnah unter UNIX programmiert.

[12] "UNIX-Systemprogrammierung", Helmut Herold, Addison-Wesley, 1997.

Das Buch ist in der Reihe "UNIX und seine Werkzeuge" erschienen und behandelt ausführlich alle wesentlichen Aspekte der systemnahen C-Programmierung unter UNIX. In derselben Reihe sind die ebenfalls für C-Programmierer interessanten Titel "UNIX-Grundlagen", "UNIX-Shells", "awk und sed", "lex und yacc", "make und nmake" und "SCCS und RCS" erschienen.

[13] "*Operating Systems, Design and Implementation*", Andrew S. Tanenbaum, Prentice-Hall, 1987.

Der Autor beschreibt die Entwicklung des Betriebssystems MINIX. Ein Drittel des Buches wird von den C-Quellen des MINIX-Betriebssystems belegt.

[14] "*Programming Pearls*", Jon Bentley, Addison-Wesley, 1989.

Viele nützliche und überraschende Programmiertricks und -kniffe in C. Das Buch ist eine echte "Perle", aber nur noch schwer erhältlich.

[15] "*More Programming Pearls*", Jon Bentley, Addison-Wesley, 1990.

Die Fortsetzung des vorigen Titels.

[16] "*Die C/C++-Programmiersprache*", Bjarne Stroustrup, Addison-Wesley, 2. Auflage, 1994.

Das bekannte Standardwerk des Erfinders der Programmiersprache C++. Schwierig zu lesen, aber umfassend.

[17] "*Einführung in Visual C++ 4.x*", Frank Heimann, Guido Krüger, Nino Turianskyi, Addison-Wesley, 1996.

Einführung in die C/C++-Programmierung unter Windows mit Hilfe von MS-Visual C++.

[18] "*Programmentwicklung mit GNU C/C++*", Heinz-Gerd Küster, IWT, 1995.

Relativ ausführliche Beschreibung von GNU-C/C++. Während die eigentliche C-Programmierung etwas kurz kommt, erklärt das Buch diverse Tools aus dem Umfeld der GNU-Programmierung, beispielsweise *vi, emacs, rcs, make, lint* oder die Shell.

[19] "Learning GNU Emacs", Debra Cameron, Bill Rosenblatt und Eric Raymond, O'Reilly, 2nd Edition 1996.

Das Buch behandelt die Grundlagen von GNU Emacs und erläutert auch Mail, News, FTP und die Konfigurationsmöglichkeiten. Es gibt weiterhin einen Einblick in die Programmierung in Emacs Lisp und beschreibt einige wichtige Majormodes.

[20] "Applying RCS and SCCS", Don Bolinger and Tan Bronson, O'Reilly, 1995.

Eine ausführliche Beschreibung von RCS und SCCS und der Techniken zum Quelltext- und Projektmanagement auf einem anspruchsvollen Niveau.

[21] "*Kuckucksei, die Jagd auf die deutschen Hacker, die das Pentagon knackten*", Clifford Stoll, Wolfgang Krüger Verlag, 1989.

Dieses Buch ist zwar kein C-Lehrbuch, aber für alle, die etwas mit UNIX-Systemprogrammierung zu tun haben, genauso spannend wie Mrs. Marple.

[22] "*Faszination Programmieren*", Susan Lammers, Markt & Technik/ Microsoft Press, 1986.

Interviews mit führenden PC-Programmierern. Vermittelt einen Einblick in die Arbeitsweise einiger bekannter amerikanischer Programmierer. Interessant ist dabei auch die Rolle der Sprache C.

[23] "*A quarter Century of UNIX*", Peter H. Salus, Addison-Wesley, 1994.

Beschreibt die Geschichte von UNIX und C im Detail. Dieses Buch macht Sie mit Leuten wie Dennis Ritchie, Brian Kernighan oder Ken Thompson bekannt und zeigt deren Einfluß auf die Entwicklung von C und UNIX.

# D Zeichensatztabellen

## D.1 Windows-Zeichensatz (Codepage 1252)

| Dez | | 0 | 1 | 2 | 3 | 4 | 5 | 6 | 7 | 8 | 9 | 10 | 11 | 12 | 13 | 14 | 15 |
|---|---|---|---|---|---|---|---|---|---|---|---|---|---|---|---|---|---|
| | Hex | 0 | 1 | 2 | 3 | 4 | 5 | 6 | 7 | 8 | 9 | A | B | C | D | E | F |
| 0 | 0 | | | | | | | | | | | | | | | | |
| 16 | 10 | | | | | | | | | | | | | | | | |
| 32 | 20 | | ! | " | # | $ | % | & | ' | ( | ) | * | + | , | - | . | / |
| 48 | 30 | 0 | 1 | 2 | 3 | 4 | 5 | 6 | 7 | 8 | 9 | : | ; | < | = | > | ? |
| 64 | 40 | @ | A | B | C | D | E | F | G | H | I | J | K | L | M | N | O |
| 80 | 50 | P | Q | R | S | T | U | V | W | X | Y | Z | [ | \ | ] | ^ | _ |
| 96 | 60 | ´ | a | b | c | d | e | f | g | h | i | j | k | l | m | n | o |
| 112 | 70 | p | q | r | s | t | u | v | w | x | y | z | { | \| | } | ~ | - |
| 128 | 80 | _ | _ | ‚ | ƒ | „ | … | † | ‡ | ˆ | ‰ | Š | ‹ | Œ | _ | _ | _ |
| 144 | 90 | _ | ' | ' | “ | ” | • | - | - | ˜ | ™ | š | › | œ | _ | _ | Ÿ |
| 160 | A0 | | ¡ | ¢ | £ | ¤ | ¥ | ¦ | § | ¨ | © | ª | « | ¬ | - | ® | ¯ |
| 176 | B0 | ° | ± | $^{2}$ | $^{3}$ | ´ | µ | ¶ | · | ¸ | $^{1}$ | º | » | ¼ | ½ | ¾ | ¿ |
| 192 | C0 | À | Á | Â | Ã | Ä | Å | Æ | Ç | È | É | Ê | Ë | Ì | Í | Î | Ï |
| 208 | D0 | Ð | Ñ | Ò | Ó | Ô | Õ | Ö | × | Ø | Ù | Ú | Û | Ü | Ý | Þ | ß |
| 224 | E0 | à | á | â | ã | ä | å | æ | ç | è | é | ê | ë | ì | í | î | ï |
| 240 | F0 | ð | ñ | ò | ó | ô | õ | ö | ÷ | ø | ù | ú | û | ü | ý | þ | ÿ |

## D.2 PC8-Zeichensatz (Codepage 437)

| Dez | | 0 | 1 | 2 | 3 | 4 | 5 | 6 | 7 | 8 | 9 | 10 | 11 | 12 | 13 | 14 | 15 |
|---|---|---|---|---|---|---|---|---|---|---|---|---|---|---|---|---|---|
| | Hex | 0 | 1 | 2 | 3 | 4 | 5 | 6 | 7 | 8 | 9 | A | B | C | D | E | F |
| 0 | 0 | | | | | | | | | | | | | | | | |
| 16 | 10 | | | | | | | | | | | | | | | | |
| 32 | 20 | | ! | " | # | $ | % | & | ' | ( | ) | * | + | , | - | . | / |
| 48 | 30 | 0 | 1 | 2 | 3 | 4 | 5 | 6 | 7 | 8 | 9 | : | ; | < | = | > | ? |
| 64 | 40 | @ | A | B | C | D | E | F | G | H | I | J | K | L | M | N | O |
| 80 | 50 | P | Q | R | S | T | U | V | W | X | Y | Z | [ | \ | ] | ^ | _ |
| 96 | 60 | | a | b | c | d | e | f | g | h | i | j | k | l | m | n | o |
| 112 | 70 | p | q | r | s | t | u | v | w | x | y | z | { | \| | } | ~ | i |
| 128 | 80 | Ç | ü | é | â | ä | à | å | ç | ê | ë | è | ï | î | ì | Ä | Å |
| 144 | 90 | Á | ' | ' | ô | ö | ò | û | ù | ÿ | Ö | Ü | ¢ | £ | ¥ | Pt | ƒ |
| 160 | A0 | à | í | ó | ú | ñ | Ñ | ª | º | ¿ | ⌐ | ¬ | ½ | ¼ | - | « | » |
| 176 | B0 | ░ | ▒ | ▓ | │ | ┤ | ╡ | ╢ | ╖ | ╕ | ╣ | ║ | ╗ | ╝ | ╜ | ╛ | ┐ |
| 192 | C0 | └ | ┴ | ┬ | ├ | ─ | ┼ | ╞ | ╟ | ╚ | ╔ | ╩ | ╦ | ╠ | ═ | ╬ | ╧ |
| 208 | D0 | ╨ | ╤ | ╥ | ╙ | ╘ | ╒ | ╓ | ╫ | ╪ | ┘ | ┌ | █ | ▄ | ▌ | ▐ | ▀ |
| 224 | E0 | α | ß | Γ | π | Σ | σ | µ | τ | Φ | Θ | Ω | δ | ∞ | ø | ∈ | ∩ |
| 240 | F0 | ≡ | ± | ≥ | ≤ | ⌠ | ⌡ | + | ≈ | ° | • | · | √ | $^{n}$ | $^{2}$ | ■ | |

# Stichwortverzeicnis

**Z**